Hartmut Wasser (Hrsg.)
USA

Grundwissen Länderkunden
Band 5

Hartmut Wasser (Hrsg.)
In Zusammenarbeit mit
Werner Kremp und Jakob Schissler

USA

Grundwissen-Länderkunde
Wirtschaft – Gesellschaft – Politik
4., völlig überarbeitete und
aktualisierte Auflage

Leske + Budrich, Opladen 2000

Gedruckt auf säurefreiem und altersbeständigem Papier.

Die Deutsche Bibliothek – CIP-Einheitsaufnahme
Ein Titeldatensatz für diese Publikation ist bei
Der Deutschen Bibliothek erhältlich.

ISBN 3-8100-2722-7

© 2000 Leske + Budrich, Opladen

Satz: Leske + Budrich
Druck: Presse-Druck, Augsburg
Printed in Germany

Inhalt

Vorwort

Die Vereinigten Staaten von Amerika? Spontan fallen den Deutschen dazu Assoziationen wie Jeans, Kaugummi, Mc Donald's, Hollywood, Jazz oder Rockmusik ein. Vor allem tradieren diejenigen, die mit der „Neuen Welt" noch nicht bekannt geworden sind, hartnäckig jenes Amerikabild, das die Romantik im 19. Jahrhundert entworfen und dem deutschen Bildungsbürgertum überantwortet hat, wollen sie in der transatlantischen Republik also immer noch „ein Land ohne Nachtigallen" (Nikolaus Lenau) und in deren Bewohnern einen „ungeschichtlichen... Typus von zweifelhafter Art und Dauerhaftigkeit" (Jakob Burckhardt) ausmachen oder als eine „von Stadt zu Stadt schweifende Bevölkerung von Trappern, die auf die Dollarjagd gehen", wie der Kulturphilosoph Oswald Spengler soziale Realitäten der USA noch in unserem Jahrhundert glaubte definieren zu müssen. Die Amerikaner galten vielen (und gelten bis zum heutigen Tag immer noch vielen) Deutschen als kultur- und geschichtslose Banausen, deren Talente sich fast ausschließlich im Bereich „business" und ökonomischer Effizienz, gewiß aber nicht im Reich des Geistes und der Kultur entfaltet haben.

Wie realitätsfern solche Perzeptionen des transatlantischen Phänomens sind, kann allein schon ein Blick auf die zwei vergangenen Jahrzehnte lehren, in denen sich die Amerikaner in beispielloser Weise ihrer Geschichte vergewissert haben, einer Geschichte notabene, die viel weiter zurückreicht als diejenige etwa des modernen deutschen Nationalstaats (ganz zu schweigen von den „Geschichten" der meisten Staaten, die heute die „Vereinten Nationen" konstituieren). In den siebziger Jahren hat ihnen der zweihundertste Jahrestag der Unabhängigkeitserklärung gegenüber dem britischen Mutterland Anlaß zur historischen Besinnung auf europäische wie autochthone Wurzeln amerikanischer Existenz geboten, die schon im Stadium ihrer Gründung durch niveauvolle intellektuelle Debatten über das Wesen des Menschen und der ihm angemessenen politisch-sozialen Ordnung geprägt war. Im Jahr 1983 löste die Erinnerung an die dreihundert Jahre zurückliegende Gründung von „Germantown" bei Philadelphia Reflexionen über das Phänomen der Immigration im Werdegang der jungen Republik und mancherlei Kontroversen in Sachen „Schmelztiegel"- oder „Salatschüssel"-Paradigma aus, die um das Problem des „Amerikanismus" und der „Ethnizität" in den USA kreisten (und bis zum heutigen Tag wesentliche Einsichten in Chancen und Risiken einer „multikulturellen Gesellschaft" zutage gefördert haben). Ausgangs der achtziger Jahre und zu Beginn der neunziger Jahre sind wir zuguterletzt Zeugen zumindest des Versuchs geworden, auf allen Ebenen des Bildungs- und Erziehungswesens, in Politik, Gesellschaft und Kultur anläßlich des zweihundertsten Geburtstags der US-Verfassung amerikanische Geschichte und Gegenwart als Kontinuum zu begreifen. Was zwischen 1787 und 1791 entworfen, ratifiziert und proklamiert wurde, die Verfassung eben mitsamt der in den ersten zehn Zusatzartikeln niedergelegten „Bill of Rights", ist deshalb ohne Beispiel, weil es auch in den neunziger Jahren unseres Jahrhunderts noch immer den Maßstab für das politische Handeln der westlichen Vormacht abgibt. Anders ausgedrückt: Die USA sind das einzige Land der Welt, das zu Beginn des dritten Jahrtausends noch immer mit einer Verfassung des achtzehnten Jahrhunderts regiert wird; ein Beispiel übrigens für viele weitere, das die Eigentümlichkeit und Andersartigkeit amerikanischer Existenz verdeutlicht. Sie sind von Europäern selten richtig begriffen worden, denen Amerika bloß als kolonialer Ableger der „Alten Welt" erscheinen wollte.

Vor allem, die Wiederholung sei gestattet, stellt sich die Geschichte deutscher USA-Perzeption in der Rückschau als Kette von Mißverständnissen, Halbwahrheiten und (gelegentlich bewußt) verzerrend-verzerrten Deutungsmustern dar. Nicht bloß wird dabei die ungebrochene Kontinuität historisch-politischer Erfahrung in der „Neuen Welt" verkannt; die Durchdringung der beiden Zivilisationsmodelle, des europäisch-deutschen und des amerikanischen, wird aus intellektuellem Hochmut oder schierer Ignoranz ebensowenig realisiert wie die Hervorbringungen solcher Interdependenz. Wie aufschlußreich könnte sich diesbezüglich allein schon das Studium solch amalgamierender Prozesse und ihrer Folgen in den dreißiger Jahren erweisen: Wie jene intellektuellen Repräsentanten der Weimarer Republik, die nach der braunen „Machtergreifung" emigrieren mußten, das geistige Leben der USA befruchtet haben – von der Gestaltpsychologie über die Psychoanalyse, die Spieltheorie oder esoterische Varianten der sozialwissenschaftlichen Forschung bis hin zur Relativitätstheorie oder Bauhaus-Einflüssen –; wie umgekehrt amerikanische Erfahrungen europäischer Wissenschaftler – Hannah Arendt, Hans Morgenthau, Herbert Marcuse, Karl Mannheim oder Otto Kirchheimer zum Beispiel – zu neuen Forschungshorizonten und intellektuellen Denkmodellen haben vorstoßen lassen, ist ein immer noch nicht vollständig beschriebenes Exempel fruchtbaren Kulturaustausches zwischen wesensähnlichen (und doch in vielem voneinander unterschiedenen) Zivilisationen.

Statt solcher Einsichten haben in der deutschen Geschichte vom Kaiserreich bis zur bundesrepublikanischen Gegenwart eher linke und rechte Extreme, im Anti-Amerikanismus vereint, das Amerikabild vieler Deutscher geprägt, haben Kräfte und Gruppierungen unserem politischen Denken ihren Stempel aufgedrückt, die antiliberal, antipluralistisch und antidemokratisch eingestellt waren und sind (wenn man Demokratie im anglo-amerikanischen, also im freiheitlich-repräsentativen Sinne begreift). Unser Denken über Amerika ist insofern stets auch ein Indikator für die Einstellung der Deutschen zur liberaldemokratischen Herrschaftsform westeuropäisch-atlantischer Prägung gewesen, weshalb die systematische, historisch-theoretische Erforschung deutscher Amerikabilder gerade der Nachkriegszeit ein dringliches Desiderat bleibt.

Wenn Gegenwartspublikationen vom „Fremden Freund" oder „Unbekannten Partner" USA sprechen, signalisieren solche Buchtitel die anhaltende Notwendigkeit, sich mit dem Phänomen Amerika auseinanderzusetzen. Dies um so mehr in einem Land wie der Bundesrepublik, auf dessen politisches Schicksal die Vereinigten Staaten seit seiner Gründung prägenden Einfluß gewonnen haben, dessen innere Ordnung wie äußere Sicherheit gerade auch im Zeichen der „weltpolitischen Unordnung" der unmittelbaren Gegenwart und nahen Zukunft der stabilisierenden Kooperation mit der westlichen Vormacht bedürfen.

Letztere Grundüberzeugung verbindet bei aller Verschiedenheit der politischen Standpunkte die Autoren dieses Sammelbandes, der den Versuch einer einführenden Amerikakunde im Bewußtsein der Schwächen wagt, die aus der Perspektivenpluralität resultieren mögen. Die „USA aus einem Guß" jedenfalls kann und will vorliegendes Werk nicht anbieten. Dafür jedoch das Bemühen, den in der politischen Bildungsarbeit gleich welcher Ebene Tätigen, politisch interessierten Laien, vielleicht auch der wachsenden Zahl von Amerikatouristen politische, gesellschaftliche, wirtschaftliche und kulturelle Aspekte der Vereinigten Staaten in historischer, aktueller und (da wie dort auch) zukunftsorientierter Sicht so darzustellen, daß sie die „Realität Amerika" in Umrissen zumindest erfassen können, soweit solches dort überhaupt gelingen kann, wo auf knappem Raum ein Gemeinwesen kontinentalen Zuschnitts porträtiert werden muß.

So sehr politische Aktualität den Schwerpunkt der verschiedenen Beiträge ausmacht, so sehr heutige, in die Zukunft weisende Entwicklungstendenzen dominieren, kann die Analyse amerikanischer Gegenwartsbefindlichkeit angesichts eines Gemeinwesens von so ungebrochener Kontinuität, von solch konservativem Zuschnitt der historischen Dimension nicht entraten. Und auch nicht der komparatistischen Perspektive in didaktischer Absicht, die sich auf eine von der Antike zur Neuzeit reichende Erkenntnistradition der Politikwissenschaft stützt, derzufolge das je Eigene, Originäre einer Herrschaftsordnung gerade im Vergleich mit ähnlich oder andersartig strukturierten Staatseinrichtungen besonders deutlich in Erscheinung tritt. Wo immer es sich um der Klarheit willen anbot, haben die Autoren Bezüge hergestellt zu bundesrepublikanischen Gegebenheiten und dabei mehr Unterschiedlichkeit als Gemeinsamkeit zutage gefördert.

Um der Anschaulichkeit und Lesbarkeit willen, die ein amerikanischer Leitfaden erfordert, haben die Autoren das wissenschaftliche „Beiwerk" möglichst knapp gehalten, Zitate und Fußnoten auf Unverzichtbares beschränkt und auch in den Kurzbibliographien nur wenig weiterführende Publikationen zu den einzelnen Sachbereichen vermerkt. Sie hoffen, damit der Sache zu dienen, d.h. das Phänomen USA in einer Weise zu präsentieren, die jene nicht abschreckt, die sich in Schule, Hochschule oder Erwachsenenbildung mit amerikanischen

Themen abmühen, aber auch jene anspricht, die ohne direkten Grund einen Zugang zur „Neuen Welt" suchen.

Daß solche Absichten nicht bloß angekündigt, sondern soweit wie möglich verwirklicht worden sind, mag der Umstand verdeutlichen, daß innerhalb kurzer Zeit eine weitere Neuauflage dieses Buches notwendig geworden ist. Sie bietet einmal mehr Anlaß, dem Verleger zu danken, der in großzügiger Weise dem Umfang des Projekts zugestimmt und auf Veranschaulichung durch Bilder, Graphiken etc. gedrängt hat. Daß die Beiträge von den einzelnen Autoren zu verantworten sind, darf am Ende nicht unerwähnt bleiben.

Hartmut Wasser

Geschichte und Politik

Hartmut Wasser

Von der Unabhängigkeitserklärung zur Verfassung

Die Moderne weiß um die Bedeutung geschriebener Verfassungen für die gedeihliche Entwicklung liberaldemokratisch-rechtsstaatlicher Gemeinwesen. Nicht umsonst haben die Deutschen im vergangenen Jahr mit großem Aufwand den fünfzigsten Geburtstag ihres Grundgesetzes gefeiert; ohne die nach Auffassung prominenter Staats- und Verfassungsrechtler „beste", weil freiheitlichste und funktionsfähigste Verfassung in unserer Geschichte wäre die Bundesrepublik schwerlich zu jener „Erfolgsstory" geraten, die in der Welt so häufig Bewunderung ausgelöst hat. Im Umkreis der Jubiläumsfeierlichkeiten ist verschiedentlich auf die Bedeutung des amerikanischen Verfassungsmodells für die konstitutionelle Entwicklung Deutschlands im neunzehnten und zwanzigsten Jahrhundert hingewiesen worden.[1] Sie liegt nicht bloß in jenem allgemeinen Wirkungszusammenhang beschlossen, demzufolge die erste moderne, also: geschriebene, Grund- und Menschenrechte gewährleistende und den gewaltenteilig-rechtsstaatlichen Herrschaftsapparat begründende Verfassung, die amerikanische nämlich, den Prozeß der Verfassungsschöpfung anderswo, vor allem auch in Europa, ganz generell beflügelt und befruchtet hat; sie drückt sich vielmehr auch in der engen Anlehnung etwa der Frankfurter Paulskirchenverfassung oder des Bonner Grundgesetzes an konstitutionelle „Erfindungen" und ordnungspolitische Vorstellungen der amerikanischen Gründerväter aus, vor allem im Bereich der Grund- und Menschenrechte, der Organisation des Föderalismus, der Einrichtung der Judikative, des Rechtsstaatsprinzips und anderem mehr. Und manche Festredner haben 1999 das amerikanische Modell auch dort beschworen, wo sie entweder den „Verfassungspatriotismus" à l'américaine als identitätsstiftenden Faktor im Auseinanderdriften moderner Gesellschaften als endlich auch unter den Deutschen verwurzeltes Phänomen begrüßt, oder aber seine Introduktion im wiedervereinigten Lande dringlich angemahnt haben.

Wie ein Gemeinwesen im Zeichen eines gefestigten „Verfassungspatriotismus" sich immer wieder auf seine konstitutionellen Wurzeln besinnen und aus solcher Erinnerung Kraft für die Bewältigung aktueller Probleme gewinnen kann, hat in der jüngsten Vergangenheit der USA die Fülle der festlichen Ereignisse entlang der Ostküste und im alten Süden demonstriert, die den langen Weg der Verfassungsgeburt zwischen 1786 und 1791 noch einmal sichtbar gemacht und in ihrer Bedeutung erneut in das kollektive Gedächtnis der transatlantischen Nation gerufen haben: angefangen von jener seltsamen Versammlung zu Annapolis im September 1786, auf der zwölf Beauftragte aus fünf Staaten, von der Sinnlosigkeit bloßen Herumbastelns an den untauglich gewordenen Konföderationsartikeln überzeugt, aus heiterem Himmel den Konvent von Philadelphia imaginieren; über diesen Verfassungskonvent, der, von der Kühnheit der Vorgänger inspiriert, gleichfalls über seinen Auftrag zur weiterreichenden Revision dieser Artikel hinausgreift und eine radikal neue Konstitution entwirft; hin zu den oft genug mühseligen Ratifikationsprozessen in den Einzelstaaten; weiter zur feierlichen Proklamation der Verfassung am 4. März 1789; und endend in jenem Nachhall der konstitutionellen Arbeit, der in der Verabschiedung der ersten zehn „Amendments", der „Bill of Rights", im Jahre 1791, recht eigentlich originärer Verfassungsbestandteil, zu verspüren ist.

Ein fünf Jahre anhaltendes Vergegenwärtigen eines zweihundert Jahre alten Verfassungsprozesses in unserer atemlos vorwärts hastenden Welt? Ein eigenartiger Vorgang gewiß und doch auch wieder dem verständlich, der weiß, daß hier der Einmaligkeit Tribut gezollt worden ist: Die älteste geschriebene, von einer „genialen Vision" (Ernst Fraenkel) der Verbindung von Herrschaft und Freiheit inspirierte Verfassung, Produkt der aufklärerischen Spätjahrzehnte des 18. Jahrhunderts, kodifiziert und kanalisiert auch heute noch bis zu einem gewissen Grad das politische Leben der amerikanischen Supermacht am Beginn des dritten Jahrtausends!

Idee und Verwirklichung des modernen Verfassungsstaates

Von der Antike über das Mittelalter bis in die Neuzeit hinein, von Aristoteles über Marsilius von Padua und Nikolaus von Cues hin zur europäischen Aufklärungsphilosophie des 18. Jahrhunderts zieht sich der Gedanke des Verfassungsstaates als Reflexion über die Möglichkeit der Verrechtlichung des Staates, des Freiheitsrechte respektierenden imperium limitatum.[2] Dabei gewinnt die Idee der Verfassung als höchstrangiger Normenordnung zunehmend an Gewicht und findet ihre moderne Definition spätestens im Werke jenes englischen Lord Bolingbroke, der als Staatsmann und Schriftsteller des frühen 18. Jahrhunderts die Aufklärungsideale im Raum der Politik verficht.

„By constitution we mean", schreibt Bolingbroke, „whenever we speak with propriety and exactness, that assemblage of laws, institutions and customs, derived from certain fixed objects of public good, that compose the general system, according to which the community hath agreed to be governed."[3]

Aber erst in den USA ist der Gedanke zur Tat geronnen: Die Verbindung des staatsschöpferischen élan vital der Neuen Welt mit der politisch-philosophischen Tradition der antik-europäischen Sphäre hat den Konstitutionalismus der Moderne verwirklicht, der von Ausnahmen abgesehen, auf einem geschriebenen Verfassungsdokument beruht, das die Prinzipien deklariert, welche die sozio-politische Ordnung prägen sollen, die Herrschaftsinstitutionen einrichtet und mit der Kompetenzzuweisung auch die Machtfrage im Gemeinwesen klärt; das, nicht zu vergessen, Menschen- und Bürgerrechte festschreibt.

Die Wurzeln der „Amerikanischen Revolution"

Schon John Adams, einer der prominentesten Verfassungsväter und zweiter Präsident der USA, hat seine Landsleute eindringlich vor dem Irrtum gewarnt, die „amerikanische Revolution" und den Unabhängigkeitskrieg mit Großbritannien in eins zu setzen. Die „Revolution" hatte sich in der Tat schon in den Köpfen der Kolonisten eingenistet, ehe die berühmten Schüsse von Lexington und Concord das diplomatische Scharmützel mit dem Mut-

21

terland zum militärischen Konflikt eskalieren ließen. Und sie setzte sich fort auch nach der Beendigung des Krieges, prägte das Werk der Verfassungsschöpfung und wirkte weiter im politisch-sozialen Wandel des 19. Jahrhunderts. So sehr manche Irritationen im amerikanisch-britischen Verhältnis sie befördern mochten, so wurde sie noch mehr aus anderen Antrieben gespeist. Zwar barg die Parole „no taxation without representation" in den Augen vieler Zeitgenossen den eigentlich konfliktauslösenden Sprengstoff in sich, spielte der ökonomische Faktor eine wesentliche Rolle bei der Zuspitzung der Krise: Wo sich die Kolonisten nicht in das merkantilistische System der britischen Weltmacht einbinden lassen wollten, das Steuerparadies der „Neuen Welt", koste es, was es wolle, zu erhalten suchten und dem Verbot der eigenmächtigen Besiedlung von Territorien zwischen den Alleghenies und dem Mississippi von 1763 trotzten, erboste man sich im Mutterland über die Unwilligkeit der Siedler, die Kosten des Schutzes mitzutragen, den man den transatlantischen Kolonien im siebenjährigen Krieg und in anhaltenden Auseinandersetzungen mit indianischen Stämmen hatte angedeihen lassen. Aber das Verlangen nach Gleichheit mit den Briten im Mutterland, das sich im Protest der Steuerformel artikulierte, so motivierend es vor allem für die breite Mittelschicht in den Kolonien sein mochte, verhüllte bloß unvollkommen das weiterreichende Ziel des generellen Unabhängigkeitsanspruchs, der aus einer ebenso antikolonialistischen wie antieuropäischen Ideologie erwuchs und den Sozialwissenschaftler Ernst Nolte zur (freilich umstrittenen) Etikettierung der USA als „ersten Staat der Linken" veranlaßt hat.[4]

Zwar bewaffnete man sich im Gedankenarsenal der abendländisch-westeuropäischen Philosophietradition von der griechisch-römischen Klassik bis zur Aufklärungsliteratur des 17./ 18. Jahrhunderts; richtete aber postwendend die Waffen gegen ihren Herkunftsort, gegen ein als autokratisch und antiquiert denunziertes Europa, das freiheitlich-zukunftsträchtige Politiktendenzen selbst im britischen Mutterland im Gefolge französisierender Absolutismuseinflüsse korrumpiert hatte. Wenn man sich jetzt in der Neuen Welt anschickte, politisch-philosophische Theorie in Verfassungspraxis umzusetzen, durfte dies vor dem geschichtlichen Augenblick der 1770er Jahre durchaus als revolutionärer Akt gelten, umso mehr, wenn eigene „Erfindungen" im Reich der Herrschaftsprinzipien hinzutraten, die noch Erwähnung finden sollen. Daß zur gleichen Zeit gesellschaftliche Frustrationen wucherten, die zum geringeren Teile bloß britischem Konto anzulasten waren, verstärkte den revolutionären Impetus: Feudale Privilegien hier und dort, soziale Ungleichheiten, mancherlei Streitigkeiten über Grundbesitz, Pachtzins, Schulden und Papiergeld erzeugten schon vor 1776 innere Spannungen – der Krieg mit England hat den Prozeß der Gesellschaftsrevolutionierung nicht hervorgerufen, wohl aber beschleunigt.

Politisch-sozialer Wandel im Umfeld des Unabhängigkeitskrieges

Wir können nicht alle Wege nachschreiten, auf denen die Revolution Amerikas Politik und Gesellschaft verwandelt hat, müssen aber festhalten, daß in den Kriegs- und Nachkriegsjahren fundamentale Veränderungen politischer Herrschaftsvorstellungen und damit auch politischer Institutionen selbst dort eingetreten sind, wo sie formal die Kontinuität mit dem britischen Vorbild oder kolonialer Regierungstradition zu wahren suchten.[5] Schon der im September 1774 in Philadelphia zusammentretende Erste Kontinentale Kongreß, eine Versammlung von Abgeordneten aus kolonialen Provinzialkongressen, signalisierte in Komposition und Beschlußfassung die Abwendung vom Status quo. Die delegierenden Körperschaften, unter Umgehung etablierter Herrschaftsstrukturen von einer zur Partizipation drängenden Bevölkerung zunächst noch ganz informell organisiert, durften als Ausfluß revolutionärer Aktivitäten gelten, ebenso wie der Kongreß selbst das Suchen nach neuen Formen der Assoziation und Kooperation zwischen den Kolonien veranschaulichte. Und wenn auch in seinen Resolutionen die Trennung vom Mutterland noch nicht gefordert wurde, so hatten die radikalen Delegierten des Südens und Neuenglands, Männer wie Samuel und John Adams, Patrick Henry und Richard Henry Lee, doch eine Mehrheit der Abgeordneten für die „Dominion-Theorie" gewinnen können, die jede legislative Kompetenz des Londoner Parlaments für die transatlantischen Territorien verneinte und allein die formelle Souveränität der Krone zu akzeptieren gewillt war.

Revolutionäre Tendenzen verstärkten sich in den Monaten zwischen dem ersten militärischen Zusammenprall vom 19. April 1775 bei Lexington und Concord sowie der Unabhängigkeitserklärung vom 4. Juli 1776, als der Zweite Kontinentale Kongreß, zunächst den Widerstand gegen die Briten organisierend, sich zunehmend als nationale Regierung aufführte, die den Kolonien eine Revolutionierung ihrer politischen Ordnungen empfahl und schließlich mit der Verabschiedung der Unabhängigkeitserklärung die endgültige Trennung vom Mutterland vollzog; und gleichzeitig im ganzen Lande extralegale, revolutionäre Komitees auf lokaler Ebene und eben solche Provinzialversammlungen den Anspruch auf Bürgerpartizipation bei der Schaffung neuer Herrschaftsordnungen sichtbar machten.

Die meisten Staaten gaben sich geschriebene Verfassungen schon vor dem Ende des Jahre 1776; und wenn sie sich auch in mancherlei Details voneinander unterscheiden mochten, so fühlten sie sich allesamt den revolutionären Prinzipien der Unabhängigkeitserklärung verpflichtet.

Die Unabhängigkeitserklärung vom 4. Juli 1776:

... Wir halten diese Wahrheiten für aus sich selbst heraus einleuchtend, daß alle Menschen gleich geschaffen sind, daß sie von ihrem Schöpfer mit gewissen, unveräußerlichen Rechten ausgestattet sind, zu denen Leben, Freiheit und das Streben nach Glück gehören; daß, um diese Rechte zu sichern, Regierungen unter den Menschen eingerichtet sind, die ihre rechtmäßige Macht von der Zustimmung der Regierten ableiten; daß, wann immer eine Regierung diesen Zwecken zuwiderhandelt, es das Recht des Volkes ist, sie zu ändern oder abzusetzen und eine neue Regierung einzusetzen, deren Grundlagen auf solchen Prinzipien beruhen und deren Macht in der Art organisiert ist, wie ihm zur Bewirkung seiner Sicherheit und seines Glücks am angemessensten erscheint ...

Quelle: Henry Steele Commager (Hrsg.), Documents of American History, New York 1963, Bd. I, S. 100.

Die neuen Staatsverfassungen verschrieben sich dem Grundsatz, es seien Regierungen dazu eingerichtet, der Gesellschaft zu dienen, nicht sie zu beherrschen, und suchten ihn auf doppelte Weise in der politischen Praxis zu sichern: durch „Bills of Rights", Menschenrechtskataloge, zumeist nach dem Muster von Virginia modelliert, welche die Gleichheit der Menschen statuierten und naturgegebene Freiheitsrechte enumerierten, die jeglicher Staatsgewalt Schranken setzten; und durch Maßnahmen zur Schwächung der Exekutive, die den Bürgern vor dem Hintergrund kolonialer Erfahrungen dringlich geboten erschienen.[6] Die Gouverneure büßten zumeist traditionelle Machtkompetenzen wie die Auslese der Herrschaftsträger oder das Vetorecht gegenüber Gesetzgebungsakten ein und wurden zu Ausführungsorgangen der Legislativen degradiert. Von den Abgeordnetenhäusern oder (wie in den Neuenglandstaaten) von der Gesamtheit der Stimmberechtigten gewählt, mußten sie sich mit kurzen Amtszeiten begnügen und oft genug auf Wiederwahl verzichten.

Das Bedürfnis nach Machtbalance und Machtkontrolle bestimmte auch die Umwandlung der bislang informellen Provinzialkongresse in konstitutionelle Gesetzgebungsorgane. Zweikammersysteme sollten der Gefahr eines parlamentarischen Despotismus Riegel vorschieben, die Volkswahl der „Lower Houses", die Wahl der Mitglieder der „Upper Houses" durch die Abgeordneten, die Übertragung der entscheidenen Machtbefugnisse auf die unmittelbar gewählten Volkskammern und kurze Mandatsfristen der Repräsentanten die permanente Orientierung der Legislative am Volkswillen sichern. Republikanische Experimente also allerorten, obzwar nicht notwendig schon demokratische im modernen Sinne: die Revolutionäre waren doch soweit dem Denken des 18. Jahrhunderts verhaftet, daß sie Teilen der Bevölkerung ohne viel Federlesens das Wahlrecht vorenthielten: Angehörigen unerwünschter Religionsgemeinschaften, Frauen, Schwarzen, aber auch unbemittelten Weißen. Daß freilich „die allmähliche Entwicklung zur Gleichheit der Bedingungen als ein Werk der Vorsehung" (Alexis de Tocqueville) gerade in der Neuen Welt mit erstaunlicher Zielstrebigkeit voranschritt, hat nicht allein der Franzose erkannt: der Demokratisierungsprozeß in den ehemaligen Kolonien machte rasch jedwedem Wahlzensus den Garaus, trieb Behörden an, einer möglichst großen Zahl von Bürgern Landbesitz zugänglich zu machen, weitete politische Partizipationsmöglichkeiten aus und schuf mit der Ausdehnung der Religionsfreiheit auch eine bislang unbekannte Gleichstellung der Religionsgemeinschaften.

Das Schicksal der Konföderation

Am Anfang der Revolution war noch keine Rede davon, das republikanische Experiment auf die ganze Nation zu übertragen; nach gängiger Politikvorstellung schien es kaum für einen Großflächenstaat zu passen. Allein der Kontinentalkongreß überwölbte die Souveränität der 13 jungen Staaten, eine fürs erste extrakonstitutionelle Körperschaft, die mit ausdrücklicher oder stillschweigender Zustimmung der Amerikaner Aufgaben von gemeinsamem Belang wahrnehmen sollte; schon der Umstand, daß die Zahl seiner Einzelstaatsdelegierten nirgendwo fixiert worden war, signalisierte das Unfertige, Improvisierte des Kongresses.

Was Wunder, daß seit Sommer 1776 die Mitglieder des Kontinentalkongresses ihre Autorität auf rechtlich gesicherte Grundlagen zu stellen suchten und am 17. November 1777 den Einzelstaaten ihre „Articles of Confederation" übermittelten. Sie forderten den Zusammenschluß zum dauernden Staatenbund, präsidiert von einem Kongreß, dessen Autorität strikt auf die Wahrnehmung gemeinsamer Interessen beschränkt sein sollte, Fragen von Krieg und Frieden, auswärtige Beziehungen, Schlichtung von Konflikten zwischen den Staaten und einiges andere mehr. Jeder Staat würde eine Stimme in diesem Organ haben; Entscheidungen von weitreichender Bedeutung bedurften der Zustimmung von mindestens neun der dreizehn Mitglieder, Änderungen der Artikel gar der Einstimmigkeit; in allen Finanz- und Truppengestellungsfragen beharrten sie schon deshalb auf ihrer ungeschmälerten Souveränität, weil der Kongreß das amerikanische Volk nicht unmittelbar repräsentierte.

Eine so rudimentäre Verwirklichung des Unionsgedankens konnte auf die Dauer den inneren und äußeren Herausforderungen der Zeit kaum gerecht werden. Obzwar nicht ohne Verdienste, immerhin wurde der Krieg gewonnen und ein rundum befriedigender Friedensvertrag ausgehandelt, traten die Schwächen des Staatenbundes schon im Krieg, vor allem aber in den Folgejahren immer unverhüllter zu Tage. Das Papiergeld der Konföderation war wertlos geworden; „not worth a Continental" ist in den Sprachschatz der Amerikaner eingegangen. Sie stand in der Kreide bei Kriegsveteranen, bei Gläubigern im In- und Ausland und war noch nicht einmal in der Lage, die fälligen Zinsen auf Staatsanleihen zu bezahlen. Die Einzelstaaten hatten sich auch verschuldet und konnten im Zeichen einer sich verschärfenden Nachkriegsdepression kaum ihren eigenen Verpflichtungen nachkommen. Aber auch in anderer Hinsicht war die Lage desolat. Einzelne Staaten gerieten sich über Grenzverläufe in die Haare; führten ihre separaten Kriege mit den Indianern; schotteten sich wirtschaftlich voneinander ab; und ignorierten schlichtweg Abkommen der Konföderation oder anhaltende Bitten des Kongresses um Geldzuwendungen. Amerikanische Gesandte im Ausland, John Adams in England oder Thomas Jefferson in Frankreich, wurden in London und Paris täglich Zeugen des sinkenden Kurswertes ihres Heimatlandes. Aber alle Anläufe, die Kompetenzen des Kongresses auszuweiten, scheiterten fürs erste am Zwang der Einstimmigkeit.

Im Scheitern freilich wuchs die Entschlossenheit von Reformern wie Robert Morris, Alexander Hamilton, James Madison und anderen, statt bloßer Veränderungen an den Konföderationsartikeln einen neuen Wurf zur Schaffung einer aktionsfähigen Bundesgewalt zu wagen. Sie fürchteten im doppelten Sinne um die „amerikanische Revolution". Sie sahen die jüngst gewonnene Unabhängigkeit ebenso wie den Republikanismus als politische Ordnungsform von außen und innen bedroht. Ohne Rekonstruktion der Zentralinstanzen war jenes Mehr an Kompetenz und Effizienz nicht herzustellen, dessen man bedurfte, um internationalen Herausforderungen und potentiellen Zukunftsgefahren zu begegnen; dessen man vor allem bedurfte, um Freiheit und Eigentum als ideologische Grundpfeiler der Revolution im Inneren zu schützen und wirtschaftlichen Aufschwung in die Wege zu leiten. In den Augen der Reformer waren die Einzelstaaten dabei, die Revolution zu verraten. Hatten sie nicht über ihrem Partikularinteresse das nationale Wohl aus dem Auge verloren? Wurden sie nicht zunehmend von Abgeordnetenhäusern beherrscht, deren kurzfristig wechselnde Mehrheiten ohne viel Rücksicht auf Recht und Gemeinwohl Gesetzespatronage zugunsten fluktuierender Interessenkoalitionen trieben, der Anarchie Vorschub leisteten, das Recht auf Eigentum mißachteten, sei es durch anhaltende Konfiskation von „Loyalisten"-Besitz oder die rücksichtslose Verbreitung wertlosen Papiergeldes? Drohte nicht die Tyrannei einer Legislative, deren Macht doch eigentlich durch institutionelle Gegenmacht hätte ausbalanciert werden sollen? War nicht die

„public virtue", die staatsbürgerliche Gesinnung abhanden gekommen, ohne die doch der Republikanismus zum Scheitern
verurteilt war?

Die Stunde der Reformer schlug, als die Shays-Rebellion
Bestürzung im ganzen Konföderationsgebiet auslöste. Im westlichen Massachusetts breiteten sich Farmerunruhen aus, denen
anhaltende Depression, Verschuldung und eine hohe Steuerlast
zugrunde lagen. Petitionen an die Legislative, durch vermehrten Ausstoß von Papiergeld oder Erlaß gesetzlicher Vorschriften gegen Pfändung verschuldeten Bodens der Misere zu begegnen, hatten nichts gefruchtet; der bewaffnete Aufstand unter dem Kriegsveteranen Daniel Shays war die Folge. Wenngleich die Staatsmiliz kurzen Prozeß mit den Rebellen machte,
nahm man das Menetekel ernst: Bewaffneter Widerstand einer
Minderheit gegen eine republikanische Ordnung, ganz und gar
nicht im Sinne der Unabhängigkeitserklärung, signalisierte die
Gefahr des Kollapses des revolutionären Experiments.

Von Annapolis nach Philadelphia

Am 21. Januar 1786 verabschiedete die Abgeordnetenkammer
von Virginia eine Entschließung, es sollten die Staaten der
Konföderation eine Konferenz beschicken, „to examine the relative situations and trade of the States; to consider how far a
uniform system in their commercial regulations may be necessary to their common interest and permanent harmony; and to
report to the several States such an act relative to this great
object."[7] Das auf den ersten Blick eher kümmerliche Ergebnis
war eine Versammlung von 12 Beauftragten aus 5 Staaten, die
sich am 12. September des gleichen Jahres in Annapolis im
Staate Maryland trafen, um sich schon nach 2 Tagen wieder zu
empfehlen, freilich nicht ohne einen Bericht an die einzelstaatlichen Legislativen, der die Handschrift des überzeugten Refor-
mers und New Yorker Delegierten Alexander Hamilton trug.

Was der Bericht forderte, nämlich eine erneute Zusammen-
kunft von Beauftragten der Einzelstaaten im Mai 1787 in Philadelphia, „to devise such further provisions as shall appear ...
necessary to render the constitution of the Federal Government
adequate to the exigencies of the Union", zeugte im Lichte des
Auftrags der Annapolis-Delegierten von erstaunlicher Kühn-

heit: um Regulierungsvorschläge für den zwischenstaatlichen und internationalen Handel hatten sie sich bemühen, keinesfalls einen Nationalkonvent zum Zwecke der Verfassungsrevision einberufen sollen. Ob die 12 von Annapolis große Hoffnungen hegten, die souveränen Einzelstaaten würden ihrem Vorschlag entsprechen, ist mehr als zweifelhaft; Genaues wissen wir nicht, weil sie ihre Diskussionen nicht protokollieren ließen. Vielleicht trieb sie der Mut der Verzweiflung, nachdem jahrelang Reformanläufe über den Kontinentalkongreß stets am Widerstand des einen oder anderen Konföderationsmitglieds gescheitert waren, und darüber das einzige gesamtstaatliche Organ seine Reputation weitgehend eingebüßt hatte.

Warum also nicht zwischen den Staaten etwas ganz Neues, von den Konföderationsartikeln Abweichendes aushandeln lassen, nach dem die letzteren angesichts der geforderten Einstimmigkeit nicht zu revidieren waren? Die Konferenzteilnehmer von Annapolis riskierten viel und gewannen alles: sie initiierten eine rasch anschwellende Bewegung hin zur „more perfect Union". Im Februar 1787 hatten schon 7 Staaten ihre Bereitschaft bekundet, den Konvent von Philadelphia zu beschicken, worauf auch der Kongreß der Idee Rückendeckung vermittelte; und wenige Wochen später hatten sich die weiteren Staaten, Rhode Island ausgenommen, vom offenkundigen Reformwillen mitreißen lassen. Der Mut der Annapolis-Delegierten machte Schule: die Delegierten von Philadelphia ignorierten wenig später genauso souverän den Auftrag zur Revision der Konföderationsartikel und entwarfen eine radikal neue Verfassung.

Der Streit um die rechte Verfassung

Am 25. Mai 1787 nahm der Konvent von Philadelphia offiziell seine Arbeit auf. Die Zahl der Delegierten war und blieb klein; selten tagten mehr als 30 Mitglieder zur gleichen Zeit. Dafür war da, was Rang und Namen hatte. Von den Wortführern der „amerikanischen Revolution" fehlten wenige, darunter Thomas Jefferson und John Adams, die mit diplomatischer Mission in Europa weilten. Mit den Konföderationsartikeln war man rasch fertig: sie taugten nichts und mußten durch neue, bessere Vereinbarungen ersetzt werden. So wurde über Nacht der Revisionskonvent zur Versammlung der „Founding Fathers" umfunktioniert, die sich freilich dort in die Haare gerieten, wo der Neubau USA konkret zu erstellen war. Vor allem zwei Streitfragen drohten vorübergehend das angestrebte Ziel der „more perfect Union" zu gefährden: die richtige Austarierung politischen Einflusses zwischen großen und kleinen Staaten in der Union zum einen; die angemessene Balancierung der Macht zwischen erst noch zu schaffenden Zentralinstanzen und den auf ihre Selbständigkeit pochenden Einzelstaaten zum anderen.

Schon rasch stellte Gouverneur Edmund Randolph aus Virginia den von James Madison inspirierten „Virginia Plan" zur Debatte. Er sah die Schaffung eines (bislang fehlenden) „national government" in Form dreigeteilter Staatsgewalt mit einer bikameralen Legislative vor, deren Sitze im Verhältnis zur Bevölkerungszahl auf die verschiedenen Unionsmitglieder verteilt werden sollten. Während die „großen" Staaten wie Massachusetts, Pennsylvania und die vier südlich des Potomac gelegenen diese Konzeption begrüßten, ging er den „kleinen" gegen den Strich: Nicht nur plädierten Connecticut, New Jersey, Maryland und New York weiterhin für konföderative Lösungsmuster des Unionsproblems, sie forderten auch gleiche Vertretung der Staaten in der Bundeslegislative, da Souveränität Gleichheit voraussetze. Der „New Jersey Plan" verkörperte denn auch das genaue Gegenstück zur „Virginia"-Variante und zielte auf eine bloße Revision der Konföderationsartikel, die zwar auch einen dreigeteilten Staatsapparat auf Unionsebene vorsah, aber seine Kompetenzen eng definieren und die Legislative als Einkammerparlament mit jeweils einer Stimme für jeden Staat konstruieren wollte.

Die Gegensätzlichkeit beider Konzeptionen verlangte nach gütlicher Einigung, die sich in Gestalt eines von Roger Sherman aus Connecticut eingebrachten Vorschlags auftat. Der „Connecticut Compromise" sah eine Zweikammerlegislative vor, deren „House of Representatives" die Staaten im Verhältnis zu ihrer Bevölkerungszahl, deren „Senate" („Upper House") die Unionsmitglieder gleichrangig durch je 2 Mandatsträger repräsentieren sollte. Gegen die Stimmen der „Großen" wurde der Kompromiß verabschiedet; die „Kleinen" hatten zumindest einen Etappensieg errungen.

Der Konflikt um die Ausgestaltung der Bundeslegislative wurde freilich vom weiterreichenden Meinungsstreit überwölbt, wie generell das Verhältnis der nationalen zur regionalen Macht zu gestalten sei; diesbezügliche Divergenzen reichten über den Konvent von Philadelphia hinaus und beherrschten noch die Ratifikationsdebatten der 13 Einzelstaaten. „Federalists" und „Antifederalists" rangen leidenschaftlich um ihre konträren Vorstellungen, wobei die Fronten sich verwischten zwischen „groß" und „klein", zuweilen gar mitten durch einzelstaatliche Delegationen verliefen. Zwischen beiden Lagern ließen sich soziale Unterschiede ausmachen, obzwar keinesfalls eine strikte Klassentrennung. Immerhin standen hinter den „Federalists", Advokaten einer starken Bundesgewalt, vor allem Handel und Gewerbe der Nordstaaten, während die „Anti-Federalists", Verfechter einzelstaatlichen Souveränitätsanspruches, ihre gesellschaftliche Basis in der ländlichen Oberschicht, aber auch bei Kleinfarmern und Handwerkern fanden. Wo erstere die einheitliche Organisation der USA propagierten, eine straffe Zentralregierung forderten, eine „Bill of Rights" als Verfassungsingredienz mit dem Hinweis auf Menschenrechtskataloge in den Einzelstaatskonstitutionen für überflüssig erklärten und jedenfalls den Schutz von Freiheits- und Eigentumsrechten höher bewerteten als Gleichheitsansprüche, plädierten ihre Gegner für eine dezentralisierte Staatsform, für die Bewahrung regionaler Vielfalt und einzelstaatlicher wie kommunaler „grassroots"-Demokratie, fochten sie für die Verankerung von Menschenrechten auf Bundesebene und für die gleichgewichtige Verwirklichung des Freiheits- wie des Gleichheitsgedankens.

Aufs ganze gesehen, haben sich in der US-Verfassung „föderalistische" Positionen durchgesetzt, mit der Einschränkung allerdings, daß in Gestalt der ersten 10 „Amendments" (Verfassungszusätze) nach langen Ratifikationsprozessen am 15. Dezember 1791 doch eine „Bill of Rights" offizieller Bestandteil des Verfassungsdokuments geworden ist. Eine neue Zentralgewalt, ausgestattet mit wesentlichen Kompetenzen in der Außen- und Verteidigungs-, der Währungs-, Wirtschafts- und Außenhandelspolitik ist geschaffen worden; neben die Staatsapparate der Unionsmitglieder schoben sich bundesstaatliche Strukturen und Institutionen. In Art. III, Abschnitt 2 und in Art. VI der US-Verfassung ist eine Hierarchie der Rechtsnormen verankert worden, die vom Erfolg der „Zentralisten" kündete und vom überzeugten „Föderalisten" John Marshall als

Oberstem Bundesrichter schon um die Jahrhundertwende zur Förderung des Rechtseinheitsgedankens über einzelstaatliche Grenzen hinweg genutzt worden ist. Daß „diese Verfassung, die in ihrem Verfolg zu erlassenden Gesetze sowie alle im Namen der Vereinigten Staaten abgeschlossenen oder künftig abzuschließenden Verträge das höchste Recht des Landes" bilden sollten, entschied gemeinsam mit anderen Faktoren über den weiteren Weg der Union, die wachsende Dominanz des Bundes über die Einzelstaaten.

Prinzipien der amerikanischen Verfassung

Was in der „Unabhängigkeitserklärung" anklingt, in den Einzelstaatsverfassungen Leben gewinnt, wird in der US-Verfassung vollends zum politikrevolutionierenden Treibsatz der Moderne: die Ersetzung des traditionellen durch das rational-konstitutionelle Legitimitätsprinzip. Nicht mehr Herkunft, Brauchtum, Sitte, nicht mehr durch Tradition geheiligte Herrschaftsbestellungs- und Machtausübungsmuster legitimieren den Politikprozeß; rechtmäßige Herrschaft wird künftig anderer Grundlagen bedürfen. Die Inhaber staatlicher Macht können bei ihrer Amtseinführung nur noch insoweit den Gehorsam der Bürger einfordern, als sie die ihnen verfassungsrechtlich zugewiesenen Kompetenzen nicht überschreiten, politische Verantwortung auf Zeit zu übernehmen bereit sind und ihr Amt als anvertrautes und unter permanente Rechenschaftspflicht gestelltes Gut betrachten. „Wir, das Volk der Vereinigten Staaten", so beginnt der Verfassungstext, legen die politische Ordnung fest, weisen Herrschaftsbefugnisse zu und ziehen Machtschranken, gewähren Amtskompetenzen auf Zeit, klagen sie wieder ein, wo sie mißbräuchlich verwaltet werden; „wir" oder „der Volkssouverän", dem allein die Kraft der Legitimation eignet. Herrschaft ist künftig nur noch zulässig als „fiduciary power", als Trust, Treuhand, anvertraute Aufgabe, Amtsgewalt, gegeben zum Zwecke der Realisierung der konstitutionell definierten und gesellschaftlich sanktionierten Staatsziele.

Um solchen Herrschaftsvorstellungen Geltung in der politischen Praxis zu verschaffen, müssen Vorkehrungen ersonnen, Sicherungen erdacht werden; denn auch unter konstitutionellen Legitimitätsbedingungen ist Machtmißbrauch niemals auszuschließen. Dafür sorgt allein schon der ambivalente Charakter der Menschen, wie ihn der anthropologische Skeptizismus der „Founding Fathers" antizipiert. „Wenn die Menschen Engel wären", so schreibt James Madison im 51. Artikel der „Federalist Papers", „so bedürften sie keiner Regierung. Wenn Engel über die Menschen herrschten, dann wäre weder eine innere noch eine äußere Kontrolle der Regierung notwendig. Entwirft man jedoch den Plan einer Regierung, die von Menschen über Menschen ausgeübt werden soll, so liegt die große Schwierigkeit darin, daß man zuerst die Regierung instand setzen muß, die Regierten zu überwachen und im Zaum zu halten und dann die Regierung zwingen muß, sich selbst zu überwachen und im Zaum zu halten. Die Abhängigkeit vom Volk ist zweifellos das beste Mittel, die Regierung im Zaum zu halten. Aber die Menschheit hat aus Erfahrung gelernt, daß zusätzliche Vorsichtsmaßregeln notwendig sind."[8]

Welches sind die „Kniffe, um Mißbräuche in der Regierung (und bei den Beherrschten, d. Verf.) hintanzuhalten"?[9] Die „Federalist Papers", der „Föderalist", jene glanzvolle Verteidigung und kommentierende Interpretation der amerikanischen Bundesverfassung, 1787/88 von Alexander Hamilton, James Madison und John Jay geschrieben, erklärt die „Kniffe" der Verfassung und stimmt dabei das „hohe Lied der Trias von Föderalismus, Pluralismus und Polykratie" an.[10] Diese Trias soll den heterogenen Charakter des Volkes erhalten, die Bildung von Mehrheiten tunlichst erschweren und den Regierungsapparat so kompliziert wie möglich gestalten, kurzum, Machtakkumulation vermeiden helfen, unter der die Freiheitlichkeit der Einzelnen und der Gesellschaft, die Existenz religiöser, nationaler oder sozial-ökonomischer Minderheiten zu leiden hätten. James Madison hat im 10. und 51. Artikel der „Federalist Papers" den Sinn des amerikanischen Föderalismus (wie des Pluralismus) scharfsinnig erläutert. Sicher diente dieser revolutionäre Beitrag der „Founding Fathers" zum Konstitutionalismus der Moderne zunächst dem Ziel, durch Schaffung einer doppelten Souveränität auf ein und demselben Gebiet die Gründung der Union überhaupt zu ermöglichen; anders hätten die Einzelstaaten, auf relative Eigenständigkeit bedacht, den Zusammenschluß verweigert. Aber Madison verweist auf den tieferen Sinn des Prinzips: Wo die Ausübung der öffentlichen Gewalt zwischen Zentralstaat und Gliedern verteilt sei, lasse sich der Gefahr überbordender Herrschaft ebenso wie dem Risiko der Uniformierung der gesellschaftlichen, wirtschaftlichen und politischen Kräfte der Nation leichter begegnen. Föderalismus erscheint hier als verfassungsrechtlich organisierter Pluralismus, der die Schaffung „parteiischer" Augenblicksmajoritäten mit despotischer Tendenz erschwere. Pluralismus aber gilt es auch als soziales Phänomen in eine Verfassung der Freiheit einzubringen. Artikel 57 der „Federalist Papers" verweist eindringlich auf die Notwendigkeit, auch im Rahmen der Einzelstaaten für Machtbalance Sorge zu tragen und dabei „self-interest" und „ambition" von Einzelnen wie von Gruppen im Dienste wechselseitiger Kontrolle der politisch-gesellschaftlichen Institutionen zu instrumentalisieren. Freiheitsrechte sind nur so lange gesichert wie „in der Gesellschaft so viele verschiedene Typen von Bürgern (und Gruppen, d. Verf.) zusammengefaßt sind, daß eine unbillige Kombination zu einer Mehrheit des ganzen Volkes sehr unwahrscheinlich, wenn nicht unmöglich" ist, schreibt Madison: der Pluralismus gewinnt damit eine deutschem Staatsdenken der Vergangenheit gänzlich fremde Wertschätzung.

„Polykratie", wie Fraenkel formuliert, wird aber auch durch ein fein gesponnenes Netz von institutionellen „checks and balances", von gewaltenteiligen Strukturen geschaffen, die vertikal im Föderalismus und horizontal in der triadischen Auffächerung des Herrschaftsapparates erscheinen. Im Werk des Engländers John Locke und des Franzosen Charles de Montesquieu, in der politischen Praxis des ehemaligen Mutterlandes wie der eigenen Kolonialvergangenheit fanden die Verfassungsväter die Antwort auf das institutionelle „Wie" der Vereinbarkeit von (demokratisch angemahnter) Mehrheitsherrschaft und (liberal geforderter) Freiheitssicherung. Strikte Trennung von Exekutive, Legislative und Judikative, scharfe Abgrenzung der Zuständigkeiten zum einen, konstitutionell geschaffener Zwang zum Zusammenwirken der Staatsgewalten zum andern sollten politischer Macht Schranken setzen. Während die US-Verfassung „checks and balances", Kontrollen und Balancen, Gewichte und Gegengewichte im Institutionsgefüge rechtlich fixiert, wurde ihre fortdauernde Geltung eben durch das individuelle und gruppenhafte Eigeninteresse, den Pluralismus, garantiert. „Die wichtigste Sicherung gegen die allmähliche Konzentration der verschiedenen Gewalten in einem Zweig besteht darin, dafür zu sorgen, daß die Männer, welche die einzelnen Zweige verwalten, die notwendigen verfassungsmäßigen Mittel besitzen und ein persönliches Interesse daran haben, sich den Übergriffen der anderen Zweige zu widersetzen. In diesem wie in allen anderen Fällen müssen die Maßnahmen zur Verteidigung der voraussichtlichen Stärke des Angriffs entsprechen. Ehrgeiz muß durch Ehrgeiz unschädlich gemacht werden. Das persönliche Interesse muß mit den verfassungsmäßigen Rechten des Amtes Hand in Hand gehen."[11]

Nehmen wir das Prinzip „Repräsentation" nach dem Verständnis der Gründerväter noch hinzu, so sind die Wesensmerkmale der amerikanischen Verfassung versammelt. Daß das Volk (obzwar mit den zeitüblichen Einschränkungen von Besitz oder Bildung) in seiner Gesamtheit durch politische Mitwirkung zu „aktueller Repräsentation" gelangen, zwischen „Republikanismus" und „Repräsentation" eine Synthese gefunden werden müsse, weil einzig und allein auf diese Weise die Willensidentität zwischen Repräsentationsorganen und Repräsentierten herzustellen sei, hat als revolutionäres Bekenntnis vielfältig nach Europa zurückgewirkt, das sich im britischen Mutterland mit jener Rechtsfiktion behalf, es seien alle Reichsmitglieder „virtuell" in der Parlamentsversammlung anwesend. Wir meinen heute, es hätten die Amerikaner bloß eine Fiktion durch eine andere ersetzt. Denn „repräsentative Demokratie", von der schon damals synonym mit „Republikanismus" die Rede war, ist ein komplexes Gebilde geblieben, das nicht so sehr auf der Identität von regierender Körperschaft und wählender Bürgerschaft als vielmehr auf der wechselseitigen Spannung zwischen beiden beruht, die im öffentlichen Dialog von Fall zu Fall ausgetragen und überwunden werden kann. Ganz

ohne Zweifel aber kommt der amerikanischen Verfassungsent-
scheidung von 1787 revolutionäre Bedeutung selbst dann zu,
wenn man im Repräsentationsprinzip auch eine Sicherheits-
vorkehrung gegen unmittelbare Demokratie, einen „Kniff" erkennt, „um die Beherrschten im Zaum zu halten". Indem die
amerikanische Verfassung Amtsträger und „repräsentative"
Versammlungen, Herrschaft also, allein durch Wahl bestellen
ließ, das Wahlrecht an die Person statt an gesellschaftliche
Korporationen band, indem die Wählerschaft sich stetig aus-
dehnte und von Menschenrechtsideen inspirieren ließ, ist in der
transatlantischen Welt die mächtigste Verfassungsgewalt der
Neuzeit erwachsen, ist das „Volk", der Souverän des modernen
Staates, in seine politische Existenz eingetreten.

Die Bedeutung der Verfassung für die amerikanische Gesellschaft

Im europäisch-deutschen Denken sind oft genug die Amerikaner
als geschichtslose Nation par excellence bewertet worden, bar jeder historischen Tradition und Kontinuität. Ein realitätsverfäl-
schendes Urteil gewiß, weil es die traditionsbildende Kraft gerade der US-Verfassung von 1787 außer acht läßt. Dieses Dokument des 18. Jahrhunderts hat als einziges der neuzeitlichen Ver-
fassungsschöpfungen alle revolutionären Brüche überdauert und
bei der Begründung der Staatsnation weitgehend die Rolle übernommen, die anderswo von der Gemeinsamkeit der Sprache,
Kultur, Religion oder des historischen Schicksals ausgeübt worden ist. Die Verfassung hat für Identität und Wechsel gesorgt,
sich als Element der Ordnung im steten Wandel der Moderne
etabliert, an dem das junge Staatswesen festhalten konnte. Sie,
die in den Gründerjahren Konflikte auslöste, hat so rasch allge-
meines Ansehen gewonnen, daß sie sich zum wichtigsten Integrationsfaktor des transatlantischen Vielvölkergemischs entwickeln konnte. Die Verfassung bedeutete den Amerikanern
stets mehr als ein staatsrechtliches Grundgesetz zur Regelung
von Machterwerb, Machtausübung und Machtverlust. Sie haben
ihr eine symbolische, fast mystische Qualität zugeschrieben, ihr
die Funktion beigemessen, die andernorts der Krone zukommt,
nämlich die Einheit der Staatsnation sichtbar zu verkörpern.
Schließlich und endlich aber ist die Verfassung auch Ausdruck

eines aufgeklärten Rationalismus im Bereich von Staat und Politik geblieben, ein Dokument menschlichen Strebens, die öffentlichen Macht- und Herrschaftsprozesse aus liberal-demokratischem Geist und republikanischer Vernunft heraus zu gestalten.

Wenngleich die Frage berechtigt ist, ob sich die Herrschaftsrealität der heutigen Präsidialdemokratie noch mit den Grundprinzipien der Verfassung von 1787 deckt, verblüfft ihre lange Lebensdauer und insgesamt unangefochtene Autorität. Die Gründerväter haben sich beim Bau der Republik fürwahr als meisterliche Architekten erwiesen, indem sie eine knappe, auf wenige Grundsätze und Ordnungsprinzipien konzentrierte Verfassung entwarfen, die sich richterlicher Auslegung und Anpassung an sozio-politische Wandlungsprozesse nie entzog; und durch sie ein politisches System, lernfähig und offen für Reformen; beide zusammen, Verfassung und Regierungssystem, vielleicht „das großartigste Kunstwerk, das die westliche Hemisphäre hervorgebracht hat."[12]

Die fünfzig Staaten der USA, in der Reihenfolge ihrer Aufnahme in die Union

1.	Delaware	1787	26.	Michigan	1837
2.	Pennsylvania	1787	27.	Florida	1845
3.	New Jersey	1787	28.	Texas	1845
4.	Connecticut	1788	29.	Iowa	1846
5.	Georgia	1788	30.	Wisconsin	1848
6.	Massachusetts	1788	31.	California	1850
7.	Maryland	1788	32.	Minnesota	1858
8.	South Carolina	1788	33.	Oregon	1859
9.	New Hampshire	1788	34.	Kansas	1861
10	Virginia	1788	35.	West Virginia	1863
11.	New York	1788	36.	Nevada	1864
12.	North Carolina	1789	37.	Nebraska	1867
13.	Rhode Island	1790	38.	Colorado	1876
14.	Vermont	1791	39.	North Dakota	1889
15.	Kentucky	1792	40.	South Dakota	1889
16.	Tennessee	1796	41.	Montana	1889
17.	Ohio	1803	42.	Washington	1889
18.	Louisiana	1812	43.	Idaho	1890
19.	Indiana	1816	44.	Wyoming	1890
20.	Mississippi	1817	45.	Utah	1896
21.	Illinois	1818	46.	Oklahoma	1907
22.	Alabama	1819	47.	New Mexico	1912
23.	Maine	1820	48.	Arizona	1912
24.	Missouri	1821	49.	Alaska	1959
25.	Arkansas	1836	50.	Hawaii	1959

Anmerkungen

1 Vgl. etwa Hartmut Wasser: Von der Frankfurter Paulskirchenverfassung zum Bonner Grundgesetz. Der Einfluß amerikanischer Verfassungsphilosophie auf die deutsche Verfassungsgeschichte seit 1848/49, in: ders. (Hrsg.): 50 Jahre Grundgesetz. Historisch-politische Betrachtungen zur Verfassung der Bundesrepublik Deutschland, Weingarten 1999.

2 Ein knapper historischer Abriß findet sich bei Klaus Stern, Grundideen europäisch-amerikanischer Verfassungsstaatlichkeit, Berlin 1984 (Schriftenreihe der Juristischen Gesellschaft zu Berlin, H. 91).

3 A Dissertation upon Parties, 1733-34, in: The works of Lord Bolingbroke, 1841, Bd. II, S. 88.

4 In: Deutschland und der Kalte Krieg, München 1974, S. 89ff.

5 Dazu u.a. Hartmut Wasser, Die Vereinigten Staaten von Amerika. Portrait einer Weltmacht, Stuttgart 1982², S. 58ff.; Lance Banning, From Confederation to Constitution. The Revolutionary Context of the Great Convention, in: this Constitution, Spring 85, No. 6, S. 12ff.

6 Zu diesen Zusammenhängen Willi Paul Adams, Republikanische Verfassung und bürgerliche Freiheit. Die Verfassungen und politischen Ideen der amerikanischen Revolution, Neuwied 1973.

7 Zit. nach this Constitution, Fall 1986, No. 12, S. 52.

8 Der Föderalist, hrsg. von F. Ermacora, Wien 1958, S. 295ff.

9 Ebda.

10 Ernst Fraenkel, Deutschland und die westlichen Demokratien, Stuttgart 1964, S. 83.

11 Der Föderalist, a.a.O., S. 295ff.

12 Ernst Fraenkel, Das amerikanische Regierungssystem, Köln/Opladen 1962, S. 347.

Hartmut Wasser

Die Rolle der Ideologie in den Vereinigten Staaten

„Amerikanismus" als geistig-politisches Fundament der transatlantischen Gesellschaft

Ohne allseits akzeptierte Gemeinsamkeiten kann auf Dauer keine Gesellschaft existieren. Sie können etwa aus der Prägekraft ihres gemeinsamen historischen Schicksals, spezifischen Glaubenstraditionen, besonderen geographischen Konstellationen oder kulturellen Eigenheiten erwachsen. Das überaus heterogene Konglomerat von Menschen in Nordamerika hat von allem Anfang an auf einen eigentümlichen Integrationsfaktor gesetzt, der bis zur Gegenwart das Selbstverständnis der amerikanischen Nation als eines sich von anderen Nationen unterscheidenden politischen Körpers am Leben hält: Der „Amerikanismus" hat als Bündel wertefixierter Einstellungsmuster und Bewußtseinsdispositionen jenen Integrationssog freigesetzt, welchen bei der Formierung europäischer Nationen etwa der Geschichtsprozeß bewirkte. Eine Vielzahl empirischer Untersuchungen kann selbst noch für die unmittelbare Gegenwart den Beweis breiter Zustimmung zur amerikanischen Ideologie führen, die, obzwar mit rückläufiger Tendenz, bis in „Außenseiter"-Schichten der transatlantischen Gesellschaft reicht; und wenn „Systemrevolutionäre" keine nennenswerte Rolle im Gang der zweihundertjährigen US-Geschichte gespielt, radikale Oppositionsbewegungen von links und rechts bloß marginale Bedeutung erlangt haben, wenn sich ernstzunehmende politische Strömungen stets im „mainstream" amerikanischer Existenz zu bewegen trachteten, so darf dies alles als Ausweis der Wirksamkeit eben jenes „Amerikanismus" gewertet werden.

Der „Amerikanismus" als nationaler Integrationsfaktor

Daß in den USA ein Individuum dadurch zum Bürger seines Landes, zum akzeptierten Mitglied seines Gemeinwesens wird, daß es sich zur vorherrschenden Ideologie bekennt, stellt ein weltgeschichtliches Unikum dar, das schon in den achtziger Jahren des 18. Jahrhunderts von dem Franzosen Jean de Crêvecoeur, der sich als Autor Hector St. John nannte, in seinen „Letters from an American Farmer" vermerkt worden ist. Auf die (selbstgestellte) Frage, was denn der Amerikaner sei, lautete seine Antwort, er sei „ein neuer Mensch, der nach neuen Prinzipien handelt". Ein anderer Europäer, der schwedische Wissenschaftler Gunnar Myrdal, hat in den vierziger Jahren unseres Jahrhunderts denselben Sachverhalt mit den Worten beschrieben, es sei der „American Creed", die „Zivilreligion" oder Ideologie der USA, recht eigentlich der „Zement in der Struktur dieser großen und disparaten Nation."[1] Und erst vor einigen Jahren hat Samuel P. Huntington dieses beispiellose Faktum so umrissen:

„Die Vereinigten Staaten konstituierten sich durch einen bewußten politischen Akt, im Geltendmachen gewisser grundlegender Politikprinzipien und durch das Bekenntnis zu konstitutionellen Übereinkünften, die auf jenen Prinzipien beruhen ... Die zentralen Ideen dieser Doktrin abzulehnen, heißt ‚unamerikanisch' sein. Es gibt kein britisches oder französisches, kein deutsches oder japanisches ‚Glaubensbekenntnis'; die Académie Française macht sich Sorgen um die Reinheit der französischen Sprache, nicht über die Reinheit der politischen Ideen Frankreichs. Was wäre denn auch eine ‚unfranzösische' politische Idee? Aber die Beschäftigung mit ‚unamerikanischen' politischen Ideen und Verhaltensweisen ist ein stets wiederkehrendes Thema im amerikanischen Leben geblieben. ‚Es ist unser Schicksal als Nation gewesen', hat Richard Hofstadter bündig vermerkt, ‚keine Ideologie zu haben, sondern eine zu sein'. Diese Identifikation der Nationalität mit dem politischen Glaubensbekenntnis oder Werten verleiht den Vereinigten Staaten im Grunde ihren einzigartigen Charakter."[2]

Es paßt zur Logik der Huntingtonschen These, daß nach dem Zweiten Weltkrieg Joseph McCarthy, republikanischer Senator aus Wisconsin, als Vorsitzender des „Permanent Investigations Subcommittee", eines Unterausschusses des „Government Operations Comittee", „Abweichler" und Nonkonformisten, zumeist pauschal unter Kommunismusverdacht gestellt, in einer Weise aus dem „mainstream" ausgrenzen konnte, daß darüber ihr Amerikanertum in Frage gestellt wurde.

Wie läßt sich diese weltgeschichtliche Besonderheit erklären?

Der weltgeschichtliche Exzeptionalismus als Ausfluß des „amerikanischen Traumes"

Ein Vierteljahrhundert nach der Amerikafahrt des Kolumbus schrieb der Engländer Thomas Morus seine „Utopia", Schilderung eines politisch, gesellschaftlich und wirtschaftlich gleichermaßen ideal verfaßten Gemeinwesens. In ihrer Phantasie siedelten die Zeitgenossen wie selbstverständlich das Paradies des Morus in der Ferne des Westens an, die der Seefahrer in das europäische Bewußtsein gehoben hatte. Jahrhunderte lang hat der Traum Menschen nicht mehr aus seinem Bann entlassen, es ließe sich in den transatlantischen Weiten eine bessere, vielleicht sogar eine vollkommene Welt schaffen, eine Welt ohne Despotismen, soziale Zwänge, kirchliche Bevormundungen, ohne Armut und Not, wie sie europäische Lebenswirklichkeiten bestimmten. Er hat die protestantischen Pilgerväter im frühen 17. Jahrhundert ebenso beseelt wie die europäischen Siedlermassen des 19. Jahrhunderts; bricht sich in Schriften und Reden Thomas Paines, Benjamin Franklins und Thomas Jeffersons Bahn; degeneriert zuweilen auch zum Rechtfertigungsinstrument rücksichtsloser Eroberungspolitik auf dem eigenen Kontinent und in anderen Teilen der Welt; aber bleibt selbst noch im Mißbrauch das beherrschende geistige Strukturelement Amerikas. Das amerikanische Nationalgefühl beruhe, so hat der Nationalismusforscher Hans Kohn einmal prägnant geschrieben, „auf dem Bewußtsein der Verschiedenartigkeit von anderen Nationen – verschieden aber nicht darin, daß diese Nation eine einmalige und einzigartige Erscheinung darstellt, sondern dadurch, daß sie als erstes Volk den allgemeinen Zug der menschlichen Entwicklung zu einer besseren, vernunftgemäßen Ordnung, zu größerer individueller Freiheit und zu grundsätzlicher Gleichberechtigung mit größtmöglicher Annäherung an die Vollkommenheit verwirklicht hat".[3]

Der Begriff „American Dream" ist vor einem guten halben Jahrhundert von dem Historiker James Truslow Adams (1878-1949) geprägt worden. Seinen Worten zufolge gibt es „den American Dream, den Traum von einem Land, in welchem das Leben für jedermann besser, reicher und erfüllter ist, mit einer Lebenschance für jeden entsprechend seiner Fähigkeit oder seiner Leistung... Es ist nicht nur der Traum von Autos und hohen Löhnen, sondern es ist ein Traum von einer sozialen Ordnung, in der jeder Mann und jede Frau in der Lage sein werden, das höchstmögliche Format zu erreichen, zu dem sie von Natur aus fähig sind."[4]

Historisch ist, wie gerade erwähnt wurde, die Sache älter als der von Adams geprägte Begriff; er hat das politische Denken und Handeln der Amerikaner durch die Jahrhunderte hindurch begleitet.

Amerika als Führer der Menschheit auf dem historischen Weg zu Vernunft und Fortschritt: Solcher Glaube an die eigene Auserwähltheit, religiös wie säkular-rationalistisch begründet, kann politisch sehr unterschiedliche Handlungsmuster hervorbringen. Der „amerikanische Traum" kann sich in geringschätziger Abkehr von Europa zum Isolationismus ausformen; oder er mag in menschheitsbeglückenden Messianismus verfallen, der die „Welt für die Demokratie zubereiten will" (Woodrow Wilson); kann, Beispiele finden sich in Roosevelts wie in Reagans Politik, im Kampf gegen das Böse schlechthin, trete es in faschistischer Drapierung oder kommunistischer Camouflage auf, mit den Mitteln der Machtpolitik Erfüllung suchen. Wenn die Europäer seit den Tagen des Kardinals Richelieu Nationen primär als Korporationen mit spezifischen Interessen ohne ideologisch motivierte Freund-Feind-Perspektiven bei der Gestaltung ihrer auswärtigen Beziehungen definieren, so ist diese Auffassung, so sind daraus abgeleitete Handlungsmaximen einem amerikanischen Politikverständnis lange Zeit fremd geblieben, das in einem ideologischen Kontext wurzelt.

Im folgenden sollen einige Kernelemente des „amerikanischen Traumes", des „Amerikanismus", des „American Creed" oder wie immer wir die transatlantische Ideologie etikettieren wollen, inhaltlich umrissen werden.

Die Unabhängigkeitserklärung als Herzstück des „Amerikanismus"

Als die Vereinigten Staaten in der Unabhängigkeitserklärung vom 4. Juli 1776 ihre Souveränität begründeten, unternahmen sie dies auf dem Fundament proklamierter Werte und Prinzipien:

„Wir erachten folgende Wahrheiten als selbstverständlich: daß alle Menschen gleich geschaffen sind; daß sie von ihrem Schöpfer mit gewissen unveräußerlichen Rechten ausgestattet sind; daß dazu Leben, Freiheit und das Streben nach Glück gehören; daß zur Sicherung dieser Rechte Regierungen unter den Menschen eingesetzt werden, die ihre rechtmäßige Macht aus der Zustimmung der Regierten herleiten...".

Wer hielt diese Wahrheiten für selbstverständlich? Eben die Amerikaner; und Amerikaner waren die, welche an diese Wahrheiten glaubten.

Freiheit und Gleichheit, Streben nach Glück und die Idee unverzichtbarer Menschenrechte ganz allgemein, die Legitimierung der Herrschaftsinstitutionen durch das Volk, welche auch das Postulat umschloß, es habe die Gesellschaft deren Zwecke und Grenzen zu setzen: all dies war im Europa des 18. Jahrhunderts nicht eben unbekannt, hatte in der politischen Aufklärungsliteratur der „Alten Welt", im Schrifttum britischer Whigs und schottischer Sozialphilosophen eine Rolle gespielt, begann auch Schritt für Schritt die Verfassungswirklichkeit des Mutterlandes einzufärben. Und dennoch durften sich die amerikanischen Gründerväter als Neuerer der politischen Welt verstehen, brachten sie doch verstreut Formuliertes in einen verbindenden Kontext, machten sie intellektuelle Hervorbringungen zu Konstitutionsprinzipien eines Gemeinwesens, das sich diametral von den Korporationen der „Alten Welt" unterscheiden sollte; setzten sie, in einem Wort, Theorie in politische Praxis um.

Individualismus und Freiheitlichkeit

Der „Amerikanismus" gewinnt seine Umrisse neben der Unabhängigkeitserklärung vorrangig in jenen Dokumenten, welche die Union konstituieren – den dreizehn Einzelstaatsverfassungen der ehemaligen Kolonien, der Bundesverfassung von 1787 sowie den politischen Stellungnahmen der Delegierten auf dem Konvent von Philadelphia, in den „Federalist Papers" als Verfassungskommentar gewissermaßen und einer Reihe von Denkschriften; aber auch im ausgedehnten Briefwechsel über politische Grundsatzfragen und Tagesaktualitäten zwischen den Gründervätern.

Der Sozialwissenschaftler Louis Hartz hat im „natürlichen Liberalismus" das Kernelement des „Amerikanismus" ausmachen wollen[5]; seine Analyse deckt sich mit Aussagen jener nie abreißenden Kette europäischer Amerika-Deutung, die stets auf das Moment der Freiheitlichkeit in der Gestaltung der gesellschaftlichen Beziehungen der „Neuen Welt" verwiesen hat. Freiheitlichkeit notabene in jenem Doppelsinn, wie ihn Ralf Dahrendorf in seinen „Reflexionen über Freiheit und Gleichheit" als „Abwesenheit von Beschränkung und Zwang" (soweit sie nicht mit universeller Verbindlichkeit der menschlichen Natur entspringen) und gleichzeitig als „Möglichkeit und Chance der Selbstverwirklichung des Menschen" definiert.[6] Vom Wert des „Individualismus" wird der Franzose Alexis de Tocqueville sprechen und das gleiche meinen. Der deutsche Psychologe und Philosoph Hugo Münsterberg, um die Jahrhundertwende als Professor an die Harvard-Universität berufen, hat diesen Freiheitsdrang auffächernd schärfer zu fassen versucht und ihn als „Geist der Selbstbestimmung" im öffentlichen Leben, als „Geist der Selbstbetätigung" in der wirtschaftlichen Sphäre verstanden.[7]

Die Idee der Selbstbestimmung zuerst: Sie hat ihren prägnantesten Ausdruck in jenem vielfach nachzuweisenden Mißtrauen gefunden, das sie jedweder Ausformung von Herrschaft, Macht und Autorität, das sie ganz allgemein politischen Institutionen und gesellschaftlichen (Groß-) Organisationen bezeugt hat. Von Thomas Paines apodiktischem Ausruf, es seien Regierungen „wie die Kleidung Kennzeichen verlorener Unschuld", und „die Paläste der Könige auf den Trümmern der Laubenhütten des Paradieses" errichtet („Common Sense" 1776) über Henry David Thoreaus Bekenntnis zu eigenverantwortlicher Lebensgestaltung unter Verzicht auf weiterreichende staatlich-institutionelle Daseinsvorsorge-Reglementierungen –; die beste Regierung ist die, welche gar nicht regiert; und wenn die Menschen einmal reif dafür sein werden, wird dies die Form ihrer Regierung sein. Eine Regierung ist bestenfalls ein nützliches Instrument; aber die meisten Regierungen sind immer, und alle sind manchmal, unnütz" („Resistance to Civil Government" 1849) – flicht sich das Band einer antiautoritären Weltanschauung bis zum modernen Populismus mit seinem Kampf gegen soziopolitische Machtkonzentrationen, gegen „Big Government" ebenso wie gegen „Big Business" oder „Big Labor", gegen „Corporate America" schlechthin.

Die Idee der Selbstbestimmung als wesentliches Ingredienz des „Amerikanismus" ist von Alexis de Tocqueville anschaulich beschrieben worden:

„In den Vereinigten Staaten ist das Dogma von der Souveränität des Volkes nicht eine Lehre, die, für sich abgesondert, weder mit den Gewohnheiten noch mit der Gesamtheit der herrschenden Vorstellungen zusammenhängt; man kann es im Gegenteil als das letzte Glied einer Kette von Meinungen ansehen, welche die ganze anglo-amerikanische Welt umspannt. Die Vorsehung hat jedem Menschen, wer immer er sei, das nötige Maß an Vernunft gegeben, das er zur selbständigen Führung der ihn allein angehenden Dinge braucht. Das ist der große Leitsatz, der in den Vereinigten Staaten der bürgerlichen und politischen Gesellschaft zugrunde liegt: Der Familienvater wendet ihn auf seine Kinder an, der Herr auf seine Diener, die Gemeinde auf die Gemeindeangehörigen, die Provinz auf die Gemeinden, der Staat auf die Provinzen, die Union auf die Staaten. Auf das Ganze der Nation ausgedehnt, wird er zum Dogma der Volkssouveränität."[8]

Tocquevilles Analyse verdeutlicht, daß die Idee der Selbstbestimmung stets mehr als jenen negativen, auf Abwehr bloß von Autorität gerichteten Freiheitsgedanken umschlossen hat; ihr ist es auch um politische Beteiligung, aktive Teilhabe an den Geschäften des öffentlichen Lebens, um die Verwirklichung des Prinzips der Volkssouveränität, kurzum, zu tun gewesen.

Grundelemente der „Politischen Kultur" in den USA und Deutschland in historischer Perspektive

USA	Deutschland
– Instrumentales Staatsverständnis Gesellschaft schafft sich ihr angemessene Regierungsinstitutionen	– Organisches Staatsverständnis Staat ist der Gesellschaft vor- und übergeordnet
– Staatsapparat repräsentiert Gesellschaft über Wahl- und Zustimmungsverfahren, eine Verwaltung auf Zeit, durch Elitenrotation und die Figur des Amateurs	– Staat aktiviert sich durch professionelle Verwaltung, einen bestallten Beamtenapparat, durch eine Berufsdiplomatie
– Vorrang des Opportunitätsprinzips und demokratischer Verfassungsstaatlichkeit	– Geltung legalistischer Normen und des Rechtsstaatsprinzips
– Prinzip der Öffentlichkeit, der Mündlichkeit, der Risikobereitschaft, der experimentellen Haltung, des Pragmatismus prägt Gestaltung des öffentlichen Lebens	– Dominanz des Prinzips der Geheimhaltung, der Schriftlichkeit, des Sicherheitsbedürfnisses, des Festhaltens am Überkommenen, der Starrheit und des Dogmatismus im öffentlichen Leben
– Bürgermißtrauen gegen jede Staatsgewalt bei Tendenz zu privater Gewalttätigkeit; starke Gegenwarts- und Zukunftsbezogenheit; Hang zum „Exhibitionismus".	– Bürgerliche Staatsbejahung und Akzeptanz der Staatsgewalt; Historismus; Privatismus

„Grass roots"-Demokratie und Föderalismus, republikanische Herrschaftsformen allerorten mit immanentem Demokratisierungssog, stärker am Werke in den Einzelstaaten als im Bund, aber auch dort realiter die plebiszitäre auf Kosten der repräsentativen Herrschaftskomponente stetig verstärkend, die Besetzung einer Vielzahl öffentlicher Ämter durch Wahl unter Verzicht auf bürokratische Bestellungsmuster, solches und anderes mehr hat die Amerikaner in den Augen der Außenwelt stets als dynamische Willensgemeinschaft erscheinen lassen.

„Natürlicher Liberalismus" (Hartz) oder „Geist der Selbstbetätigung" (Münsterberg) in der wirtschaftlichen Sphäre: Von Anfang an hat er die Ausformung eines spezifischen „Amerikanismus" wesentlich mitgetragen als einem Bündel von Wertvorstellungen wie Arbeitsamkeit, Genügsamkeit, Selbstdisziplin, Spontaneität, als anhaltende Bereitschaft zum Wettbewerb um begrenzte Ressourcen. Individualismus und Freiheitlichkeit in der ökonomischen Sphäre meinen primär jenen „possessiven Individualismus" Lockescher Prägung, dem es um den Erwerb und Erhalt von Besitz zu tun ist. Charles Beard hat in seiner 1913 veröffentlichten „Economic Interpretation of the Constitution of the United States" die Verfassungsschöpfung der Gründerväter als Akt zur Sicherung des sozio-ökonomischen Status der Besitzenden gewertet, wobei freilich die „revisionistische" Interpretation der Staatsgründung nie hat erklären können, weshalb in kürzester Zeit eben diese solchermaßen oligarchisch definierte Verfassung zum Kultgegenstand aller Amerikaner, auch der „Have Nots" geworden und dies bis zum heutigen Tage im wesentlichen auch geblieben ist. Offensichtlich glaubten auch die Unterprivilegierten an die Chance, im Rahmen der Verfassung zu „Haves" zu werden, akzeptierten sie den Grundsatz, es sei individuelle und soziale Existenz als eine kompetitive zu verstehen, es stellten Tatwillen, Risikobereitschaft, Leistungsfähigkeit und Mobilität Grundbedingungen eines rechtverstandenen „Amerikanismus" dar.

Selbst wo sich Gruppenkonflikte im Gefolge des Industrialisierungsprozesses zum Klassenkampf verschärften, trug man sie auf der gemeinsamen Spielwiese marktwirtschaftlicher Überzeugungen aus. Nicht gegen den Kapitalismus an sich liefen die „underdogs" Sturm, wohl aber gegen kapitalistische Machtkonzentration; sie galt es zu zertrümmern, nicht etwa durch staatliche Machtballung abzulösen. Der Politikwissenschaftler James D. Burnham hat einmal von den im Rahmen des „Amerikanismus ausgeschlossenen Alternativen" gesprochen; Verstaatlichung hat zu ihnen gehört wie generell alle sozialistischen Lösungsmodelle. Stattdessen erfand man gegen Ende des vorigen Jahrhunderts die „Independent Regulatory Commissions", um Ordnungsaufgaben im wirtschaftlichen Raume wahrzunehmen, die anderswo dem Staate zugeschoben wurden. „Unabhängige Regulierungskommissionen", an Weisungen der Exekutive nicht gebunden, sind die bezeichnende Antwort der Amerikaner auf die wachsende Komplexität moderner Wirtschaftsprobleme und die Notwendigkeit gewesen, durch Intervention die Sozialverträglichkeit eines überbordenden Kapitalismus wenigstens ansatzweise zu gewährleisten. Und ebenfalls im Marktrahmen bewegte sich die Antitrust-Gesetzgebung der Jahrhundertwende, die populistischer Druck auf den Kongreß erzwang.

Der Gleichheitsgedanke

„Unter den neuen Erscheinungen, die während meines Aufenthaltes in den Vereinigten Staaten meine Aufmerksamkeit erregten, hat keine meinen Blick stärker gefesselt als die Gleichheit der gesellschaftlichen Bedingungen. Ich entdeckte ohne Mühe den erstaunlichen Einfluß, den diese Tatsache auf die Entwicklung der Gesellschaft ausübt; sie gibt dem Denken der Öffentlichkeit eine bestimmte Richtung, den Gesetzen einen bestimmten Anstrich; den Regierungen neue Grundsätze und den Regierten besondere Gewohnheiten. Bald erkannte ich, daß sich der Einfluß dieser Erscheinung weit über die politischen Zustände und die Gesetze hinaus erstreckt, und daß er auf die bürgerliche Gesellschaft nicht weniger als auf die Regierung einwirkt: er erzeugt Meinungen, ruft Gefühle hervor, zeitigt Gebräuche, und alles, was er nicht hervorbringt, wandelt er."[9]

Als Alexis de Tocqueville diese Sätze 1835 niederschrieb, spiegelte seine inhaltliche Bestimmung von Egalität als Gleichheit der Chancen und Bedingungen unzweifelhaft ein wesentliches Stück sozialer Realität wider: die tatsächliche Unabhängigkeit und Selbständigkeit, der sich die große Mehrheit der berufstätigen Bevölkerung erfreute, relativ ausgeglichene Einkommensverhältnisse, die insgesamt mittelständische Gesellschaftsstruktur, der aufs Ganze gesehen besorgniserregende Armut ebenso fremd war wie unmäßiger Reichtum. Eben diese Chancengleichheit des Einzelnen, ungeachtet seiner sozialen Stellung, Hautfarbe, seines Geschlechts oder religiösen Überzeugung, ist zentraler Bestandteil des „Amerikanischen Traums" gewesen und geblieben; sie fiel europäischen Besuchern der USA besonders ins Auge, weil sie mit den vielfältigen Formen von Ungleichheit in der aristokratisch dominierten „Alten Welt" scharf kontrastierte.

Im Verlauf des 19. und 20. Jahrhunderts hat freilich die agrarisch-kleinhändlerische Existenz der amerikanischen Gesellschaft städtisch-industrieller Konzentration weichen, die annähernde Gleichheit der Lebensverhältnisse einem breiten Spektrum individueller und gruppenhafter Daseinsverwirklichungen das Feld räumen, die relative Ausgeglichenheit der Einkommensverhältnisse einer stark differenzierten Vermögensstruktur Platz machen müssen. Trotzdem haben die Amerikaner bis in die Gegenwart hinein hartnäckig die Existenz gesellschaftlicher Chancengleichheit verfochten, auch und gerade die Unterschichten, haben sie sich mit „affirmative action"-Programmen nie recht befreunden können, die mindestens bis zu einem gewissen Grad auf die Gleichheit der Resultate ziel(t)en.

Als Nation, so will es scheinen, sind die Amerikaner relativ unsensibel geblieben für die sozialen Bedingungen individuellen Aufstiegs; vielleicht stellt die „civil rights"- und „war on poverty"-Dynamik der sechziger Jahre die berühmte Ausnahme von der Regel dar. Ansonsten hat man sich dort, wo soziale Depravation unübersehbar die Lebenswirklichkeit ganzer Gruppen bestimmte, eben mit dem Hinweis auf individuelles Versagen beruhigt, umso mehr, als doch das öffentliche Erziehungswesen ganz im Dienste des Egalitarismus stehen sollte und immer noch soll. Nicht nur in seiner äußeren Form der Gesamtschule, die bis zum heutigen Tage alle sozialen Schichten umfaßt, oder den weiterführenden Bildungseinrichtungen, die dem Anspruch nach allen offenstehen; sondern auch in seinem von der pädagogischen Philosophie eines John Dewey geprägten Geiste, der Erziehung zum Zwecke der Einübung demokratischer Gleichheitsnormen betreiben will. Sicher haben stets Schulen und Hochschulen, vor allem solche privater Trägerschaft, mit elitärem Anstrich und hohem Leistungs- wie Autoritätsanspruch existiert; doch hielt der „Amerikanismus" unbeirrt am Glauben fest, es müßten die Erziehungsinstitutionen den Traum der „gleichgeborenen Nation" verwirklichen helfen.

Egalitarismus als Grundpfeiler des „Amerikanismus" wollte und will aber nicht nur als Chancengleichheit aller beim Start zum lebenslangen Wettbewerb verstanden werden, sondern meint(e) auch eine soziale Umgangsform sui generis, die der schon erwähnte Hugo Münsterberg als „Geist der Selbstbehauptung" definiert hat.

„Das soziale Gleichheitsbewußtsein", so schreibt er, „das, obgleich vielfach schattiert, doch im Grunde überall in den Vereinigten Staaten dasselbe ist, leugnet in keiner Weise die sozialen Verschiedenheiten, die aus der Verschiedenheit der Bildung, des Besitzes, des Berufes, der Leistungen folgen, aber es verlangt, daß alle diese Verschiedenheiten als äußerlich zu gelten haben gegenüber der eigentlichen Persönlichkeit: im Grunde sind wir alle gleichwertig... Wer diesen Anspruch der Gleichwertigkeit innerlich aufrichtig für sich erhebt, der billigt ihn auch jedem anderen im Kreise zu ... Wer wahrhaft die soziale Gleichwertigkeit als das Wesentliche im sozialen Verhältnis ansieht, der muß notwendigerweise nach oben und nach unten gleichmäßig empfinden, muß sich selbst behaupten und in demselben Akt den andern anerkennen. Der Geist der sozialen Selbstbehauptung fordert geradezu die Gleichwertigkeit aller anderen, die der gleichen sozialen Gemeinschaft angehören ... Was dem Fremden vielleicht am ehesten auffällt, ist die ruhige Sicherheit, mit der jeglicher seinen Weg geht, ohne sich durch Höhere bedrückt, durch Niedrigere gehoben zu fühlen."[10]

Gleichheit als gesellschaftliche Norm gerät hier zur sozialen Umgangsform, die zwar dem Millionär aus eigener Kraft, dem großen Staatsmann oder dem berühmten Schriftsteller Interesse und Bewunderung der Zeitgenossen beläßt, ihnen jedoch die unterwürfige Verehrung vorenthält, die aus dem Postulat sozialer Verschiedenwertigkeit erwächst. Sie deklariert Unterschiede in der sozialen Stellung von Menschen als unerheblich für ihr persönliches Verhältnis zueinander, immer solange freilich nur, wie der oder die Betreffenden bereit sind, im Rahmen ihrer Möglichkeiten Leistungsbereitschaft an den Tag zu legen. Jedenfalls ist der „Geist der Selbstbehauptung" jener Kitt, der die gesellschaftliche mit der politischen Sphäre dadurch sinnvoll verbindet, daß er demokratiegerechte Denk- und Verhaltensweisen gedeihen läßt.

Dieser Umstand ist auch dem berühmten Autor von „Quo Vadis", dem polnischen Schriftsteller Henryk Sienkiewicz, während seines Amerikaaufenthalts (1876-1878) aufgefallen, wie sein Urteil belegt: „Die Demokratie in Amerika ist nicht nur eine staatliche, sondern auch eine sittliche Angelegenheit. Sie existiert nicht nur als Institution und Theorie, sondern auch in der Praxis. Hier sind die Angehörigen der... verschiedenen Stände einander wirklich und wahrhaftig gleich. Sie können zusammen leben, sich anfreunden, gehören der einen Gesellschaft an, sitzen an einem Tisch, kurzum – sie stehen nicht auf verschiedenen Stufen der gesellschaftlichen Leiter, und zwar einfach deshalb nicht, weil es diese Leiter und diese Stufen überhaupt nicht gibt."[11]

Der Pragmatismus als Element des „Amerikanismus"

Die Überzeugung von der prinzipiellen Machbarkeit der Dinge und Verhältnisse, der Glaube an die Überlegenheit pragmatischer Problemlösungsmuster im Wege des „trial and error", eines sich der Gefahr des Irrtums stets bewußten Durchspielens verschiedener Handlungsoptionen will allen Interpreten der transatlantischen Ideologie besonders bemerkenswert erscheinen.

„Unser Land braucht, und wenn ich sein Fühlen richtig verstehe, unser Land fordert kühnes, zähes Experimentieren. Eine Methode zu wählen und auszuprobieren, das ist gesunder Menschenverstand. Taugt sie nicht, so soll man es offen zugeben und eine andere versuchen. Vor allem aber, versucht etwas!"[12]

hat Franklin Delano Roosevelt zur Begründung seines „New Deal" ausgerufen und ihn damit in die Kontinuität der politischen Kultur Amerikas gestellt. Dieses ideologische Glaubensbekenntnis wirkte in der unverkennbaren Geringschätzung „zwecklosen" Theoretisierens. Der Professor erklomm in den USA niemals den Gipfel des Sozialprestiges, auf dem sich sein deutsches Pendant so lange sonnen durfte. Es ließ weder den Bürokraten zum gesellschaftlichen Leitbild werden noch den Offizier (jedenfalls nicht außerhalb der Südstaaten); wer Sicherheit dem Risiko vorzog, sich nicht dem Wettbewerb des Marktes stellen mochte, durfte auf wenig Ansehen hoffen. Zwar waren hier nach dem Zweiten Weltkrieg im Gefolge der machtpolitisch-ideologischen Polarisierung des internationalen Systems gewisse Wandlungen zu beobachten, schätzten die Amerikaner das Militär jetzt höher ein als in früheren Epochen ihrer Geschichte, gewannen im Wettbewerb der Systeme auch Wissenschaftler gesteigertes Prestige; doch ist der Pragmatismus als Form individueller wie kollektiver Lebensbewältigung bis heute ein wesentliches Merkmal des „Amerikanismus" geblieben. Eines im übrigen, das ebenfalls zur Festigung der politischen Ordnungsform, der Demokratie also, hat beitragen können. Nicht zufällig hat gerade ein Amerikaner, der Sozialwissenschaftler Anthony Downs, eine „ökonomische Theorie der Demokratie" entwickelt[13] und auf der politischen Ebene Reflexe der wirtschaftlich-sozialen Ordnung entdeckt: Hier wie dort herrsche Pragmatismus und Wettbewerbsdenken, das rationale Kalkül der Nutzenmehrung und die Überzeugung von der Machbarkeit der Dinge. Jedenfalls ist amerikanischem Demokratieverständnis ideologische Starrheit und dogmatisches Sektierertum nach kontinentaleuropäischem Vergangenheitsmuster stets fremd geblieben; auch die „Moral Majority" von heute verkörpert gewiß nicht, wie ihr Name suggerieren möchte, majoritäres Denken und Empfinden in den USA. Und gleiches gilt für den christlichen „Fundamentalismus", der im Extremfall Mord an Ärzten rechtfertigt, die Abtreibungen vornehmen.

Das Moment der Religiosität

Die Bedeutung der Religion für das Selbstverständnis der Gesellschaft und die demokratische Entwicklung der Vereinigten Staaten ist von Sozialwissenschaftlern immer wieder vermerkt worden. Max Weber hat seine aufsehenerregende These vom Zusammenhang zwischen Protestantismus und kapitalistischer Entwicklung am Beispiel der USA veranschaulicht, die eigentümlich geistig-religiöse Haltung der Amerikaner verantwortlich gemacht für ihr wirtschaftsspezifisches Verhalten und ihre pragmatisch-demokratische Einstellung gegenüber Staat und Politik. Und lange vor ihm hatten der Franzose Tocqueville wie der Engländer James Bryce auf die nahezu vollständige Zugehörigkeit der Amerikaner zu religiösen Gemeinschaften verwiesen, mit nicht geringer Verblüffung überdies, da sich doch in der Alten Welt seit den Tagen der Aufklärung und Französischen Revolution kirchen- und religionsfeindliche Ideologien liberaler, radikaldemokratischer oder marxistischer Prägung zielstrebig ausbreiteten.

Noch mehr Verwunderung erregt bis in die unmittelbare Gegenwart hinein die selbstverständliche Einbettung der kirchlichen Sphäre in das weltliche Dasein der Gesellschaft, die Durchdringung auch des öffentlichen und politischen Lebens mit religiöser Rhetorik und Symbolik (aber auch die extreme Kommerzialisierung von Religion in den verschiedenen Fernsehkirchen).

„Es finden sich in den USA weniger Befangenheit in Gesprächen über religiöse Erfahrungen, weniger formale Trennung zwischen Kirche und Welt, weni-

51

> ger Neigung, die Geistlichen als Kaste mit spezifischen, für Laien nicht ver-
> bindlichen Lebensgewohnheiten zu betrachten ... Der gesellschaftliche Aspekt
> des kirchlichen Lebens ist stärker entwickelt als im protestantischen Europa.
> Die Gemeinde ... ist Zentrum vieler Vereinigungen literarischer, künstleri-
> scher, religiöser oder philanthropischer Natur ..."[14]

hat Bryce am Ende des 19. Jahrhunderts festgestellt; manches davon darf auch heute noch Gültigkeit beanspruchen. Dabei hat die
Religiosität der Amerikaner durchaus pragmatisch-utilitaristische
Züge aufgewiesen, sich mehr in moralisch-ethischen als in dog-
matisch-mystischen Bahnen bewegt. Sie förderte Mäßigung und
Toleranz, Kooperationsbereitschaft und wechselseitige Respektierung zwischen den gesellschaftlich-politischen Pluralismen,
umso mehr, als die Verfassung Staat und Kirche (als Institution)
strikt voneinander scheidet. Und doch ist auch der Bereich des
Glaubens von jener Widersprüchlichkeit gezeichnet, wie sie der
politischen Kultur der Amerikaner da und dort eignet: So wie das
Beharren auf freiheitlich-individueller Lebensführung nur solange sakrosankt erscheint, wie es mit dem Bekenntnis zum „Amerikanismus" einhergeht, wird Toleranz in Glaubensdingen dem
Atheisten rundweg verweigert. Wenn in den letzten Jahrzehnten
der Supreme Court in manchen höchstrichterlichen Urteilsver-
kündigungen die USA als eine säkularisierte, pluralistische Gesellschaft interpretierte, in der auch atheistische Positionen vor
Diskriminierung zu schützen seien, so hat solch entschiedene Li-
beralität heftige Konflikte in der amerikanischen Gesellschaft
ausgelöst und die „Moral Majority" bei der Reagan-Administration mit der Forderung vorstellig werden lassen, durch perso-
nalpolitische Weichenstellungen den Obersten Gerichtshof auf
den Pfad der Tugend zurückzuführen. Die Intoleranz jedwedem
Atheismus gegenüber mag freilich ein gewisses Verständnis aus
dem Umstand ziehen, daß in den USA „demokratische und religiöse Werte in wechselseitiger Beeinflussung gewachsen sind:
mit dem Erfolg, daß die Amerikaner einerseits der Religion hohe
Bedeutung für die Unterstützung der demokratischen Institutionen zuschreiben und deshalb der Meinung sind, daß alle Bürger
dieses Landes irgendeinem religiösen Bekenntnis angehören
sollten; daß andererseits die amerikanischen Glaubensgemeinschaften eher die ethische Dimension der Religion, die allen
gleichermaßen eigen ist (und die mit anderen demokratischen
Werten eng verwoben ist), betonen als die transzendentalen Ge-
halte, in denen sie sich unterscheiden." [15]

Eine Unzahl von Bekenntnissen, deren Namen man in Europa oft noch nicht einmal gehört hat, wetteifert untereinander um Mitglieder und Spender. Selbst die uns vertrauten Glaubensgemeinschaften fließen in Teilgruppen auseinander; eine bunte Mischung aus Pluralismus und Sektierertum formiert sich allerorten.

„Die religiöse Vielfalt der USA ist zum Teil ein Erbe der kolonialen Gründungsgeschichte, als Anglikaner in Virginia, Puritaner in der Massachusetts Bay, in Connecticut und New Haven, puritanische Separatisten in der Plymouth Plantation, Holländisch-Reformierte, Katholiken, Anglikaner, Puritaner, Lutheraner, Mennoniten und Juden in Nieuw Amsterdam, dem späteren New York, Baptisten in Rhode Island, Quäker in Pennsylvania und Katholiken in Maryland siedelten.

Diese Bekenntnisvielfalt verstärkte sich seit der Gründung der Republik durch immer neue Einwanderungswellen von Katholiken, Lutheranern, Juden u.a., durch den Import neuer protestantischer Strömungen überwiegend aus England, wie den Methodisten oder der Heilsarmee, sowie durch inneramerikanische Sektenbildungen, wie den Mormonen. Ethnisch-kulturelle, soziale und politische Abgrenzungen sowie vor allem auch der Konflikt zwischen den Nord- und Südstaaten vermehrten die Zahl der religiösen Gruppierungen.

In den letzten zwanzig Jahren haben zu dieser Vielfalt in erster Linie neue religiöse Bewegungen und Kulte beigetragen. Dabei handelt es sich vornehmlich um Einflüsse östlicher Religionen überwiegend auf Teile der jüngeren Generation oder auch um Bekenntnisse oder Kulte neuer Immigranten. Dennoch nimmt die Vielfalt religiöser Gruppierungen in den USA nicht ständig zu, sondern es sterben auch Bekenntnisse aus und es kommt zu Fusionen und neuen Formen der Kooperation."[16]

Die Protestanten gehören überwiegend den etablierten Kirchen englischen Ursprungs aus der Kolonialzeit (Episkopalisten, Presbyterianer, Kongregationalisten), den frontier-Religionen (etwa Baptisten, Methodisten, Disciples of Christ), mittel- und nordeuropäischen Einwanderer-Religionen, aus dem Protestantismus hervorgegangenen Sekten (z.B. Mormonen, Zeugen Jehovas) und charismatischen Bekenntnissen (wie Assemblies of God, Churches of God, Pentecostals) an. Dabei ist zu erwähnen, daß der Großteil der schwarzen Bevölkerung in protestantischen Kirchen, freilich zumeist in rassisch segregierten Denominationen (vorwiegend baptistischer und methodistischer Richtung) organisiert sind. Ihre Bedeutung für Fortschritte der Schwarzen etwa bei der Ausweitung politischer Partizipationsmöglichkeiten ist hoch zu veranschlagen.

Mit über 50 Millionen Mitgliedern stellt die römisch-katholische Kirche die größte einzelne Denomination in den USA dar. Iren, Einwanderer aus Ost- und Südeuropa bildeten im 19. Jahrhundert das Reservoir, aus dem sich der Katholizismus organisierte; im 20. Jahrhundert sind Franko-Kanadier, Hispanics und Einwanderer aus Asien hinzugetreten. In einer protestantischen Hegemonialkultur hat sich der Katholizismus lange schwer getan: Trotz mancherlei Anpassungsmanövern und gelegentlich demonstrativ zur Schau gestelltem Superpatriotismus blieb er in einer gesellschaftlichen Getto-Situation, die erst nach dem zweiten Weltkrieg (vor allem durch die Wahl des Katholiken John F. Kennedy zum 35. Präsidenten der USA und das Zweite Vatikanische Konzil) allmählich abgebaut worden ist. Heute ist die katholische Denomination fest in der amerikanischen Kultur verwurzelt. Wie andere Glaubensgemeinschaften marktwirtschaftlich organisiert, dem Grundsatz der Trennung von Staat und Kirche ergeben, hängt die katholische Kirche von der freiwilligen Mitarbeit und Finanzierung durch die Gläubigen ab, was dem Verhältnis von Laien und Klerus spezifische, amerikanisch-freiheitliche Züge verleiht.

Religionsgemeinschaften, Kirchenmitgliedschaft und Zahl der Kirchen 1998

Religionsgemeinschaften (Zahl der Gotteshäuser in Klammern)	Zahl der Mitglieder
Adventist churches:	
Advent Christian Ch. (318)	26,522
Ch. of God Gen. Conf. (Oregon, IL; Morrow, GA) (89)	5,096
Seventh-day Adventists (4,363)	809,159
American Rescue Workers (15)	10,000
Apostolic Christian Church of America (91)	12,200
Bahá í Faith (7,200)	133,000[1]
Baptist Churches:	
American Baptist Assn. (1,705)	300,000
American Baptist Chs. in the U.S.A. (5,807)	1,503,267
Baptist Bible Fellowship Intl. (3,600)	1,500,000
Baptist General Conference (875)	136,120
Baptist Missionary Assn. of America (1,349)	232,069
Conservative Baptist Assn. of America (1,084)	200,000
Free Will Baptists, Natl. Assn. of (2,491)	210,305
General Assn. of General Baptists (830)	67,881
General Assn. of Regular Baptist Chs. (1,440)	115,950
Natl. Baptist Convention, U.S. A., Inc. (33,000)	8,200,000
Natl. Missionary Baptist Convention of America	2,500,000
North American Baptist Conference (263)	43,928
Progressive National Baptist Convention (2,000)	2,500,000
Separate Baptists in Christ (100)	8,000
Southern Baptist Convention (40,565)	15,691,964

Brethren in Christ (199)	18,424
Brethren (German Baptists):	
Brethren Ch. (Ashland, OH) (119)	13,746
Church of the Brethren (1,106)	141,811
Grace Brethren Chs., Fellowship of (270)	34,500
Old German Baptist Brethren (57)	5,623
Buddhist Churches of America (62)	780,000[1]
Christian Brethren (Plymouth Brethren) (1,150)	100,000
Christian Church (Disciples of Christ) (3,840)	910,297
Christian Ch. of N.A., Gen. Council (350)	31,558
Christian Congregation, Inc. (1,437)	114,685
Christian and Missionary Alliance (1,850)	311,612
Christian Union, Churches of Christ in (240)	10,400
Church of Christ Scientist (2,200)	*
Church of the United Brethren in Christ (234)	24,137
Churches of Christ (14,000)	2,250,000
Churches of God:	
Chs. of God, General Conference (350)	31,558
Ch. of God, (Anderson, IN) (2,327)	229,240
Ch. of God (Seventh Day), Denver, CO (170)	6,500
Ch. of God by Faith (145)	8,235
Ch. of God, Mountain Assembly (118)	6,140
Church of the Nazarene (5,135)	608,008
Community Churches, Intl. Council of (517)	250,000
Congregational Christian Chs., Nat'l Assoc. of (429)	68,865
Conservative Congregational Christian Conference (219)	38,788
Eastern Orthodox churches:	
American Carpatho-Russian Orthodox Greek Catholic Ch. (78)	12,541
Antiochian Orthodox Christian Diocese of North America (16)	50,000
Apostolic Catholic Assyrian Ch. of the East, N.A. Diocese (22)	120,000
Armenian Apostolic Ch. (28)	180,000
Diocese of America, Armenian Church (72)	414,000
Coptic Orthodox Ch. (85)	180,000
Greek Orthodox Archdiocese of North and South America (532)	1,950,000
Orthodox Ch. in America (600)	2,000,000
Romanian Orthodox Episcopate of America (37)	65,000
Russian Orthodox Ch. in U.S.A., Patriarchal Parishes (38)	9,780
Russian Orthodox Church Outside of Russia (153)	*
Syrian Orthodox Ch. of Antioch (17)	32,500
Episcopal Church (7,415)	2,536,550
Evangelical Church (134)	12,352
Evangelical Congregational Church (148)	23,091
Evangelical Convenant Church of America (615)	93,136
Evangelical Free Church of America (1,224)	242,619
Friends:	
Evangelical Friends Intl.-North American Region (92)	8,666
Friends General Conference (600)	33,000
Friends United Meeting (580)	43,800

Religious Society of Friends (Conservative) (1,200)	104,000
Full Gospel Fellowship of Churches and Ministers Intl. (650)	195,000
General Church of the New Jerusalem (34)	8,568
Grace Gospel Fellowship (128)	60,000
Hindu	1,285,000[1]
Independent Fundamental Churches of America (670)	69,857
Islam	3,332,000[1]
Jehova's Witnesses (10,671)	975,829
Jewish organizations:	
Union of American Hebrew Congregations (Reform) (880)	1,500,000[1]
Union of Orthodox Jewish Congregations of America (800)	500,000[1]
United Synagogues of Conservative Judaism, The (760)	1,500,000[1]
Latter-day Saints:	
Ch. of Jesus Christ of Latter-day Saints (Mormon) (11,000)	4,800,000
Reorganized Ch. of Jesus Christ of Latter-day Saints (1,160)	177,779
Liberal Catholic Ch. – Province of the U.S.A. (16)	6,500
Lutheran churches:	
Apostolic Lutheran Ch. of America (60)	7,700
Ch. of the Lutheran Brethren of America (117)	13,442
Ch. of the Lutheran Confession (72)	8,958
Evangelical Lutheran Ch. in America (10,936)	5,180,910
Evangelical Lutheran Synod (135)	22,046
Free Lutheran Congregations, Assn. of (230)	30,769
Latvian Evangelical Lutheran Church in America (57)	12,097
Lutheran Ch. – Missouri Synod (6,154)	2, 594,555
Lutheran Chs., American Assn. of (90)	19,629
Wisconsin Evangelical Lutheran Synod (1,252)	412,478
Mennonite churches:	
Beachy Amish Mennonite Chs. (138)	8,399
Church of God in Christ (Mennonite) (97)	11,286
Hutterian Brethren (398)	41,600
Mennonite Brethren Chs., Gen. Conf. (368)	82,130
Mennonite Church (1,004)	90,959
Mennonite Ch., General Conference of (265)	53,353
Old Order Amish Ch. (898)	80,820
Methodist churches:	
African Methodist Episcopal Ch. (8,000)	3,500,000
African Methodist Episcopal Zion Ch. (3,098)	1,252,369
Christian Methodist Episcopal Ch. (2,340)	718,922
Evangelical Methodist Ch. (132)	8,500
Free Methodist Ch. of North America (1,050)	74,855
Primitive Methodist Ch. in the U.S.A. (75)	7,200
Southern Methodist Ch. (125)	7,885
United Methodist Ch. (36,361)	8,495,378
The Wesleyan Church (1,580)	118,021
Metropolitan Community Churches, Universal Fellowship of (285)	46,000
Missionary Church (325)	31,548
Moravian churches:	
Moravian Ch. in America, Northern Prov. (94)	27,318

Moravian Ch. in America, Southern Prov. (56)	21,513
Natl. Organization of the New Apostolic Ch. of North America (554)	41,863
Pentecostal churches:	
Apostolic Faith Mission Ch. of God (26)	11,350
Apostolic Overcoming Holy Church of God (146)	12,871
Assemblies of God (11,884)	2,467,588
Bible Church of Christ (6)	6,850
Bible Fellowship Church (58)	7,132
Church of God (Cleveland, TN) (6,060)	753,230
Church of God in Christ (15,300)	5,499,875
Church of God of Prophecy (1,910)	69,974
Elim Fellowship (170)	21,038
Intl. Ch. of the Foursquare Gospel (1,773)	229,643
Intl. Pentecostal Church of Christ (73)	5,411
Intl. Pentecostal Holiness Church (1,658)	164,132
Open Bible Standard Chs. (359)	45,988
Pentecostal Assemblies of the World (1,760)	1,000,000
Pentecostal Church of God (1,230)	111,900
Pentecostal Free Will Baptist Ch. (157)	16,000
United Pentecostal Ch. Intl. (3,600)	700,000
Polish National Catholic Church (143)	50,000
Presbyterian churches:	
Associate Reformed Presbyterian Ch. (General Synod) (215)	39,840
Cumberland Presbyterian Ch. (774)	88,066
Cumberland Presbyterian Ch. in America (152)	15,142
Evangelical Presbyterian Ch. (183)	57,502
Korean Presbyterian Church in America (203)	26,988
Orthodox Presbyterian Ch. (192)	21,820
Presbyterian Ch. in America (1,299)	267,764
Presbyterian Ch. (U.S.A.) (11,328)	3,637,375
Reformed Presbyterian Ch. of N. America (70)	5,657
Reformed churches:	
Christian Reformed Ch. in N. America (737)	201,795
Hungarian Reformed Ch. in America (27)	9,780
Protestant Reformed Churches in America (27)	6,391
Reformed Ch. in America (909)	304,113
United Church of Christ (6,110)	1,452,565
Reformed Episcopal Church (102)	6,064
Roman Catholic Church (22,728)	61,207,914
Salvation Army (1,264)	453,150
Unitarian Universalist Assn. of N.A. (40)	215,000

[1] Schätzungen; * keine Angaben

Quelle: Wolrd Almanac 1999, S. 684/85.

Der Judaismus ist eine der drei großen Religionen Amerikas, die ebenso wie die anderen beiden in einzelne Denominationen – Reformismus, Konservatismus und Orthodoxie – untergliedert ist. Während noch in den Bürgerkriegsjahren bloß ca. 150 000 Juden in den USA lebten, schwoll ihre Zahl durch den Exodus osteuropäischer Juden um die Jahrhundertwende, durch jüdische Flüchtlingsströme aus dem faschistischen Europa in den 30er Jahren und der zumeist politisch motivierten Auswanderung von Juden aus dem Sowjetimperium nach 1945 drastisch an. Gegenwärtig geht man von ca. 6 Millionen Juden in den Vereinigten Staaten aus.

Daß neben den großen Drei – Protestantismus, Katholizismus und Judaismus – auch alle anderen Weltreligionen vom östlichen Christentum über den Islam und afrikanische Religionen bis zum Hinduismus und Buddhismus unter den Amerikanern vertreten sind, sich neben den etablierten Denominationen auch vielerlei „Exoten" tummeln, die von der Moon-Sekte über Personal-Growth-Bewegungen (z.B. die Scientology-Church) bis zu okkulten und vorchristlich-heidnischen Formationen (vor allem als Teil der kalifornischen Subkultur) reichen, sei bloß angemerkt.

Religiöses Bekenntnis, Kirchenmitgliedschaft und Gottesdienstbesuch 1980 bis 1997 (in Prozent. Erfaßt sind Bürger über 18 Jahre)

Jahr	Prote-stanten	Katholiken	Juden	Andere	ohne Bekennt-nis	Kirchen-mitglied	Gottes-dienst-besuch
1980	61	28	2	2	7	69	40
1985	57	28	2	4	9	71	42
1989	56	28	2	4	10	69	43
1990	56	25	2	6	11	65	40
1991	56	25	2	6	11	68	42
1992	56	26	2	7	9	69	40
1993	57	26	1	8	8	68	40
1995	58	25	2	k.A.	k.A.	69	43
1996	58	25	3	5	29	65	38
1997	58	26	2	6	28	67	40

Quelle: Statistical Abstract of the United States 1998, Washington, D.C., 1998, S. 72.

Insgesamt kann man feststellen, daß die USA das westliche Land mit der höchsten religiösen Organisationsdichte darstellen (1995 bekannten sich 69% aller Amerikaner zur Mitgliedschaft in einer Denomination, 23% leisteten ehrenamtliche Arbeit für eine solche), daß ca. 95% der Amerikaner nach eigenem Bekenntnis an Gott glauben, aber auch in der transatlantischen Gesellschaft z.B. der regelmäßige Kirchgang rückläufig ist (von 49% 1958 auf 43% im Jahre 1995) und insgesamt der vielzitierte „Wertewandel" der sechziger und siebziger Jahre auch die Position der Kirchen oder die Bedeutung der Religion in den USA nicht unberührt gelassen hat.

Spannungen im „Amerikanismus"

Die politische Kultur eines Landes, der gesellschaftliche Wertekanon, die Denkgewohnheiten und Verhaltensweisen einer Nation, kurzum die vorherrschende „Ideologie" stellen in der Realität ein vielfach verwobenes Bezugs- und Einflußsystem dar, dessen Elemente untereinander harmonieren können, sich freilich häufiger aneinander zu reiben pflegen.[17] So haben Konflikte zwischen dem Gleichheits- und Leistungsgedanken oder zwischen Individualismus und Egalitarismus immer wieder die Nation beunruhigt. Zwar ließ die ursprüngliche Wertedefinition harmonisches Miteinander zu. Egalität als Gleichheit der Bedingungen und Gelegenheiten barg den Gedanken in sich, daß Leistung und Erfolg das Ziel aller sein sollte, ohne Rücksicht auf Geburt, Stand oder Hautfarbe; sie widersprach auch nicht der Pflege individueller Lebensstile. Doch offenbarte die soziale Praxis zu allen Zeiten Gegensätzlichkeiten. Ganz unverkennbar waren stets bestimmte Individuen oder soziale Gruppen mit größerem Erfolg gesegnet als andere; ganz offensichtlich rieb sich der amerikanische Traum stets aufs neue an der Verfassungswirklichkeit wund. Vor allem für die farbigen Minderheiten (insbesondere die Schwarzen) ist der Traum der „gleichgeborenen Nation" bis heute bestenfalls unvollkommen in Erfüllung gegangen; in der Rassenfrage „ist eben nicht Gleichheit, sondern Ungleichheit in ihrer schärfsten Form das fatale Erbe der amerikanischen Gesellschaft"[18], auch wenn die Korrekturen nicht gering veranschlagt werden sollen, die seit der Bürgerrechtsgesetzgebung der sechziger Jahre den Status gerade der schwarzen Minderheit stetig verändern.

Zuweilen schien ein Wesenselement des „Amerikanismus" über andere dominieren zu wollen, um alsbald wieder in den Hintergrund gedrängt zu werden. Während etwa in den zwanziger Jahren manche Sozialwissenschaftler in den USA den Verfall des Gleichheitspostulats im Zeichen eines rigiden Erfolgs- und Leistungsdenkens konstatierten, haben nach dem Zweiten Weltkrieg Soziologen den Untergang der protestanti-

schen Arbeitsethik und Leistungsmotivierung angesichts überbordender Gleichheitsanforderungen prophezeit.

Daneben sind mit wachsendem Abstand zur Gründerphase
der amerikanischen Republik verstärkt Widersprüchlichkeiten
im Kontext des „Amerikanismus" durch unterschiedliche Interpretationen seiner Grundelemente aufgebrochen. In jeder
Generation haben sich Gruppen und Strömungen ausmachen
lassen, die mit demselben ideologischen Begriff jeweils andere
Inhalte verbanden. Ob man den Eigentumsbegriff an Jeffersons
Landbesitz-Vision oder an Hamiltons Kapitalismus-Idee fest-
machte; ob man Demokratie als substantielle oder prozedurale
Konzeption verstand; ob Freiheit als Absenz von Zwang oder
aktive Gestaltungschance im politisch-sozialen Prozeß begriffen, Gleichheit als eine der Chancen oder der Lebensumstände
interpretiert wurde; stets entwarf man damit konfligierende
Alternativen des allgemeinen Wohls wie gruppenhafter und individueller Lebensstile.

Doch weisen heutige Schwierigkeiten beim Versuch, die
amerikanische Ideologie zu bestimmen, noch auf ein tieferlie-
gendes Problem. Es wurzelt in der Frage, ob während der sechziger und siebziger Jahre so prinzipielle Veränderungen im tradierten Wertgefüge stattgefunden haben, daß, trotz aller Anstrengungen des „Reaganismus", das Rad der Geschichte wieder nach rückwärts zu wenden, eine neue „politische Kultur"
im Werden begriffen ist. Hat sich im Gefolge der „permissiven
Gesellschaft" und der „neuen Moralität", angesichts der „Revolution steigender Ansprüche" (Daniel Bell) und der „Balkanisierung Amerikas" (Kevin Phillips) eine veritable Revolution
vollzogen? Ist im „Greening of America" (Charles Reich), im
Aufbegehren von Friedensaposteln und Kriegsdienstverweige-
rern, von studentischen Demonstranten, Hippies und Rockmu-
sikern eine neue gesellschaftliche Bewußtseinsform entstanden, ein radikaler Systemwandel vonstatten gegangen? Oder ist
„Wandel" dergestalt eingetreten, daß sich eine neue Gleichzei-
tigkeit unterschiedlicher Wertemuster (eine Werte-Pluralisie-
rung) hergestellt hat? Ist Ronald Reagans Kampf gegen die
„alternative cultures" eine Don Quichotterie gewesen, oder hat
er die transatlantische Sozietät zu den „first principles", zu den
überkommenen Werten zurückgeführt? Und wer überhaupt
darf für sich in Anspruch nehmen, diese „first principles" richtig auszulegen? Denn so wie Reagan die Revitalisierung dieser

Werte aufs Panier geschrieben hat, gab auch die „counter culture" in den Stürmen der Vietnam- und Watergate-Ära dieses Ziel vor. Fragen über Fragen, die belegen, wie vielfältig die Deutungsmöglichkeiten des „Amerikanismus" sind, welche Unsicherheiten die sozio-kulturellen Transformationsprozesse der letzten Jahrzehnte bei den Amerikanern ausgelöst haben.

Die Analyse der aktuellen Phänomenologie des „Amerikanismus" verweist auch für die neunziger Jahre auf das vertraute Gesetz von Wandel und Beharrung. Einerseits beschreiten die USA weiterhin Pfade, die das Erbe der Gründerväter hinter sich lassen. Der Nährboden der tradierten politischen Kultur verdünnt sich unaufhaltsam: die Rede ist von der steten Schwächung lokaler „grassroots"-Aktivitäten und regionaler Diversifikation im Zeichen wachsender Zentralisierungstendenzen; vom nivellierenden Einfluß des Medienzeitalters und von der abnehmenden Kraft religiös fundierter Freiheits- und Verantwortungsethik; vom Auswuchern der plebiszitären zuungunsten der repräsentativen Komponente im nationalen Herrschaftsprozeß und anderem mehr. Andererseits darf die „Reagan-Revolution", recht eigentlich ein Insistieren auf Pioniertugenden und einer konservativen „Amerikanismus"-Interpretation, nicht bloß als Eintagsfliege abgetan werden; zu viele Amerikaner sympathisieren auch heute noch mit der ideologischen Wende-Ambition des republikanischen Präsidenten, und die Woge solcher Zustimmung hat auch die Demokratische Partei zu mancherlei Anpassungsmanövern gezwungen.

„Amerika steht derzeit in einer konservativen Revolution. An der Spitze dieses Prozesses steht seit Jahrzehnten die Partei der Republikaner. Die ‚Grand Old Party' (GOP) hat im November 1996 jedoch die schmerzhafte Erfahrung gemacht, daß sich Amerika zwar kontinuierlich nach rechts bewegt, sie selbst aber aus dieser Verlagerung des politischen Gravitationszentrums wenig Nutzen gezogen hat... Präsident Clinton und die Demokraten haben... Dutzende ihrer Ideen abgekupfert."[19]

Individualisierung und Gemeinschaft

Alternative Organisationsformen der Gesellschaft, wie sie in den sechziger und siebziger Jahren propagiert worden sind (teils, wie angeführt, mit der Behauptung verknüpft, sie suchten das „ursprüngliche" Amerika zu reproduzieren), werden heute in den Parteien und im Lager der Sozialwissenschaften kaum beschworen, sind allerdings im Umkreis der „Multikulturalismus"-Debatte weiterhin virulent, von der noch kurz zu reden sein wird.

Wohl aber findet sich derzeit mit dem „Kommunitarismus" eine Denkströmung am Werke, die im Kontext überkommener Traditionen das Bewußtsein für diejenigen der „first principles" – gemeinschaftsbezogene, republikanische Wertefixierungen nämlich –, die im Verlauf des modernen „Individualisierungs"-Prozesses verschütt gegangen sind, wieder zu wecken versucht.[20] Die „Kommunitaristen" ziehen also gegen jenes Bündel von gesellschaftlichen Tendenzen ins Feld, für das sich auch hierzulande der Begriff der „Individualisierung" eingebürgert hat. Michael Walzer umreißt dieses Bündel durch Verweis auf „vier Mobilitäten", die er für den Prozeß des „unsettlement", der „Entwurzelung" und Atomisierung des Einzelnen in der Moderne, verantwortlich macht: die geographische, soziale, die Beziehungs- und die politische Mobilität der Subjekte nämlich.[21] Die „Kommunitaristen" plädieren für die Revitalisierung republikanischer „Tugenden" – vor allem über edukatorische Bemühungen, die Rekonsolidierung familiärer Strukturen und verstärkte politische Partizipationschancen –, wollen also durch die (neuerliche) Rückbesinnung auf gemeinsame Werteüberzeugungen der Gründerphase, republikanische Traditionslinien und eine gemeinwohlorientierte Ethik die gefährdete soziale Integration der US-Gesellschaft vor dem Schiffbruch retten. Neue Formen der Solidarität sollen dem für Sozietäten und politische Gemeinwesen gleichermaßen destruktiven Trend anhaltender „Individualisierung" begegnen, ohne dabei den akzeptierten Pluralismus liberaler Gesellschaften in Frage zu stellen. Der Mensch als „zoon politikón" ist zu rekonstruieren, Individualrechte sind gemeinwohlorientiert auszulegen, Freiheit(en) und staatsbürgerliche Tugend(en) in Einklang zu bringen; Staatsbürgerschaft soll auch aus der Bereitschaft zur Aktivität in der „res publica" definiert, der Staat durch Dezentralisierung um Felder politischer Partizipation erweitert werden.

Mitgliedschaft in gemeinnützigen Organisationen im internationalen Vergleich (in Prozent)

	USA	Kanada	Frankreich	Deutschland	GB	Italien	Japan
kein Mitglied	18	35	61	32	47	64	64
Soziale Hilfseinrichtung (Wohlfahrtsorganisation)	9	8	7	7	7	4	2
Religiöse Organisation	49	25	6	16	17	8	7
Erziehung/Kultur	20	18	9	12	9	5	6
Gewerkschaften	9	12	5	16	14	6	7
Parteien	14	7	3	8	5	5	2
kommunale Nachbarschaftshilfe	5	5	3	2	3	2	0
3. Welt/Menschenrechte	2	5	3	2	2	1	0
Umwelt/Naturschutz	8	8	2	5	5	3	1
Berufsorganisationen	15	16	5	9	10	4	4
Jugendarbeit	13	10	3	4	5	4	1
Sport/Erholung	20	23	16	32	17	11	9
Frauenorganisationen	8	7	1	6	5	0	3
Friedensbewegung	2	2	0	2	1	1	1
Tierschutz	6	3	2	5	2	2	0
Gesundheit	7	9	3	4	4	3	1
Andere Gruppen	11	13	5	9	7	2	5

Quelle: Seymour Martin Lipset: American Exceptionalism. A Double-Edged Sword, New York/London 1996, S. 278.

Ehrenamtliche, unbezahlte Arbeit in gemeinnützigen Organisationen (in Prozent)

	USA	Kanada	Frankreich	Deutschland	GB	Italien	Japan
kein Mitglied	40	53	65	69	74	73	73
Soziale Hilfseinrichtung (Wohlfahrtsorganisation)	6	6	5	3	5	3	2
Religiöse Organisation	29	15	5	7	6	6	2
Erziehung/Kultur	10	9	5	4	3	3	3
Gewerkschaften	2	4	2	2	1	3	1
Parteien	5	4	2	3	2	3	1
kommunale Nachbarschaftshilfe	3	4	3	1	1	1	0
3. Welt/Menschenrechte	1	3	1	1	1	1	0
Umwelt/Naturschutz	3	3	1	1	2	2	1
Berufsorganisationen	5	5	3	2	2	1	1
Jugendarbeit	10	7	2	2	4	3	1
Sport/Erholung	8	12	6	11	3	7	3
Frauenorganisationen	4	4	1	3	2	0	1
Friedensbewegung	1	2	0	1	0	1	1
Tierschutz	2	1	1	2	0	1	0
Gesundheit	5	7	2	1	3	2	1
Andere Gruppen	6	9	4	4	4	2	4

Quelle: Seymour Martin Lipset: American Exceptionalism. A Double-Edged Sword, New York/London 1996, S. 278.

Mancherlei Anfechtungen gefährden also in den neunziger Jahren die Integrationskraft der „amerikanischen Ideologie". Die Interpretationen ihrer normativen Inhalte driften nicht nur im Meinungsstreit zwischen „Liberals" und „Communitarians" auseinander. Ihr Stellenwert als Orientierungshilfe in einer Welt, die von technologischen Innovationen, rapidem gesellschaftlichen Wandel und außenpolitischen Herausforderungen ganz neuer Dimensionen geprägt ist, wird zunehmend bezweifelt. Vor allem aber gerät sie durch eine neue Ethnozentrik in Atemnot, durch die Sprengkraft eines zum Separatismus tendierenden Pluralismus. Gedacht ist dabei nicht primär an das wachsende Selbstbewußtsein ethnischer Minderheiten, das sich allerorten beobachten läßt und die Schmelztiegel-Vision der US-Gesellschaft ins Wanken bringt. Denn wenn sich auch die vielen „Bindestrich"-Amerikaner immer heftiger auf ihre kulturelle Eigenständigkeit zurückbesinnen, verstehen sie sich zumeist doch als amerikanische Patrioten, identifizieren sie sich immer noch mit dem „Amerikanismus", auch wo sie dessen Bestandteile unterschiedlich interpretieren mögen. Zu denken ist vielmehr an zwei Trends, die das Selbstverständnis der amerikanischen Gesellschaft tiefgreifender verändern können. Zum einen wirft die radikale Umpolung der Einwandererströme Probleme auf. Stammten bis 1960 fast 80% aller Immigranten aus Europa, kommt heute der gleiche Prozentsatz der Einwanderer aus nicht-europäischen Regionen, aus Asien vor allem, aus Zentral- und Lateinamerika. Gerade die Hispano-Amerikaner, Chicanos, Puertoricaner, Kubaner etc., heute die am raschesten wachsende Minderheit der USA, die bald schon die Schwarzen überflügelt haben wird, verweigern da und dort das Erlernen der gemeinsamen, der amerikanischen Sprache und verweigern damit die Erfüllung einer Grundforderung für Existenz und Gedeihen des Amerikanismus.

Mehr Sprengkraft noch entfalten aber manche Tendenzen, die im Umkreis der „Multikulturalismus"-Debatte thematisiert werden und über das bloße Sichtbarmachen gewachsenen Selbstbewußtseins hinausreichen.[22] Zwar erweist sich der Begriff „Multikulturalismus" in wissenschaftlicher Betrachtung als diffus; aber er zielt doch auf ein Phänomen, das „mainstream"-Amerika zunehmend beunruhigt. Der Historiker Arthur Schlesinger Jr. diagnostiziert kurz und bündig, die USA seien dabei, einem Separatismus der Rassen, Ethnien und Kulturen zu verfallen; daß dabei nicht nur die (seit längerem brüchig gewordene) Vision des „Schmelztiegels" zerstört, sondern auch das „Salatschüssel"-Konzept mit seiner ordnenden Kraft des Ganzen gegenüber den Bestandteilen in Frage gestellt werde, befürchten auch manche Publizisten mit „linksliberaler" Orientierung.

Die Multikulturalismus-Debatte entbrennt vor allem im Streit um die angemessenen Bildungsziele für die heranwachsende(n) Generation(en), den Kultusministerien, Universitäten oder Schulbehörden im Verein mit wissenschaftlichen Instituten und politischen Gruppierungen seit einiger Zeit vehement austragen. Dabei konkurrieren zwei gegensätzliche Perspektiven um Vorherrschaft im Bildungskanon. Die eine verficht zwar einen kulturellen Pluralismus, betont aber, daß der „Amerikanismus" als Ideologie und Lebensform durch die Interaktion der zahlreichen Ethnien des Landes geprägt sei, gewiß unter der Stimmführerschaft der WASP-Kultur im Chor der vielfältigen Äußerungen; er sollte deshalb bewahrt werden, wobei manche Diskutanten über die Reduktion dieser WASP-Rolle mit sich reden lassen. Die andere Sichtweise ist partikularistisch orientiert, leugnet die Existenz einer gemeinsamen amerikanischen Kultur, lehnt die Vermischung der Kulturen und Gruppen ab und verpflichtet sich ethnozentrisch-separatistischen Denk- und Handlungsschemata. Sie offenbart sich vorrangig im Afro-Nationalismus, läßt sich aber auch in manchen Postulaten und Verhaltensweisen von „Hispanics", weniger von „Asian-Americans" aufspüren (die sich ohnehin lieber in ihrer je eigenen Identität als Chinesen, Koreaner, Japaner etc. definieren). Ob in Stanford, Portland, Atlanta oder New York; allerorten werden Curricula, Lehrbücher, Unterrichtsformen etc. mit dem Ziel revidiert, abendländische Beiträge zur Zivilisationsgeschichte zugunsten schwarzafrikanischer Impulse zu verkleinern, zumindest aber den Anteil der rassischen Minoritäten am Werden des amerikanischen Gemeinwesens stärker zu betonen. Daß dahinter das Bedürfnis vor allem der schwarzen Minderheit steckt, sich der eigenen Identität über die Bedeutung des kulturellen Erbes zu vergewissern, da man keine territorialen Ansprüche erheben und einen eigenen Nationalstaat (wie Slowenen, Serben, Kroaten etc.) fordern kann, ist unschwer auszumachen.

Zusammensetzung der Bevölkerung nach rassischen und ethnischen Merkmalen (1997-2030)

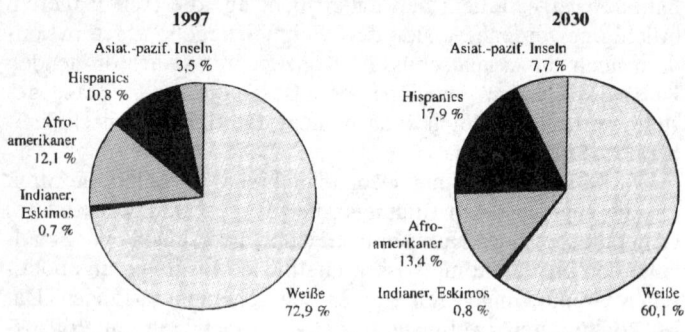

Quelle: W.P. Adams/P. Lösche (Hrsg.): Länderbericht USA, 3. neubearb. Aufl,, Frankfurt 1999, S. 627.

Bevölkerung 1996: Anteil der im Ausland Geborenen nach ausgewählten Herkunftsländern (in Tsd.)

Geburtsland	Gesamt	Staatsangehörigkeit		Jahr der Einwanderung			
		Eingebürgerte Staatsbürger	Kein Staats- bürger	Vor 1970	1970- 1979	1980- 1989	1990- 1996
Alle	24557	7904	16653	4806	4756	8416	6579
Mexiko	6679	852	5828	838	1512	2428	1900
Philippinen	1164	610	554	159	294	451	260
China	801	276	525	76	139	313	274
Kuba	772	361	12	318	148	201	106
Indien	757	285	472	53	181	299	224
Vietnam	740	308	432	17	98	323	302
El Salvador	701	113	588	31	143	373	154
Kanada	660	315	345	361	75	119	105
Korea	550	167	384	14	103	278	155
Deutschland	523	371	152	424	27	19	53
Dominikan. Republik	515	126	389	74	79	195	166
Jamaika	506	158	348	49	139	191	128

Quelle: W.P. Adams/P. Lösche (Hrsg.): Länderbericht USA, 3. neubearb. Aufl,, Frankfurt 1999, S. 627.

Vielfältige Ursachen haben die „Multikulturalismus"-Probleme erzeugt. Das allgemeine Unbehagen in den USA, ausgelöst durch Vietnam-Krieg und mancherlei Defizienzen der „Great Society", hat dabei ebenso eine Rolle gespielt wie die Reduktion aktiver Bürgerrechtspolitik im Zeichen der Ära Reagan; demographische

Veränderungen wirken ebenso mit wie das Faktum eines sich vergrößernden intellektuellen Potentials unter den Minderheiten, ohne welches das Funktionieren des hochtechnologisierten kapitalistischen Wirtschaftsmodells gar nicht mehr zu gewährleisten ist, das aber gleichzeitig die Destabilisierung des sozio-politischen Systems ins Auge fassen mag.

Noch ist Separatismus in den USA ein Trend mit begrenzter Reichweite, wird sein rassischer Impetus durch Schicht-, Geschlechts-, Alters- oder Religionszugehörigkeiten vielfältig relativiert. Möglicherweise erleben wir derzeit bloß einen neuen Schub im kulturellen Synkretismus Amerikas, der schwarzafrikanische, hispanische oder sonstige Traditionen noch stärker als zuvor in die amerikanische Zivilisation einströmen läßt. Daß freilich die zunehmende Distanzierung angebbarer Gruppen vom WASP-geprägten Modell USA die integrative Potenz des „Amerikanismus" schwächt, die Betonung rassischer, physischer, biologischer Sonderheit die sozialen Spannungen weiter eskalieren läßt, ist kaum noch zu übersehen. Ob die „amerikanische Ideologie" in ihrer hier skizzierten Form den Aufbruch ins dritte Jahrtausend halbwegs unbeschadet erleben wird, hängt davon ab, ob es der transatlantischen Gesellschaft gelingt, die Dominanz der englischen Sprache zu behaupten, die Akzeptanz der Verfassung weiterhin zu gewährleisten, Bereitschaft und Fähigkeit zur Leistung in einer kompetitiven Marktwirtschaft zu befördern, den Abstand zwischen arm und reich – von dem ethnische Minderheiten besonders betroffen sind – zu verringern und an der gemeinsamen Historie aller Amerikaner festzuhalten, die „Täter" und „Opfer" trotz aller Konfrontationen vielfältig miteinander verbunden hat.

Anmerkungen

1 Gunnar Myrdal: An American Dilemma, New York 1944, S. 3.
2 Samuel P. Huntington: American Politics. The Promise of Disharmony, Cambridge, Mass., London 1982[2], S. 25.
3 Hans Kohn: Die Idee des Nationalismus, Heidelberg 1950, S. 397; folgt man den Thesen von Francis Fukuyama, die er in seinem Buch „Das Ende der Geschichte", München 1992, propagiert, so ist mit dem Hinscheiden des Kommunismus der Endpunkt der ideologischen Evolution der Menschheit realisiert, ist die liberale Demokratie zum universalen Ordnungsprinzip avanciert.

4 James Truslow Adams: The Epic of America, New York 1941, S. 404.
5 Louis Hartz: The Liberal Tradition in America, New York 1955.
6 Ralf Dahrendorf: Gesellschaft und Freiheit, München 1962, S. 363ff.
7 Hugo Münsterberg: Die Amerikaner, 4. neubearb. u. erw. Aufl. Berlin 1912, Bd. I, S. 59.
8 Alexis de Tocqueville: Über die Demokratie in Amerika, dt. Stuttgart 1959, Bd. I, S. 461.
9 Tocqueville, a.a.O., S. 5.
10 Münsterberg, a.a.O., S. 236ff.
11 Henryk Sienkiewicz: Briefe aus Amerika, Berlin 1980³, S. 140.
12 Zitiert nach Richard Hofstadter: The American Political Tradition and the Men who made it, New York 1948, S. 311.
13 So der deutsche Titel seines Buches, Tübingen 1968.
14 James Bryce: The American Commonwealth (1888), newly ed. by L.M. Hacker, New York 1959, vol. II, S. 492 (Übers. v. Verf.).
15 Seymour Martin Lipset: The First New Nation, New York 1963, S. 191ff. (Übers. v. Verf.).
16 Martin Riesebrodt: Die amerikanischen Religionen, in: W.P. Adams et al. (Hrsg.): Länderbericht USA II, Bonn 1990, S. 470.
17 Dazu Seymour Martin Lipset: American Exceptionalism. A Double-Edged Sword, New York/London 1996.
18 Christian Graf v. Krockow: Soziale Kontrolle und autoritäre Gewalt, München 1971, S. 111.
19 Claus Leggewie: America first? Der Fall einer konservativen Revolution, Frankfurt/M. 1997, S. 8.
20 Der Begriff „Communitarianism" umschließt die Theorien sozialwissenschaftlich ausgewiesener Autoren wie Robert Bellah oder Benjamin Barber, von Wirtschaftswissenschaftlern wie Robert H. Frank oder Amitai Etzioni, von philosophisch orientierten Autoren wie Charles Taylor, Michael Sandel und Alaisdair McIntyre und dem zwischen diesen Gruppen angesiedelten Michael Walzer. Vgl. Robert Bellah et al.: Habits of the Heart. Individualism and Commitment in American Life (1985); ders. et al.: The Good Society (1991); Benjamin Barber: Strong Democracy. Participatory Politics for a New Age (1984); Robert H. Frank: Passions Without Reason. The Strategic Role of Emotions (1988); Amitai Etzioni: The Moral Dimension (1988); Charles Taylor: Hegel and Modern Society (1979); Alaisdair MacIntyre: After Virtue. A Study in Moral Theory, London 1981; Michael Sandel: Liberalism and the Limits of Justice (1979); Michael Walzer: The Idea of Civil Society, in: Dissent, Spring 1991, S. 293ff.; ders.: Kritik und Gemeinsinn, Berlin 1990.
21 Michael Walzer: The Communitarian Critique of Liberalism, in: Political Theory, 18, 1990, S. 11ff.
22 Zur Multikulturalismus-Debatte in ihren verschiedenen Facetten u.a. Arthur Schlesinger, Jr.: The American Creed. From Dilemma to Decomposition, in: New Perspectives Quarterly, Summer 1991, S. 20ff.; ders.: The Disuniting of America. Reflections on a Multicultural Society, New York 1991; Nathan Glazer: In Defense of Multiculturalism, in: The New Republic, 2. September 1991, S. 18ff.; Dinesh D'Souza: Illiberal Education, in: The Atlantic, März 1991, S. 51ff.

Horst Dippel

Die amerikanische Geschichte im Abriß

Politische Wegmarken in der Entwicklung der Republik

Praktisch beginnt die Kolonialgeschichte der späteren Vereinigten Staaten mit dem Jahr 1607, als die von Kaufleuten organisierte London Company die Kolonie Virginia gründete – deren wirtschaftliche Basis schon bald der Tabakanbau wurde. 1620 folgte überwiegend durch Puritaner, die sich nach der Überfahrt auf der Mayflower zu einem politischen Gemeinwesen auf dem Fundament der Selbstregierung zusammengeschlossen hatten (der berühmte Vertrag der Mayflower, Mayflower Compact), im Namen der Plymouth Company die Gründung der Kolonie Plymouth Plantation bei Cape Cod im heutigen Massachusetts. Bereits 1630 erweiterte sich diese Gründung zur puritanischen Kolonie Massachusetts, die einen religiösen Musterstaat auf biblischer Grundlage („Neues Jerusalem") errichten wollte, der Ausdruck der eigenen Auserwähltheit vor Gott sein sollte, zugleich aber Andersdenkende verfolgte bzw. aus der Kolonie verdrängte und damit 1636 zur Gründung der freiheitlich-toleranten Kolonien Rhode Island und Connecticut führte.

Der Mayflower-Vertrag vom 11. November 1620:

... Nachdem wir um des Ruhmes Gottes und der Verbreitung des christlichen Glaubens und der Ehre unseres Königs und Landes willen eine Reise unternommen haben, um eine erste Kolonie im nördlichen Teil von Virginia zu errichten, verpflichten und verbünden wir, die wir hier versammelt sind, uns feierlich und gegenseitig in der Gegenwart Gottes und untereinander zu einer bürgerlichen politischen Gemeinschaft zur besseren Ordnung, Bewahrung und Verfolgung unserer genannten Ziele. In dieser Absicht werden wir von Zeit zu Zeit solche gerechten und gleichen Gesetze, Verordnungen, Akte, Verfassungen und Ämter erlassen, konstituieren und bilden, wie sie für das allgemeine Wohl der Kolonie als erforderlich und angemessen erscheinen, gegenüber denen wir jede gebührende Unterwerfung und Gehorsam geloben ...

Quelle: Henry Steele Commager (Hrsg.), Documents of American History, New York [7]1963, Bd. I, S. 15-16.

Diese Gründungen brachten wesentliche Inhalte zum Ausdruck, die seither für die Vereinigten Staaten konstituierend sind: wirtschaftliche Ausbeutung und freie ökonomische Entfaltung zum individuellen Nutzen, religiöse Auserwähltheit, die mehr und mehr zum säkularisierten Anspruch moralischer Überlegenheit wird, ein Asyl für die Verfolgten und Unterdrückten sowie die Basis einer politischen Ordnung, aus der sich im Laufe der Zeit kontinuierlich die Grundformen von Demokratie und Republik, von Freiheit und Menschenrechten entwickeln konnten. Doch neben Toleranz und religiöser Vielfalt sowie strikter Trennung von Kirche und Staat standen ebenfalls ein religiös begründeter politisch-sozialer Rigorismus, die kompromißlose Abgrenzung gegen Andersdenkende und die soziale Ausgrenzung Andersartiger, darunter von Anbeginn die der eingeborenen Indianer und in zunehmendem Maße die der 1619 erstmals nach Virginia gebrachten Schwarzen. Mit den übrigen Gründungen New Hampshire 1622, Maryland 1632, North und South Carolina 1663, New York, New Jersey, Delaware, 1664, Pennsylvania 1681 und schließlich Georgia 1732 wurden diese Grundtendenzen im wesentlichen bestärkt und weiter entwickelt.

Angesichts ihrer unterschiedlichen Bedingungen haben sich diese Kolonien zunehmend wirtschaftlich auseinanderentwikkelt. Der Norden mit seiner beginnenden Verstädterung und einer zunehmend in Handel, Manufaktur und Handwerk tätigen Bevölkerung importierte, nicht zuletzt aufgrund von Manufakturbeschränkungen, im 18. Jahrhundert in wachsendem Maße aus England, wodurch die Kapitalbildung erheblich erschwert wurde, während der Süden seine agrarischen Massenprodukte, darunter insbesondere Tabak und Baumwolle, nach England exportierte und in steigende Abhängigkeit von englischen Handelshäusern und Manufakturen geriet.

Die Kolonien im Konflikt mit dem Mutterland

Als die Engländer nach dem Siebenjährigen Krieg (1756-1763) damit begannen, mittels Steuern und Gesetzen ihre politische Position in den 13 Kolonien mit ihrer Gesamtbevölkerung von etwa 2,5 Mill. Einwohnern, davon ein Fünftel Sklaven, stärker zur Geltung zu bringen, nahm der Widerstand gegen diese Politik – der zuvor in den kolonialen Gesetzgebungskörperschaften (assemblies) gegen die königlichen Gouverneure häufig erprobt worden war –, durch die man sich in seinen Rechten und Freiheiten beeinträchtigt und langfristig zu Bürgern zweiter Klasse herabgesetzt glaubte, zunehmend breitere und gewaltsamere Formen an. Als schließlich 1775 der Konflikt zur offenen militärischen Auseinandersetzung geworden war, war der Ruf der politisch verbündeten Kolonien nach Unabhängigkeit unaufhaltsam geworden, die dann in der Unabhängigkeitserklärung vom 4. Juli 1776 prinzipiell formuliert wurde: jede rechtmäßige staatliche Herrschaft müsse auf den Grundsätzen von Freiheit, Gleichheit, Volkssouveränität und Widerstandsrecht basieren. Im Zuge der revolutionären Umgestaltung gaben sich die nunmehr unabhängigen Staaten moderne republikanische Verfassungen, die je nach politisch-sozialer Machtverteilung oftmals Anlaß für heftige und anhaltende interne Konflikte um Positionen und demokratische Inhalte waren und – häufig mit einer Menschenrechtserklärung nach dem Vorbild der Virginia Declaration of Rights vom 12. Juni 1776 versehen – als radikaldemokratisch (Pennsylvania 1776) bis gemäßigt konservativ (Massachusetts 1780) einzustufen sind.

Mit diesen Verfassungen wurde der moderne Konstitutionalismus begründet, der sich über die Französische Revolution und das neunzehnte Jahrhundert zum heute allein anerkannten Legitimationsprinzip politischer Herrschaft universal durchgesetzt hat. Zwar hatte die amerikanische Revolution dank dieser Verfassungen und der ihnen zugrundeliegenden Konflikte nicht die politisch-soziale Stellung der kolonialen Elite auf nationaler Ebene unmittelbar zunichte gemacht, aber da vor allem in den Staaten des Nordens auf lokaler wie einzelstaatlicher Ebene der Kampf um Ausweitung von politischer Repräsentation und Mitwirkung z.T. beachtliche Erfolge hatte aufweisen können, wurden langfristig die elitären Strukturen zumindest im Norden und Westen aufgebrochen und die nachhaltige Demokratisierung des öffentlichen Lebens in diesen Teilen der Union in der ersten Hälfte des 19. Jahrhunderts ermöglicht.

Die amerikanische Revolution hatte zwar weder an der entrechteten Stellung der Indianer noch der der Negersklaven grundsätzliches geändert – wenn auch in den Staaten des Nordens in der Folge die Sklaverei gesetzlich verboten wurde –, aber die subtileren Rückwirkungen auf zahlreiche Lebensbereiche sind nicht von der Hand zu weisen und prägen z.T. bis heute das Land und seine politische Kultur. Dazu gehört das Bekenntnis zu gemeinsam getragenen politischen Grundüberzeugungen, wie sie in der Unabhängigkeitserklärung und dann in der Bundesverfassung von 1787, durch die erst die Vereinigten Staaten als politisches Gebilde entstanden, niedergelegt sind. Aber auch die säkularisierte Form des moralischen Überlegenheitsgefühls gegenüber der Alten Welt kam hinzu, das nun jene bis heute nachwirkende politische Komponente erhielt, dank der sich die Vereinigten Staaten als die Verkörperung des fortschrittlichsten Prinzips in der Welt begreifen.

Die Unabhängigkeitsbewegung von England war folglich mehr als nur ein Krieg und wurde – nicht zuletzt dank massiver französischer Unterstützung – nach langwierigen Auseinandersetzungen und den beiden entscheidenden amerikanischen Siegen bei Saratoga (17. Oktober 1777) und Yorktown (19. Oktober 1781) schließlich erfolgreich mit dem Frieden von Paris (3. September 1783) beendet, in dem England die Unabhängigkeit seiner ehemaligen Kolonien anerkannte und das Staatsgebiet der Vereinigten Staaten über die 13 Staaten hinaus nach Westen bis zum Mississippi ausgedehnt wurde.

Die junge Republik

Um diesen Erfolg langfristig zu sichern und den wirtschaftlichen Aufschwung zu fördern, wurde anstelle des während des Krieges geschaffenen lockeren Staatenbundes eine Verfassung auf neuartiger föderativer Grundlage geschaffen (1787), die den Einzelstaaten weitgehende Eigenständigkeit beließ, zugleich die Bundesgewalt stärkte, ihr die Steuer- und Militärhoheit neben weiteren Rechten übertrug sowie das Prinzip der Trennung und gegenseitigen Kontrolle und Ausbalancierung der Gewalten (checks and balances) verwirklichte.

Auf der Basis dieser bis heute gültigen Bundesverfassung wurde der einstige amerikanische Oberbefehlshaber George Washington zum Präsidenten gewählt. Während seiner achtjährigen Amtszeit gelang ihm mittels einer gemäßigt konservativen Konsolidierungspolitik eine erneute wirtschaftliche und z.T. auch politische Anlehnung an England bei zunehmender Distanz zum revolutionären Frankreich und Ablehnung jeder Verstrickung seines Landes in außenpolitische Bündnisse.

Die politischen Institutionen der jungen Republik festigten sich, nicht ohne manchen Wandel unter dem Eindruck der Verfassungswirklichkeit durchzumachen. So war bereits 1791 die Verfassung um eine Menschenrechtserklärung (Bill of Rights) in Form von zehn Zusatzartikeln ergänzt worden. Unter dem bedeutenden Obersten Bundesrichter (Chief Justice) John Marshall, der im Obersten Bundesgericht (Supreme Court) von 1801 bis 1835 den Vorsitz inne hatte, wurde das Recht des Gerichtes durchgesetzt, jedes Gesetz auf seine Verfassungskonformität hin untersuchen zu können und damit oberster Wächter über die Verfassung zu sein, sowie das Recht, die Verfassung großzügig nach ihrem Geist auslegen zu können, statt strikt auf ihren reinen Wortlaut beschränkt zu sein.

Die außenpolitischen Verstrickungen, vor denen Washington beredt gewarnt hatte, ließen sich unter seinen Nachfolgern kaum vermeiden. Zwar brachte die Präsidentschaft von Thomas Jefferson (1801-1809) eine deutliche Liberalisierung von Politik und öffentlichem Leben mit sich („Rückführung zum Geist von 1776", Jeffersonian Democracy), und indem es ihm gelang, 1803 den gesamten französischen Besitz auf dem nordamerikanischen Festland westlich des Mississippi zu erwerben (Louisiana Purchase), konnte er den Umfang des Staatsgebietes der Vereinigten Staaten verdoppeln. Aber zugleich brachten die napoleonischen Kriege in Europa und britische Übergriffe die amerikanische Politik in wachsenden Gegensatz zu Großbritannien, eine Entwicklung, die dann unter Jeffersons Nachfolger James Madison (1809-1817) zum offenen Krieg mit Großbritannien (1812-1814) führte. Dieser „Krieg von 1812" war zwar wenig rühmlich für Amerika verlaufen (u.a. hatten die Engländer 1814 die neue Bundeshauptstadt Washington eingenommen und teilweise niedergebrannt), hatte aber im Dezember 1814 im Frieden von Gent ein versöhnliches Ende genommen und war schließlich im Januar 1815 – als man in Amerika noch nichts vom Friedensschluß wußte – durch die Einnahme von New Orleans mit einer nationalen Heldentat abgeschlossen worden, die weitreichenden Einfluß auf das Volksbewußtsein und die Empfindung von der wachsenden Bedeutung des amerikani-schen Westens hatte.

Dieses wachsende Gewicht des Westens wurde weithin sichtbar, als mit Andrew Jackson (1829-1837) erstmals ein

Präsident an der Spitze der Union stand, der nicht aus der etablierten Oberschicht Virginias bzw. Massachusetts' stammte, sondern aus einem der jungen Staaten westlich der Alleghenies (Tennessee). Zugleich war damit der antielitären Komponente der Revolution in der amerikanischen Politik der entscheidende Durchbruch gelungen, und man sprach von der „Ära des kleinen Mannes" (Jacksonian Democracy), in deren Verlauf zumal in den Staaten des Westens die letzten Wahlrechtsbeschränkungen vollends an politischer Wirksamkeit verloren. Die Politik Jacksons war in vieler Hinsicht gegen eine weitere Ausweitung bundesstaatlicher Macht und gegen die Handelselite des Ostens gerichtet und trat für eine Stärkung des Individuums, seiner Tatkraft und nicht zuletzt das Ausgreifen nach Westen ein. Rigoros verfolgte Jackson eine Anti-Indianerpolitik und betrieb die Umsiedlung der Indianer in die Gebiete westlich des Mississippi. Mit der gleichen Härte ging er gegen einzelstaatliche Machtansprüche im Süden vor, als sich South Carolina 1832 bundesstaatlichen Maßnahmen zu widersetzen drohte.

Der Konflikt zwischen Norden und Süden

Noch bedeutsamer als das Verhältnis zwischen Osten und Westen war das prekäre politische Gleichgewicht zwischen den Sklavenstaaten des Südens – südlich von Pennsylvania und dem Ohio gelegen – und den „freien" Staaten des Nordens. Während im Norden Industrialisierung und Verstädterung um sich griffen und daneben – zumal im Westen – die Einzelfarm wesentlicher Teil von Wirtschaft und Gesellschaft wurde und die Bevölkerung aufgrund massiver Einwanderung aus Nordwesteuropa (insbesondere Engländer, Iren und Deutsche) immer heterogener wurde, wurde der Süden in wachsendem Maße das Reich der Baumwolle (King Cotton). Urbane Zentren und moderne Industrie gab es in keiner dem Norden vergleichbaren Weise, und die demokratischen Ideale des Nordens blieben hier ohne politisch-soziale Realität. Stattdessen befand sich das Land unter der unangefochtenen Herrschaft der dünnen Oberschicht der „Pflanzeraristokratie", die über ein Heer schwarzer Sklaven gebot, deren Gesamtzahl bis 1860 auf nahezu 4 Millionen angewachsen war. Angesichts ihrer unterschiedlichen Sozialstruktur, der konträren ökonomischen Interessen und der grundverschiedenen internen Machtstrukturen sowie der damit verbundenen andersartigen politischen Kultur entwickelten sich Norden und Süden zusehends auseinander. Um so wichtiger war im Interesse des Gesamtstaates das politische Gleichgewicht zwischen ihnen, das dem Süden seine Eigentümlichkeiten, darunter seine „besondere Institution" (peculiar institution) der Sklaverei beließ. Die Aufnahme neuer Staaten in die Union erfolgte daher während der ersten Hälfte des 19. Jahrhunderts stets unter dem Gesichtspunkt des Nord-Süd-Proporzes, um das Stimmenverhältnis im Senat nicht einseitig zu verändern.

Doch daß die Zeit gegen den Süden arbeitete, war nicht zu verkennen. Nicht nur ideologisch geriet er immer mehr in die Defensive gegenüber dem expandierenden Industriekapitalismus des Nordens und dessen Verlangen nach Protektionismus einerseits und freien Arbeitskräften andererseits, sondern auch ökonomisch und durch die politische Geographie. Denn die Westausdehnung – zunehmend als Auftrag der christlichen Vorsehung zur Beherrschung und Besiedlung des gesamten Raumes vom Atlantik bis zum Pazifik (Manifest destiny) dargestellt – begünstigte angesichts der geographischen Gegebenheiten eindeutig den Norden. Die Frage, ob neue Staaten als Sklaven- oder „freie" Staaten zu konstituieren waren, wurde angesichts der immer heftigeren nordstaatlichen Opposition gegen die Sklaverei und ihre weitere Ausdehnung (Abolitionisten) mehr und mehr an die ökonomischen Voraussetzungen für die Sklaverei gebunden. Diese waren nach allgemeinem Verständnis mit dem Baumwollanbau verknüpft, der sich zwar stets weiter nach Westen ausbreitete, aber aus klimatischen Gründen nördlich des 36. Breitengrades nicht betrieben werden konnte.

Umso vorteilhafter erwies sich für den Süden, daß sich 1836 Texas unter Führung seiner aus den Vereinigten Staaten eingewanderten Siedlermehrheit nach langjährigen inneren Querelen von Mexiko lossagte, einen eigenen Staat proklamierte und um Aufnahme in die Vereinigten Staaten ersuchte. Daß diese trotz des Widerstandes der Abolitionisten und mexikanischer Warnungen 1845 erfolgte, lag z.T. an den gemutmaßten englischen Interessen an Texas. Während die Amerikaner seit der eigenen Unabhängigkeit stets Mühe hatten, ihre Ansprüche bezüglich des Grenzverlaufs zum britischen Kanada durchzusetzen, der im äußersten Nordwesten im Bereich des von den Vereinigten Staaten beanspruchten Oregon-Territoriums noch ungeklärt war, verbreitete sich die Haltung, die Engländer dürften sich nicht auch noch an der Südwestgrenze festsetzen. Die Oregonfrage konnte zwar 1846 in einem Kompromiß auf der Basis der Verlängerung des 49. Breitengrads als amerikanisch-kanadischer Grenze bis zum Pazifik geregelt werden – völkerrechtlich war damit der Pazifik erstmals erreicht –, doch der Krieg mit Mexiko war nunmehr unvermeidlich. In mehreren Kampagnen (1846-1848) – die späteren amerikanischen Generale des Bürgerkrieges sammelten hier als Leutnants erste Kriegserfahrung – wurde Kalifornien erobert und schließlich die mexikanische Hauptstadt eingenommen. Mexiko mußte Frieden schließen (1848), auf Texas und alles Land nördlich des Rio Grande verzichten und Neu-Mexiko und Kalifornien an die Vereinigten Staaten abtreten.

Der Pazifik war ein weiteres Mal erreicht, und schon strömten die ersten Siedlermassen, angelockt vom Goldrausch, nach Kalifornien.

Doch die Rechnung des Südens, der immer unverhohlener von Sezession sprach, ging nur zum Teil auf. 1850 wurde Kalifornien als „freier" Staat in die Union aufgenommen, während es dem Süden nur gelungen war, im Gegensatz zu allen vorausgegangenen Kompromissen und Prinzipien, die Sklavenfrage in den neu organisierten Territorien von Neu-Mexiko und Utah offenzuhalten.

Der Bürgerkrieg

Die Situation verschärfte sich, als der Kongreß 1854 das sog. Kansas-Nebraska-Gesetz verabschiedete. Entgegen dem Kompromiß von 1820 und obwohl sie nördlich des 36. Breitengrads lagen, wurde mit diesem Gesetz beiden zukünftigen Staaten freigestellt, ob sie die Sklaverei auf ihrem Gebiet zulassen wollten oder nicht. Als daraufhin die Auseinandersetzung zwischen Anhängern und Gegnern der Sklaverei in Kansas immer blutiger wurde und das Oberste Bundesgericht 1857 in einer seiner bedeutendsten und umstrittensten Entscheidungen (Dred Scott Case) den Kompromiß von 1820 für verfassungswidrig erklärte und damit den gesamten Westen den Sklavenhaltern zu öffnen schien, war der bewaffnete Konflikt zwischen Norden und Süden kaum noch aufzuhalten.

Längst ging es nicht mehr allein um die Sklaverei, sondern zunehmend um die zentrale Frage, ob die Nation weiter auf zwei grundsätzlich antagonistischen Prinzipien und Kulturen (House divided) bestehen könne. Abraham Lincoln, aufstrebender Politiker aus Illinois und Mitglied der soeben erst gegründeten Republikanischen Partei, verneinte diese Frage und strebte einen Ausgleich an, doch der Süden radikalisierte sich zusehends, so daß es im Vorfeld der Präsidentschaftswahlen von 1860 zur Spaltung der seit langem unangefochten regierenden Demokratischen Partei kam. Als Ergebnis wurde Lincoln zum neuen Präsidenten gewählt – ohne daß er eine einzige Stimme aus den 11 Sklavenstaaten des Südens erhalten hätte.

Die Antwort des Südens kam prompt. Noch im Dezember 1860 verkündete South Carolina öffentlich seinen Austritt aus der Union; in den nächsten Monaten folgten alle übrigen 10 Sklavenstaaten der Region diesem Schritt und schlossen sich zu den Confederate States of America mit Jefferson Davis als Präsidenten an ihrer Spitze zusammen. Sie setzten sich sogleich in den Besitz der Waffenarsenale der Union auf ihrem Gebiet. Lediglich Fort Sumter, auf einer Insel im Hafen von Charleston, South Carolina, gelegen, verweigerte die Übergabe. Mit dem bewaffneten Angriff auf das Fort (12. April 1861) war für Lincoln der Fall des Aufstandes eingetreten, der Bürgerkrieg nahm seinen Anfang.

Lincoln hatte bislang recht geschickt taktiert und damit erreicht, daß die vier nördlichsten Sklavenstaaten (Delaware, Maryland, Kentucky und Missouri) zuzüglich des von Virginia sezedierten nordwestlichen Landesteils, des zukünftigen West Virginia, zusammen die sog. Grenzstaaten (border states), bei der Union verblieben. In Zukunft mußte er darauf bedacht sein, ihre Loyalität nicht zu verlieren. Radikale Zielsetzungen verboten sich daher von selbst, so daß sein Kriegsziel lautete: Erhalt der Union, was gleichbedeutend war mit der Eroberung des Südens, während dieser sich darauf beschränken konnte, die Anerkennung seiner Unabhängigkeit anzustreben.

Der Krieg wurde nach anfänglichen Schwächen des Nordens auf beiden Seiten mit großer Unerbittlichkeit und einem bis dahin in der Militärgeschichte nicht gekannten Einsatz an

Menschen und Material über vier Jahre geführt, wobei die Wende im Juli 1863 in Gettysburg im südlichen Pennsylvania eingetreten war, als offenkundig wurde, daß der Süden den Kampf militärisch nicht würde gewinnen können. Lincoln verkündete darauf in seiner berühmtesten Erklärung der Kriegszeit, der Gettysburg Address, daß Amerika „eine neue Geburt der Freiheit" erfahren werde, und daß die „Regierung des Volkes, durch das Volk und für das Volk nicht von der Erde verschwinden werde".

Abraham Lincolns Gettysburg Address vom 19. November 1863:

Vor vier mal zwanzig und sieben Jahren haben unsere Väter auf diesem Kontinent eine neue Nation hervorgebracht, in Freiheit entworfen und der Auffassung verpflichtet, daß alle Menschen gleich geschaffen sind. Jetzt befinden wir uns in einem großen Bürgerkrieg, der darüber entscheidet, ob diese Nation oder jede derart ausgerichtete und verpflichtete Nation lange bestehen kann. Wir sind hier auf einem großen Schlachtfeld dieses Krieges zusammengekommen ..., um einen Teil dieses Feldes als letzte Ruhestätte für jene zu weihen, die hier ihr Leben gaben, damit diese Nation leben möge. Es ist völlig angemessen und richtig, daß wir dieses tun. Aber in einem weiteren Sinn können wir diesen Boden nicht weihen, nicht segnen, nicht heiligen. Die tapferen Männer, lebend oder tot, die hier gekämpft haben, haben ihn weit mehr geweiht ... Die Welt wird wenig beachten noch lange erinnern, was wir hier sagen, aber sie kann niemals vergessen, was sie getan haben. Wir Lebenden müssen daher hier vielmehr auf das unvollendete Werk verpflichtet werden, das die, die hier gekämpft haben, so selbstlos vorangebracht haben. Wir müssen hier vielmehr auf jene große Aufgabe verpflichtet werden, die noch vor uns liegt ..., damit wir hier feierlich beschließen, daß diese Toten nicht umsonst gestorben sind, daß diese Nation mit Gott eine neue Geburt der Freiheit erleben werde und daß die Regierung des Volkes, durch das Volk, für das Volk nicht von der Erde verschwinden werde.

Quelle: Henry Steele Commager (Hrsg.), Documents of American History, New York [7]1963, Bd. I, S. 428-29.

Als der Krieg schließlich durch die Kapitulation des Südens am 9. April 1865 endete, hatte er auf beiden Seiten zusammen rund 1 Million Tote und Verwundete gefordert.

Noch war das Schicksal der Schwarzen nicht generell entschieden – die Emanzipationsproklamation Lincolns von 1863 galt nicht für die sklavenhaltenden Grenzstaaten –, obgleich die vorkapitalistische Sozialordnung des Südens unwiderruflich zerschlagen worden war. Daß jedoch das Trauma der Niederlage noch lange auf dem Süden lasten sollte, lag nicht zuletzt daran, daß Lincoln, Anwalt einer Versöhnungspolitik nach Kriegsende, am 14. April 1865 von einem Fanatiker ermordet wurde und unter seinem relativ schwachen Nachfolger Andrew Johnson der radikale Flügel der Republikaner bestimmenden Einfluß auf die Politik des Wiederaufbaus (reconstruction) nehmen konnte.

Mit drei Zusatzartikeln zur Verfassung (1865-1870) wurde nun die Sklaverei generell abgeschafft, den Schwarzen die Bürgerrechte und das Wahlrecht verliehen. Nordstaatenmilitär sorgte zusammen mit kooperationswilligen Weißen der Südstaaten (scalawags) und mit in den Süden eingeströmten Nordstaatlern (carpetbaggers), mitunter dubiosen Gestalten, für die Befolgung der neuen Politik, Voraussetzung für die Wiederaufnahme der Staaten in die Union. Unter dem Einfluß radikaler Weißer und mit ihnen verbündeter Schwarzer wurden neue Verfassungen in den Südstaaten verabschiedet, doch die weiße Reaktion hatte den Kampf noch längst nicht aufgegeben und sich in Geheimorganisationen, darunter dem Ku Klux Klan, zusammengeschlossen.

Das „Goldene Zeitalter" der Hochindustrialisierung

Der Norden verlor allmählich das Interesse an einer Politik, die sich durch Korruption, Unfähigkeit und Maßlosigkeit weitgehend selbst diskreditiert hatte, und mit den umstrittenen Präsidentschaftswahlen von 1876 wurden die Politik der reconstruction offiziell beendet und die Bundestruppen aus dem Süden abgezogen. Während im Süden darauf bis zum Jahrhundertende die alte Elite meist erfolgreich politische Positionen zurückeroberte und die Schwarzen durch eine rigorose Rassentrennung weitgehend entrechtete und ins Abseits drängte, stand der Norden ganz im Zeichen der Hochindustrialisierung und der damit verbundenen sozialen Konflikte. Es waren die Jahre des großen kontinentalen Eisenbahnbaus – der Ausgriff auf den Kontinent hatte 1867 mit dem Kauf des bis dahin russischen Alaska für 7,2 Mill. Dollar eine neue Dimension erlangt –, der Großkonzerne (trusts) der Stahlerzeugung und der Erdölindustrie. Die Kapitalisierung der Landwirtschaft, die marktbeherrschende fleischverarbeitende Industrie von Chicago und das rücksichtslose Transportgewerbe haben ebenso das Bild jenes „Goldenen Zeitalters" (Gilded Age) geprägt wie die Millionen Einwanderer ost- und südeuropäischer Länder, die die ethnische Zusammensetzung der Vereinigten Staaten nachhaltig verändern sollten. Der sich ungehemmt entfaltende Kapitalismus, der nach immer neuen Arbeitskräften verlangte und verschwenderischen Reichtum zu produzieren schien, hatte für seine sozialen Krisen kein Interesse und widersetzte sich entschlossen allen korrigierenden oder reglementierenden Eingriffen.

Mit der gleichen Härte und Entschlossenheit setzten die Vereinigten Staaten ihre Stärke nach außen durch. Als Spanien amerikanischen Forderungen hinsichtlich Cubas nicht entsprach, kam es 1898 zum spanisch-amerikanischen Krieg, in dem die Amerikaner die Philippinen und Cuba eroberten und im gleichen Zug Hawaii annektierten. In der Folge setzten sie ihren Zugang zum chinesischen Markt durch – Japan hatten sie bereits 1854 dem amerikanischen Handel geöffnet –, erreichten die Teilung Samoas und unterstützten den Abfall Panamas von Kolumbien, um einen Kanal durch die Landenge bauen zu können. Überhaupt verfolgte man gegenüber Lateinamerika eine unverhohlene Politik der Stärke, sei es gegenüber Venezuela oder bei den Interventionen in der Dominikanischen Republik (1905), Nicaragua (1912), Mexiko (1914) u.a., zu der man sich aufgrund der Monroedoktrin (1823) sowie zwecks Wahrung eigener Interessen gleichermaßen berechtigt fühlte.

Zeit der inneren Reformen und des Wandels

Theodore Roosevelt, der als Präsident (1901-1909) die Lateinamerika-Politik jener Jahre entscheidend geprägt hat, trat im Inneren eher als Reformer auf und versuchte im Sinne der sog. „Progressiven Bewegung" (progressive movement) etliche der ökonomischen Auswüchse des amerikanischen Kapitalismus zu mildern. Größere Korrekturen, um die zunehmend auch die Gerichte bemüht wurden, blieben jedoch in diesen Jahren im wesentlichen auf Einzelstaaten (Wisconsin, New York u.a.) beschränkt.

Während Woodrow Wilson als Präsident (1913-1921) die Innen- und Lateinamerikapolitik Roosevelts in wesentlichen Zügen fortsetzte, wurde seine Amtszeit schon bald von dem in Europa ausgebrochenen 1. Weltkrieg überschattet, aus dem er die Vereinigten Staaten trotz materieller Hilfe an England und

Frankreich herauszuhalten bemüht war. Vor allem der uneinge-schränkte deutsche U-Boot-Krieg hat jedoch dazu geführt, daß Amerika im April 1917 in den Krieg gegen das Deutsche Reich eintrat, denn, so Wilson: „Die Welt muß für die Demokratie si-cher gemacht werden."

Obgleich sich der amerikanische Schritt schon bald als kriegsentscheidend herausstellen sollte, gelang es Wilson nicht, Amerika auf eine langfristige Verantwortung für die Nach-kriegsordnung festzulegen. Statt dessen zog man es im Zeichen der „Stürmischen Zwanziger Jahre" (roaring twenties) vor, sich auf sich selbst zu konzentrieren. Was nach außen als Isolatio-nismus erschien, war in Wirklichkeit die überbordende wirt-schaftliche Expansion im Innern wie nach außen. „Amerikas Geschäft ist das Geschäft", hatte Präsident Calvin Coolidge (1923-1929) verkündet. Die Städte wuchsen – nach Einwoh-nerzahl, Fläche und vor allem in den Himmel dank der neuen amerikanischen „Kathedralen", wie man die Wolkenkratzer treffend bezeichnete; erstmals lebten mehr Amerikaner in den Städten als auf dem Land. Die industrielle Produktion erlebte einen kolossalen Aufschwung, wozu die Modernisierung von Management (Taylorismus) und Produktion (Einführung des Fließbandes durch Henry Ford) erheblich beitrugen. Das Auto wurde zum neuen Symbol amerikanischen Selbstverständnis-ses. Wirtschaft und Kapital waren mehr denn je Ausdruck ame-rikanischer Weltmachtgeltung.

Doch das alte, ländliche Amerika wehrte sich gegen Moder-nismus und Überfremdung. Der Ku Klux Klan feierte auch au-ßerhalb des Südens Triumphe, und Sacco und Vanzetti, zwei Anarchisten italienischer Abstammung, wurden auf der Welle eines sich mit dem Nativismus verbündeten Konservatismus nach einem fragwürdigen Prozeß und ungeachtet weltweiter Proteste hingerichtet (1927).

Weltwirtschaftskrise und politischer Neuansatz

In diese unbekümmerte Welt platzte am 29. Oktober 1929 der „Schwarze Dienstag", der Zusammenbruch der New Yorker Börse (Wall Street). Innerhalb weniger Wochen verloren die amerikanischen Aktien nahezu die Hälfte ihres Wertes. Die Weltwirtschaftskrise hatte begonnen, Tausende von Banken mußten schließen, die industrielle Produktion sank auf ein unbekanntes Minimum, und fast 15 Mill. Arbeitslose standen schließlich auf der Straße, ohne daß eine traditionell am ausgeglichenen Staatshaushalt orientierte Politik wirksame Lösungen anzubieten vermochte.

Die Zeit war reif für ein neues Verteilen der Karten, einen New Deal, wie das griffige, aber inhaltlich zunächst eher leere Schlagwort des neuen Präsidenten Franklin D. Roosevelt (1933-1945) lautete. Mit einer Fülle von Reformmaßnahmen zur Wiederankurbelung der Wirtschaft, zur Arbeitsbeschaffung und schließlich zur Einführung eines Minimums an sozialer Sicherheit, gelang es Roosevelt gegen den anhaltenden Widerstand konservativer Kreise und insbesondere des Obersten Bundesgerichts, das Vertrauen in die Wirtschaft wiederherzustellen und einen wirtschaftlichen Wiederaufstieg einzuleiten.

Franklin D. Roosevelts Erste Inauguraladresse vom 4. März 1933:

Dies ist zu allererst die Zeit, die Wahrheit zu sagen, die ganze Wahrheit, frei und unerschrocken. Wir müssen auch nicht davor zurückschrecken, den Zuständen in unserem Land heute ehrlich ins Gesicht zu sehen. Diese große Nation wird fortbestehen, wie sie bestanden hat, wird wieder aufblühen und wieder gedeihen. Lassen Sie mich daher Ihnen zunächst meinen festen Glauben versichern, daß das einzige, was wir zu fürchten haben, die Furcht selbst ist – namenloser, unvernünftiger, ungerechtfertigter Schrecken, der die notwendigen Anstrengungen lähmt, Rückschritt in Vorwärtsschreiten umzuwandeln ... Wenn es keine Vision gibt, geht das Volk zugrunde ... Diese Nation hat zum Handeln aufgerufen, hier und jetzt ... Wir begreifen nun mehr als jemals zuvor unsere gegenseitige Abhängigkeit voneinander; daß wir nicht nur nehmen können, sondern ebenso geben müssen ... Das Volk der Vereinigten Staaten hat nicht versagt ... Es verlangt nach Disziplin und Leitung unter klarer Führung. Es hat mich zum gegenwärtigen Instrument seiner Wünsche gemacht.

Quelle: Henry Steele Commager (Hrsg.), Documents of American History, New York [7]1963, Bd. II, S. 240-42.

Roosevelt, der nach seinen eigenen Beteuerungen vor nichts mehr Furcht hatte als vor der Furcht, hatte die Türen weit aufgestoßen und das amerikanische politische System nachhaltig beeinflußt, auch wenn seine viermalige Wahl zum Präsidenten – ein einzigartiger Bruch mit der politischen Tradition – keine Nachahmung fand und zur verfassungsmäßigen Verankerung der maximal zweimaligen Präsidentenwahl führte (22. Zusatzartikel, 1951).

Die bislang schwerste Krise des amerikanischen Kapitalismus war durch einschneidende Reformen im Rahmen des amerikanischen politischen Systems überwunden worden und damit zugleich der Grundstein zum modernen amerikanischen Sozialstaat gelegt, der zwar selbst in seiner Weiterentwicklung der sechziger und siebziger Jahre keine europäischen Modellen vergleichbaren Dimensionen erreicht hat, doch immerhin ein Minimum an sozialer Sicherheit gewährleistet. Zur wirtschaftlichen Gesundung wie auch zu Roosevelts 3. und 4. Amtsperiode hat der Ausbruch des 2. Weltkriegs am 1.9.1939 in Europa nachhaltig beigetragen. Wiederum wahrte Amerika Neutralität, leistete aber erneut materielle Unterstützung an Großbritannien und nach dem deutschen Überfall von 1941 ebenfalls an die Sowjetunion. Zunehmend bedrohlicher wurde die Situation jedoch im Pazifik. Trotz mancher Warnungen kam am 7. Dezember 1941 der japanische Angriff auf Pearl Harbor, Hawaii, bei dem der größte Teil der amerikanischen Pazifikflotte vernichtet wurde, dennoch überraschend. Damit standen die Vereinigten Staaten im 2. Weltkrieg und konnten in den kommenden dreieinhalb Jahren ihre nahezu unerschöpflich erscheinenden Menschen- und Materialreserven entscheidend zum Sieg der Alliierten in Europa und im Pazifik einsetzen. Dazu gehörte nach der Kapitulation von Hitler-Deutschland auch der Abwurf von zwei Atombomben über den japanischen Städten Hiroshima und Nagasaki am 6. und 9. August 1945.

Die Supermacht

Während am 15. August 1945 Japan gegenüber den Vereinigten Staaten die Waffen streckte und damit der 2. Weltkrieg endgültig zu Ende war, waren die Kampfhandlungen in Europa bereits mit dem 8. Mai 1945 eingestellt worden. Für die Vereinigten Staaten stellte sich damit gemeinsam mit der Sowjetunion, Großbritannien und Frankreich das Problem der Nachkriegsordnung in Europa, die Gegenstand mehrerer interalliierter Konferenzen in Moskau, Jalta und dann im Sommer 1945 in Potsdam war. Das mit ihnen über das Kriegsende hinaus fortgeführte Kriegsbündnis, seit dem plötzlichen Tod Roosevelts am 12. April 1945 durch seinen Nachfolger Harry S. Truman fortgesetzt, geriet jedoch in den folgenden Monaten zunehmend stärker unter den Druck sowohl der sowjetischen politischen Expansion in Ostmitteleuropa und Asien als auch der amerikanischen Hegemonialpolitik in der unmittelbaren Nachkriegszeit, für die in mehreren Konferenzen der Jahre 1944-45 zur politischen, monetären und wirtschaftlichen Gestaltung der Nachkriegsordnung der Grundstein gelegt worden war.

An die Stelle alliierter Zusammenarbeit trat schon bald eine Politik der Spannungen und des Mißtrauens zwischen den beiden Supermächten, die unter der Bezeichnung „Kalter Krieg" die Weltpolitik von nun an bis zum Ende der achtziger Jahre entscheidend prägen sollte. Während Westeuropa, einschließlich der aus den drei westlichen Besatzungszonen hervorgegangenen Bundesrepublik Deutschland durch den Marshallplan (1947) und die Gründung der NATO (1949) wirtschaftlich und militärisch eng an die Vereinigten Staaten gebunden wurde, gestaltete sich die amerikanische Politik in Ostasien mit der Niederlage Jiang Jieshis (Chiang Kai-sheks) durch die Rote Armee Mao Zedongs (Mao Tse-tungs) und dem damit verbundenen Verlust Chinas (1949) sowie mit dem Ausbruch des Koreakrieges (1950) zunächst sehr viel schwieriger, zumal auch die Sowjetunion inzwischen über die Atombombe verfügte.

Nachdem es gelungen war, den Koreakrieg 1953 auf der Basis des Vorkriegszustandes zu beenden, bauten die Vereinigten Staaten ihr Bündnissystem in Asien zur Eindämmung sowjetischer Expansion entschlossen aus. Dennoch konnten sie nicht verhindern, daß in den folgenden Jahren in Afrika und Lateinamerika (1959 Cuba) andere Länder Anlehnung an die Sowjetunion und ihre Politik suchten. Zwar waren die Präsidenten John F. Kennedy (1961-1963) und Lyndon B. Johnson (1963-1969) mit einer Politik der Entspannung um einen begrenzten Interessenausgleich mit der Sowjetunion bemüht, um zumal nach der Kuba-Krise (Oktober 1962) den Kalten Krieg zu deeskalieren. Doch auf Nebenschauplätzen, wie etwa in Vietnam, in dessen Krieg die Vereinigten Staaten seit Beginn der sechziger Jahre zunehmend stärker verwickelt wurden, ging die Konfrontation unverändert weiter.

Erst unter den Präsidenten Richard Nixon (1969-1974), Gerald Ford (1974-1977) und Jimmy Carter (1977-1981) wurde mit dem Ende des Vietnamkrieges, der Amerika nahezu 400 000 Tote und Verwundete gekostet und zuletzt das Land im Innern tief gespalten hatte, verstärkt nach einem Ausgleich mit dem China Mao Zedongs wie mit der Sowjetunion (Vereinbarungen zur Rüstungsbegrenzung) gesucht, der aber insgesamt, weitgehend bedingt durch eine Traumatisierung des Landes durch den unglücklichen Vietnamkrieg, nicht die Außenpolitik des Landes flexibler gestaltete. So blieb es schließlich Ronald Reagan (1981-1989) vorbehalten, mit einer aktiveren, wenn auch mitunter grobschlächtigeren Außenpolitik Amerikas Rolle in der Welt erneut zu festigen. Indem er sich dabei zugleich vom doktrinären Antikommunisten, der die Sowjetunion öffentlich als das „Reich des Bösen" brandmarkte, zu einem auf Ausgleich bedachten Politiker wandelte, der zu weitreichenden Abrüstungsmaßnahmen bereit war, hat er nachhaltig zur Aufweichung der erstarrten ideologischen Fronten und damit zumindest indirekt zum Zusammenbruch der kommunistischen Herrschaftssysteme in Mittel- und Osteuropa beigetragen. Als daraus unter seinem Nachfolger George Bush (1989-1993) die Wiedervereinigung Deutschlands, das Ende des Warschauer Paktes und das Auseinanderbrechen der einstigen Sowjetunion resultierte, waren die Vereinigten Staaten als einzige Supermacht verblieben, die in der Folge die von ihnen nunmehr dominierten Vereinten Nationen in den Golfkrieg gegen den Irak (1991) führten. Doch was in Amerika ein Gefühl des Stolzes hinsichtlich der Effizienz der eigenen militärischen Hochtechnologie auslöste, führte anderenorts mitunter zu Gefühlen der Beklemmung angesichts der neuartigen Form der kriegerischen Auseinandersetzung zwischen Nord und Süd, die an die Stelle des vormaligen Ost-West-Konfliktes getreten war.

Die ungelösten Probleme im Innern

In wesentlichen Bereichen waren die außenpolitischen Gegebenheiten auf die innenpolitische Entwicklung des Landes in diesen Jahrzehnten durchgeschlagen. Schon während des 2. Weltkriegs hatten verbreitete, doch durchweg unbegründete Zweifel an der Loyalität der Amerikaner japanischer Abstammung zu deren massenhafter Internierung geführt. Mit dem „Kalten Krieg" wurde die Furcht vor kommunistischer Unterwanderung zum beherrschenden innenpolitischen Thema, und der Ständige Untersuchungsausschuß des Senats unter seinem ebenso berüchtigten wie skrupellosen Vorsitzenden Joseph R. McCarthy und seiner blindwütigen, selbst vor offener Denunziation nicht zurückschreckenden Jagd nach „Kommunisten" und „Verrätern" in allen Bereichen des amerikanischen Lebens wurde zum Symbol dessen, was ein anderer Senator, J. William Fulbright, später in einem anderen Zusammenhang amerikanischer Politik als die „Arroganz der Macht" bezeichnete.

Wesentlich zukunftsweisender und auf den Idealen der amerikanischen Demokratie aufbauend war dagegen die Bürgerrechtsbewegung zur rechtlichen, ökonomischen und sozialen Gleichstellung der Schwarzen, die 1956 unter der Führung von Martin Luther King entscheidenden Auftrieb bekommen hatte. In den folgenden Jahrzehnten, zumal während der Präsidentschaft von Lyndon B. Johnson, wurden mit tatkräftiger Unterstützung des liberalen Obersten Bundesgerichts unter Chief Justice Earl Warren (1953-69) trotz erbitterter Widerstände deutliche Fortschritte auf diesem Weg erzielt. Aber der liberale Aufbruch im Innern mit seinen tiefgreifenden sozialen Reformen war mit zahllosen Opfern zu beklagen, darunter an prominentester Stelle Präsident Kennedy 1963 sowie sein Bruder Robert und Martin Luther King, beide 1968 ermordet, und er schlug in dem Maße in Frustration und Verzweiflung um, wie der „Krieg gegen die Armut" und Johnsons Vision einer „Großen Gesellschaft" im vietnamesischen Bombenhagel untergingen. Hunderte von Schwarzenghettos in den großen Städten des Landes gingen in Flammen auf, während die weiße Jugend Amerikas gegen das materielle Statusdenken im Lande aufbegehrte und sich gegen den Krieg und überlebte moralischsoziale Zwänge wandte.

Der soziokulturelle Umbruch und Wertewandel der sechziger und siebziger Jahre, verstärkt durch die Korruptionen und Skandale der Nixon-Ära mit der Watergate-Affäre 1973-1974, die unter dem Druck einer drohenden Amtsenthebung erstmals zum Rücktritt eines amerikanischen Präsidenten führte, zog auch im Innern eine konservative Reaktion nach sich, begünstigt durch die fortschreitende Suburbanisierung des Landes, dank der inzwischen rund die Hälfte der amerikanischen Bevölkerung in der Privatheit und Selbstisolation der grünen Vorstädte wohnt. Die dort verbreitete Aufsteigermentalität von Selbsthilfe und Eigenverantwortlichkeit, die kaum mehr zu persönlichen Opfern zugunsten der Benachteiligten im Lande bereit ist, wurde zum tragenden Element der Politik Reagans und Bushs. Doch mit einer Politik der sozialen Härten gelang ihnen kein neuer sozialer Konsens, zumal die durch die Reagansche Wirtschaftspolitik (Reaganomics) begünstigten Reichen, mehr aber noch der breite Mittelstand, die Auswirkungen der Rezession Ende der achtziger Jahre zu spüren bekamen. Der wachsende Druck eines riesigen Haushaltsdefizits, verbunden mit einem anhaltenden immensen Handelsbilanzdefizit, einem für eine wachsende Zahl von Amerikanern sinkenden Lebensstandard und einer neuen Masseneinwanderung vor allem aus Lateinamerika und Ostasien, schürte die sozialen Spannungen im Innern und ließ eine wachsende Zahl von Amerikanern an den Fähigkeiten der eigenen Politiker zweifeln, mit den Problemen des Landes fertig zu werden.

Erst die Präsidentschaft von Bill Clinton (1993-2001) brachte eine Wende, die auf der Welle eines anhaltenden Wirtschaftsbooms die Globalisierung der Weltwirtschaft unter amerikanischer Führung ebenso im ökonomischen wie im außenpolitischen Bereich propagierte und dabei zugleich im Innern wie nach außen unbekümmert amerikanische Interessen verfolgte. Eine erneuerte Pax americana mittels umfassender Handelsabkommen und militärischer Einsätze auf allen Kontinenten rief vielfältige Reaktionen hervor. Doch selbst die deutliche Zunahme einer zum Teil aggressiv-konservativen republikanischen Opposition, die die Ausweitungen des amerikanischen Sozialstaats während der Johnson-Jahre wieder rückgängig zu machen suchte und die ab 1995 den Kongreß dominierte, konnte Clinton in seiner nach außenpolitischen Erfolgen strebenden Politik nicht beirren, gegenüber denen sich die innenpolitische Erfolgsbilanz, von einigen Skandalen zusätzlich überschattet, eher bescheiden ausnimmt, aber im Sog des außergewöhnlichen wirtschaftlichen Erfolgs politisch mitunter leicht übertüncht werden konnte.

Horst Dippel

Die politische Geographie der USA

Vom Atlantik zum Pazifik

In einem bekannten Werk über die Geographie Nordamerikas steht der lapidare Satz: „Das Gesicht des Kontinents ist Europa zugewandt".[1]

Sofern diese Feststellung eine über die natürliche Geographie hinausgehende Bedeutung beansprucht, stellt sich die Frage, ob die moderne Besiedlung des Kontinents und speziell des Gebietes der Vereinigten Staaten vom 17. Jahrhundert bis zur Gegenwart tatsächlich zu einer derartigen, bis in unsere Tage gültigen Fixierung des Landes und seiner politischen Geographie mit Blick auf Europa geführt hat. Ergibt sich nicht vielmehr angesichts tiefgreifender Veränderungen der ethnischen Zusammensetzung, der Bevölkerungs- und Siedlungsstrukturen sowie der ökonomischen Nutzung und wirtschaftlichen Entwicklung der Vereinigten Staaten einschließlich ihrer politischen Folgewirkungen, aufgrund der Einwirkungen des geographischen Raumes auf die Politik sowie die Strukturierung und Veränderung dieses Raumes durch die Politik heute ein erheblich differenzierteres Bild, das sich in einem fundamentalen Wandel der politischen Geographie des Landes in unserem Jahrhundert niederschlägt?

Drei politisch-geographische Großräume

Historisch entwickelte sich diese politische Geographie der Vereinigten Staaten im wesentlichen aus der europäischen Landnahme und Besiedlung insbesondere im 17. und 18. Jahrhundert, die bis in das späte 19. Jahrhundert hinein die autochthone Indianerbevölkerung zunehmend verdrängte, ihr Lebensraum und Lebensgrundlage nahm und sie dezimierte. An die Stelle der indianischen Ordnungen traten zunächst von Europa übernommene Siedlungs- und Verwaltungsstrukturen und Formen der ökonomischen Nutzung. Als 1775 der Krieg um die amerikanische Unabhängigkeit begann, unterteilte sich das Gebiet der heutigen Vereinigten Staaten (ohne Alaska und Hawaii) geographisch in drei politische Großräume: zunächst im Osten zwischen der Atlantikküste und dem Hauptkamm der Alleghenies die Kette der dreizehn englischen Kolonien, an die sich im Norden das gleichfalls britische Nova Scotia (heute zu Kanada) und im Süden das 1763 von Spanien hinzugewonnene Florida anschlossen; zwischen Alleghenies und Mississippi lag als zweiter Großraum ein seit 1763 ebenfalls britisches Territorium, das jedoch noch kaum europäische Besiedlung aufwies und als Indianerland galt; den dritten Großraum schließlich bildete der politisch noch weitgehend unorganisierte und geographisch noch großenteils unbekannte Raum zwischen Mississippi und Pazifik, der als spanisches Gebiet galt.

Geographische Stichworte

Fläche
7827982 qkm, mit Alaska und Hawaii: 9363125 qkm

Regionen
Neuenglandstaaten: Maine, New Hampshire, Vermont, Massachusetts, Rhode Island, Connecticut
Mittelatlantik-Staaten: New York, New Jersey, Pennsylvania
Südliche Atlantikstaaten: Delaware, Maryland, District of Columbia, Virginia, West Virginia, North Carolina, South Carolina, Georgia, Florida
Nordöstliche Zentralstaaten: Ohio, Indiana, Illinois, Michigan, Wisconsin
Nordwestliche Zentralstaaten: Minnesota, Iowa, Missouri, North Dakota, South Dakota, Nebraska, Kansas
Südöstliche Zentralstaaten: Kentucky, Tennessee, Alabama, Mississippi
Südwestliche Zentralstaaten: Arkansas, Louisiana, Oklahoma, Texas
Gebirgsstaaten: Montana, Idaho, Wyoming, Colorado, Utah, Nevada, New Mexiko, Arizona
Pazifikstaaten: Washington, Oregon, California, Alaska, Hawaii

---

Der politisch strukturierteste dieser Räume war mithin das Gebiet der dreizehn Kolonien, die wiederum in die Neuengland-Kolonien (Massachusetts einschließlich des erst 1820 zu einem eigenen Bundesstaat gewordene Maine, New Hampshire, Rhode Island und Connecticut – das spätere Vermont spaltete sich 1777 von New York ab und wurde 1791 als 14. Bundesstaat offiziell anerkannt), die Mittelatlantik-Kolonien (New York,

New Jersey und Pennsylvania) sowie die Südatlantik-Kolonien (Delaware, Maryland, Virginia, North Carolina, South Carolina und Georgia) unterteilt wurden. Als in der Folge zunehmend politisch bedeutsam sollte sich dabei die sog. Mason-Dixon-Line, d.h. die Südgrenze von Pennsylvania, herausstellen. Bei Ausbruch des Unabhängigkeitskrieges war die Küste vom südlichen Maine bis in die Küstenebene von Georgia durchgehend besiedelt. In den mittleren und südlichen Kolonien (außer dem erst zwischen 1732 und 1752 gebildeten Georgia) hatte sich die Besiedlung zumeist bereits westwärts bis an die Alleghenies ausgedehnt, während in Neuengland praktisch nur der nördliche Teil von Siedlern noch unerschlossen geblieben war.

In den Neuengland-Kolonien war die Erschließung in Form von townships (Landgemeinden) auf der Basis kleiner, selbständiger Farmer erfolgt, wobei die Entwicklung im 17. und 18. Jahrhundert zu einer gewissen Verstädterung mit Ausprägung von Fischerei, Handel und Handwerk geführt hatte, während ab etwa der Mitte des 18. Jahrhunderts angesichts zunehmender Bevölkerung, karger Böden sowie Bodenverknappung die Dörfer aufzubrechen begannen und ein Siedlerzug nach Westen einsetzte.

Die südlichen Kolonien wurden dagegen auf county (Kreis)-Basis organisiert, wobei die dominierende ökonomische, soziale und politische Einheit die Plantage mit ihren hunderten Hektar wurde, auf der zunehmend mittels schwarzer Sklavenarbeit Stapelwaren produziert wurden: Tabak in Virginia und Maryland, vor allem Reis und Baumwolle in South Carolina und Georgia (wobei durch den intensiven Tabakanbau bereits erste Formen der Bodenermüdung und -auslaugung auftraten). Diese Plantagen befanden sich in den Küstenebenen, dem sog. Tidewater-Gebiet unterhalb der Fallinie der Flüsse, über die mit Hilfe von seegängigen Schiffen die Produktion leicht abtransportiert werden konnte. Wo der Anbau dieser Massenprodukte ausschied, insbesondere im Hinterland dieser Kolonien, dem sog. Piedmont, und in North Carolina, lag zumeist das Siedlungsgebiet armer weißer Siedler, die meist reine Subsistenzlandwirtschaft betrieben.

Heterogener waren die mittleren Kolonien strukturiert, wobei in Pennsylvania die Siedlungsform der Einzelfarm vorherrschte, jedoch im Südosten der Kolonie um das prosperierende und schließlich zur größten Stadt der Kolonien anwachsende Philadelphia im 18. Jahrhundert der Boden zunehmend knapper und teurer wurde, so daß im Westen neue counties entstanden, die ihre Interessen von den etablierten politischen Kräften des Südostens nur unzureichend berücksichtigt sahen. In New York hingegen hatte die holländische Vergangenheit als Erbe die Aufteilung des Hudsontals in eine Handvoll von Latifundien von zwischen 100 000 und 800 000 ha hinterlassen, auf denen Landwirtschaft im 18. Jahrhundert von einem wachsenden Heer eigentumsloser Pächter betrieben wurde, wie sie in dieser Form in den übrigen Kolonien unbekannt waren. Demgegenüber stand die aufstrebende Hafenstadt New York mit ihrer steigenden, zunehmend heterogeneren Bevölkerung.

Die amerikanische Revolution hat an diesen grundlegenden Gegebenheiten kurzfristig nichts wesentliches geändert, wenngleich durch sie erste Verschiebungen des politischen Gewichts Richtung Westen erkennbar wurden. So sind in der Folge in Virginia, Georgia, North Carolina, Pennsylvania, New York und New Hampshire die Hauptstädte von der Küste in das vormals politisch eher vernachlässigte und unterrepräsentierte Landesinnere verlegt worden.

Die „Northwest Ordinance" als Grundlage politischer Raumordnung

Bereits in den 1790er Jahren wurden erstmals zwei neue Staaten in die Union aufgenommen, die jenseits der Alleghenies lagen. Möglich geworden war dies nicht nur, weil es nach dem Ende des Unabhängigkeitskrieges politisch gelungen war, die dreizehn Gründerstaaten zum Verzicht auf Gebietsansprüche im neu hinzugewonnenen Westen zu bewegen. Grundlegend für die politische Weiterentwicklung des Bundesstaates wurde die sog. Northwest Ordinance von 1787, formal Grundlage für die territoriale Organisation des neuen Staatsgebietes zwischen Ohio, Mississippi und den Großen Seen, tatsächlich Vorbild für die bundesstaatliche Entwicklung der Union bis in unser Jahrhundert. Danach wurde das noch nicht in Einzelstaaten aufgeteilte Gebiet des Landes in Territorien nach den republikanischen Prinzipien des Gesamtstaates von Freiheit, Rechtssicherheit und weitgehender demokratischer Selbstverwaltung organisiert und dabei festgelegt, daß zukünftig kein Staat aufgrund seiner räumlichen Ausdehnung eine politisch dominierende Stellung erhalten sollte. Territorien waren daher in eine entsprechende Zahl von Einzelstaaten zu untergliedern, die mit Erreichen einer Mindesteinwohnerzahl, die jener des kleinsten der bestehenden Staaten entsprach, und dem Entwurf einer freiheitlich-republikanischen Verfassung als vollkommen gleichberechtigte Staaten in die Union aufgenommen werden sollten.

Mit dieser Verordnung von 1787, einer der bedeutendsten und weitreichendsten politischen Beschlüsse der Vereinigten Staaten in ihrer mehr als zweihundertjährigen Geschichte, ist der Grundstein für die politische Entwicklung des Landes von den 13 Gründerstaaten zu den heute 50 Staaten der Union gelegt worden. Zugleich ist damit die Basis für die fundamentalen Verschiebungen in der politischen Geographie des Landes in den folgenden 200 Jahren geschaffen worden.

Die Northwest Ordinance vom 13. Juli 1787:

... Für die Ausdehnung der grundlegenden Prinzipien bürgerlicher und religiöser Freiheit, die das Fundament bilden, auf dem diese Republiken, ihre Gesetze und Verfassungen errichtet sind; um diese Prinzipien als das Fundament aller Gesetze, Verfassungen und Regierungen, die jemals hiernach in dem besagten Territorium errichtet werden, festzulegen und zu begründen; um ebenso für die Errichtung von Staaten und einer dauerhaften Regierungsgewalt in ihnen sowie für ihre Zulassung zur mit den ursprünglichen Staaten gleichberechtigten Teilhabe an den Bundesorganen zu so frühen Zeitpunkten, wie es mit den allgemeinen Interessen in Einklang steht, Sorge zu tragen, wird hiermit erlassen und verkündet...

Quelle: Henry Steele Commager (Hrsg.), Documents of American History, New York [7]1963, Bd. I, S. 130

Die Entstehung der modernen drei Großräume

Sechs Jahre später wurde diese zukunftsweisende Verordnung indirekt durch eine im Prinzip simple, doch folgenschwere Erfindung ergänzt. 1793 stellte Eli Whitney seine Baumwollentkörnungsmaschine (cotton gin) vor, eine technologische Entwicklung, die Politik, Gesellschaft und politische Geographie der Vereinigten Staaten in einer Weise veränderte, die wahrscheinlich allein der Einführung des Automobils im 20. Jahrhundert vergleichbar ist. Mit Hilfe dieser Maschine war mit einem Schlag der Baumwollanbau im gesamten amerikanischen Süden ökonomisch sinnvoll geworden, da nun die Entfernung der Kerne auch aus der klebrigen kurzfasrigen Baumwolle möglich war, die hier im Gegensatz zur langfasrigen Baumwolle der Küstenzonen South Carolinas und Georgias allein gedieh. Damit stand der explosionsartigen Ausbreitung des Baumwollanbaus im gesamten Süden der Vereinigten Staaten nichts mehr im Wege.

Während Bodenspekulanten, nachwachsende Farmergenerationen und die nicht abreißenden Massen von Neueinwanderern in den Jahrzehnten zwischen Unabhängigkeits- und Bürgerkrieg nördlich von Mason-Dixon-Line und Ohio immer weiter nach Westen zogen, dehnte sich ökonomisch und sozial im Süden die sog. Pflanzeraristokratie mit ihren schließlich nach Millionen zählenden schwarzen Sklaven und der Baumwolle immer weiter aus, bis endlich das gesamte Land zwischen Atlantikküste und dem Osten von Texas, zwischen Ohio und dem Golf von Mexiko zu einem einzigen riesigen Cotton kingdom geworden war, ein Gebiet, dessen geographischer Raum ebenso wie seine politisch-sozialen Strukturen weitgehend vom Weltmarktpreis für Rohbaumwolle geprägt wurden.

Die Folgen dieser Entwicklung waren epochal und teilten das Land bis heute in drei Selektionen: Norden, Westen und Süden. Der Norden zwischen New York und Chicago wurde neben der Landwirtschaft in ständig steigendem Maße von Industrialisierung und Urbanisierung geprägt, von einer ethnisch immer heterogener werdenden Bevölkerung und vom wachsenden Ausbau der Infrastruktur durch Kanäle, Straßen und schließlich Eisenbahnlinien; eine Entwicklung zum modernen Amerika, die sich nach dem Bürgerkrieg noch verstärkt fortsetzte und dazu führte, daß jener Raum zwischen Ohio und Großen Seen schließlich zum industriellen Herz des Landes (heartland of America) wurde und bis in die sechziger Jahre des 20. Jahrhunderts hinein blieb. Die langfristigen Folgen dieser nordstaatlichen Entwicklung waren ein tiefgreifender Wandel der politischen Kultur, die vielfältiger und heterogener und zum Reflex sich ausfächernder ökonomischer und sozialer Interessen wurde.

Dem sich daneben herausbildenden Westen jenseits des Mississippi blieb dieses „moderne" Amerika des Nordens relativ fremd. Ohne nennenswerte Städte und Industrien beruhte der Westen zunehmend auf einer exportorientierten, auf den Weltmarkt ausgerichteten Landwirtschaft – Tendenzen, die sich nach dem Bürgerkrieg ebenfalls noch erheblich verstärken sollten –, wodurch er sich in seiner generellen ökonomischen Interessenlage, nicht hingegen politisch und sozial, und mit seinem Eintreten für einen freien Welthandel häufig dem Süden nahestehend empfand.

Die Sonderentwicklung des Südens

Auf diesen freien Welthandel fühlte sich der Süden mit seiner landwirtschaftlichen Monokultur der Baumwolle völlig angewiesen. Angesichts einer ständig archaischer werdenden Sozialstruktur mit einer dünnen, politisch wie ökonomisch tonangebenden Oberschicht, die auf die wachsende Kritik des Nordens mit zunehmender Verhärtung und Konformitätsdruck nach innen reagierte, und dem Millionenheer von Sklaven, war für die Entwicklung von Städten und Industrie und einer dort verankerten weißen Mittelschicht kein Raum, zumal sich Rohbaumwolle im Gegensatz zu den meisten landwirtschaftlichen Produkten des Nordens ohne weitere Verarbeitung problemlos verschiffen ließ. Die Pflanzeraristokratie, die von dem Florieren eines kapitalistisch organisierten Welthandels lebte, trat im Innern immer kompromißloser als Verfechter einer vorkapitalistischen Sozialordnung auf und machte damit ihre eigene Widersprüchlichkeit zum essentiellen Bestandteil der politischen Kultur des Südens, eine Kultur, die innenpolitische Opposition um der eigenen Legitimation willen zunehmend kriminalisierte.

Die politische Unfähigkeit zum Kompromiß wurde daher ein Kennzeichen des Südens, der politisch insbesondere nach dem Bürgerkrieg bis in die 1950er Jahre in der de facto existierenden Einparteienherrschaft der südstaatlichen Demokratischen Partei seinen Ausdruck fand und damit zugleich die Partei auf nationaler Ebene zur Minderheitspartei abstempelte, aus der sie erst Franklin Roosevelt langfristig herauszuführen vermochte.

Die Kompromißlosigkeit des Südens hatte die politische Geographie des Landes zwischen 1790 und 1860 in mehrfacher Weise geprägt. Von den 13 Gründerstaaten lagen sieben nördlich und sechs südlich der Mason-Dixon-Line. Als 1791

mit der Aufnahme Vermonts in die Union die Zahl der Nordstaaten auf acht anwuchs, folgten mit Kentucky (1792) und
Tennessee (1796) rasch zwei Südstaaten nach, um das politische Gleichgewicht zwischen beiden Sektionen herzustellen.
Während der nächsten 50 Jahren erfolgte dann die Aufnahme
neuer Staaten in die Union stets strikt unter der Wahrung des
sektionalen Proporzes, der erst 1850 mit der Aufnahme Kaliforniens zugunsten des Nordens endgültig durchbrochen wurde, als der politisch verfügbare Raum des Südens ausgeschöpft
war. Die Weigerung des Südens, aus der politischen Geographie des Landes Konsequenzen zu ziehen, hat in der Folge wesentlich zum Ausbruch des Bürgerkriegs beigetragen.

Die wachsende Bedeutung des amerikanischen Westens

Nach dem Bürgerkrieg verstärkten sich die bereits zuvor bestehenden strukturellen Entwicklungstendenzen im Norden (Industrialisierung, Urbanisierung, ethnische Differenzierung, Ausbau
der Infrastruktur, Ausfächerung der politischen Kultur) und Westen (Mechanisierung und Industrialisierung der Landwirtschaft
und ihre Verkehrsanbindung an die industriellen und kommerziellen Zentren vor allem des Nordens, Wahrung der traditionellen politischen Werte des Landes gegen vermeintlich drohende
Überfremdung). Aber trotz seiner militärischen Niederlage und
des Versuchs, seine verkrustete Sozialstruktur gewaltsam aufzubrechen, blieben wesentliche Merkmale des Südens bis zur
Weltwirtschaftskrise von 1929 nahezu unverändert bestehen. Das
galt besonders für den fortdauernd geringen Grad an Verstädterung und Industrialisierung, für die Landwirtschaft als dominie-
render ökonomischer Sektor trotz rückläufigen Baumwollanbaus
und unterentwickelter Gebiete und für die nach 1877 erneut po-
litikbeherrschende Stellung der Demokratischen Partei im sog.
solid South. Auch die Interessenverbindung mit dem konserva-
tiv-agrarischen Westen wurde häufig zu einem einflußreichen
Faktor im politischen Leben der Nation.
   Dennoch blieben neue Tendenzen langfristig nicht ohne Wirkung. Der Zensus von 1890 hatte offenbart, daß im Zuge der
Hochindustrialisierung des Nordens, der süd- und südosteuropäi-
schen Masseneinwanderung, der anhaltenden Indianerkriege so-

wie des Baus der großen transkontinentalen Eisenbahnlinien zum Pazifik das Gebiet der Vereinigten Staaten nunmehr durchgehend besiedelt war. Jahrhunderte lang hatte es stets eine unsichtbare, ständig weiter nach Westen vorrückende Siedlergrenze gegeben, jenseits der sich „unbesiedeltes", also Indianerland befand. Mit den Ergebnissen des Zensus von 1890 wurde das Ende dieser Grenze (frontier) offiziell verkündet. Einer der bedeutendsten amerikanischen Historiker um die Wende vom 19. bis 20. Jahrhundert, Frederick Jackson Turner, hat die Veröffentlichung jener Zensusergebnisse zum Anlaß für seine bis heute viel beachtete, wenn auch umstrittene These von der Bedeutung der Grenze für das amerikanische Leben, seine Kultur und Politik genommen (s. S. 98). Wie hoch auch immer man den Stellenwert dieses steten Kampfes mit der Wildnis um neuen Siedlungsraum für die politische Kultur des Landes ansetzen will, tatsächlich hat diese Siedlungsform bis heute dazu beigetragen, daß man um so weniger dörfliche Siedlungsformen vorfindet, je weiter man über den Mississippi nach Westen vordringt, und daß man in der rechtwinkligen Vermessung und Auslegung des Landes zunehmend das Einzelgehöft als vorherrschende Siedlungsform erkennt.

Der Westen, und dies hatte Turner betont, gewann wachsende Bedeutung für die amerikanische Politik. 1876, 100 Jahre nach Verkündung der Unabhängigkeitserklärung, wurde mit Colorado der 38. Staat in die Union aufgenommen; die Staatenzahl hatte sich seit Gründung der Union verdreifacht. In den Jahren zwischen 1889 und 1896 kamen sieben weitere Staaten hinzu, so daß der Westen im Senat in Washington seinen Stimmenanteil um weitere 14 Stimmen erhöhen konnte. Aber noch gab es Territorien im Westen, das Indian Territory (Oklahoma), das Neu-Mexiko-Territorium, das 1867 von den Russen gekaufte Alaska und das 1898 annektierte Hawaii. Die beiden letzteren wurden 1959 amerikanische Bundesstaaten, und von den seither bestehenden 50 Staaten liegen 25 westlich des Mississippi. Während 1789 alle 26 amerikanischen Senatoren und bis 1829 ebenso alle amerikanischen Präsidenten von der Atlantikküste kamen, kommen seit 1959 50% aller Senatoren von jenseits des Mississippi – und bei den amerikanischen Präsidenten ist das Verhältnis ähnlich. Seit 1964 sind mehr amerikanische Präsidenten aus dem Trans-Mississippi West gekommen als in den 175 Jahren zuvor, und von den vier Präsidentschafts- und Vizepräsidentschaftskandidaten der beiden großen Parteien des Jahres 1992 kamen nur noch einer aus dem Norden, jedoch zwei aus Staaten westlich des Mississippi.

Frederick Jackson Turner über die Bedeutung des Westens für die amerikanische Geschichte, 1893:

Die amerikanische soziale Entwicklung hat sich unaufhörlich an der Grenze (frontier) immer wieder erneuert. Diese dauernde Wiedergeburt, dieses Fließen des amerikanischen Lebens, diese Ausdehnung nach Westen mit ihren neuen Chancen, ihrer ständigen Berührung mit der Einfachheit primitiver Formen des Zusammenlebens bildeten die Kräfte, die den amerikanischen Charakter beherrschen. Die korrekte Betrachtungsweise der Geschichte dieser Nation ist daher nicht jene von der Atlantikküste; es ist die aus dem Großen Westen (Great West).

Quelle: Frederick Jackson Turner, The Frontier in American History, 1920, Ndr. New York 1976, S. 23.

Noch unmittelbarer wirkt sich die Gewichtsverlagerung zwischen den amerikanischen Regionen auf die Zusammensetzung des Repräsentantenhauses in Washington aus, in dem sich der Stimmenanteil der Einzelstaaten nach ihrer jeweiligen Bevölkerungszahl richtet, wie es in dem, die politische Geographie des Landes entscheidend verändernden Urteil des Obersten Bundesgerichts im Fall Baker v. Carr von 1962 erneut festgelegt wurde. Allein bei der jüngsten Anpassung der Kongreßsitze nach dem Zensus von 1990 haben die Staaten des Nordens 15 Sitze im Repräsentantenhaus verloren, während der Westen 8 und der Süden 7 hinzugewannen.

Baker v. Carr, 1962 (82 Supreme Court Reporter, 691):

Tennessees Maßstab für die Aufteilung der legislativen Repräsentation unter seinen counties ist die Gesamtzahl der qualifizierten Wähler, die in den betreffenden counties wohnen... Die jahrzehntweisen Neuanpassungen wurden in Übereinstimmung mit den Verfassungsbestimmungen durch die General Assembly alle zehn Jahre von 1871 bis 1901 durchgeführt... In den mehr als 60 Jahren seither sind in beiden Häusern der General Assembly alle Vorschläge für eine Neueinteilung fehlgeschlagen... Es ist vor allem die fortdauernde Anwendung des Aufteilungsgesetzes von 1901 auf die veränderte und vergrößerte Wahlbevölkerung, die den gegenwärtigen Streitfall hervorgebracht hat... Das Recht eines Bürgers, frei von willkürlicher Beeinträchtigung durch Maßnahmen eines Staates wählen zu können, ist gerichtlich anerkannt als ein Recht, das durch die Verfassung garantiert wird... Dieser Fall beinhaltet in gewisser Weise die Aufteilung der politischen Macht in einem Staat... Wir schließen, daß die Anschuldigung des Klägers auf Verweigerung des gleichen Schutzes der Gesetze ein verfas-

Diesen Veränderungen der politischen Repräsentation entspricht, daß heute bereits rund 40% der amerikanischen Bevölkerung westlich des Mississippi lebt, so daß der trans-Mississippi West inzwischen mehr Einwohner aufweist als der Norden, da die Bevölkerung in allen Staaten des Nordens – außer New Hampshire und Vermont – unter dem nationalen Durchschnitt wächst, während die Mehrzahl der Staaten des Südens und Westens erheblich über dem nationalen Durchschnitt liegende Zuwachsraten aufweist. Erstellte man gemäß den absoluten Zahlen des Bevölkerungszuwachses zwischen 1980 und 1990 eine Präferenzliste der Staaten, so würde diese angeführt von Kalifornien, Florida, Texas, Georgia und Arizona, wohingegen frühere Bevölkerungsmagnete wie Ohio und Michigan heute auf Rang 38 und 39, Pennsylvania und Illinois auf Rang 42 und 44 landen würden.

Insgesamt ist jedoch das Bild im einzelnen sehr viel differenzierter, und ein ganz wesentlicher Aspekt der Baker v. Carr-Entscheidung war die Anpassung der politischen Repräsentation an die gewandelten Strukturen auf einzelstaatlicher und lokaler Ebene. Damit soll auch hier den Wandlungen der Bevölkerungsverteilung, den ethnischen Minderheiten – zumal seit dem Voting Rights Act von 1965 – und der Urbanisierung wie der Suburbanisierung Rechnung getragen und dem anhaltend konservativ-ländlichen Einfluß in der Politik, der der Bevölkerungsentwicklung längst nicht mehr entspricht, entgegengewirkt werden. Damit ist auch die Bedeutung der Wahlen von 1992 erklärt, der ersten, in der die Mehrheit der amerikanischen Wähler aus den Vorstädten (suburbia) kam. Verteilte sich 1960 die amerikanische Bevölkerung noch in etwa gleichmäßig auf Städte, Vorstädte und Land, so sind die Vereinigten Staaten heute eine suburban nation mit einer städtischen und einer ländlichen Randzone, auf die weniger als ein Drittel bzw. weniger als ein Viertel der Gesamtbevölkerung entfällt. Etliche Grundfragen der politischen Geographie der Vereinigten Staaten der Gegenwart sind damit aufgeworfen, so daß die einzelnen amerikanischen Sektionen und der amerikanische Regionalismus der Gegenwart näher betrachtet werden müssen.

Zahl der Mandate der Einzelstaaten im Kongreß und im Wahlmännergremium für die Präsidentenwahlen von 1992 – in Klammern zum Vergleich die Mandatsverteilung bei den Wahlen von 1960:

Staat	Senat	Repräsentantenhaus		Wahlmännergremium	
Maine	2	2	(3)	4	(5)
New Hampshire	2	2	(2)	4	(4)
Vermont	2	1	(1)	3	(3)
Massachusetts	2	10	(14)	12	(16)
Rhode Island	2	2	(2)	4	(4)
Connecticut	2	6	(6)	8	(8)
New York	2	31	(43)	33	(45)
New Jersey	2	13	(14)	15	(16)
Pennsylvania	2	21	(30)	23	(32)
Ohio	2	19	(23)	21	(25)
Indiana	2	10	(11)	12	(13)
Illinois	2	20	(25)	22	(27)
Michigan	2	16	(18)	18	(20)
Wisconsin	2	9	(10)	11	(12)
Minnesota	2	8	(9)	10	(11)
Iowa	2	5	(8)	7	(10)
Missouri	2	9	(11)	11	(13)
North Dakota	2	1	(2)	3	(4)
South Dakota	2	1	(2)	3	(4)
Nebraska	2	3	(4)	5	(6)
Kansas	2	4	(6)	6	(8)
Norden zusammen	*42*	*193*	*(244)*	*235*	*(286)*
Delaware	2	1	(1)	3	(3)
Maryland	2	8	(7)	10	(9)
District of Columbia	–	–	(–)	3	(–)
Virginia	2	11	(10)	13	(12)
West Virginia	2	3	(6)	5	(8)
North Carolina	2	12	(12)	14	(14)
South Carolina	2	6	(6)	8	(8)
Georgia	2	11	(10)	13	(12)
Florida	2	23	(8)	25	(10)
Kentucky	2	6	(8)	8	(10)
Tennessee	2	9	(9)	11	(11)
Alabama	2	7	(3)	9	(5)
Mississippi	2	5	(6)	7	(8)
Arkansas	2	4	(6)	6	(8)
Louisiana	2	7	(8)	9	(10)
Oklahoma	2	6	(6)	8	(8)
Texas	2	30	(22)	32	(24)
Süden zusammen	*32*	*149*	*(128)*	*184*	*(16)*
Montana	2	1	(2)	3	(4)
Idaho	2	2	(2)	4	(4)
Wyoming	2	1	(1)	3	(3)
Colorado	2	6	(4)	8	(6)
New Mexico	2	3	(2)	5	(4)
Arizona	2	6	(2)	8	(4)
Utah	2	3	(2)	5	(4)
Nevada	2	2	(1)	4	(3)
Washington	2	9	(7)	11	(9)
Oregon	2	5	(4)	7	(6)
California	2	52	(30)	54	(32)
Alaska	2	1	(1)	3	(3)
Hawaii	2	2	(1)	4	(3)
Westen zusammen	*26*	*93*	*(59)*	*119*	*(85)*
USA zusammen	*100*	*435*	*(431)*	*538*	*(531)*

100

Der amerikanische Regionalismus heute

Üblicherweise teilt man die Vereinigten Staaten heute in neun Sektionen ein: Die Neuengland-, Mittelatlantik- und Südatlantik-Staaten wie in der Kolonialzeit, wobei bei den ersteren Maine und Vermont und bei den letzteren der District of Columbia (Washington), West Virginia und Florida hinzugekommen sind. Nach Westen folgt der East North Central mit den fünf Staaten des alten Nordwest-Territoriums zwischen Mississippi, Ohio und den Großen Seen, auch als Region der Great Lake States bezeichnet. Westlich davon schließen sich die sieben Staaten des West North Central an, die sog. Plains States zwischen dem Mississippi und dem 100. Längengrad von Minnesota und den Dakotas bis hinunter nach Missouri und Kansas. Südlich dieser Staaten liegen jene vier des East South Central zwischen Ohio und dem Golf bzw. die vier des West South Central (Arkansas, Louisiana, Oklahoma und Texas). Zwischen diesen Staaten des Zentrums und den fünf Pazifikstaaten (die drei Küstenstaaten plus Alaska und Hawaii) liegt die Rocky Mountains-Region mit den verbleibenden acht Staaten.

Die Neuengland-Staaten, in denen etwa 5% der amerikanischen Bevölkerung leben, haben in den zurückliegenden Jahrzehnten ihre einst führende Textil- und Schuhindustrie weitgehend an den Süden verloren, stellen aber immer noch eine bedeutende Industrieregion der Nation dar, in der die Hochtechnologie zunehmend an Gewicht gewinnt – was in Kalifornien das Silicon Valley ist, ist um Boston das Hochtechnologiezentrum um die Route 128 –, wobei zugleich Handel und Fischerei wesentliche Wirtschaftszweige geblieben sind.

Die Mittelatlantikstaaten, in denen Landwirtschaft nach wie vor ebenso eine gewisse Rolle spielt wie in den angrenzenden Staaten des East North Central – sie gehören zum sog. dairy belt, dem Zentrum für Milchwirtschaft und Molkereiprodukte –, waren mit jener Region eines der traditionellen Gebiete der amerikanischen Industrialisierung, der Bereich der Stahlindustrie und einst der Ölförderung – im East North Central kommt noch der Automobilbau hinzu. Doch der Verlust an Industrieunternehmen und Arbeitsplätzen zugunsten des Südens, die Krise der Stahl- und z.T. auch der Automobilindustrie haben diese beiden Regionen, die einst den manufacturing belt der

Vereinigten Staaten ausmachten, besonders schwer getroffen. Die Mittelatlantikstaaten haben in den 1970er Jahren im Schnitt 10% ihrer Industriearbeiterschaft verloren; die Arbeitslosenzahlen liegen in beiden Regionen vielfach über dem Landesdurchschnitt. Waren New York und Pennsylvania einst die bevölkerungsreichsten und damit die politisch gewichtigsten Staaten der Union, so ist New York längst von Kalifornien überrundet und Pennsylvania von Texas – und seit 1990 auch von Florida – verdrängt worden. So bedeutende Industriestädte des alten Nordwestens wie Chicago, Detroit, Cleveland, Cincinnati, Akron oder Dayton haben allein in den siebziger Jahren jeweils zwischen 10 und 20% ihrer Bevölkerung eingebüßt. Mehr als nur Ausdruck der Bevölkerungsabwanderung in die prosperierenden Staaten des Südens und Westens, dokumentieren diese Zahlen zugleich die wachsende Suburbanisierung des Landes, die das politische Gewicht der großen Städte inzwischen drastisch reduziert hat.

Eine weitere Problemregion der Vereinigten Staaten unserer Tage ist der West North Central, zusammen mit den östlich anschließenden Staaten der farm belt des Landes, jene riesigen Gebiete des Mais- und insbesondere des Weizenanbaus. Es war das Reich der endlosen Prärie, des Büffels und des Indianers, in dem 1890, im Jahr jenes denkwürdigen Zensus, die letzten Indianerkriege stattfanden. Zwar gibt es auch heute noch Trockenheit und Staubstürme als endogene Probleme, doch weit existenzbedrohender sind langfristig die eigene hochtechnologisierte Bewirtschaftungsform, deren intensive Monokulturen die geologischen Wasserressourcen aufzehren, das Land auslaugen, die Überproduktion auf immer neue Rekorde treiben und dennoch die Kostenbelastung für den einzelnen Farmer ständig wachsen lassen. Hunderttausende Farmer haben daher in den letzten Jahrzehnten ihre Farm aufgegeben – allein in den 15 Jahren zwischen 1964 und 1979 ging die Zahl der Farmen um 20% zurück –, und die verbleibenden Farmen werden immer größer, so daß heute in den Dakotas bereits eine Betriebsgröße von rund 500 ha als durchschnittlich gilt. Die Grundfragen von Ökonomie und Ökologie verlieren dadurch nichts an Brisanz, und Gegenwart und Zukunft der Farmen gelten selbst auf nationaler Ebene als eines der vorrangigsten politischen Probleme der Region. Dabei wird leicht übersehen, daß die große Mehrheit der Bevölkerung längst nicht mehr auf dem

Land lebt, sondern heute in den verschiedensten zukunftsweisenden Industrien von der Bürotechnik über den Flugzeugbau bis zur Energiewirtschaft beschäftigt ist, dank der die Region neben ihren Problemzonen zugleich prosperierende Gebiete kennt und insgesamt die Bevölkerung wächst, wenn auch unterschiedlich und insgesamt deutlich langsamer als im nationalen Durchschnitt.

Doch wo sind die eigentlichen Gewinner dieser sich in unserer Zeit so einschneidend verändernden politischen Geographie des Landes? Ganz allgemein sind es die fünf verbleibenden Regionen des Südens, Südwestens und Westens, so daß es bereits eine kaum noch zu überblickende Fülle von Vorschlägen gibt, die amerikanischen Regionen entsprechend diesen globalen Veränderungen neu zu definieren. Der pauschalste und zugleich am meisten verbreitete klassifiziert die behandelten vier Regionen des Nordens als den frost belt oder snow belt, dem der prosperierende sun belt von Norfolk und Miami bis Seattle und San Diego gegenüberstehe.

Ohne auf die klimatologischen wie psychologischen Aspekte dieser Kategorisierung näher einzugehen, spricht doch einiges für die Gliederung des Landes in zwei Teile, von denen der eine ökonomisch und nach Bevölkerung eher stagniert, von einer Vielzahl struktureller Probleme der Wirtschaftsanpassung geprägt ist und politisch seine auf nationaler Ebene über so lange Zeit dominierende Stellung mehr und mehr verliert, während der andere erheblich deutlicher prosperiert, nach Wirtschafts- und Bevölkerungsvolumen augenscheinlich expandiert, mehr Zeichen von Vitalität und Dynamik erkennen läßt und an politischer Bedeutung ständig zunimmt – es ist kein Zufall, daß die beiden beliebtesten amerikanischen Fernsehserien der achtziger Jahre ausgerechnet in zwei Städten, Dallas und Denver, spielten, die diese dynamische Zukunftsorientierung nach außen geradezu symbolhaft verkörpern.

Der Neue Süden

Der Süden, die Regionen der Südatlantikstaaten und des South Central, hat dabei sein Gesicht grundlegend verändert. Während sich die Bevölkerung der Vereinigten Staaten zwischen 1940 und 1990 von 132 auf 249 Mill. nahezu verdoppelt hat, wuchs sie im gleichen Zeitraum in Texas um 164,8% und in Florida gar um 581,9% (allein in Arizona schnellte sie mit 634,1% noch steiler empor) – die Bevölkerung der vier Regionen des Nordens nahm im gleichen Zeitraum lediglich um 45,1% zu. Bei anhaltenden Wachstumsraten – sie liegen in der Hälfte der Südstaaten über dem nationalen Durchschnitt – werden im Jahre 2000 Kalifornien, Texas und Florida mit zusammen nahezu 75 Mill. Einwohner die drei bevölkerungsreichsten Staaten der Union sein; 1940 waren es noch New York, Pennsylvania und Illinois. Die Tendenzen setzen sich fort. Bereits 1990 hatten Georgia und Virginia – die bevölkerungsreichsten Staaten des South Atlantic nach Florida und North Carolina – nicht nur Indiana, sondern auch Massachusetts überrundet.

Diese Zahlen stehen für einen Neuen Süden, der auf dem besten Wege ist, seine jahrhundertelange Zurückgebliebenheit im Bereich von Industrialisierung und Urbanisierung vergessen zu machen. Houston, Atlanta, Dallas und Miami zählten 1990 zwischen 1,8 und 3,5 Mill. Bewohnern und damit zu den großen Metropolitangebieten des Landes; sie stellen auch ökonomische Zentren von internationalem Rang dar. Angelockt durch billigere Arbeitskräfte, niedrigere Steuern, aber nicht zuletzt auch aus klimatischen Gründen, verlegen amerikanische Großkonzerne in zunehmendem Maße wesentliche Zweige und Produktionseinrichtungen, wenn nicht gleich den Firmensitz, in den Süden. In der Folge nimmt das traditionelle, einst drastische Einkommensgefälle gegenüber dem Norden rapide ab, und wenn die Statistik heute noch größere Diskrepanzen zum nationalen Durchschnitt aufweist, dann deshalb, weil die allgemeine Prosperität noch nicht vermocht hat, die Gebiete traditioneller Armut, etwa in den Tälern der Alleghenies, auszumerzen.

Aber auch im Bereich der ethnischen Minderheiten sind bei allem Fortschritt Schattenseiten geblieben. Zwar haben Bürgerrechtsbewegung, Entscheidungen des Obersten Bundesgerichts und nationale Gesetze erheblich zum Abbau der Rassenschranken, zur Herausbildung eines schwarzen Mittelstandes und zum Vordringen der Schwarzen in politische Wahlämter beigetragen. Doch immer noch sind Armut und Arbeitslosigkeit unter den Schwarzen überproportional stark verbreitet, ist der Anteil der Schwarzen an der am schlechtesten bezahlten Arbeit besonders hoch. Was im alten Süden für die Schwarzen gilt, trifft in Texas wie im gesamten Südwesten für die sog. Chicanos, die Amerikaner mexikanischer Abstammung, zu, die zusammen mit den Puertorikanern, Kubanern u.a. die Gruppe der Hispano-Amerikaner bilden, die nach den Asiaten die am schnellsten wachsende ethnische Minderheit des Landes verkörpert und in den nächsten zwanzig Jahren die Schwarzen von ihrem traditionellen ersten Platz unter den farbigen Minderheiten verdrängen dürfte.

Alle diese hier nur grob skizzierten Veränderungen des Neuen Südens sind nicht ohne politische Rückwirkungen geblieben und haben die politische Geographie nicht nur der Region, sondern des ganzen Landes entscheidend verändert. Längst ist der Süden kein solid South mehr, d.h. jene politische Einparteienherrschaft der Demokraten gehört der Vergangenheit an, so daß selbst Mississippi nicht länger als unwandelbare Inkarnation politischer Rückständigkeit gelten kann. Das politische System des Südens ist erheblich offener geworden. Dabei hat der alte, traditionelle Süden mit der Lockerung des Senioritätsprinzips im amerikanischen Kongreß in den sechziger Jahren deutlich an politischem Einfluß verloren, während zugleich der Neue Süden über seinen wachsenden Stimmenanteil im Repräsentantenhaus an Gewicht zunimmt, so daß 1992 erstmals seit 1828 eine der beiden großen Parteien mit einem reinen Südstaaten-Ticket (Präsidentschafts- und Vizepräsidentschaftskandidat) in die Wahl ging. Es ist ein Süden, der sich sicher nicht in dem Maße Europa zugewandt empfindet wie der Nordosten, sondern für den der lateinamerikanische Subkontinent von wachsender ökonomischer, politischer und sozialer Bedeutung ist.

Kritiker dieser Entwicklung werden nicht müde, darauf hinzuweisen, daß die ökonomische Prosperität des sun belt in erheblichem Maße auf den überproportional hohen Anteil an Regierungsgeldern, zumal aus dem Verteidigungshaushalt, zurückzuführen sei, die ihm zuflössen und die den Abfluß von Steuergeldern nach Washington mehr als ausglichen. Tatsächlich hat sich in diesem Raum die zukunftsweisende Hochtechnologie in besonders hohem Maße angesiedelt und Zentren von überregionaler Bedeutung in North Carolina, um Denver und in Kalifornien entwickelt, um nur die wichtigsten zu nennen. Darüber hinaus wächst ganz allgemein das wirtschaftliche Potential dieser Staaten. Als unabhängiger Staat wäre Kalifornien heute die siebtgrößte Wirtschaftsmacht der Erde, und es nimmt derzeit in den Vereinigten Staaten in der Industrie-, Landwirtschafts- und Energieproduktion eine gleichermaßen führende Stellung ein.

Der 100. Längengrad

Diese Faktoren haben wesentlich dazu beigetragen, daß der Westen mit der Gebirgs- und der Pazifikregion zu den prosperierendsten Landesteilen zählt. Auf den damit verbundenen dramatischen Einwohnerzuwachs von Arizona wurde bereits hingewiesen; während seine Hauptstadt Phoenix 1940 ganze 65000 Einwohner aufwies, war sie 50 Jahre später der Kern eines Metropolitangebietes von über 2,1 Mill. Einwohnern. Zahlreiche andere Städte des Westens, darunter Sacramento, San Diego, Albuquerque, Denver, Seattle, Salt Lake City, Los Angeles, um nur einige der größten aufzuzählen, sind in den letzten Jahrzehnten kaum weniger spektakulär gewachsen. Nahezu 12% der amerikanischen Gesamtbevölkerung lebten 1990 allein im Staat Kalifornien, und der Anteil dürfte auch in Zukunft weiter zunehmen.

Nicht allein diese Entwicklung hat dazu beigetragen, daß sich heute der Westen wie in früheren Zeiten der Süden als etwas Besonderes empfindet und sich in seinem Bewußtsein gegenüber dem Rest der Nation gerne abhebt. Die Mason-Dixon-Line des Westens ist dabei aus seiner Sicht der 100. Längengrad, der „die Geographie der amerikanischen Politik", von der bereits Frederick Jackson Turner sprach, heute in spürbarer Weise beeinflußt. Nur westlich dieser Linie könne in unserer Zeit noch der uramerikanische Traum von einem Leben in völliger individueller Freiheit und Unabhängigkeit, in Mobilität und Privatheit ausgelebt werden, und es scheint, als müsse die Politik zunehmend dieser Mentalität des Westens Rechnung tragen. Bereits 1990 lebten westlich dieser Linie mehr Amerikaner als im so lange dominierenden Nordosten mit allen Folgen für die Mandatsverteilung im Kongreß, und es scheint, daß das, was so viele Jahrzehnte als solid South ein Faktum der amerikanischen war, heute als solid West ein neues Kernland der Republikanischen Partei geworden ist. Seit der Neufestlegung der Wahlbezirke für das Repräsentantenhaus nach dem Zensus von 1980 – und das unterstreicht die ganze Tragweite der Veränderungen in der politischen Geographie Amerikas – halten erstmals in der amerikanischen Geschichte die Staaten des Südens und des Westens gemeinsam die Mehrheit der Sitze in beiden Häusern des Kongresses, ein Vorsprung, den sie rein zahlenmäßig nach dem Zensus des Jahres 2000 gewiß noch weiter ausbauen werden. Mehr als nur ein quantitativer Vorgang ist damit sowohl die politische Vertretung der ethnischen Minderheiten der Schwarzen, insbesondere aber der Hispanics zumal in Kalifornien und Texas gestärkt worden als auch die Position der Republikaner, da die Gebiete mit hohem Bevölkerungszuwachs im Westen und Süden in der Regel ebenso eher republikanisch wählen wie die Einwohner der Vorstädte, und das Auseinanderfallen der Städte und die Sub-urbanisierung ist im Westen noch weiter fortgeschritten als im Osten. Die seit 1995 bestehende republikanische Mehrheit im Kongreß spiegelt diese Entwicklung augenfällig wider.

Es fragt sich mithin, ob es zukünftig noch Präsidentenwahlen geben wird, die letztlich nicht im Westen entschieden werden. Mehr noch als eine Frage von Personen sind es die Inhalte der Politik, auf die der Westen zunehmend Einfluß nimmt. Kalifornien ist ein Beispiel für eine Fülle innovativer Gesetzgebungsprojekte, die sich in ihrer Unorthodoxheit, Spontaneität und oftmals anzutreffenden Unbekümmertheit kaum noch mit dem in Europa entwickelten, überkommenen politischen Rechts-Links-Schema hinreichend charakterisieren lassen. Die Ausstrahlung dieser Politik auf andere Staaten der Union ist dabei offenkundig.

Der Blick über den Pazifik

So wie die politikbestimmende Rolle des Westens erst noch bevorzustehen scheint, weist seine Wirtschaft mit den Schwerpunkten in der Luft- und Raumfahrtindustrie, der Mikroelektronik und auf dem Energiesektor in die Zukunft, und die Herausforderung für diese Zukunftstechnologien kommt nicht aus Europa, sondern vor allem von jenseits des Pazifik, aus Japan. Auf diesen pazifischen Raum, zu dem auch große Teile Lateinamerikas gehören, scheint die Region nicht nur nach außen in besonderer Weise ausgerichtet zu sein – der Außenhandel der Vereinigten Staaten mit Asien hat sich allein zwischen 1970 und 1982 mehr als versiebenfacht und macht heute rund ein Drittel des gesamten amerikanischen Außenhandels aus, wohingegen das vormals stets führende Westeuropas 1991 noch ein knappes Viertel erreichte. Rund 40% aller amerikanischen Einfuhren kommen heute aus Asien. Die Rückwirkungen nach innen sind unübersehbar. Kamen bis 1965 im Schnitt rund 80% der amerikanischen Einwanderer aus Europa, sind in unseren Tagen 80% der Einwanderer nicht-europäischer Herkunft, vor allem Asiaten und Lateinamerikaner. Los Angeles, seit 1990 die größte Stadt der USA, rühmt sich heute, New York als wichtigstes Einwanderungstor in die Vereinigten Staaten abgelöst zu haben, und die langfristigen Rückwirkungen auf die ethnische Zusammensetzung der amerikanischen Bevölkerung sind nicht von der Hand zu weisen.

Die politische Geographie der Vereinigten Staaten hat in den letzten Jahrzehnten einen dramatischen Wandel durchgemacht, ohne daß dieser Prozeß als bereits abgeschlossen gelten kann. Doch schon heute scheint die damit verbundene stetige Gewichtsverlagerung von dem einst dominanten Norden in Richtung Süden und Westen unübersehbar. Was vormals der Atlantik für die Vereinigten Staaten war, scheint in unserer Zeit mehr und mehr der Golf und vor allem der Pazifik zu werden. Das Gesicht Amerikas ist nicht länger Europa zugewandt.

Die Verfassungsväter haben es so gewollt

538 Wahlmänner küren den Präsidenten

Obwohl am Tag der Präsidentenwahl rund hundert Millionen Amerikaner zur Wahl gehen, obliegt es nach der Verfassung nicht mehr als 538 Wahlmännern, den nächsten Präsidenten der Vereinigten Staaten zu bestimmen. Die Verfassungsväter haben gewollt, daß der Präsident in einem Wahlmännergremium gekürt werden solle; er wird somit formal indirekt, nicht direkt gewählt.

Das „Electoral College" ist eine der Vorkehrungen, mit denen die Verfassungsväter Machtballungen in der Politik zu verhindern suchten; sie mißtrauten dem ungebrochen artikulierten, „rohen" Volkswillen. Das Institut der Wahlmänner ist die verfassungsrechtliche Schlußfolgerung aus der pessimistischen Vermutung des Verfassungskonvents von Philadelphia, es sei nicht natürlicher, die Wahl des Präsidenten direkt dem Volk zu überlassen, als einen Blinden mit der Auswahl von Farben zu beauftragen.

Jeder Bundesstaat, einschließlich des Distrikts von Columbia, wählt eine bestimmte Zahl von Wahlmännern – insgesamt 538 –, die ihrerseits durch

Mehrheitsentscheid den Präsidenten wählen. Für diese Wahl sind 270 Wahlmännerstimmen erforderlich. Wie viele Wahlmänner jedem Bundesstaat zukommen, richtet sich nach seiner Repräsentation in beiden Häusern des Kongresses, (jeweils zwei Senatoren, hinzu kommt die Zahl der Abgeordneten). Sie ist also abhängig von der Einwohnerzahl und unterliegt den alle 10 Jahre in den Volkszählungen ermittelten Schwankungen. Die Staaten mit den meisten Wahlmännerstimmen sind Kalifornien (54), New York (33), Texas (32) und Florida (25). Ihnen kommt für den Wahlausgang besondere Bedeutung zu.

War es früher ins Belieben der Einzelstaaten gestellt, wie sie ihre Wahlmänner bestimmten, setzte sich mit der Entwicklung des modernen Parteiwesens die Volkswahl der Elektoren durch. Die Parteien stellen Listen mit Wahlmännern zusammen, die sich politisch verpflichten, für den Präsidentschaftskandidaten ihrer Partei zu stimmen. Die Wähler können sich zwischen mehreren Elektorenlisten entscheiden. Die Liste, welche in einem Bundesstaat die höchste Stimmenzahl erhält, gilt als gewählt. Bis auf eine Ausnahme (den Bundesstaat Maine) erhält der Präsidentschaftskandidat alle Wahlmännerstimmen des Staates, in dem er die Mehrheit erringt.

Die „gewählten" Wahlmänner des jeweiligen Staates kommen am ersten Montag nach dem zweiten Mittwoch im Dezember in der Hauptstadt ihres jeweiligen Staates zusammen. Dort geben sie ihre Stimmen für den Präsidenten und den Vizepräsidenten ab. Sie tun das in der Regel gemäß ihrem Versprechen, sind aber de jure nicht gebunden. Die Ergebnisse der 51 „Abstimmungen" werden dann versiegelt und nach Washington geschickt. Auf einer gemeinsamen Sitzung von Senat und Repräsentantenhaus am 6. Januar öffnet der „Präsident" des Senats die Listen und verkündet das Ergebnis.

Wenn sich mehr als zwei Kandidaten um das Amt des Präsidenten bewerben, kann es wie 1824 passieren, daß keiner von ihnen die absolute Mehrheit im „Electoral College" erreicht. In dem Fall würde das Repräsentantenhaus unter den drei Bestplazierten den Präsidenten auswählen: Jeder der fünfzig Einzelstaaten verfügt dann nur über eine Stimme.

(K.F.)

Anmerkung

1   Burkhard Hofmeister, Nordamerika, Frankfurt a.M. 1970, S. 15.

Werner Kremp

Politische Institutionen einst und jetzt
Die lebende Verfassung

Dem bundesrepublikanischen Zeitungsleser und Fernsehzuschauer, der Berichte über amerikanische Politik verfolgt, ist kaum ein Satz besser in Erinnerung als „Der amerikanische Präsident hat entschieden, daß" oder: „ist dagegen, daß", oder: „beabsichtigt"; jedoch kann man ihm dies kaum zum Vorwurf machen. Denn unsere Medienberichterstattung ist in der Tat sehr stark auf den amerikanischen Präsidenten, und hier vorwiegend auf seine Rolle als Außenpolitiker, orientiert; daß es daneben einen mächtigen Kongreß mit zwei Häusern gibt, wird zu selten beachtet – allenfalls das Impeachment-Spektakel um Präsident Clinton hat dazu beigetragen, daß auch der Kongreß einige Beachtung fand. Aber ansonsten bleibt er als Akteur kaum beachtet (ein Schicksal, das er freilich auch mit dem deutschen Parlament teilt). Das folgende Kapitel soll dazu beitragen, die gewiß nicht einfachen politischen Entscheidungsmechanismen in den USA differenzierter zu sehen und aktuelle politische Prozesse kundig nachzuvollziehen.

Die politischen Institutionen in den USA, wie sie in der Verfassung festgelegt wurden, sind altehrwürdig; im Frühjahr 2001 tritt der 43. Präsident sein Amt an (genauer: insgesamt 43 verschiedene Präsidenten haben bisher amtiert, und 54mal wurde ein Präsident für eine Vierjahresperiode gewählt), und der 107. Kongreß beginnt seine Arbeit. Insgesamt 27 Verfassungsänderungen (eigentlich: Verfassungsergänzungen, „amendments") gab es bis heute, davon die ersten zehn der Bill of Rights schon 1791; die vorletzte, 1971, setzte das Wahlalter auf 18 Jahre herab, die letzte, die 27., von 1992, regelt die Diätenzahlung an die Kongreßabgeordneten; von den dazwischenliegenden Verfassungszusätzen sind nur wenige von wirklicher Bedeutung.

Amerikas Präsidenten

1.	George Washington (1789-1797) Föderalist	22.	Grover Cleveland (1885-1889) Demokr.
2.	John Adams (1797-1801) Föderalist	23.	Benjamin Harrison (1889-1893) Republ.
3.	Thomas Jefferson (1801-1809) Demokr.-Republ.	24.	Grover Cleveland (1893-1897) Demokr.
4.	James Madison (1809-1817) Demokr.-Republ	25.	William Mckinley (1897-1901) Republ.
5.	James Monroe (1817-1823) Demokr.-Republ.	26.	Theodore Roosevelt (1901-1909) Republ.
6.	John Quincy Adams (1825-1829) Demokr.-Republ.	27.	William H. Taft (1910-1913) Republ.
7.	Andrew Jackson (1829-1837) Demokr.	28.	Woodrow Wilson (1913-1921) Demokr.
8.	Martin van Buren (1837-1841) Demokr.	29.	Warren G. Harding (1921-1923) Republ.
9.	William H. Harrison (1841) Whig	30.	Calvin Coolidge (1923-1929) Republ.
10.	John Tyler (1841-1845) Demokr.	31.	Herbert Hoover (1928-1933) Republ.
11.	James R. Polk (1845-1849) Demokr.	32.	Franklin D. Roosevelt (1933-1945) Demokr.
12.	Zachary Taylor (1849-1859) Whig	33.	Harry S. Truman (1945-1953) Demokr.
13.	Millard Fillmore (1850-1853) Whig	34.	Dwight D. Eisenhower (1953-1961) Republ.
14.	Franklin Pierce (1853-1857) Demokr.	35.	John F. Kennedy (1961-1963) Demokr.
15.	James Buchanan (1857-1861) Demokr.	36.	Lyndon B. Johnson (1963-1969) Demokr.
16.	Abraham Lincoln (1861-1865) Republ.	37.	Richard M. Nixon (1969-1974) Republ.
17.	Andrew Johnson (1865-1869) Republ.	38.	Gerald Ford (1974-1977) Republ.
18.	Ulysses S. Grant (1869-1877) Republ.	39.	39. Jimmy Carter (1977-1981) Demokr.
19.	Rutherford B. Hayes (1877-1881) Republ.	40.	Ronald Reagan (1981-1989) Republ.
20.	James A. Garfield (1881) Republ.	41.	George Bush (1989-1993) Republ.
21.	Chester A. Arthur (1881-1885) Republ.	42.	William J. (Bill) Clinton (1993- 2001) Demokr.

Wir müssen an dieser Stelle offen lassen, ob es begrüßenswert oder bedenklich ist, wenn sich über 200 Jahre lang in einem

Land dieselben Institutionen halten; aber allein die Tatsache, daß sie immer noch bestehen, legt die Vermutung nahe, daß sie sich dem Wandel der Zeit und insbesondere der Gesellschaft hervorragend anpassen ließen und sich, bei allen Reibungsverlusten, im großen und ganzen als für die vernünftige, friedliche und gerechte Organisierung einer Gesellschaft von Menschen geeignet erwiesen haben.

Will man es weniger zurückhaltend formulieren, könnte man sagen, daß die amerikanischen Verfassungsväter sich (entgegen ihren Selbstzweifeln) als äußerst weitsichtig erwiesen haben, als sie darangingen, für die junge amerikanische Gesellschaft und die damals dreizehn Staaten einen Herrschaftsrahmen zu entwerfen. Auch heute noch wird, bei aller Kritik im einzelnen, eine totale Revision der amerikanischen Institutionen keineswegs als vordringliche Aufgabe angesehen; und das Wort „Systemveränderung" ist ohnehin im amerikanischen politischen Vokabular ein Fremdwort – nicht zuletzt deshalb, weil stets rechtzeitig Änderungen innerhalb des „Systems", d.h. des ursprünglichen Verfassungsrahmens, möglich waren:

1. Die in der ursprünglichen Verfassung von 1787 vorgesehenen Institutionen haben zum Teil, und zwar durch spätere Verfassungsergänzung, eine Wandlung erfahren. Als Beispiele seien genannt:
   - die Gewährung des Wahlrechts für alle Bürger, ohne Rücksicht auf Rasse oder Hautfarbe (Zusatzartikel XV, 1870),
   - die Direktwahl des Senates durch die Bevölkerung (anstatt durch die Einzelstaaten-Parlamente) seit 1913 (Zusatzartikel XVII),
   - die Beschränkung der Amtszeit des Präsidenten durch den Zusatzartikel XXII (1951); danach darf niemand mehr als zweimal in dieses Amt gewählt werden.
2. Die Institutionen unterlagen außerdem durch die in zweieinviertel Jahrhunderten geübte Praxis spezifischen Ausprägungen bzw. Änderungen.
   Als Beispiele seien genannt:
   - die tatsächliche Direktwahl des Präsidenten, obwohl formell immer noch Wahlmänner bzw. ein electoral college gewählt werden
   - der Ausbau des Bundesverfassungsgerichts (Supreme Court) zur starken dritten Gewalt durch Rechtsprechung

(Entscheidung Marbury v. Madison durch John Marshall 1803)
- die Einführung des Frauenwahlrechts durch das XIX. Amendment
- die parlamentarische Praxis im Kongreß, z.B. das Ausschußwesen (starke Rolle der Ausschüsse bzw. Ausschußvorsitzenden)
- der immense Machtzuwachs der Exekutive, d.h. des Präsidenten und der Bundesbehörden, speziell im 20. Jahrhundert.

Im übrigen sind Institutionen Menschenwerk, keine dinglichen Gegenstände der Außenwelt, und ihre Kraft oder ihre Schwäche ändern sich je nach den politisch-gesellschaftlichen Umständen und Notwendigkeiten und dem politischen Personal, das in ihnen und durch sie wirkt

Das System der Gewaltenteilung

Mit ihrem wachen Sinn für die Kräftevielfalt (Pluralismus) in jeder Gesellschaft, für die prinzipielle Unaufhebbarkeit des Widerstreits dieser Kräfte sowie für die Gefahr der (zeitweisen oder permanenten) Vorherrschaft einer oder mehrerer dieser Kräfte entschieden sich die amerikanischen Verfassungsväter für ein politisches System, das dem europäisch-aufklärerischen Gedanken der Gewaltenteilung und Gewaltenverschränkung Rechnung trägt. Neben soziologischen und philosophischen Überlegungen spielten solche anthropologischer Art eine bedeutende Rolle beim Entwerfen der Verfassung. Danach macht die menschliche Fähigkeit zu Vernunft und Selbstbeherrschung Selbstregierung, republikanische Ordnung erst möglich; gefährdet wird aber diese Ordnung durch menschliche Schwächen wie Neid, Eifersucht und vor allem Machtgier. Und so dient Gewaltenteilung nicht nur dem Ausbalancieren sozialer, sondern auch „psychischer" Kräfte, gemeinschaftsfördernder und gemeinschaftsgefährdender Konstanten der menschlichen Natur.

Der Grundgedanke institutionalisierter Gewaltenteilung beinhaltet: Es werden voneinander unabhängige Instanzen der Machtausübung („Gewalten", „powers") geschaffen, die zugleich unterschiedliche Kräfte in der Gesellschaft verkörpern (können). Diese separaten Instanzen sind aber auch aufeinander angewiesen, voneinander abhängig, wenn sie bestimmte politische Ziele erreichen wollen – insbesondere wenn gemeinsame Ziele der Gesellschaft erreicht werden sollen („separate institutions sharing powers").

Dieses System der „checks and balances" wirkt im amerikanischen politischen System auf vielfältigste Weise.

1. Am bekanntesten ist die Dreiteilung in die drei „klassischen" politischen Gewalten mit
   - Legislative = gesetzgebende Gewalt = Kongreß bzw. Einzelstaatenparlamente
   - Exekutive = ausführende Gewalt = Präsident bzw. Gouverneur
   - Judikative = richterliche Gewalt = Rechtsprechung, insbesondere das oberste Bundesgericht.

   Dieses System der Gewaltenteilung wird auch „horizontale Gewaltenteilung" genannt, weil drei gleichberechtigte Gewalten auf einer bestimmten Ebene (z.B. des Bundes oder der Einzelstaaten) um Einfluß ringen.

2. Die horizontale Gewaltenteilung wird ergänzt durch die vertikale Gewaltenteilung, also die Verteilung der Macht auf übereinanderliegende Ebenen – Bund, Staaten und Gemeinden bzw. Kreise. Seit ihren Anfängen ist die Geschichte der amerikanischen Republik in hohem Maße vom Kampf zwischen Zentralgewalt und Einzelstaaten um Kompetenzen geprägt; dieser Kampf ist heute eindeutig zugunsten des Bundes entschieden, wenngleich die amerikanischen Bundesstaaten immer noch weitaus selbständigere Gebilde sind als die deutschen Bundesländer (insbesondere auf dem Gebiet der Rechtsprechung und Steuergesetzgebung) und die Reagan-Regierung nicht ohne Erfolg versucht hat, Kompetenzen, d.h. Verantwortung, auf die Einzelstaaten zurückzuverlagern. Die Clinton-Administration hat diesen „new federalism" durch die Zurückverlagerung wohlfahrtsstaatlicher Ebenen auf die Einzelstaaten bestätigt.

   Auf jeder der vertikal konkurrierenden Ebenen – Bund, Länder, Gemeinden – gibt es nun wiederum auch „horizontale" Konkurrenz; so stehen z.B. selbstverständlich die 50 Bundesstaaten auch untereinander im Wettbewerb: um wirtschaftliche Macht, um Bundesmittel, um Industrieansiedlungen usf. Außerdem sind auch die politischen Institutionen jedes Einzelstaates, ähnlich wie im Bund, gewaltenteilig organisiert, mit einem Zweikammersystem (Ausnahme: Nebraska), einem Gouverneur und einem obersten (Staats-)Gerichtshof (State Supreme Court).

Schließlich ist die horizontale Gewaltenteilung auch auf der untersten Ebene, der Kreise und Gemeinden, zu finden – z.B. in der Machtaufteilung zwischen Stadtrat (City Council) und Bürgermeister (Mayor).

3. Die Gewaltenteilung erschöpft sich in den USA, gemäß dem Willen der Verfassungsväter, nicht in der Aufteilung der Macht auf verschiedene Träger; vielmehr ist jede der einzelnen Gewalten in sich selbst wiederum geteilt. So sind das Bundesparlament, der Kongreß also, wie auch die Staatenparlamente wiederum in zwei Häuser aufgeteilt, nämlich Senat und Repräsentantenhaus. Beide Häuser arbeiten unabhängig voneinander, gegeneinander und miteinander. Ein Gesetz kommt erst zustande, wenn beide Häuser (und natürlich auch die in ihnen vertretenen Parteien bzw. Fraktionen) sich auf einen gemeinsamen Entwurf geeinigt haben (und der Präsident bzw. Gouverneur unterschreibt bzw. kein Veto einlegt).

Ein anderes Beispiel für Gewaltenteilung innerhalb einer Gewalt ist in der Exekutive zu finden, also im Präsidentenamt mit den dazu gehörenden Ministerien und Ämtern. Am bekanntesten ist der Konflikt zwischen dem persönlichen Berater des Präsidenten, dem Sicherheitsberater, dem Außenminister und dem Verteidigungsminister; auch der Konflikt zwischen dem „permanent government", also dem permanenten, beamtenähnlichen Unterbau einer Administration, und dem „presidential government", also den Leuten, die ein neuer Präsident in die Behörden mitbringt, gehört hierher. Hier ist es, wie man im „Federalist", dem berühmtesten amerikanischen Verfassungskommentar, nachlesen kann, u.a. das System vielfältigen Ehrgeizes, das die verschiedenen Ämter bzw. Amtsinhaber gegenseitig in Schach hält und ausbalanciert.

4. Nicht zu vergessen ist eine weitere Form der Gewaltenteilung, die wir die zeitliche Gewaltenbegrenzung nennen könnten. Gemeint ist damit einmal die Beschränkung jedes Amtsinhabers entweder durch die Notwendigkeit, sich in bestimmten Zeitabständen zur Wiederwahl zu stellen, oder aber durch

zeitliche Höchstgrenzen für das Innehaben bestimmter Ämter. Zusätzlich sind die verschiedenen Gewalten in den USA mit unterschiedlichen „Zeithorizonten", und damit mit verschiedenen Qualitäten bzw. „Würden", ausgestattet. Alle zwei Jahre muß sich das Mitglied des Repräsentantenhauses der Wiederwahl stellen, alle vier Jahre der Präsident, alle sechs Jahre der Senator, niemals mehr ein einmal gewählter Richter am Supreme Court. Nur einmal darf sich der Präsident wiederwählen lassen, das Kongreßmitglied so oft, wie es ihm und insbesondere seiner Wählerschaft gefällt. (In den letzten Jahren gab es auf einzelstaatlicher Ebene etliche Initiativen, sog. term limits, eine Amtszeitbegrenzung der Kongreßmitglieder zu erreichen; entsprechende Gesetze wurden aber 1995 durch eine Entscheidung des Supreme Court für verfassungswidrig erklärt.)

Staatsorgane der Vereinigten Staaten von Amerika

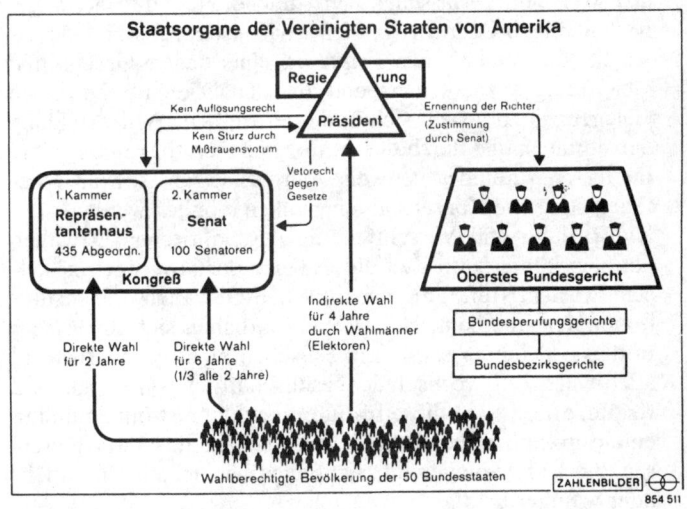

Staatsorgane der Vereinigten Staaten von Amerika

Quelle: Erich Schmidt Verlag

5. Zu den wichtigsten Herrschaftsbeschränkungen im amerikanischen politischen System gehören die Menschen- bzw. Bürgerrechte (human rights/civil rights), wie sie in den Verfas-

117

sungszusätzen I bis X (= Bill of Rights) niedergelegt sind. So darf (Zusatzartikel I) der Kongreß kein Gesetz erlassen, das die Einführung einer Staatsreligion zum Ziel hat, die freie Religionsausübung verbietet, die Rede- und Pressefreiheit einschränkt oder dem Bürger verbietet, sich friedlich zu versammeln. Durch diese, wie wir sagen würden, „unabänderlichen Grundrechte" ist ein Schutz gegen die unbegrenzte Anwendung des Mehrheitsprinzips gewährleistet. Die Gewalten finden also ihre Grenzen nicht nur durch institutionelle Ver- und gesetzliche Beschränkung, sondern auch durch in der Verfassung verankerte Werte, d.h. Menschen- und Bürgerrechte (und deren Einklagbarkeit vor den Gerichten).

6. Nicht explizit als vierte Gewalt in der Verfassung vorgesehen sind die Medien, die de facto eine kaum zu überschätzende Rolle in der Kontrolle der Herrschaftsausübung der „klassischen" drei Gewalten, insbesondere von Präsident und Kongreß, spielen.

7. Der von den Verfassungsvätern intendierte Sinn dieser gewaltenteiligen Anlage der Herrschaftsordnung war, wie erwähnt, die Vielfalt der Kräfte in einer jeden Gesellschaft gleichzeitig anzuerkennen und zu „kanalisieren", d.h. ihnen Gelegenheit zu geben, sich in den Prozeß der Willensbildung einzubringen und durch Geben und Nehmen (bargaining) ihre Interessen zumindest teilweise durchzusetzen; sowohl Konfliktaustrag wie Konsensbildung sollten möglich werden.

Die Teilung und Verschränkung der politischen Gewalten hat also immer zum Ziel die Balance der jeweiligen gesellschaftlichen Kräfte; diese politischen Gewalten, die Institutionen der amerikanischen Republik, haben sich im Prinzip in den 200 Jahren seit ihrem Bestehen nicht geändert, wohl aber waren es wechselnde gesellschaftliche Gruppen und Kräfte, die quasi in diese Institutionen hineinströmten und in einem komplizierten Prozeß des Aushandelns ihre Interessen und Vorstellungen durchzusetzen versuchten – mit mehr oder weniger Erfolg.

Niemand wird behaupten, dieser Mechanismus der Machtausübung sei perfekt, habe ein Maximum an Gerechtigkeit garantiert, habe allen gesellschaftlichen Gruppen einen gleichen Anteil an den Gütern der amerikanischen Gesellschaft gesichert. Ebensowenig aber kann man bestreiten, daß, abgesehen vom Bürgerkrieg, dieses System der friedlichen

Austragung von Interessenkonflikten (anstatt ihrer Verschleierung) sich im großen und ganzen bewährt hat, bei aller Kritikwürdigkeit im einzelnen.

„Wir, das Volk der Vereinigten Staaten ..., setzen und begründen diese Verfassung", heißt es in der Präambel. Das amerikanische Wort „people" ist fast unübersetzbar, bedeutet es doch sowohl eine Gesamtheit wie auch, und fast noch mehr, eine Summe von Individuen; „Wir, die Leute von Amerika" ist fast angemessener als „Wir, das Volk". Denn niemals denkt der Amerikaner an eine mythische Einheit, einen „Gesamtwillen", unteilbar und nur eines Sinnes, wie es im deutschen „Volk" mitschwingt. „People" ist eine Vielfalt unterschiedlicher Strömungen und Interessen, und die in der amerikanischen Verfassung festgelegte Ordnung der „checks an balances" ist sowohl Ausdruck dieser Vielfalt, wie sie auch ihre Entfaltung möglich macht.

Doch nun zu den wichtigsten Institutionen im einzelnen.

Der Kongreß

Gelegentlich kann der deutsche Fernsehzuschauer einen Reporter vor der bildkräftigen Kuppel des Kapitols seinen Kommentar in die Kamera sprechen sehen. Aber weiß er auch, daß die Kuppel keineswegs, wie auf den ersten Anschein zu vermuten, den einen Sitzungssaal des amerikanischen Parlamentes überwölbt; daß sie vielmehr die architektonische Mitte zwischen den zwei Flügeln des mächtigen Gebäudes bildet, in denen gewissermassen zwei Parlamente arbeiten – einerseits selbständig und unabhängig voneinander, andererseits aber unter dem von der Verfassung vorgegebenen Zwang, sich zu einigen, wenn ein Gesetz entstehen soll – vom Kongreß verabschiedet, vom Präsidenten zu unterzeichnen.

Die gesetzgebende Gewalt der USA, der Kongreß, ist ein Zwei-Kammer-Parlament, besteht also aus zwei Häusern, dem Senat (Senate) und dem Repräsentantenhaus (House of Representatives). Wie schon erwähnt, ist die Legislative von den Gründern der amerikanischen Republik mit Absicht gesplittet worden; das Ziel war, einerseits einer allzu großen Machtentfaltung der gesetzgebenden Körperschaft vorzubeugen und andererseits unterschiedlichen Interessen Sitz und Stimme in der Gesetzgebung zu verschaffen. Beide Kammern sind deshalb unterschiedlich ausgestattet.

Das Repräsentantenhaus besteht aus 435 Mitgliedern; es stellt, der Idee nach, die (direkt)demokratische Komponente der amerikanischen Verfassungsordnung dar; jeder Einzelstaat entsendet in etwa so viele „representatives", wie es seinem Anteil an der Gesamtbevölkerung entspricht; da die Zahl der Sitze nicht erhöht wird, aber die Einwohnerzahl der USA ständig steigt, muß ein Abgeordneter von Jahr zu Jahr mehr Wähler vertreten. Die Repräsentanten werden auf zwei Jahre gewählt (sind aber beliebig oft wiederwählbar), so daß das Repräsentantenhaus das „kurzlebigste", um nicht zu sagen kurzatmigste gewählte Organ in den USA ist. Kaum hat der Abgeordnete seine Arbeit aufgenommen, muß er sich bereits um seine Wiederwahl kümmern. Dies hat den Nachteil, daß eine kontinuierliche Gesetzgebungsarbeit zumindest sehr erschwert wird, andererseits den Vorteil der „Basisnähe" – ist doch gerade das Repräsentantenhaus das Organ der Vertretung des Volkswillens.

Der zweijährige Turnus wirkt sich allerdings nicht so negativ auf die Kontinuität aus, wie man auf den ersten Blick annehmen könnte; denn gewöhnlich wird die Mehrheit der Amtsinhaber (incumbents) wiedergewählt, und die Anzahl der langjährigen Amtsinhaber ist beträchtlich.

Beim Senat ist diese Kontinuität quasi von Anfang an eingebaut. Er wurde bei den Verfassungsberatungen einmal als jenes Organ „erfunden", das die Interessen der Einzelstaaten im Parlament repräsentieren soll. Zum anderen sollten die Senatoren im Sinne republikanischer Tugenden eine Elite darstellen, was unter anderem durch die bis 1913 praktizierte indirekte Wahl (nämlich durch die Einzelstaatsparlamente) erreicht werden sollte.

Jeder Bundesstaat, unabhängig von seiner Größe, entsendet zwei (seit 1913 direkt gewählte) Senatoren in den Kongreß (50 Staaten = 100 Senatoren). Ihre Amtsdauer beträgt sechs Jahre. Durch eine bereits zu Beginn der Republik getroffene Regelung wurde allerdings erreicht, daß alle zwei Jahre jeweils nur ein Drittel der Senatoren sich der Wahl stellen muß; durch diese Zeitverschiebung wurde der Senat zu einer Art permanentem Parlament. Er stellt den, aus gleich noch zu erwähnenden weiteren Gründen, „würdigeren" und gewichtigeren Teil des Kongresses dar.

Die wichtigste Aufgabe des Kongresses als der legislativen Gewalt ist selbstverständlich die Gesetzgebung; und hier wiederum ist am bedeutsamsten die Haushaltsbefugnis, d.h. also das Recht, das Staatsbudget zu bewilligen. Nicht beteiligt, anders als in unserem parlamentarischen Regierungssystem, ist der Kongreß an der Bestellung der Regierungsmannschaft (mit der gleich zu erwähnenden Ausnahme); denn der Präsident wird nicht vom Parlament, sondern direkt vom Volk gewählt. Trotzdem zählt der amerikanische Kongreß zu den mächtigsten Parlamenten der Erde; sein Einfluß auf die Gestaltung der Politik ist, wenn auch je nach Zeiten wechselnd, so doch stets beträchtlich (insbesondere durch das Budgetbewilligungsrecht), und die Regierung, auch wenn sie vom Parlament nicht gewählt wird und praktisch auch nicht gestürzt werden kann, sieht sich einem unerbittlichen Kontrolleur gegenüber.

Kurz zur Gesetzgebungsarbeit. Wenngleich die Verabschiedung eines Gesetzes die Zustimmung beider Häuser, also des Kongresses voraussetzt, beraten sie doch von der Einbringung einer Vorlage (bill) an unabhängig voneinander. Die Hauptarbeit wird dabei in den Ausschüssen (committees) geleistet, deren Vorsitz (insbesondere durch die Bestimmung der Tagesordnung) mit großem Einfluß auf den Gang der Gesetzgebung verbunden und deshalb sehr begehrt ist.

Über Vorlagen der Ausschüsse wird in den Plenen abgestimmt, in der Regel gemäß den von den Ausschüssen eingebrachten Empfehlungen. Das Ergebnis der getrennten Beratungen in beiden Häusern sind zunächst zwei mehr oder weniger voneinander abweichende Gesetzentwürfe, einer aus dem „Haus", der andere aus dem Senat, die nun noch zu einem Kongreßgesetz (act) zusammengefügt werden müssen. Dieser Prozeß, der beiden Häusern ein hohes Maß an Kompromißfähigkeit und Rücksichtnahme abverlangt, erfolgt in jeweils eigens zusammengestellten Vermittlungsausschüssen (Conference Committee), die versuchen, eine verabschiedungsreife Kompromißvorlage zu erarbeiten. Liegt dann der Kompromißentwurf vor, müssen beide Kammern nochmals abstimmen; erst wenn sie zustimmen, kann das Gesetz dem Präsidenten zur Unterzeichnung – oder Ablehnung – vorgelegt werden. Lehnt der Präsident ein Gesetz durch sein „Veto" ab, kann der Kongreß dieses Veto nur durch eine Zweidrittelmehrheit in beiden Häusern überstimmen (was äußerst schwierig ist und daher selten vorkommt).

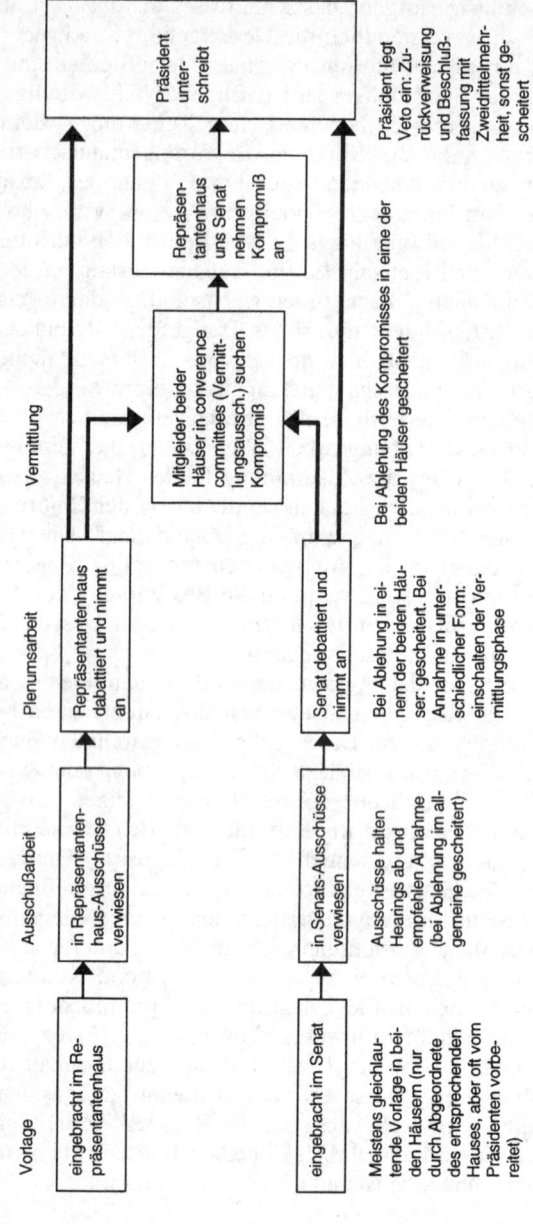

Der Gesetzgebungsprozeß in den USA

Erstellt nach: Congressional Quarterly Inc. (Hrsg.): Congress and the Nation, Bd. 2, Washington 1969, S. XI
Quelle: Hans J. Kleinsteuber: Die USA. Politik, Wirtschaft, Gesellschaft; Hamburg 1984², S. 96

Beide Häuser, so wurde erwähnt, haben im wesentlichen dieselben Befugnisse; doch ist der Senat dadurch noch gewichtiger, daß er zusätzlich ein Mitspracherecht (einfache Mehrheit) bei der Ernennung der obersten Beamten sowie beim Abschluß auswärtiger Verträge (Zweidrittelmehrheit erforderlich) besitzt. Andererseits können Haushaltsvorlagen nur vom Repräsentantenhaus ausgehen; der Senat hat das Recht zu Ergänzungen und Änderungen.

Daß ein Parlament in Fraktionen aufgeteilt und daß in ihnen und durch sie die Hauptarbeit im Parlament geleistet wird – dies ist für uns Europäer eine selbstverständliche Erfahrung. Sie nützt uns aber angesichts des amerikanischen Kongresses allenfalls, um Unterschiede, nicht aber Gemeinsamkeiten sichtbar zu machen. So wenig wie die amerikanischen Parteien europäischen gleichen, gleichen die Fraktionen im Kongreß denen im Bundestag oder im englischen Unterhaus. Es gibt sie in aller Regel und trotz aller von Fall zu Fall wiederholten Bemühungen der Fraktionsführer nicht als geschlossene, auf eine bestimmte Richtung eingeschworene, zu einem bestimmten Abstimmungsverhalten „eingepeitschte" Truppe einer politischen „Glaubensrichtung". Amerikanische Abgeordnete, ob Senatoren oder Repräsentanten, sind zunächst einzelkämpferische Individuen, die ihre Wahlkreise vertreten, die bestimmte Interessen repräsentieren, die ihre eigene politische Philosophie haben, kurz, die insgesamt Repräsentanten der pluralistischen amerikanischen Gesellschaft sind. Abstimmungen können, aber müssen nicht entlang den Fraktionslinien erfolgen; „cross-voting", das Überkreuzabstimmen, ist nicht ungewöhnlich: ein liberaler Republikaner aus dem Osten wird in bestimmten Fragen lieber mit der Mehrheit der Demokraten stimmen als mit seinen Parteifreunden; und der konservative Demokrat aus dem Süden schließt sich von Fall zu Fall lieber der Mehrheit der republikanischen Fraktion an, als seine Südstaatenwähler zu vergraulen.

Dies ist ein sehr vereinfachtes Bild. In aller Regel ist der Gesetzgebungsprozeß im Kongreß ein kompliziertes Verfahren des Aushandelns von Interessen, des Gebens und Nehmens, ein Verfahren, das – und dies ist gegenwärtig ein wesentlicher Krisen- und Kritikpunkt – selten zu im allgemeinen Interesse liegenden Lösungen führt, wenngleich die Funktion des Interessenausgleichs und damit auch der Konfliktentschärfung in der amerikanischen Gesellschaft nicht unterschätzt werden darf.

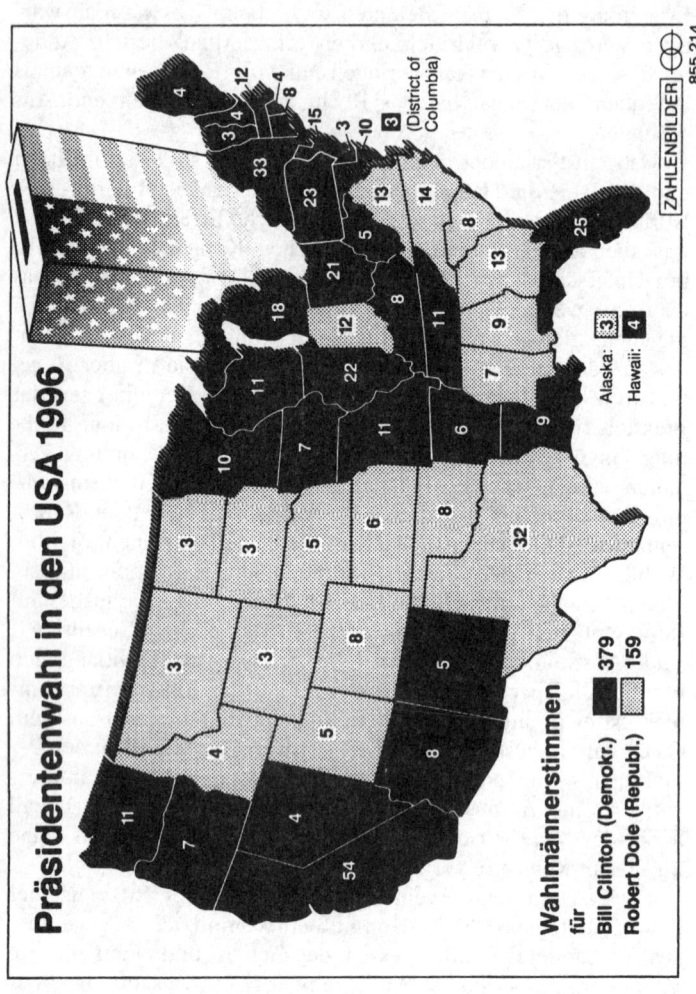

Präsidentenwahl in den USA 1996

Wahlmännerstimmen
für

Bill Clinton (Demokr.) 379
Robert Dole (Republ.) 159

Alaska: 3
Hawaii: 4

(District of Columbia)

ZAHLENBILDER   855 214

124

Präsidentielle Vetos und deren Überstimmung (mindestens durch zwei Drittel beider Häuser) 1789-1998

	Reguläre Vetos	Pocket Vetos	Gesamt-zahl	Vom Kongreß überstimmte Vetos
Washington	2	–	2	–
J. Adams	–	–	–	–
Jefferson	–	–	–	–
Madison	5	2	7	–
Monroe	1	–	1	–
Jackson	–	–	–	–
Van Buren	5	7	12	–
W.H. Harrison	–	–	–	–
Tyler	6	4	10	1
Polk	2	1	3	–
Taylor	–	–	–	–
Fillmore	–	–	–	–
Pierce	9	–	9	5
Buchanan	4	3	7	–
Lincoln	2	4	6	–
A. Johnson	21	8	19	15
Grant	45	48	93	4
Hayes	12	1	13	1
Gartfield	–	–	–	–
Arthur	4	8	12	1
Cleveland	304	110	414	2
B. Harrison	19	25	44	1
Cleveland	42	128	170	5
McKinley	6	36	42	–
T. Roosevelt	42	40	82	1
Taft	30	9	39	1
Wilson	33	11	44	6
Harding	5	1	6	–
Coolidge	20	30	50	4
Hoover	21	16	37	3
F. Roosevelt	372	263	635	9
Truman	180	70	250	12
Eisenhower	73	108	181	2
Kennedy	12	9	21	–
L. Johnson	16	14	30	–
Nixon	26	17	43	7
Ford	48	18	66	12
Carter	13	18	31	2
Reagan	39	39	78	9
Bush	29	15	44	1
Clinton	25	–	25	4
Insgesamt	1473	1064	2537	108

Quelle: Udo Sautter: Die Vereinigten Staaten. Daten, Fakten, Dokumente, Tübingen/Basel 2000 (UTB 2131), S. 88/89.

Der Präsident

Der amerikanische Präsident ist einer der mächtigsten Männer, oder genauer: das amerikanische Präsidentenamt ist eines der mächtigsten politischen Ämter auf der Erde – mit Einschränkungen. Zum einen hängen Stärke oder Schwäche der Institution „Präsident" immer von einer Reihe von Faktoren ab, die nicht von vornherein in der Verfassung festgelegt sind: von der Person des Amtsinhabers, vom Grad der Zustimmung oder Ablehnung, die er in der Nation findet, von den inneren und äußeren politisch-historischen Umständen, vom Zustand der Nation insgesamt und nicht zuletzt auch vom Glück. Als zweites muß man sehr deutlich betonen, daß das Präsidentenamt nicht die ganze „Regierung" ausmacht. Zwar ist der Präsident im klassischen Gewaltenteilungssystem der Chef der Exekutive, d.h. also der ausführenden Gewalt, der „Regierung" im europäischen Sinne (wo dann die Amerikaner von „administration" sprechen). Mit „the government" indes sind all diejenigen gemeint, die „in Washington" Politik machen, also Präsident plus Kongreß. So verstanden besteht die amerikanische „Regierung" nicht nur aus dem Präsidenten (und den zugehörigen Ämtern), sondern aus weiteren 535 Mitregierenden, nämlich den Mitgliedern des Kongresses. Wie ausgeführt, sind die klassischen Gewalten Präsident und Kongreß zwar institutionell strikt voneinander getrennt, aber für die Durchsetzung ihrer politischen Vorstellungen in hohem Maße aufeinander angewiesen und ineinander verschränkt. Ohne Zustimmung des Präsidenten kann kein vom Kongreß verabschiedetes Gesetz wirksam werden; aber ohne die Zustimmung des Kongresses zur Politik des Präsidenten – und der Grad der Zustimmung ist in aller Regel am Budget zu erkennen, das allein vom Kongreß bewilligt werden kann – ohne Segen der beiden Häuser also sind dem Präsidenten vor allem in der Innenpolitik weitgehend die Hände gebunden. So muß einer der mächtigsten Männer der Erde seine Macht mit einem der mächtigsten Parlamente der Erde teilen, und die amerikanische Geschichte bietet Beispiele in Fülle dafür, wie in zyklischen Schwankungen einmal die eine und einmal die andere „Gewalt" sich einen größeren Anteil am Kuchen der Macht sichert; man spricht dann entweder von „presidential goverment" oder von „congressional government".

Einer der Faktoren, die das Präsidentenamt sehr stark machen, ist die Direktwahl durch das Volk. Damit verbunden ist eine beträchtliche Unabhängigkeit vom Kongreß, zumindest was die Existenz der Administration anbelangt; der Präsident braucht für seine Wahl keine Mehrheiten im Parlament zu suchen, er ist keinem Parlamentarier direkt für seine Wahl zu Dank verpflichtet, und er braucht von keiner Seite einen Sturz, ein Mißtrauensvotum zu befürchten. Und das *impeachment*, die Amtsenthebung durch den Kongress, ist ein so scharfes und schwer zu handhabendes Instrument, dass seine erfolgreiche Anwendung, wie der Fall Clinton gezeigt hat, gewissermassen nur alle hundert Jahre Erfolg haben kann.

Die fünf Hauptrollen des amerikanischen Präsidenten

Chef der Executive

THE
PRESIDENT'S
FIVE
MAJOR
ROLES

Gesetzgeber
schlägt Gesetze vor und
versucht, sie durch den
Kongreß zu bringen

Oberbefehlshaber
über 2,1 Mio. Be-
dienstete

Diplomat
formt und lenkt die
US-Politik gegenüber
anderen Ländern

Politischer Chef
führt seine Partei

Quelle: U.S. News & World Report, 9. Mai 1977

Wie wird der Präsident gewählt? Der Verfassung nach indirekt: die Wähler wählen in den Einzelstaaten Wahlmänner (insgesamt 535, genausoviele, wie der Kongreß Abgeordnete hat, plus 3 für Washington, D.C.) und diese den Präsidenten. Dieser Wahlmodus ist aber de facto nur noch formell. Oft erscheinen auf den Wahlzetteln gar nicht mehr die Namen der Wahlmänner, sondern nur noch diejenigen der Präsidentschaftskandidaten. Der Kandidat, der die Mehrzahl der Stimmen in einem Staat erhalten hat, erhält alle Wahlmännerstimmen dieses Staates. So kann es vorkommen, daß bundesweit ein Präsidentschaftsbewerber z.B. nur 51% der Wählerstimmen, aber 70 bis 80 oder mehr Prozent der Wahlmännerstimmen erringt.

Die Amtsperiode des Präsidenten beträgt vier Jahre, und er kann sich nur einmal wiederwählen lassen (es sei denn, er sei durch vorzeitiges Ausscheiden des Präsidenten aus seinem Amt als Vizepräsident nachgerückt und habe in der ersten Amtszeit weniger als die Hälfte von vier Jahren „verbraucht").

Was nun kann und darf der amerikanische Präsident? Was ist, abgesehen davon, daß er an der Spitze der mächtigsten Nation der Erde steht, der institutionelle Grund für diese Macht?

Der Präsident vereint sehr viele Befugnisse auf sich, mehr als der Ministerpräsident oder Kanzler einer europäischen parlamentarischen Regierung – allerdings auch weniger als der Chef eines autoritären oder totalitären Regimes (auch darauf kann nicht genug hingewiesen werden!):

1. Er ist das Oberhaupt des Staates, oberster Repräsentant der Nation nach innen und nach außen; dies ist die eher zeremonielle Rolle, die bei uns der Bundespräsident innehat.
2. Er ist der Chef der ausführenden Gewalt, der Exekutive, also Regierungschef, und als solcher mächtiger als z.B. der Kanzler der Bundesrepublik; dessen Kabinett ist ein „Kollegialorgan", die Minister sind in gewisser Hinsicht dem Kanzler (in Abstimmungen) gleichgestellt und führen ihre Amtsgeschäfte autonom; die amerikanischen Minister (die auch nicht „minister" heißen, sondern „secretary") sind weit weniger selbständig, der Präsident kann praktisch allein gegen alle Minister entscheiden.
3. Er ist, anders als es die „reine" Gewaltenteilungslehre will, aber ganz im Sinne der Gewaltenverschränkung, Gesetzgeber; er kann direkt, durch Parteifreunde im Senat oder Repräsentantenhaus, eigene Gesetzentwürfe einbringen; er muß allen ihm vom Kongreß zugeleiteten Gesetzen zustimmen, bevor

sie in Kraft treten; legt er sein Veto ein, kann er vom Kongreß nur mit Zweidrittelmehrheit überstimmt werden.

4. Der Präsident ist oberster Befehlshaber der Streitkräfte. Zwar kann allein der Kongreß Krieg erklären, aber der Präsident kann durch bestimmte Entscheidungen seine Nation dahin führen, daß ein Krieg – und damit die Zustimmung des Kongresses – fast unvermeidlich wird. Ohne Zustimmung des Kongresses kann der Präsident allerdings seit dem War Powers Act von 1973 Truppen im Ausland nicht mehr als 60 Tage einsetzen.

5. Der Präsident kann – mit Zustimmung des Senats – Verträge mit anderen Nationen schließen, ist also insofern oberster Diplomat seines Landes und übt damit auf die internationalen Beziehungen einen großen Einfluß aus.

Dieser verfassungsmäßigen Befugnisse erfreute sich im Prinzip schon der erste amerikanische Präsident am Ende des 18. Jahrhunderts. Trotzdem sind die amerikanischen Präsidenten am Ausgang des 20. Jahrhunderts wesentlich mächtiger als es Prädident Washington war. Die Gründe dafür sind unter anderem:

– Die amerikanische Nation ist in den vergangenen 200 Jahren ungeheuer gewachsen und mit ihr die Bedeutung des Präsidentenamtes.

– Im 19. und 20. Jahrhundert stiegen die USA zur Weltmacht auf; die Beziehungen zur Außenwelt, also die Außenpolitik, wurde zu einem der wichtigsten Tätigkeitsbereiche des Präsidenten. Eine letzte Steigerung liegt darin, daß die USA seit dem 2. Weltkrieg die Vormacht der westlichen Welt darstellen und damit der amerikanische Präsident praktisch zu deren Führer wurde; und nach dem Ende des Kalten Krieges sind die USA gar zur Weltführungsmacht geworden.

– Auch im innenpolitischen Bereich erfuhr das Präsidentenamt eine Aufwertung, insbesondere in der Ära Roosevelt, als dem Bund immer mehr Aufgaben bei der Gestaltung der Wirtschafts- und Gesellschaftsordnung zufielen. Die Bundesbehörden, und mit ihnen das Präsidentenamt, gewannen gegenüber einzelstaatlichen und lokalen Institutionen beträchtlich an Gewicht. Daran ändert prinzipiell auch die seit Reagan zu beobachtende Zurückverlagerung von Kompetenzen an die Einzelstaaten kaum etwas.

Eine zusammenfassende Bewertung des Präsidentenamtes kann nur schwer auf einen Nenner gebracht werden. Es ist der schwerste Job der Welt, sagen die einen, und sie führen zum Beweis dessen an: den teuren und aufreibenden (Wahl-)Kampf um das Amt, die ungeheure Vielfalt der mit dem Amt verbundenen Aufgaben, die ungeheure innen- und außenpolitische Verantwortung, die Schwierigkeiten, einen riesigen Apparat von Behörden und Mitarbeiterstäben zu überblicken und gemäß den eigenen Vorstellungen zu dirigieren, die Notwendigkeit, einen in aller Regel eher widerspenstigen als folgsamen Kongreß zu zähmen, und schließlich (aber nicht endlich) die permanente Überzeugungsarbeit gegenüber einer kritischen Öffentlichkeit, die Notwendigkeit also, sich selbst und seine Politik permanent darzustellen und zu verteidigen. Am Beispiel von Bill Clinton kann man derzeit wieder in aller Deutlichkeit und Anschaulichkeit erfahren, wie schwer es selbst für einen jugendlichen, dynamischen Amtsinhaber ist, einen störrischen Behördenapparat, einen selbstbewußten Kongreß, eine über den Verlust des Amtes erbitterte Opposition und eine skeptische Öffentlichkeit von der Richtigkeit der eigenen Ziele zu überzeugen und sie auf ein in sich stimmiges und am „bonum commune" orientiertes Gesetzgebungsprogramm einzuschwören. Auch Clinton hat erfahren müssen, daß die Macht des amerikanischen Präsidenten insbesondere in der Innenpolitik gewaltigen Restriktionen unterliegt und die Amtsinhaber oftmals eher einem gefesselten Riesen als einem Herkules gleichen.

Die wichtigste Rolle, die ein Präsident für die amerikanische Nation spielt, ist freilich jenseits aller Kriterien von Macht und Durchsetzungsvermögen die symbolische Rolle. Damit gemeint ist seine Fähigkeit, als „republikanischer Monarch" die Nation, ihr Denken und Fühlen, überzeugend zu repräsentieren, die kollektive Seele der Nation anzusprechen und die Bürger zusammenzubinden. Ronald Reagan war in *dieser* Hinsicht unübertroffen; George Bush überzeugte die Nation nur im Golfkrieg; und auch Bill Clinton hat es zumindest über weite Strecken seiner Amtszeit verstanden, ein skeptisches Publikum letzten Endes doch davon zu überzeugen, daß er amerikanischen Geist glaubwürdig zu repräsentieren vermag. (Und selbst in seinen Affären hat sich offensichtlich ein nicht unbedeutender Teil der Wähler „repräsentiert" gefühlt, wenngleich die hervorragende wirtschaftliche Situation des Landes ihr Teil dazu beigetragen hat, daß ihm seine Sünden vergeben wurden.)

Der oberste Gerichtshof (Supreme Court)

Gesetzgebung, Ausführung der Gesetze und Rechtsprechung sind die drei klassischen Gewalten, an denen die amerikanischen Verfassungsväter den Aufbau der neuen Ordnung orientierten. So gibt es in den USA von Anfang an neben den Parlamenten und den Exekutivorganen ein System der Rechtsprechung. Dieses ist zweigleisig angelegt: hier das mehrstufige Gerichtswesen der Einzelstaaten, dort das ebenfalls von unten nach oben gestufte bundesstaatliche System, an dessen Spitze das oberste Bundesgericht steht.

Dieser Supreme Court war ursprünglich nicht als dritte, gleichberechtigte Zentralinstitution neben dem Kongreß und dem Präsidenten vorgesehen. Erst eine wegweisende Entscheidung des vierten Chief Justice (also des Vorsitzenden des Richterkollegiums), John Marshall, Anfang des vorigen Jahrhunderts, verlieh ihm dieses auch politisch bedeutsame Gewicht. (An dieser Stelle sollte auf ihn nur der Systematik halber hingewiesen werden; ein eigenes Kapitel des vorliegenden Bandes wird seine Rolle im Gewaltenteilungssystem näher beleuchten).

Das bundesstaatliche System und die Einzelstaaten

Es ist keineswegs selbstverständlich, daß die heute fünfzig Staaten von Amerika „Vereinigte Staaten" sind. Ursprünglich, d.h. bis zur Verfassungsgebung 1787/89, waren sie (damals an Zahl noch weniger) durchaus selbständige, beinah-souveräne, selbstbewußte Gebilde, deren Zusammenschluß zu einer „noch perfekteren Union", wie es in der Verfassung heißt, allerlei Schwierigkeiten bereitete. Nicht zuletzt der Sezessionsversuch der Südstaaten im Bürgerkrieg 1861 bis 1865 zeigt, wie lange Amerika mit der Aufgabe rang, aus einem Staatenbund einen Bundesstaat, ein föderales Staatswesen zu formen.

Wir müssen uns immer vor Augen halten, daß wir es auch heute noch in den USA mit dem Zusammenschluß einer Vielzahl von Staaten mit eigenem politischem Gesicht und Gewicht zu tun haben, d.h. mit eigenen Verfassungen, eigenen Gesetzen, eigenen Traditionen und Gewohnheiten, eigenen Interessen und Befugnissen, die nahe an eine eigene Souveränität heranreichen.

Die politischen Institutionen der einzelnen Staaten sind, alles in allem, Variationen der Washingtoner Institutionen; außer in Nebraska sind überall Zwei-Kammer-Parlamente für die Gesetzgebung zuständig, aufgeteilt in Repräsentantenhaus und Senat. Sogar die Parlamentsgebäude sind in der Mehrzahl Nachahmungen oder Abwandlungen des Kapitols in der Bundeshauptstadt.

Chef der Exekutive und somit Partner und Gegenspieler der gesetzgebunden Organe ist jeweils ein gleichfalls direkt gewählter Gouverneur, mit einer Amtsdauer von in der Regel vier Jahren. Seine Kompetenzen sind, verglichen mit denen des Präsidenten (einmal abgesehen von ihrer Wirkungsebene, dem Staat im Gegensatz zum Bund) geringer: in den meisten Staaten werden der Stellvertreter und die Minister gleichfalls direkt gewählt, so daß es durchaus vorkommen kann, daß in der Exekutive Vertreter verschiedener parteipolitischer Richtung zusammenarbeiten (müssen); auch ist die Richtlinienkompetenz des Gouverneurs eingeschränkt, wenngleich es hier in jüngster Zeit Ansätze zu einer Verstärkung der Kompetenzen gegeben hat.

Eine teilweise beträchtliche Einschränkung der Bedeutung der Einzelstaatenparlamente und der Exekutiven ergibt sich durch die in vielen Staaten vorhandene Möglichkeit der direkten Demokratie, d.h. von Referenden zu bestimmten politischen Fragen, wie Umweltschutz, Steuern, Religionsunterricht, Abrüstung etc. Das Interesse an diesen Abstimmungen hat in den letzten Jahren immer mehr zugenommen.

Wie schon erwähnt, sind die 50 Staaten der USA weitaus eigenständiger als z.B. die Länder der Bundesrepublik, und sie haben versucht, diese Eigenständigkeit gegenüber dem Bund zu verteidigen. Allerdings sind seit den dreißiger Jahren im Zuge moderner Wirtschafts- und Sozialpolitik immer mehr Aufgaben vom Bund übernommen oder als Gemeinschaftsaufgaben bestimmt worden, was zu einem Kompetenzverlust der Staaten führte. Ohne Bundeszuschüsse (grants-in-aid) können sie heute viele Aufgaben (z.B. im Bildungs- und Sozialbereich, im Straßen- und Städtebau) nicht mehr angemessen erfüllen. Deshalb wurde die unter Reagans „New Federalism" erfolgte und unter Clinton fortgesetzte Zurückverlagerung von Bundeskompetenzen, vor allem im Sozialhilfebereich, mit gemischten Gefühlen gesehen.

Um die trotz allem vorhandene Bedeutung und das Gewicht der Einzelstaaten richtig zu würdigen, muß man auch nochmals an die Konstruktion des Kongresses erinnern. Während die Mitglieder des Repräsentantenhauses ja entsprechend der Bevölkerungszahl der Staaten gewählt werden, ist zusätzlich jeder Staat unabhängig von seiner Größe mit zwei Senatoren im Senat vertreten. Das führt in gewissem Sinn zu beträchtlichen Ungleichgewichten, um nicht zu sagen Ungerechtigkeiten: Alaska mit seinen ca. 550 000 Einwohnern hat ebenso viele Senatoren wie Kalifornien mit seinen fast 30 Millionen Bürgern. Die Interessen der kleinen Staaten sind also deutlich überrepräsentiert.

Ausblick

Rund zweihundertfünfundzwanzig Jahre nach der Verabschiedung der amerikanischen Verfassung im philadelphischen Konvent stellt sich die Frage: wie lange eigentlich „trägt" diese institutionelle Ordnung noch? Thomas Jefferson, selbst nicht an dem Entwurf der Verfassung beteiligt, war der Ansicht, jede neue Generation habe das Recht, sich eine vollkommen neue Verfassung zu geben. Als Ende des letzten Jahrhunderts die Republik 100 Jahre alt wurde, war sie in eine schwere politisch-geistige Krise geraten; der hemmungslose Individualismus hatte nicht nur europäische Beobachter dazu verleitet, das Ende der amerikanischen Republik, zumindest ihre nahe bevorstehende revolutionäre Umgestaltung zu erwarten. Die weitere Geschichte hat gezeigt, daß die amerikanische Gesellschaft und ihre sie repräsentierenden Eliten durchaus in der Lage sind, sich der Tugenden ihrer Gründerväter zu erinnern und die zentrifugalen Tendenzen, um nicht zu sagen: die Interessen und Leidenschaften, zugunsten übergreifender nationaler Belange in einem Selbstordnungs- und Selbstreinigungsprozeß zurückzuschneiden.

Zersplitterung und Fragmentierung stellen – dies zeigte sich schon in den ersten Amtsmonaten Clintons – weiterhin ein

Problem der amerikanischen politisch-institutionellen Ordnung dar. Indes sollte man mit dem Begriff „Krisenphänomen" vorsichtig sein; denn schließlich und endlich ist insbesondere die bremsende Rolle des Kongresses von den Verfassungsgebern so gewollt und insofern, wenn nicht „in Ordnung", so doch eine normale Herausforderung. Was Werner Jann für den Kongreß Mitte der achtiger Jahre feststellte, gilt auch für die Gegenspieler des Präsidenten Clinton, den 103., 104., 105. und auch den 106. Kongreß: er ist „selbstbewußter und unabhängiger gegenüber der Exekutive als er es je war; er ist individualistischer und egalitärer in seiner internen Organisation und damit offener gegenüber politischen Einflüssen von Wählern und Interessengruppen; er ist gleichzeitig fragmentierter und dezentralisierter in seinen internen Entscheidungsstrukturen"[1].

Clinton hatte im Wahlkampf versprochen, daß seine Administration ein getreueres Abbild Amerikas sein werde als alle vorherigen, und das heißt: die in den letzten Jahren profilierter hervorgetretene ethnische, regionale und interessensmäßige Pluralität der amerikanischen Gesellschaft soll sich in der Zusammensetzung der Administration spiegeln. Und wo schon die eher zur Einheitlichkeit tendierende Exekutive pluralistischer wird, muß es die ohnehin schon zentrifugale Legislative noch mehr tun.

Die Fragmentierung der Macht im Kongreß kann als unmittelbare Folge der Krise des amerikanischen Parteiwesens interpretiert werden. „Wo die US-Parteien ihr Vermögen weitgehend eingebüßt haben, sich als Intergrationsfaktoren im gesellschaftlich-politischen Raum Geltung zu verschaffen, verändert sich der Gesamtcharakter des Herrschaftssystems, gewinnt sein ... Erscheinungsbild direktdemokratische Züge. Der chaotische Zustand des amerikanischen Kongresses in der unmittelbaren Gegenwart wurzelt wenigstens teilweise in solcher System-Transformation: Da sich die ‚Repräsentanten' zunehmend als ‚Agenten' einer Gesellschaft gerieren, die ihrerseits einem hochgradigen Fragmentierungsprozeß unterliegt und sich in eine Vielzahl von ‚Single-Issue-Gruppen' aufsplittert, verweigern sie ihre verfassungspolitische Pflicht, dem Ausgleich der Interessen im Rahmen einer verbindlichen Gemeinwohl-Konzeption zu dienen"[2].

Präsident Clinton schien es gelungen zu sein, seine eigene Partei, die der Demokraten, nach langer Zersplitterung in Fraktionen, Flügel und Interessengruppen wieder zusammenzuführen, auf ein Programm der gesellschaftlichen Erneuerung von der Mitte aus einzuschwören und somit die Grundlagen für eine geschlossene Unterstützung seines Reformprogramms durch eine fortbestehende demokratische Mehrheit im Kongreß gelegt zu haben. Er hatte in seiner Inaugurationsrede unverblümt und in populistischer Manier „die in Washington" angegriffen und zur Zusammenarbeit aufgefordert. Indes zeigt das Schicksal vieler seiner Initiativen, daß wohl weiterhin präsidentielle Macht immer wieder an den Klippen des fragmentierten Kongresses zu scheitern droht. Und dies nicht nur in der Innenpolitik: selbst die früher vielfach bewährte „bipartisanship" in außenpolitischen Angelegenheiten ist, wie das Ringen um die Bezahlung der UN-Schulden, die Verweigerung des „fast-track"-Verfahrens bei der Aushandlung handelspolitischer Abkommen und das Scheitern des umfassenden Teststopabkommens im Herbst 1999 im Senat zeigte, einer fast verbissenen Parteilichkeit sogar in Fragen von nationaler außenpolitischer Bedeutung gewichen.

So darf man gespannt sein, welcher Präsident mit welchem Kongreß ins nächste Jahrhundert gehen muß – oder darf.

Anmerkungen

1 Werner Jann, Kein Parlament wie jedes andere. Die veränderte Rolle des Kongresses im politischen System der USA, in: Zeitschrift für Parlamentsfragen, 33 (1986)[2], S. 224-247, hier S. 225.
2 Hartmut Wasser, Zur Krise des amerikanischen Parteiwesens, in: Zeitschrift für Parlamentsfragen, 29 (1982)[1], S. 50-65, hier S. 62.

Hartmut Wasser

Politische Parteien in Amerika
Ihr Stellenwert und Erscheinungsbild in der Präsidialdemokratie

Was für Staat und Gesellschaft der USA insgesamt gilt, trifft in besonderem Maße für das amerikanische Parteiwesen zu: es ist bis zur unmittelbaren Gegenwart hin einer Fülle von Mißverständnissen und Fehldeutungen ausgesetzt geblieben. Wenn sich sogar die europäischen Sozialwissenschaften schwer taten mit dem Phänomen der US-Partei, wenn sie mit den Funktionsgesetzlichkeiten des politischen Systems auch Aktions- und Interaktionsmuster des transatlantischen Parteiensystems oft genug verzeichnet haben, so nicht zuletzt deshalb, weil sie sich mit Denkkategorien und Begrifflichkeiten an Deutung und Durchdringung politischer Erscheinungsformen in der „Neuen Welt" heranpirschten, die ihren Gegenstand schlichtweg verfehlten.

Parteien in den USA sind einem spezifisch amerikanischen Geschichtskontext entsprungen, wirkten und wirken im Rahmen eines eigentümlichen, parlamentarischer Regierungsweise fernen Herrschaftssystems; und konnten oder können also weder unter entstehungsgeschichtlichen noch funktionalen Gesichtspunkten mit ihren europäisch-deutschen Äquivalenten über einen Leisten geschlagen werden. Wo schon die assoziationsgesättigte Vokabel „Partei" allerlei Vorbehalte beim Versuch auslöst, das amerikanische „party"-Phänomen dingfest zu machen, wecken der Parteisphäre zugehörige Begriffe wie „Fraktion", „Koalition" oder „Opposition" als analytische Instrumente zur Erhellung politischer Realität in den Vereinigten Staaten noch größere Bedenken. Wenn sie mangels Alternativen auch im folgenden Verwendung finden müssen, so doch im Bewußtsein ihrer Unzulänglichkeiten, die aus den genannten Disparitäten erwachsen.

Ursprung und Entwicklung des amerikanischen Parteiwesens

Zu recht gelten die USA als Geburtsstätte des modernen Partei-
phänomens[1], das sich um die Wende vom 18. zum 19. Jahrhundert keimhaft entfaltet, um wenig später schon die Prozesse politischer Willensbildung und Herrschaftsausübung in der Neuen
Welt machtvoll zu bestimmen. Solches vollzieht sich ausgerechnet in einem Lande, dessen Gründerväter gegen jegliche Form
der Parteiung polemisiert hatten, und dessen erster Präsident in
seiner Abschiedsbotschaft an die Nation von 1796 eindringlich
vor den Gefahren des „Faktionalismus" warnen zu müssen
glaubte. Noch wußten die Washington, Hamilton oder Madison
nicht um jenes Gesetz strikter Notwendigkeit, das sich im Gefolge der amerikanischen und französischen Revolutionen Geltung
verschaffte: Wo immer sich Großflächenstaaten und Massenge-
sellschaften demokratisierten, sollten politische Parteien eine
wichtige Rolle spielen. Dies galt gerade auch dort, wo „checks
and balances", wo gewaltenteilige Strukturen die Verfassung eines Gemeinwesens bestimmten, weil das komplizierte Räder-
werk der Regierungsmaschinerie ohne „Transmissionsriemen"
die geforderten politischen Leistungen nicht erbringen konnte.
Parteien wurden gebraucht anstelle der seit alters her am Werke
befindlichen „Faktionen", Parteien, also auf Dauer und Rationalität gestellte Organisationen mit gesamtpolitischen Positionen,
bereit und fähig zur Übernahme politischer Macht und Verantwortung. Die politische Moderne konnte mit „Faktionen", diffus
organisierten Cliquen mit fluktuierendem Anhang, kurzlebigen
Machtzirkeln mit unscharf verantwortetem Herrschaftsanspruch
und unkontrolliertem Bezug zur Wählerschaft nichts mehr an-
fangen.

Eben solche Parteien formierten sich schrittweise schon in
der Frühphase der amerikanischen Republik. Da waren zum
einen die „Föderalisten" um Alexander Hamilton und John
Adams, mit ihrer Verfassungsidee vom starken Bundesstaat
und ihrer Anglophilie bis zum Jahre 1800 als „rechte" Partei
der Arrivierten und Alteingesessenen die Politik dominierend;
da agierten zum anderen die „Republikaner" Thomas Jeffersons, mit ihrer Betonung der einzelstaatlichen Rechte und pro-
französischer Orientierung „linke" Wortführer des kleinen
Mannes in den ersten Jahrzehnten des neuen Jahrhunderts.

Beide Parteien spalteten sich zuweilen, tauchten in neuer Bezeichnung und Form wieder auf, stifteten dabei aber doch ein Kontinuum politischer Identität, das sich bis zum heutigen Tage am Leben erhalten hat.

Wohin und wozu entwickelten sich politische Parteien in den USA, in welch spezifischer Gestalt agierten sie im Bereich von Staat und Gesellschaft? Das Problem der Nachfolge George Washingtons trieb die heterogene Gruppengesellschaft der jungen Republik zum organisatorischen Zusammenschluß; die Notwendigkeit festigte ihn, öffentliche Ämter mittels Wahl zu besetzen, deren Zahl im Zeichen der „Jacksonian Revolution" in den 1830er Jahren drastisch anschwoll. Vom Ortssheriff und dem lokalen Feuerwehrchef über Staatsanwälte, Richter und Schulverwaltungsbeamte bis hin zu den regionalen, einzel- und bundesstaatlichen Politikpositionen: Andrew Jacksons Demokratisierungs- und Antibürokratismuskampagnen wollten öffentliche Ämter insgesamt nur noch auf Zeit und unmittelbar durch den Volkssouverän besetzen lassen. Ein so gewaltiges Vorhaben bedurfte der Organisation; Kandidaten mußten für die verschiedensten Amtspositionen gefunden und nominiert, ihre Wahl ermöglicht, auch ihre Kontrolle durch die Gesellschaft, bis hin zur Abwahl, gewährleistet werden.

Der Typus der Patronagepartei

Amerikanische Parteien haben in der Frühphase der Republik ihr unverwechselbares „image" gewonnen, das sie von ihren europäischen Äquivalenten abhob, die sich unter weltanschaulich-ideologischen oder soziologischen Prämissen organisierten. Solche Konstitutionsprinzipien machten im Kontext amerikanischer Geschichte wenig Sinn. Mit der verfassungsmäßig verfügten Trennung von Staat und Kirche waren auch Religionskonflikte entschärft, fehlte somit der Anreiz zur Begründung konfessionell eingefärbter Weltanschauungsparteien. Und in einer Gesellschaft, die zwischen 1776-1787 „ständische" Strukturen überwunden und sich dem Egalitätsgedanken verschrieben hatte, die fast ein Jahrhundert lang potentielle wie aktuelle Klassenkonflikte durch die offene Grenze im Westen entschärfen konnte, spielte auch das soziale Moment keine dominierende Rolle im Prozeß der Parteibildung; nicht zufällig sind in den USA „Klassenparteien", obzwar durchaus rudimentär, erst in jenem historischen Augenblick in Erscheinung getreten, als der Pazifik erreicht, die Bodenfreiheit aufgehoben und das Prinzip des Egalitarismus mancherlei Anfechtungen unterworfen war.

Parteien in den USA haben von Anfang an Herrschaftsbestellungsfunktionen ausgeübt, als Machterwerbsvehikel agiert, um die Besetzung öffentlicher Ämter gekämpft, was angesichts der Heterogenität der Wählerschaft und unter den Bedingungen der relativen Mehrheitswahl ein hohes Maß an Pragmatismus, Flexibilität und Kompromißbereitschaft erforderte, in jedem Falle auch den Zwang zu Kooperation, zum Zusammenschluß von minoritären Interessen zu wenigstens zeitweiligen Bündnissen; wie anders hätten Mehrheiten errungen und behauptet werden können. Als lockere Wählerkoalitionen ohne fundamentale Ideologiedifferenzen richteten die Parteien das Augenmerk primär auf den Wahlerfolg und die Besetzung öffentlicher Ämter, und sie hätten damit Motor genuin demokratischer Willensbildungs- und Herrschaftsprozesse sein können. Aber wie anderswo taten sich auch in den USA tiefe Klüfte auf zwischen Anspruch und Wirklichkeit. Hatte Andrew Jackson eine umfassende Demokratisierung der sozio-politischen Strukturen nicht zuletzt über die parteienvermittelte Aktivierung des Volkes im Visier, kristallisierte sich im politischen Alltag die Patronagepartei heraus, Manipulationsinstrument eher als Emanzipationsgefährt der Massen, selbstzweckhaftes Unternehmen von „Bossen" und professionellen Funktionären, Partei„maschine" nicht zu unrecht genannt im Lichte ihrer auf Effektivität und nüchternes Kalkül getrimmten Organisation. Die spezifisch amerikanische Patronagepartei sah ihr vorrangiges Ziel in der Versorgung ihrer aktiven Anhänger mit öffentlichen Ämtern und staatlichen Aufträgen, verteilte die in Wahlen erjagte Beute („spoils") gegen Erstattung einer „Maklerprovision" an Interessierte, wobei ihr die Korrumpierung der öffentlichen Verwaltung ebenso wenig Kummer bereitete wie die gelegentliche Verstrickung ins Kriminellenmilieu, wenn sie zahlungswilligen Verbrechercliquen Schutz vor dem Zugriff der (parteimäßig gebundenen) Polizei- und Strafverfolgungsbehörden bot. Verläßliche Wahlschlepper und großstädtisches „Stimmvieh" waren jederzeit zu mobilisieren: Die Parteimaschine nutzte das Fehlen jedweder Arbeits-, Wohlfahrts- und

Sozialversicherungsagenturen, gerierte sich als karitatives Unternehmen und ermöglichte die loyalitätsstiftende Betreuung hilfsbedürftiger Schichten, insbesondere der Neueinwanderer.

„Die Aufgabe der ‚politicians' erschöpfte sich im wesentlichen darin, die Kämpfe um die Futterkrippe zwischen den ‚ins' und den ‚outs' zu organisieren", hat Ernst Fraenkel geschrieben[2]; nicht zufällig kursierte damals das Scherzwort, ein „politician" habe nichts mit Politik zu tun. „Leere Weinflaschen mit verschiedenen Etiketten" sah der wohlinformierte Engländer James Bryce in den amerikanischen Parteien; als „zwei große Banden von politischen Spekulanten" erschienen sie Friedrich Engels, „die abwechselnd die Staatsmacht in Besitz nehmen und mit den korruptesten Mitteln und zu den korruptesten Zwecken ausbeuten".

Reformen der Jahrhundertwende

Zwei Faktoren haben schließlich Wandlungen im trüben Erscheinungsbild der amerikanischen Parteien bewirkt: reformerische Systemveränderungen der Jahrhundertwende ebenso wie die allmähliche Transformation des Staates vom „Nachtwächter" zur modernen Daseinsvorsorgeanstalt. Der deutsche Soziologe Max Weber hat Reformbedürfnisse im Bereich politischer Herrschaft und Verwaltung der USA mit dem Hinweis erklärt, allein ein „Neuland" könne Patronageparteien und eine Dilettantenverwaltung verkraften, während ein geordnetes Gemeinwesen (wie es mit der Schließung der „frontier" am Pazifik auch in Amerika Gestalt annahm) ohne Professionalismus und Rationalität nicht gedeihen könne. Bürokratiereform bedeutete in concreto die Verabschiedung einzel- und bundesstaatlicher Gesetze, kraft derer in der Regel die Bestellung zu einem öffentlichen Amt von dem durch Ausbildung und Prüfung zu erbringenden Nachweis fachlicher Befähigung abhängig gemacht und die Entlassung aus politischen Gründen untersagt wurde; bedeutete wohl auch die Neutralisierung des Berufsbeamtentums durch Untersagung parteipolitischer Aktivitäten. Erneute Anläufe zur Demokratisierung von Staat und Gesellschaft zielten explizit auf die Schwächung der Macht von schwer kontrollierbaren Parteiführungsstäben, indem sie die Offenlegung der parteilichen Wahlkampffinanzierung zu erzwingen und durch die Einführung von „Vorwahlen" („primaries") die Kandidatenauslese für Parlamentsmandate und öffentliche Ämter der Regie der Funktionärskader zu entziehen versuchten. Im Verein mit der Notwendigkeit, angesichts eines allmählich sich entfaltenden Staatsinterventionismus im sozio-ökonomischen Raum programmatisches Profil entwickeln zu müssen, haben die genannten Entwicklungen den Charakter der Patronagepartei spürbar verändert – wir kommen darauf zurück.

Das amerikanische Parteiensystem in historischer Perspektive

Noch einer weiteren Eigentümlichkeit des transatlantischen Parteiwesens gilt es nachzuspüren, ehe wir zur systematisch-strukturellen Betrachtung des Parteienphänomens übergehen.

Sie findet sich in der frühen Ausformung eines deutscher Parteienzersplitterung scharf kontrastierenden Zweigruppensystems in der amerikanischen Politik. Fast stets stehen sich im Gang der transatlantischen Geschichte jeweils zwei große Parteien in eingependelt-gleichgewichtigen Machtbeziehungen gegenüber, deren eine im allgemeinen die Kongreßwahlen während mehrerer Legislaturperioden gewinnen kann, während die andere mindestens zeitweilig das Präsidentenamt zu besetzen vermag. Beide Gruppierungen haben bis vor kurzem kontinuierliche Unterstützung in bestimmten Stammregionen und Wählergruppen für sich mobilisieren können und dabei unterschiedliche Programmpositionen artikuliert, ohne sich indes allzuweit voneinander zu entfernen. In gewissen Zeitabständen stellten sich Machtverschiebungen im etablierten Parteiengefüge ein, wenn neue Streitfragen (etwa der Abolitionismus-Konflikt) die Gesellschaft aufwühlten, welche die traditionellen Parteigrenzen sprengten. Nach vollzogenem „realignment", wie die Amerikaner die Neuausrichtung parteipolitischer Machtstrukturen, die Umkehr also der gewohnten Mehrheits- und Minderheitsverhältnisse, zu nennen pflegen, kehrten die USA zur liebgewonnenen Stabilität zurück[3]. Das politische System profitierte in vielfältiger Weise vom „realignment", konnte aufgebrochenen Herausforderungen mit neuartigen Problemlösungen begegnen, die im Lauf der Zeit auch von der jetzt zur Minderheit geschrumpften Gruppe aus Einsicht oder Opportunität bejaht wurden, konnte gesellschaftliche Spannungen ohne systemsprengende Auswirkungen kanalisieren und im Austausch politischer Eliten auch dem Verfassungsgebot der Machtbalance und Herrschaftskontrolle entsprechen.

Das Gesagte darf nicht in der Weise mißverstanden werden, als hätte es in Amerika keine dritten Parteien gegeben. Sie waren stets präsent, als politische Farbtupfer oder Impulsvermittler, als radikale Flügelphänomene oder systemkonforme Gruppierungen, haben aber weder eine ausschlaggebende Rolle im Herrschaftsprozeß spielen, noch sich auf Dauer behaupten können[4]. Dabei firmier(t)en ganz unterschiedliche Erscheinungen unter der Rubrik „Dritte Partei": bloß regionale Gruppierungen, die in ihrem betreffenden Einflußbereich zeitweilig durchaus Gewicht besaßen, etwa die „Progressive Party" in Wisconsin oder die „Farmer-Labor-Party" in Minnesota; „single-issue"-Bewegungen, parteipolitische Organisationen mit einem engen Spektrum politischer Zielsetzungen, etwa die 1872 gegründete Prohibitionspartei mit ihrem erbitterten Feldzug gegen den Alkoholismus als vermeintlich zentraler Verbrechensquelle; Dissidentenflügel der großen Parteien, die durch Abspaltung oder organisatorische Verselbständigung verstärkten Einfluß auf die Mutterpartei gewinnen wollten, wie die „States Rights" – oder „Dixiekrat"-Partei des tiefen Südens, die nach dem Zweiten Weltkrieg gegen allzu forcierte Integrationsbemühungen der Demokraten in der Rassenpolitik aufbegehrte; aber auch echte dritte Parteien, die autonomen Machtgewinn anpeilten, sich an die Stelle einer der beiden großen Gruppierungen setzen wollten. Als Beispiel mögen etwa jene populistischen Protest- und Reformbewegungen gelten, die sich seit den achtziger Jahren des vergangenen Jahrhunderts Gehör verschafften und sich mit einem teils agrarreformerischen, teil sozialistischen, teils nativistischen und teils kosmopolitischen Programm zur „People's Party" formierten; sie ist um die Jahrhundertwende von den Demokraten als Wahlgegner durchaus ernstgenommen worden. Man kann auch auf die stärker ideologisch orientierten Gruppierungen mit revolutionären Zielsetzungen auf dem linken und rechten Flügel des Parteienspektrums verweisen, Sozialisten, Kommunisten, „Neue Linke" der sechziger Jahre einerseits, allerlei rechtsradikale Grüppchen andererseits bis hin zur „American Nazi Party", die aber allesamt an der zentristischen Orientierung der US-Gesellschaft aufgelaufen sind und die Gestaltung amerikanischer Politik den großen Traditionsparteien der Demokraten und Republikaner haben überlassen müssen.

Dritte Parteien in der Geschichte der USA

Dritte Partei	Jahr	% der Wähler- stimmen	Elektoren- stimmen	Schicksal bei den nächsten Wahlen
Anti-Masonic Party	1832	7,8	7	unterstützte den Kandidaten der Whigs
Free Soil Party	1848	10,1	0	erhielt 5% der Stimmen; bildete die Basis für die Anhänger der Republikaner
Whig-American Party	1856	21,5	8	Partei aufgelöst
Southern Democrat Party	1860	18,1	72	Partei aufgelöst
Constitutional Union Party	1860	12,6	39	Partei aufgelöst
People's Party	1892	8,5	22	unterstützte den Demokratischen Kandidaten
Progressive Party	1912	27,5	88	kehrte zur Republikanischen Partei zurück
Socialist Party	1912	6,0	0	erhielt 3,2% der Stimmen
Progressive Party	1924	16,6	13	kehrte zur Republikanischen Partei zurück
State's Rights Party	1948	2,4	39	Partei aufgelöst
Progressive Party	1948	2,4	0	erhielt 0,2% der Stimmen
George Wallace	1968	13,5	46	erhielt 1,4% der Stimmen
John B. Anderson	1980	7,1	0	kandidierte 1984 nicht
H. Ross Perot	1992	18,9	0	kündigte 1995 an, er werde eine unabhängige Partei gründen
Reform Party (H.R. Perot)	1996	8,4	0	–

Quelle: Wahlen 96, United States Information Service, Bonn 1996, S. 19, ergänzt für 1996 aus: The World Almanac 1997, S. 477.

Drittparteien in der Einschätzung amerikanischer Wähler 1992-1995

a) Für die Bildung einer Drittpartei (1994)

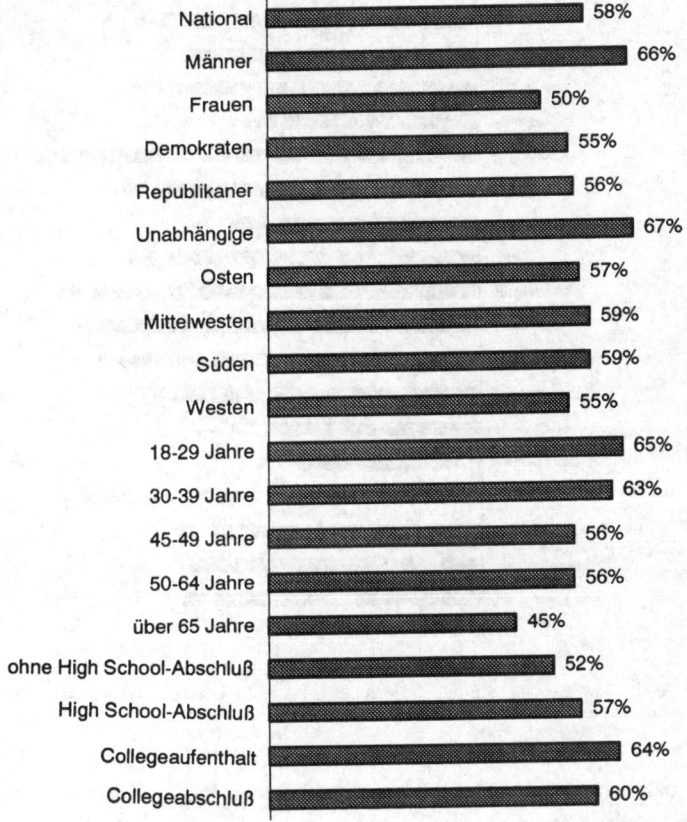

National	58%
Männer	66%
Frauen	50%
Demokraten	55%
Republikaner	56%
Unabhängige	67%
Osten	57%
Mittelwesten	59%
Süden	59%
Westen	55%
18-29 Jahre	65%
30-39 Jahre	63%
45-49 Jahre	56%
50-64 Jahre	56%
über 65 Jahre	45%
ohne High School-Abschluß	52%
High School-Abschluß	57%
Collegeaufenthalt	64%
Collegeabschluß	60%

Quelle: Demoskopische Erhebung von Yankelovich Partners for Time and CNN, nach: The American Enterprise, vol. 6, no. 3 (May/June) 1995, S. 105.

b) Notwendigkeit einer Drittpartei für Systemreform (1995)

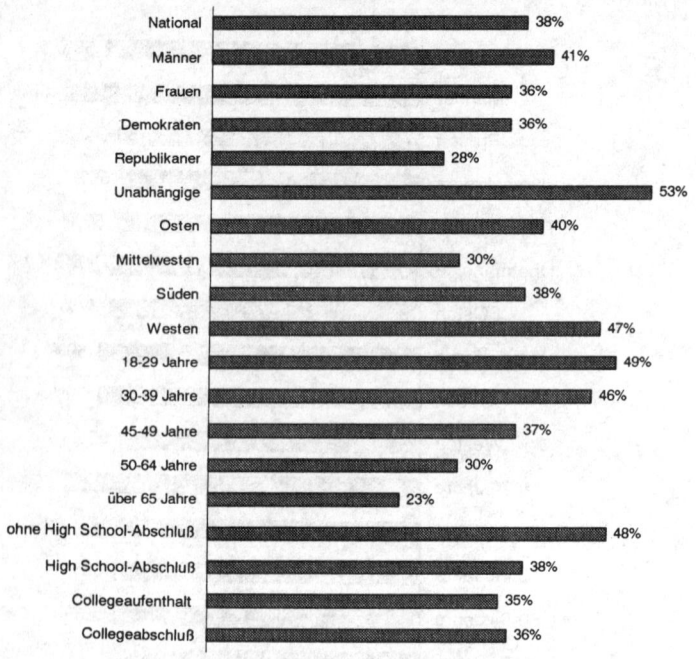

National	38%
Männer	41%
Frauen	36%
Demokraten	36%
Republikaner	28%
Unabhängige	53%
Osten	40%
Mittelwesten	30%
Süden	38%
Westen	47%
18-29 Jahre	49%
30-39 Jahre	46%
45-49 Jahre	37%
50-64 Jahre	30%
über 65 Jahre	23%
ohne High School-Abschluß	48%
High School-Abschluß	38%
Collegeaufenthalt	35%
Collegeabschluß	36%

Quelle: Demoskopische Erhebung von Lewis Harris for Business Week, nach: The American Enterprise, vol. 6, no. 3 (May/June) 1995, S. 105.

Strukturelle und funktionale Aspekte des amerikanischen Parteiwesens

Der historischen Perspektive soll wenigstens skizzenhaft eine systematisierende Betrachtung des transatlantischen Parteienphänomens folgen, die unmittelbar zur aktuellen „Krise der Parteien" führt, wie sie von den Sozialwissenschaften seit geraumer Zeit konstatiert bzw. proklamiert wird. Um mit der kleinsten Einheit einer Partei, dem Mitglied nämlich, zu beginnen, so offenbart sich schon hier der eigentümliche, von europäisch Vertrautem abweichende Charakter des amerikanischen Parteiwesens. „Herr A. mag sich für einen Demokraten halten und auch als solcher gelten; Herr B. für einen Republikaner und Herr C. für einen Sozialisten, und häufig wird darunter verstanden, daß sie ‚Mitglieder‘ der betreffenden Partei seien. Für die meisten Leute ist Mitgliedschaft in einer Partei jedoch ein reichlich vager und schwer definierbarer Begriff. Wenn eine Person irgendeiner anderen Organisation angehört – einer Kirche, einer Loge oder einer Berufsorganisation –, dann geht man davon aus, daß sie ihr durch irgendeinen positiven Akt beigetreten ist, daß sie Beiträge zahlt oder sonstige Zuwendungen macht, möglicherweise in einem Ausschuß tätig ist, ein Amt bekleidet oder anderweitig am inneren Verbandsleben aktiven Anteil nimmt ... Bei den großen politischen Parteien kann nichts derartiges mit Sicherheit angenommen werden. Es bestehen keine Verfahrensregeln oder Zeremonien für den ‚Beitritt‘ ... es gibt in der Regel keine Mitgliedschaft ... die Partei erhält keine schriftliche Verpflichtung, die ein Bekenntnis zu dem Parteiprogramm enthält, sie erhebt keine Beiträge (obgleich gelegentlich Anstrengungen gemacht worden sind, ein System regelmäßiger Beitragszahlungen einzuführen), sie hat keine Statuten, die sie durchzusetzen in der Lage ist und keine Mittel, ein ‚Mitglied‘ zu maßregeln, außer, daß es die Partei ablehnt, ihn zu unterstützen, wenn er sich um ein öffentliches Amt bewirbt ... Man ist ein Demokrat oder ein Republikaner, wenn man dies von sich behauptet ... jedenfalls, wenn man ständig der einen oder anderen Partei bei den Wahlen seine Unterstützung gibt. Und das ist alles, was hierüber zu sagen ist. Außerdem kann man seine Meinung und seine Parteitreue so oft ändern, wie es einem paßt. Es bleibt jedermann überlassen, sich den Kopf darüber zu zerbrechen, wie viele Mitglieder eine Partei besitzt, und dies gilt auch dann, wenn es zuverlässigere Kriterien darüber gäbe, wer als ‚Parteimitglied‘ angesehen werden kann und auf wen dies nicht zutrifft.“[5]

Abstimmungsverhalten nach Gruppenmerkmalen bei Präsidentschaftswahlen 1988 in% (Zahlen in Klammer: Präsidentschaftswahlen 1984)

Wählergruppe	Anteil an Wählerschaft	George Bush (Ronald Reagan)	Michael Dukakis (Walter Mondale)
Weiße	(85%)	59% (64)	40% (35)
Schwarze	(10%)	12% (9)	86% (89)
Hispanic	(3%)	30% (37)	69% (61)
Weiße/Osten	(21%)	54% (57)	45% (42)
Mittlerer Westen	(25%)	57% (64)	42% (35)
Süden	(23%)	67% (71)	32% (28)
Westen	(15%)	58% (66)	41% (33)
Weiße/Protestantisch	(48%)	66% (72)	33% (37)
Katholisch	(28%)	52% (54)	47% (45)
Jüdisch	(4%)	35% (31)	64% (67)
Fundamentalistisch/ Evangelikal	(9%)	81% (78)	18% (22)
18-29 Jahre	(20%)	52% (59)	47% (40)
30-44 Jahre	(35%)	54% (57)	45% (42)
45-59 Jahre	(22%)	57% (59)	42% (39)
über 60 Jahre	(22%)	50% (60)	49% (39)
Selbständiger/Manager	(31%)	59% (62)	40% (37)
Angestellter	(11%)	57% (59)	42% (40)
Arbeiter	(13%)	49% (54)	50% (45)
Lehrer/Student	(9%)	46% (51)	51% (48)
Arbeitslos	(5%)	37% (32)	62% (67)
Ruheständler	(16%)	50% (60)	49% (40)
Gewerkschaftshaushalt	(25%)	42% (46)	57% (53)
jährliches Familieneinkommen ($)			
T 12 499	(12%)	37% (45)	62% (54)
12 500-24 999	(20%)	49% (57)	50% (42)
25 000-34 999	(20%)	56% (59)	44% (40)
35 000-49 999	(20%)	56% (66)	42% (33)
Y 50 000	(24%)	62% (69)	37% (30)

Quelle: Wolfgang Jäger/Wolfgang Welz (Hrsg.): Regierungssystem der USA. Lehr- und Handbuch, München/Wien 1998², S. 256.

Ideologische Selbsteinschätzung von Wählern bei Präsidentschaftswahlen 1980 und 1992

	Wähler 1980			Wähler 1992		
	Liberal	Gemäßigt	Konservativ	Liberal	Gemäßigt	Konservativ
Männer	24%	33%	43%	20%	47%	33%
Frauen	24%	40%	36%	23%	50%	27%
18-24 Jahre	28%	43%	29%	34%	41%	25%
25-29 Jahre	31%	35%	34%	24%	52%	25%
30-39 Jahre	26%	34%	40%	22%	48%	30%
40-49 Jahre	19%	36%	45%	21%	48%	31%
50-59 Jahre	18%	36%	47%	16%	52%	32%
über 60 Jahre	20%	38%	42%	17%	53%	30%
ohne High-School-Abschluß	18%	50%	33%	20%	49%	31%
High-School-Abschluß	16%	45%	39%	20%	48%	32%
College-aufenthalt	26%	35%	39%	22%	49%	30%
Collegeabschluß	27%	30%	43%	19%	51%	30%
Postgrad.	36%	23%	41%	27%	48%	25%
Weiße	22%	36%	41%	20%	49%	31%
Schwarze	40%	37%	23%	31%	51%	18%
Hispanics	keine Angaben			27%	51%	22%
Verheiratet	keine Angaben			18%	49%	33%
Nie verheiratet	keine Angaben			32%	45%	23%

Quelle: Umfrage von ABC News (4. Nov. 1980) und Voter Research and Surveys (3. Nov. 1992), in: The American Enterprise, vol. 4, no. 2 (March/April) 1993, S. 86.

Die Eigentümlichkeiten setzen sich fort in der Organisationsstruktur. Amerikanische Parteien sind lockere Koalitionen heterogener Interessen, die ihre Reihen zu Wahlzeiten fester schließen, um nach erfolgtem Urnengang gleich wieder in ihre regionalen und lokalen Einheiten zu zerfließen. Eine Parteihierarchie, ein durchgegliederter Funktionärskader und ein Apparateunterbau (etwa Parteibüros) sind nur mit Mühe auszumachen; der deutsche Parteisoziologe Robert Michels hätte kaum „Parteien" seiner Definition in den USA beobachten, geschweige denn sein „ehernes Gesetz" der Oligarchiebildung auf dem Boden der „Neuen Welt" artikulieren können. Auf der Basis lokaler Vereinigungen in Stadtvierteln oder ländlichen Gemeinden erhebt sich die Pyramide der Parteistruktur über die Bezirksebene („County"), eine größere Stadt oder einen Landkreis umschließend, zur Staatenorganisation. Jede Stufe aktiviert sich in Komitees, die allesamt auf ihre Autonomie pochen. Von einer Führungsspitze, die Befehle von oben nach unter erteilt, kann keine Rede sein;

kein Komitee würde sich gegen seinen Willen bevormunden, geschweige denn kommandieren lassen.

Wo bislang bloß Ansätze einer dauerhaften Parteiorganisation auf nationaler Ebene bestehen, die Parteien im wesentlichen Koalitionen aus 50 Einzelstaatsorganisationen darstellen, kann es auch keine allzu scharf gefaßte Parteiprogrammatik geben, reichen temporäre „platforms" aus, kann jeder Bewerber für das Präsidentenamt oder ein Kongreßmandat im Rahmen allgemein gehaltener inhaltlicher Vorgaben durch die Gesamtpartei das reden und versprechen, was ihm gerade paßt oder zum Vorteil gereicht.

Dies umso mehr, als die sozialen Profile der Parteien in Mitglieder- und Wählerschaft zunehmend verschwimmen. Bis in die siebziger Jahre hinein besaßen die Demokraten ihren realsoziologischen Rückhalt in den Städten, den Unterschichten, in der gewerkschaftlich organisierten Arbeiterschaft, bei den ethnischen Minderheiten des Landes vor allem; scharten die Republikaner Amerikas traditionsbewußte Schichten um sich, das konservative Farmertum des Mittelwestens, die Finanzwelt, die „suburbians", die Bürger mit gehobenem Bildungsstandard. Die vergangenen Jahrzehnte aber haben solche Differenzierungen stark durcheinander geschüttelt, etwa den Reagan-Republikanern Einbrüche in die weiße Arbeiterschaft, den Demokraten Gewinne unter den College-Absolventen beschert.

Nicht zuletzt lassen sich im Hinblick auf die Funktionen erhebliche Unterschiede zwischen amerikanischen und deutschen Parteien konstatieren, wobei in systematischer Absicht die historische mit der politisch-aktuellen Perspektive zusammenfließt. Der US-Sozialwissenschaftler Theodore J. Lowi hat mit den Attributen „constituent" und „responsible" die Differenzen gleichsam idealtypisch zu fassen gesucht: Die „konstitutive" Partei wirkt vorrangig auf Struktur, Zusammensetzung und Funktionsweise des politischen Systems ein, während sich die „responsive" Partei der Wählerschaft durch eine Programmatik verpflichtet fühlt, die ihr politisches Handeln leitet und kohärente Problemlösungsmuster entwickeln möchte, die dann in gesetzliche Wirklichkeit umzuwandeln sind, wenn ihr aufgrund des Wahlergebnisses die legislative Mehrheit zugefallen ist. Nach Lowi sind die Parteien im Fortgang der amerikanischen Geschichte kaum je als „program innovators" in Erscheinung getreten, vielmehr als „Instrumente der Herrschaftsorganisation, der Rekrutierung politischen Führungspersonals, der Organisation von Wahlen und des Zusammenfügens disparater Interessen zu Aktionseinheiten"[6]. Daß demgegenüber die deutschen Parteien sich aus ihrer Geschichte heraus sehr viel stärker als „sinn- stiftende", ideologisch-dogmatisch fixierte Gruppierungen, als Weltanschauungsorganisationen recht eigentlich, verstanden (und politisch agiert) haben, soll an dieser Stelle bloß angemerkt

Parteibindungen der Amerikaner 1972-1994 (in Prozent)

Jahr und ausgewählte Merkmale	Insgesamt	Strenge Demokraten	Schwache Demokraten	Unabhängige Demokraten	Unabhängige	Unabhängige Republikaner	Schwache Republikaner	Strenge Republikaner	Apolitisch
Jahr:									
1972	100	15	26	11	13	11	13	10	1
1980	100	18	23	11	13	10	14	9	2
1984	100	17	20	11	11	12	15	12	2
1986	100	18	22	10	12	11	15	11	2
1988	100	18	18	12	11	13	14	14	2
1990	100	20	19	12	11	12	15	10	2
1992	100	18	18	14	12	12	14	11	1
1994 insgesamt	**100**	**15**	**19**	**13**	**10**	**12**	**15**	**16**	**1**
Alter:									
17-24 Jahre	100	9	20	22	10	8	19	10	1
25-34 Jahre	100	11	19	14	12	11	16	16	1
35-44 Jahre	100	13	18	14	12	11	14	18	-
45-54 Jahre	100	15	16	15	7	16	12	17	1
55-64 Jahre	100	18	22	8	8	16	12	15	-
65-74 Jahre	100	28	17	6	8	13	14	15	-
75-99 Jahre	100	19	26	9	9	5	17	13	2
Geschlecht:									
männlich	100	13	17	12	11	14	14	18	1
weiblich	100	18	21	13	10	9	15	13	1
Rasse:									
Weiße	100	12	19	12	10	13	16	17	1
Schwarze	100	38	23	20	8	4	2	3	1
Erziehung:									
Grade school	100	26	26	7	13	7	11	6	4
High school	100	15	22	14	13	10	13	11	1
College	100	14	16	13	7	13	16	21	–

Quelle: Statistical Abstract of the United States 1996, Washington, D.C., 1996.

151

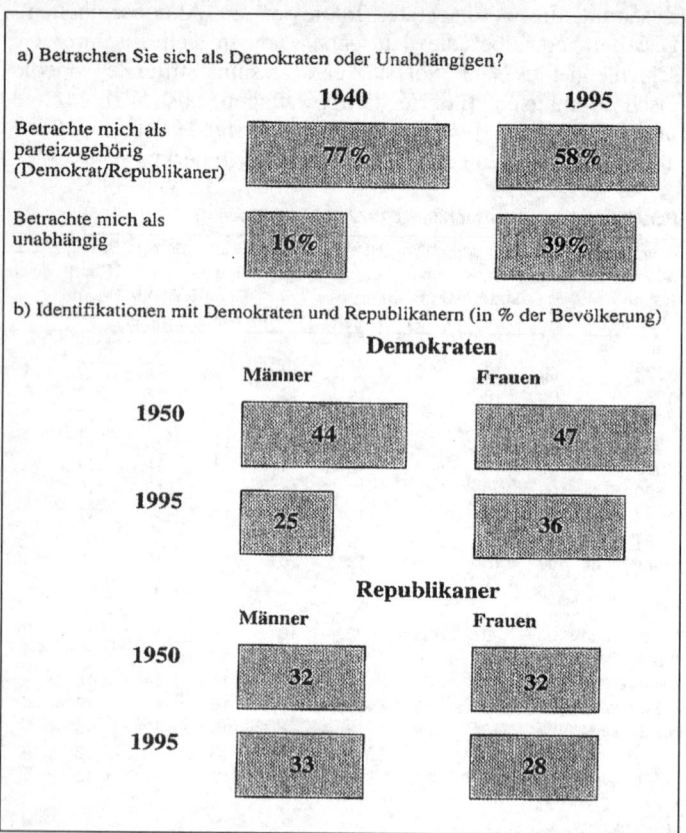

a) Betrachten Sie sich als Demokraten oder Unabhängigen?

1940 **1995**

Betrachte mich als parteizugehörig (Demokrat/Republikaner): 77% 58%

Betrachte mich als unabhängig: 16% 39%

b) Identifikationen mit Demokraten und Republikanern (in % der Bevölkerung)

Demokraten

	Männer	Frauen
1950	44	47
1995	25	36

Republikaner

	Männer	Frauen
1950	32	32
1995	33	28

Quelle: W.P. Adams/Peter Lösche (Hrsg.): Länderbericht USA, Frankfurt/Main 1999[3], S. 332.

sein; wie der Umstand, daß europäische Parteien sich anders als ihre amerikanischen Äquivalente in ihrem Selbstverständnis, gewiß nicht immer in ihren Handlungsantrieben, zumeist in jenen Definitionsrahmen schickten, den der britische Liberalkonservative und politische Philosoph Edmund Burke im späten 18. Jahrhundert mit den Worten gezogen hatte, es sei eine Partei „die Vereinigung von Männern, die auf der Grundlage besonderer Prinzipien, in denen sie alle übereinstimmen, mit vereinten Kräften das nationale Interesse zu fördern bestrebt sind". Wenn man im Kontext der deutschen Nachkriegsgeschichte von einer „Amerikanisierung" des deutschen Parteiwesens gesprochen hat, so wollte und will man damit auf eine Gewichtsverlagerung von der „responsiven" zur „konstitutiven" Komponente im parteilichen Funktionsspektrum verweisen, die fast revolutionär anmutende Transformation von weltanschaulichen „Integrationsparteien" (Sigmund Neumann) zu pragmatischen Partizipanten an den politischen Willensbildungs- und Herrschaftsprozessen.

Parteien in den USA und Deutschland

USA	Deutschland
Mitgliedschaft	*Mitgliedschaft*
– nicht formell	– durch Satzung formell fixiert
Organisation	*Organisation*
– kein durchorganisiert-hierarchischer Aufbau	– straffe Gliederungsstrukturen mit hierarchischer Tendenz
– lockeres Bündnis regionaler Parteieinheiten, ohne starken Nationalverband	– Ortsverein, Kreisverband, Bezirksorganisation, Landesverband, Bundespartei
– rudimentäre personelle und sachliche Organisationsmittel	– ausgebauter Funktionärskader und Apparateunterbau
– fluktuierende Strukturen	– auf Dauer gestellte Strukturen
Programmatik und Sozialprofil	*Programmatik und Sozialprofil*
– auf Wahlen bezogenes Aktionsprogramm mit Kurzzeitperspektive	– langfristig orientiertes Grundsatzprogramm
– pragmatischer, profilschwacher Programmcharakter	– ideologischer, profilstarker Programmcharakter
– realsoziologische Differenzen zwischen den Parteien unscharf ausgeprägt mit zunehmend verschwimmender Tendenz	– realsoziologische Differenzen ursprünglich scharf ausgeprägt; zunehmend verschwimmend
Parteien und politisches System	*Parteien und politisches System*
– Heterogene Parteikoalitionen erleichtern parlamentarische Kooperation	– Homogene Parteien erschweren parlamentarische Kooperation; nach 1949 Tendenz zur „Amerikanisierung" des Parteiwesens

Abgesehen von der *Rekrutierungsfunktion*, d.h. der Auslese und Beförderung von Bürgern für und in politische Ämter, abgesehen von der Aufgabe, Wahlen zu organisieren, sollen Parteien generell, also auch die amerikanischen, *politische Sozialisations- und Artikulationsfunktionen* erfüllen, d.h. die sozialen, kulturellen und ökonomischen Interessen des Landes bündeln und in den politischen Gesamtrahmen einbinden, in einem Wort den Pluralismus handlungsfähig machen; womit die Aufgabe verbunden ist, in der Gesellschaft Überzeugungen von Effizienz und Legitimität des politischen Systems zu wecken bzw. zu erhalten, den Glauben, es seien die verfassungsmäßigen Herrschaftsinstitutionen sowohl leistungsfähig als auch die für die betreffende Gesellschaft bestmöglichen. Gerade dieser *Legitimationsfunktion* kommt im strikt gewaltenteiligen, auf Machtblockierung eher denn auf reibungslose Machtabläufe zielenden Regierungssystem der USA große Bedeutung zu; ohne parteiliche „Treibriemen" zwischen Staat und Gesellschaft, ohne parteiliche „Treibriemen" innerhalb des komplizierten Institutionengefüges mangelt es dem transatlantischen Gemeinwesen an Effizienz wie an Legitimität.

Krisenerscheinungen im amerikanischen Parteiwesen

Seit den sechziger Jahren macht in den USA das Schlagwort vom „Verfall der Parteien", von einer „Identitätskrise der Parteien" (oder wie ähnliche Formulierungen lauten mögen) die Runde[7]: es resultiert aus offenkundigen Defiziten bei der Wahrnehmung des genannten Aufgabenkatalogs, nicht zuletzt der Elektoral-, Integrations- und Treibriemenfunktionen. Wie sehr die „Dekomposition" des transatlantischen Parteiensystems sich mit den von Europäern vielfach beklagten Lähmungserscheinungen im Entscheidungsprozeß der Weltmacht USA, mit Konzeptionslosigkeit und Sprunghaftigkeit ihrer Regierungen verbindet, mag eine Beobachtung V.O. Keys aus dem Jahre 1942 belegen: „Nur wenn das Parteiensystem angemessen funktioniert", so der Sozialwissenschaftler, „kann es die Schwierigkeiten des Herrschaftsprozesses überwinden, welche die Gewaltenteilung uns auferlegt; kann es eine allgemein akzeptierte Führung hervorbringen und Loyalitätsbande stiften, die eine Zusammenarbeit zwischen Präsident und Kongreß ermöglichen"[8].

Wahlergebnisse 1932-1996

Jahr	Bevölkerung im wahlfähigen Alter* Mio.	Abgegebene Stimmen für Präsidentschaftskandidaten Mio.	%	Abgegebene Stimmen für Kongreßbewerber Mio.	%
1932	75.768	39.732	52.4	37.657	49.7
1934	77.997	–	–	32.256	41.4
1936	80.174	45.643	56.9	42.886	53.5
1938	82.354	–	–	36.236	44.0
1940	84.728	49.900	58.9	46.951	55.4
1942	86.465	–	–	28.074	32.5
1944	85.654	47.977	56.0	45.103	52.7
1946	92.659	–	–	34.398	37.1
1948	95.573	48.794	51.1	45.933	48.1
1950	98.134	–	–	40.342	41.1
1952	99.929	61.551	61.6	57.571	57.6
1954	102.075	–	–	42.580	41.7
1956	104.515	62.027	59.3	58.428	55.9
1958	106.447	–	–	45.818	43.0
1960	109.672	68.838	62.8	64.133	58.5
1962	112.952	–	–	51.261	45.4
1964	114.090	70.645	61.9	65.886	57.7
1966	116.638	–	–	52.900	45.4
1968	120.285	73.212	60.9	66.109	55.0
1970	124.498	–	–	54.173	43.5
1972	140.068	77.719	55.5	71.188	50.8
1974	145.035	–	–	52.397	36.1
1976	150.127	81.556	54.3	74.419	49.6
1978	155.712	–	–	55.332	35.5
1980	162.761	86.515	53.2	77.995	47.9
1982	169.342	–	–	64.514	38.1
1984	173.936	93.230	53.6	83.663	48.1
1986	178.304	–	–	59.491	33.4
1988	178.100	91.595	50.2	81.786	45.9
1990	184.382	–	–	61.353	33.0
1992	185.684	104.425	58.5	96.239	50.9
1994	192.322	–	–	69.775	36.1
1996	196.509	96.237	49.1	89.836	47.7

* Nach Schätzungen des Census Bureaus. Wahlalter seit der Ratifikation des 26. Verfassungszusatzes 1971 bei 18 Jahren; vor 1971 bei 21 Jahren, außer in Georgia (seit 1943 bei 18 Jahren), Kentucky (seit 1955 bei 18 Jahren), Alaska (seit 1959 bei 19 Jahren) und Hawaii (seit 1959 bei 20 Jahren).

Quelle: Magruders American Government, Newton, Mass. 1985, S. 203; erg. durch Zahlen aus Congressional Quarterly und Statistical Abstract of the U.S.

Welche Umstände haben die vielfach analysierte Parteienkrise in den USA heraufbeschworen, eine Krise, die sich in einer für deutsche Verhältnisse bestürzend hohen Wählerabstinenz, der kontinuierlichen Zunahme der Wechselwählerschaft („Floating Vote") und des jedenfalls aus europäischer Perspektive inkonsequenten Abstimmungsverhaltens („Ticket-Splitting"), aber auch im demoskopisch erhärteten Rückgang der Zahl erklärter Parteianhänger zum Ausdruck bringt? Einige prozentuale Angaben mögen die Situation verdeutlichen. So treten seit den siebziger Jahren kaum noch 50 Prozent der im Wahlalter befindlichen Bevölkerung den Gang zum Wahllokal bei Präsidentschaftswahlen an, sinkt ihre Zahl sogar noch um ca. 10-15 Prozent bei den alle zwei Jahre stattfindenden Zwischenwahlen zum Kongreß. Wo 1948 noch 62 Prozent der Gesamtwähler auf den verschiedenen Politikebenen (Bund, Einzelstaaten, Gemeinden) ausschließlich für Kandidaten „ihrer" Partei votierten („Straight-Ticket-Voting") und 38 Prozent ihre Stimmen auf Bewerber beider Parteien verteilten („Split-Ticket-Voting"), hatte sich dieses Verhältnis im Jahre 1980 fast exakt umgekehrt. Während sich in den fünfziger Jahren etwa 75 Prozent der wahlberechtigten Bürger zu einer der beiden großen Parteien („Partisan Identifiers") bekannten, waren es Ende der siebziger Jahre nur noch knapp 60 Prozent, stieg dafür die Zahl der sich mit keiner Partei identifizierenden Wähler von 14 auf 35 Prozent an, machte damit der Anstieg der Wechselwählerschaft auch die Prognose der Erfolgsaussichten beider Machtkontrahenten immer ungewisser. Und wenn auch um die Mitte der achtziger Jahre die Anhänger von Demokraten und Republikanern wieder leicht zunahmen, ist sie Mitte der neunziger Jahre schon wieder auf knappe 60 Prozent gesunken, betrachten sich 40 Prozent der Wähler als unabhängig. Wenn laut demoskopischen Befunden von 1985 43 Prozent der wahlberechtigten Bürger erklärten, daß die Parteizugehörigkeit eines Amtsbewerbers keinen oder nur einen minimalen Einfluß auf ihre Wahlentscheidung besitze, wenn gar 64 Prozent der Befragten den Parteien keine Lösungskompetenz für die meisten Sachprobleme zubilligen wollten, wenn seit den siebziger und achtziger Jahren die Zahl der „single-issue"-Bewegungen, der politischen Aktionskomitees und der Bürgerinitiativen sprunghaft angestiegen ist, so kann an der Parteienverdrossenheit breiter Kreise in der amerikanischen Gesellschaft kaum noch gezweifelt werden.

Ursachen der Parteienkrise

Ihr liegen eine Reihe teils historisch bedingter, teils politisch-aktueller Ursachen zugrunde. Wir konnten schon beobachten, daß bis in die Anfänge unseres Jahrhunderts hinein amerikanische Parteien karitativ-sozialfürsorgerische Aufgaben für hilfsbedürftige Schichten der Bevölkerung, für Neueinwanderer zumal in den städtischen Ballungszentren des Ostens, erfüllten. Zwar führte dabei Eigennutz stärker die Feder als Altruismus und Gemeinsinn, doch trug diese Praxis ohne Zweifel zur „Systemstabilisierung" bei: soziale Mißstände ließen sich entschärfen und gleichzeitig verläßliche Parteiloyalitäten, feste Stimmblöcke begründen, was dem Funktionieren der politischen Institutionen zugute kam. Die solchermaßen gegebene Integrationspotenz der Parteien mußte jedoch in dem Maße abnehmen, wie der Staat selbst sozialpolitische Aktivitäten entfaltete, Arbeits-, Wohlfahrts- und Sozialversicherungsagenturen schuf und sich im Rooseveltschen „New Deal" vollends vom bloßen Ordnungsgaranten zur Daseinsvorsorgeanstalt wandelte. Der moderne Interventionsstaat hat im Verein mit gesellschaftlichem Strukturwandel die Parteien ihrer sozialen Ersatzfunktion, damit aber auch jenes leicht manipulierbaren „Stimmviehs" und zuverlässigen Trosses von parteiverpflichteten Wahlhelfern beraubt, auf die sie in einem System bloß punktuell-informeller Organisationsmitgliedschaft besonders angewiesen waren und sind. Die heutige Krise des US-Parteiwesens kündete sich also, obzwar unscharf fürs erste noch, schon im staatsreformerischen Zeitbruch zwischen Jahrhundertwende und Zweitem Weltkrieg an, im Kontext der Reduktion von Patronage- und Fürsorgefunktionen bei Demokraten und Republikanern, um sich dann in der unmittelbaren Gegenwart drastisch zuzuspitzen.

Parteien als Wahlorganisationen haben seit den sechziger Jahren durch die gesetzliche Institutionalisierung von Vorwahlen („primaries") zur Kandidatenaufstellung für die meisten Wahlämter auf bundes- und einzelstaatlicher wie auf kommunaler Ebene an Bedeutung verloren. Lediglich bei Auswahl und Nominierung der Präsidentschaftskandidaten haben manche Bundesstaaten das (freilich gleichfalls transparenter gestaltete) Parteiversammlungssystem („Caucus-Convention-System") als Wahlmodus beibehalten. In diesen Staaten werden die Delegierten für die nationalen Parteikonvente, auf denen die Bewerber beider großen Parteien um das Weiße Haus gekürt werden, in innerparteilichen Zirkeln gewählt.

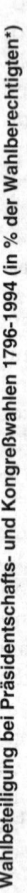

Wahlbeteiligung bei Präsidentschafts- und Kongreßwahlen 1796-1994 (in % der Wahlberechtigten*)

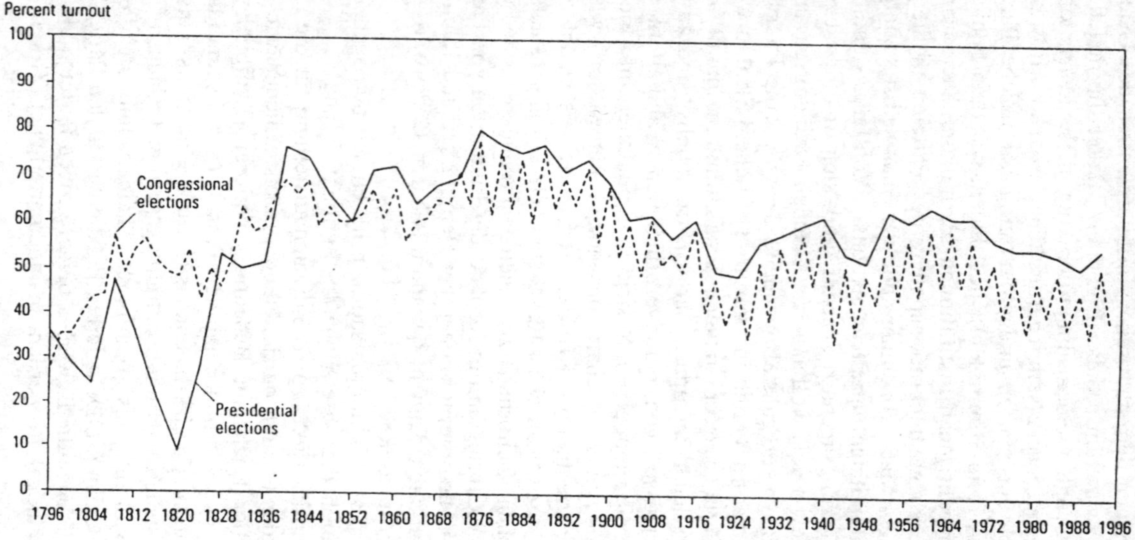

Percent turnout
100
90
80
70
60
50
40
30
20
10
0
Congressional elections
Presidential elections
1796 1804 1812 1820 1828 1836 1844 1852 1860 1868 1876 1884 1892 1900 1908 1916 1924 1932 1940 1948 1956 1964 1972 1980 1988 1996

[* die im Vergleich zur Textaussage etwas höher erscheinende Wahlbeteiligung resultiert aus dem Umstand, daß in der Wahlstatistik, anders als in der Tabelle, zumeist die Relation von „Voting Age Population" und Zahl der abgegebenen Stimmen ermittelt wird]

Quelle: Helmut Klumpjan: Die amerikanischen Parteien, Opladen 1998, S. 621.

Die dadurch bedingte Autonomie der Amtsbewerber gegenüber ihren Parteien ist darüber hinaus durch neue Formen der Wahlkampffinanzierung, der Wahlkampfführung und der Wahlkampftechniken noch gefestigt worden. Seit in den siebziger Jahren die staatliche Finanzierung von Präsidentschaftswahlen zur Regel geworden ist, und die Parteien nach geltendem Recht keinen essentiellen Beitrag mehr zur geldlichen Ausstattung ihrer Bewerber für das höchste Staatsamt leisten dürfen, hat sich auch ihr Einfluß auf personal- und sachpolitische Entscheidungen der Bewerber verringert. Mehr noch (und ähnliches gilt heute auch für eine große Anzahl von Kongreßkandidaten, die, obzwar nicht aus dem öffentlichen Haushalt finanziert, sich doch nicht ausschließlich auf parteiliche Geldquellen verlassen mögen): Angesichts eines gesetzlich fixierten Finanzierungsmodus, der die Wahlkämpfer zum einen um die Gunst möglichst vieler Einzelspender buhlen, zum andern Mittel über die zahlreich aufkeimenden „Political Action Committees" (PACs) verfügbar machen heißt, kann sich sogar die Distanzierung der Kandidaten von ihrer jeweiligen Partei umso eher empfehlen, als die Zahl der „Ungebundenen" und Wechselwähler, der Bürger mit erheblichen Vorbehalten gegen das etablierte Parteiwesen, erheblich zugenommen hat.[9]

Wo früher Parteien Kontakte zwischen Kandidaten und Wählern herstellten, werden heute gesellschaftliche Betroffenheit weckende politische Themen mittels regelmäßig durchgeführter Meinungsumfragen ermittelt, „persönliche" Verbindungen durch „direct mailing" und „telephone-banks" geschaffen, wozu nicht mehr die Parteien, sondern hauptberufliche Werbemanager („political consultants") benötigt werden, Experten technologisierter und professionalisierter Wahlkämpfe, die sich auch des ausschlaggebenden Mediums Fernsehen zu bedienen wissen.[10]

Durch die Verbreitung der elektronischen Medien sind konventionelle, von Parteiorganisationen gemanagte Werbemethoden weitgehend ins Abseits gedrängt worden. Überdies haben die Eigengesetzlichkeiten des Fernsehens zu einer Personalisierung und Dramatisierung der Wahlkampagnen geführt, die für das Wirken der Parteien kaum noch Raum lassen, wenn man von der Berichterstattung über die Nationalkonvente von Demokraten und Republikanern absieht.

Zuguterletzt soll ein Faktor Erwähnung finden, der in den USA wie in der Bundesrepublik Deutschland zur Entfremdung von Parteien und Bürgerschaft beigetragen hat: ihr jüngst aufgebrochenes Unvermögen nämlich, als „kommunikative Agenturen" neuen Herausforderungen zu begegnen und gegenwärtige wie zukunftsorientierte Fragen, Zweifel oder Ängste in den Gesellschaften fruchtbar in programmatische Impulse und konzeptionelle Entwürfe für heute oder morgen zu transformieren. Gerade die traditionell pragmatisch ausgerichteten US-Parteien hatten und haben anhaltende Schwierigkeiten, das in der „Kulturrevolution" der sechziger Jahre, in den sozio-kulturellen und politisch-psychologischen Wandlungen der vergangenen zwei Jahrzehnte aufkeimende Bedürfnis vieler Amerikaner nach einem stärker inhaltlich bestimmten, gesamtgesellschaftlich richtungweisenden Politikbegriff, nach „Visionen" und daraus abgeleiteten stringenten Handlungsalternativen zu befriedigen und eine zunehmend fragmentierte und in „single issue"-Positionen auseinanderdriftende Sozietät zu integrieren.

Parteiendefizienz und politisches System

Wo sich die Integrationsfunktion der US-Parteien im soziopolitischen Raum verringert, verändert sich der Gesamtcharakter des amerikanischen Herrschaftssystems, ja des Gemeinwesens an sich. Die politisch geforderte Koordination zwischen den „antagonistischen Partnern", zwischen Präsidentschaft und Kongreß, wird erschwert, wenn Parteiloyalität oder Fraktionsdisziplin nachlassen, und selbst klare parteipolitische Mehrheitsverhältnisse in den parlamentarischen Kammern die gebotene Abstimmung der politischen Aktionen im Beziehungsgeflecht von Exekutive und Legislative nicht mehr verbürgen. Viele Kongreßmitglieder agieren zunehmend als bloße Wahlkreisagenten oder Advokaten einflußreicher „Lobby"-Gruppen und negieren dabei in auffallender Weise Parteibindungen oder gesamtgesellschaftliche Repräsentationspflichten. Und weil sich auch umgekehrt viele exekutive Entscheidungsträger aus der persönlichen Gefolgschaft des Präsidenten und nicht mehr aus den Parteiführungsstäben von Demokraten und Republikanern rekrutieren, verkümmert auch die Integrationspotenz des Weißen Hauses.

Doch sind in den letzten zwanzig Jahren nicht bloß Effektivität und Legitimität der politischen Institutionen Amerikas gesunken, wenn man demoskopischen Befunden Glauben schenken und die Klagen der europäischen Partner der Weltmacht USA über die anhaltende Sprunghaftigkeit amerikanischer Politik ernst nehmen will; die „Dekomposition" des Parteiensystems wirkt sich auch auf den gesellschaftlichen Pol des Herrschaftsprozesses aus. Sozialwissenschaftliche Untersuchungen haben den Verlust an politischer Kontinuität in der transatlantischen Sozietät konstatiert und ihn mit der schwindenden Parteiidentifikation erklärt, die früher als Anker wirkte, „der einen erheblichen Teil der Wählerschaft gegen die Zufallslaunen des amerikanischen Wahlkampfgeschehens sicherte"[11].

Parteiloyalität als mäßigendes Element im schwierigen Geschäft des politischen Interessenausgleichs, Parteibindung als stabilisierender Faktor im rapiden Wandel gesellschaftlicher und technischer Gegebenheiten, sie haben in den vergangenen dreißig Jahren stetig abgenommen und so mindestens partiell Polarisierungs- und Fragmentierungsprozesse in der amerikanischen Öffentlichkeit vorangetrieben.

Revitalisierung der Parteien seit den achtziger Jahren?[12]

Es verwundert nicht, daß der skizzierte Zustand des politischen Systems der USA seit vielen Jahren reformerische Überlegungen nährt, die gerade auch das Parteiendilemma zu überwinden suchen. So hat schon vor drei Jahrzehnten der Sozialwissenschaftler James McGregor Burns die Transformation der losen Parteikoalitionen, als die sich Demokraten und Republikaner präsentieren, in zwei nationale Präsidentschaftsparteien gefordert, die künftig auf allen Politikebenen den Wettbewerb um Wählerstimmen mit Hilfe einer Programmatik bestreiten sollten, in der tagesorientierte Analysen mit zukunftsträchtigen Perspektiven und langfristigen Problemlösungsmustern zu verbinden seien; die im Kongreß den Trend zu entscheidungshemmender Flügelbildung überwänden und damit auch dem Weißen Haus verläßliche Kooperationsbeziehungen garantierten. Zu diesem Zweck gelte es, die Parteiorganisationen hierarchisch zu straffen und auf den Sockel einer aktiv-kontinuierlichen Basismitgliedschaft zu stellen, parlamentarische Reformen zugunsten einer wirksameren Fraktionsdisziplin durchzuführen und schließlich die nationalen Wahlen durch die Abschaffung des „Electoral College" (Wahlmänner-Kollegium) und jener Verfassungsbestimmung, die eine mehrfache Wiederwahl eines amtierenden Präsidenten ausschließt, grundlegend zu verändern; allein die Bündelung solcher Reformen könne dem Herrschaftssystem jenes Maß an Effizienz und Legitimität vermitteln, deren die Vereinigten Staaten im Zeichen schwerwiegender innerer und äußerer Herausforderungen bedürften.

Kein Zweifel: die Verwirklichung des Burnsschen Konzeptes würde zu drastischen Strukturwandlungen im politischen System der USA führen; schon deshalb mußte es bislang bloße Theorie in einem Lande bleiben, dessen politische Kultur die Werte der Beharrung und Tradition besonders betont. Aber es finden sich auch weniger einschneidende Reformkonzeptionen, denen größere Erfolgsaussichten beschieden sein mögen. Vor allem aber sind trotz aller aufgeführten Krisensymptome die Parteien Amerikas keinesfalls bedeutungslos geworden; und gewichtige Indizien signalisieren sogar ihre Revitalisierung seit den achtziger Jahren.

So haben etwa die massiven Wahlkampfaktivitäten der nationalen Parteien bei Präsidentschafts- und Kongreßwahlen in letzter Zeit demonstriert, daß mit ihnen als Wahlkampforganisationen wieder zu rechnen ist. Ebenso belegt das Abstimmungsverhalten von Abgeordneten und Senatoren im Kongreß die Wiederbelebung ideologisch-politischer Kohärenzen bei beiden Parteien: seit den achtziger Jahren wird stärker nach Fraktionsrichtlinien votiert als zuvor. Ganz besonders erstaunt jedoch der Prozeß einer allmählichen Konstituierung nationaler Parteien („national party committees"), wo doch in der Vergangenheit bestenfalls temporäre Koalitionen von einzelstaatlichen Parteiführern zu beobachten waren, welche die Nationalkonvente im Abstand von vier Jahren zur Nominierung des Präsidentschafts- und Vizepräsidentschaftskandidaten sowie die Verabschiedung des offiziellen Wahlprogramms der Partei vorzubereiten pflegten.

Heute haben die Republikaner ihr nationales Parteibüro in Washington D.C. zu einer straff organisierten und hochtechnologisierten Zentrale ausgebaut, sind die Aktivitäten des Republikanischen Nationalkomitees und der Republikanischen Wahlkampfkomitees in beiden Häusern des Kongresses aufeinander abgestimmt, werden gewaltige Spendensummen eingebracht, und nutzt eine wachsende Zahl von Kongreßkandidaten die angebotenen Dienstleistungen der Zentrale bei der Finanzierung und Durchführung ihrer Wahlkampagnen. Ansätze zu einer Verflechtung der verschiedenen Partei-Ebenen ergänzen das Bild einer bislang unbekannten „Nationalisierung" des amerikanischen Parteiensystems; wobei die Republikaner als Trendführer gelten dürfen, während die Demokraten dem organisatorischen Vorsprung des Rivalen derzeit nachhinken.

Der augenblickliche Zustand des amerikanischen Parteiwesens ist schwer zu diagnostizieren; vieles ist im Fluß, alte und neue Konturen verschwimmen ineinander. Manche Beobachter der transatlantischen Szenerie wollen ein neues „realignment" zugunsten der Republikaner ausmachen, das durch die eindrucksvollen Wahlerfolge der „Grand Old Party" bei den Bundes- und Einzelstaatswahlen im Jahr 1994 belegt werde; 1996 und 1998 freilich konnte sie ihren damals errungenen Wahlsieg zumindest im Repräsentantenhaus nur noch äußerst knapp verteidigen. Immerhin stellt sie derzeit 31 von 50 Gouverneuren auf Länderebene, kontrolliert sie die Mehrheit der Senatoren und Abgeordneten im Bundeskongreß; und erweist ihre anhaltende Attraktivität auch durch sich häufende Übertritte demokratischer Mandatsträger in ihre Reihen auf allen Politikebenen.

Machtrelationen im Kongreß und den Gouverneursämtern vor und nach den Wahlen von 1998

	Demokraten	Republikaner	Unabhängige
Repräsentantenhaus (105. Kongreß)	206	228	1
Repräsentantenhaus (106. Kongreß)	211	223	1
Senat (105. Kongreß)	45	55	–
Senat (106. Kongreß)	45	55	–
Gouverneure (im Jahr 1998)	17	32	1
Gouverneure (im Jahr 1999)	17	31	2

Andere Sozialwissenschaftler wollen derzeit keine Langzeitprognose wagen und sprechen unter Verweis auf den Wahlsieg des zentristischen Demokraten Bill Clinton im November 1992 und seiner Wiederwahl vier Jahre später lieber von einem „konservativen realignment", das von einer breiten Wählerschicht in allen Regionen der USA getragen werde und sich aus der politischen Überzeugung speise, „Big Government" sei von Übel und „be left alone by the government" sei das erstrebenswerte Gut. Ebenso schwer läßt sich derzeit beurteilen, ob die erwähnten Versuche, „nationale Parteien" zu konstituieren oder politische Systemreformen durchzuführen, tatsächlich von Dauer sein werden. Was die Parteien anbelangt, so merken Kritiker an, daß die Konzentration auf parteiorganisatorische Bemühungen nicht notwendig zu einer Wiedererstarkung der US-Parteien führe. Vielmehr müßten verloren gegangene Funktionen zurückerobert, die politisch-moralische Qualität der Parteiführer verbessert und eine Revitalisierung der Parteibasis angestrebt werden. Wie dem auch sei: in jedem Falle hängen Effizienz und Legitimität politischer Institutionen in liberaldemokratischen Massendemokratien, die Wahrheit gilt für die USA wie die Bundesrepublik Deutschland gleichermaßen, von Bestand und Gestaltungskraft eines Parteiwesens, eines Parteiensystems ab, das funktionalen wie demokratietheoretischen Postulaten gerecht wird. Insofern müssen Wandlungsprozesse in etablierten Parteienkonstellationen aufmerksam beobachtet werden.

Anmerkungen

1 Zu Entstehungsbedingungen und frühen Entwicklungstendenzen des amerikanischen Parteiwesens u.a. William N. Chambers, Political Parties in a New Nation. The American Experience 1776-1809, New York 1963; Arthur M. Schlesinger, Jr. (Hrsg.), History of U.S. Political Parties, 4 Bde., New York 1973 (Bd. I „From Factions to Parties", behandelt den Zeitraum von 1789 bis 1860); jetzt auch ausführlich Helmut Klumpjan, Die amerikanischen Parteien. Von ihren Anfängen bis zur Gegenwart, Opladen 1998.
2 Vgl. sein bedeutendes Werk „Das amerikanische Regierungssystem", Köln/Opladen 1981[4], S. 47.
3 Dazu William N. Chambers/Walter D. Burnham (Hrsg.), The American Party Systems. Stages of Political Development, New York 1975[2]; ebenso Klumpjan, a.a.O.
4 St. J. Rosenstone/Roy L. Behr/E.H. Lazarus, Third Parties in America, Princeton 1984.
5 Zitiert nach Fraenkel, a.a.O., S. 51.
6 Theodore J. Lowi, Party, Policy and Constitution in America, in: Chambers/Burnham, a.a.O., S. 239ff.

7 Siehe die interessante, freilich umstrittene Studie von David Broder, The Party's Over. The Failure of Politics in America, New York 1972; ebenso Walter D. Burnham, American Parties in the 1970's. Beyond Party?, in: Louis Maisel/Paul M. Sacks (Hrsg.), The Future of Political Parties, Beverly Hills, Calif., 1975, S. 238ff.; W. Crotty, American Parties in Decline, Boston 1984².

8 V.O. Key, Politics, Parties and Pressure Groups, New York 1942.

9 Zum Kontext von Geld und Politik H. Wasser, Wahlkampffinanzierung in den USA. Die Reformgesetzgebung der siebziger Jahre, in: USA, Stuttgart 1980 (Kohlhammer TB 1053), S. 81ff.; M.J. Malbin (Hrsg.), Money and Politics in the United States, Washington D.C., 1984.

10 Vgl. L.J. Sabato, The Rise of Political Consultants, New York 1981.

11 So Everett C. Ladd, Jr., American Political Parties. Social Change and Political Response, New York 1970, S. 308.

12 Dazu Peter Lösche, Zerfall und Wiederaufbau. Die amerikanischen Parteien in den achtziger Jahren, in: Hartmut Wasser (Hrsg.), Die Ära Reagan. Eine erste Bilanz, Stuttgart 1988, S. 185ff.; Klumpjan, a.a.O., S. 383ff. (bes. S. 500ff.); Larry J. Sabato, The Party's Just Begun. Political Parties for America's Future, Glenview, Ill., 1988; Sandy L. Maisel (Hrsg.), The Parties Respond: Changes in the American Party System, Boulder, Co., 1991.

Kurt L. Shell

Der Supreme Court als dritte Gewalt

Gemäß der amerikanischen Verfassung liegt die richterliche Gewalt der Vereinigten Staaten bei „einem obersten Bundesgericht und bei solchen unteren Gerichten, deren Errichtung der Kongreß von Fall zu Fall anordnen wird" (Art. III/1). Dieses Oberste Bundesgericht – der Supreme Court – übt in einigen wenigen Fällen (wo z.B. Botschafter, Gesandte und Konsuln betroffen sind) ursprüngliche Gerichtsbarkeit aus; in allen anderen Fällen ist er oberste Appellationsinstanz. Diese richterliche Gewalt des Supreme Court umfaßt jene Fälle, die sich aus der (Bundes-) Verfassung, den Gesetzen der Vereinigten Staaten – also Bundesgesetzen – und internationalen Verträgen ergeben. Die Bundesrichter werden auf Lebenszeit ernannt, und zwar auf Vorschlag des Präsidenten und mit der Zustimmung einer einfachen Senatsmehrheit. Die Verfassung legt weder die Zahl der Mitglieder des Supreme Court fest – diese kann durch Bundesgesetz erhöht oder vermindert werden (obwohl im Amt befindliche Richter nicht abberufen werden dürfen) –, noch sagt sie etwas über die Qualifikationen aus, so daß es dem Präsidenten frei steht, Personen ohne Rücksicht auf deren juristische Erfahrung zur Ernennung vorzuschlagen.

Unterhalb des Supreme Court hat der Kongreß durch Gesetze ein System von Bundesgerichten geschaffen, District Courts in den Einzelstaaten und regionale Circuit Courts oder Courts of Appeals, so daß sich das Rechtswesen der Union als dreistufige Pyramide darstellt. Bei Konflikten zwischen Gesetzen der Einzelstaaten und der Bundesverfassung besteht ein Recht auf Berufung der unteren Instanzen an den Supreme Court; in den meisten Fällen, sofern der Kongreß nichts anderes verfügt hat, kann aber der Supreme Court selbst bestimmen, ob er einen Fall wegen seiner Bedeutsamkeit oder der Notwendigkeit rechtlicher Vereinheitlichung an sich ziehen und endgültig entscheiden will (writ of certiorari).

Der Instanzenzug der Gliedstaaten- und Bundesgerichte in den USA

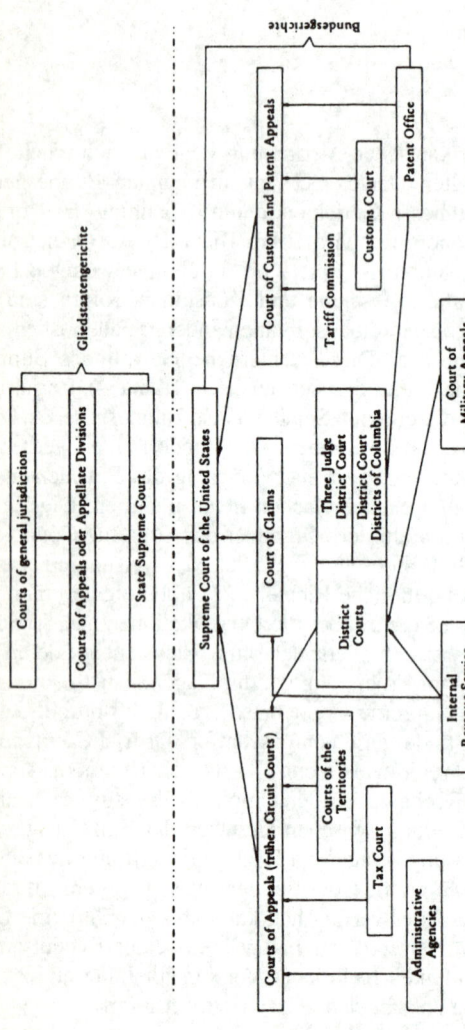

Der in den 50 Gliedstaaten sehr unterschiedliche Instanzenzug ist nur schematisch dargestellt. Rechtsmittel von einem State Supreme Court zum Supreme Court of the United States sind nur zulässig, wenn die Verletzung von Bundesrecht rechtzeitig gerügt wurde. – Die Basis der dreistufigen Pyramide der Bundesgerichte bilden die „District Courts" (Bezirksgerichte), die mittlere Ebene die „Courts of Appeals" (Berufungsgerichte); an der Spitze steht der Supreme Court, höchstes Berufungs- und Verfassungsgericht. Neben den ordentlichen Bundesgerichten („Constitutional Courts") hat der Kongreß Spezialgerichte („Legislative Courts") geschaffen.

Quellen: Grafik: Blumenwitz 1971 aus: Hartmut Wasser: Die USA – der unbekannte Partner. Materialien und Dokumente zur politisch-sozialen Ordnung der Vereinigten Staaten von Amerika, Paderborn 1983, S. 145; Text: S. 143ff. (gekürzt)

Parallel zum System der Bundesgerichte gibt es in jedem der Einzelstaaten ein eigenes Gerichtssystem, das über Fälle entscheidet, in denen die Gesetze und Verfassungen der Einzelstaaten involviert sind. Nach dem Prinzip des amerikanischen Föderalismus besitzen die Einzelstaaten eine Sphäre von Gesetzgebungskompetenzen, vor allem die Pflicht, für die öffentliche Ordnung sowie für die Gesundheit und Moral der Bevölkerung zu sorgen (die sog. „police power"). Auf diesem breiten Feld gibt es keine einheitlichen bundesweiten Regelungen, und auch der Supreme Court kann sie nicht herbeiführen, es sei denn, die Einzelstaaten verstießen bei der Ausübung der „police power" gegen ein Verfassungsgebot oder -verbot.

Über seine Funktion als oberste Appellationsinstanz hinaus hat der Supreme Court jedoch auch – und das gibt ihm sein politisches Gewicht – die Rolle eines Bundesverfassungsgerichts übernommen.

In der Verfassung selbst ist diese Aufgabe nicht erwähnt, wenn auch einige der „Verfassungsväter" – so der konservative Alexander Hamilton – die „Kontrollfunktion" des Supreme Court aus der Logik einer geschriebenen Verfassung und ihres in Artikel VI festgelegten Charakters als „oberstem Gesetz des Landes" ableiteten. Doch war diese „Anmaßung" anfänglich politisch äußerst umstritten, weil sie zum einen weitverbreiteten radikal-demokratischen Prinzipien zuwider lief, indem sie die Interpretation der Verfassung – eine politisch brisante Aufgabe – einem Gremium ernannter, nicht gewählter, also dem „souveränen Volk" nicht verantwortlicher Richter überließ; und darüber hinaus die Einzelstaaten, die eifersüchtig über ihre Interessen im Rahmen des föderalen Systems wachten, letztlich der Entscheidungsgewalt eines Bundesorgans unterstellten.

Der Supreme Court zwischen Politik und Recht

Daß die Funktion des Supreme Court als eine höchst politische zu verstehen war, machte Alexander Hamilton im 78. Abschnitt der „Federalist Papers" deutlich, jenem 1788 verfaßten „Kommentar" zur US-Verfassung. Er begnügte sich dort nicht damit, seine These vom Supremat des Obersten Gerichts aus dem Text der Verfassung abzuleiten oder mit der logisch einsichtigen Begründung zu stützen, daß eine Verfassung, welche die diversen

Regierungskompetenzen explizit aufzählt und begrenzt, einer politisch unabhängigen Körperschaft bedürfe, damit die Einhaltung dieser Grenzziehung überwacht und in Streitfällen entschieden werden könne. Vielmehr proklamierte er den Supreme Court ausdrücklich als ein „Bollwerk" gegen von der Legislative verabschiedete Gesetze, die zwar möglicherweise verfassungskonform, aber „ungerecht und einseitig" waren; als anti-majoritäre „Vetomacht" gegenüber den durch Wahlen demokratisch legitimierten Volksvertretungen.

Das amerikanische System beruht auf dem Prinzip der Volkssouveränität; die Präambel zur Verfassung beginnt mit den Worten „We the People ..." und die Vereinigten Staaten haben sich (zunehmend) als demokratisch verstanden. Kein Wunder also, daß der Supreme Court unvermeidlich zum umstrittenen Politikum werden mußte. Von Anbeginn waren die obersten Richter daher gezwungen, auf einem dünnen Grat zu wandeln, abzuwägen, wie weit sie ihren interpretatorischen Ermessensspielraum nutzen konnten, ohne ihre Legitimation – und damit ihre Wirksamkeit – einzubüßen. Sie waren mit einer letztlich unlösbaren Aufgabe konfrontiert: eigentlich politische Entscheidungen zu treffen und gleichzeitig als „unpolitisch" zu erscheinen[1]; dabei ihre Entscheidungen plausibel als „zwingend" aus der geschriebenen Verfassung ableitbar zu begründen. Schon die Tatsache, daß diese Entscheidungen mit bloßer Mehrheit der Richter gefällt werden und daß in Minderheitsvoten – „Dissents" – oft in beißender Form Kritik an der Interpretation der Mehrheit geübt wird, untergräbt den Anspruch, daß der Supreme Court nur „die Verfassung" gegen Verletzungen durch irregeleitete Politiker oder leidenschaftliche Massen schütze. Es wird zu zeigen sein, daß die Richter des Supreme Court, mehr oder weniger offen, „Politik" betrieben, die Gestaltung des amerikanischen Staates entscheidend beeinflußt haben, immer wieder als „Ersatzgesetzgeber" aufgetreten sind, ihre eigenen Ideologien in die Verfassung hineininterpretiert haben – sehr zum Unwillen von Kritikern, die darin eine Usurpation der den demokratisch legitimierten Volksvertretern zugesprochenen Entscheidungsfunktion erblickten. Allerdings ist festzuhalten, daß die Trägergruppe dieser populistisch-demokratischen Kritik am Supreme Court wechselte, je nachdem, ob die Mehrheit des Supreme Court eine Linie vertrat, die konservativen oder „liberalen" (im amerikanischen Sinne „fortschrittlichen") Interessen und Zielen entsprach.

Um solcher Kritik zu begegnen und seine Legitimation als über dem politischen Interessen- und Meinungsstreit stehendes Gremium zu bewahren, hat das Gericht für sich selbst Regeln der Verfassungsinterpretation artikuliert, die seinen Ermessensspielraum begrenzen und damit die offenkundig politische Rolle reduzieren sollen. Allerdings sind dies Regeln, an die sich die Richter häufig nicht gehalten haben und die gegen sie nicht durchsetzbar sind; es sei denn durch das schwerfällige und kaum anwendbare Verfahren des „impeachment" durch den Kongreß, der Abberufung eines Richters nach einer Amtsanklage, die einer Zwei-Drittel-Mehrheit des gesamten Senats bedarf.[2]

Prinzipien richterlicher Selbstbeschränkung

Wenigstens die wichtigsten Regeln dieser Selbstbeschränkung sollen im folgenden angeführt werden[3]:

1. Das Gericht entscheidet über die Verfassungsgemäßheit eines Akts der Legislative (des Bundes oder der Einzelstaaten) nur mit Mehrheit des gesamten Gremiums und nur in tatsächlichen Streitfällen, wenn die klagende Partei in ihren Rechten persönlich betroffen ist.
2. Ein Gesetz darf nur aufgrund streng verfassungsrechtlicher Prinzipien für verfassungswidrig gehalten werden, nicht unter Zuhilfenahme von Konstruktionen, die aus dem „Naturrecht" oder irgend einem anderen über der Verfassung stehenden „höheren Recht" stammen.
3. Es gilt die Regel, daß im Zweifelsfall das Gericht sich für die Verfassungsgemäßheit eines Gesetzes entscheiden muß; daß also die Verfassungswidrigkeit „beyond all reasonable doubt" (jenseits allen vernünftigen Zweifels) nachweisbar sein muß.
4. Das Gericht weicht nur in Ausnahmefällen von Präzedenzentscheidungen ab, folgt üblicherweise der Regel des „stare decisis", die für untere Gerichte bindend ist, wenn es sich auch vorbehält, frühere Entscheidungen als „falsch entschieden" oder nicht mehr anwendbar zu revidieren oder zu mißachten.

Doch selbst Richter, die sich streng an solche Regeln der Selbstbeschränkung – „judicial restraint" – halten, sind gezwungen, Verfassungsklauseln zu interpretieren, die breit formuliert und daher flexibel anwendbar sind und deren Sinn und Intention häufig genug weder aus ihnen selbst noch aus ihren Entstehungsbedingungen ableitbar sind. Auch können sie der Frage nicht ausweichen, ob die Verfassungsinterpretation neueren Entwicklungen – wirtschaftlichen Strukturveränderungen, technischen Erfindungen, Wandel in Wertvorstellungen – angepaßt werden oder sich vielmehr eng an den Buchstaben des geschriebenen Textes orientieren soll. Drei Beispiele, die konkreten Sachverhalten entnommen sind, mögen darin beschlossene Schwierigkeiten verdeutlichen.

Dem Kongreß ist die Kompetenz gegeben, „den Handel (commerce) ... zwischen Einzelstaaten zu regeln". Darf der Begriff „commerce" im 20. Jahrhundert auf das bundesweite Netz von Wirtschaftsbeziehungen, Kredit- und Bankwesen, Produktionsverhältnisse usw. ausgedehnt werden, oder muß er auf „Handel" im engen Sinne beschränkt bleiben?

Im „Bill of Rights" (dem in den ersten zehn „Amendments" enthaltenen Grundrechtekatalog) werden „willkürliche Durchsuchungen und Beschlagnahmen" verboten. Im Zeitalter der Abhörgeräte, elektronischer Überwachung usw. mußte die Frage beantwortet werden, ob diese Formen des Eindringens in die Privatsphäre und des „Sichaneignens" privater Kommunikation unter dieses Verfassungsverbot fallen oder nicht.

Die „Bill of Rights" verbietet ebenfalls die Verhängung „grausamer und ungewöhnlicher Strafen". Die Todesstrafe war, zur Zeit der ursprünglichen Formulierung dieses Verbotes, sicher nicht als „grausam" oder „ungewöhnlich" betrachtet worden. Der Wertewandel, der sich in den vergangenen zwei Jahrhunderten vollzog und in vielen Nationen zur Eliminierung der Todesstrafe führte, hat die Frage aufgeworfen, ob sie heute nicht unter die zitierte Verbotsklausel gebracht werden müßte.

Es war der bedeutende Chief Justice Marshall – prägende Figur in der ersten Phase nationaler Integration der Vereinigten Staaten – der die These von der notwendigen Anpassung der Verfassung an veränderte Bedingungen aufstellte. In einer seiner wichtigsten Entscheidungen – McCulloch v. Maryland[4] – schrieb er 1819:

„Wir dürfen niemals vergessen, daß es eine Verfassung ist, die wir auslegen; eine Verfassung, die für die kommenden Zeitalter bestimmt ist und daher angepaßt werden muß an die verschiedenen in menschlichen Affären auftretenden Krisen."

In der Tat hat sich die amerikanische Verfassung unter den Händen des Supreme Court als äußerst anpassungsfähig erwiesen. Die Zahl der Verfassungsänderungen ist – wenn man die angefügten „Bill of Rights" ausnimmt, die de facto als ein Teil der ursprünglichen Verfassung verstanden werden muß – äußerst klein; von den 16 „amendments" sind zudem nur wenige von größerer Bedeutung. Zum größten Teil sind modernisierende Anpassungsprozesse durch institutionelles „Unterlaufen" der ursprünglichen Intention – wie im Falle des präsidentiellen Wahlmodus – oder eben durch Uminterpretation der Verfassung seitens des Supreme Court erfolgt. Eine gravierende Strukturveränderung, die auch den Kompetenzbereich des Supreme Court wesentlich ausweitete, war allerdings Resultat einer formalen Verfassungsänderung. Das 14. „Amendment", das im Gefolge des Bürgerkriegs und der Emanzipation der schwarzen Sklaven ratifiziert wurde, enthält im ersten Absatz die folgenschweren Bestimmungen:

„Keiner der Einzelstaaten darf Gesetze erlassen oder durchführen, die die Vorrechte oder Freiheiten („privileges and immunities") von Bürgern der Vereinigten Staaten beschränken; und kein (Einzel-)Staat darf irgend eine Person ohne ordentliches Verfahren nach Recht und Gesetz („due process of law") Leben, Freiheit oder Eigentum nehmen; noch irgend jemandem innerhalb seines Hoheitsbereiches den gleichen Schutz durch das Gesetz versagen."

Mit der Annahme dieser Verfassungsänderung wurden die Einzelstaaten der Aufsicht des Supreme Court unterworfen, der nun darauf zu achten hatte, daß diese in der Behandlung ihrer eigenen Bürger die Prinzipien der Rechtsstaatlichkeit und der Gleichbehandlung nicht verletzten; eine Machtbefugnis, die bis dahin den Organen des Bundes nicht erteilt worden war.[5]

Etappen der Verfassungsauslegung

Die Ausübung der Funktion der Verfassungsauslegung und -anpassung ist verständlicherweise eng verbunden mit den vordringlichen sozioökonomischen Problemen und Konflikten, die sich im Verlauf der historischen Entwicklung Amerikas herauskristallisierten. Grob gesehen lassen sich hierbei drei Phasen analytisch unterscheiden:

In der ersten, die von der Staatsgründung bis zum Bürgerkrieg reicht, war vor allem das Verhältnis zwischen Zentralgewalt und

Einzelstaaten Gegenstand von Konflikten. Die Einheit des neuen Staates war noch keineswegs garantiert – in der Tat zerbrach sie zeitweise im Bürgerkrieg. Die „Vereinigten Staaten" waren, wie die Bezeichnung andeutet, aus der Vereinigung autonomer Staaten zusammengefügt worden. Der von „Nationalisten" angestrebten Stärkung der Zentralgewalt standen die Anhänger eines lockeren, basisnahen, den unterschiedlichen regionalen und lokalen Interessen eher entsprechenden föderal dezentralisierten Systems gegenüber.

Die zweite Phase, die durch die rapide industrielle Entwicklung und die damit verbundenen Probleme wie Urbanisierung, Konzern- und Monopolbildung und Ausbeutung geprägt war, dauerte etwa vom Ende des Bürgerkrieges bis zum Ausbruch des 2. Weltkrieges. Im Vordergrund der Verfassungskontroversen standen hier die Eingriffskompetenzen des Staates – oder der Staaten – in den Wirtschaftsablauf, die Eigentums- und Verfügungsrechte der Kapitaleigentümer und die sozialstaatlichen Maßnahmen zum Schutz der wirtschaftlich Schwächeren, der „Opfer" des freien Marktes.

In der dritten, noch nicht gänzlich abgeschlossenen Phase, ging es in erster Linie um die Durchsetzung des Nicht-Diskriminierungsgebotes der Verfassung wie den Schutz individueller Freiheitsrechte gegenüber von der Mehrheit für verbindlich erklärten politischen und moralischen Normen. Die damit verbundenen Konflikte können mit dem Hinweis auf den Kampf um die Überwindung der auch nach dem Bürgerkrieg fortbestehenden Rassentrennung und -diskriminierung einerseits, die Rechte radikaler, potentiell revolutionärer Organisationen andererseits charakterisiert werden.

In jeder dieser Phasen spielte der Supreme Court eine wichtige – politisch und ideologisch höchst umstrittene – Rolle, indem er durch seine Interpretationen der Verfassung in an ihn herangetragenen Streitfällen die Ansprüche der einen oder anderen Partei – und der hinter ihnen stehenden gesellschaftlichen Interessen – rechtlich legitimierte oder verwarf. Und immer dann, wenn er seine Unabhängigkeit nützte, um mit seinen Entscheidungen mehrheitlich legitimierte Handlungen der Legislative zu blockieren oder individuelle Ansprüche gegen vorherrschende Normen durchzusetzen, schlugen die Wellen der Kritik an „richterlicher Willkür" besonders hoch; was freilich in einem liberal-demokratischen System nicht anders zu erwarten ist, wo die richterliche Überwachungsfunktion in einem stetigen Spannungsverhältnis zum demokratischen Prinzip der „Volkssouveränität" steht.

Die Phase nationaler Integration

Zwar ist die nationale Integration erst durch den Sieg der Nordstaaten über die separatistischen Südstaaten besiegelt worden, doch hatte verfassungsrechtlich der Supreme Court vor allem im ersten Drittel des 19. Jahrhunderts die Basis für eine „nationalistische" Interpretation der Verfassung gelegt und die Ansprüche der Einzelstaaten gegenüber der Bundesregierung begrenzt.

Schon die Ernennung John Marshalls zum „Chief Justice" war ein politisch kontroverser Akt, denn Marshall war Parlaments- und Regierungsmitglied der „nationalistischen" Partei unter Präsident John Adams sowie ein dezidierter Gegner Jeffersons und aller „Dezentralisierungs"-Bestrebungen. Drei seiner wegweisenden Entscheidungen, die seine politischen Überzeugungen in verfassungsrechtlicher Form widerspiegeln, seien hier kurz skizziert.

Im ersten Fall (Marbury v. Madison, 1803) – wohl dem berühmtesten und weitestreichenden – erhob er den Anspruch auf „judicial review" – also das Recht auf verbindliche Verfassungsinterpretation durch den Supreme Court und damit auf das Recht, Gesetze des Kongresses wie der Einzelstaaten auf ihre Verfassungsmäßigkeit überprüfen und für nichtig erklären zu können. Die Argumentation des Urteils folgt derjenigen im schon erwähnten 78. Abschnitt der „Federal Papers" Hamiltons und leitet diesen Anspruch aus der Logik einer geschriebenen Verfassung als „oberstem Gesetz" des Landes, das alle Organe binde, ab. Obwohl die „Jeffersonians" Marshall entgegenhielten, daß er hier unzulässig eine in eben dieser geschriebenen Verfassung nicht enthaltene Kompetenzzuweisung für das Gericht in Anspruch nehme und daß das Gericht keineswegs die einzige Instanz sei, die durch Eid auf Verfassungstreue verpflichtet und zur Interpretation befähigt sei, hatte Marshall das Prinzip der höchstrichterlichen Normenkontrolle ein für alle Mal rechtlich etabliert. Es war von nun an nur mehr durch explizite Verfassungsänderung zu eliminieren, und dafür fanden sich die erforderlichen qualifizierten Mehrheiten nicht. Im Laufe der Zeit wurde es zur unangefochtenen „Verfassungskonvention", wenn auch seine Anwendung in konkreten Fällen umstritten blieb.

In den nächsten Jahrzehnten diente das Überprüfungsrecht primär der Abgrenzung – besser, Eingrenzung – der legislativen Handlungsfreiheit der Einzelstaaten. Die Funktion dieser Entscheidungen war es, Tendenzen zur „Balkanisierung" der Nation entgegenzuwirken, Versuchen der Einzelstaaten, ihren Bürgern Vorteile im Konkurrenzkampf mit jenen anderen Staaten zu verschaffen oder eigene Wirtschaftsinteressen gegenüber anderen Staaten der Union zu schützen und zu fördern; also einen nationalen Binnenfreiraum für die Entwicklung einer durch Abgrenzungen ungehinderten Marktwirtschaft zu schaffen. In Gibbons v. Ogden (1824) förderte Marshall dieses Ziel, indem er die „commerce clause" – jene Klausel der Verfassung, die die Regulierung des Handels zwischen den Staaten dem Kongreß überwies – breit interpretierte und damit die Befugnisse der Einzelstaaten reduzierte. Eine Lizenz, die von der Legislative des Staates New York einer Schiffahrtsgesellschaft erteilt und mit dem Monopol für den Fährverkehr zwischen New York und New Jersey über den Hudson verbunden worden war, wurde vom Supreme Court als unzulässiger Eingriff in die Regulierungskompetenz des Kongresses unter der „interstate commerce"-Klausel für verfassungswidrig erklärt. „Commerce", so erklärte Marshall im Namen des Gerichtes, sei mehr als Handel und umfasse jede Art von kommerzieller Beziehung („commercial intercourse").

Beschränkung der Einzelstaatsbefugnisse zur Regulierung der Ökonomie bedeutete hier Freisetzung für individuelles wirtschaftliches Handeln; sie implizierte gleichzeitig jedoch die Ausweitung des Handlungsspielraumes für die Organe des Bundes. In einer anderen Entscheidung hatte das Gericht bereits einen weiteren großen Schritt getan, indem es das Spektrum der Befugnisse, die dem Kongreß in Artikel I/8 der Verfassung als „enumerierte" delegiert wurden, interpretativ ausweitete und flexibilisierte. 1819 entschied der Supreme Court die von Anbeginn umstrittene Frage, ob der Kongreß eine Zentralbank errichten dürfe. Schon Hamilton und Jefferson waren sich dabei als Kontrahenten gegenübergestanden; und mit ihnen jene, die Währungsstabilität und Kreditsicherheit hochschätzten gegenüber solchen – vor allem kleine Farmer, kleine Geschäftsleute –, die sich von einem dezentralisierten volksnahen Bankensystem niedrigere Zinssätze und leichteren Kredit versprachen. Die Bank der Vereinigten Staaten war damals gegen heftigen populistischen Widerstand zum zweiten Mal durch Kongreßbeschluß gegründet worden. Einige Staaten versuchten, die Tätigkeit der Zentralbank in ihren Grenzen durch direktes Verbot oder hohe Steuern zu unterbinden. In McCulloch v. Maryland entschied das Gericht für die Legalität der Zentralbank, auch wenn der Kongreß zu ihrer Etablierung nicht ausdrücklich autorisiert war. Zur Rechtfertigung dieser Entscheidung zog Marshall jene Klausel des Artikel I/8 heran, in der der Kongreß berechtigt wird, „alle zur Ausübung der (aufgezählten) Befugnisse ... notwendigen und zweckdienlichen („necessary and proper") Gesetze zu erlassen". Er war nicht bereit, die Begriffe „notwendig und zweckdienlich" restriktiv als „absolut erforderlich" zu definieren und gab damit den Bundesorganen einen breiten Handlungsspielraum über den wörtlichen Text der Verfassung hinaus; einen Spielraum, der es allerdings letztlich dem Supreme Court überließ, festzustellen, welche Mittel als „zweckdienlich" anzusehen wären.

Der Supreme Court als Verteidiger des freien Unternehmertums

Die dynamischen sozio-ökonomischen Veränderungen im letzten Drittel des 19. Jahrhunderts regten unvermeidlich Versuche an, die wachsende Macht der Monopole unter Kontrolle zu bringen oder zu brechen. Populistische Bewegungen in den Farmstaaten setzten die Errichtung von Kontrollkommissionen durch, welche die für Farmer lebenswichtigen Frachttarife und Schlachthausgebühren regulieren sollten. Ausbeutungsverhältnisse in den Städten führten zu gesetzlichen Arbeitszeitbegrenzungen, Mindestlohnregulierungen und dem Versuch, ein bundesweites Verbot von Kinderarbeit zu erreichen. 1890 verabschiedete der Kongreß den „Sherman Anti-Trust Act", durch den jeder Vertrag oder monopolistische Zusammenschluß bzw. Trust, der den zwischenstaatlichen Handel und Kommerz einschränkte, unter Strafe gestellt wurde.

Die Mehrheit der Richter, die gegen Ende des Jahrhunderts zum Supreme Court berufen wurden, waren in ihrer früheren Tätigkeit eng mit den Interessen von „Big Business" verbunden gewesen. Sie betrachteten es als ihre Hauptaufgabe, private Eigentumsrechte gegen die Gefährdung durch populistische und sozialistische Kräfte zu schützen.[6] Der Widerstand der Supreme Court-Mehrheit gegen die Ausweitung des Sozial- und Interventionsstaates setzte sich bis in die große Wirtschaftskrise der dreißiger Jahre fort. Er endete mit einem dramatischen Konflikt zwischen dem Gericht und Präsident Roosevelt und der darauf folgenden radikalen Wende in der Spruchpraxis des Gerichtes.

In ihrem Kampf gegen den Sozial- und Interventionsstaat operierte die Gerichtsmehrheit – vereinfacht gesprochen – hauptsächlich mit zwei Interpretationsmustern. In Umkehrung des Marshallschen „Nationalismus" – der breiten Interpretation von Bundeskompetenzen – wurden nun die Befugnisse des Kongresses äußerst eng interpretiert. Vor allem bestand das Gericht auf der begrifflichen Unterscheidung zwischen „Commerce" und „Production", so daß alle Bundesgesetze, die sich auf den Produktionsprozeß bezogen, für verfassungswidrig erklärt wurden. So wurden dem Anti-Trust-Gesetz im sog. „Sugar Trust Case" die Zähne gezogen, da es sich bei diesem um ein Produktionsmonopol handelte. Ein Bundesgesetz, das den Handel mit Produkten, die mit Hilfe von Kinderarbeit hergestellt wurden, untersagte, wurde als Eingriff in die Produktionssphäre für verfassungswidrig erklärt. Ein zweites Gesetz, das versuchte, durch eine Steuer auf solche Produkte das gleiche Ziel zu erreichen, wurde mit der gleichen Begründung zu Fall gebracht.

Das Argument, daß der Produktionsprozeß nicht der Regulierung durch den Bund, sondern durch die Einzelstaaten unterliege, hätte ihn jedoch der Kontrolle durch deren „police power" unterworfen; eine Gefahr, der das Gericht durch eine Uminterpretation der sog. „due process"-Klausel des 14. Amendments begegnete. Dieser Klausel wurde ihr prozeduraler Charakter genommen. Sie wurde in die „substantive due process"-Klausel verwandelt, die Leben, Freiheit und Eigentum nicht mehr nur gegen willkürliche, rechtswidrige Beeinträchtigungen seitens des Einzelstaates schützte, sondern als absolutes Verbot gegen gesetzliche Regelungen verstanden wurde, die vom Gericht für „unreasonable" gehalten wurden. Unter der „Freiheit", die so gegen gesetzgeberische Beeinträchtigung zu schützen sei, verstand die Mehrheit des Gerichtes vor allem „Vertragsfreiheit". Gesetze, die die Arbeitszeit von erwachsenen Männern begrenzten, verstießen, so das Gericht in dem Fall Lochner v. New York, gegen die Freiheit mündiger Bürger – in diesem Falle Bäcker – auch mehr als 60 Stunden die Woche zu arbeiten.[7] Dasselbe galt für die gesetzliche Festlegung von Mindestlöhnen. Noch 1923 entschied die Mehrheit des Supreme Court, daß ein Mindestlohngesetz für Frauen in Washington, D.C., verfassungswidrig sei, weil es gegen individuelle Vertragsfreiheit verstieße und außerdem einseitig Unternehmer zugunsten der Arbeiter belaste. Ein Zitat mag demonstrieren, wie sehr die Kritik von Justice Holmes berechtigt war, daß der Supreme Court seine eigene ökonomische laissez-faire Ideologie in die Verfassung hineininterpretiere. In seiner Entscheidung führte Justice Sutherland unter anderem aus:

„Kein wirklicher Test des ökonomischen Wertes dieses Gesetzes ist möglich unter Bedingungen der Vollbeschäftigung ... Dieser wird in Zeiten der Wirtschaftskrise und des Kampfes um Arbeitsplätze kommen, wenn die Effizienten zum Mindestlohn eingestellt werden, während die weniger Fähigen wohl gar keine Arbeit finden würden".

Mit Recht argumentierte der dissentierende Chief Justice Taft, daß es nicht die Funktion des Gerichtes sei, „Gesetze des Kongresses für verfassungswidrig zu halten, nur weil sie wirtschaftliche Positionen vertreten, die das Gericht als unweise oder unwissenschaftlich („unsound") betrachtete".

Die gleiche Mehrheit, die noch in den zwanziger Jahren sozialstaatliche Eingriffe in den Wirtschaftsablauf für verfassungswidrig gehalten hatte, beherrschte den Supreme Court auch nach dem Zusammenbruch von 1929 und der ersten Amtsperiode von Präsident Roosevelt. Als dieser, mit der Unterstützung eines von der Demokratischen Partei dominierten Kongresses, eine Reihe von umfassenden Reformgesetzen – den sog. New Deal – durchbrachte, trafen diese folgerichtig auf den geballten Widerstand des Obersten Gerichtes.[8] Von Januar 1935 bis Mai 1936 verwarf das Gericht elf der wichtigsten New Deal-Gesetze. In ihrer Begründung stützten sich die Richter vornehmlich auf die eingefahrene Unterscheidung zwischen „Commerce" und „Production"; bei einer engen Interpretation des Begriffes „Handel" sicher zu Recht, denn natürlich griffen die Arbeitsbeschaffungsprogramme, Arbeitsschutzbestimmungen und Anbaueinschränkungen in der Landwirtschaft tief in den Produktionsprozeß ein. Die Frage war, ob eine Verfassung des 18. Jahrhunderts der amerikanischen Regierung die Möglichkeit gab, die tiefe Krise des Systems mit staatsinterventionistischen Mitteln zu bekämpfen oder gezwungen war, sie den Selbstheilungskräften des kapitalistischen Marktes zu überlassen.

Die Mehrheit des Supreme Court entschied sich für das letztere und provozierte damit einen dramatischen Konflikt mit Roosevelt. Der 1936 mit großer Mehrheit wiedergewählte Präsident versuchte, im sog. „Court Packing Plan" durch die (verfassungsrechtlich unanfechtbare) Vermehrung des Richtergremiums die Mehrheitsverhältnisse am Supreme Court zu seinen Gunsten zu verändern. Dieser Versuch mißlang. Die klare Absicht der politischen Manipulation der Judikative traf auf heftigen Widerstand selbst im Demokratisch dominierten Kongreß. Der Präsident „verlor die Schlacht, doch gewann er den Krieg". Zuerst durch Sinneswandel eines Richters, später durch Tod und Abtreten der alten, konservativen Richter (und deren Ersetzung durch „progressive"), kehrten sich die Mehrheitsverhältnisse und damit die Interpretation der zentralen Verfassungsbestimmungen um. In einer Reihe von Entscheidungen, beginnend 1937, verwarf der Supreme Court die Unterscheidung zwischen „Commerce" und „Production", gab somit den Bundesorganen ein freies Feld für Interventionen in das Wirtschaftssystem; und befreite die „police power" der Einzelstaaten von den Restriktionen, die ihnen unter der „substantive due process"-Interpretation – dem im 14. Amendment (angeblich) enthaltenen unantastbaren Schutz der „Vertragsfreiheit" – auferlegt worden waren. Lange Zeit hat das Gericht „judicial restraint" – Zurückhaltung gegenüber dem Gesetzgeber – bei dessen vielfältigen Interventionen in das Marktgeschehen und beim Ausbau des Sozialstaates geübt, der vor allem im „Great Society Program" Präsident Johnsons das Reformwerk des New Deal drastisch erweiterte. In den letzten Jahren hat der mehrheitlich konservative Supreme Court allerdings seine zurückhaltende Einstellung zu „judicial activism" zugunsten einer (verfasssungsrechtlich fragwürdigen) Stärkung der Einzelstaaten gegenüber den Bundesorganen aufgegeben. Eine von ihm neu entwickelte Doktrin von „Staatssouveränität" verleiht den Einzelstaaten weitgehend Immunität gegen Klagen ihrer eigenen Bürger und errichtet Barrieren gegen Eingriffe seitens des Kongresses. Ob und inwieweit sich dieser Trend in Zukunft fortsetzen wird, hängt von der ideologischen Position der neuen Richter ab, die der nächste Präsident an Stelle von ausscheidenden Richtern ernennen wird; also von den durch den Ausgang der Wahlen des Jahres 2000 bestimmten Konstellation im Präsidialamt und Kongress.

Schutz individueller Freiheitsrechte und Durchsetzung des Gleichheitsprinzips

In knappen Zügen gilt es nun, die jüngste Phase zu skizzieren, in der der Supreme Court eine neue, aber keineswegs weniger kontroverse politische Rolle gespielt hat. Denn die „Zurückhaltung", die er seit dem New Deal in der Sphäre des Wirtschaftsablaufs geübt hat, erstreckte sich nicht unbedingt auf andere Dimensionen gouvernementalen Handelns. „Judicial restraint" konnte als „liberal" betrachtet werden – und traf damit auf die Zustimmung des „linken" Lagers, wenn die Mehrheiten in Kongreß und Einzelstaaten Gesetze für die wirtschaftlich Schwächeren und gegen ein ungezügeltes laissez-faire-System verabschiedeten. Unterstützten Mehrheiten jedoch einschneidende Maßnahmen gegen Dissidenten und Radikale – und das taten sie in der Periode des Kalten Krieges und des McCarthyismus – so bedeutete richterliche Zurückhaltung gegenüber dem Gesetzgeber die Akzeptanz von Freiräumen für illiberale Einschränkungen von Rede-, Meinungs- und Organisationsfreiheit; trug bei zur Schaffung eines Klimas, in dem furchtsame Anpassung anstelle von unbekümmerten Verhaltensweisen trat. Besonders angesichts der perzipierten – äußeren wie inneren – kommunistischen Bedrohung spalteten sich die Reihen der Richter. Einige entwickelten die These von der „Vorzugsposition" („preferred position") der durch die „Bill of Rights" garantierten Freiheitsrechte – besonders der Rede- und Meinungsfreiheit – gegenüber anderen Verfassungsbestimmungen; andere, beeinflußt von der vorherrschenden Kalten Kriegs-Stimmung, waren bereit, dem Kongreß und den Einzelstaaten die Wahl der Mittel im Kampf gegen die kommunistische Subversion zu überlassen. So kam es zur Verurteilung der führenden Mitglieder der Kommunistischen Partei Amerikas aufgrund eines Gesetzes, das die Verbreitung von Schriften, in denen der gewaltsame Umsturz des Systems befürwortet wurde, unter Strafe stellte. Nur zwei der Obersten Richter protestierten gegen diese Entscheidung, da diese nach ihrer Auffassung nicht die Vorbereitung einer gewaltsamen Revolution bestrafte, sondern die Verbreitung revolutionärer Ideen; Ideen, die keine Chance auf Realisierung in den USA hatten und daher durch das Grundrecht auf Rede- und Meinungsfreiheit geschützt werden müßten. Veränderungen in der Zusammensetzung des Gerichts – vor allem die Ernennung von Earl Warren zum Chief Justice – brachten in der Folge einen Wandel in der Einstellung seiner Mehrheit. Es hob die Verurteilung unterer Parteifunktionäre auf und untersagte die Verfolgung des Landesverrats verdächtiger Kommunisten durch die Einzelstaaten.[9] Doch blieb das Gericht in diesem gesamten Problemkomplex lange Zeit gespalten und unsicher. Erst mit dem Abflauen der aufgeheizten öffentlichen Meinung bekannte es sich wieder zur Rolle eines engagierten Verteidigers der Grundrechte[10] und bewahrte diese selbst angesichts einer durch den Vietnam-Krieg polarisierten amerikanischen Gesellschaft. Seine Entscheidung, dem Antrag der Nixon-Administration auf Verbot der Veröffentlichung der für geheim erklärten „Pentagon Papers" nicht stattzugeben, ist dramatischer Beweis sowohl für die Unabhängigkeit des Supreme Court wie für den hohen Stellenwert – die „Vorzugsstellung" –, die die Pressefreiheit in seiner Verfassungsinterpretation einnimmt.

Parallel mit der sich verstärkenden Tendenz des Gerichts, Dissidenten und potentielle Revolutionäre vor Strafe zu schützen, schränkte es zunehmend die Befugnisse der Polizei – sowohl auf Bundes- wie vor allem auf Einzelstaatsebene – in der Verfolgung und Überführung verdächtiger Verbrecher stark ein. Es wurde, so die Vertreter von „law and order", zunehmend schwierig, Verbrechen zu bekämpfen, wenn das Gericht bei Hausdurchsuchungen, Anwendung von Abhör- und elektronischen Überwachungsgeräten oder Verhören die „due process"-Klausel rigoros auslegte und sich der Meinung von Justice Holmes anschloß, der einmal erklärt hatte, „es sei ein kleineres Übel, daß einige Verbrecher davonkommen sollten, als daß der Staat eine unehrenhafte Rolle spielen sollte". Diese

Güterabwägung entsprach nicht der in der Bevölkerung und im Kongreß vorherrschenden Stimmung. Angesichts eines drastischen Anstiegs der Gewaltkriminalität erschien die Spruchpraxis vielen als unzumutbare „Weichheit" gegenüber dem Verbrechen; zumal die „liberale Mehrheit" des Gerichtes, wie ihre dissentierenden Kollegen feststellen, die „due process"-Klausel unzulässig ausgedehnt hatte.

Die Entscheidung, die jedoch die Kritiker des Supreme Court bis in die Gegenwart hinein besonders heftig erregt hat, ist jene, in der die „Fristenlösung" für den Schwangerschaftsabbruch unter den Schutz der „Bill of Rights" gestellt, die Abtreibung demnach zum Grundrecht der amerikanischen Frau erklärt wurde. Gesetzliche Bestimmungen über die Unterbrechung der Schwangerschaft waren bis 1973 unbestritten den Einzelstaaten in ihrer Ausübung der „police power" vorbehalten gewesen. Einige wenige Staaten hatten sie freigegeben, andere erleichtert, wieder andere verboten, je nach den dort vorherrschenden politisch-ideologischen Kräftekonstellationen. In Roe v. Wade (1973) traf das Gericht nun eine wagemutige – aber verfassungsrechtlich äußerst gewagte – Entscheidung. Gewagt nicht nur, weil sie die Opposition der Katholischen Kirche und fundamentalistischer protestantischer Kirchengruppen mobilisierte; gewagt auch, weil die Entscheidung in der Tat keine Stütze im Verfassungstext fand, sich sogar in mehreren Interpretationssprüngen von ihm entfernte. Teilweise mit „naturrechtlichen" Argumenten hatte die liberale Mehrheit schon in einer vorhergehenden Entscheidung[11] ein – in der „Bill of Rights" nicht enthaltenes – Grundrecht auf „Privatheit" („privacy") konstruiert. Weiter hatte sie dieses „Grundrecht" in das 14. Amendment „inkorporiert", also die „due process"-Klausel „substantiell" aufgefüllt. Es kann nicht überraschen, daß – bisher erfolglos – die Gegner dieser Entscheidung wiederholt versucht haben, durch Verfassungsänderung oder einfache Gesetzgebung, die den Fötus als „Person" unter den Schutz des 14. „Amendments" stellen würde, Schwangerschaftsabbruch zu illegalisieren oder zumindest die Regelung an die Einzelstaaten zurückzugeben. Doch ist es ihnen gelungen, durch starken organisierten Druck auf die Legislativen der Einzelstaaten diese dazu zu bewegen, die Durchführung von Schwangerschaftsunterbrechungen mit zunehmend schwerwiegenden

Restriktionen zu belasten. Seit der Ernennung konservativer Richter durch Republikanische Präsidenten neigt der Supreme Court dazu, diese Restriktionen als verfassungsgemäß zu akzeptieren, ohne daß jedoch bisher eine Mehrheit des Gerichts für eine Aufhebung von *Roe v. Wade* gewonnen werden konnte.[12]

Der Supreme Court und das Rassenproblem

In keiner anderen Sphäre der amerikanischen Gesellschaft hat der Supreme Court eine dramatischere – und politischere – Rolle gespielt als in den Beziehungen zwischen Schwarz und Weiß. Nach dem Bürgerkrieg – dem auch im Norden rassistischen Zeitgeist entsprechend –, indem er fortgesetzte private Rassendiskriminierung und staatliche Rassentrennung verfassungsrechtlich abstützte[13]; seit dem 2. Weltkrieg, indem er diese Praktiken für unvereinbar mit der im 14. „Amendment" geforderten „Gleichbehandlung durch das Gesetz" („equal protection of the laws") erklärte. In der bahnbrechenden Entscheidung Brown v. Board of Education of Topeka[14] erklärte er das in den Südstaaten etablierte Prinzip der Rassentrennung in staatlichen Schulen für verfassungswidrig und weitete dieses Verbot sukzessive auf alle öffentlichen Lebensbereiche aus. Der Widerstand in den Südstaaten, die mit allen rechtlichen wie gewaltsamen Mitteln die Durchführung dieses Urteils zu verhindern suchten, wurde nach einem Jahrzehnt weitgehend überwunden. Auch der Kongreß zog nach, nachdem die Blockierungsstrategie südstaatlicher Senatoren zuletzt versagt hatte und verabschiedete den „Civil Rights Act" von 1964 und den „Voting Rights Act" von 1965, die allen Amerikanern, unabhängig von Rasse, Religion und Geschlecht, gleiche Rechte garantieren sollten und das – bislang nur unzulänglich geschützte – Wahlrecht für Schwarze in den Südstaaten sicherte. Indem der Supreme Court diese Gesetze ohne Ausnahme als verfassungsgemäß anerkannte, befand er sich in Übereinstimmung nicht nur mit der Mehrheit des Kongresses, sondern auch der öffentlichen Meinung, die die Zeit für eine Beendigung der Rassendiskriminierung für gekommen hielt.

Anders verhielt es sich jedoch mit dem Versuch, den das „aktivistische" Gericht nun unternahm, nicht nur die formale Rassentrennung zu illegalisieren, sondern die Integration der

Rassen in Schulen, aber auch durch mit öffentlichen Mitteln geförderten Wohnungsbau durchzusetzen und, gemäß dem „Civil Rights Act", der Diskriminierung im Arbeitsbereich entgegenzuwirken. Denn um dies zu erreichen, mußte vom Prinzip der „Farbenblindheit" abgewichen werden, Rassenzugehörigkeit wieder zu einem rechtlich verbindlichen Klassifikationsfaktor gemacht werden. Wo keine intentionale Diskriminierung oder Rassentrennung nachgewiesen werden konnte, die Rassen jedoch nach wie vor nicht im Verhältnis zu ihrer Population im relevanten Einzugsbereich vertreten waren, griff der Supreme Court zunehmend zu statistischen Abwägungen, zum Prinzip des Resultats und nicht der Intention. Vor allem das von den Gerichten erzwungene Programm, durch „forced busing" – den Transport von Schülern – ein rassisch integriertes Schulsystem zu realisieren, verstieß gegen das Prinzip der Nachbarschaftsschule und freien Schulwahl, wurde von vielen Bürgern – auch im Norden, wo durch die Ghettoisierung der Schwarzen die Schulen de facto rassisch getrennte geblieben waren – als Eingriff in ihre Freiheitsrechte zurückgewiesen und führte zu heftigsten kommunalpolitischen Konflikten.

Ausnahmeregelungen für Schwarze, die die durch vergangene Diskriminierung fortwirkende Schädigung kompensieren sollten, stellten das Gericht vor ein verfassungsrechtlich und politisch besonders schwieriges Problem. Denn jede solche Regelung, die Schwarze gegenüber weißen Konkurrenten bevorzugte, sei es durch Zulassungsquoten zu Hochschulen, sei es durch Eliminierung von Tests, in denen Schwarze schlechter abschnitten, sei es durch Verteilung öffentlicher Mittel an Unternehmen aufgrund rassischer Klassifikationen, warf und wirft die gleiche grundsätzliche Frage auf: Darf Rasse verfassungsrechtlich die Basis für staatliches Handeln sein; gilt für „affirmative action" – kompensatorische Maßnahmen – das Prinzip der „Farbenblindheit" nicht? Bedeutet „positive Diskriminierung" für Schwarze nicht gleichzeitig „negative Diskriminierung" für Weiße?[15]

Der Supreme Court hat auf diese Fragen keine klare und befriedigende Antwort gefunden. Er konnte sie wohl auch nicht finden, weil die Verfassung zweifellos auf dem Prinzip von Personen und nicht Gruppen als Trägern von Rechten gründet, die amerikanische Gesellschaft jedoch von rassischen und ethnischen Gruppierungen geprägt ist, und diese in der politischen Realität deutlich in Erscheinung treten und anerkannt werden.

Das Gericht hat – vergeblich – versucht, beiden Aspekten gerecht zu werden und dabei unvermeidlich eine schwankende, unklare Linie vertreten. Einerseits hat es bekräftigt, daß nur Individuen – unabhängig von Rassenzugehörigkeit – formal Träger von Rechten sind, und auch Weiße ihrer Rasse wegen nicht diskriminiert werden dürfen. Andererseits dürfe Rassenzugehörigkeit doch als Faktor in die Bewertung von konkurrierenden Bewerbern einbezogen werden[16]. Die neue konservative Mehrheit des Obersten Gerichts hat in jüngster Zeit begonnen, Maßnahmen und frühere Entscheidungen, die zur Bevorzugung von in der Vergangenheit diskriminierten Minderheiten (vor allem Schwarzen) auf Kosten der weißen Mehrheit führten, zu revidieren. Das Gericht ist gegenwärtig auf dem Weg zurück zu einer „farbenblinden" Interpretation der Verfassung, in der die Klassifikation „Rasse" nur ausnahmsweise, angesichts eines „zwingenden öffentlichen Interesses" („compelling governmental interests") als verfassungskonform akzeptiert wird. Dieser Anspruch, bekannt als das Prinzip der „strict scrutiny", ist vom Gericht äußerst restriktiv behandelt worden und stellt somit alle existierenden „Affirmative Action"-Programme in Frage.[17]

Der Supreme Court zwischen Innovation und Anpassung

In der zweihundertjährigen Geschichte der USA ist der Supreme Court zu einem wesentlichen Teil des politischen Systems geworden, hat die Entwicklung der USA entscheidend mitgeprägt – manchmal hemmend, gelegentlich vorantreibend. Obwohl die Verfassung ist, was die Richter sagen, was sie sei (wie Chief Justice Hughes einmal formulierte), ist der Supreme Court nicht der „Souverän" der Nation. Denn durch Neubesetzungen, durch die Drohung mit Verfassungsänderungen und die Gefahr der Entlegitimierung paßt er sich, früher oder später, an vorherrschende politische Kräftekonstellationen und Werthaltungen an; kann sie allerdings auch seinerseits prägend beeinflussen. Phasen des richterlichen Aktivismus wechselten stets ab mit solchen der Zurückhaltung. In der Gegenwart befinden wir uns offenkundig nach Jahren durch eine aktive Judikative vorangetragener sozialer Reformen in einer länger anhaltenden Periode von „judicial restraint". Die großen politischen Schlachten der Vergangenheit sind in ihrer verfassungsrechtlichen Dimension weitgehend geschlagen: Die Beziehungen zwischen Einzelstaaten und Zentralregierung; der Konflikt um die Eingriffsrechte des Staates in der Wirtschaft; die Sicherung der Meinungs- und Religionsfreiheit; und die rechtliche Gleichstellung aller Bürger, unabhängig von Rasse und Geschlecht. Und in einer Zeit, in der der Begriff des Fortschritts in Zweifel gezogen wird, erscheint auch die Zeit eines Supreme Court, der vom Fortschritt beseelt war[18], vorbei. Zweifellos wird er weiterhin aufgerufen sein, politisch kontroverse Themen zu entscheiden. So in der heiß umstrittenen Frage der Schwangerschaftsunterbrechung. Doch in der Lösung fundamentaler gesellschaftlicher Probleme und der Überwindung bestehender Ungleichheiten wird er wohl nur noch eine marginale Rolle spielen.

Anmerkungen

1 Siehe Martin Shapiro, Law and Politics in the Supreme Court, Glencoe, Ill., 1964.
2 Das Verfahren ist gegen Richter des Supreme Court bis heute nicht erfolgreich angewendet worden.
3 Diese Regeln sind u.a. von Justice Brandeis in seiner „concurring opinion" im Fall Ashwander v. Tennessee Valley Authority, 297 U.S. 288 (1936) festgehalten worden. Sie werden hier verkürzt und sinngemäß wiedergegeben. Die Entscheidungen des Supreme Court werden regierungsamtlich ediert. Bd. 1-90 (1790-1874) werden in der Literatur meist unter dem Namen des Berichterstatters und Herausgebers zitiert – siehe etwa Anmerkung 4.
4 Wheaton 316 (1819).
5 Einige Ausnahmen von dieser Feststellung sind in Artikel I/10 enthalten, der den Einzelstaaten u.a. verbietet, Strafgesetze mit rückwirkender Kraft zu verabschieden, oder Gesetze zu erlassen, die Vertragsverpflichtungen beeinträchtigen.
6 Siehe Arnold M. Paul, Conservative Crisis and the Rule of Law: Attitudes of Bar and Bench, 1887-1895, Ithaca, N.Y., 1960.
7 Bei Frauenarbeit und in vom Gericht als gesundheitsgefährdend angesehenen Berufen war es bereit, Arbeitszeitbegrenzungen als gerechtfertigt zu akzeptieren.
8 Siehe Willi Paul Adams, Krise des amerikanischen Konstitutionalismus: Der New Deal vor Gericht, in: H.A. Winkler (Hrsg.), Die große Krise in Amerika, Göttingen 1973.
9 Pennsylvania v. Nelson, 350 U.S. 497 (1956). Das Gericht begründete dies mit dem Argument, daß dieser Sachverhalt ausschließlich „Bundessache" sei; eine Begründung, die im Kongreß auf heftige Kritik stieß.

10 1961 bestätigte das Gericht mit 5 zu 4 Stimmen die Anordnung des Subversive Activities Control Board an die Kommunistische Partei, sich als
   „subversive Organisation" zu registrieren (Communist Party v. Subversive
   Activities Control Board, 367 U.S. 1, 1961); vier Jahre später entschied
   der Supreme Court einstimmig das Gegenteil (Albertson v. Subversive
   Activities Control Board, 382 U.S. 70, 1965).
11 Griswold v. Connecticut, 381 U.S. 479 (1965).
12 S. Planned Parenthood of Southeastern Pennsylvania et al. v. Casey (1992)
   und Ronald Dworkin, „The Center Holds", in: The New York Review of
   Books, v. 39, Nr. 14, August 13, 1992, 29-33
13 In den Civil Rights Cases (109 U.S. 3, 1883) erklärte er ein Gesetz des
   Kongresses für ungültig, weil es das Verbot der Ungleichbehandlung des
   14. Amendments auf Privatpersonen und Körperschaften anwandte. In
   Plessy v. Ferguson (163 U.S. 537, 1896) erklärte er, daß die staatliche
   Rassentrennung – „separate but equal" – keine Verletzung der Gleich-
   heitsklausel des 14. Amendments darstelle.
14 347 U.S. 483 (1954).
15 Siehe dazu (kritisch) Nathan Glazer, Affirmative Discrimination, New
   York, 1975.
16 Regents of the University of California v. Bakke (438 U.S. 265, 1978).
17 So in City of Richmond v. Croson (1989) und Wards Cove Packing Co.,
   Inc., v. Atonio (1989), Adarand Construction v. Pena, 63 U.S.L.W. 4523
   und Miller v. Johnson, 63 U.S.L.W. 4726.
18 Siehe Alexander M. Bickel, The Supreme Court and the Idea of Progress,
   New Haven, Conn., 1978[2].

Wirtschaft

Reinhard Rode

Die amerikanische Wirtschaft
Binnenentwicklung und Außenverflechtung

Wirtschaft und Politik

Als bürgerlich-liberale Republik ohne feudal-aristokratische Tradition europäischer Ausprägung zeichnen sich die Vereinigten Staaten am deutlichsten durch den Versuch aus, das politische und das wirtschaftliche System zu trennen. Das Wirtschaftssystem entwickelte unabhängig von politischen Eingriffen ein starkes Eigenleben. Zu Recht wurde die Abkoppelung des wirtschaftlichen Systems vom politischen als „das große amerikanische Experiment" bezeichnet.

Trotz dieser Grundtendenz lassen sich jedoch für das Beziehungsgefüge Wirtschaft und Politik unterschiedliche Phasen in der amerikanischen Geschichte ausmachen. Sie kennt auch merkantilistische Versuche wie die Staatsbetriebe unter der Präsidentschaft Jacksons. Die rasante industrielle Entwicklung in der zweiten Hälfte des 19. Jahrhunderts ging dann freilich mit einem weitgehenden Rückzug des politischen Systems einher. Die Wirtschaft organisierte Industrialisierung und Versorgungseinrichtungen ohne politische Eingriffe quasi in eigener Regie. In der Periode des Republikanismus nach der Jahrhundertwende blieb die Vorrangstellung der Wirtschaft lange Zeit unangefochten. Erst die Weltwirtschaftskrise bewirkte mit dem ‚New Deal' von Präsident Roosevelt wachsende Eingriffe der Politik. Die Vorherrschaft der Großwirtschaft wurde mit staatlicher Hilfe zugunsten der kleinen Farmer und Geschäftsleute abgeschwächt. Doch schon während des Zweiten Weltkriegs schlug der Trend wieder um. In den siebziger Jahren gab es eine Phase wachsender Vorbehalte gegenüber den transnationalen Unternehmen, ohne daß das allgemeine amerikanische Vertrauen auf die Marktkräfte erschüttert worden wäre. Mit der Präsidentschaft Ronald Reagans erreichte die Idee wirtschaftlicher Handlungsfreiheit wieder besonders hohe Kurswerte. Unter Bushs Nachfolger Bill Clinton schwächte sich dieser Trend in der Administration wieder ab, erhielt dafür aber im Kongreß Auftrieb.

Der traditionelle Vorrang des Wirtschaftssystems in den USA war weniger durch politische Regulierungsabsichten gefährdet als durch die wachsende Sicherheitslastigkeit der amerikanischen Politik im Gefolge der Weltmachtrolle nach 1945. Die Weltbilder in der Tradition des Liberalismus galten in den USA weiterhin nahezu unangefochten. Für die Innenregulierung läßt sich nach wie vor sagen, daß wirtschaftliche Entscheidungen in den USA im wesentlichen Entscheidungen der amerikanischen Wirtschaft selbst sind. Dafür spricht auch, daß das politische System keine effektiven wirtschaftspolitischen Steuerungs- und Entscheidungsinstrumente aufgebaut hat. Der Council of Economic Advisors ist kein wirtschaftliches Gegenstück zum National Security Council. Die Ministerien (Departments), wie das Finanz-, das Landwirtschafts- und das Handelsministerium, repräsentieren mehr die Wirtschaft als das politische System.

Eine vollständige Selbstregulierung der Wirtschaft findet freilich auch in den Vereinigten Staaten nicht statt. Zum einen gibt es ‚symbiotische Beziehungen', wie sie etwa für das Verhältnis zwischen der Ölindustrie und der amerikanischen Regierung zutreffen. Zum anderen hat die zunehmende Macht des politischen Systems in der Sicherheitsgesellschaft tendenziell die hohe Autonomie des Wirtschaftssystems unterhöhlt. Staatliche Auftragsvergabe im Rüstungssektor brachte nicht unwesentliche Teile der amerikanischen Industrie in Abhängigkeit vom Pentagon. Starke Steigerungen der Rüstungsausgaben Anfang der achtziger Jahre und die zunehmende Staatsverschuldung zum Budgetausgleich führten nicht nur zu öffentlicher und privater Konkurrenz bei der Kreditaufnahme, sondern schufen durch Zinsauftrieb auch Hindernisse für wirtschaftliche Entfaltungsmöglichkeiten. In den neunziger Jahren war es statt der Systemkonkurrenz die Weltordnungspolitik, die Kostendruck erzeugt hat.

Dennoch besitzt das Wirtschaftssystem in den USA im Unterschied zu den westeuropäischen Staaten nach wie vor ein so hohes Maß an Unabhängigkeit, daß es sehr viel weniger auf die Zusammenarbeit mit dem politischen System angewiesen ist. Das zeigt sich nicht zuletzt in dem relativ seltenen Rückgriff auf die politischen Parteien, um wirtschaftlichen Einfluß durchzusetzen. In der Währungs- und Handelspolitik trifft das wirtschaftliche System nach wie vor die Mehrzahl der politisch wichtigen Entscheidungen selbst. Kollisionen zwischen Wirtschaft und Politik treten aber immer häufiger auf. Sehr viel stärker als für den Binnenbereich gilt dies für die Außenwirtschaftspolitik. So war zum Beispiel die Ostwirtschaftspolitik gegenüber kommunistischen Ländern überwiegend so betrieben worden, daß Sicherheitsinteressen eindeutig vor Gewinninteressen rangiert haben. In den neunziger Jahren stellen binnen- und weltwirtschaftliche Veränderungsprozesse wachsende Steuerungsanforderungen an die amerikanische Politik. Im Konkurrenzverhältnis mit Japan und Westeuropa ist auch in den Vereinigten Staaten eine Diskussion über den Sinn ziviler Industriepolitik entstanden. Besonders die gesellschaftlichen Rahmenbedingungen wie Schulbildung und Ausbildung wollte die Administration Clinton verbessern. Die Dispute um den Schutz traditioneller Industriezweige vor der Flut billiger Importe und sogar um Schutz für Teile des Hochtechnologiesektors haben den überlieferten Liberalismus unter Anpassungsdruck geraten lassen.

Binnenwirtschaft

Die stärkste Ökonomie der Welt erfährt seit längerem einen doppelten Strukturwandel: Erstens einen Entwicklungstrend von der Industriegesellschaft zur Dienstleistungs- und Informationsgesellschaft, zweitens die räumliche Verschiebung der Wirtschaftszentren vom Nordosten in den Westen und den Süden. Die Gegensätze zwischen Nord- und Südstaaten im 19. Jahrhundert, die auf der Industrialisierung der Nordstaaten und einer auf der Sklaverei basierenden Landwirtschaft im Süden beruhten, waren nach dem Bürgerkrieg im Zuge der fortschreitenden Industrialisierung abgeschwächt worden. Der wirtschaftliche Vorrang der Industriezentren im Nordosten hatte sich aber nur noch verstärkt. Die Trendwende folgte mit dem Niedergang der alten Industrien und dem Aufstieg der neueren Wachstumsindustrien vornehmlich im Dienstleistungsbereich. Die zunehmende Bedeutung der Bereiche Kommunikation und Information hat diesen Trend noch verstärkt.

Strukturwandel und regionale Wanderung beeinflussen Erwerbsstruktur und Einkommensverteilung der amerikanischen Bevölkerung in erheblichem Ausmaß. Die Entwicklung vom Agrar- zum Industrieland ließ den Anteil der in der Landwirtschaft Beschäftigten von 38% im Jahre 1900 auf ca. 2,5% im Jahre 1997 zurückgehen, d.h. auf nur noch ca. 3,3 Mio. von 129 Mio. Gesamtbeschäftigten. Die Entwicklung zur Dienstleistungsgesellschaft führte zu einem steilen Anstieg der Beschäftigung in diesem Sektor. Allein von 1970 bis 1997 stieg hier die Zahl der Beschäftigten von 20,3 auf 46,3 Mio. Erwerbstätige an. Trotz des relativ hohen Lebensstandards der amerikanischen Bevölkerung, der den fast aller anderen großen Industrieländer übertrifft, bestehen erhebliche Einkommensunterschiede. Die Differenzierung bezieht sich sowohl auf die Regionen als auch auf die verschiedenen Bevölkerungsgruppen, wobei die Minderheiten einen überproportional großen Anteil der Bevölkerung unterhalb der Armutsgrenze aufweisen. Auffällig ist der sinkende Organisationsgrad der Arbeitnehmer und damit der nachlassende Einfluß der Gewerkschaften. Der Organisationsgrad sank zwischen 1945 und 1983 auf etwa ein Fünftel der Erwerbstätigen ab, 1997 waren es nur noch 14,1%. Dieser Niedergang resultierte sowohl aus dem wachsenden, schwerer organisierbaren Dienstleistungsbereich als auch aus der regionalen Verschiebung weg von den klassischen Hochburgen der Gewerkschaften.

Der Einfluß der Arbeitgeberorganisationen, National Association of Manufacturers (NAM), Chamber of Commerce und Business Round Table sowie der vielfältigen Branchenorganisationen hat dagegen eher zugenommen. Die Wirtschaftslobby übertrifft die Gewerkschaftslobby bei weitem an Einfluß.

Alte Industrien

Zu den alten Industrien in den USA gehören wie in anderen Industriestaaten die stagnierenden und niedergehenden Branchen, die unter starken Importdruck geraten sind. Dazu zählen die Stahlindustrie, die Textil- und Bekleidungsindustrie, die Schuhhersteller, die Unterhaltungselektronik und seit einigen Jahren auch die Automobilindustrie. Die Ursachen des Niedergangs sind vielfältig. Neben dem Strukturwandel weg von diesen produzierenden Branchen hin zum Dienstleistungssektor (Deindustrialisierung) stehen Importkonkurrenz aus Niedriglohnländern und Managementfehler, d.h. Versäumnisse, sich rechtzeitig an das Weltniveau anzupassen.

Den Weg der Protektion, also der Drosselung der Stahlimporte statt einer Modernisierung, versuchte längere Zeit insbesondere die amerikanische Stahlindustrie zu gehen. Dennoch hat sich der Anteil importierten Stahls am Verbrauch in den USA von ca. 5% im Jahr 1960 bis 1994 auf 21% gesteigert. Zugleich ging der Weltanteil der amerikanischen Stahlerzeugung von nahezu der Hälfte in den fünfziger Jahren auf wenig mehr als 10% zurück. Entsprechende Einbußen bei den Beschäftigtenzahlen gingen damit Hand in Hand. Das Beispiel zeigt, daß Protektion den Strukurwandel nicht aufhalten kann.

Auch die amerikanischen Automobilmanager versäumten, sich rechtzeitig auf den Bedarf an kleinen Personenwagen umzustellen. Sie überließen den Kleinwagenmarkt lange Jahre weitgehend dem Import. Als sich die Nachfrage nach sparsameren Wagentypen im Gefolge der Ölpreisexplosion in den siebziger Jahren beschleunigte, erhöhte sich der Marktanteil importierter Autos insbesondere aus Japan auf ein Viertel. So gerieten Anfang der achtziger Jahre alle vier amerikanischen Pkw-Hersteller, General Motors, Ford, Chrysler und American Motors, in die Verlustzone. Die Arbeitslosigkeit im Zentrum der Autoindustrie, in Detroit, nahm damit erheblich zu. Zusammen mit der Automobilarbeiter-Gewerkschaft setzte die Branche schließlich Anfang 1981 gegenüber Japan Schutzmaßnahmen in Form eines „freiwilligen" Selbstbeschränkungsabkommens durch. Doch erst der Konjunkturaufschwung in den achtziger Jahren erbrachte neue Absatzsteigerungen und Gewinne. Der hohe Importanteil aber blieb erhalten, wodurch die nächste Absatzkrise vorprogrammiert war. Insgesamt gelang es Detroit jedoch, sich bis Mitte der neunziger Jahre am heimischen Markt recht gut zu behaupten, während der Export schwach blieb.

Mit den Billigimporten war auch die Textilindustrie konfrontiert, die jedoch traditionell ein hohes Schutzniveau durchsetzen konnte. Ihr werden allgemein relativ gute Überlebenschancen zugemessen, während die kleinere Bekleidungsindustrie und erst recht die Schuhindustrie als sterbende Branchen gelten.

Die elektrotechnische Industrie weist ein differenziertes Bild auf. Die Mehrheit gehört zu den Wachstumsbranchen, eine Minderheit, die Unterhaltungselektronik, ist auf dem heimischen Markt weitgehend von der asiatischen Konkurrenz verdrängt worden. Mittlerweile ist der amerikanische Unterhaltungselektronikmarkt ziemlich fest in asiatischen Händen.

Die Wachstumsbranchen

Dazu gehören der Dienstleistungssektor in seiner ganzen Breite, der Staatsdienst sowie der Bereich der Kommunikation und Information, der aufgrund seiner steigenden Bedeutung häufig als eigener Wirtschaftssektor bezeichnet wird. Die klassische Unterscheidung zwischen Dienstleistung und Produktion ist für den Informationsbereich tatsächlich schwierig. Der Dienstleistungssektor ist heute der größte Sektor der amerikanischen Wirtschaft. Sein Beitrag zum Sozialprodukt beläuft sich auf rund zwei Drittel. Er bietet die meisten Arbeitsplätze, und hier sind besonders im Informationsbereich nach den gängigen Annahmen die meisten neuen Arbeitsplätze entstanden und sollen auch weiterhin entstehen. Die Auswirkungen auf den Arbeitsmarkt sind umstritten. Die optimistische Variante geht von einer Umschichtung aus, die die Verluste an Arbeitsplätzen in den alten Industrien durch die Wachstumsbranchen kompensiert sieht. Die pessimistische Variante erwartet höhere Arbeitslosenraten und in den Wachstumsbranchen einen Zuwachs vornehmlich für befristete und schlechter bezahlte Arbeitsplätze, sogenannte „Hamburgerjobs".

Der Vorsprung der USA gegenüber Europa und Japan im Informationssektor läßt sich an der Computer-Dichte ablesen. 1997 entfielen in den USA 49 Personalcomputer auf 100 Einwohner, in Deutschland waren es lediglich 26, in Japan nur 23.

Landwirtschaft

Wie in Westeuropa liegt das zentrale Problem der amerikanischen Landwirtschaft in der Überproduktion. Die amerikanischen Agrarier sehen die Lösung dafür im Export. In den achtziger Jahren exportierten die Vereinigten Staaten mehr als 60%

ihrer Weizenproduktion, mehr als die Hälfte der Erzeugung von Sojabohnen, Baumwolle und Reis sowie ein Drittel der Maisernte. Dies bedeutet für die amerikanische Landwirtschaft eine Exportabhängigkeit, wie sie historisch nur in der Vorbürgerkriegszeit im Süden bei Baumwolle bestand.

Die Überproduktion erklärt sich neben den staatlichen Förderungsmaßnahmen vor allem durch die Produktivitätsentwicklung der amerikanischen Landwirtschaft. Sie ist keine Primärindustrie im klassischen Sinne mehr. Bei den technologisch fortgeschrittenen amerikanischen Großfarmen ist die Arbeitsproduktivität heute zweifellos mindestens genauso hoch wie im Durchschnitt der verarbeitenden Industrie, wahrscheinlich sogar höher. Zu dieser Spitze zählen die ca. 500 000 landwirtschaftlichen Großbetriebe, die allein ca. 80% der Agrarproduktion bestreiten. 1997 gab es in den USA noch ca. 2 Mio. Farmen. Die Mehrzahl befand sich Texas (205 000), in Missouri (102 000) und in Iowa (98 000). Nach den Schätzungen des Landwirtschaftsministeriums ist nach dem Zweiten Weltkrieg die Arbeitsproduktivität in der Landwirtschaft sogar stärker gestiegen als in der Gesamtwirtschaft. Dazu hat freilich nicht nur die Technisierung bei der Erzeugung beigetragen, sondern auch der Einsatz von Dünge- und Schädlingsvernichtungsmitteln sowie ertragsfähigeren Sorten.

Eine der Voraussetzungen der erhöhten Arbeitsproduktivität und der Überproduktion war die Spezialisierung. Das alte Farmerideal der breiten Erzeugungspalette zur Selbstversorgung oder zur Risikominderung wurde in den USA zusehends zugunsten der mit der Spezialisierung verbundenen Möglichkeit zur Produktionssteigerung aufgegeben. Das erhöhte Geschäftsrisiko der spezialisierten Erzeuger wurde durch Regierungseingriffe zu mindern versucht. Die politische Forderung nach Unterstützungsprogrammen der Regierung, sei es durch Preisgarantien oder durch Sondervergünstigungen für bestimmte Produkte, forderte wiederum die weitere Spezialisierung und den Trend zur Großfarm. Damit Hand in Hand ging ein Veränderungsprozeß bei den landwirtschaftlichen Interessenorganisationen. Die traditionellen allgemeinen Farmerorganisationen wie die „American Farm Bureau Federation" und die „National Farmers' Union" verloren an Einfluß, produktspezifische Organisationen vertraten ihre Interessen zusehends selbst.

Im Verhältnis zu den übrigen Sektoren der Wirtschaft verlor die Landwirtschaft fortschreitend an Bedeutung. Die Zahl der landwirtschaftlichen Betriebe verringerte sich zusehends. Mitte der achtziger Jahre intensivierte sich das „Farmsterben" durch Überschuldung und sinkende Exporterlöse auf jährlich rund 100 000 Betriebe. Zwischen 1990 und 1994 gaben jährlich ca. 25 000 Farmen auf.

Dennoch blieben die USA aufgrund der Produktivitätssteigerungen das führende Agrarland der Welt. Die Exportabhängigkeit führte zu zunehmenden Spannungen mit den Hauptabnehmern für amerikanische Agrarexporte in Westeuropa und Japan. Überproduktion und staatliche Förderungsmaßnahmen auf allen Seiten haben den Agrarprotektionismus als Streitpunkt zu einem Dauerbrenner werden lassen. Weitere Produktivitätsfortschritte durch Biotechnologien werden diese Entwicklung eher noch verschärfen.

Rüstungssektor

Der Rüstungssektor stellt in der amerikanischen Wirtschaft im doppelten Sinne einen Sonderfall dar. Zum einen dominiert hier der Staatseinfluß, und somit liegt eine Abweichung vom Regelfall der sich weitgehend selbst organisierenden Wirtschaft vor, zum anderen handelt es sich nicht um eine klar abgrenzbare Branche, weil es keine reine Rüstungsindustrie gibt. Vorherrschend bei der Rüstungsproduktion sind Konzerne, bei denen zivile und militärische Produktion nebeneinander laufen. Meist ist der militärische Anteil sogar der kleinere. Es gibt aber auch Ausnahmen, wie die großen Flugzeug und Raketenbaufirmen, die überwiegend von Aufträgen aus dem Verteidigungsministerium abhängen. Firmen wie Boeing, Lockheed und McDonnell Douglas haben das Beispiel für den Militärisch-Industriellen Komplex (MIK) abgegeben. Die Verflechtung zwischen Militär und Rüstungsindustrie gab den Anlaß für die Annahme, daß hier der für die Hochrüstung verantwortliche Machtkomplex lokalisiert sei. Personelle Verflechtungen (viele ehemalige Spitzenmilitärs werden nach der Pensionierung von der Rüstungsindustrie als Berater übernommen) unterstreichen diese These.

Die wissenschaftliche Diskussion hat allerdings gezeigt, daß die Zahl der Mitspieler am militärisch-industriellen Komplex sehr viel größer ist. Es war weniger die Rüstungsindustrie, die die Militärs und die Politiker angetrieben hat, sondern umgekehrt. Die an der Rüstung beteiligten Unternehmen waren keinesfalls an schnellen, politisch bedingten Kapazitätsausweitungen interessiert, die von Phasen der Unterbeschäftigung abgelöst wurden, sondern an kontinuierlicher Auslastung. Kurzfristige Extra-Profite sind zwar willkommen, die längerfristigen Absatzchancen sind jedoch interessanter. So war auch der schnelle und kurze Boom bei den Rüstungsausgaben unter Reagan auf Kritik bei den Herstellern gestoßen. Ab Mitte der achtziger Jahre setzte die Trendwende ein. Nach dem Ende des Ost-West-Konflikts kam es dann zu drastischen Einsparungen. Die Anteile am Bundeshaushalt und am BSP sanken. Die Folge war eine Konzentrationswelle in der Rüstungsbranche.

Trotz aller Überzeichnungen in der Folge der MIK-Theorien ist aber an der Zunahme des Einflusses der Sicherheitsgesellschaft auf die amerikanische Wirtschaft nicht zu zweifeln. Durch die amerikanische Weltmachtpolitik und ihren Rüstungsbedarf wurde das Pentagon als Wirtschaftsfaktor erheblich aufgewertet. Es ist nicht nur selbst Arbeitgeber, sondern auch Auftraggeber und Beschäftigungsgarant für die an der Rüstung beteiligten Unternehmen. Das Verteidigungsministerium ist dabei mehr als ein Kunde, nämlich auch Planer und Anreger. So fungiert das Pentagon als Hebel für Industriepolitik. Da die Wirtschaft generell aus Tradition und liberaler Ideologie heraus Industriepolitik eher ablehnt, ist das Pentagon mit seinen Finanzmitteln für Forschung und Entwicklung sowie mit seinen Aufträgen ein gewichtiges Einflußinstrument der Regierung auf die Wirtschaft. Die Effizienz dieses Instruments steht in Frage, nicht aber dessen Rolle bei der Forschungsförderung im Flugzeug- und Raketenbau, der Elektrotechnik und Elektronik, der chemischen Industrie und der Fahrzeug- und Maschinenbauindustrie. Wichtige technologische Durchbrüche wie die Entwicklung der Mikroelektronik haben mit unmittelbarer Beteiligung des Verteidigungsministeriums stattgefunden. Die positiven Rückwirkungen auf die zivile Produktion (Spinoff) sind zwar in ihrer Bedeutung umstritten, in Einzelfällen aber unübersehbar.

Verteidigungsausgaben 1960-1999 in Mrd. US-Dollar, in Prozent am Bundes-haushalt und in Prozent des Bruttoinlandsprodukts

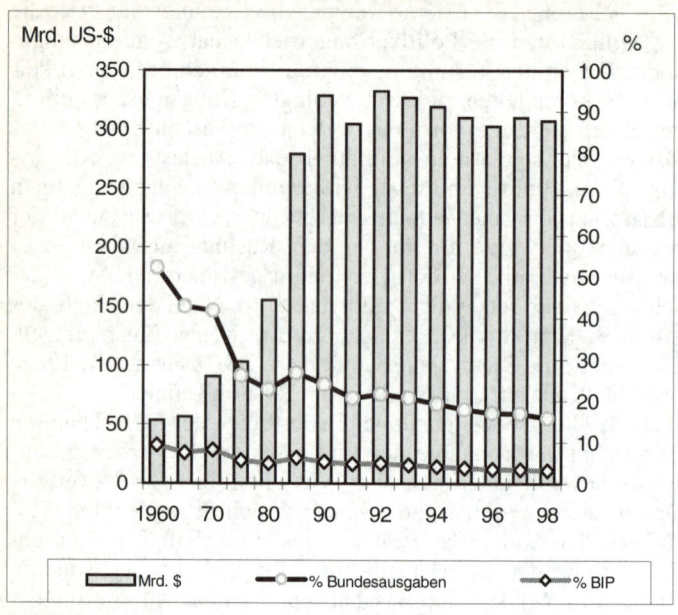

Quelle: US Statistical Abstract 1998, S. 358; eigene Grafik

Wenn man berücksichtigt, daß ungefähr ein Drittel aller Wissenschaftler und Techniker an Projekten des Verteidigungsministeriums mitarbeitet und daß ferner die Bundesregierung den größten Verbraucher von Gütern und Dienstleistungen darstellt und davon ca. 85% dieser Kaufkraft vom Pentagon, der NASA und dem Energieministerium verwaltet werden, wird die Bedeutung dieses Sektors und somit die Rolle des Staates in diesem Teil der Wirtschaft und damit auch insgesamt deutlich.

Mehr als umstritten ist freilich, ob diese Staatsaktivitäten und die starke Rüstungsindustrie generell der amerikanischen Konkurrenzfähigkeit in der Welt nützen oder eher schaden. Im Gegensatz zu denen, die im Verteidigungsministerium eine gewaltige industriepolitische Agentur sehen, welche die amerikanische Forschung im Spitzentechnologiebereich vorantreibt, vertreten die Skeptiker gegenüber dieser „Erfolgsstory" die Auffassung, daß die militärische Ausrichtung und der enorme bürokratische

Apparat der amerikanischen Wirtschaft schade, weil Sicherheitserwägungen und nicht die zivile Vermarktung im Vordergrund stünden. Den Hauptkonkurrenten Japan und Deutschland seien durch die starke Rüstungslastigkeit der amerikanischen Wirtschaft Wettbewerbsvorteile eingeräumt worden.

Außenwirtschaft

Nach dem Zweiten Weltkrieg nahmen die Vereinigten Staaten in der Weltwirtschaft unbestritten eine Hegemonialstellung ein. In den sechziger Jahren wurden dann die Grenzen des wirtschaftlichen Machtpotentials der USA deutlich. Die amerikanische Wirtschaft beeinflußte fortan nicht nur die Welt, sondern sah sich ihrerseits auch weltwirtschaftlichen Rückwirkungen ausgesetzt. Die Abhängigkeit der Welt von den USA machte der gegenseitigen Abhängigkeit (Interdependenz) Platz. Der Niedergang der wirtschaftlichen Vormachtstellung der USA betraf den Handels- und den Währungssektor, ebenso die Aktivitäten der transnationalen Konzerne, denen hauptsächlich in Westeuropa Konkurrenten erwuchsen. In den siebziger Jahren verdeutlichte sich der Machtverlust Amerikas. Der Verfall des Dollars, die negative Handelsbilanz und die Ölpreissteigerungen waren die deutlichsten Anzeichen. Anfang der achtziger Jahre nahm zwar der Dollarwert wieder zu, die Handelsbilanzdefizite erreichten aber Rekordtiefen, und die Auslandsverschuldung wuchs beträchtlich an. Alle Administrationen standen vor dem Problem der Anpassung ihrer Politik an den Wandel, der mit der schwankenden Position der USA im Weltwirtschaftssystem verbunden war. In den achtziger Jahren kam es zu einem Niedergang. In den Neunzigern erfolgte im Zuge von Globalisierung und dem Weg in die Informationsgesellschaft ein neuer Aufstieg.

Außenhandel: Nachlassende Konkurrenzfähigkeit

Der Positionsverlust der USA in der Weltwirtschaft zeigte sich am deutlichsten beim Außenhandel. Einerseits nahm die Verflechtung der amerikanischen Wirtschaft mit der Weltwirtschaft zu, andererseits gerieten die USA 1971 erstmals seit neunzig Jahren ins Defizit. Die negative Handelsbilanz blieb für den Rest der siebziger Jahre vorherrschend und erreichte nach einer starken Zunahme in den achtziger Jahren 1986/87 einen ersten Rekordwert von 152 Mrd. $, der ab 1994 regelmäßig überboten wurde. 1998 wurde ein neuer Rekordwert von 246 Mrd. $ erreicht.

Das jährliche US-amerikanische Handelsdefizit (Welt, Japan, EU) in Mrd. US-Dollar 1982-1998

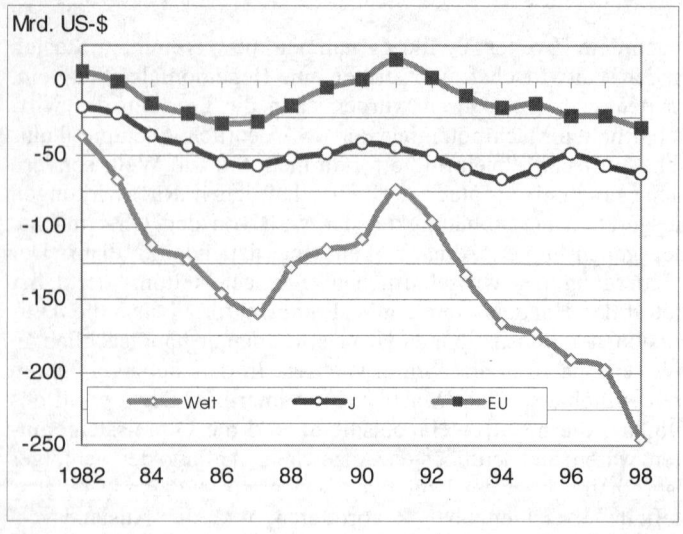

Quelle: Economic Report of the President 1992, S. 415 u. 1999, S. 447; eigene Grafik

Auch die amerikanischen Anteile am Weltexport gingen auffällig zurück. 1963 lag der Weltexportanteil der USA noch bei 17,4%, Mitte der neunziger Jahre war er auf 12,4% gefallen und lag damit nahezu gleich mit den Anteilen Deutschlands und Japans. Betrachtet man das Verhältnis der Im-und Exporte zum Bruttoinlandsprodukt, wird die stark angewachsene Außenhandelsverflechtung der USA deutlich. 1995 entsprach der Handel mit Gütern und Dienstleistungen der USA zusammen mit den Erträgen aus Investitionen einem Anteil von über 30% am Bruttoinlandsprodukt der USA. Das war mehr als doppelt soviel wie im Jahr 1970 (13%).

Schlüsselt man die Handelsbilanz der USA mit den Hauptpartnerländern bzw. -regionen auf, so ergibt sich folgendes Bild: Im Warenverkehr mit der Europäischen Gemeinschaft erzielten die USA bis Anfang der achtziger Jahre regelmäßig einen Überschuß. Positive Bilanzen verzeichneten sie auch im Handel mit Entwicklungsländern und kommunistischen Staaten. Mit Japan dagegen verlaufen die Handelsbeziehungen der USA seit Mitte der sechziger Jahre defizitär, das gleiche trifft auf Kanada zu. Ab 1973 zeigt auch der Warenverkehr mit den erdölerzeugenden Staaten ein starkes Defizit. In der ersten Hälfte der achtziger Jahre verschlechterte sich die Handelsbilanz mit allen Handelspartnern. An der Spitze lag Japan. Die traditionell positive Bilanz mit der EG verschwand 1983 und rutschte dann auch ins Defizit. Gegen Ende der achtziger Jahre verringerte sich das Defizit wieder, Anfang der neunziger Jahre wuchs es wieder an. Der Japan-Anteil am Handelsdefizit blieb hoch, er machte den dickste Brocken aus (1998: 64 Mrd. $). Danach folgten für das gleiche Jahr die VR China mit 57 Mrd., die Europäische Union mit 26 Mrd. und Kanada mit 18 Mrd.

Eine sektorale Aufschlüsselung der Entwicklung der Handelsbilanz zeigt traditionell die verarbeitende Industrie und den Agrarsektor mit positiven Salden, die Energieträger und Rohstoffe mit negativen. Dieses Muster änderte sich in der ersten Hälfte der achtziger Jahre. Die Überschüsse bei Fertigwaren nahmen zusehends ab, und für die USA besonders alarmierend war die negative Entwicklung im Handel mit Hochtechnologieprodukten. 1985 wiesen nur noch der nicht-elektrische Maschinenbau, der Flugzeugbau und chemische Produkte positive Bilanzen auf. Am stärksten defizitär waren der Fahrzeugbau, Elektromaschinen und Bekleidung. 1986 geriet erstmals auch die amerikanische High-Tech-Handelsbilanz ins Defizit. Das änderte sich bald wieder, und in der ersten Hälfte der neunziger Jahre war der Hochtechnologiesektor neben den Dienstleistungen und den landwirtschaftlichen Gütern wieder eine wichtige Stütze der amerikanischen Exportkraft.

Ein Teil des Positionsabfalls der USA im Welthandelssystem gegenüber Westeuropa und Japan läßt sich als Normalisierungsprozeß verstehen. Die Vergleichsbasis der fünfziger Jahre unmittelbar nach dem Zweiten Weltkrieg vermittelt verzerrte Bilder, weil die Aufbauphase der Handelspartner noch nicht abgeschlossen war. Dennoch liegt auch eine strukturelle

Verschiebung vor. Sie betrifft die Entwicklungen im Handel mit technologischen Fertigwaren. Hier konnten die beiden Hauptkonkurrenten, Japan und die Bundesrepublik Deutschland, ihre Exportanteile auf dem Weltmarkt erheblich erhöhen, was die amerikanischen Anteile rückläufig werden ließ.

Besonders der „Halbleiterschock" Mitte der achtziger Jahre hat am amerikanischen wirtschaftlichen Selbstbewußtsein gerüttelt. Bei den Speicherchips für Computer war es japanischen Firmen gelungen, innerhalb einiger Jahre die Führungsposition der amerikanischen Halbleiterindustrie erst zu unterhöhlen und dann bei einer neueren Chip-Generationen selbst die Führung zu übernehmen. Aus den technologischen Nachahmern von gestern waren die Marktführer geworden. Auch wenn das Halbleiterbeispiel voreilig zu pessimistisch bewertet worden ist, läßt sich nicht übersehen, daß eine quasi natürliche Überlegenheit der USA bei den neuen Technologien (Informationstechnologie, Mikroelektronik, Glasfaser-, Laser- und Biotechnologie) nicht existiert. Doch auf diesem Sektor gelangten die USA in den neunziger Jahren schnell wieder auf die Gewinnerseite.

Die Außenhandelspolitik der USA entwickelte zunehmend auch protektionistische Verhaltensweisen. Neben dem klassischen Protektionismus, der Schutz für die alten Industrien beinhaltet, trat ein Hochtechnologieprotektionismus. Während der Hegemoniephase in den fünfziger und sechziger Jahren verfochten die USA einen klaren Freihandelskurs. Sie setzten die Regeln für das Welthandelssystem, das ohne größere Reibungen funktionierte. Die Bildung des Gemeinsamen Marktes in Westeuropa und der wirtschaftliche Aufstieg Japans riefen Schutzforderungen von Unternehmen, Verbänden und Gewerkschaften hervor. Sie stießen zwar bei den Administrationen in der Regel eher auf Zurückhaltung, fanden aber im Kongreß ihre Anlaufstelle. Die Haupthandelspartner wurden zunehmend mit Konzessionsforderungen konfrontiert, die EG hauptsächlich im Hinblick auf ihren geschützten Agrarmarkt und Japan aufgrund seines industriellen Exports. Das wachsende amerikanische Schutzbedürfnis führte zu erheblichem Druck auf das Welthandelssystem. Zwar waren es die USA, die die Initiative für eine Weiterentwicklung des GATT zur WTO in der Uruguay-Runde ergriffen hatten, aber der Multilateralismus war längst nicht mehr ihre allein favorisierte Strategie. Uni-, Bi-, und Minilateralismus wurden je nach Bedarf eingesetzt. In die Milleniumrunde der WTO ging die Administration Clinton Ende 1999 ohne Fast Track Vollmacht. Der Kongreß war dazu nicht bereit, was den amerikanischen Initiativen den Elan nahm und eine liberale Führungsrolle stark einschränkte.

Angeregt vom europäischen Vorbild setzen die USA in den neunziger Jahren auch verstärkt auf Regionalismus, allerdings über Freihandelszonen und nicht über regionale Integration. Schwerpunkt ist die noch unter Präsident Bush ausgehandelte Nordamerikanische Freihandelszone (NAFTA) mit Kanada und Mexiko, die der Kongreß im November 1993 billigte. 1994 haben die USA eine panamerikanische Freihandelszone (Free Trade Area of the Americas, FTAA) angeregt, die bis zum Jahr 2005 ausgehandelt sein soll. Mit den wichtigsten Handelsstaaten der pazifischen Wachstumsregion wollen die USA die noch im Anfangsstadium befindliche asiatisch-pazifische Freihandelszone APEC funktionstüchtig machen. Der Vorschlag einer transatlantischen Freihandelszone hingegen hatte in Europa mehr Befürworter als in den USA und führte nur zu einer vagen Vereinbarung in Form einer Neuen Transatlantischen Agenda. Der atlantische Handel war auf so hohem Niveau, daß er kein spezielles handelspoltisches Arrangement über eine Sonderzone brauchte. Atlantika war bereits Handelsrealität.

Das Nebeneinander von Freihandel und fairem Handel betraf nicht nur die konkurrierenden Industriestaaten, sondern auch die Entwicklungsländer, insbesondere die sogenannten Schwellenländer. Im raschen Industrialisierungsprozeß befindliche Staaten wie Taiwan, Korea, Hongkong und Brasilien drängten mit Billigprodukten auf den amerikanischen Markt und forderten damit handelspolitische Gegenmaßnahmen heraus. Die ganze Palette der möglichen Schutzmaßnahmen wie Quoten, Anti-Dumping-Zölle, Ausgleichszölle und sogenannte freiwillige Exportbeschränkungsabkommen fand Anwendung. Bei Vorleistungen gegenüber Schwellenländern und Entwicklungsländern, um ihnen die Möglichkeit der Integration in das westliche Handelssystem zu eröffnen, zeigten sich die USA zunehmend zurückhaltender. Erst 1976 hatten die USA fünf Jahre nach der EG und Japan ein Präferenzsystem eingeführt, das die Importe aus Entwicklungsländern bevorzugt behandelte. Unter der Administration Reagan wurde es nicht nur nicht weiter ausgebaut, sondern wieder eingeschränkt.

Der Handel mit kommunistischen Staaten, der Ost-West-Handel, hatte für die USA zu keiner Zeit große wirtschaftliche Bedeutung. Er stand immer unter einem Sicherheitsvorbehalt, und bis zu Beginn der siebziger Jahre lief die Osthandelspolitik weitgehend auf Verweigerung hinaus. Erst während der Entspannungsphase in den siebziger Jahren nahm der Handelsverkehr mit Staatshandelsländern zu, überstieg aber in keinem Jahr bei den Exporten 4% des Außenhandels und 1% bei den Importen. Seit Anfang der achtziger Jahre war der Handel mit der Sowjetunion bis auf den Getreideexport der USA wieder stark rückläufig, während der Export industrieller Erzeugnisse in die Volksrepublik China erheblich zunahm. Der Handel mit den Reformländern in Osteuropa kam bis Mitte der neunziger Jahre nur schleppend in Gang. Die VR China wurde hingegen schneller zu einem wichtigen Handelspartner, allerdings nach dem üblichen asiatischen Muster mit stark defizitärer Bilanz zu Lasten der USA.

Währung: Instabiler Dollar

Der US-Dollar nimmt seit dem Zweiten Weltkrieg eine dominante Position im internationalen Währungssystem ein, die vornehmlich auf seine Rolle als Reservewährung zurückzuführen ist. Auf der Grundlage des 1944 in Bretton Woods vereinbarten internationalen Währungssystems stellten die Vereinigten Staaten der Weltwirtschaft internationale Liquidität zur Verfügung. Diese wurde über Defizite ihrer Zahlungsbilanz finanziert. Grundlage war der Gold-Dollar Standard, d.h. die Goldkonvertibilität des US-Dollars zu einem Festpreis von 35 $ je Unze Gold. Darauf basierte ein System fester Wechselkurse, die nur bei starken Ungleichgewichten durch Auf- oder Abwertungen geändert werden konnten, was den Aufschwung der Weltwirtschaft nach dem Kriege begünstigte.

Die USA spielten damit die Rolle des Weltbankiers. Sie schlossen einerseits die internationale Liquiditätslücke, andererseits aber erlaubte ihnen dies, ihr Zahlungsbilanzdefizit durch andere Länder finanzieren zu lassen und so einen Teil der Kosten der Weltmachtpolitik abzuwälzen. Die größten Defizitposten in der Zahlungsbilanz waren regelmäßig die auswärtigen Militärausgaben und die amerikanischen Direktinvestitionen im Ausland. Der VietnamKrieg hatte die Passivierung der amerikanischen Zahlungsbilanz beträchtlich verstärkt.

Ende der sechziger Jahre war das Währungssystem von Bretton Woods immer weniger in der Lage, zur Funktionsfähigkeit der Weltwirtschaft beizutragen. Die Währungskrisen häuften sich. Zuerst wurde der Goldpreis in einen offiziellen und einen freien gespalten. Doch die Spekulation gegen den Dollar verstärkte sich auf den Devisenmärkten immer mehr. 1971 war die Situation unhaltbar geworden. Im August versetzten die USA der Welt den sogenannten Nixon-Schock. Die Goldkonvertibilität des Dollars (und damit das System von Bretton Woods) wurde aufgehoben. Auf diese Weise hatten die USA gezeigt, daß sie die Macht besaßen, das alte Währungssystem im Alleingang sterben zu lassen, doch die Macht, ein neues an seine Stelle zu setzen, hatten sie nicht. Darüber mußten sie sich mit den westeuropäischen Staaten und Japan einigen.

Die Währungsparitäten wurden neu geordnet und die lange verweigerte Abwertung des US-Dollars vollzogen. Eine neue Währungskrise im Januar und Februar 1973 brachte eine weitere 10%ige Abwertung des US-Dollars. Das System fester Wechselkurse war nicht mehr zu retten. Ab März des Jahres floateten alle wichtigen Währungen der Welt, d.h. ihr Wert hing von nun an von den internationalen Geld- und Kapitalmärkten ab. 1976 wurde dieses System der floatenden Wechselkurse vom Internationalen Währungsfonds legalisiert.

Der Kurswert des US-Dollar in DM von 1970 bis 1998

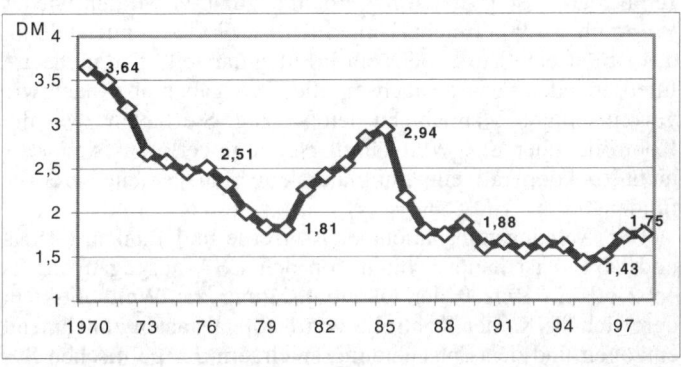

Quelle: Economic Report of the President 1997, S. 422 u. 1999, S. 452; eigene Grafik

Ein weiterer Destabilisierungsfaktor trat ab 1973 mit dem Petro-dollar-Problem auf. Die Vervielfachung des Ölpreises vermehrte die Petrodollars im Weltwährungssystem dramatisch. Dies trug zu den großen Wechselkursveränderungen wesentlich bei. In den siebziger Jahren entwickelte sich der Dollarkurs merklich nach unten. Während er Ende der sechziger Jahre überbewertet war, wurde nun angesichts des sinkenden Dollars von der Unterbe-wertung gesprochen. Zwischen 1970 und 1979 verlor er im Jah-resdurchschnitt gegenüber der DM um 10% an Wert. Bis 1979 nahmen die amerikanischen Administrationen den Dollarverfall gelassen hin. Im Oktober jenes Jahres kam es dann zu einer dra-stischen Revision der amerikanischen Währungspolitik. Mit Hil-fe der Geldpolitik der Federal Reserve Bank wurde eine Politik des knappen Geldes, also Hochzinspolitik, betrieben. Dieser Kurs wurde unter Reagan noch intensiviert. Der Dollar gewann beträchtlich an Wert und stieg bis Anfang 1985 wieder auf 3,47 DM an, so daß die Kritiker in Europa erneut von einer Überbe-wertung sprachen. Dann entwickelte sich der Dollarwert wiederum rückläufig. Er schwankte zwischen knapp unter 2,00 DM und 1,37 DM.

In welche Richtung sich der Kurs auch immer bewegte, der Dollar erwies sich als die dominante Währung. Auch der Euro konnte ihm diese Rolle 1999 noch nicht streitig machen. Sein Kursverhältnis zum Dollar zeigte europäische Schwäche an. Der Euro verlor gegenüber dem Dollar 1999 mehr als 13% an Wert und fiel von am Jahresanfang 1,18 Dollar bis zum De-zember auf fast 1 zu 1. Im Verhältnis zur DM wurden wieder Werte über 1,90 erreicht. Umstritten ist, ob die Sonderstellung des Dollar eine Bürde oder ein Privileg darstellt. Die monetäre Interdependenz war gewachsen, die USA gaben aber nach wie vor einseitigen Maßnahmen den Vorzug. Sie hatten zwar die Kontrolle über das Weltwährungssystem verloren, sich aber nicht zu kooperativem, multilateralem Management bereitge-funden.

Der Aufstieg transnationaler Konzerne und Banken (TNKs und TNBs) ist hauptsächlich von den USA ausgegangen. Es entstand ein Prozeß der Ökonomisierung der Weltpolitik, in dem sich TNKs der Kontrolle von Nationalstaaten zunehmend entzogen und den Entscheidungsspielraum der politischen Sy-steme aushöhlten. Die USA sind das Stammland des größten Teils der TNKs geblieben, wenn gleich mit abnehmender Tendenz. 1996 vefügten 3 470 US-Konzerne über 18 608 Tochtergesellschaften im Ausland. Die Rolle der TNKs zeigt sich einmal bei den Direktinvestitionen im Ausland, die hauptsächlich von ihnen vorgenommen werden, und beim Ex- und Import.

Auffällig bei den Direktinvestitionen der USA im Ausland, die zwischen 1960 und 1996 von 32 Mrd. US-$ auf 796 Mrd. US-$ anstiegen, ist die Verschiebung der regionalen Konzentration. 1957 gingen 18,7% der Anlagen amerikanischer TNKs nach Europa, 35% nach Lateinamerika und 33,1% nach Kanada. 1994 hatte sich die Europalastigkeit mit 49,7% noch verstärkt, der kanadische Anteil war auf 13,5% gefallen, der Lateinamerikas auf 10,8%. Asien und die pazifische Region hingegen nahmen 1994 schon 20,5% auf.

In den sechziger Jahren hatte es in Westeuropa Befürchtungen über einen Ausverkauf der europäischen Industrie gegeben, zumindest aber eine weitgehende direkte amerikanische Kontrolle wurde erwartet. Ab den siebziger Jahren nahmen dann die europäischen Direktinvestitionen in den USA (Beteiligungen, Unternehmensaufkäufe) erheblich zu. Von den ausländischen Direktinvestitionen in Nordamerika im Jahr 1997 in Höhe von 630 Mrd. US-$ stammten 410 Mrd. aus Europa, gefolgt von 118 Mrd. aus Japan. Die europäischen Direktinvestitionen in den USA überstiegen damit die amerikanischen Investitionen in Europa um ca. 10 Mrd. US-$ Der Trend hatte sich umgekehrt, die europäische Revanche nach der amerikanischen Herausforderung der sechziger Jahre hatte stattgefunden. Nun wurde in den USA gelegentlich vom Ausverkauf der Industrie gesprochen. Die transatlantischen Direktinvestitionen waren jenseits aller alarmistischen Interpretationen ziemlich ausgeglichen und zeigten ein Verflechtungsniveau an, das weit über dem mit anderen Regionen lag.

Die wichtige Rolle der TNKs beim Außenhandel läßt sich an ihren hohen Anteilen ablesen. Die TNKs wickelten 362 Mrd. US-$ von insgesamt 585 Mrd. US-$ amerikanischer Exporte im Jahre 1995 ab. Beim Import entfielen auf ihre Aktivitäten 289 Mrd. US-$ von 744 Mrd. US-$. Daraus wird deutlich, daß die TNKs mehr als die Hälfte der Exporte tragen, aber weniger als die Hälfte der Importe. Ihr Handel wies demnach eine positive Bilanz aus, d.h. sie waren nicht für das hohe Handelsbilanzdefizit verantwortlich. Rund 30% des Welthandels sind mittlerweile Intra-Konzern-Handel zwischen den Niederlassungen von TNKs.

Als Träger und Verstärker von gegenseitigen Abhängigkeiten haben TNKs und TNBs ein Interesse an von nationalstaatlichen Grenzen unbeeinträchtigter Handlungsfreiheit. Sie sind deshalb die mächtigste Lobby für Freizügigkeit im Kapital- und Handelsverkehr. Damit kamen sie neben der Kritik aus der Dritten Welt, die sich in den Diskussionen der Vereinten Nationen um einen Verhaltenskodex für TNKs niedergeschlagen hat, auch in den Vereinigten Staaten selbst unter Druck. Protektionistische Tendenzen ließen die TNKs wegen ihrer Produktionsverlagerungen ins Ausland, vornehmlich in Billiglohnländer, für die Gewerkschaften als Exporteure von Arbeitsplätzen erscheinen.

Die amerikanischen Administrationen blieben mit Ausnahme der Carter-Ära jedoch weitgehend TNK-freundlich. Die Regierungen ließen sich freilich nicht mehr wie in den sechziger Jahren für die Zwecke der TNKs einspannen, um Nationalisierungen zu verhindern oder zu bestrafen, wie es gegenüber lateinamerikanischen Ländern praktiziert worden war. Wenn sich transnationale Interessen der TNKs mit nationalen der Regierung stießen, kam es wie in der Zahlungsbilanz und Steuerpolitik durchaus auch zu Restriktionsmaßnahmen. Der Hauptdruck auf die amerikanischen TNKs und TNBs ging freilich von der aufstrebenden europäischen und japanischen Konkurrenz aus.

Bei den Ausleihen an Länder der Dritten Welt, insbesondere an lateinamerikanische Staaten, waren die amerikanischen Banken in den siebziger Jahren führend. Anfang der achtziger Jahre waren diese Länder zum Teil entweder unfähig oder nicht gewillt, die Tilgungen und die hohen Zinsen aufzubringen. Führende US-Banken hatten dadurch riesige Verluste auszugleichen. Die Bank of America, 1980 noch die größte Bankengruppe der Welt, machte fortwährend Verluste und mußte Platz 1 an die Citicorp. abgeben. Die vormals siebtgrößte Bank der USA, die Chicagoer Continental Illinois, brach 1984 beinahe zusammen. Auch wenn eine relative Stabilisierung gelang, gab es doch eine für europäische Verhältnisse ungewöhnlich hohe Pleitenquote (1987 waren es allein 184 Institute) und die internationale Vorherrschaft war dahin.

Die weniger hart von der Schuldenkrise betroffenen TNBs in Japan und in Westeuropa verbesserten dadurch ihre Weltposition. Entsprechend ging der Anteil amerikanischer Banken an den gesamten internationalen Forderungen in der zweiten Hälfte der achtziger Jahre erheblich zurück. Ihr Anteil fiel z. B. von 26,3% im September 1984 bis September 1986 auf 18,6%. Der Anteil japanischer Banken stieg dagegen von 23,2% (1984) auf einen Höchstand von 38% im Jahr 1988, fiel aber bis 1992 wieder auf unter 28%. Die neunziger Jahre waren dann eine Schwächephase für die japanischen Banken, die unter dem Druck schlechter heimischer und asiatischer Schulden standen. Das amerikanische Bankensystem hingegen gewann national wie international wieder an Boden. 1998 lagen wieder drei amerikanische Banken (Citibank, Rang 1, BankAmerica, Rang 2 und Chase Manhattan, Rang 5) in der Spitzengruppe der 20 größten Banken der Welt.

Binnenentwicklung und weltwirtschaftliche Verflechtung: Eine überforderte Führungsmacht

Die Weltwirtschaft hatte sich Mitte der sechziger Jahre zum Nachteil der USA gewandelt. Aus der amerikanischen wirtschaftlichen Vorherrschaft (Hegemonie) wurde eine Führungsrolle vor dem Hintergrund gegenseitiger Abhängigkeit (Interdependenz). Die wirtschaftliche Macht der USA war geringer geworden. Sie mußten ihre Politik dieser Tatsache anpassen. Damit hatten alle Administrationen ihre Schwierigkeiten. In den neunziger Jahren brachten Globalisierung und Informationstechnologien dann für die USA einen neuen Boom.

Nach dem Scheitern des Alleingangs von 1971, der „Neuen Wirtschaftspolitik", die das alte Währungssystem der festen Kurse abschaffte, zeigte Amerika die Bereitschaft, sich zu wandeln. Unter der Präsidentenschaft Nixons und Fords nahmen die kooperativen Elemente in der Außenwirtschaftspolitik zu. Die gemeinsame (multilaterale) Politik zum Management der Interdependenz gewann an Bedeutung. Diese Entwicklung erreichte in den ersten beiden Regierungsjahren des Präsidenten Carter ihren Höhepunkt. Dann nahm die Anpassungsbereitschaft der USA wieder ab. Die Interdependenz wurde als Fessel und Schwäche ausgelegt. Die Grenzen des einseitigen amerikanischen Handlungsspielraums im wirtschaftlichen Bereich, verbunden mit der Befürchtung, die Position als Nummer 1 im militärischen Bereich zu verlieren, brachten den Versuch, erneut mit einseitigen Maßnahmen wirtschaftliche Führung zu betreiben. Amerika trauerte der Hegemonie nach und brachte mit der Wahl Ronald Reagans die Anpassungsverweigerer an die Schalthebel der Macht in Washington.

Die wirtschaftliche Seite der entschlossenen konservativen Politik Reagans hieß „Reaganomics". Als umwälzende Neukonzeption der Wirtschaftspolitik, manchmal gar als Revolution charakterisiert, handelte es sich dabei aber allenfalls um den Versuch der Gegenrevolution. Im Gegensatz zur Keynesianischen Nachfragepolitik wurde der Akzent jetzt auf Angebotspolitik (supply side economics) gesetzt. Hinzu kamen monetaristische Elemente, d.h. der Versuch, mit konsequenter Geldpolitik (konkret der Verknappung des Geldes) eine Erholung der amerikanischen Wirtschaft zu bewirken. Ziel war nicht nur die Gesundung der Binnenwirtschaft, sondern auf dieser Grundlage ausdrücklich auch die Wiederherstellung der außenwirtschaftlichen Führungsposition. „Reaganomics" zeichnete sich durch hauptsächlich vier Ziele aus:

1. die Reduzierung des Staatseinflusses in der Wirtschaft, also die Befreiung der Privatwirtschaft von staatlicher Bevormundung,
2. den Ausgleich des Bundeshaushaltes auf niedrigem Niveau und die Senkung des Staatsanteils am Bruttosozialprodukt,
3. die Schaffung von Leistungsanreizen für Haushalte und Unternehmen durch eine Verringerung der Steuerlast,
4. die Steigerung der internationalen Wettbewerbsfähigkeit und die Stärkung des Dollar.

Die Bemühungen zur Reduzierung des Staatseinflusses gingen von der Annahme aus, daß die staatlichen Interventionen sich als schädlich erwiesen hätten und der Markt für die Selbststeuerung der Wirtschaft sorgen könne. Die größte Zielverfehlung trat beim Ausgleich des Bundeshaushaltes auf. Zwar gab es empfindliche Eingriffe in das im Vergleich mit Westeuropa sowieso nur lockere wohlfahrtsstaatliche Netz, die gleichzeitige Aufblähung der Rüstungshaushalte überforderte aber den Haushaltsausgleich. Tatsächlich nahm das Defizit stark zu.

Bei den Steuersenkungen war die Administration Reagan am weitesten vorangekommen. 1986 gelang ihr nach vorangegangenen kleineren Steuerentlastungen eine Steuerreform, die das Steuerrecht wesentlich vereinfachte und die Einkommensteuer ab 1988 auf nur noch zwei relativ niedrige Sätze von 15 und 28% senkte. Positive Auswirkungen auf die Wirtschaft blieben weitgehend aus, die negativen Konsequenzen für den Haushaltsausgleich wurden hingegen um so deutlicher.

Die Politik des starken Dollars war bis ins Jahr 1985 hinein erfolgreich. Sie ging freilich eindeutig zu Lasten des Exports, d.h. der internationalen Konkurrenzfähigkeit. Hier gingen Märkte verloren, die auch nach dem Kurswechsel hin zum niedrigeren Dollarwert nur schwer wiederzugewinnen waren. Erst ab 1988 baute sich das Handelsbilanzdefizit bis 1992 langsam ab, um dann ab 1994 wieder auf Rekordhöhe zu gelangen. Eindeutige Erfolge konnte Reagan beim Wirtschaftswachstum, bei der Inflationsbekämpfung und bei der Beschäftigung erzielen. Die Wachstumsraten des Bruttosozialprodukts (BSP) lagen besonders in der zweiten Hälfte der achtziger Jahre weit über dem europäischen Niveau. Bush landete dann freilich ausgerechnet im Wahljahr 1992 in einer Rezession. Seine Wachstumsbilanz lag im Vergleich mit den Vorgängen nur knapp über Null. Präsident Clinton kam dann in den Genuß eines Booms, der in beiden Amtsperioden anhielt.

Die amerikanische Arbeitslosenquote sank unter Reagan schon auf unter 6%. Erst gegen Ende von Bushs Amtszeit lag sie wieder über 7%. Unter Clinton fiel die Arbeitslosenquote wieder und stand 1997 Jahr bei 4,9%. Davon konnte Deutschland nur träumen, wo die Vergleichszahl 10% betrug. Im internationalen Vergleich waren die amerikanischen Quotenwerte in den neunziger Jahren weit besser als die europäischen. Mitte des Jahrzehnts verzeichnete der amerikanische Arbeitsmarkt im Vergleich mit dem europäischen geradezu ein „Jobwunder". Hinzu kam, daß die neuen Arbeitsplätze im Dienstleistungssektor mehrheitlich keine „Hamburgerjobs" waren.

Die Zielkonflikte der amerikanischen Wirtschaftspolitik hat kein US-Präsident lösen können. Der hohe Dollarwert Mitte der achtziger Jahre hatte zwar die amerikanische Weltpolitik (militärische Auslandshilfe und Truppenstationierungskosten) vorrübergehend verbilligt, die Kehrseite war aber die stark reduzierte Konkurrenzfähigkeit der amerikanischen Wirtschaft auf dem Weltmarkt. Die hohen staatlichen Defizite und das hohe Zinsniveau begünstigten lange Zeit den hohen Dollar, beschnitten aber der amerikanischen Binnenwirtschaft Wachstumschancen und führten zu einem bisher unbekannten Niveau der Auslandsverschuldung (1998 fast 1 250 Mrd. $). Versuche, einen

Teil der Kosten auf die Verbündeten und Handelspartner abzuwälzen, brachten zunehmende Konflikte mit Westeuropa und Japan über die Handels- und Währungspolitik mit sich. Die Hegemonialrolle der USA, zu der Reagan zurückzukehren versucht hatte, war für die USA eine Nummer zu groß und hat die amerikanische Wirtschaft überfordert. Es war eine Hegemonie auf Pump.

Durchschnitt des jährlichen Wirtschaftswachstums von Truman bis Clinton in Prozent (real gross domestic product)

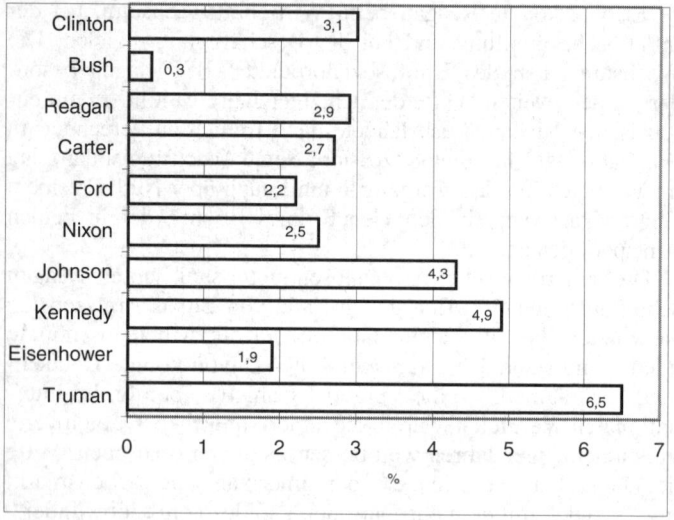

Quelle: The Washington Post u. Economic Report of the President 1999, S. 454; eigene Grafik

Präsident Bush scheiterte noch an Reagans wirtschaftlichem Erbe. Er wurde wegen der binnen- und außenwirtschaftlichen Lage nicht wiedergewählt. Der Demokrat Bill Clinton versprach im Wahlkampf Abhilfe. Sein Spielraum allerdings war anfangs recht eng. Da er der US-Wirtschaft zur Marktöffnung im Ausland notfalls mit Schutzmaßnahmen helfen wollte, heizte er in seiner ersten Amtszeit die Konflikte mit den Partnerstaaten, insbesondere mit Japan an. Einschneidendes Sparen zu Hause oder gar Steuererhöhungen hätten seine eigene Wählerklientel verprellt. Beim Ziel der Budgetentlastung stahl dem demokratischen Präsidenten der republikanische Kongreß zeitweise die Show. Doch Clinton hatte mit der Wirtschaftsentwicklung und in der Budgetfrage Glück, das Defizit sank seit 1993. Die Reagan-Erblast wurde überwunden und 1998 gab es erstmals seit 1969 wieder einen Überschuß im Bundeshaushalt zu verzeichnen.

Das amerikanische Haushaltsdefizit 1969 bis 1999 in Mrd. US-Dollar

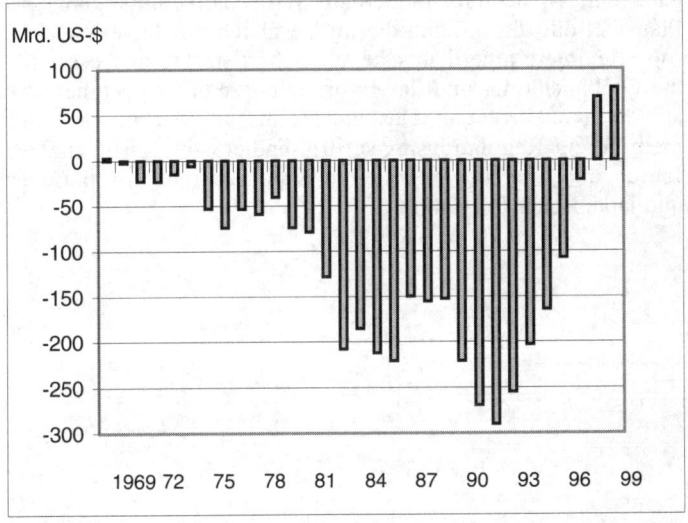

Quelle: Economic Report of the president 1999, S 419; eigene Grafik

Das Gesamtbild der US-Wirtschaft erschien ab Mitte der neunziger Jahre wieder eher rosig. Mit jährlichen Wachstumsraten bei der Produktivität von durchschnittlich 2,2% zwischen 1990 und 1995 lagen die USA beachtlich über dem weit niedrigeren Niveau von 0,9% zwischen 1981 und 1990. Die erste Hälfte der neunziger Jahre sah die USA beim Wachstum der Produktivität auch vor Japan und Deutschland. Eine Grundbedingung für verbesserte Wettbewerbsfähigkeit war damit erfüllt. Die Entwicklung und der Umgang mit neuen Technologien gelang der US-Wirtschaft besser als jeder anderen unter den entwikkelten Industriestaaten. Die deutlich verbesserte Position der USA drückte sich auch in der höchsten Wachstumsrate der Industrieproduktion des letzten Jahrzehnts aus. Sie betrug für die USA zwischen 1986 und 1995 28%, für Japan 21% und für Deutschland nur 11,7%.

Die Erklärung für den Boom in den neunziger Jahren ist in den USA umstritten. Die Republikaner führen ihn auf positive Spätfolgen der Reaganomics und ihren konsequenten Sparkurs im Kongreß mit einer republikanischen Mehrheit zurück, die Demokraten und Clinton behaupten, seine Administration hätte ganz einfach bessere, modernere Wirtschaftspolitik gemacht. Plausibel dürfte sein, daß die im Vergleich mit Japan und Europa flexiblere amerikanische Wirtschaft strukturell besser für die Globalisierung und das Informationszeitalter geeignet war als die Konkurrenten. Das amerikanische Marktmodell mit niedrigerem Regulationsniveau triumphierte in den neunziger Jahren über den hochregulierten Korporatismus europäischer und japanischer Prägung.

Axel Murswieck

Soziale Sicherung in den USA
Perspektiven der Sozialpolitik

Der historische Hintergrund

In der Berichterstattung und der öffentlichen Wahrnehmung über das amerikanische Sozialleistungssystem werden vor allem zwei Themen als charakteristisch in den Vordergrund gestellt: einerseits die private Selbstverantwortung und die privatwirtschaftliche Organisation bei der Lösung sozialpolitischer Probleme, und zum anderen das Vorhandensein einer weitverbreiteten Armut in der Bevölkerung. Dieser Umstand erklärt sich aus der Tatsache, dass es in den USA kein national einheitliches System für alle Bereiche der sozialen Sicherung gibt. In der Bundesrepublik Deutschland hingegen sind die Sozialversicherung mit den Risiken Alter, Krankheit, Unfall, Arbeitslosigkeit und Pflege sowie die Sozialhilfe als Kernbereiche der sozialen Sicherung bundesweit einheitlich geregelt und haben eine lange historische Tradition.

Der Ausbau des modernen Wohlfahrtsstaates in den USA begann erst sehr spät in der Phase des ‚New Deal' unter Präsident Roosevelt (1933-1945). Das Sozialversicherungsgesetz von 1935 (‚Social Security Act') stellte, trotz der – verglichen mit der deutschen Entwicklung – nur geringen Verwirklichung eines nationalen Versicherungsprogrammes, einen entscheidenden historischen Einschnitt dar. Die amerikanische Bundesregierung wurde in weitem Umfang nun Mitakteur in der Sozialpolitik. Bis zu diesem Zeitpunkt konnten sich Vorstellungen von staatlich organisierten Sicherungssystemen nicht durchsetzen. Das politische Klima war von einer Ablehnung gegenüber politischen Lösungen sozialer Probleme und der Bevorzugung von freiwilligen, privaten Leistungen für die Einkommenssicherung und für andere soziale Dienste bestimmt.

Familieneinkommen 1970 bis 1997

	Familien insgesamt (in 1.000)	Unter 10.000$	10.000- 14.999$	15.000- 24.999$	25.000- 34.999$	35.000- 49.999$	50.000- 74.999$	75.000$ und mehr	Durchschnittliches Einkommen (in $)
Alle									
1970	52.227	7,0	6,2	14,5	17,0	24,1	20,6	10,5	38.345
1980	60.309	6,6	6,2	14,3	14,2	21,4	22,4	14,9	40.999
1985	63.558	7,5	6,2	13,7	14,0	19,3	21,3	17,9	41.371
1990	66.322	7,1	5,8	12,9	13,5	19,1	21,5	20,3	43.414
1995	69.597	6,9	6,2	13,6	13,8	18,0	20,9	20,7	42.769
1996	70.241	7,3	5,9	13,2	13,4	17,5	21,5	21,2	43.271
1997	70.884	6,8	5,7	13,0	12,8	17,4	21,3	22,8	44.568
Weiße									
1970	46.535	5,9	5,5	13,7	17,0	24,9	21,7	11,3	39.779
1980	52.710	5,3	5,4	13,6	14,2	22,0	23,6	16,0	42.717
1985	54.991	6,0	5,5	13,1	14,0	19,9	22,3	19,2	43.484
1990	56.803	5,3	5,0	12,5	13,6	19,5	22,6	21,5	45.332
1995	58.872	5,2	5,5	13,0	13,8	18,4	21,9	22,1	44.913
1996	58.934	5,6	5,3	12,6	13,4	17,9	22,6	22,7	45.783
1997	59.515	5,3	5,1	12,5	12,7	17,7	22,1	24,5	46.754
Schwarze									
1970	4.928	17,3	21,1	22,1	17,5	16,6	10,9	3,5	24.401
1980	6.317	17,7	13,1	19,8	14,3	16,7	13,1	5,4	24.717
1985	6.921	19,9	11,5	18,7	14,2	15,6	13,2	6,9	25.039
1990	7.471	20,2	11,7	16,2	13,3	16,3	13,7	8,7	26.308
1995	8.055	18,2	10,5	17,8	14,6	16,0	13,7	9,2	27.350
1996	8.455	18,5	10,5	17,6	14,1	15,4	14,6	9,4	27.131
1997	8.408	17,0	9,8	17,7	14,2	15,5	16,0	9,9	28.602

Hispanische Abstammung

1980	3.235	12,2	10,5	20,2	17,3	18,4	15,0	6,4	28.699
1985	4.206	13,9	12,1	18,9	15,6	17,5	14,2	7,9	28.381
1990	4.981	13,5	11,3	19,2	15,4	17,6	14,0	9,0	28.773
1995	6.287	15,2	11,5	22,2	15,9	14,6	13,0	7,7	25.876
1996	6.631	14,2	11,6	21,3	15,5	15,3	13,2	8,9	26.780
1997	6.961	13,8	10,9	20,1	15,3	17,2	12,7	10,0	28.142

Quelle: The American Almanac Statistical Abstract of the United States. Austin 1999, S. 478.

Erfahrungen mit bundesstaatlichen Sozialhilfeprogrammen haben dabei eine Rolle gespielt. Obwohl wenig bekannt, gab es zwischen 1870 und 1920 einen „amerikanischen Sozialleistungsstaat" beim Bund und in den Staaten. Zwischen 1880 und 1910 flossen über ein Viertel des Bundeshaushalts in Sozialprogramme. Diese waren besonderer Art. Die USA versuchten nicht, den Arbeitern, sondern Soldaten und Müttern zu helfen. Zum einen ging es um ein Altersversorgungsprogramm für Veteranen des Bürgerkriegs; 1915 erfasste es 93% aller Veteranen. 28% aller amerikanischen Männer über 65 Jahren erhielten Pensionen. Die gewaltige Ausdehnung hatte einen Grund: Das Programm wurde zur Beute der Parteien, so dass es schließlich als Symbol einer korrupten Patronage-Demokratie galt. Nach 1920 lief es aus. Als Vorbild für eine allgemeine Rentenversicherung kam es nicht in Frage.

Der zweite sozialpolitische Schwerpunkt jener Zeit galt Familienbeihilfeprogrammen, den sogenannten ‚mothers pensions'. Bis 1920 gab es in 40 Staaten derartige Fürsorgeprogramme, und in der Bundesregierung gab es eine Bundeskinderbehörde. Aber auch diese Programme versandeten schließlich in einer ineffizienten Verwaltung. Der Vorwurf der Verschwendung war damit verbunden und die negative Etikettierung von ‚welfare' wurde für diese Sozialhilfeleistungen geboren.

Die starke Betonung privater Selbstverantwortung und die seit dem Ende des 19. Jahrhunderts sich einflussreich ausbreitende Tätigkeit privater Wohlfahrtsorganisationen können als weitere Hindernisse für die Entstehung einer allgemeinen Sozialversicherungsgesetzgebung angesehen werden. Hinzu kommt die Tatsache, dass bis 1935 die Sozialgesetzgebung eine Angelegenheit der Einzelstaaten war. Hier mussten jeweils die Widerstände von privaten Wohlfahrtsorganisationen, Unternehmen und Gewerkschaften überwunden werden. Sozialgesetze wurden als staatliche Eingriffe in die individuelle Vertrags- und Eigentumsfreiheit angesehen. In vielen Fällen wurden diese von den Gerichten daher als verfassungswidrig verworfen. Erst die wirtschaftliche Depression (1929-1939) machte die Unzulänglichkeit der zersplitterten und uneinheitlichen Einkommenssicherungsprogramme in den Einzelstaaten offenbar und ebnete den Weg zu einer nationalen Lösung. Aber auch diese blieb begrenzt.

Das Sozialversicherungsgesetz von 1935 schuf lediglich für die Rentenversicherung eine national einheitliche Pflichtversicherung. Die ebenfalls eingeführte Arbeitslosenversicherung wurde der Zuständigkeit der Einzelstaaten übertragen. In der Sozialhilfe wurden das Prinzip der Mischfinanzierung (Finanzzuschüsse des Bundes) und die Begrenzung auf bestimmte Personengruppen (hilfsbedürftige Alte, Blinde und Kinder) bei autonomer Gestaltung durch die Staaten eingeführt. Für alle anderen Fälle von Armut und Hilfsbedürftigkeit blieb es bei der alleinigen Finanzierung und Organisation durch Einzelstaaten und Gemeinden.

Die einzelnen Maßnahmen des Sozialversicherungsgesetzes lassen sich nach drei auch heute noch gültigen Merkmalen unterscheiden:

– Zentralisiert und dezentralisiert: Maßnahmen in alleiniger Zuständigkeit des Bundes oder der Staaten. Maßnahmen mit geteilter Zuständigkeit zwischen Bund und Einzelstaaten.
– Geld- oder Sachleistungen: Monetäre Leistungen, die der Einkommenssicherung dienen. Sachleistungen als soziale Dienste.
– Versicherung oder Sozialhilfe: Beitrags- oder abgabenbezogene Leistungen auf Grund einer gesetzlichen Pflichtversicherung. Steuerfinanzierte Leistungen auf Grund von Sozialhilfegesetzen.

Die Übersicht auf S. 222 gibt einen Überblick über die heute bestehenden Sozialleistungen des Bundes, und die Übersicht auf S. 223 zeigt die jeweiligen Einführungszeiten. Daraus wird deutlich, dass verglichen mit der deutschen Situation nur die Rentenversicherung und die 1965 eingeführte Krankenversicherung für Rentenbezieher ('Medicare') unserer Vorstellung von einer national einheitlichen gesetzlichen Pflichtversicherung entspricht. Eine allgemeine gesetzliche Krankenversicherung existiert nicht. Auch im Sozialhilfebereich fehlte eine wie bei uns durch das Bundessozialhilfegesetz von 1961 geschaffene einheitliche Regelung.

Diese Sozialleistungsprogramme sind zu einer Dauereinrichtung geworden. 1935 war das anders gedacht. Die Alters- und Arbeitslosenversicherung sollte 'nur' eine Ergänzung privater Vorsorgemaßnahmen darstellen. Von den Sozialhilfeprogrammen war angenommen worden, dass sie im Laufe der Zeit durch das Zusammentreffen des Ausbaus der Sozialversicherung mit einem wiederbelebten ökonomischen Wachstum überflüssig werden würden.

Für die politische Diskussion in den USA ist die Unterscheidung von Sozialversicherung („Social Security") und Sozialhilfe („Welfare") entscheidend, wobei in den meisten Fällen der Begriff „Social Security" sich auf die Rentenversicherung und die Krankenversicherung für Rentner beschränkt.

Verwaltungs- und Finanzierungsstruktur und Ausdehnung der bundesstaatlichen Sozialleistungsprogramme in den USA (1997)

Leistungsart Beginn	Ausdehnung	Vereinheit-lichungsgrad	Finanzierungs-quelle	Verwaltungs-zuständigkeit
Sozialversicherung				
Rentenver-sicherung (OASDI) 1935	rd. 95% der Erwerbstätigen	National einheitlich	Beiträge Arbeitnehmer/ Arbeitgeber	Bund
Arbeitslosenver-sicherung (UI) 1935	rd. 97% der Arbeitnehmer	Einzelstaatliche Regelung	Beiträge Arbeit-geber (teilweise Arbeitnehmer)	Einzelstaaten
Unfallversiche-rung (WC) 1948	rd. 88% der Arbeitnehmer	Einzelstaatliche Regelung	Beiträge Arbeit-geber (teilweise Arbeitnehmer)	Einzelstaaten
Krankenver-sicherung (Medicare) 1965	rd. 96% der über 65-jährigen	National einheitlich	Beiträge Arbeitgeber/ Arbeitnehmer	Bund
Sozialhilfe (Geldleistungen/Cash Assistance)				
Alten-, Blinden- und Behinder-tenfürsorge (SSI) 1972	rd. 6,5 Mio. Personen	National einheitlich	Steuern Bund	Bund
Familienfürsorge (AFDC) 1935 ab 1997 TANF	rd. 14,1 Mio. Personen	Einzelstaatliche Regelung	Steuern Bund/ Staaten/ Gemeinden	Bund/ Einzelstaaten/ Gemeinden
Steuerbeihilfen für einkommens-schwache Ar-beitnehmer (EITC) 1975	rd. 19 Mio. Personen	National einheitlich	Steuern Bund	Bund
Sozialhilfe (Sachleistungen/In Kind)				
Krankenfürsorge (Medicaid) 1965	rd. 33,4 Mio. Personen	Einzelstaatliche Regelungen	Steuern Bund/ Staaten/ Gemeinden	Bund/ Einzelstaaten/ Gemeinden
Ernährungsfür-sorge (Food Stamps) 1964	rd. 27 Mio. Personen	National einheitlich mit Ausnahmen	Steuern Bund	Bund/ Einzelstaaten

Abkürzungen: OASDI: Old Age, Survivors, and Disability Insurance Program; Medicare: Health Insurance for the Aged and Disabled; SSI: Supplemental Security Income Program; AFDC: Aid to Families with Dependent Children; TANF: Temporary Assistance for Needy Families; Medicaid: Medical Assistance to certain Poor People; EITC: Earned Income Tax Credits. Zahlenangaben beziehen sich auf das Jahr 1997.

Sozialversicherung	(Social Security)

A. Altersversicherung

1861	Veteranen-Pensionsprogramm	
1896	Pensions-Plan für Lehrer in New Jersey	Teachers' Pension Plan
Ab 1900	Verschiedene Pensionspläne auf Gemeindeebene und Staatsebene für Teile des öffentlichen Dienstes	
1912	Pensionssystem für den öffentlichen Dienst des Bundes	Civil Service Retirement System
1935	Nationale Gesetzliche Rentenversicherung	Old Age Insurance (OAI)
1939	Ausdehnung der Gesetzlichen RV auf Hinterbliebene	Old Age Survivors Insurance (OASI)
1956	Ausdehnung der Gesetzlichen RV auf Erwerbsunfähigkeit	Old Age Survivors Disability Insurance (OASDI)

B. Arbeitslosenversicherung

1932	Arbeitslosenversicherungsgesetz im Staat Wisconsin	Unemployment Insurance (UI)
1935	Bundesrahmengesetz zur Arbeitslosenversicherung	

C. Unfallversicherung

1902	Unfallversicherungsgesetz im Staat Maryland (1904 als verfassungswidrig erklärt)	Workmen's Compensation Law (WC)
1908	Unfallversicherungsgesetz für den öffentlichen Dienst des Bundes	
1910-13	Unfallversicherungsgesetze in 22 Staaten	
1920	Unfallversicherungsgesetze in 43 Staaten	
1948	Unfallversicherungsgesetze in allen Einzelstaaten	

D. Krankenversicherung

1965	Gesetzliche Krankenversicherung für Rentenbezieher	Medicare
	- Teil A: Pflichtversicherung für Krankenhausbehandlung	Hospital Insurance (HI)
	- Teil B: Ergänzende freiwillige Versicherung für ambulante Behandlung	Supplementary Medical Insurance (SMI)

Bundesstaatliche Sozialhilfeprogramme(Public Assistance)

A. Altenfürsorge*

1935	Einkommensbeihilfen für bedürftige Alte	Old Age Assistance (OAA)

B. Blindenfürsorge*

1935	Einkommensbeihilfen für Blinde	Aid to the Blind (AB)

C. Familienfürsorge

1935	Einkommensbeihilfen für bedürftige Familien mit minderjährigen Kindern	Aid to Families with Dependent Children (AFDC)

D. Behindertenfürsorge*

1950	Einkommensbeihilfe für Behinderte	Aid to the Permanently and Totally Disabled (APTD)

E. Krankenfürsorge

1965	Kostenübernahme für die medizinische Versorgung Bedürftiger	Medical Assistance (Medicaid)

F. Ernährungsfürsorge

1964	Ernährungsbeihilfen (Lebensmittelgutscheine) für Bedürftige	Food Stamp Program
*1974	Zusammenfassung zu einem national einheitlichen Leistungsprogramm	Supplemental Security Income (SSI)

Bundesstaatliche Sozialhilfeprogramme (Public Assistance)

Altenfürsorge*		
1935	Einkommensbeihilfe für bedürftige Alte	Old Age Assistance (OAA)
Blindenfürsorge*		
1935	Einkommensbeihilfen für Blinde	Aid to the Blind (AB)
Familienfürsorge		
1935	Einkommensbeihilfen für bedürftige Familien mit minderjährigen Kindern	Aid to Families with Dependent Children (AFDC)
Behindertenfürsorge*		
1950	Einkommensbeihilfe für Behinderte	Aid to the Permanently and Totally Disabled (APTD)
Krankenfürsorge		
1965	Kostenübernahme für die medizinische Versorgung Bedürftiger	Medical Assistance (Medicaid)
Ernährungsfürsorge		
1964	Ernährungsbeihilfen (Lebensmittelgutscheine) für Bedürftige	Food Stamp Program
* 1974	Zusammenfassung zu einem national einheitlichen Leistungsprogramm	Supplemental Security Income (SSI)

Vor allem diese beiden Bereiche bleiben politisch „Heilige Kühe", die keiner grundlegend zu verändern gedenkt. Im wesentlichen bezieht sich daher die sozialpolitische Kontroverse auf den steuerfinanzierten Sozialhilfebereich, der am stärksten das negative Image vom Wohlfahrtsstaat markiert.

Die Sozialversicherungsprogramme

Die Rentenversicherung

Versicherungspflichtig in der gesetzlichen Rentenversicherung sind grundsätzlich alle Erwerbstätigen und zwar sowohl abhängig Beschäftigte als auch Selbständige. 1983 wurde die Versicherungspflicht auf alle neuen Angestellten des Bundes und ab 1984 auf die Arbeitnehmer gemeinnütziger Organisationen ausgedehnt. Die Freiwilligkeit der Mitgliedschaft gilt weiterhin bei Angestellten der Einzelstaaten und Gemeinden. Ab 1988 werden auch mithelfende Familienangehörige von Selbständigen einbezogen. So sind heute rund 95 Prozent der Erwerbstätigen in der Rentenversicherung. Die Finanzierung erfolgt durch Beiträge von Arbeitnehmern und Arbeitgebern zu gleichen Teilen: 1995 7,65 Prozent. Die Beiträge für Selbständige betragen 15,3 Prozent. Die Beiträge werden vom Lohn einbehalten und mit den Arbeitgeberbeiträgen von der Steuerverwaltung des Bundes eingezogen, die diese an den Bundessozialversicherungsträger weiterleitet, der als Behörde dem Gesundheitsministerium eingegliedert ist.

Eine Selbstverwaltung wie in unserem System gibt es nicht. Es gilt das Selbstfinanzierungsprinzip der Träger, das heißt, Staatszuschüsse sind nicht vorgesehen.

Die Rentenleistungen werden aus den Beiträgen der zur Zeit Versicherten aufgebracht. Das zahlenmäßige Verhältnis von Beitragszahlern zu Rentenbeziehern hat sich zunehmend verschlechtert. Es beträgt heute drei zu eins. Hierin liegt, wie bei uns, eine der Ursachen der Finanzierungsschwierigkeiten. Bei Erreichen des Rentenalters, an Hinterbliebene sowie bei voller Erwerbsunfähigkeit werden Leistungen gewährt. Eine Zwischenform wie die deutsche Rente wegen Berufsunfähigkeit existiert nicht. Eine Besonderheit sind ferner die Zusatzleistungen für Ehefrauen und Kinder der Altersrentner. Das allgemeine Rentenalter ist auf 65

Jahre festgelegt, wird sich aber auf 67 Jahre im Jahr 2000 erhöhen. Die flexible Altersgrenze ab 62 Jahren gibt es seit 1956 für Frauen und seit 1961 auch für Männer. Die Mehrheit der Amerikaner nimmt heute das vorgezogene Altersruhegeld, das mit einer Kürzung des normalen Altersruhegeldes verbunden ist, in Anspruch. 1972 wurde die bei uns bereits 1957 eingeführte dynamische Rente Gesetz, also die automatische Anpassung an die Steigerung der Lebenshaltungskosten. Die Renten sind steuerfrei, und ein zusätzlicher Verdienst ist ab dem 70. Lebensjahr möglich. Seit 1984 sind ab bestimmten Einkommenshöhen die Rentenbezüge zu versteuern.

Insgesamt unterscheidet sich das Rentensystem der USA von dem unsrigen nur wenig. Eine andere Frage ist, inwieweit man von der Rente leben kann. Ein indirekter Hinweis zur Frage, ob die Rente einen angemessenen Lebensstandard sichert, erhält man, wenn man die Zusatzeinkommen betrachtet. Diese speisen sich aus privaten Pensionen und Vermögen, so dass auch in der Rentenversicherung das Element einer marktorientierten, eigenen Vorsorge zum Tragen kommt und akzeptiert wird. Andererseits ist die Rentenversicherung insbesondere für Einkommensschwache existenzsichernd. Für nahezu die Hälfte der Rentnerhaushalte ist die Rente die einzige Form von Alterseinkommen. Rund 15 Mio. Rentenbeziehern hilft die Rente, ein Einkommen über der Armutsgrenze zu haben.

Insgesamt hat sich die Einkommenssituation der älteren Menschen in den letzten dreißig Jahren deutlich verbessert. Weniger Ältere leben unter der Armutsgrenze. Ohne die Rentenleistungen würde die Armutsrate bei den Älteren wesentlich höher liegen. 1995 waren 18% aller Älteren arm oder beinahe arm. Einen wichtigen Anteil an dieser Entwicklung hat die Rentenversicherung, die jedoch – anders als bei uns – häufig noch durch zusätzliche Einkommen ergänzt werden muß. Der Appell an private Vorsorgemaßnahmen nimmt weiterhin einen hohen Stellenwert ein.

Die Krankenversicherung

Mit der Ausnahme der Krankenversicherung für Ältere ab 65 Jahren (Medicare) gibt es in den USA keine gesetzliche, obligatorische Krankenversicherung. Nahezu alle Amerikaner –

1995 84,6% – haben aber irgend eine Art von Krankenversicherung. Die meisten (70,3%) haben eine private Krankenversicherung, entweder in eigenem Namen oder über Familienangehörige. Von diesen privaten Versicherungen sind 61,1% arbeitsplatzbezogen. Das bedeutet, dass der Arbeitnehmer vom Arbeitgeber während des Beschäftigungsverhältnisses eine Krankenversicherung erhält, die dieser für sein Unternehmen bei privaten Versicherungen abgeschlossen hat. Die restliche Bevölkerung ist entweder von den staatlichen Versicherungsprogrammen erfasst oder ohne Krankenversicherung. Durch Medicare waren 13,1%, durch Medicaid, der Krankenversicherung für Arme, 12,1% und durch das Militär 3,5% versichert. 1995 hatten 15,4% oder rund 40,6 Millionen Personen keinen Krankenversicherungsschutz. Die über 65-Jährigen sind durch die Pflichtkrankenversicherung (Medicare) am besten abgesichert, während die Nichtversichertenrate bei Kindern und Jugendlichen (unter 24 Jahren) erschreckend hoch liegt.

Der Versicherungsschutz variiert aber hinsichtlich der einzeln zu versichernden Leistungen. So haben rund 81 Prozent der privat Versicherten eine Versicherung für die Krankenhauskosten, rund 74 Prozent für Arztkosten und rund 44 Prozent für Zahnarztkosten. Am wenigsten versichert sind die Ausgaben für Arzneimittel. Ferner ist der Versicherungsschutz nicht voll gegeben. Die Selbstbeteiligung bei den einzelnen Versicherungsleistungen ist relativ hoch.

Schließlich ist noch zu erwähnen, dass es, anders als bei uns, keine bundeseinheitliche Regelung zur Lohnfortzahlung im Krankheitsfalle gibt. Auch hier sind es vor allem die privaten Versicherungsträger, die entsprechende Leistungen anbieten.

Die Health Maintenance Organizations (HMO) als private Sonderform entsprechen noch am ehesten unseren Vorstellungen von Krankenversicherungen. Sie verstehen sich als wettbewerbliche Alternative im privatwirtschaftlichen Gesundheitssystem. Träger können Ärzte, Gewerkschaften oder Konsumentengenossenschaften sein. Eine HMO verpflichtet sich vertraglich, ihre freiwilligen Mitglieder mit ambulanten, stationären und zum Teil zahnärztlichen Leistungen zu versorgen und hierfür den Versicherungsschutz zu übernehmen. Der monatliche Beitrag ist fix und unabhängig von der Inanspruchnahme der Leistungen. Selbstbeteiligung an den Kosten gibt es nur in Ausnahmefällen. Die HMOs verfügen über eigene Krankenhäuser und eigene Ärzte. Sie haben ein Jahresbudget, nach dem sich die Beiträge richten. Da sie selbst die Leistungen anbieten, besteht für sie die Möglichkeit und der Anreiz, dämpfend auf die Kosten Einfluss zu nehmen. Die HMOs sind auf örtlich-regionale Gegebenheiten angewiesen. Von daher werden sie kaum die anderen privaten Träger verdrängen.

Die Krankenversicherung für alte Menschen ab 65 Jahre – ‚Medicare‘ – ist neben der Rentenversicherung die zweite bundesstaatliche Pflichtversicherung. Von ihr werden ca. 96 Prozent aller über 65-Jährigen erfasst. Die Versicherung besteht aus zwei Teilen: einer obligatorischen, zu gleichen Teilen vom Arbeitnehmer und Arbeitgeber finanzierten Versicherung für die Krankenhausbehandlung und einer ergänzenden freiwilligen, durch eine monatliche Prämie des Arbeitnehmers finanzierten Arztversicherung. 75% der Ausgaben dieses Teils B werden vom Bund aus Steuermitteln bezahlt.

Auch bei ‚Medicare‘ gibt es jährliche einmalige Beteiligungen und Selbstbeteiligung bei den Kosten. Hinzu kommt die monatliche Versicherungsprämie für den ambulanten Teil. Der rasante Anstieg der Gesundheitskosten hat so auch zu einem Anstieg bei den Selbstbeteiligungskosten (Schätzung 1995: 3000 Dollar pro Person jährlich) und der Versicherungsprämien geführt. Das Ergebnis ist, dass die Älteren heute prozentual mehr von ihrem Nettoeinkommen für die Krankenversicherung ausgeben als vor der Einführung von ‚Medicare‘ 1965. Hinzu kommt die Notwendigkeit, dass aus Angst vor nicht-gedeckten Leistungen vor allem bei längeren Krankenhausaufenthalten (‚Medigap‘) zwei Drittel der Älteren eine Zusatzversicherung haben.

Für diejenigen Alten, die nicht von Medicare erfasst werden, springt das noch zu besprechende staatliche Gesundheitsprogramm – ‚Medicaid‘ – ein. Auf das Medicare- und Medicaid-Programm zusammen fallen rund 82 Prozent der Gesundheitsausgaben des Bundes. Trotz des weitgehend marktwirtschaftlich organisierten Gesundheitssystems hat auch in den USA eine Kostenexplosion stattgefunden. Der Bund versucht, durch seine staatlichen Programme – da dies die einzige Möglichkeit für ihn ist – auf die allgemeine Kostenentwicklung und Qualität der Gesundheitsleistungen einzuwirken.

Das Fehlen einer gesetzlichen Krankenversicherung ist historisch zu erklären. Die private Organisationsform hatte sich frühzeitig mit starken Versicherungs-, Krankenhaus- und Ärzteverbänden etabliert, so dass bis heute trotz vielfacher Versuche eine nationale einheitliche Pflichtversicherung politisch nicht durchsetzbar war. Für die meisten Amerikaner bleibt der Krankenschutz eine teure und risikoreiche Angelegenheit.

Unfall- und Arbeitslosenversicherung

Im Gegensatz zu der Renten- und Krankenversicherung (Medicare), die bundeseinheitlich angelegt sind und zentral verwaltet werden, fallen die Berufsunfall- und Arbeitslosenversicherung in die Gesetzeskompetenz der Einzelstaaten. Der Bund versucht dennoch, durch Rahmenrichtlinien darauf Einfluss zu nehmen. Für die Unfallversicherung bestehen 50 einzelstaatliche Gesetze, die den Arbeitnehmern und ihren Familien helfen, wenn sie auf Grund einer berufsbedingten Verletzung oder Krankheit arbeitsunfähig werden oder sterben. 88 Prozent der Arbeitnehmer sind von der Unfallversicherung erfasst, die wie bei uns allein durch die Arbeitgeber finanziert wird. Die Gesetze sehen Geldleistungen (Lohnersatzleistungen), medizinische Leistungen und Rehabilitationsleistungen vor. Teilweise große Unterschiede bestehen aber zwischen den einzelnen Staaten, sowohl hinsichtlich der Zahl der versicherten Arbeitnehmer als auch in Bezug auf Umfang und Art der Leistungen. Das liegt u.a. daran, dass es unterschiedliche Formen von Trägern gibt. Im Gegensatz zu Deutschland, wo die Berufsgenossenschaften Versicherungsträger sind, können es in den USA kommerzielle Versicherungen (60 Prozent) sein. Staatliche Leistungsträger haben höhere Leistungszahlungen als private Versicherer. Auch gibt es Unterschiede im Leistungsniveau zwischen Staaten mit starker und denjenigen mit geringer Gewerkschaftsvertretung. Unfallversicherungsgesetze in allen Staaten gibt es erst seit 1948, und erst seit Mitte der siebziger Jahre gelang es dem Bund unter Androhung einer nationalen Pflichtversicherung, die großen Unterschiede weitgehend abzubauen.

Die Arbeitslosenversicherung beruht auf einem sich ergänzenden Bund-Staaten-Programm. Das Bundesgesetz von 1935 sah einerseits Rahmenbedingungen vor, die die einzelnen Bundesstaaten bei der Gestaltung der eigenen Arbeitslosenversicherungen zu beachten haben, und zum anderen die Erhebung einer Bundessteuer zur Finanzierung der Versicherung, die dem Arbeitgeber auferlegt wurde. Die Steuer hat das Ziel, die Einzelstaaten zu veranlassen, eigene Arbeitslosenversicherungen einzuführen. Wenn ein Staat ein eigenes Gesetz hatte und der Arbeitgeber an dieses System Beiträge abführte, dann konnte er bis zu 90 Prozent der Bundessteuer zurückerstattet bekommen. 1938 hatten bereits alle Staaten ihre Versicherung. Obwohl die meisten Arbeitnehmer von den Arbeitslosenversicherungen erfasst werden, gibt es erhebliche Unterschiede zwischen den einzelnen Staaten. So in Bezug auf die Mindestarbeitszeit als Anspruchsvoraussetzung (zwischen 14 und 20 Wochen), die Anspruchsdauer (allgemein 26 Wochen als Obergrenze) und die Höhe des Arbeitslosengeldes (durchschnittlich 50 Prozent des Nettolohnes). Höhe und Dauer des Arbeitslosengeldes können insgesamt als gering angesehen werden.

Da es keine Arbeitslosenhilfe im Anschluss an das Auslaufen des Arbeitslosengeldes gibt, sind die Arbeitslosen, insbesondere die Langzeitarbeitslosen, auf die Sozialhilfe angewiesen. Allerdings kann es in Zeiten hoher Arbeitslosigkeit Sonderprogramme für einzelne Staaten geben, die eine Leistungsverlängerung um 13 Wochen vorsehen. Diese werden je zur Hälfte vom Bund und von Einzelstaaten aus Steuern finanziert. Auf Grund der Anspruchsvoraussetzungen erhält immer nur ein geringer Teil der Arbeitslosen Arbeitslosengeld. 1996 waren es beispielsweise nur 40%, die einen Anspruch hatten. Die Versicherung bietet daher nur für einen Teil einen kurzfristigen Schutz gegen den Einkommensverlust und bleibt auf die Erfolge arbeitsmarkt- und wirtschaftspolitischer Maßnahmen sowie die Eigeninitiative bei der Arbeitssuche angewiesen. Die Arbeitsvermittlung durch staatliche Arbeitsämter spielt eine geringere Rolle als bei uns. Auch lässt sich sagen, dass der Druck zur Eigeninitiative und die Bereitschaft zur Mobilität bei der Arbeitssuche größer als bei uns einzuschätzen sind, was zum großen Teil auf soziokulturelle Unterschiede in der Einstellung zur Arbeit und zu staatlicher Hilfe zurückzuführen ist.

Sozialhilfe

Den bisher beschriebenen Feldern der sozialen Sicherung lag mit den erwähnten Abweichungen das Versicherungsprinzip zu Grunde. Sie bilden den Kern des sozialen Sicherungssystems, das politisch und in der Einstellung der Bevölkerung eine hohe Befürwortung findet. Der Anspruch auf Ersatz des Einkommensverlustes wird als quasi soziales Recht betrachtet, das man sich durch eigene Leistungen erworben hat. Anders sieht es nun bei den steuerfinanzierten Sozialhilfeleistungen aus, die auf dem Fürsorgeprinzip beruhen und sich schwerer aus einem durch Eigenleistungen erworbenen Rechtsanspruch ableiten lassen. Der Anspruch auf Einkommensersatz unterscheidet sich von der Sozialhilfe durch seinen Freiheitsgrad. Die Sozialhilfe bringt Abhängigkeiten für den Einzelnen, denen er um vieles mehr als bei den Sozialversicherungsleistungen ausgesetzt ist. Auch in der amerikanischen Bevölkerung verbindet sich mit der ‚Social Welfare' das negative Image vom Wohlfahrtsstaat. Meinungsumfragen zeigen aber einen latenten Widerspruch, der stets in der politischen Debatte hervorgekehrt wird, wenn darauf hingewiesen wird, dass die Mehrheit der Amerikaner die Sozialhilfe für diejenigen befürwortet, die sich selbst nicht helfen können, aber gleichzeitig Kürzungen in der Sozialhilfe befürwortet, weil sie der Überzeugung sind, dass viele diese Hilfen ungerechtfertigt ausnutzen. Die ideologische Komponente der sozialpolitischen Diskussion lässt sich aus dem Bereich der Sozialhilfe kaum verbannen.

Das Sozialhilfesystem ist in seiner heutigen Grundstruktur im Rahmen des Sozialversicherungsgesetzes von 1935 entstanden. Insbesondere in den 60er und 70er Jahren wurde es ständig ausgebaut und verändert. Es gibt ca. 80 verschiedene einkommensabhängige Bundessozialhilfeprogramme. Der Anteil der Bundesausgaben für diese am Bundeshaushalt beträgt rund 16%. Die wichtigsten Sozialhilfeprogramme des Bundes sind: die Familienbeihilfen für Familien mit abhängigen Kindern (‚Aid to Families with Dependent Children' = AFDC – seit 1996 TANF), die Krankenbeihilfe für Arme (‚Medicaid'), die Einkommensbeihilfe für bedürftige Alte, Blinde und Behinderte (‚Supplemental Security Income' = SSI) und die Ernährungsbeihilfe für Minderbemittelte (‚Food Stamp'). Diese vier Programme und das Programm für Wohnbeihilfen hatten 1993 einen Anteil von 65 Prozent an den Gesamtsozialhilfeausgaben des Bundes. AFDC und SSI stellen Geldleistungen, Medicaid und Food Stamp Sachleistungen zur Verfügung. Diese Programme werden (mit Ausnahme von SSI) gemeinsam von Bund und den Einzelstaaten finanziert und verwaltet; sie bilden das soziale Netz für die Armen und Bedürftigen. Da die Einzelstaaten bei den Programmen ihrerseits einen Ermessensspielraum bei der Ausgestaltung behalten haben, gibt es unter ihnen erhebliche Unterschiede in der Leistungsgewährung. Wer von diesem Netz nicht erfasst wird, ist auf die eigenen ergänzenden Sozialhilfeprogramme der Staaten und Gemeinden angewiesen, im allgemeinen als ‚General Assistance' bezeichnet. Bei diesen ist wiederum die Verschiedenartigkeit von Staat zu Staat und von Gemeinde zu Gemeinde noch größer.

Dieses letzte Sicherheitsnetz („safety net") für diejenigen, die auf Grund der Anspruchsvoraussetzungen von den Bundesprogrammen nicht erfasst werden, ist äußerst unzureichend.

Anzahl der Personen unter der Armutsgrenze (1960-1997)

Jahr	Anzahl in Millionen	Prozent der Bevölkerung
1960	39.851	22,2
1970	25.420	12,6
1975	25.877	12,3
1976	24.975	11,8
1977	24.720	11,6
1978	24.497	11,4
1979	26.072	11,7
1980	29.272	13,0
1981	31.822	14,0
1982	34.398	15,0
1983	35.303	15,2
1984	33.700	14,4
1985	33.064	14,0
1986	32.370	13,6
1987	32.221	13,4
1988	31.745	13,0
1989	31.528	12,8
1990	33.585	13,5
1991	35.708	14,2
1992	38.014	14,8
1993	39.265	15,1
1994	38.059	14,5
1995	36.425	13,8
1996	36.529	13,7
1997	35.574	13,3

Quelle: The American Almanac Statistical Abstract of the United States. Austin 1999, S. 483.

Sozialprofil der Armut nach ausgewählten Merkmalen, 1995.

Merkmale	Anzahl (in 1000)	Prozent
Personen		
Gesamt	36.425	13,8
Weiße	24.423	11,2
Schwarze	9.872	29,3
Asiaten	1.411	14,6
Hispanics	8.574	30,3
Alter		
Unter 18 Jahre	14.665	20,8
18-24 Jahre	4.553	18,3
25-34 Jahre	5.196	12,7
35-44 Jahre	4.064	9,4
45-54 Jahre	2.470	7,8
55-59 Jahre	1.163	10,3
60-64 Jahre	996	10,2
65 Jahre und darüber	3.318	10,5
Abstammung		
Im Ausland geboren	5.452	22,2
Eingebürgert	833	10,5
Keine amerikanische	4.619	27,8
Staatsbürgerschaft		
Familien		
Gesamt	7.532	10,8
Weiße	4.994	8,5
Schwarze	2.127	26,4
Asiaten	264	12,4
Hispanics	1.695	27,0
Familientyp		
Ehepaar (verheiratet)	2.982	5,6
Weiße	2.443	5,1
Schwarze	314	8,5
Hispanics	803	18,9
Weiblicher Haushaltsvorstand;	4.057	32,4
Ehemann abwesend		
Weiße	2.200	26,6
Schwarze	1.701	45,1
Hispanics	792	49,4

Quelle: U.S. Bureau of the Census: Poverty 1995, Sept. 1996.

Seit Mitte der 60er Jahre wird vom Statistischen Bundesamt (Census Bureau) eine Armutsgrenze nach Haushaltsmerkmalen berechnet. Offizielle Schätzungen gibt es seit 1959. 1998 lebten 34,5 Millionen Amerikaner oder 12,7 Prozent der Bevölkerung unter der Armutsgrenze. Die meisten Armen gibt es in der weißen Bevölkerung mit 10,5 Prozent. Andererseits sind Schwarze und Hispanics (Chicanos, Puertoricaner, Kubaner etc.) eher der Armut ausgesetzt, d.h. 26,1 Prozent der Schwar-

zen und 25,6 Prozent der Hispanics leben unter der Armutsgrenze. Ferner sind Frauen eher der Armut ausgesetzt als Männer. Jugendliche und alte Menschen bilden ebenfalls einen
großen Anteil. 18,9 Prozent aller Kinder unter 18 Jahren und
10,5 Prozent der Alten über 65 Jahren waren 1998 arm. Wichtige Faktoren, die mit der Armut in Zusammenhang stehen,
sind der geringe Bildungsstatus, die fehlende berufliche Ausbildung, die Arbeitslosigkeit und die geografische Verteilung.
1950 lag die Armutsrate noch bei rund 30%. Sie fiel dann stetig ab und erreichte Mitte der sechziger Jahre bereits eine Halbierung (1966: 14,7%), sank dann in den siebziger Jahren auf
einmalige Tiefen von jeweils unter 12%, stieg in der ersten
Hälfte der achtziger Jahre und der ersten Hälfte der neunziger
Jahre wieder an. 1993 war ein neuer Höhepunkt mit 15,1% erreicht. Danach ging sie wieder zurück: mit dem tiefsten Stand
1998 seit 20 Jahren.

Familienbeihilfen – Vom AFDC- zum TANF-Programm

Es gibt in den USA keine umfassende und einheitliche Familienpolitik, kein Kindergeld oder andere Formen eines Famili-
enlastenausgleichs. Es gibt lediglich ein Bundesgesetz über einen Mutterschaftsurlaub mit Arbeitsplatzgarantie. Das Gesetz
gilt nur für Unternehmen mit mindestens 50 Beschäftigten, und
die Freistellung erfolgt nur mit Lohnverzicht. Vorherrschend
bei der Familienbeihilfe ist, wie bei allen Sozialhilfeleistungen
insgesamt, die individuelle, einzelfallbezogene Ausrichtung
auf einen bestimmten Personenkreis. Die Reform von 1996
wird auch weiterhin den gleichen Personenkreis als Adressaten
haben, so dass eine Darstellung des bisherigen AFDC-Programms und seiner Ausrichtung Einblicke in diesen Teil einer
marginalisierten Armutsgruppe der Bevölkerung gibt.
  Zwischen 1975 und 1994 ist die Empfängerzahl ständig gestiegen. Von 1994 bis 1995 gab es dann erstmals einen Rückgang von 10 Prozent auf 12,9 Mio. Personen. Trotz des Anstiegs der Empfängerzahlen von AFDC-Leistungen über die
Zeit sind die Ausgaben von 1975 bis 1994 gesunken.
  Ebenfalls gesunken ist die Höhe der Leistungen und zwar
um 45 Prozent in den beiden letzten Jahrzehnten. Schließlich
hat sich auch nichts an der unterschiedlichen Leistungshöhe in

den einzelnen Bundesstaaten geändert. 1994 erhielten AFDC-Empfänger in Mississippi 120 Dollar monatlich, in Alaska waren es 923 US-Dollar.

Das Profil der Sozialhilfeempfänger zeigt, dass es einerseits um Nichtfamilien und zerrüttete Familien geht, dass es ferner eine Hilfe für alleinstehende Mütter darstellt, aber der Empfängerkreis nicht homogen ist, was oft behauptet wird und zu schiefen Einschätzungen führt. Die AFDC-Empfängerhaushalte bestanden 1993 zu 87 Prozent aus alleinstehenden Frauen (1995 waren es 90 Prozent). Die meisten AFDC-Mütter verteilten sich auf die Altersklasse von 20 bis 30 Jahren, nur 6,3 Prozent waren jünger als 20, entgegen einer verbreiteten Ansicht. Nahezu der gleiche Anteil der Empfänger ist weiß und schwarz. Oft wird angenommen, dass es sich vorwiegend um Schwarze handelt. Auch beim Bildungshintergrund können verzerrende Wahrnehmungen korrigiert werden, da sich zeigt, dass über die Hälfte einen High School- oder College-Abschluss hatten.

Des weiteren gilt, dass die durchschnittlichen AFDC-Familien weniger als zwei Kinder haben, was dem Bevölkerungsdurchschnitt entspricht. Schließlich noch zur Frage der Dauer der Inanspruchnahme von Sozialleistungen. Hier zeigt sich, dass ein großer Teil der AFDC-Mütter die Sozialhilfe über lange Zeit in Anspruch nehmen. Nahezu die Hälfte hat Hilfe von über fünf Jahren bekommen. Nur rund 30 Prozent lagen unter einem Zeitraum von zwei Jahren. In der öffentlichen Debatte hat dieser Befund von Langzeithilfe immer eine große Rolle gespielt.

Das AFDC-Programm wird abgelöst durch ein neues Programm mit dem Namen „Temporary Assistance for Needy Families (TANF)". Die Staaten sind bei TANF nun allein zuständig. Der Bund beteiligt sich mit reduzierten pauschalen Finanzbeihilfen („block grants"), was bedeutet, dass die Einzelstaaten nun fast die vollständige Kontrolle über die Festlegung der Anspruchskriterien und die Leistungshöhe haben.

Auch das TANF-Programm wird vor allem ein Armutsprogramm für junge Mütter bleiben. Mit dem neuen TANF-Programm ist die bislang vorherrschende Anschauung, dass Armut durch Einkommensunterstützung beseitigt werden kann, abgelöst worden durch die Sicht der Sozialhilfe als soziale Kontrolle und soziale Erziehung – ein Ansatz mit traditionellen

Wurzeln in der Sozialpolitik der Wohlfahrtsverbände des 19. Jahrhunderts. Damit dürfte der Weg, die Sozialhilfe als ein universalistisches, national einheitliches und mit einem Rechtsanspruch versehenes Sicherungsprogramm auszubauen, zukünftig versperrt sein.

Familienstand von Müttern, die AFDC empfangen, 1993.

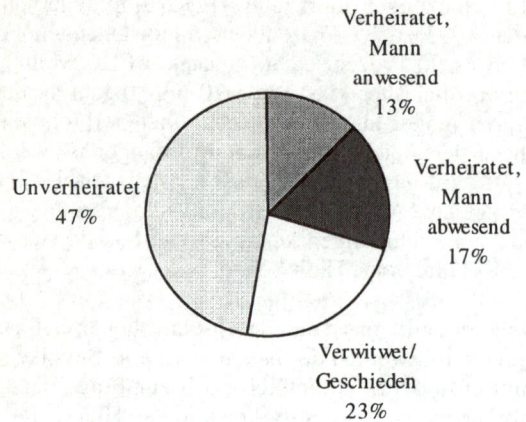

Quelle: U.S. Bureau of the Census, Mothers Who Receive AFDC Payments, March 1995.

Krankenhilfe für die Armen – „Medicaid"

Das 1965 eingeführte Medicaid-Programm wird fast ausschließlich von den Einzelstaaten verwaltet. Die Mischfinanzierung ist so festgelegt, dass der Bund zwischen 50 und 80 Prozent der Kosten in den einzelnen Staaten trägt, berechnet nach dem Pro-Kopf-Einkommen der Staaten. Insofern gibt es im Bereich von Medicaid arme und reiche Staaten. Die Staaten bestimmen im Rahmen von Bundesrichtlinien autonom die Anspruchsvoraussetzungen und den Umfang der medizinischen Leistungen. Die Unterschiede können sehr groß sein.

Medicaid besteht in Bezug auf die Empfängergruppen eigentlich aus drei Krankenversicherungsprogrammen. Einmal ist es eine Versicherung von Familien unter dem AFDC-Programm. Zum zweiten ist es ein Versicherungsschutz für die Blinden und Behinderten. Zum dritten ist es ein Versicherungsprogramm für die Alten. Drei Viertel der Leistungsempfänger sind arme Kinder und ihre Eltern, aber zwei Drittel der Ausgaben gehen an einkommensschwache Ältere, Blinde und Behinderte. Insofern kann davon gesprochen werden, dass Medicaid entgegen der Gesetzesintention zu einem Rückversicherungsprogramm für Langfristpflege der Medicare-Bevölkerung wurde.

Das Medicaid-Programm war insgesamt relativ erfolgreich. Die Armen leiden weniger unter chronischen Krankheiten, und ihr Zugang zum Versorgungssystem ist besser geworden. Andererseits bleibt die medizinische Versorgung im Vergleich zur übrigen Bevölkerung immer noch auf einem niedrigeren Niveau, und die Unterschiedlichkeit in den einzelnen Staaten bildet weiterhin eine Barriere auf dem Weg einer Vereinheitlichung des Versorgungsniveaus. Wie das AFDC-Programm, so kann auch das Medicaid-Programm kaum als eine aktive Strategie zur Beseitigung der Armutsursachen angesehen werden. Es ist eher eine passive Regulierung zur Linderung des Armutsstatus. Da vor allem Kinder und Jugendliche unter 18 Jahren keinen Krankenversicherungsschutz haben, gab es Ende der neunziger Jahre mehrere Programme zur Förderung der Krankenversicherung dieser Gruppe.

Ernährungsbeihilfen – Das „Food Stamp"-Programm

Das 1964 eingeführte Ernährungshilfeprogramm in der Form der Zuteilung von Lebensmittelmarken ist ausgerichtet auf einkommensschwache, arme Familien, um eine ausreichende und gesunde Ernährung zu gewährleisten und Hunger nicht auftreten zu lassen. Die jährlich nachgeprüfte Bezugsberechtigung richtet sich nach dem vorhandenen Vermögen und Einkommen.

Das Programm wird vom Bund nach national einheitlichen Kriterien zentral verwaltet und finanziert. Die Staaten beteiligen sich an den Verwaltungskosten. Nahezu alle Empfängerhaushalte leben unter der Armutsgrenze.

1998 gab es 19,8 Mio. Empfänger. Davon waren 50 Prozent Kinder und 7 Prozent Ältere. Rund 70 Prozent der Haushalte waren gleichzeitig Empfänger anderer Sozialhilfeleistungen. Den stärksten Anteil, nämlich 40 Prozent, hatten Haushalte, die gleichzeitig AFDC-Leistungen erhielten. Food-Stamp-Empfänger müssen sich als Arbeitssuchende registrieren lassen. Ferner müssen arbeitsfähige Personen arbeiten, um Anspruch auf Lebensmittelmarken zu erhalten. Das Ernährungsprogramm bleibt eine Besonderheit der amerikanischen Sozialhilfe. Um es abzuschaffen, käme nur ein Ausgleich im Rahmen anderer Einkommensleistungen in Frage. Der politische Konsens für eine derartige Umschichtung erscheint schwerer herstellbar als die Beibehaltung eines in vielfacher Hinsicht umstrittenen Systems, dessen Beitrag zur Armutsbekämpfung fragwürdig bleibt.

Wie beim AFDC-Programm zeigt sich auch beim Food Stamp-Programm, dass es durch die Sozialhilfereform von 1996 zu starken Einschnitten gekommen ist.

Die ergänzende Einkommenssicherungshilfe – Supplemental Security Income (SSI)

Das SSI-Programm hat zum Ziel, das Einkommen einkommensschwacher Personen zu ergänzen, um einen Mindest-Lebensstandard zu sichern. Wie das AFDC-Programm ist es auf eine bestimmte Personengruppe ausgerichtet. Anspruchsberechtigte sind alte Personen über 65, deren Einkommen unterhalb einer bestimmten Grenze liegt, ferner Personen in jedem Alter, die blind oder behindert sind und deren Einkommen ebenfalls unter einer bestimmten Grenze liegt. Es ist ein vom Bund allein getragenes, steuerfinanziertes Programm.

Das SSI-Programm gilt als ein erfolgreiches und wenig umstrittenes Sozialhilfeprogramm, weil es die bedürftige Zielgruppe optimal erreicht, die Anspruchsvoraussetzungen national einheitlich und eindeutig sind und der Verwaltungsaufwand sowie die bürokratische Kontrolle gering bleiben. Die Nichtberücksichtigung bestimmter Einkommensquellen und die Anrechnungsweise des zu berücksichtigenden Einkommens ist großzügiger geregelt als bei anderen Programmen. Ferner unterstützt und finanziert das Programm Blinde und Behinderte bei Rehabilitations- und Berufsfortbildungsmaßnahmen und gestattet sogar für das Erreichen des Ziels der Eigenversorgung die Erwerbstätigkeit. Diese Regelungen erreichen, dass die Empfänger weniger als bei den anderen Programmen das Stigma der abhängigen Armen empfinden. Vor Inkrafttreten des durch Gesetz von 1972 beschlossenen SSI-Programms im Jahre 1974 hatte jeder Staat seine eigenen Sozialhilfeprogramme für Alte, Blinde und Behinderte. 1997 wurden über 6,5 Mio. Amerikaner vom Programm erfasst. Während die Gruppe der Alten als Leistungsempfänger abgenommen hat, gab es bei den Behinderten, insbesondere Kindern, eine starke Zunahme. Blinde stellen zahlenmäßig die kleinste Empfängergruppe dar. Das Programm ist wenig umstritten. Es gilt sogar als richtungsweisendes Beispiel für eine Reform anderer Sozialhilfeleistungen.

Der private Wohlfahrtsbereich

Die private Wohltätigkeit ist weiterhin neben der staatlichen Sozialpolitik eine wesentliche Stütze bei der Lösung sozialer Probleme. Es zeigt sich im Bereich sozialer Wohltätigkeit kein Rückzug der Unterstützungsbereitschaft, weder bei der aktiven Mitarbeit noch bei der Spendenbereitschaft. Im Gegenteil ist von 1977 bis 1995 der Prozentsatz derjenigen, die sozial aktiv geholfen haben („charity or social service activities), wie z.B. Armen-, Kranken- oder Altenhilfe, auf 54% gestiegen. Der charity-Bereich gehört zu denjenigen Bereichen, die vor allem Unterstützung von Spenden erhalten. Zu 80% unterstützen diejenigen, die sich mit den Wohlfahrtsorganisationen verbunden fühlen, diese durch Spenden. Ehrenamtlichkeit und bürgerliches Engagement haben weiterhin einen hohen Stellenwert in der amerikanischen Gesellschaft. Die Wurzeln gehen zurück bis zur Gründung der USA und haben im 19. Jahrhundert einen Höhepunkt erfahren. Heute kann die private Wohlfahrtstätigkeit sicherlich nicht mehr die staatlichen sozialpolitischen Maßnahmen ersetzen, wohl aber ergänzen. Gegenwärtig kommt es zu einer Neubelebung der privaten Partizipation. Teilweise sollen dadurch Lücken geschlossen werden, die durch die oben erwähnte Sozialhilfereform entstanden sind.

Perspektiven der Sozialpolitik

Der Ausbau der sozialen Sicherungsprogramme unter bundesstaatlicher Verantwortung begann im „New Deal". Der Schwerpunkt lag auf der Altersversorgung. Die Sozialhilfe spielte eine untergeordnete Rolle. Die Bekämpfung von Armut sollte Angelegenheit der Einzelstaaten und Gemeinden bleiben. Die bundesstaatliche Unterstützung wurde nicht als dauerhaft angesehen. Die Vorstellung, Armut durch staatlich garantierte Einkommensleistungen zu bewältigen, widersprach der individualistischen, arbeitsorientierten Einstellung der amerikanischen Bevölkerung. Beschäftigungs- und bildungspolitische Maßnahmen sowie soziale Hilfen, die der Wiedereingliederung in das Erwerbsleben dienten, waren hingegen akzeptabel. Die Rentenversicherung wurde anders betrachtet. Hier handelte es sich um durch Arbeit erworbene eigene Leistungen. Probleme der Altersversorgung wurden von der Armutsbekämpfung abgekoppelt. Der kontinuierliche Ausbau der Rentenversicherung verlief eigenständig und genießt als „Social Security" heute eine unangefochtene Wertschätzung in der Bevölkerung.

Anders verhält es sich im „Welfare"-Bereich. Mit der von Präsident Johnson 1964 proklamierten „Great Society"-Vision setzte eine beispiellose Ausdehnung von Sozialhilfeleistungen und anderen Sozialprogrammen ein. Dieser Versuch einer aktiven Armutsbekämpfung hatte seine eigene gesellschaftspolitische Dynamik und kann nicht als Erbschaft der „New Deal"-Ära angesehen werden.

Seit Mitte der 70er Jahre erfolgten die Bemühungen, ihre weitere Ausdehnung einzudämmen, verbunden mit einer zunehmenden politischen Diskussion über Erfolg und Misserfolg dieser Programme. An diesen Stimmungswandel konnte Präsident Reagan 1980 anknüpfen und den Abbau sozialstaatlicher Leistungen und den Rückzug der nationalen Regierung aus der sozialpolitischen Verantwortung fordern. Im Zuge der Sparpolitik von 1981-1984 gab es in der Sozialversicherung die wenigsten Einschnitte. Am stärksten von den Kürzungen betroffen war der Sozialbereich (Food Stamp, Medicaid und das AFDC-Programm), aber vor allem die Bundeszuweisungen an die Einzelstaaten für zahlreiche weitere Sozialmaßnahmen zu Gunsten einkommensschwacher Personen. Reagan wollte eine neue Betrachtungsweise der „Welfare"-Politik. Er lehnte das vorherrschende Muster sozialpolitischer Eingriffe der 60er und 70er Jahre ab, also den Glauben an eine sozialtechnische Bewältigung von Armut. Diese Entwicklung habe nur zu einem Leistungswildwuchs und unkontrollierten Ausgabensteigerungen geführt, ohne dass die Probleme gelöst worden wären. Das

Ziel seiner Sozialpolitik, nämlich die Reduzierung bundesstaatlicher Wohlfahrtsmaßnahmen auf die wirklich Bedürftigen
sowie die Verlagerung der sozialstaatlichen Zuständigkeit auf
die lokalen Gebietskörperschaften (d.h. dorthin, so sein Argument, wo soziale Not besser als durch eine ferne bundesstaatliche Bürokratie geregelt werden kann), lässt sich als Forderung
zur Abkehr von der bisherigen Problemlösungspraxis verstehen. So bleibt das Armutsproblem bestehen. Insgesamt ging es
der Reagan-Regierung darum, zwar den Wohlfahrtsstaat des
„New Deal", nicht aber den der „Great Society" zu akzeptieren. Zu weiteren umfangreichen Kürzungen ist es in der zweiten Amtszeit der Reagan-Präsidentschaft nicht mehr gekommen. Auch wurde keines der Sozialhilfeprogramme abgeschafft. Eingesetzt hatte eine lebhafte öffentliche und politische
Diskussion über die Reform des Sozialhilfebereichs.

Die Bush-Amtszeit brachte zwar keine einschneidenden
Kürzungen mehr im Sozialhilfebereich, aber auch keine neuen
Reformimpulse. Der Appell an die Eigenverantwortlichkeit
und an einen verstärkten Voluntarismus ersetzte die ausblei-
bende gesetzgebungspolitische Aktivität. Das Sozialhilfenetz
ist noch durchlässiger geworden. Innovationen blieben aus.
Weder Forderungen von extremen Kritikern nach einer vollständigen Abschaffung aller Sozialhilfeleistungen noch Vorschläge, das Problem der Armut im Rahmen einer nationalen
und universellen, also nicht auf bestimmte Personengruppen
ausgerichteten Arbeitsmarkt- und Familienpolitik zu lösen, haben ernsthafte Erwägungen gefunden.

Im Unterschied zur sozialpolitischen Enthaltsamkeit von
Bush, hat Präsident Clinton die Sozialhilfe- und Gesundheitsreform zu innenpolitischen Schwerpunkten erklärt. Ziel seines im
Oktober 1993 dem Kongress vorgelegten „Health Security Act"
war es, allen Amerikanern einen Versicherungsschutz mit einer
umfassenden Grundversorgung zu garantieren. Die dafür vorgesehenen Maßnahmen sollten gleichzeitig zu einer wirksamen
Kostenkontrolle der Ausgaben führen. Grundlage für den Ausbau zu einem allgemeinen Versicherungsschutz sollte weiterhin
die arbeitsbezogene, von den Arbeitgebern angebotene Krankenversicherung sein. Die Einführung einer national einheitlichen,
beitragsfinanzierten Pflichtversicherung stand nicht zur Debatte.

Die Gesundheitsreform als Kernstück seiner innenpolitischen Agenda wurde im September 1994 durch den Kongress

zu Fall gebracht. Hingegen kam es 1996 zur erwähnten einschneidenden Sozialhilfereform.

Von der Sache her lässt sich für die zukünftige Entwicklung folgendes sagen: Die Gelegenheit für eine große Krankenversicherungsreform dürfte für absehbare Zeit nicht mehr gegeben sein. Als Konzept hat sich das arbeitsplatzbezogene Versicherungsmodell verfestigt. Im Welfare-Bereich hat sich eine Richtungsänderung ergeben, die sukzessive zu einem Bruch der im New Deal und unter der Johnson-Administration verfolgten „federalization" der Sozialhilfe führen kann. Die Rückgabe des AFDC-Programms an die Staaten, von Reagan noch ohne Erfolg versucht, wurde von Clinton beschlossen.

Sozialpolitische Reformen bleiben den historisch entwickelten Grundstrukturen des Sozialleistungssystems verhaftet. Von daher wird es auch fortan jeweils einen besonderen amerikanischen Weg zur Lösung sozialer Probleme geben.

Rainer Erd

Amerikanische Gewerkschaften im politisch-sozialen System der USA

Wenn über amerikanische Gewerkschaften in der Bundesrepublik diskutiert wird, dann nicht selten unter der Perspektive eines negativen Prototyps. Die amerikanischen Gewerkschaften gelten seit einigen Jahren als Exempel für eine organisierte Interessenvertretung, die auf wirtschaftliche Rezession mit Verzicht gewerkschaftlicher Positionen reagiert. Am bekanntesten ist hierzulande das sogenannte „concession bargaining", auf das sich eine Reihe großer amerikanischer Gewerkschaften Ende der siebziger Jahre eingelassen haben, um langfristig wieder Arbeitsplätze zu schaffen. Der gewerkschaftliche Verzicht auf Tariflohnerhöhungen oder erworbene betriebliche Rechte sollte nach der Logik der Gewerkschaften, die sich am „concession bargaining" beteiligten, dazu führen, daß unternehmerisches Investitionsverhalten stimuliert und auf diese Weise die Rezession überwunden wird. In einigen Fällen erhielten die Gewerkschaften für dieses „kooperative" Verhalten von Unternehmerseite Mitwirkungsrechte zugesprochen, die Regel war dies freilich nicht.

Mit dieser tarifpolitischen Entwicklung einer geht ein organisatorisches Problem der amerikanischen Gewerkschaften in den achtziger Jahren. Im beständigen Sinken des Organisationsgrades der amerikanischen Gewerkschaften auf heute unter 14 Prozent drückt sich für den bundesrepublikanischen Beobachter aus, daß der amerikanische Typus organisierter Interessenvertretung sich im Niedergang befindet. Unterstützung findet diese Einschätzung zusätzlich durch die Tatsache, daß die Zahl der Firmen zunimmt, in denen die Gewerkschaften überhaupt nicht vertreten sind oder in den vergangenen Jahren so an Einfluß verloren haben, daß sie der Unternehmenspolitik keinen wirksamen Widerstand leisten konnten.

Schließlich taucht eine dritte Assoziation auf, wenn man über amerikanische Gewerkschaften diskutiert: Korruption. In einer Zeit, in der die deutschen Gewerkschaften angesichts des Verkaufs der „Neuen Heimat" mit dem Problem privater Bereicherung von Gewerkschaftsfunktionären beschäftigt waren, erschienen die amerikanischen Gewerkschaften als abschreckendes Beispiel einer Interessenvertretung der abhängig Beschäftigten, die in fundamentaler Verkehrung gewerkschaftlicher Prinzipien Spitzenfunktionären als Quelle individueller Bereicherung dient. Einschränkend freilich wird der bundesrepublikanische Beobachter hinzufügen, daß dieser Typus eines korrupten Gewerkschafters vorwiegend in den fünfziger Jahren in Erscheinung trat, bis ihm durch staatliche Maßnahmen Handlungsmöglichkeiten erschwert wurden.

Mit den hier aufgezeigten Symptomen der amerikanischen Gewerkschaften ist die Komplexität dieses Typus gewerkschaftlicher Interessenvertretung freilich nicht hinreichend erfaßt; sie erschließt sich erst im historischen Rückblick.

Die Institutionalisierung der amerikanischen Gewerkschaften während des New Deal

Nicht immer verlief die organisatorische Entwicklung der amerikanischen Gewerkschaften so wie heute. Die Rooseveltsche Politik des New Deal hatte es sich vielmehr ab 1933 zur Aufgabe gemacht, die Gewerkschaften organisatorisch zu stärken, um durch die Verbesserung ihrer Verhandlungs- und Kampfmacht die Nachfrage nach Konsumgütern zu steigern, was wiederum einen rezessionsüberwindenden Effekt haben sollte. Zweierlei lag dieser Politik, die 1935 ihren prägnantesten Ausdruck im National Labor Relations Act (NLRA) fand, zugrunde: 1. die Weigerung der Gewerkschaften der American Federation of Labor (AFL), neben Facharbeitern auch un- und angelernte Arbeitnehmer aufzunehmen und der gleichzeitige Anstieg der Zahl solcher Arbeitnehmer; 2. der Rückgang organisierter Arbeitnehmer in den AFL-Gewerkschaften im Verlaufe der zwanziger Jahre.

Programmatische Prinzipien der American Federation of Labor

Die 1886 von Samuel Gompers mit anderen Facharbeitern gegründete American Federation of Labor (AFL), ein Dachverband von Berufsgewerkschaften, entwickelte von Beginn an ein Gewerkschaftskonzept, das sich fundamental von dem der mehrheitlich sozialistisch orientierten deutschen Gewerkschaften im 19. Jahrhundert unterschied. Mit Samuel Gompers, des ersten Vorsitzenden der AFL, wortkarger, aber außerordentlich präziser Charakterisierung der AFL-Programmatik als „more" erhielt die organisierte Arbeiterschaft in den großen Industrieländern eine neue Strategievariante. Das unpolitische Konzept der amerikanischen Gewerkschaften ging davon aus, daß die Unions als Organisationen der qualifizierten, überwiegend in handwerklichen Berufen tätigen Facharbeiter nicht die gesamte Arbeiterklasse, sondern nur deren privilegierten Teil organisieren sollten. Als Organisationen, die die Konkurrenz zwischen den Facharbeitergruppen mildern sollten, blieben die amerikanischen Gewerkschaften auf die Funktion einer Arbeitsmarktpartei beschränkt. Gesellschaftliche Utopien, auf die Veränderung der kapitalistischen Gesellschaft gerichtet, sind der Mehrheit der amerikanischen Gewerkschaften bis heute fremd geblieben.

Indem Gompers gegen sozialistische Konzeptionen argumentierte, zugleich aber für eine radikale Interessenvertretung der abhängig Beschäftigten eintrat, war der konzeptionelle Grundstein für eine konfliktorische Kooperation zwischen Kapital und Arbeit in den USA gelegt. Aus dem Verständnis gewerkschaftlicher Politik, das sich an dem doppelten Ziel einer Verbesserung der Lebensbedingungen der abhängig Beschäftigten und der Erhaltung der kapitalistischen Gesellschaft orientiert, folgt, daß der Staat nicht als Adressat gesellschaftsverändernder Politik, sondern vielmehr im Gegenteil als Institution zur Verteidigung der bürgerlichen Gesellschaft angesehen wird. Damit besteht für Gewerkschaften keine Notwendigkeit, Strategien, die den Staat als organisatorische Stütze gewerkschaftlicher Politik vorsehen, zu entwickeln.

Neben der innerkapitalistischen, nicht am Staat orientierten Strategie unterschieden sich die amerikanischen Facharbeitergewerkschaften von den deutschen auch dadurch, daß sie solche Arbeitnehmergruppen von der Organisation fernhielten, die den Kartellcharakter der Gewerkschaften hätten unterlaufen können: An- und ungelernte Arbeiter, auch Ende des 19. Jahrhunderts zahlreich in Betrieben vorzufinden, hatten deshalb kaum eine Chance, Mitglied einer Gewerkschaft zu werden. Weiterhin folgte daraus, daß der Wettbewerb zwischen einzelnen Gewerkschaften um Arbeitnehmer möglich war. So geschieht es bis heute in den USA nicht selten, daß mehrere Gewerkschaften um die Mitgliedschaft derselben Arbeitnehmer konkurrieren, auch auf die Gefahr hin, daß eine Gewerkschaft diese Auseinandersetzung nicht durchhalten kann und organisatorisch geschwächt wird. Möglich werden solche Auseinandersetzungen, weil nicht immer offensichtlich ist, welche Gruppe von Arbeitnehmern zu welcher Gewerkschaft gehört („jurisdictional disputes").

Die Erweiterung gewerkschaftlicher Organisationsprinzipien durch den National Labor Relations Act

Initiativen für eine Reform des überkommenen Systems industrieller Beziehungen gingen von seiten der nichtorganisierten Arbeitnehmer und der Roosevelt-Regierung aus. Das amerikanische Arbeitsrecht kannte bis Anfang der dreißiger Jahre noch keine umfassende normative Absicherung für gewerkschaftliches Handeln. Erst mit dem – faktisch gescheiterten – National Industry Recovery Act erhielt die amerikanische Gewerkschaftsbewegung 1933 einen institutionellen Rahmen, der ihr rechtliche Minimalgarantien verlieh. Bis heute von entscheidender Bedeutung allerdings war ein Gesetz, das zwei Jahre später von den parlamentarischen Gremien beschlossen wurde: der National Labor Relations Act (NLRA).

Charakteristisch für das US-amerikanische Arbeitsrecht ist bis heute, auch wenn der NLRA wesentliche Einschränkungen durch den Taft Hartley Act (1947) erfuhr, daß der gewerkschaftliche Organisationsprozeß im Zentrum gesetzlicher Regelung steht, d.h. die Frage, welche Gewerkschaft welche Gruppe von Arbeitnehmern in welchen Industriebereichen vertreten kann. Für die amerikanischen Gewerkschaften war und ist noch immer das Problem ihres organisationspolitischen Überlebens die zentrale Frage, hinter der Diskussionen über spezifische Kampfformen zurücktreten.

Infolgedessen sieht der NLRA vier Prinzipien vor, die den organisatorischen Status der Gewerkschaften stabilisieren sollen:

– Arbeitnehmer haben das Recht, sich zusammenzuschließen und für Tarifverhandlungen Vertreter ihrer Wahl zu bestimmen;
– Arbeitgebern ist es untersagt, Arbeitnehmer unter Druck zu setzen und sie in ihrem Koalitionsrecht einzuschränken;
– Arbeitnehmer wählen in geheimer Wahl ihre gewerkschaftlichen Vertreter. Die Gewerkschaft, die die Mehrheit bei einer Wahl erhält, vertritt alle Arbeitnehmer unabhängig von ihrer Gewerkschaftszugehörigkeit;
– Arbeitgeber müssen die gewählten Vertreter der Arbeitnehmer als exklusiven Tarifpartner anerkennen.

Neben der Anerkennung des Koalitionsrechts durch den amerikanischen Gesetzgeber sah der NLRA weitere Organisationsprinzipien vor, die allerdings 1947 vom Taft Hartley Act teilweise wieder zurückgenommen wurden. Dennoch existieren entsprechende Vereinbarungen in einer Reihe amerikanischer Betriebe.

Unter dem Oberbegriff „union security clauses" kennt das amerikanische Arbeitsrecht die folgenden Institutionen, die den organisatorischen Bestand der amerikanischen Gewerkschaften durch formalen „Zwang" stabilisieren sollen:

– Der „closed shop" – eine Vereinbarung, in der sich ein Unternehmer verpflichtet, nur solche Personen zu beschäftigen, die Mitglieder derjenigen Gewerkschaft sind, die die Mehrheit erlangt hat.
– Der „union shop" – darunter wird eine Vereinbarung verstanden, derzufolge ein Arbeitgeber – anders als beim „closed shop" – von der Gewerkschaft unbeeinflußt darüber entscheiden kann, wen er beschäftigt. Der Arbeitnehmer muß sich jedoch verpflichten, innerhalb einer bestimmten Frist (zumeist 30 Tage) der Mehrheitsgewerkschaft beizutreten.
– „Maintenance of membership" heißt eine Vereinbarung, die ausschließlich auf solche Arbeitnehmer zielt, die bei Abschluß oder während der Laufzeit des Tarifvertrages Mitglied der Gewerkschaft sind. Diese dürfen während der Vertragsdauer die Gewerkschaft nicht verlassen.

– Unter „agency shop" schließlich versteht das Arbeitsrecht eine Klausel zwischen Arbeitgeber und Gewerkschaft, nach der jeder Beschäftigte, ob Gewerkschaftsmitglied oder nicht, Beiträge für die Mehrheitsorganisation entrichten muß.

Zugrunde lagen der Kodifikation des NLRA Streikwellen, die im Jahr 1934 das ganze Land durchzogen und Auseinandersetzungen innerhalb der AFL, in die immer stärker nichtorganisierte Arbeitnehmer aus den neu entstandenen Massengüterindustrien (Automobil, Stahl, Gummi, Elektro) drängten. Beginnend auf dem Gewerkschaftstag 1933, beschäftigten sich in den folgenden Jahren alle nationalen gewerkschaftlichen Kongresse mit der organisatorischen Alternative von „craft" und „industrial union". Auf dem Gewerkschaftstag 1934 hatte sich die Debatte sachlich und personell zugespitzt. John L. Lewis, Vorsitzender der United Mine Workers, der zum unumstrittenen Sprecher der Befürworter von „industrial unions" avanciert war, forderte in der Antragskommission, daß die Auto-, Gummi-, Zement-, Radio-, Aluminium- und Stahlindustrie einheitlich nach Prinzipien einer „industrial union" organisiert werden solle. Auf dem folgenden Gewerkschaftstag forcierte er das Auseinanderbrechen der AFL und gründete im November 1935 das Committee for Industrial Organization (CIO), das später in Congress for Industrial Organization umbenannt wurde.

Die Gründung des CIO markierte nicht nur den Beginn einer organisatorischen Spaltung der amerikanischen Gewerkschaftsbewegung, sondern zugleich auch die Unvereinbarkeit spezifischer Formen gewerkschaftlicher Interessenvertretung. Von besonderer Bedeutung wurden unterschiedliche Vorstellungen über das Verhältnis der Gewerkschaften zum Staat. Während die AFL weiter an ihrem voluntaristischen Grundsatz, ohne staatliche Unterstützung allein im Wege unmittelbarer sozialer Auseinandersetzungen tarifpolitische Erfolge durchzusetzen, festhielt, plädierte das CIO für staatliche Hilfe. Ausgehend von der Überlegung, daß die organisierte Arbeiterschaft vermittels staatlicher Unterstützung sozialpolitischer und arbeitsrechtlicher Art effektiver tarifpolitische Vereinbarungen erreichen könne, trat das CIO für die Praktizierung des National Labor Relations Act ein. Auch bei politischen Wahlkämpfen engagierte sich das CIO, indem es die Roosevelt-Regierung durch politische Aktionskomitees unterstützte.

In den folgenden Jahren gelang es dem CIO, in den bislang unorganisierten Massengüterindustrien Gewerkschaften zu etablieren und Tarifverträge durchzusetzen. Aus der heutigen Perspektive kann der New Deal als die bedeutsamste Phase der amerikanischen Gewerkschaftsbewegung bezeichnet werden, weil es in dieser Zeit Gewerkschaften und Staat gelang, ein System industrieller Beziehungen gesetzlich zu verankern. Die Organisationserfolge des CIO in den dreißiger Jahren können allerdings nicht darüber hinwegtäuschen, daß nahezu 80 Prozent aller amerikanischen Arbeitnehmer Gewerkschaften fernblieben, verglichen mit 1930 freilich eine Abnahme der Nichtorganisierten um 10 Prozent. Der geringe Organisationsgrad erklärt sich dadurch, daß es auch den neuen Industriegewerkschaften nicht gelang, traditionell schwach organisierte Regionen und Industriezweige (wie etwa die Textilindustrie im Süden) gewerkschaftlich zusammenzufassen. Dies hatte zur Folge, daß trotz der Offenheit der CIO-Gewerkschaften für schwarze Arbeitnehmer ihr Anteil in den Gewerkschaften gering blieb. Ebenfalls jenseits der Organisationserfolge in der verarbeitenden Industrie lag die Landwirtschaft, deren prozentualer Anteil an Gewerkschaftsmitgliedern deutlich gegenüber den Massengüterindustrien zurückstand.

Die Strukturen des Systems industrieller Beziehungen, die in den dreißiger Jahren Anerkennung durch den Gesetzgeber fanden, haben sich mit gewissen Modifikationen bis heute erhalten. Trotz der Vereinbarung von AFL und CIO im Jahr 1955 und der innergewerkschaftlichen Regulierung durch den Staat vermittels des Landrum Griffin Act von 1957 (dieser regelt den Wahlmodus, den Schutz von Minderheiten etc.) weist das Collective Bargaining System in hohem Maße dezentrale Tendenzen auf, ist in unterschiedliche Organisationsformen aufgeteilt (Berufs- und Industriegewerkschaften) und verfügt weiterhin über den geringsten Organisationsgrad einer hochindustrialisierten Gesellschaft. Amerikanische Autoren stimmen deshalb auch in der Einschätzung überein, daß das amerikanische System industrieller Beziehungen keine (oder allenfalls geringfügig entwickelte) korporatistische Elemente enthält. Das hervorragenste Ergebnis staatlicher Eingriffe in das System industrieller Beziehungen in den dreißiger Jahren bestand deshalb darin, die Ausdehnung des Tarifvertragssystems auf die bislang nicht organisierten Großbetriebe der Massengüterindustrien und die Etablierung neuer Organisationsformen zu unterstützen.

Strukturelemente des Systems industrieller Beziehungen

Das System industrieller Beziehungen in den USA unterscheidet sich in vielfältiger Weise von dem in der Bundesrepublik Deutschland. Zunächst fällt auf, daß der traditionell niedrigere Organisationsgrad der Gewerkschaften in den USA stärker von Schwankungen abhängig ist als in Deutschland. In der Zeit von 1954 bis 1980 ging er von 34,7 auf 21,9 Prozent zurück, 1990 erreichte er 16,1 Prozent und 1998 war mit 13,9 der bisherige Tiefpunkt erreicht.

Mit der New Deal-Politik beginnend, stieg der Organisationsgrad der Gewerkschaften seit Mitte der dreißiger Jahre kontinuierlich an, erreichte seinen Höhepunkt Ende der fünfziger Jahre und fiel – bis heute andauernd – ab Anfang der siebziger Jahre kontinuierlich. Im ökonomisch bedingten Sinken des gewerkschaftlichen Organisationsgrades reflektiert sich das Problem, daß das System industrieller Beziehungen in den USA erneut anfällig gegenüber konjunkturellen Veränderungen ist. Das hängt im wesentlichen damit zusammen, daß die – im Vergleich zur Bundesrepublik Deutschland – geringe Verrechtlichung der industriellen Beziehungen die gewerkschaftliche Interessenvertretung in hohem Maße dem Druck des Arbeitsmarktes aussetzt.

Gewerkschaftsmitglieder 1930-1998

Jahr	Beschäftigte (in Tausend)[1]	Gewerkschafts- mitglieder	Prozentsatz
1930	29 424	3 401	11,6
1935	27 053	3 584	13,2
1940	32 376	8 717	26,9
1945	40 394	14 322	35,5
1950	45 222	14 267	31,5
1955	50 675	16 802	33,2
1960	54 234	17 049	31,4
1965	60 815	17 299	28,4
1970	70 920	19 381	27,3
1975	76 945	19 611	25,5
1980	90 564	19 843	21,9
1983	88 290	17 717	20,1
1984	92 194	17 340	18,8
1985	94 521	16 996	18,0
1986	96 903	16 975	17,5
1987	99 303	16 913	17,0
1988	101 407	17 002	16,8
1989	103 480	16 960	16,4
1990	103 905	16 740	16,1
1991	102 786	16 568	16,1
1992	103688	16390	15,8
1993	105067	16598	15,8
1994	107989	16748	15.5
1995	110038	16360	14,9
1996	111960	16269	14,5
1997	114533	16110	14,1
1998	116730	16211	13,9

1 ohne Beschäftigte in der Landwirtschaft

Quelle: Bureau of Labor Statistics, U.S. Department of LaborThe World Almanac 1998

Zum Verständnis der amerikanischen Gewerkschaften reichen diese Überlegungen aber noch nicht aus. Will man begreifen, welche machtpolitische Bedeutung die einzelnen Gewerkschaften haben, dann muß man eine Differenzierung einführen. Amerikanische Gewerkschaften lassen sich grundsätzlich in drei Typen unterscheiden: Industrie- und Berufsverbände sowie allgemeine Gewerkschaften. Dem deutschen Leser am vertrautesten sind die Industriegewerkschaften, also solche, in denen jeder Arbeitnehmer eines Industriezweiges Mitglied werden kann. Der überwiegende Teil aller US-amerikanischen Gewerkschaften sind Berufsverbände („craft unions"), also solche Organisationen, die allein nach der Zugehörigkeit zu einer Berufsgruppe organisieren. Gewerkschaften des industrieverbandlichen Typus sind etwa die United Auto Workers und die United Steelworkers (beide zusammen der deutschen IG Metall vergleichbar). Berufsverband ist hingegen die United Brotherhood of Carpenters and Joiners. Eine allgemeine Gewerkschaft ist eine Interessenvertretung, die alle Arbeitnehmer, unabhängig von Industriezweig und Beruf organisiert. Dieser nur selten vorkommende Typus wird durch die International Brotherhood of Teamsters, die größte amerikanische Gewerkschaft, repräsentiert. Die ursprünglich allein die Lastwagenfahrer organisierende Gewerkschaft hat sich als Reaktion auf ihren Ausschluß aus der AFL/CIO im Jahr 1957 zu einer Interessenvertretung entwickelt, in der von der Putzfrau über den Industriearbeiter bis hin zum Professor jeder Mitglied werden kann.

Dem Dachverband AFL/CIO sind 102 Gewerkschaften angeschlossen, die ihrerseits rund 70 Prozent aller Gewerkschaftsmitglieder organisieren. Die meisten der restlichen 30 Prozent sind Mitglieder großer und mächtiger Gewerkschaften, die teilweise früher einmal der AFL/CIO affiliiert waren, wie z.B. die „Teamsters" und „Mine Workers". Der 1955 erfolgte Zusammenschluß der einstmals konkurrierenden Dachverbände der Berufsgewerkschaften (AFL) mit den Industriegewerkschaften (CIO) ist insofern mit dem deutschen DGB nicht vergleichbar, als sein Einfluß sowohl auf die Einzelgewerkschaften wie auf das politische System nahezu bedeutungslos ist. Bedenkt man, daß die größte Einzelgewerkschaft, die International Brotherhood of Teamsters, erst seit kurzem Mitglied der AFL/CIO ist, dann wird die geringe machtpolitische Bedeutung der AFL/CIO deutlich. Politisch hat der Dachverband insbesondere unter der konservativen Präsidentschaft Einbußen erfahren. Innergewerkschaftlich hat dies seinen Grund in der dezentralen Form des amerikanischen Gewerkschaftssystems. Denn Basis des Willensbildungs- und Entscheidungsprozesses in amerikanischen Gewerkschaften ist das „local", die betriebliche Gewerkschaftsorganisation.

Von den ca. 65 000 „locals", die die Beschäftigten in einem Betrieb oder einem Unternehmen repräsentieren, hatten im Jahr

1966 weniger als 15 Prozent mehr als 500 Mitglieder, 1982 gehörten dem durchschnittlichen „local" 200 Mitglieder an. „The local", so ein Autor, „is the heart of American unionismus."[1] Die „locals" haben zwei bedeutende Aufgaben: Zum einen schließen sie nicht selten eigenständige Tarifverträge mit einzelnen Unternehmen ab oder konkretisieren überregionale Tarifverträge für die jeweiligen betrieblichen Verhältnisse. Zum anderen kommt ihnen beziehungsweise den betrieblichen gewerkschaftlichen Interessenvertretern („shop stewards") die Aufgabe zu, im innerbetrieblichen Konfliktmanagement die organisierten Arbeitnehmer zu vertreten. Anders als in der Bundesrepublik, wo die betrieblichen Interessenvertreter der Arbeitnehmer (Betriebsräte) keine gewerkschaftliche Institution sind, repräsentieren die Vertreter der „locals" die Gewerkschaft in gemeinsamen Institutionen zwischen Kapital und Arbeit. Dazu gehört das betriebliche Beschwerdewesen („grievance procedure"), das wegen der Verletzung tariflicher Vereinbarungen oder anderer betrieblicher Regelungen angerufen werden kann.

Entsprechend der dezentralen und fragmentierten Struktur der Gewerkschaften sind die Organisationen der Arbeitgeber ausgestaltet. Im Bereich der verarbeitenden Industrie überwiegt die Zahl der Verhandlungseinheiten, in denen ein Unternehmer und eine Gewerkschaft zusammentreffen. In der chemischen Industrie beispielsweise sind 90 Prozent aller Tarifverträge zwischen der Gewerkschaft und einem Unternehmer abgeschlossene Firmentarifverträge. Freilich sind in diesem hochdezentralisierten Verhandlungssystem von Gewerkschaft und Unternehmen auch Wege gefunden worden, Vereinheitlichungen zu erreichen. Dazu gehört das sogenannte „pattern bargaining", das ist die Übernahme eines Verhandlungsergebnisses von anderen Betrieben mit ähnlichen wirtschaftlichen Bedingungen. Außerhalb des verarbeitenden Gewerbes ist die Form des „multi-employer bargaining" üblicher. In diesem Fall schließt ein Arbeitgeberverband für eine Reihe von Betrieben mit einer, aber auch mit mehreren Gewerkschaften einen Tarifvertrag ab. Zu den bedeutendsten Arbeitgeberorganisationen, die auch über einen beträchtlichen politischen Einfluß verfügen, zählt die National Association of Manufactures (NAM), die historisch zu den kämpferischsten Gegnern der Gewerkschaften gehörte.

Im Zentrum tarifvertraglicher Vereinbarungen stehen Löhne und andere Geldleistungen („benefits"). Da im Gegensatz zur Bundesrepublik der amerikanische Staat nur in geringem Umfang sozialpolitische Leistungen zur Verfügung stellt, sind diese Gegenstand tariflicher Vereinbarungen. So finden sich in amerikanischen Tarifverträgen neben Lohnhöhe und -struktur auch Regelungen über finanzielle Leistungen bei Krankheit, Unfall und Rente. Ein zweiter zentraler Vereinbarungsgegenstand von Tarifverträgen sind die Beschäftigungsbedingungen und die Regulierung der Arbeit. Da auch für diese Bereiche gesetzliche Regelungen weitgehend fehlen, treffen die Tarifparteien Regeln für Entlassungen, Wiedereinstellungen und Umsetzungen. Im Gegensatz zum deutschen Arbeitsrecht, das die Möglichkeit von Entlassungen an eine Reihe sozialpolitischer Kriterien knüpft, machen amerikanische Tarifverträge diese allein von der Beschäftigungsdauer („seniority") abhängig.

Die durchschnittliche Laufzeit eines Tarifvertrages beträgt drei Jahre. Während dieser Zeit, auch dies wird vereinbart, sind Streiks unzulässig, Probleme, die sich aus dem Tarifvertrag ergeben, werden im Rahmen eines innerbetrieblichen Beschwerdesystems („grievance producere") bearbeitet, das in der Regel eine Zwangsschlichtung vorsieht. Das System industrieller Beziehungen hat nach übereinstimmender Meinung unternehmerisches Investitions- und Produktplanungsverhalten nicht beschränkt, bedeutend jedoch ist der gewerkschaftliche Einfluß im betrieblichen Bereich, beim sogenannten „shop floor management". Hier haben die Gewerkschaften Machtpositionen errungen, die sie freilich angesichts neuerer Entwicklungen in der Produktionstechnologie wieder zu verlieren drohen.

Die amerikanischen Gewerkschaften vor neuen Herausforderungen

Die Geschichte des Systems industrieller Beziehungen seit Ende des vergangenen Jahrhunderts war eine Geschichte gewerkschaftlicher Initiativen für ein institutionalisiertes Tarifverhandlungssystem. Ende der siebziger Jahre dieses Jahrhunderts kehrte sich das erstmals um. Typisch für das heutige System industrieller Beziehungen in den USA ist, daß von seiten des Managements Aktivitäten ausgehen, das tradierte System zu beseitigen. Die Folge ist ein rapider Machtverlust der amerikanischen Gewerkschaften. Die Hauptursachen für die Entwicklung liegen im Zerfall der amerikanischen industriellen Vormachtstellung, wodurch ein Modell industrieller Beziehungen problematisch geworden ist, das in der Vergangenheit zwar, gemessen an europäischen Standards, keine bedeutenden Organisationserfolge ausweisen konnte, aber auch nicht vom Zusammenbruch bedroht war.

Verlust der wirtschaftlichen Vormachtstellung

Von der Öffnung des US-Binnenmarktes für die ausländische Konkurrenz und den geringen Exporterfolgen der amerikanischen Wirtschaft sind die Industriegewerkschaften am stärksten betroffen. Trotz zum Teil bestehender Importbeschränkungen liegt der Anteil des Auslands an Märkten wie Auto, Stahl, Reifen, Verbrauchselektronik, Textil und Bekleidung bei über 20 Prozent, ohne daß diese Importe in bedeutsamer Weise durch Exporte kompensiert werden können. 1950 hingegen wurde der amerikanische Markt noch zu 98 Prozent mit inländischen Waren versorgt. Die verstärkte Konkurrenz ausländischer mit amerikanischen Firmen bedeutet insbesondere für Branchen, die in den fünfziger Jahre aufgrund ihrer oligopolistischen Struktur Reallohnsteigerung über die Preise an die Konsumenten weitergeben konnten, den Verlust des ehemaligen Verteilungsspielraumes. Bedroht von ökonomischen Ruin müssen sie nun versuchen, ihre Produktionskosten dem Weltmarktniveau anzupassen. Neben der Modernisierung des Produktionsapparates oder der Ausnutzung der veralteten Anlagen bis zu ihrem Stillstand versuchen diese Industrien vornehmlich, die Lohnkosten zu senken und die Arbeit zu intensivieren. Der Stundenlohn eines Stahlarbeiters einschließlich Sozialleistungen lag noch 1981 ca. 50 Prozent über dem durchschnittlichen Stundenlohn im gesamten verarbeitenden Gewerbe – Zahlen, die für die Automobilindustrie vergleichbar sind.

Die Politik der Unternehmer, gewerkschaftliche Lohnpolitik zu restringieren und Modernisierungen durchzuführen, ist nicht auf die Industriegewerkschaften beschränkt, da auch andere Unions von der Weltmarktkonkurrenz betroffen werden. Die Anpassung der amerikanischen Wirtschaft an den Weltmarkt verlangt auch nach einer effizienten und kostengünstigen Infrastruktur. Zu diesem Zweck ist noch unter Präsident Carter, gegen die betroffenen Unternehmer und Gewerkschaften, das Luftfahrt- und Transportwesen von staatlichen Zulassungs- und Preissetzungsvorschriften „befreit" worden. Die staatliche Regulierung bestimmter, gesamtgesellschaftlich wichtiger Bereiche war im Verlaufe des New Deal eingeführt worden, um sie dem unmittelbaren Druck des kapitalistischen Wettbewerbs zu entziehen. Denn ein ungehemmt nach kapitalistischer Marktrationalität strukturiertes Transportwesen steht in Gefahr, gesamtgesellschaftliche Funktionen unbefriedigend zu erfüllen. Freilich erschwert der mangelnde Druck des Marktes die Anpassung von Wirtschaftszweigen an internationale Konkurrenzbedingungen. Mit der „deregulation", der Aufhebung staatlicher Wettbewerbsbeschränkungen, wollte die amerikanische Regierung deshalb ein ökonomisch unflexibles System wie die Transport- und Luftfahrtindustrie den Weltmarktstandards anpassen.

In den deregulierten Bereichen begann daraufhin ein vehementer Konkurrenzkampf, der insbesondere über die Lohnkosten ausgetragen wird. In zunehmendem Maße gelingt es nicht-gewerkschaftlich organisierten Firmen, sich auf dem Markt zu etablieren, so daß der Druck auf die Gewerkschaften (insbesondere auf die International Brotherhood of Teamsters, die in der Transportindustrie dominant ist), die Löhne nach unten hin anzupassen, ständig gestiegen ist. In einigen Fällen erreichten es traditionell gut organisierte Firmen, gewerkschaftsfreie Tochtergesellschaften zu gründen (insbesondere im Transportwesen) oder im Schatten des Konkursrechts die Gewerkschaft zu drastischen Lohnkürzungen zu zwingen (zum Beispiel Continental Airlines). Ähnliche Entwicklungen kann man im Fernsprechbereich beobachten, der 1984 dereguliert worden ist.

Im Gegensatz zu den klassischen Industriebereichen Auto und Stahl, die unmittelbar der Weltmarktkonkurrenz ausgesetzt sind und deren Gewerkschaften, die allesamt in den vergangenen Jahren einen drastischen Rückgang der Mitgliederzahlen erlebten, und auch im Gegensatz zu den deregulierten Bereichen des Kommunikationssystems, in denen ökonomische Umstrukturierungen zu widersprüchlichen Entwicklungen führten, scheint der traditionelle Handwerksbereich zu stehen. Wenn sich auch – um den bedeutendsten Sektor zu nennen – in der Bauindustrie kein unmittelbarer Zusammenhang zwischen

Weltmarkt und Branchenentwicklung konstatieren läßt, existiert er doch durchaus in mittelbarer Weise. Denn die Reagan-Administration, deren Politik als Versuch einer Anpassung der amerikanischen Industrie an Weltmarkt-Standards interpretiert werden kann, hat in den vergangenen Jahren ein Gesetz zunehmend außer Kraft gesetzt, das den Gewerkschaften im Baugewerbe organisatorische Unterstützung gab. Indem sie sich nicht länger an die Vorschriften des Davis-Beacon-Act, eines Gesetzes, das den Gewerkschaften bei öffentlichen Bauvorhaben ein Arbeitsmonopol gewährte, hielt, ist auch im Baugewerbe der Einfluß nicht-gewerkschaftlich organisierter Arbeit größer geworden. Das Credo der neuen Wirtschaftspolitik, die Produktivität des amerikanischen Kapitalismus durch eine Entfesselung privater Wettbewerbsbeziehungen zu erhöhen, hat deshalb auch Auswirkungen auf den organisatorischen Bestand der klassischen Berufsgewerkschaften.

Weitgehend unberührt von der beschriebenen Entwicklung blieben bislang die Gewerkschaften im öffentlichen Dienst und im Dienstleistungssektor, also diejenigen Gewerkschaften, deren Zuständigkeitsbereiche am geringsten dem Einfluß des Weltmarktes ausgesetzt sind. Diese Gewerkschaften profitieren vor allem von der Ausdehnung des Beschäftigungsvolumens im Dienstleistungssektor und konnten auch in den letzten Jahren, trotz der Bemühungen der amtierenden Regierung, die Zahl der öffentlich Beschäftigten zu reduzieren, im öffentlichen Dienst einen Mitgliederzuwachs verzeichnen.

Erwähnt sei schließlich, daß in den zukunftsträchtigen Wirtschaftszweigen, in denen amerikanische Unternehmen auf dem Weltmarkt dominieren, die Gewerkschaften nur schwach vertreten sind. Hinter dem Vorbild des Marktführer IBM hat sich die amerikanische Computerindustrie zu einem Industriezweig entwickelt, der als Schrittmacher für eine Ent-Gewerkschaftlichung auftritt. Kann man in der Automobil- und Stahlbranche davon ausgehen, daß zwischen Gewerkschaften und Unternehmern ein zumindest rudimentärer Konsens darüber besteht, daß institutionalisierte Kooperation für alle Beteiligten funktional ist, so zeigen die Computerindustrie sowie Weltmarktgrößen wie Du Pont (Chemie), Kodak und Polaroid, daß ohne unabhängige Gewerkschaften das Management offenbar erfolgreicher handeln kann. In den neuen Betrieben der Softwarebranche gar ist das Bewußtsein weit verbreitet, daß das Unternehmen allen Beschäftigten gehört. Entsprechend gering ist hier deshalb auch der gewerkschaftliche Organisationsgrad.

Die Gründe für diese Entwicklung sind vielfältig. Ohne sie detailliert darlegen zu wollen, sei nur erwähnt, daß sich die Zentren der Computerindustrie in solchen Regionen der USA angesiedelt hat (Texas, Süd-Kalifornien), die traditionell gewerkschaftlich unterrepräsentiert sind, und daß die Trennung ihrer Beschäftigten in zwei voneinander unterschiedene Gruppen weit fortgeschritten ist. Dem in der Entwicklung tätigen Personal können sie, aufgrund des noch ungebremsten Wachstums dieses Industriezweiges, relativ stabile Beschäftigungsverhältnisse und hohe Gehälter garantieren. Zuweilen kann das Management erfolgreich damit drohen, es werde tariflich übliche Löhne und Gehälter einführen, wenn die Beschäftigten Interesse an gewerkschaftlicher Organisierung zeigen. Die Beschäftigten der Produktion hingegen werden mit dem gesetzlichen Mindestlohn abgefunden. Der Erfolg dieser ohne Gewerkschaften, aber mit firmenspezifischen Beteiligungsorganen operierenden Konzerne auf dem Weltmarkt verstärkt in der Öffentlichkeit den Eindruck, daß die Unions der Modernisierung der amerikanischen Volkswirtschaft im Wege stehen.

Die seit Ende der dreißiger Jahre in den USA etablierten institutionellen Beziehungen zwischen Kapital und Arbeit unterscheiden sich von den bundesrepublikanischen durch ein außerordentlich hohes Maß an Dezentralisierung, Fragmentierung und geringer Institutionalisierung im politischen System. Diese mangelnde Einbindung der US-Gewerkschaften in das politische System sowie ihre interne Fragmentierung in viele kleine autonome Machtzentren erlaubte den einzelnen Belegschaften unter günstigen Wirtschaftsbedingungen, ihre Marktmacht optimal auszuspielen, ohne auf ein gesamtgesellschaftliches Gemeinwohl Rücksicht nehmen zu müssen. In der ökonomischen Krise jedoch wurde diese Stärke, die sich darin ausdrückte, daß in einigen Betrieben und Branchen hohe Reallohnsteigerungen durchgesetzt werden konnten, zur Schwäche. Die Unternehmer nutzen nun, von restriktiven institutionellen Bindungen wenig tangiert, die neuen Kräfteverhältnisse am Arbeitsmarkt zu ihren Gunsten aus, wobei ihnen die Zersplitterung der Gewerkschaftsbewegung und die daraus resultierenden weitgefächerten Lohndifferenzen entgegenkommen.

Ein weiteres Kennzeichen der amerikanischen Arbeitsbeziehungen, das die Einflußmöglichkeiten der Gewerkschaften bestimmt, ist ihr selbst propagierter Ausschluß von den Investitionsentscheidungen des Managements. Dies hängt zum einen mit der geringen Institutionalisierung gewerkschaftlicher Handlungsmacht im politischen System zusammen, weshalb es den Gewerkschaften nicht möglich ist, über den Staat auf die Umstrukturierungsprozesse der jeweiligen Branche einzuwirken, zumal eine explizite Strukturpolitik von seiten des Staates nicht existiert. Zum anderen stehen den US-Gewerkschaften bislang auch selten betriebliche Gremien zur Verfügung, die ihnen eine Mitbestimmung ermöglichen würden. Dieser Konsens zwischen Arbeit und Kapital über die Form des Arbeitsprozesses ist Folge sowohl der in der Vergangenheit nahezu einstimmigen Weigerung der Unternehmer, den Gewerkschaften Partizipationsmöglichkeiten zu gewähren, als auch ihrer vorherrschenden Programmatik, des „business unionism". Eine Kooperation zwischen Gewerkschaften und Kapital über Produktionsentscheidungen, nicht über Verteilungsfragen, galt amerikanischen Arbeitnehmern als Verletzung gewerkschaftlicher Prinzipien („don't lie in bed with management"). Statt dessen sicherten sich die Gewerkschaften durch präzise und detaillierte Bestimmungen zur Arbeitsorganisation gegen Unternehmerwillkür ab („shop regulations"). Die wichtigsten Bestandteile dieser tarifvertraglichen Vereinbarungen sind die Entlohnung nach der Arbeitsfunktion (nicht nach individueller Qualifikation) und das Senioritätsprinzip, welches Entlassungen und Höhergruppierungen der Willkür der Vorarbeiter entzieht und statt dessen von der Dauer der Betriebszugehörigkeit abhängig macht.

Offensives Management

„Management is now the militant party", faßt ein Autor die gegenwärtigen Bemühungen des Managements zur Durchsetzung neuer Formen der Arbeitsorganisation und der Arbeitsbeziehungen zusammen.[2]
Es lassen sich vornehmlich zwei Managementsstrategien identifizieren, welche die Veränderungen im System industrieller Beziehungen deutlich machen:

1. Die erste zielt darauf, die bisherige Logik des Systems industrieller Beziehungen nicht mehr anzuerkennen. Für die Gewährleistung von sozialem Frieden als einer Bedingung ökonomischer Prosperität waren Unternehmer früher bereit, höhere Löhne zu zahlen, die Arbeitszeit zu verkürzen und andere sozialpolitische Konzessionen zu machen. Heute sind ihnen die Reduktion der Kosten, die Flexibilisierung der Arbeitszeit usw. von größerer Bedeutung als die Beziehungen zwischen Kapital und Arbeit. Lohnpolitisch von allergrößter Bedeutung wurde die Strategie des „concession bargaining", einer in der Bundesrepublik weitgehend unbekannten Form der Lohnpolitik. Bis Anfang der achtziger Jahre zahlten in den meisten gewerkschaftlich organisierten Industrien Unternehmer unter gleichen Bedingungen annähernd gleiche Löhne. Dies hat sich heute, nach mehreren Phasen des „concession bargaining", drastisch verändert. So wurde beispielsweise für 32 Prozent der abhängig Beschäftigten von General Electric 1983 eine Lohnkürzung tariflich vereinbart, 24 Prozent erhielten keine Lohnerhöhung, die Tariflohnsteigerung für 44 Prozent der Beschäftigten betrug nur wenig mehr als die Inflationsrate.

„Concession bargaining", also der freiwillige Verzicht von Gewerkschaften auf die Verbesserung der Lohn- und Arbeitsbedingungen ihrer Mitglieder, häufig weitergehend noch: der freiwillige Verzicht auf einmal durchgesetzte Positionen, sollte nach der übereinstimmenden Meinung von Unternehmern und Gewerkschaften zu einer Entspannung führen, was wiederum – so die Hoffnung – die Situation der Lohnabhängigen verbessern würde. Nach dieser Logik erfolgten in den meisten großen Industrien tariflich vereinbarte Lohnverzichte ohne tarifliche Zusicherungen für verbesserte Bedingungen unter ökonomisch gewandelten Verhältnissen. Die Logik des „concession bargaining" stellt insofern eine programmatische Novität in der amerikanischen Gewerkschaftsbewegung dar, als sie betriebswohlorientiert ist. Wir haben zu Beginn dieser Ausführungen gesehen, daß amerikanische Gewerkschaften nur dann gemeinwohlorientiert handeln, wenn es um nationale Interessen (Verteidigung) geht, nicht jedoch in der Lohnpolitik. Mit der weitgehenden Anerkennung des „concession bargaining" hat das amerikanische System industrieller Beziehungen ein neues Element erhalten.

2. Elemente, die traditionelle Struktur industrieller Beziehungen zu überwinden, enthält, wenngleich nicht unmittelbar

sichtbar, auch die zweite Managementsstrategie. Geht es bei der ersten Strategie darum, erworbene gewerkschaftliche Positionen zurückzunehmen oder zeitweise zu suspendieren, so bietet im zweiten Fall das Management Handlungsmöglichkeiten für abhängig Beschäftigte an. Unter dem Begriff „human resource policy", der verstärkten Berücksichtigung menschlicher Bedürfnisse in der industriellen Produktion, werden unterschiedliche Konzeptionen verstanden. Zugrunde liegt allen Vorschlägen die Idee, daß moderne Produktionsprozesse nicht mehr nach dem tradierten Modell der industriellen Massenproduktion (Fließband) organisiert werden können. Die vom Konsumenten gewünschte Produktvielfalt läßt sich nicht mit standardisierten Verfahren, sondern allein mit einer „flexiblen Spezialisierung" erreichen. Aus diesem Grund erklärt eine einflußreiche Minorität von Unternehmern heute feste Arbeitsumschreibungen („job classifications") ebenso für obsolet wie von der Leistung abgekoppelte Beförderungs- und Entlastungssysteme („seniority system").

Unter dem Stichwort („Flexiblität") wird vielmehr dafür plädiert, die Arbeitsaufgaben zu erweitern, die Autonomie von Arbeitsgruppen zu erhöhen („quality of worklife") und die Lohnhöhe von der konkreten Leistung abhängig zu machen („pay for knowledge"). Gekoppelt sind solche Angebote des Managements nicht selten mit Beschäftigungsgarantien für bestimmte Gruppen von Arbeitnehmern. Das sogenannte Saturn-Abkommen (1985) zwischen der Gewerkschaft der Automobilarbeiter (UAW) und dem Management von General Motors mag als Beispiel für diesen Typus neuer Unternehmerstrategien stehen.

Einzigartig in der Geschichte der amerikanischen Gewerkschaftsbewegung wurde im wesentlichen folgendes vereinbart:

- Gewerkschaftliche Gruppen von 6 bis 15 Personen entscheiden im Produktionsbereich über die Verteilung der Arbeit, Ausrüstung, Lieferung sowie den Freizeit- und Urlaubsplan; keinen Einfluß haben diese Gruppen, die den traditionellen Vorarbeiter ersetzen, auf Investitionen, Produktquoten, Material und Design. Partizipationsrechte werden der Gewerkschaft auch auf den anderen Ebenen von Managemententscheidungen gewährt. Infolge dieser umfassenden Partizipationsrechte verpflichtet sich – der deutschen Betriebsverfassung entlehnt – die Gewerkschaft dazu, auf einvernehmliche Entscheidungen zu dringen und sich im Konfliktfalle einem vierstufigen Schlichtungsmodell zu unterwerfen, dessen vierte Instanz bindende Entscheidungen trifft.

– Ein neu eingeführtes produktivitätsorientiertes Prämiensystem gibt der gewerkschaftlichen Betriebsgruppe die Möglichkeit, Leistungs-, Qualitäts- und Gewinnzulagen zu vergeben. Mit dieser Regelung hat die Gewerkschaft ihre lohnpolitische Maxime durchbrochen, den Lohn sowie die Nebenleistungen an die zeitliche Zugehörigkeit zum Betrieb zu binden. Mit der ursprünglichen Politik war es ihr sogar gelungen, in der Automobilindustrie die Akkordarbeit zu verbieten. Zusätzlich zum Abbau des Senioritätssystems wird eine stärkere Lohndifferenzierung eingeführt, die so aussieht, daß Neueingestellte zunächst nur 80 Prozent des Grundgehalts und dann nach zwei Jahren den vollen Lohn erhalten. Die Lohndifferenzierung soll produktivitätsfördernd wirken.

– Die Stammarbeitnehmer, das sind ca. 80 Prozent der bei General Motors Beschäftigten, erhalten eine Arbeitsplatzgarantie, die Entlassungen wegen kurzfristiger, konjunkturell bedingten Absatzrückgangs ausschließt. Die verbleibenden 20 Prozent erhalten keine Arbeitsplatzgarantie, sie können kurzfristig entlassen werden. Der erhöhten Flexibilisierung dienen neben der Beschäftigungspolitik auch die Einführung einer rotierenden Wechselschicht und die Reduktion differenzierter Tätigkeitsschemata von zum Teil 100 auf vier. Mit neu geschaffenen Weiterbildungs- und Ausbildungsprogrammen soll eine rasche Anpassung der Beschäftigten an veränderte Arbeitsprozesse erreicht werden.

Wenngleich dieser Tarifvertrag keineswegs typisch für die industriellen Beziehungen in den USA ist und wenn auch das Management aus ökonomischen Gründen wieder Einschränkungen von dieser Konzeption machen mußte, so bleibt dennoch zu konstatieren, daß in den vergangenen Jahren in Großbetrieben Elemente der japanischen und bundesrepublikanischen Betriebsverfassung eingeführt worden sind. Dies deutet darauf hin, daß das System industrieller Beziehungen in den USA angesichts verstärkter Einführung neuer Technologien weitere Veränderungen erfahren wird, deren Dimensionen schwer anzugeben sind.

Es sieht nicht so aus, als könnten die Gewerkschaften angesichts dieser Managementsstrategien, die in abgewandelten

Formen in anderen Betrieben der Automobil-, Flugzeug- oder Transportindustrie praktiziert werden, die Zahl ihrer Mitglieder konstant halten oder verbessern. Nicht allein der Organisationsgrad der Gewerkschaften ist zurückgegangen, sondern auch die Zahl verlorener Anerkennungswahlen ist gestiegen. Bevor in einem nichtgewerkschaftlich organisierten Betrieb Tarifverhandlungen stattfinden, wird ein kompliziertes Wahlverfahren durchlaufen, währenddessen eine Gewerkschaft mehrheitlich gewählt werden muß. Bei diesen Wahlen nun haben die Gewerkschaften immer häufiger die Mehrheit verfehlt, so daß es in diesem Betrieb zu keiner gewerkschaftlichen Interessenvertretung kam. Umgekehrt kennt das amerikanische Arbeitsrecht die Möglichkeit der „decertification", der mehrheitlichen Abwahl einer anerkannten Gewerkschaft. Die Zahl der für die Unternehmer erfolgreich ausgegangenen Aberkennungswahlen hat in den letzten Jahren zugenommen.

Der Machtverlust der amerikanischen Gewerkschaften spiegelt sich auch in ihrer abnehmenden Bedeutung im politischen System wieder. Trotz Unterstützung des vorigen demokratischen Präsidenten Carter erlitt eine von der AFL/CIO eingebrachte Arbeitsgesetzvorlage, die die ohnehin schwache Position der Unions rechtlich stärken sollte, eine Niederlage im Kongreß. Unter der Präsidentschaft von Ronald Reagan ist der politische Einfluß der Unions weiter gesunken. Die Besetzung der National Labor Relations Board, der Institution, die für juristische Streitigkeiten vor den Gerichten zuständig ist, mit Konservativen hat auch diesen Einflußbereich der Gewerkschaften vermindert.

Zukunftsperspektiven für die amerikanischen Gewerkschaften

Wie wir sahen, unterscheidet sich das amerikanische Verhandlungssystem fundamental vom bundesrepublikanischen: Sind dessen zentralistische Strukturen eine optimale organisatorische Voraussetzung für eine gesamtgesellschaftlich orientierte Gewerkschaftspolitik, die gesellschaftsverändernde Ideen nur mehr in der Programmatik mitschleppt, so verhindert oder erschwert doch zumindest die dezentrale Form der amerikanischen Gewerkschaften, daß diese als verläßliche Partner in einem gesamtgesellschaftlichen Planungsprozeß agieren können. Die – im Gegensatz zur Bundesrepublik – grundsätzliche Anerkennung der kapitalistischen Form gesellschaftlicher Reproduktion durch die amerikanischen Gewerkschaften ist damit paradoxerweise keine Garantie für ein gesamtgesellschaftlich „verantwortungsbewußtes" Handeln. Kurzum: Dort, wie in der Bundesrepublik, wo die Gewerkschaften sich programmatisch auf Gesellschaftsveränderung festgelegt haben, nehmen sie bedeutende gesellschaftliche Integrationsfunktionen wahr, während sie sich in den USA als soziale Stabilisatoren verstehen, diese Rolle aber aus institutionellen Gründen nicht oder nur begrenzt spielen können. Allerdings haben sich in den letzten Jahren die Differenzen zwischen deutschen und amerikanischen Gewerkschaften immer mehr eingeebnet.

Die derzeitige Krise der US-Gewerkschaften hat unter den „Industrial Relations"-Forschern rege Spekulationen über die Zukunft des Systems industrieller Beziehungen in den USA ausgelöst. Vorherrschend ist der Glaube, daß sich das „collective bargaining" auch weiterhin bewähren wird. Das System des „collective bargaining" müsse sich zwar den veränderten Bedingungen anpassen, aber es sei gesellschaftlich zu tief verankert und zu funktional, als daß es zerbrechen würde. Diese Meinung wird freilich nicht von allen geteilt: Eine Minderheit kann sich die Zukunft durchaus auch ohne Gewerkschaften vorstellen. Ich möchte mich hier an diesen Spekulationen beteiligen, allerdings nur mit der bescheideneren Frage nach den erneuten Wachstumschancen der US-Gewerkschaften.

Amerikas Industriegewerkschaften können für ihren traditionellen Schwerpunkt in den Massengüterindustrien keinen Mitgliederzuwachs erwarten, denn selbst wenn es diesen Industrien gelänge, verlorene Marktanteile wiederzugewinnen, sind positive Beschäftigungseffekte angesichts der neuen Produktionstechniken, deren Einführung Voraussetzung für Markterfolge ist, unwahrscheinlich. Von den 300 000 arbeitslosen Automobilarbeitern soll selbst dann nur etwa die Hälfte Aussicht auf Wiedereinstellung haben, wenn das Produktionsniveau des Rekordjahres 1979 erneut erreicht wird. Konsequenterweise versuchen diese Gewerkschaften, den Mitgliederverlust in ihren Kernbereichen durch Organisierungskampagnen im expandierenden Dienstleistungssektor zu kompensieren. Neue Wege ist die Gewerkschaft der Automobilarbeiter in Detroit gegangen, indem sie mit den großen Firmen einen Tarifvertrag über eine „job bank" oder – wie wir sahen – einen Vertrag wie das Saturn-Abkommen abgeschlossen hat.

Nach dem Tarifvertrag über eine „job bank" werden zukünftig von Rationalisierungen betroffene Arbeitnehmer nicht mehr unmittelbar entlassen, sondern mit von den Unternehmern aufgebrachten Geldern innerbetrieblich umgeschult und auf andere Arbeitsplätze vermittelt. Da dieser Vertrag erst 1984 abgeschlossen worden ist, läßt sich seine Bedeutung zur Verhinderung von Arbeitslosigkeit derzeit noch nicht beurteilen. Experten schätzen die Wirkung deshalb als gering ein, weil die zur Verfügung gestellten Geldbeträge rasch erschöpft sein werden.

Nun wird der quantitative Rückgang gewerkschaftlicher Mitgliederzahlen in den traditionellen Massengüterindustrien von einigen Wissenschaftlern keineswegs pessimistisch interpretiert, sondern sie entwickeln Visionen eines neuen Typus von Gewerkschaftsbewegung. Ausgangspunkt ihrer Argumentation sind die erwähnten Tarifverträge in der Automobilindustrie, die den betroffenen Arbeitnehmern höhere Autonomiespielräume und den Gewerkschaften verstärkte Mitgestaltungsrechte einräumen. Der Grund dafür, daß Management und Gewerkschaft sich auf solche Tarifverträge einlassen, wird darin gesehen, daß die Abkehr von der traditionellen Massenproduktion und die Hinwendung zu Formen flexibler Spezialisierung auch ein neues System industrieller Beziehungen erforderlich mache, das zwar auf einer geringeren Zahl von Gewerkschaftsmitgliedern beruhe, deren innerbetriebliche Machtposition jedoch vergrößere. Die Schwierigkeit, solche Überlegungen zu verallgemeinern, liegt darin, daß sich gegenwärtig allein wenige Beispiele für diese Tendenz angeben lassen, die Regel eher die ist, daß Unternehmen den Einfluß von Gewerkschaften zu reduzieren wünschen. Dennoch muß eine für die Gewerkschaften pessimistische Zukunftssicht diese Tendenzen berücksichtigen, die eindeutige Aussagen über die Zukunft der Gewerkschaften in den klassischen Industriebetrieben eher erschweren. Für eine „betriebsnahe Gewerkschaftspolitik" neuen Typus' gibt es heute rudimentäre Anzeichen.

Daß es jedoch durchgehend zu einer breiten betrieblichen Organisierung neuer Beschäftigtengruppen kommt, ist mehr als unwahrscheinlich. In ihrem Bemühen, technische Angestellte, Ingenieure o.ä. zu organisieren, stoßen die Gewerkschaften nicht nur deshalb auf große Schwierigkeiten, weil das individualistische Karrierebewußtsein von Angestellten und vergleichbaren Gruppen diese konterkariert, sondern auch, weil ihre relativ stabile Arbeitsmarktposition Gewerkschaften entbehrlich zu machen scheint. Die erfolgreiche Politik von Firmen wie IBM und Kodak, in denen eine von Unternehmerseite initiierte Interessenvertretung für alle Beteiligten positive Resultate hervorbringt, ist Beleg dafür, daß technologisch hochmodernisierte Betriebe offenbar auch ohne gewerkschaftliche Interessenvertretung ihre Probleme lösen können. Ob sich diese Erfahrungen freilich verallgemeinern lassen, ist derzeit nicht entscheidbar.

Besteht bei der technischen Intelligenz geringes Interesse an Gewerkschaften, so kann bei der anderen Gruppe „neuer" Beschäftigter, dem unqualifizierten Verkaufs- und Dienstpersonal (zum Beispiel bei McDonalds) zwar ein Interesse vorausgesetzt werden, das aber nur in geringem Maße zur gewerkschaftlichen Organisierung führt. Denn infolge ihrer geringen Qualifikation wird sich – verstärkt durch die absehbare Ausbreitung der Arbeitslosigkeit – ihre Position auf dem Arbeitsmarkt dermaßen prekär gestalten, daß sie eine Anerkennung ihrer gewerkschaftlichen Vertretung nicht mit herkömmlichen Methoden (Streik, Anerkennungswahl) durchsetzen können. Eine Vereinheitlichung des Bewußtseins und damit auch des gewerkschaftlichen Handelns dieser Beschäftigten wird wahrscheinlich an ihrer heterogenen Zusammensetzung, der dezentralen Arbeitsorganisationen und dem nicht verallgemeinerbaren Charakter des Arbeitsprozesses im Dienstleistungsgewerbe scheitern.

Offensichtlich scheint heute eines zu sein: erstmals in der Geschichte des Kapitalismus ist mit der Einführung mikroelektronischer Technologien eine Situation entstanden, in der große Teile der Erwerbsbevölkerung vom Arbeitsmarkt verdrängt zu werden drohen, während den verbleibenden relativ sichere Beschäftigungschancen zuwachsen. Die Gewerkschaften, die in ihren traditionellen Industriebetrieben zunehmend Mitgliederverluste zu verzeichnen haben, können deshalb nicht hoffnungsfroh in die Zukunft blicken, weil ihnen – wie in den dreißiger Jahren – der technische Wandel ein Heer organisierungsfähiger Arbeitnehmer zuführt. Weitaus realistischer ist die Annahme, daß die organisatorische und damit auch die gewerkschaftspolitische Relevanz der amerikanischen Unions weiter zurückgehen wird. Die verbleibenden Gewerkschaften indes können betriebliche Machtpositionen erringen, wie sie seit den Anfängen der amerikanischen Gewerkschaften, in denen die Berufsverbände hochqualifizierter Facharbeiter vielfältige betriebliche Einflußmöglichkeiten besaßen, nicht mehr existierten. Dies freilich wird zu einer grundlegenden Veränderung der Konzeption amerikanischer Gewerkschaftspolitik führen. War es für den „business unionsm" charakteristisch, daß die Gewerkschaften ohne innerbetriebliche Mitbestimmung und ohne staatliche Unterstützung tarifpolitische Erfolge erringen konnten, so dürfte sich bei einer weiteren Verbreitung von Partizipationsrechten als Kompensation für lohnpolitische Zugeständnisse in den USA ein neues gewerkschaftspolitisches Konzept etablieren. Wenn der „business unionism", wie ein Autor vermutet[3], wirklich tot ist und Experimente mit Modellen wie „quality of worklife", „power sharing" o.ä. weiter stattfinden, wofür vieles spricht, dann werden Experimente mit mitbestimmungsähnlichen Modellen in nächster Zukunft im amerikanischen System industrieller Beziehungen breiten Raum einnehmen. Ökonomisch auf jeden Fall ist eine Modernisierung des amerikanischen Industrial Relations System dringend geboten.

Anmerkungen

1   R.B. Freeman/J.L. Medoff, What Do Unions Do?, New York 1984, S. 34.
2   G. Strauss, Industrial Relations: Time of Change, Industrial Relations, 4/1984, S. 1ff.
3   Vgl. R. Kuttner, Unions, Economic Power and the State, Dissent Nr. 142, 1986, S. 33ff.

Gesellschaft

Günter C. Behrmann

Das amerikanische Bildungswesen

Die Organisation des lebenslangen Lernens: Zum Aufbau des amerikanischen Bildungswesens

Alle modernen Gesellschaften übertragen die Erziehung und Ausbildung ihres Nachwuchses mehr und mehr öffentlichen Einrichtungen. Wie die Dauer der von ihnen organisierten Erziehung und Ausbildung haben sich auch deren Aufgabenfeld und soziale Reichweite ständig erweitert. Die hierfür beispielhafte amerikanische Entwicklung zeigt, daß auf diesem Feld Grenzen des Wachstums noch nicht in Sicht sind. Der Anteil der Jugendlichen, die nach dem Schulabschluß ein Studium aufnehmen, ist in den letzten Jahrzehnten sprunghaft gestiegen. Mehr als 50% jedes Altersjahrgangs entscheiden sich heute nach dem Ende der Schulzeit für eine weiterführende Ausbildung. Auch die von Hochschulen, Unternehmen, Kommunen und Religionsgemeinschaften getragene Erwachsenenbildung expandiert unaufhaltsam. Schließlich werden immer mehr Kinder immer früher in die Obhut von Kinderhorten gegeben, weil viele Mütter Berufstätigkeit und Kinderbetreuung nicht vereinbaren können.

Ob die amerikanische Gesellschaft noch als Industriegesellschaft betrachtet werden kann oder schon eine ‚postindustrielle' Sozialstruktur hervorgebracht hat, ist in den Sozialwissenschaften umstritten. Daß sie sich statt als Industrie- oder Dienstleistungsgesellschaft als Bildungsgesellschaft beschreiben läßt, ist hingegen kaum bestreitbar. Trotz ihres höchst unterschiedlichen Verlaufs führen fast alle Lebenswege durch Kindergärten und Schulen, häufig auch durch Hochschulen. Die Schulerfahrung gehört zu den wenigen auch heute noch von den Bürgern der Vereinigten Staaten geteilten Erfahrungen. Zudem ist das Erziehungs- und Bildungswesen mittlerweile zum größten ‚Produktionszweig' der USA geworden.

Rund ein Viertel der amerikanischen Gesellschaft ist vornehmlich damit beschäftigt, in dessen Einrichtungen zu lernen oder
zu lehren. Mit 75 Millionen Schülern, Studierenden und Lehrkräften sind um die Jahrtausendwende selbst die Spitzenwerte
der „Baby-Boom-Jahrgänge" übertroffen worden. Zugleich
sind die Gesamtausgaben für Schulen und Hochschulen auf
mehr als 500 Milliarden Dollar gestiegen.

Das amerikanische Bildungswesen in Zahlen 1995

	Zahl der Einrich- tungen	Kinder, Schüler, Studenten in Tausend	Beschäf- tigte in Tausend	davon Lehrkräfte	Ausgaben in Milliarden $
Allgemeinbildende Schulen (mit angeschlossenen Kindergärten)	108.526	50.527		2.978	319,5
öffentlich	86.641	44.480	3.718	2.598	294,7
privat	21.885	5.687		380	24,7
Colleges,	3.706				
Universitäten		14.262	2.662	932	212,9
öffentlich		11.092		657	134,8
privat		3.169		275	78,1
Summe	112.232	64.789		3.910	532,4

Quelle: Statistical Abstract of the United States 1998, Washington D.C. 1998, S.
162, 164, 176, 179, 192, 196; eigene Berechnungen

Dieses riesige Unternehmen ist längst unüberschaubar geworden. Zwar ist das amerikanische Erziehungs- und Bildungswesen einheitlich und einfach aufgebaut. Hinter der uniformen
Organisation verbirgt sich aber eine oft verwirrende Vielfalt.
Bei Aussagen über amerikanische Schulen und Hochschulen
müssten deshalb neben jeder Regel zahlreiche Ausnahmen erwähnt werden. Und bei nahezu jedem Durchschnittswert sind
weit streuende Abweichungen zu berücksichtigen. Die Qualität
von Schulen oder auch Colleges und Universitäten kann trotz
gleicher Curricula oder Studienangebote, Schul- oder Studien-
abschlüsse beträchtlich differieren. Deshalb wird das amerikanische Bildungswesen bei internationalen Vergleichen auch
höchst unterschiedlich wahrgenommen und bewertet.

Eine Darstellung der Bildungseinrichtungen, bei der diese
aus ihrem soziokulturellen Umfeld herausgelöst und isoliert
betrachtet werden, greift somit zu kurz. Ich werde daher den
Aufbau und die Institutionen des amerikanischen Bildungssy-

stems nur in groben Zügen beschreiben. Im Anschluß daran sollen sodann einige der Probleme bezeichnet werden, die sich insbesondere aus der Sonderstellung der schwarzen Minderheit und der ethnischen wie kulturellen Vielfalt der Einwanderergesellschaft ergeben.

Bildungswege

Vergleicht man die Organisation des amerikanischen Bildungswesens mit dem Bildungssystem der Bundesrepublik, so stößt man bei der Betrachtung ihrer Gliederung und beim Blick auf das Verhältnis zwischen Schule, Hochschulen und Berufsbildung auf grundlegende Unterschiede. Die Bildungswege gehen in der Bundesrepublik ebenso wie in den meisten anderen europäischen Staaten auf der Sekundarstufe der Schulen auseinander. Sie führen von dort in verschiedene Schulzweige und später – je nach Schulabschluß – teils in die Berufs- und Berufsschulausbildung, teils in Fachschulen, Fachhochschulen und wissenschaftliche Hochschulen. Das amerikanische Schulsystem ist hingegen nur vertikal, d.h. nur durch Stufen gegliedert, denen Ausbildungs- und Altersjahrgänge entsprechen. Allerdings variiert das Stufenschema im Sekundarbereich. Für die Bildungswege der Schüler sind die Variationen aber bedeutungslos. Der High-School-Abschluß markiert für alle Schüler das Schulziel. Eine Sonderstellung nehmen in diesem von Gesamtschulen (Comprehensive Schools) bestimmten Schulwesen nur einige spezialisierte High-Schools und Sonderschulen für Behinderte ein. Wo dies möglich scheint, bemüht man sich indes auch um eine Integration der Behinderten in normale Grundschulen und High-Schools.

Aufbau des amerikanischen Bildungswesens

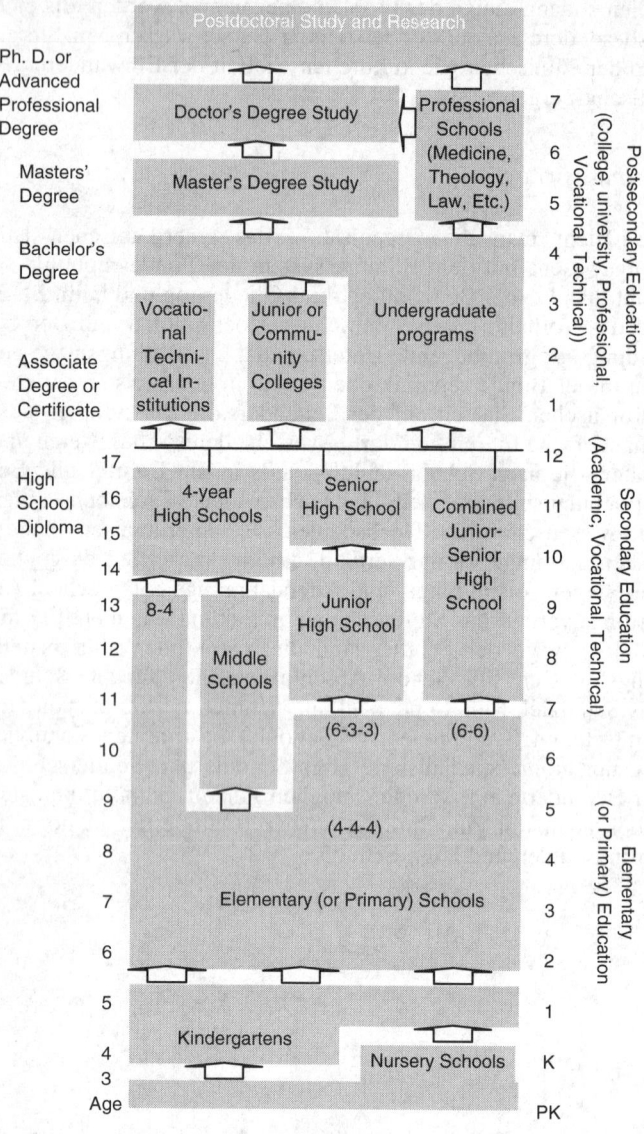

Postdoctoral Study and Research

Ph. D. or Advanced Professional Degree

Doctor's Degree Study — Professional Schools (Medicine, Theology, Law, Etc.)

Masters' Degree

Master's Degree Study

Bachelor's Degree

Vocational Technical Institutions | Junior or Community Colleges | Undergraduate programs

Associate Degree or Certificate

Postsecondary Education (College, university, Professional, Vocational Technical))

7
6
5
4
3
2
1

High School Diploma

17
16
15
14
13

4-year High Schools | Senior High School | Combined Junior-Senior High School

8-4

Middle Schools

Junior High School

Secondary Education (Academic, Vocational, Technical)

12
11
10
9
8
7

(6-3-3) | (6-6)

(4-4-4)

Elementary (or Primary) Schools

Elementary (or Primary) Education

6
5
4
3

12
11
10
9
8
7
6

Kindergartens

Nursery Schools

K

Age

PK

274

Das System der dualen Berufsausbildung in Betrieben und Schulen zählt bekanntlich zu den Besonderheiten des deutschen Bildungswesens. Die amerikanischen High-Schools bieten in ihrem großen Wahlbereich zwar Kurse zur Berufsvorbildung an. Diese ‚Vocational Education' wurde aber gerade in jüngster Zeit heftig kritisiert. Einige ihrer Kritiker halten sie für überflüssig. Nach ihrer Meinung wäre den Schülern mit einer besseren Allgemeinbildung mehr gedient als mit einer teils dilettantischen, oft auch von der modernen Arbeitswelt weit entfernten Ausbildung in handwerklich-technischen und hauswirtschaftlichen Kursen. Bildungspolitisch in der Vorhand sind jene Kritiker, die eine Reform der ‚Vocational Education' fordern. Ob sich die Schwierigkeiten, denen ein Teil der Schüler auch auf dem seit den 90er Jahren angespannten Arbeitsmarkt gegenübersteht, durch eine reformierte Berufserziehung und -vorbildung in den Schulen mindern lassen, bleibt abzuwarten. Daß sich die in den Vereinigten Staaten besonders starke Trennung zwischen Schulbildung und Berufsausbildung – dem häufig auf ein Anlernen beschränkten ‚Training on the Job' – dadurch überwinden läßt, ist jedenfalls unwahrscheinlich.

Im Gegensatz zur Schulbildung ist die Hochschulausbildung oft unmittelbar berufsbezogen. Innerhalb des wiederum in Stufen gegliederten Hochschulbereichs bieten die meisten Colleges, Technischen Hochschulen und Wirtschaftshochschulen Studiengänge mit einem engen und nicht selten stark auf praktische Fertigkeiten ausgerichteten Berufsbezug an. Ihnen stehen ursprünglich von englischen oder deutschen Vorbildern beeinflußte Hochschulen gegenüber, die auf der Collegestufe eine fundierte Allgemeinbildung vermitteln und die Studierenden auf dieser Grundlage in das Studium der verschiedenen wissenschaftlichen Disziplinen hineinführen. Die Qualität der Ausbildung schwankt insbesondere im Bereich der Hochschulen, die nur eine zwei- oder dreijährige Ausbildung anbieten. Teils erreichen sie allenfalls das Niveau unserer Fachoberschulen, teils entsprechen ihre Anforderungen dem Niveau des Grundstudiums an europäischen Universitäten. Zumindest im Einzugsgebiet der Hochschulen weiß man, wo die Ausbildung dürftig oder mittelmäßig ist. Dennoch mangelt es selbst wenig angesehenen Colleges und Universitäten keineswegs an Studenten. Aufnahmebedingungen und Leistungsanforderungen, die Schülern ohne gute Schulabschlüsse entgegenkommen, das höhere Bildungsprestige der Hochschulexamina sowie die begrenzten Berufschancen von Schülern, die nur einen High-School-Abschluß vorweisen können, sichern auch ihnen Zulauf.

Die Unterscheidung zwischen Colleges und Universitäten ist nicht trennscharf. Denn die meisten Universitäten bilden auf der Collegestufe auch ‚Undergraduates' aus, aber nicht alle Universitäten bieten nach dem Bachelor-Abschluß (vier Jahre) und dem Master (5-6 Jahre) auch ein zur Promotion führendes Postgraduiertenstudium an. Ansehen genießen nur jene Universitäten, die zahlreiche Disziplinen umfassen, in vielen Disziplinen hervorragende Wissenschaftler beschäftigen und deshalb auch aussichtsreiche Graduierten- und Postgraduiertenstudiengänge anbieten können. Hierzu gehören im Osten Harvard (nahe Boston), Yale (New Haven), Columbia (New York), Princeton (New Jersey) und das Harvard benachbarte Massachusetts Institute of Technology (M.I.T.), im Mittelwesten die University of Wisconsin und die University of Michigan at Ann Arbor, im Westen die im Umkreis von San Franzisco gelegenen Universitäten Berkeley und Stanford. Im Gegensatz zu einer hierzulande verbreiteten Meinung bürgen aber nicht nur diese Namen für eine hohe Qualität von Forschung und Lehre. Eine mittlerweile große Zahl anderer Universitäten kann zumindest auf einigen Gebieten mit ihnen konkurrieren.

Schließlich muß noch eine weitere Besonderheit der amerikanischen Hochschulausbildung hervorgehoben werden. Die amerikanischen Hochschulen, zumal die Colleges, wirken in einem beträchtlichen Umfang in der Erwachsenenbildung mit. Etwa ein Viertel der jährlich von etwa 40% aller Erwachsenen besuchten Weiterbildungskurse wird an Hochschulen absolviert. Daß auch Erwachsene, vor allem Frauen, studieren, um einen Hochschulabschluß zu erwerben, ist in den USA weithin selbstverständlich geworden.

Die Erziehungs- und Bildungsinstitutionen

Kindergarten und Kinderhort

Wie die Bezeichnung ‚Kindergarden' – auch die deutsche Schreibweise ist in Gebrauch – verrät, ist diese Einrichtung aus Deutschland übernommen worden. Anhänger Friedrich Froebels unter den nach der 48er Revolution über den Atlantik geflüchteten deutschen Demokraten haben sie in die USA importiert. Der Kindergarten ist heute ebenso wie die Schule eine öffentliche Institution, zu deren Besuch die Kinder aber nicht verpflichtet sind. Dennoch gehen sie fast alle schon deshalb mit fünf Jahren in einen Kindergarten, weil der Übergang von dort zur Schule fließend ist. Häufig sind die Kindergärten mit den Elementarschulen verbunden, und dem Vorschulunterricht wird in den USA eine ungleich größere Bedeutung beigemessen als in Deutschland.

Die Unterbringung der Kinder, die das Kindergartenalter noch nicht erreicht haben, in Kinderhorten (Nursery Schools) muß im Unterschied zum Besuch des Kindergartens von den Eltern bezahlt werden. Die Kosten belasten Eltern der unteren Einkommensgruppen, in denen sich der Lebensunterhalt ohne Berufstätigkeit beider Elternteile vielfach kaum bestreiten läßt, stark. Alleinerziehende Mütter mit niedrigen Einkommen können sie oft gar nicht aufbringen. Die Forderung nach staatlichen Mitteln für die zumeist von privaten Trägern unterhaltenen Kinderhorte und/oder für Eltern, die ihre Kinder in Horten unterbringen wollen, findet deshalb eine breite Resonanz. Führende Politiker beider Parteien haben sie sich zu eigen gemacht. Die Übernahme zusätzlicher Staatsaufgaben stößt indes auch auf Widerstand. Eine öffentliche Finanzierung der im Vergleich zu den Kindergärten immer noch vorwiegend privaten Nursery Schools (55% zu 17% Kindergärten) ist somit noch nicht in Sicht.

Elementarschule

Schulpflichtig werden die amerikanischen Kinder im Alter von sechs Jahren. Da sie häufig den Kindergarten besucht haben, der der nächstgelegenen Elementarschule (Elementary oder Primary School) angegliedert ist, sind ihnen der zumeist mit dem Schulbus zurückgelegte Schulweg und die Schule schon vertraut. Im Gegensatz zu den teils riesigen High Schools lassen sich die bis zum sechsten oder achten Schuljahr reichenden Elementary Schools mit ihren im Schnitt 470 Schülern auch überschauen. Alle Schulen müssen aus unserer Sicht als ,Ganztagsschulen' bezeichnet werden.

Freilich beginnt der Unterricht in der Regel erst 8 Uhr oder 8.30 Uhr. Und er endet nach der Mittagspause, in der ein leichtes Essen eingenommen wird, gegen 15 Uhr. Der Samstag ist unterrichtsfrei. Wegen der längeren Schulferien und der täglichen Mittagspause absolvieren die Schüler nicht mehr Unterrichtsstunden als ihre deutschen Altersgenossen. Auch die Grundschulcurricula gleichen sich. Ein Großteil des Unterrichts ist den drei „R's" – Reading, Writing, Arithmetic, d.h. dem Lesen, Schreiben und Rechnen – gewidmet. Erteilt wird der Unterricht an Elementarschulen fast nur noch von Lehrerinnen. Sie stellen 86% des Lehrkörpers.

Schülerzahlen in % der Elementary Schools und High Schools 1995

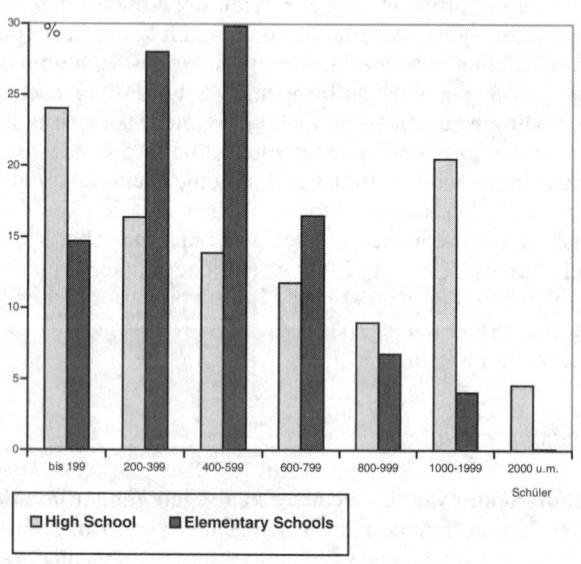

Quelle: Statistical Abstract of the United States 1998, Washington D.C. 1998, S. 172, eigene Berechnungen

Privatschulen

Die konservative Grundstimmung der achtziger Jahre hat Privatschulen einen neuen Auftrieb gegeben. Weil die katholischen Orden, die die meisten Privatschulen unterhalten haben, wegen des Nachwuchsmangels Schulen in zunehmender Zahl aufgeben mußten, schien das private Schulwesen an Boden zu verlieren. Unterdessen haben sich aber insbesondere unter fundamentalistischen Protestanten neue Privatschulinitiativen entwickelt. Sie konnten sich auch mit Hilfe der Gerichte gegen einen zum Teil heftigen Widerstand der Schulverwaltungen durchsetzen, welche die rigiden Erziehungsvorstellungen der fundamentalistischen Gruppen für ebenso unannehmbar hielten wie die Lehrpläne ihrer Schulen und die Qualifikation dort angestellter Lehrer. Die Anzahl der Schüler, die Privatschulen besuchen, hat selbst während des demographisch bedingten Rückgangs der Gesamtzahl der Schüler leicht zugenommen. Sie liegt im Elementarschulbereich (mit Kindergarten) bei 4,5 Millionen (12% aller Schüler), im Bereich der High Schools bei 1,4 Millionen (9% aller Schüler). Da die Verfassung der USA eine staatliche Unterstützung von Religionsgemeinschaften ausschließt, erhalten die zumeist konfessionell gebundenen Privatschulen (ca. 80%) zwar Zuschüsse für allgemeine schulische Zwecke. Sie müssen sich aber primär durch das Schulgeld der Schüler und Spenden finanzieren.

Sonderschulen

Zwölf Prozent der amerikanischen Schüler gelten als behindert, acht Prozent werden deshalb besonders betreut. Lernschwache, sprach- und sehbehinderte Kinder werden in der weit überwiegenden Mehrheit zusammen mit den anderen Schülern in normalen Schulklassen unterrichtet. Nur unter Taubstummen (54%) und Mehrfachbehinderten (38%) überschreitet der Anteil der Schüler, die Sonderschulen besuchen, 20% der Behindertengruppe. Bei allen anderen Behinderungen werden der Betreuung und Unterrichtung in Sonderschulen die volle Integration in normale Klassen oder die Bildung von besonders betreuten Klassen an normalen Schulen vorgezogen.

Lehrerinnen und Lehrer

Fast alle der Expertengruppen, von denen in den letzten Jahrzehnten Empfehlungen zur Verbesserung der Schulbildung erarbeitet wurden, haben den Blick auch auf die Aus- und Weiterbildung der Lehrer, auf deren Arbeitsbedingungen und Bezahlung gerichtet. Nicht nur die im Vergleich zu anderen Berufsgruppen recht starken gewerkschaftlichen Vertretungen der Lehrerinnen und Lehrer, sondern auch unabhängige Beobachter des amerikanischen Schulwesens weisen immer wieder darauf hin, daß die Arbeitsbedingungen an den in städtischen und ländlichen Armutsgebieten gelegenen Schulen oft miserabel und daß die Einkommen zumal dort oft wenig attraktiv sind, wo besondere pädagogische und/oder fachliche Fähigkeiten gefordert werden. Gestritten wird naturgemäß vor allem über die Höhe der Einkommen. Während das Einkommensniveau – Durchschnittswerte müssen hier genügen – nach Schulstufen, wenn überhaupt, nur wenig variiert, bestehen zwischen öffentlichen Schulen und Privatschulen sowie auch zwischen den Einzelstaaten teils beträchtliche Unterschiede. Im Schnitt verdienen Lehrkräfte in North und South Dakota wenig mehr als die Hälfte des Gehalts ihrer Kolleginnen und Kollegen in den Staaten der Spitzengruppe: Arkansas, New Jersey, New York. Die Anfangsgehälter und die Gehälter von Lehrkräften an Privatschulen liegen um 20-30% unter dem Durchschnittseinkommen aller Lehrer an öffentlichen Schulen, das sich in den 90er Jahren langsam 40.000 Dollar angenähert hat.

Der Lehrerberuf zählt zu den Berufen, die sich mehr und mehr Angehörigen sozial benachteiligter Gruppen – Frauen, Schwarzen, ‚Hispanics‘ – geöffnet haben. Zumindest formal sind die Lehrer, die an den 180 Schultagen im Schnitt je sieben Stunden in der Schule verbringen, besser qualifiziert denn je. Denn der Anteil der Lehrkräfte mit einem Master Examen hat sich seit 1960 auf nun rund 50% verdoppelt. Während die Zahl der männlichen Lehrkräfte rückläufig ist, unterrichten seit den 80er Jahren auf allen Schulstufen mehr Frauen als Männer. Zunehmend besetzen diese auch die lange Zeit von Männern kontrollierten Leitungs- und Aufsichtspositionen in den Schulen und der ihnen übergeordneten Schulverwaltung.

Als kündbare Angestellte sind Lehrerinnen und Lehrer an den amerikanischen Schulen in einem nicht geringen Maß von diesem Leitungs- und Verwaltungspersonal abhängig. Das Schulmanagement, das Gegenstand vieler Experimente und einer umfangreichen Literatur ist, erstreckt sich deshalb auch auf die systematische Weiterbildung der Lehrerinnen und Lehrer. Wurden sie in der Zeit leerer Kassen und einer wachsenden Arbeitslosigkeit nicht selten mit massivem Druck und selbst Entlassungsdrohungen gedrängt, sich weiter zu qualifizieren, so ermöglichen das andauernde Wirtschaftswachstum und die Konsolidierung der öffentlichen Haushalte den vermehrten Einsatz positiver finanzieller Leistungsanreize bis hin zu erneuten Versuchen mit einer offenen Marktkonkurrenz von Schulen um die Schüler, die ‚Vouchers' – geldwerte Schecks für die Begleichung der Schulkosten in den Schulen ihrer Wahl erhalten. Solche öffentlich finanzierten Schulmärkte, die vor geraumer Zeit schon einmal mit wenig überzeugenden Ergebnissen in einigen Schulbezirken Kaliforniens erprobt worden sind, wurden wieder attraktiv, weil es scheint, als könne damit das Verbot einer staatlichen Finanzierung der von Religionsgemeinschaften unterhaltenen Privatschulen umgangen werden.

Lehrerzahlen und Schüler-Lehrer-Relation

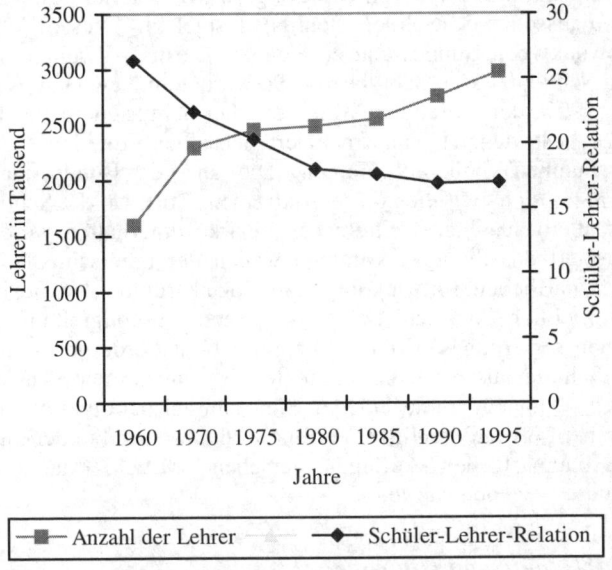

Sehr viel häufiger wird allerdings mit Leistungstests als Steuerungsinstrumenten experimentiert. Wenngleich Tests der Kenntnisse und Fähigkeiten der Schulabsolventen wie etwa der alljährlich wiederholte Scholastic Aptitude Test seit den 60er Jahren üblich sind, begann man erst in den 80er Jahren Tests als Indikatoren der Qualität einzelner Schulen sowie der Leistung ihrer Lehrer einzusetzen und sie mit finanziellen Anreizen zu koppeln. Noch sind solche Steuerungsversuche freilich sehr umstritten. Während sich nicht wenige Politiker dafür aussprechen, lehnen die meisten Lehrer und Erziehungswissenschaftler die Koppelung von Tests und finanziellen Sanktionen ab.

Finanzierung der Schulen

Die Mittel für die öffentlichen Schulen werden von den Steuerzahlern aufgebracht. Das System der Finanzierung ist einzigartig, außerordentlich kompliziert und schwer beschreibbar, weil es von Bundesstaat zu Bundesstaat variiert. Zum Teil werden die Steuern innerhalb der rund 15 000 Schulbezirke erhoben und durch die von den Bürgern der Bezirke gewählten Schulausschüsse (School Boards) festgelegt. Dieser Anteil schwankt von Bundesstaat zu Bundesstaat und zuweilen auch von Schulbezirk zu Schulbezirk. So werden in New Hampshire rund 90% der laufenden Mittel aus den Schulsteuern der Bezirke bestritten. Hawaii finanziert denselben Anteil aus dem allgemeinen Steueraufkommen. Die anderen Bundesstaaten bewegen sich zwischen diesen Extremen. Dort, wo die Schulen vor allem aus Steuermitteln der Bezirke unterhalten werden, differiert das Steueraufkommen wegen der unterschiedlichen wirtschaftlichen Entwicklung und Sozialstruktur der Bezirke oft erheblich. Nicht zuletzt deshalb haben der Kongreß und die Bundesregierung seit den sechziger Jahren Förderprogramme für Schüler aus benachteiligten Bevölkerungsgruppen entwickkelt und hierfür immer wieder Bundesmittel bereitgestellt, die in einem oft aufwendigen Verfahren als zweckgebundene und mit mannigfachen Auflagen versehene Mittel (Categorical Grants) vergeben werden.

Mittelschule und High School

Geraume Zeit endete die Schulpflicht nach den acht Schuljahren der Elementary School. Auch dieses Datum verweist auf deutsche Einflüsse, genauer: auf die preußische Volksschule, die amerikanischen Pädagogen bei dem um die Mitte des 19.

Jahrhunderts rasch vorangetriebenen Aufbau eines allgemeinbildenden Schulwesens als Modell diente. Heute sind die Heranwachsenden bis zum 16. Lebensjahr schulpflichtig. Wer in
diesem Alter die High School verläßt, gilt allerdings als Aus-
steiger (Drop out). Denn das Abschlußzeugnis der High School
kann erst nach zwölf Schuljahren, also im 18., zuweilen auch
schon im 17. Lebensjahr, erworben werden. Weil der High-
School-Abschluss zur Norm geworden ist – ohne diesen Ab-
schluss hat man auf dem Arbeitsmarkt schlechte Chancen – ist
das General Education Development Program (GED) geschaffen worden. Es soll den nachträglichen, auch außerschulischen
Erwerb dieses Abschlusses ermöglichen.

Während die schon seit langer Zeit rückläufige Zahl von traditionellen Elementary und High Schools im letzten Jahrzehnt
weiter gesunken ist, verzeichnen die mit variablem Beginn und
Ende zwischen dem vierten und achten Schuljahr angesiedelten
Mittelschulen einen erstaunlichen Zuwachs. In der Schulorganisation scheint sich so eine stärkere Differenzierung nach Al-
tersstufen durchzusetzen. Dies soll den Übergang zur High
School erleichtern, die sich von der Elementary School vor allem dadurch unterscheidet, daß der Unterricht ganz auf ein
Kurssystem umgestellt wird. Auch wenn sie nur vier Schuljah-
re umfassen, sind die High Schools deshalb häufig sehr viel
größer als die Elementary Schools. Ein möglichst breites und
differenziertes Kurssystem, das den unterschiedlichen Begabungen und Interessen der Schüler entgegenkommt, galt lange
Zeit als erstrebenswert. Die Schüler können sich in Grenzen,
deren Festlegung variiert, auf berufsbildende oder allgemein-
bildende oder ‚akademische' Kurse (Vocational Education, General Education, Academic Education) konzentrieren und innerhalb ihres Schwerpunktes wiederum zwischen einer Vielzahl von Kursangeboten wählen. Mit einem Seitenblick auf das
deutsche Bildungswesen ließe sich auch sagen, daß die High
School in ihrem Kurssystem Züge der Realschule, des Gymna-
siums und der Berufsschule verbindet.

Da es den Schülern oft schwerfällt, sich im großen Kursange-
bot zurechtzufinden, stehen ihnen Berater zur Seite. Sie haben
auch darauf zu achten, daß die Schüler bei der Auswahl der Kurse, deren Zeitumfang durch Punkte (Credits) beziffert wird, bestimmte Mindestanforderungen erfüllen, also beispielsweise eine
Mindestzahl von Mathematikkursen belegen. Zur Differenzie-

rung des Unterrichts nach Lernbereichen und Kursen kommt teilweise noch eine Differenzierung nach Leistungsgruppen hinzu. Begabte und rasch lernende Schüler können schon in der Elementary School vorgezogen werden. Das offene Kurssystem der High School erleichtert dieses ‚Tracking‘.

Da dadurch nicht die leistungsschwachen, sondern die durch Begabung und Umwelt ohnehin begünstigten Schüler gefördert werden, wird es von den Pädagogen, die egalitäre Bildungsvorstellungen vertreten, heftig kritisiert. Umstritten ist aber nicht nur das ‚Tracking‘. Die ganze High School wird von nicht wenigen Pädagogen und Eltern in der Form, die sie in den fünfziger und sechziger Jahren als eine integrierte Gesamtschule angenommen hat, in Frage gestellt. Sie gilt nun vielfach als zu groß, überorganisiert und unüberschaubar. Daß auf Schüler, die sich in ständig wechselnden Kursen und Räumen immer wieder neu gruppieren müssen, noch erzieherisch eingewirkt werden kann, wird bezweifelt. Und schließlich zeigen regelmä-ßig wiederholte Leistungstests, daß das durchschnittliche Leistungsniveau in Englisch, Mathematik und in den Naturwissenschaften seit den 60er Jahren teils gesunken ist, teils schwankend blieb, sich also trotz aller Schul- und Curriculumreformen nicht merklich erhöht hat. Obwohl sich das nicht eindeutig beweisen läßt, wird diese Entwicklung u.a. auf die große Wahlfreiheit der Schüler zurückgeführt, die Kursen in der Mathemat0ik, den Naturwissenschaften und Sprachen die als leichter geltenden berufsbildenden Kurse und die oft reichlich diffuse ‚General Education‘ vorziehen.

Unterrichtsangebot der Schulen. Durchschnitt und Schwankungen in %

	Eng-lisch	Mathe-matik	Social Studies	Natur-wiss.	Kunst	Fremd-spr.	Berufs-bildung	Sport	
Elementar-schulen									
Schnitt	34	20	12	10	9	1	–	8	100%
Schwankung	24-45	16-26	9-4	6-19	5-13	0-1	–	4-13	./.
Mittelschule Junior High									
Schnitt	22	17	14	13	11	2	11	10	100%
Schwankung	15-27	13-22	9-18	7-20	5-21	0-5	4-22	6-16	./.
Senior High School									
Schnitt	11	13	13	11	8	4	24	9	100%
Schwankung	12-23	9-20	7-16	8-15	3-12	0-10	13-35	6-14	./.

Quelle: Paul Goodlad, A Place called School, New York 1987, S. 133, 201f.

Unter dem Schlagwort ,Excellence' hat die Bundesregierung unter der Präsidentschaft Ronald Reagans deshalb zusammen mit zahlreichen auf Bundesebene tätigen pädagogischen und bildungspolitischen Institutionen eine Kampagne zur Förderung besserer Schulleistungen und zur Stärkung der Kernfächer eröffnet. Sie wurde 1983 durch eine Denkschrift unter dem Titel „Eine Nation in Gefahr" eingeleitet. Auch die Gouverneure der Einzelstaaten bemühen sich seither darum, die Qualität der Schulbildung durch koordinierte Initiativen zu verbessern. An vielen Schulen sind die Anzahl der Pflichtstunden in Kernfächern oder – so etwa unlängst in New York – die Leistungsforderungen in diesen Fächern angehoben worden. Zugleich wurde die Lehrer-Schüler-Relation weiter gesenkt. Sie liegt jetzt im Schnitt bei 1:17.

Bildungspolitik und Schulverwaltung

Ursprünglich waren die amerikanischen Schulen Einrichtungen von Wohngemeinden und/oder Religionsgemeinschaften. Sie wurden von diesen selbst verwaltet. Hieran erinnern trotz einer drastischen Verringerung ihrer Zahl – um die Jahrhundertwende gab es noch mehr als 100 000 Schulbezirke – die School Boards auf Bezirksebene, die über die Schulplanung, die lokalen Schulsteuern, den Haushalt der Schulen, die Einstellung und Entlassung der Lehrer und manches mehr entscheiden können. In den Bundesstaaten, die erst im 19. Jahrhundert oder später entstanden sind, haben die staatliche Gesetzgebung und Verwaltung den Aufbau des allgemeinbildenden Schulwesens allerdings von vornherein stärker beeinflußt.

Die Unterschiede zwischen der Finanzierung der Schulen in New Hampshire und im jungen Bundesstaat Hawaii sind hierfür beispielhaft. Eine nicht geringe Zahl von Staaten überläßt den School Boards der Bezirke und den ihnen verantwortlichen Leitern der Bezirksschulverwaltungen – den ,Superintendents' – nur noch untergeordnete Entscheidungen. Sie können oft nur ausführen, was durch die staatliche Gesetzgebung, durch Entscheidungen der zentralen School Boards oder Anordnungen der Bildungsministerien bereits bis in Einzelheiten hinein geregelt ist. Aber auch in Bundesstaaten mit traditionell starker Selbstverwaltung der Bezirke schwindet deren Einfluß, weil, wie beispielsweise derzeit in New York, Gouverneure oder Bürgermeister und deren Exekutive in die Schulpolitik hineindrängen. Gewachsen ist auch der Einfluß der Gerichte, des Kongresses und der Bundesregierung.

Zwei Daten markieren deren Einzug in die Bildungspolitik: das 1954 im Verfahren „Brown versus School Board of Topeka" ergangene Urteil des Obersten Bundesgerichts, worin die bis dahin vor allem in den Schulen der Südstaaten praktizierte Rassentrennung für verfassungswidrig erklärt wurde, und der Start des ersten Weltraumsatelliten, des sowjetischen Sputnik I im Jahre 1957. Der Kongreß und die Bundesregierung machten sich nach diesen beiden Ereignissen, insbesondere nach dem ‚Sputnik-Schock‘, Forderungen von Pädagogen zu eigen, die schon seit geraumer Zeit auf Veränderungen des Bildungswesens gedrungen hatten. Zwar hatte der Kongreß auch schon früher gelegentlich die bildungspolitische Initiative ergriffen. Als ungeschriebenes, in der Verfassung also nicht verankertes Gesetz galt aber, daß die Bildungspolitik eine Angelegenheit der einzelnen Bundesstaaten sei. Der ‚Sputnik-Schock‘ ging indes so tief, daß er den Kongreß veranlaßte, seine reservierte Haltung aufzugeben. 1958 wurde ein Bildungsgesetz zur nationalen Verteidigung, das hieß praktisch: zur Förderung der mathematisch-naturwissenschaftlich-technischen Bildung verabschiedet. Dem National Defense Education Act (NDEA) folgte 1964, also zehn Jahre nach dem Urteil des Bundesgerichtshofs, eine Bürgerrechtsgesetzgebung (Civil Rights Act), durch die auch die Rassenintegration in den Schulen gefördert werden sollte, und 1965 das Gesetz zur Elementar- und Sekundarschulerziehung (Elementary and Secondary Education Act, ESEA) als Teil des sozialpolitischen „Krieges gegen die Armut". Bei all diesen Gesetzen beschritt der Bund den Weg einer indirekten Einflußnahme. Er arbeitete mit finanziellen Anreizen, indem er Mittel für Schulen, die bestimmte Reformprogramme durchführen, sowie für einschlägige Forschungen, Beratungszentren, Unterrichtsmaterialien etc. bereitstellte. Am weitesten ging das Bürgerrechtsgesetz, das Bildungseinrichtungen, denen eine Diskriminierung einzelner Bevölkerungsgruppen nachgewiesen werden konnte, von jedweder Förderung durch Bundesmittel ausschloß.

In der Folge dieser Entwicklungen, die hier nur angedeutet werden können, ist

- der Handlungsspielraum der Schulbezirke durch sich mehrende Eingriffe der einzelnen Bundesstaaten und des Bundes in zunehmendem Maße eingeschränkt worden,
- die ‚Verrechtlichung' des Schulwesens rasch fortgeschritten und der Einfluß der immer häufiger bemühten Gerichte gestiegen,
- oft nur noch für die Schulverwaltungen, hingegen aber nicht mehr für die in die Boards gewählten oder entsandten Bürger überschaubar, was nach der Gesetzeslage und dem Stand der Rechtsprechung getan werden kann oder getan werden muß,
- ein System sich überlagernder Entscheidungskompetenzen entstanden, in dem verschiedene, auf lokaler, regionaler, einzel- und gesamtstaatlicher Ebene angesiedelte Instanzen teils miteinander kooperieren, nicht selten aber auch an unterschiedlichen Strängen ziehen.

Dieses System ist, insgesamt betrachtet, ungemein schwerfällig und kompliziert, zugleich aber offen für Interventionen von den verschiedensten Seiten, innere Variationen und überraschende Veränderungen. Auf nationaler Ebene läßt es sich freilich nur verändern und im jeweils angestrebten Sinne ‚reformieren', wenn es gelingt, sowohl die Öffentlichkeit als auch viele der Verbände und Institutionen, die innerhalb des Bildungswesens tätig sind, zu mobilisieren. Bildungsexperten, Politiker, Parlamente und Schulverwaltungen können Reformen nicht in Gang bringen, wenn sie in der interessierten Öffentlichkeit keine breite überparteiliche Unterstützung finden. Bildungsreformen sind deshalb oft von gesellschaftlichen Bewegungen begleitet, die missionarische Züge annehmen. Wegen unzulänglicher Leistungen der Schulen und der Schüler scheinen Wohlstand, Macht und Sicherheit der Nation gefährdet. Einerseits wird laut das Versagen der Schule beklagt. Andererseits erscheint sie in reformierter Gestalt als Ort der Rettung aus mannigfachen Gefahren. 1958 sollte die reformierte Schulbildung dazu beitragen, daß die Vereinigten Staaten den Vorsprung der Sowjetunion in der Raumfahrt wettmachen. In den sechziger Jahren sollten mit ihrer Hilfe Armut und soziale Ungleichheit überwunden werden. Die folgende, noch nachwirkende jüngste Reformbewegung war dann von der Erwartung getragen, die amerikanische Industrie werde wieder wettbewerbsfähiger, wenn die junge Generation in reformierten

Schulen anhand neu gefaßter Lehrpläne von besser qualifizierten Lehrern ausgebildet werde.

Offenkundig stößt die organisierte Bildung aber an Grenzen, die auch durch immer neue Reformbewegungen nicht überwunden werden können. „Why Johnny can't read" – Weshalb Johnny nicht lesen kann, lautet der Titel einer in den fünfziger Jahren viel beachteten pädagogischen Studie. Die Frage ist immer noch aktuell. Daß 17% der Jugendlichen als funktionale Analphabeten betrachtet werden müssen, wurde in den Reformprogrammen der 80er und 90er Jahre immer wieder als besonders bedenkenswertes Datum hervorgehoben. Auch die Klagen über mangelhafte mathematisch-naturwissenschaftliche Kenntnisse gleichen sich. Wer die jüngsten reformpolitischen Denkschriften in die Hand nimmt, stößt immer wieder auf Abschnitte, deren Inhalt sich nahezu mit dem Inhalt der Denkschriften deckt, die nach dem Sputnik-Schock erschienen sind. Und trotz ESAE und anderer bildungspolitischer Reformprogramme, welche aus Arbeitslosigkeit und Armut herausführen sollten, wächst heute jedes fünfte amerikanische Kind in Armut auf.

Hochschulen

Sieht man von wenigen High Schools mit ausschließlich ‚akademischer' Orientierung ab, so sind die Absolventen der High Schools allein durch ihr Abschlußexamen noch nicht für ein Studium qualifiziert. Die amerikanischen Hochschulen stehen damit vor zwei Möglichkeiten: Sie können das Studienangebot der durchschnittlichen Vorbildung der Studienanfänger anpassen, also beispielsweise Überbrückungs- und Förderkurse anbieten, oder den Zugang zum Studium durch leistungsbezogene Aufnahmekriterien beschränken. Wie schon angedeutet, werden beide Wege beschritten. Haben die Schüler im Abschlußzeugnis nur die Durchschnittsnote D erreicht, so werden sie nur in Ausnahmefällen zu einem Studium zugelassen. (Die Notenskala reicht von A bis D und wird nach dem Schema A^+, A, A^- nochmals abgestuft.) Universitäten und anspruchsvolle Colleges fordern in der Regel Schulabschlüsse mit den Noten A oder B. Darüber hinaus müssen die Studienbewerber teils Aufnahmeprüfungen absolvieren, teils die erfolgreiche Teilnahme an bestimmten ‚akademischen' High-School-Kursen nachweisen.

Alle Hochschulen erheben Studiengebühren. Sie liegen an Universitäten und vierjährigen Colleges deutlich über den Studiengebühren der Junior Colleges. Und jene 20% der Studenten, die an privaten Hochschulen studieren, müssen im Schnitt das Fünffache der Studiengebühren an staatlichen Hochschulen entrichten. Da sich allein die Studiengebühren an privaten Universitäten auf ein Viertel bis ein Drittel eines Lehrergehaltes belaufen, sind schon Studenten aus Familien mit einem Durchschnittseinkommen auf Stipendien aus einem der zahlreichen Stipendienprogramme des Bundes, der Bundesstaaten und privater Stiftungen angewiesen. Denn zu den Studiengebühren kommen an jenen amerikanischen Hochschulen, die mit ihrem ‚Campus‘, ihren Instituten, Hörsaalgebäuden, Bibliotheken, Mensen, Sportstätten, Theatern, Studentenwohnheimen auch innerhalb von Großstädten eine eigene Welt bilden, noch die Kosten für Unterkunft, Verpflegung und andere Ausgaben hinzu. Wer an einer solchen Hochschule studiert, lebt zumindest in neun Monaten des Jahres – die beiden Semester dauern jeweils viereinhalb Monate – „on campus".

Studienkosten pro Jahr in Dollar (1998)

			staatlich	privat
Studiengebühren	Junior	College	1.283	3.321
	College	Universität	7.190	16.531
Verpflegung u.ä.	Junior	College	1.782	2.283
	College	Universität	2.186	3.140
Unterbringung	Junior	College	1.346	2.189
	College	Universität	2.513	3.820
Gesamte Kosten	Junior	College	6.977	7.793
	College	Universität	11.889	23.491

Quelle: Statistical Abstract of the United States 1998, Washington D.C. 1998, S. 195

Zusammen mit der ‚Verschulung‘ der Studiengänge – wie für Schüler der High School bildet auch für Studenten ein Punktesystem den Leitfaden innerhalb des Lehrangebots – erklären die teilweise beträchtlichen Studiengebühren, weshalb amerikanische Studenten im Vergleich zu westdeutschen Studenten oft zügiger und zielstrebiger studieren. Der Unterschied wird allerdings zuweilen überzeichnet. Um zu einem Masters Degree, also zu einem deutschen Universitätsdiplomen vergleichbaren Abschluß zu gelangen, studieren amerikanische Studenten nach den 12 Schuljahren im Schnitt sieben bis acht Jahre.

Die Organisation der amerikanischen Hochschulen, insbesondere der Universitäten, die Reichweite der staatlichen Kontrolle, die Funktion der Aufsichtsräte (Boards of Trustees), das Verhältnis von Präsidenten, Verwaltung und Fakultäten lassen sich hier ebensowenig beschreiben wie das System der Hochschulfinanzierung, das noch um einiges komplizierter ist als die Finanzierung der Schulen. Während das Schulwesen mehr und mehr verstaatlicht wurde, konnten die Hochschulen ihre Unabhängigkeit von zentraler staatlicher Lenkung und Kontrolle wahren. Die Verfassung und die Verwaltung der von Kommunen oder Einzelstaaten getragenen Hochschulen unterscheiden sich in den Grundzügen nur wenig von der Selbstverwaltung der privaten Hochschulen, die ursprünglich fast die gesamte tertiäre Bildung bestritten haben. Obwohl die meisten Studierenden mittlerweile staatliche Hochschulen besuchen, herrscht auf allen Ebenen des Hochschulwesens ein scharfer Wettbewerb.

Spannungen und Konflikte innerhalb des amerikanischen Bildungswesens

„E pluribus unum" lautet ein alter amerikanischer Wahlspruch. Das Selbst- und das Sendungsbewußtsein der amerikanischen Gesellschaft gründen im Glauben an eine trotz unterschiedlicher Begabungen, Lebensformen und Überzeugungen der Menschen mögliche Einheit des Gemeinwesens, in dem gleichberechtigte Bürger gemeinsam über ihre allgemeinen Angelegenheiten entscheiden. Diese Einheit soll auch aus der gleichen Erziehung aller Kinder und Jugendlichen in den Schulen erwachsen. Die öffentliche Einheitsschule verkörpert somit eine politische Idee. Idee und Realität kommen freilich häufig nicht zur Deckung. Denn zwischen dem Prinzip einer einheitlichen Erziehung und der Pluralität der Lebensformen und Überzeugungen bestehen ebenso unauflösbare Spannungen wie zwischen dem Gleichheitsprinzip und dem Leistungsprinzip. Sie werden dadurch verschärft, daß mit den gleichermaßen anerkannten Werten Gleichheit und Freiheit, Einheit und Vielfalt gegensätzliche Interessen wie das Interesse am Erhalt überkommener Privilegien und das Interesse an deren Abschaffung gerechtfertigt werden. Das zeigen vor allem die auch im Bildungswesen immer wieder aufflammenden Rassenkonflikte.

Chancengleichheit und Rassenintegration

Wenn von Rassenkonflikten und Rassenintegration gesprochen wird, so ist in der Regel die rund 12% der amerikanischen Bevölkerung umfassende schwarze Minderheit gemeint. Als Nachkommen der in die USA verschleppten Sklaven nehmen die schwarzen Amerikaner unter den ethnischen Minderheiten eine Sonderstellung ein. Die noch in ihren Stammesverbänden lebenden Indianer wollen und sollen nach vorherrschender Meinung nicht in der amerikanischen Gesellschaft aufgehen. Für sie wird in den Reservaten ein gesondertes Schulwesen unterhalten. Die asiatischen Einwanderer, deren Zahl in jüngster Zeit stark gestiegen ist, wahren zwar den Zusammenhalt ihrer Volksgruppen und Familienverbände. Sie erschweren ihren Kindern aber nicht die Integration in das Bildungssystem. Sie fällt diesen in der Regel leicht. Nicht selten sind sie sogar besonders erfolgreich. Als größte der neuen Minderheiten sind schließlich die lateinamerikanischen Einwanderer (‚Hispanics') von der Mehrheit weniger durch Rassenschranken, als durch Kultur, Sprache und Bildungsstand geschieden. Im Gegensatz zur schwarzen Bevölkerung wurde keine dieser Gruppen lange Zeit im Bildungswesen dadurch diskriminiert, daß ihr der Zugang zu den von Weißen besuchten Bildungseinrichtungen durch die Formel „getrennt, aber gleich" (separate, but equal) versperrt wurde.

Die Urteile des Obersten Bundesgerichts in „Brown vs. Topeka" haben 1954 und 1955 die Sperren auf-, aber nicht eingerissen. Zumal in den Südstaaten wurden diese Urteile noch geraume Zeit mißachtet oder unterlaufen. Als der School Board von Little Rock 1957 die ersten schwarzen Schüler in der bis dahin nur von Weißen besuchten High School zuließ, umstellte der Gouverneur von Arkansas die Schule mit Nationalgardisten. Der Weg für die Schüler wurde erst frei, als der Präsident die Nationalgarde seinem Befehl unterstellte. Auch hierzu fällte das Oberste Bundesgericht eine bedeutsame Entscheidung, indem es die Verbindlichkeit seiner Rechtssprechung für den Bund *und* die Bundesstaaten betonte (Cooper vs. Aaron 1958). Erst die Rassenunruhen zu Beginn der sechziger Jahre veranlaßten auch den Kongreß zu einer entschiedeneren Politik. Mit ihrem Versuch, die Bürgerrechtsgesetzgebung durch Dauerreden zum Scheitern zu bringen, demonstrierten Abgeordnete aus den Südstaaten indes noch einmal ihren massiven Widerstand.

Seitdem hat sich vieles geändert. Gemessen an den Schul- und Studienabschlüssen hat sich der noch vor zwanzig Jahren große Unterschied zwischen dem Bildungsstand der jungen Schwarzen und ihrer weißen Altersgenossen rasch verringert. Im Schnitt sind die jungen Schwarzen heute besser ausgebildet als die ‚Hispanics'. Dies ist freilich auch dadurch bedingt, daß diese zum Teil erst in jüngster Zeit eingewandert sind.

Dennoch stehen Bildungs- und Sozialpolitik, Schulen und Wohlfahrtseinrichtungen auch heute noch in keiner Bevölkerungsgruppe vor so vielen Problemen wie in der schwarzen Minderheit. Vor allem in den Großstädten wachsen viele Kinder in einem von Armut und Arbeitslosigkeit geprägten Milieu auf. Der Anteil der Kinder, die in unvollständigen Familien leben, hat sich während der letzten beiden Jahrzehnte in der weißen und schwarzen Bevölkerung mehr als verdoppelt. Während von fünf weißen Kindern aber heute immerhin noch vier aus einer vollständigen Familie kommen, wird jedes zweite schwarze Kind nur von der oft sehr jungen Mutter betreut. Sind die alleinerziehenden Mütter nicht berufstätig, so leben sie und ihre Kinder häufig in überaus ärmlichen und sozial desolaten Verhältnissen. Gehen die Mütter einer Arbeit nach, so bleiben die Heranwachsenden oft ganz sich selbst und peer groups überlassen, in denen eine vom leichten Diebstahl bis zum organisierten Drogenhandel und schweren Gewalttätigkeiten reichende Kinder- und Jugendkriminalität keine Ausnahmeerscheinung ist. Vor allem der Drogenhandel übt eine hohe Anziehungskraft aus, weil damit rasch und mühelos viel Geld verdient werden kann. Schüler mit geringer Lernmotivation und schlechten Schulleistungen, die durch Aggressivität und häufiges Fernbleiben von der Schule auffallen, bestimmen in vielen Schulen der Ghettos das Schulklima. Der Teufelskreis schließt sich schon früh. Nach dem vorzeitigen Abbruch der Schulausbildung führt der Lebensweg vieler Jugendlicher wieder in die Arbeitslosigkeit und Armut. Allerdings liegt auch die Arbeitslosenquote der jungen Schwarzen mit High-School-Abschluß über dem Durchschnitt. 11% der amerikanischen Jugendlichen zählen zur schwarzen Minderheit, aber rund ein Drittel der arbeitslosen Jugendlichen mit Schulabschluß stammt aus dieser Bevölkerungsgruppe.

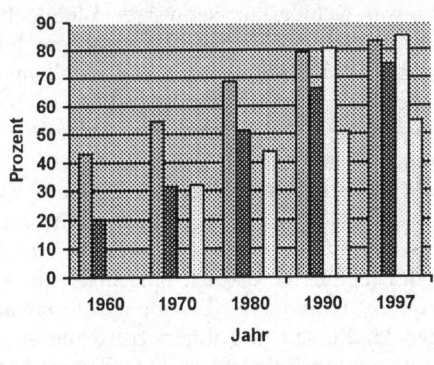

Bildungsabschlüsse nach ethnischer Herkunft
4 Jahre High School

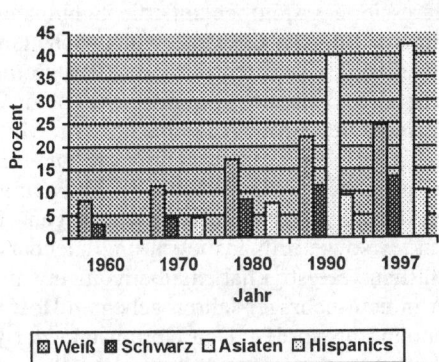

4 Jahre College und mehr

Quelle Statistical Abstracts of the United States, Washington D.C. 1998, S. 167

Dies läßt sich teils auf schlechte Schulabschlüsse, teils auf eine fortdauernde soziale Diskriminierung zurückführen. Weil die Bildungs- und Sozialreformer der sechziger Jahre bei ihrer auf

Chancengleichheit zielenden Politik damit gerechnet haben, daß die soziale Diskriminierung die Aufhebung der Rassentrennung überdauert, sind sie auf eine Reihe sozialtechnischer Gegenmaßnahmen verfallen, unter denen das ‚Busing' besonders umstritten war. Schüler aus schwarzen Wohngebieten wurden mit Bussen in Schulen der von Weißen bewohnten Stadtteile transportiert. Weiße Schüler aus den wohlhabenden Vorstadtbezirken mußten den umgekehrten Weg in Schulen der innerstädtischen Ghettos nehmen. Die Proteste gegen das Busing wurden bald so stark, daß der Kongreß die dafür bereitgestellten Mittel immer mehr kürzte. Die Grenzen zwischen den Schuleinzugsgebieten, die sich nicht selten mit Grenzen zwischen ethnischen Gruppen und Einkommensgruppen dekken, sind wieder dichter geworden. Alle bis in die Gegenwart hinein bewilligten Hilfen für die mehrfach benachteiligten Schulen in den ländlichen und innerstädtischen Armutsgebieten, auch die Errichtung besonders geförderter ‚Magnetschulen, vermochten die Gegensätze zwischen überreich ausgestatteten Schulen in den Wohnvierteln der Oberschicht und den teils schon äußerlich völlig heruntergekommenen innerstädtischen Schulkomplexen nicht aufzuheben.

Die Auseinandersetzungen über das ‚Busing' und andere Integrations- und Förderungsprogramme berühren Fragen, welche die interessierte Öffentlichkeit, die Schulpädagogen, die Bildungspolitiker und die Gerichte wohl noch lange Zeit beschäftigen werden. Lassen sich Förderungsprogramme, die nur schwarzen Schülern zugute kommen, mit dem Gleichheitsgrundsatz vereinbaren? Sind sozialtechnische Mittel wie das ‚Busing' geeignet, die Rassenintegration zu fördern, oder schaffen sie nur neue Probleme, ohne die alten zu lösen? Können Schulen dort, wo sich soziale Problemlagen schon in der Familienstruktur sowie im häuslichen und nachbarschaftlichen Erziehungsmilieu verfestigt haben, überhaupt etwas bewirken?

Viele der in den sechziger Jahren gehegten Hoffnungen sind jedenfalls enttäuscht worden. Den Optimismus der Bildungsreformer, die glaubten, mit neuen Curricula, Lehr- und Lernformen sowie zahlreichen Förderprogrammen ließen sich verfestigte soziale Ungleichheiten überwinden, teilen nur noch wenige. Nicht das Gleichheits-, sondern das Leistungsprinzip bestimmte die bildungspolitische Diskussion der 80er und 90er Jahre. Zumal im konservativen politischen Lager ist häufig der

Vorwurf zu hören, die auf Chancengleichheit gerichtete Politik habe zu einem bedrohlichen Absinken des Bildungsniveaus geführt. Erstmals in der amerikanischen Geschichte, so hieß es in der Denkschrift „Eine Nation in Gefahr", seien die Schüler am Ende ihrer Schulzeit nicht besser, sondern schlechter ausgebildet als die Absolventen der Schulen in ihrer Elterngeneration. Neben den ‚Dropouts' mußten jedenfalls auch Jugendliche und junge Erwachsene mit High-School-Abschluß auf dem amerikanischen Arbeitsmarkt der 80er Jahre im Gegensatz zu den Beschäftigten mit höheren Bildungsabschlüssen erhebliche Einkommenseinbußen hinnehmen.

Einwanderung, nationale Einheit und kulturelle Vielfalt

Unter den literarischen Bildern von der amerikanischen Gesellschaft ist das Bild des Melting Pot wohl das bekannteste. Es beschreibt die erste der neuen Nationen als eine Einwanderergesellschaft, die immer wieder neue Immigrantengruppen aus verschiedenen Völkern und Kulturkreisen aufgenommen und gleich einem Schmelztiegel ‚eingeschmolzen' hat. Tatsächlich sind mit Ausnahme der indianischen Minderheiten und der schwarzen Amerikaner alle Bürger der USA entweder Nachkommen von Immigranten, oder sie sind selbst im Laufe ihres Lebens eingewandert. Rund sechzig Millionen Bewohner der ‚alten Welt' haben seit dem Beginn der europäischen Kolonisierung Nordamerikas ihre angestammte Heimat verlassen, weil sie hofften, in der ‚neuen Welt' unter besseren materiellen Bedingungen und in Freiheit leben zu können. Ähnlich wie sie versuchen heute Millionen von Einwanderern aus Lateinamerika und Asien in den USA Fuß zu fassen, um Armut, politischer Unterdrückung und kriegerischen Wirren zu entkommen.

Gleichwohl spiegelt das Bild des Melting Pot mehr ein Ideal als die soziale Wirklichkeit. Die meisten Nachkommen der indianischen Ureinwohner und der als Sklaven auf die Plantagen des Südens verschleppten Schwarzafrikaner stehen immer noch am Rande der amerikanischen Gesellschaft. Selbst die europäischen Einwanderergruppen sind keineswegs unterschiedslos im ‚Schmelztiegel' aufgegangen. Vielmehr wußten die weißen Amerikaner angelsächsischer Herkunft und protestantischer Bekenntnisse (WASP) ihre dominante Stellung in der Politik, der Wirtschaft und in wichtigen Bereichen des kulturellen Lebens zu behaupten.

Bis zur Mitte des 19. Jahrhunderts kamen die meisten Einwanderer aus England und Schottland. So konnte sich eine von ihnen geprägte Kerngesellschaft herausbilden, die kleinere Einwanderergruppen aus anderen Teilen Europas aufsog. Das änderte sich erst, als um die Mitte des letzten Jahrhunderts eine Massenimmigration aus dem katholischen Irland und dem kontinentalen Europa einsetzte. In großer Zahl strömten zunächst Iren und Deutsche, sodann Italiener, Polen und osteuropäische Juden in die USA. Obwohl sich ohne diese Masseneinwanderung weder die im Westen eroberten weiten Gebiete erschließen, noch die großen Industrien aufbauen ließen, begegneten viele Angehörige der bereits eingesessenen Bevölkerung den Neuankömmlingen mit wachsendem Argwohn. Je größer und vielfältiger die Einwanderergruppen aus anderen Sprach- sowie Religionsgemeinschaften wurden, desto weiter verbreitete sich die Furcht vor einer kulturellen Überfremdung und sozialen Konflikten. Sie äußerte sich in Rufen nach einer Beschränkung, ja einem Verbot der Zuwanderung, in der Diskriminierung der Einwanderer und nicht zuletzt in pädagogischen Bemühungen um eine ‚Amerikanisierung‘ ihrer Kinder.

Das öffentliche Schulwesen ist um die Jahrhundertwende auch deshalb ausgebaut und vereinheitlicht worden, weil die Nachkommen der oft kinderreichen Immigranten von früh an zu amerikanischen Bürgern erzogen werden sollten. Durch den Eintritt der USA in den ersten Weltkrieg wurden all jene bestärkt, die auf eine einheitliche Schulerziehung im Geiste amerikanischer Ideale drangen. Zur Furcht vor einer Auflösung des soziokulturellen Bindegewebes der Nation kam nun die Angst vor einer Unterstützung der Kriegsgegner durch Einwanderer aus den feindlichen Staaten hinzu. Gesetze, wonach der Schulunterricht nur noch in englischer Sprache erteilt werden durfte, galten den eigenständigen Schulen deutscher Einwanderergemeinden. Fortan war aber auch allen anderen Einwanderergruppen die Möglichkeit genommen, in anerkannten eigenen Schulen die Muttersprache und daran gebundene Kulturtraditionen zu pflegen. Zudem erarbeiteten Historiker und Sozialwissenschaftler breit angelegte Programme zur Bürgererziehung (Civic Education). Damit wurden die „Civics" – heute ist die Fachbezeichnung „Social Studies" üblich – zu dem Kernfach der amerikanischen

Schulen, das die Schulerziehung mit dem missionarischen Geist der amerikanischen Demokratie durchdringen sollte.

Die seinerzeit im Schulwesen der Südstaaten vollzogene neuerliche Rassentrennung stand nur scheinbar im Gegensatz zu diesen Bestrebungen. Mit der weithin tolerierten Rassenpolitik der Südstaaten und den Bemühungen um die kulturelle Assimilation der Kinder aus den neuen europäischen Einwanderergruppen, welche sich vor allem im Nordosten und Mittelwesten niedergelassen hatten, wurden ähnliche Ziele verfolgt. Hier wie dort glaubten viele Angehörige der Kerngesellschaft, diese sei gefährdet, wenn es nicht gelinge, die Minderheiten europäischer Herkunft zu assimilieren und die schwarze Minderheit, aber auch Menschen anderer fremder ‚Rassen‘, auszugrenzen. Von den gleichen Motiven war die rigide Einwanderungsgesetzgebung geleitet, welche der Kongreß verabschiedete, als die Einwandererzahlen nach dem Ende des ersten Weltkriegs wieder hochschnellten. Sie verwandelte die bis dahin offene Einwanderergesellschaft über vier Jahrzehnte hinweg in eine fast geschlossene Gesellschaft.

Betrachtet man die bildungs- und sozialpolitische Reformgesetzgebung der sechziger Jahre vor diesem Hintergrund, so mutet sie geradezu revolutionär an. Während die Bürgerrechtsgesetzgebung jedwede Diskriminierung der Schwarzen unterbinden sollte, wurde mit der Lockerung der Einwanderungsgesetzgebung versucht, die wachsende illegale Zuwanderung aus Mittelamerika auf die legalen Bahnen einer neuen Einwanderungspolitik zu lenken. Die zunächst auf zwei Minderheiten – Schwarze und ‚Hispanics‘ – bezogenen, primär sozial- und rechtspolitisch begründeten Gesetzeswerke hatten indes sehr viel weiterreichende Folgen. Sie förderten einen tiefgreifenden Wertwandel. Nun wurden statt einer auf ‚natürlichen‘ Unterschieden der ‚Rassen‘ und Geschlechter beruhenden Sozialordnung die rechtliche sowie soziale Gleichstellung aller Bürger, statt der kulturellen Einheit die kulturelle Vielfalt, statt der Schließung die Öffnung der Gesellschaft zu politischen und pädagogischen Leitwerten erhoben. Immer mehr ethnische Minderheiten, sozial benachteiligte und kulturell diskriminierte Gruppen verlangten nach einer praktischen Einlösung ihrer Bürgerrechte, einer Anerkennung ihrer Eigenarten und einer Würdigung ihrer besonderen Geschichte. Wenn auch zuweilen nur widerstrebend kamen Gesetzgeber, Schulbehörden und Hochschulverwaltungen diesem Verlangen nach. Der Kongreß schuf 1972 den National Council on Ethnic Heritage Studies, eine Einrichtung, die sich des kulturellen Erbes der verschiedenen ethnischen Gruppen annehmen soll. School Boards und Hochschulverwaltungen revidierten den traditionellen Bildungskanon, indem sie teils auf bestimmte Minderheiten zugeschnittene, teils ‚multikulturelle' Bildungsprogramme einführten.

Trotz der nivellierenden Wirkung der modernen amerikanischen Massenkultur war die Vielfalt der ethnischen Gruppen, der Sub- und Sonderkulturen wohl noch nie so groß wie heute. Zum einen versuchen die verschiedensten Gruppen ihren Zusammenhalt durch die Betonung traditioneller Gemeinsamkeiten zu festigen oder durch die Ausbildung spezifischer Lebensstile und Gruppenideologien ein Gemeinschaftsbewußtsein zu erzeugen. Zum anderen ist seit der Lockerung der Einwanderungsgesetze, die seither mehrfach modifiziert und durch Sonderbestimmungen für Flüchtlinge aus Vietnam, Kuba etc. ergänzt wurden, nicht nur die Zahl der Immigranten beträchtlich gestiegen. Auch das soziokulturelle Spektrum der Einwanderergruppen hat sich vollkommen verändert. Zwischen 1930 und 1960 haben die USA nur vier Millionen Immigranten Einlaß gewährt. Dagegen sind seit 1960 an die 25 Millionen Einwanderer eingebürgert worden. Und während bis zum Beginn der sechziger Jahre fast nur europäische Auswanderer aufgenommen wurden, kommen mittlerweile 90% der Immigranten aus der Karibik, Mittel- und Südamerika und Südostasien. Zudem gelangen alljährlich hunderttausende von Lateinamerikanern – vor allem Mexikaner – auf illegalen Wegen in die Vereinigten Staaten. So mehren sich im Süden und Westen des Landes die Regionen, in denen die seit Generationen in den USA lebenden Amerikaner europäischer Herkunft in die Minderheit geraten. Nirgendwo zeigt sich dies deutlicher als in den Schulen. Im zentralen Schulbezirk von Los Angeles, einem der größten Schulbezirke der USA, stammten beispielsweise noch 1980 zwei von drei Schülern aus weißen amerikanischen Familien. Heute liegt deren Anteil bei 15%. Die meisten früheren Bewohner der innerstädtischen Wohngebiete sind in neue Vorstädte gezogen. In ihren alten Wohnvierteln leben nun Einwanderer aus Lateinamerika und Asien. Ähnliche Entwicklungen lassen sich in vielen anderen städtischen Ballungsgebieten, teilweise aber auch schon in Kleinstädten und auf dem Lande beobachten.

Vergleiche mit der Masseneinwanderung vor und nach der Jahrhundertwende liegen nahe. Aber obwohl es in der Publizistik nicht an Warnungen vor denkbaren Folgen der neuen Immigrationsschübe mangelt, regte sich bislang kein starker Widerstand gegen die neue Einwanderungspolitik. Nicht die zumeist auf Besserung ihrer materiellen Lebensbedingungen und kulturelle Anpassung bedachten Immigranten, sondern alteingesessene Bevölkerungsgruppen haben jenen „Kulturkampf" um die Bildung der Heranwachsenden provoziert, von dem so häufig die Rede ist, wo über das Leitbild der multikulturellen Gesellschaft und Erziehung gestritten wird. Mit ihrem Egalitarismus und ihrem traditionelle Werte relativierenden Liberalismus haben die Bildungs- und Sozialreformer der sechziger Jahre eine breite Gegenbewegung ausgelöst. An deren Spitze standen wohlorganisierte christlich-fundamentalistische Bewegungen innerhalb der weißen Bevölkerung. Sie wollten die Schulerziehung wieder ganz auf bürgerlich-protestantische Tugenden ausrichten, das vom obersten Gerichtshof für verfassungswidrig erklärte morgendliche Schulgebet wieder einführen, ja die biologische Evolutionslehre aus den Lehrplänen verbannen und die Schulen verpflichten, die biblische Schöpfungslehre als buchstäblich wahre Lehre zu vermitteln. Im ‚Bibelgürtel', also in den Staaten des Südens, in denen die meisten Anhänger der fundamentalistischen Bewegungen leben, wurden solche Forderungen von nicht wenigen Eltern unterstützt. In einigen Schulbezirken sind auch Bücher, die den religiösen Überzeugungen von Eltern widersprachen, aus der Schulbibliothek verbannt, Sozialkundekurse, die Schüler zu einer kritischen Prüfung von Werten und Normen anhalten sollten, verboten, und Lehrerinnen, die mit ihren Schulklassen ‚anstößige' Literatur gelesen haben, entlassen worden. Obwohl Ronald Reagan, George Bush und andere konservative Politiker ihre Wahlerfolge nicht zuletzt den politischen Kampagnen fundamentalistischer Gruppen und Prediger verdankten, blieb der von diesen erhoffte radikale bildungspolitische Kurswechsel aber aus.

Der Kulturrelativismus der multikulturellen Erziehung wurde und wird indes auch von ganz anderer Seite angegriffen. Nach der Überzeugung einiger entschiedener Vorkämpfer der Minderheiten verbirgt sich darin die Scheintoleranz der Mehrheit. Sie kehren die herkömmlichen eurozentrischen Sichtweisen und den weißen Rassismus kurzerhand um, indem sie beispielsweise den

Ursprung aller Zivilisation in Schwarzafrika verorten oder die vernichteten indianischen Kulturen auf eine ungleich höhere Kulturstufe heben als deren europäische Eroberer. Auch solche Lehren werden mit dem Anspruch vertreten, allein sie seien wahr und deshalb allen Schülern nahezubringen.

Würden die mannigfachen Religionsgemeinschaften und ethnischen Gruppen in ähnlicher Weise versuchen, ihre divergierenden Glaubensüberzeugungen, Ethiken, Kulturtraditionen, Geschichtsbilder etc. im staatlichen Bildungswesen zur Geltung zu bringen, so wären die Tage der Einheitsschule, ja des gesamten öffentlichen Bildungswesens gezählt. Denn die Einheitsschule wurde geschaffen, damit sie allen Heranwachsenden die gleiche allgemeine Bildung vermittelt oder zumindest gleiche Bildungschancen eröffnet. Die trotz aller hier schon angesprochenen Unterschiede hohe Einheitlichkeit der Schulorganisation wie der Bildungsziele und Unterrichtsinhalte kann nur solange Bestand haben, solange alle Bevölkerungsgruppen die Teilhabe an nationalen Bildungsgütern höher schätzen als gruppenspezifische Erziehungsvorstellungen und Weltbilder. Wie sich in den letzten drei Jahrzehnten gezeigt hat, ist dieser Konsens fragil. Mehr noch als in anderen modernen, durch einen hohen Grad sozialer Differenzierung, beträchtliche Ungleichheiten und einen permanenten soziokulturellen Wandel gekennzeichneten Gesellschaften muß in der „auf Dauer unfertigen" amerikanischen Gesellschaft, einer „Nation von Nationalitäten", die Einheit in der Vielfalt immer wieder neu hergestellt, justiert und austariert werden. Dabei haben die linksliberalen Bildungsreformer der sechziger Jahre die Konsensfähigkeit ihrer Programme ebenso überschätzt wie die konservativen Bildungspolitiker der achtziger Jahre die Macht ihrer „moralischen Mehrheit". Es spricht aber nun einiges dafür, daß die Chancen einer neuen Konsensfindung wachsen. Zwar ist Bill Clinton so wenig wie sein Vorgänger Georg Bush, der mit solchen Ambitionen angetreten ist, zu einem „Erziehungspräsidenten" geworden. An Nachrichten über heftige schulpolitische Streitigkeiten in Kommunen und Einzelstaaten ist nach wie vor kein Mangel. Auch im Kongreß propagieren Demokraten und Republikaner bei den alljährlichen Haushaltsberatungen weiterhin gerne ihre divergierenden Leitvorstellungen. Dennoch weist manches darauf hin, daß sich der Gegensatz zwischen dem ‚säkularen Humanismus' der liberalen Linken und dem religiösen Fundamentalismus der neuen Rechten in den 90er Jahren abgeschwächt hat und weiter abschwächt.

Das kulturelle Spektrum ist mit dem Wiedererwachen von ethnischen Gemeinschaften, den Emanzipationsbewegungen von Frauen, Jugendlichen, Homosexuellen etc. und der neuen Immigration gewiß sehr viel breiter, die Verständigung über Bildungsziele und -inhalte der Einheitsschule schwieriger geworden. Wenn die Schulen wie in Kalifornien von Schülern aus mehr als 100 Sprach- und Kulturgemeinschaften besucht werden, kann kein multikulturelles Erziehungsprogramm eine solche Vielfalt fassen. Und die Schulverwaltungen, die seit einer auf der Bürgerrechtsgesetzgebung fußenden Entscheidung des Bundesgerichtshofs (Lau vs. Nichols 1974) gehalten sind, Schüler ohne ausreichende Englischkenntnisse bis zu deren Erwerb in der Muttersprache zu unterrichten, stehen vor praktisch kaum lösbaren Problemen. So kann nicht verwundern, daß sich in den letzten Jahren in Kalifornien bei mehreren Referenden die Gegner eines bilingualen Schulunterrichts durchsetzen konnten. Andererseits verliert die herkömmliche Rede von der „weißen" Mehrheit und den Minderheiten dort ihren Sinn, wo – wie mittlerweile in zahlreichen Schulen des Südens und Südwestens – die Mehrheit der Schüler lateinamerikanischen Einwandererfamilien entstammt. Daß der Melting Pot hier trotz der unmittelbaren Nachbarschaft zu Mexiko und trotz mehrerer Fernsehprogramme in spanischer Sprache in ähnlicher Weise wirksam wird wie nach der Masseneinwanderung aus Europa ist kaum zu erwarten.

Die neue Immigration ist auch deshalb nur teilweise mit dieser Wanderungsbewegung vergleichbar, weil die meisten der europäischen Einwanderer, die in den Jahrzehnten um die letzte Jahrhundertwende in die USA kamen, weder über eine abgeschlossene Schul- noch über eine Berufsbildung verfügten. Zwar gilt dies auch für viele Immigranten aus Lateinamerika und einigen asiatischen Ländern. Die Einwanderer aus China, Indien, Japan, Korea, den Philippinen und Taiwan können im Schnitt jedoch höhere Bildungsabschlüsse vorweisen als die Amerikaner. In welchem Umfang die Vereinigten Staaten insbesondere technisch-naturwissenschaftliche Intelligenz ‚importieren', zeigt sich vor allem an den technischen Hochschulen. Obwohl nur etwa drei Prozent der US-Bürger nach der derzeit modischen kontinentalen Zuordnung den „Asian-Americans" zuzurechnen sind, gehört mehr als die Hälfte der jüngeren Professoren an technischen Hochschulen und rund ein Drittel ihrer Studenten dieser Bevölkerungsgruppe an. Auch die ärztliche Versorgung wäre zumal in wenig attraktiven Wohngebieten höchst mangelhaft, wenn sich dort nicht zahlreiche aus der ‚Dritten Welt' eingewanderte Ärzte niedergelassen hätten.

Das amerikanische Bildungswesen im Vergleich

Bei Urteilen über den Bildungsstand der Amerikaner, bemerkte Alexis de Tocqueville vor 150 Jahren, orientierten sich die Europäer häufig nicht am Durchschnitt, sondern an Extremen. Obwohl das heutige Bildungswesen der Vereinigten Staaten mit den bescheidenen Bildungseinrichtungen jener Zeit nur noch wenig gemein hat, gilt dies immer noch. Einerseits scheinen in den Vereinigten Staaten nahezu alle jener Übel, die Pädagogen in westlichen Gesellschaften plagen, besonders verbreitet zu sein. Wo von Kinder- und Jugendgewalt und -kriminalität, von Drogenabhängigkeit, vom Vandalismus in den Schulen, Zerfall der Familie, Autoritätsverlust der Erzieher, von der Entwertung des aktiven Lernens durch das Fernsehen, der Nivellierung der Leistungsanforderungen und dergleichen gesprochen wird, kommt die Rede bald auf die USA. Weltweit beachtete Ereignisse wie der bewaffnete Angriff von zwei Schülern auf die angesehene Columbine High School in Littleton, Colorado, der am 20. April 1999 15 Tote kostete, fügen diesem abschreckenden Bild besonders grelle Farben hinzu. Andererseits wird das amerikanische Bildungswesen aber auch so betrachtet, als gelte Goethes „Amerika, du hast es besser" auch heute noch und zumal im Hinblick auf amerikanische Schulen und Hochschulen. Unter den Bildungsreformern der Bundesrepublik ein Vorhaben zu finden, bei dem nicht auf amerikanische Vorbilder verwiesen wurde oder wird, fällt schwer. Wie die in den sechziger Jahren geführte Diskussion über Chancengleichheit, Curriculumreformen, integrierte Gesamtschulen, Oberstufenreform, Stufengliederung der Schulen etc. ist die aktuelle Diskussion über die Ausstattung von Schulen mit Computern und deren Internetanschluß, worüber fast alle amerikanische Schulen verfügen, über den ‚Technologietransfer' von der Hochschulforschung zur Wirtschaft, die Verstärkung der Konkurrenz zwischen den Universitäten und die Verkürzung der Studienzeiten davon beeinflußt.

Bei genauerer Betrachtung des amerikanischen Bildungswesens zeigt sich jedoch bald, daß die viel bewunderten Spitzenuniversitäten und die Hochschulforschung, welche tatsächlich in nennenswertem Umfang wirtschaftlich verwertbare Ergebnisse erbringt, im Bereich der Hochschulen ebenso eine Sonderstellung einnehmen wie die mit allen sozialen Problemen der Armutsviertel kämpfenden Schulen innerhalb des Schulwesens. Zwar kann das Studium besonders leistungsfähiger Bildungseinrichtungen oder besonders ausgeprägter Probleme auch dann aufschlußreich sein, wenn sie für das gesamte Bildungssystem nicht typisch sind. Vergleiche, welche sich an positiven oder negativen Extremen orientieren, werden aber schief. Nicht selten sind dort, wo auf amerikanische Vorbilder verwiesen wurde, auch nicht die realen Gegebenheiten verglichen worden. So haben beispielsweise die Curriculumreformen der sechziger Jahre viele Schulen gar nicht erreicht. Und dem von amerikanischen Bildungsreformern entworfenen Idealbild der integrierten Gesamtschule kommen nur wenige Schulen nahe.

Bildungsbeteiligung USA/BRD

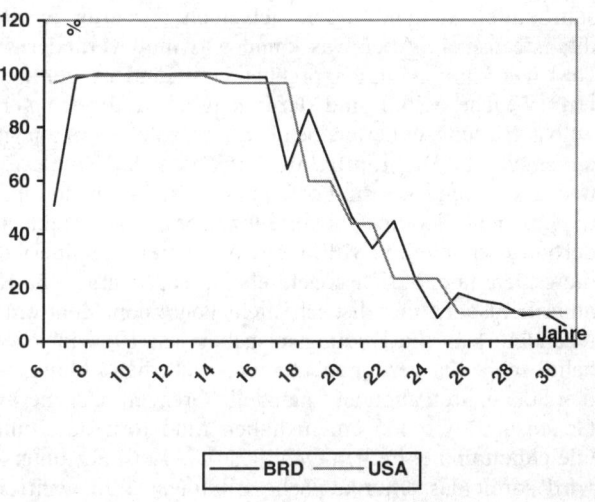

Quelle: Statistical Abstract of the United States 1988, Washington D.C. 1988, S. 122; Bundesminister für Bildung und Wissenschaft, Grund und Strukturdaten 1987/88, S. 1821

Wer von der damals noch krassen Benachteiligung der Schwarzen absah, konnte das amerikanische Bildungswesen vor dreißig Jahren trotzdem als Modell für die anstehende Modernisierung und ‚Demokratisierung' des deutschen Bildungssystems betrachten. Denn die in der Bundesrepublik erst langsam einsetzende soziale, zeitliche und sachliche Ausweitung der organisierten Bildung war dort schon sehr viel weiter fortgeschritten. Berücksichtigt man auch die berufliche Ausbildung im dualen deutschen System, so sind die damals noch beträchtlichen Unterschiede in der Bildungsbeteiligung mittlerweile aber verschwunden. Die in der Bundesrepublik befürchtete ‚Bildungskatastrophe' ist ausgeblieben. Hingegen wird nun in den Vereinigten Staaten allerorten über verbreitete Bildungsdefizite und mangelhafte Bildungseinrichtungen geklagt. Man blickt wieder nach Europa, insbesondere aber nach Japan, um herauszufinden, weshalb amerikanische Schüler bei internationalen Leistungsvergleichen häufig schlecht abschneiden.

An Kritikern des Bildungswesens und an mehr oder minder radikalen Reformvorschlägen hat es in den Vereinigten Staaten noch nie gemangelt. Überall dort, wo der Blick auf die Aufgaben gerichtet wird, die sich den USA im beginnenden neuen Jahrhundert stellen, finden sich auch Forderungen nach Bildungsreformen. Aber was kann, was muß verändert werden? Und wer kann erfolgversprechende Veränderungen herbeiführen? Welche Mittel sind dafür tauglich und auch verfügbar? Selbst Bildungsexperten beantworten solche Fragen ganz unterschiedlich. Die Einflußmöglichkeiten der Bundesregierung und des Kongresses sind offenkundig nicht nur durch die bundesstaatliche Kompetenzverteilung begrenzt. Mehr als hunderttausend Schulen, Millionen von Lehrern, Schülern und Studierenden lassen sich jedenfalls in der überaus heterogenen amerikanischen Gesellschaft nicht von einem Zentrum lenken. Nachdem sich die Bildungsausgaben seit 1960 in jedem Jahrzehnt mehr als verdoppelt hatten, stieß die Bildungspolitik in den 80er Jahren auch an finanzielle Grenzen. Der merkwürdige Gegensatz zwischen einem hohen Maß formaler Einheit und Gleichheit und extremen Qualitäts- wie Leistungsunterschieden wird somit das amerikanische Bildungswesen wahrscheinlich weiterhin kennzeichnen.

Hans J. Kleinsteuber

Massenmedien in den USA

Presse, Hörfunk und Fernsehen in Gesellschaft und Politik

Massenmedien gehören zu den essentiellen Bestandteilen jeder modernen Industriegesellschaft. Sie haben die herkömmlichen Formen der individuellen und direkten Kommunikation – von Person zu Person – über weite Strecken ersetzt. Medien befinden sich noch immer auf dem Vormarsch, wenn man es an der Zeit bemißt, die der durchschnittliche Bürger täglich mit ihnen verbringt. Die Verminderung der Zeit, die mit Arbeit und Produktion zugebracht wird, erhöht ganz logisch die Bedeutung der Freizeit – die Zeit, in der an erster Stelle Medien konsumiert werden. In diesem hier geschilderten Prozeß standen die USA immer an vorderster Stelle. Das hat einen Grund sicherlich in der im Vergleich zu Europa sehr frühen – revolutionären – Einführung von Presse- und Informationsfreiheit und dem frühzeitigen Entstehen einer bürgerlichen Öffentlichkeit. Auch der relativ hohe Lebensstandard, die früh beginnende Anregung des Konsums durch Werbung und nicht zuletzt das Bildungssystem (Lesefähigkeit für alle) leisteten ihren Beitrag dazu. Viele Beobachter behaupten, daß wir derzeit mit dem Einstieg in digitale Medien vor der Schwelle einer neuen Epoche stehen. Im Zentrum dieser Umwälzung stehen digitale Vernetzungen und Personal Computer, beruhend auf Entwicklungen, die fast ausschließlich aus den USA kommen.

Wurden Informationen über ‚unerhörte‘ Ereignisse früher mündlich von Bürger zu Bürger weitergetragen, so werden heute die Nachrichten als ‚News‘ über hochkomplexe Netze verbreitet, die in Sekundenschnelle die gesamte Welt umspannen. Aber nicht nur die eigene In-Augenschein-Nahme ist von der Medientechnik ersetzt worden, auch viele andere Bereiche menschlichen Erlebens sind auf die Medien übergegangen. Kultur und Bildung haben längst ihren Stellenwert in den Medien gefunden. Für unsere derzeitigen Lebensbedingungen so wesentliche Dinge wie kurzweilige Unterhaltung oder spektakulärer Sport sind Ereignisse, die vor allem für die und in den Medien arrangiert werden. Auch in das ,politische Geschäft', sind – das belegen die Verhältnisse in den USA sehr eindrücklich – Medien tief eingedrungen; Wichtig ist für den Politiker, der die nächste Wahl gewinnen will, heute vor allem, daß er in den Medien ankommt, daß er sich hier erfolgreich ,verkaufen' kann. Der Wahlkampf um die Präsidentschaft 2000 wird in großem Umfang im ,Netz' geführt werden, Kandidaten bieten auf Home Pages Informationen an, diskutieren Online mit ihren Wählern oder bitten um Spenden.

In diesem Prozeß einer Durchdringung aller Bereiche des alltäglichen Lebens durch Medien haben die USA immer eine Vorreiter-Rolle gespielt: Hier finden wir bereits in der ersten Hälfte des 19. Jahrhunderts die Entstehung einer Boulevardpresse, bricht sich in den 20er Jahren dieses Jahrhunderts das Radio Bahn, werden in den 50er Jahren die USA das erste wahrhaftige Fernsehland der Welt.

In den USA entstanden in den 70er Jahren auch die ersten Personal Computer (PCs), etwa zu der Zeit, da die Grundlagen für das Internet gelegt wurden, das ,Netz der Netze', an dem nun eine unüberschaubare und schnell wachsende Zahl von Teilnehmern hängt; bereits Ende 1998 verfügte über die Hälfte der Haushalte, ingesamt etwa 53 Mio. über einen PC. Das Internet bietet auf Abruf eine Unmenge von Informationen aus Datenbanken an, möglicht ,elektronische Zeitungen', Radiostationen arbeiten im Internet und der Abruf von Videosequenzen ist möglich. Das Internet bietet gleichwohl mehr als nur den passiven Konsum, der bisher für Medien so typisch war, es eröffnet alle Möglichkeiten, sich aktiv an globaler Kommmunikation zu beteiligen und selbst Inhalte anzubieten. Das Internet und seine Weiterentwicklung, der ,Information Superhighway' (wie ihn Vizepräsident Al Gore 1993 proklamierte) haben das Zeug dazu, die bisherigen Medientechniken abzulösen, zumindest aber mit der Digitalisierung der Medien völlig neue Rahmenbedingungen zu schaffen.

Die Darstellung erfolgt in dieser Reihenfolge:

- Mediengeschichte und Medienordnung
- die Presse

- die elektronischen Medien
- Medienkonzentration und Medienkonzerne
- der Journalismus
- Wahlen und Medien

Mediengeschichte und Medienordnung

Trotz mancher Rückständigkeit in den Kolonien, erwies sich deren Boden als besonders förderlich für die Entstehung früher und einflußreicher Medien. Die erste, sogleich von den Briten wieder verbotene Zeitung, die ‚Publick Occurences, Both Foreign and Domestik‘, erschien 1690. Zu Beginn des 18. Jahrhunderts wurden Zeitungen bereits regelmäßig veröffentlicht und während der Revolution zeigte sich dann eine rege Presse- und Flugblattagitation, verbunden mit Namen wichtiger Befürworter der Revolution wie Thomas Paine. Es liegt nahe, daß die Verfassungsväter die Pressefreiheit als Teil der ‚Bill of Rights‘ an prominenter Stelle, nämlich bereits im ersten Verfassungszusatz verankerten. Dort heißt es u.a. im ersten Zusatzartikel (First Amendment), gültig seit 1791: „Der Kongreß darf kein Gesetz erlassen, das ... die Rede- und Pressefreiheit ... einschränkt ...“.

Das zur Herrschaft gelangte Bürgertum erteilte so der kolonialen Praxis der Zensur (auch wenn sie nie besonders scharf gewesen war) eine klare Absage und schuf sich zugleich neue Formen der Diskussion und der Verbreitung seiner Ziele in der Öffentlichkeit. Zu einem Grundprinzip des Demokratiemodells der USA wurde die Vorstellung, daß das allgemeine Wohl am besten durch einen (wie es der bekannte Richter Oliver W. Holmes 1919 formulierte) „free trade in ideas“ erreicht werde. Diese Vorstellung von der Medienverfassung der USA erhielt quasi höchstrichterliche Bestätigung, als der Supreme Court 1969 urteilte: „It is the purpose of the First Amendment to preserve an uninhibited marketplace of ideas in which truth will ultimately prevail, rather than to countenance monopolization of the market.“ (Red Lion Co. v. FCC) Aus diesem Verständnis folgt, daß es – anders als in Deutschland – kein Pressegesetz gibt (allerdings im Rundfunkbereich gesetzliche Bestimmungen erlassen wurden).

Diese Medienverhältnisse im Lande zu garantieren, setzt vor allem zwei Grundbestandteile voraus:

- um die Vielfalt der Informationsquellen und -möglichkeiten zu sichern, muß es eine Vielzahl von Nachrichtenproduzenten geben und
- die Journalisten und anderen Nachrichtenproduzenten müssen in der Lage sein, unabhängig und die verschiedenen Interessen im Lande widerspiegelnd zu berichten.

Die Freiheit der Presse, vor allem als eine verlegerische und gewerbliche Freiheit verstanden, wurde in der Geschichte des Landes nurmehr selten vom Staat in Frage gestellt. Dies bedeutet natürlich nicht – wie noch (im Abschnitt ‚Journalismus') erläutert wird – daß die Beziehung Staat und Medien immer eine konfliktfreie gewesen sei.

Die Presse

Mit der Presse sind gemeinhin die Printmedien eines Landes gemeint, also die Tageszeitungen (‚newspapers') und die periodisch erscheinenden Zeitschriften (‚magazines'). Wegen ihrer Nähe zur historischen Entwicklung der Zeitung sollen auch die Nachrichtenagenturen hier kurz Erwähnung finden.

In ihrer gesamten Pressegeschichte sollten die USA ihre einmal begonnene Avantgarde-Rolle nicht mehr aufgeben. Die Massenpresse begann bereits 1830 mit der Zeitung ‚The Sun', dem ersten sog. ‚One-Penny-Blättchen', dessen Benennung nach seinem täglichen Kaufpreis schon den Boulevardcharakter verdeutlicht. Dem jeweiligen Stand von Technik und Ökonomie folgend, gelangte immer mehr Werbung in die Zeitung. Sie deckt heute den Großteil der Herstellungskosten. Das 19. Jahrhundert brachte auch die ersten fotografischen Bilder und schließlich als typisch us-amerikanische Erscheinung die Comics (zuerst 1889 in der Boulevard-Zeitung ‚The World'). 1886 wurde auch die erste automatische Setzmaschine (Linotype) eingeführt, entwickelt in den USA von dem Deutsch-Amerikaner Ottmar Mergenthaler. Heute spielen (wie nachfolgend erläutert wird), modernste Übertragungstechniken bis zum Einsatz von Satelliten, der ausgiebige Gebrauch automatischer Druckstraßen und der Farbdruck eine große Rolle. Mit der Verwendung immer größerer und teurerer Technik gingen erhebliche Konzentrationsprozesse auf den Zeitungsmärkten einher.

Von ihrer Verbreitung und Versorgungsseite der Bevölkerung her besehen, liegen die Traditionen der US-Presse vor allem in der Dezentralität und der lokalen Versorgung. Besonders erstaunlich ist, daß erst seit den 70er Jahren dieses Jahrhunderts national verbreitete Zeitungen angeboten werden, also solche, die gleichzeitig in verschiedenen Regionen des Landes zur Verfügung stehen und in denen nationale Themen dominieren. Die heute noch vorherrschende Lokalzeitung erscheint normalerweise in der größten Stadt der Region, die sie versorgt und trägt sehr häufig auch diese Stadt im Titel. Soweit bedeutende Tageszeitungen über die Grenzen des Landes hinaus als Meinungsträger bekannt sind (wie die ‚Washington Post‘ oder – mit unten genannter Einschränkung – die ‚New York Times‘) sind sie doch immer zuerst Lokalzeitungen. Allerdings erlangen sie dadurch überörtliche Bedeutung, daß sie in den politischen, ökonomischen und kulturellen Zentren erscheinen und deren Vorstellungen weitergegeben; häufig werden zudem ihre Leitartikel und Kommentare, mitunter auch die ganze Zeitung in der ‚Provinz‘ nachgedruckt.

National verbreitete Zeitungen werden erst angeboten, seitdem der gleichzeitige Druck in verschiedenen Landesteilen – über Satelliten vermittelt – möglich ist. Der ‚Wall Street Journal‘, das Sprachrohr der Finanzwelt, begann 1975 mit dieser neuen Übertragungstechnik. Ebenso wird seit 1980 die ‚New York Times‘ in einer komprimierten Fassung und begrenzter Auflage im Westen und Süden des Landes vertrieben. Die erste echte nationale Zeitung wurde aber erst 1981 quasi in der Retorte vom führenden Gannett-Konzern entwickelt: das Organ ‚USA Today‘, das sich bewußt an den der Heimat fernen oder nicht ortsgebundenen US-Amerikaner richtet. Als völlig neu konzipierte Zeitung bedient sich ‚USA Today‘ vieler Präsentationsformen des Fernsehens, bringt z.B. täglich bunte Graphiken; das Konzept wurde von europäischen Pressedesignern vielfach kopiert. ‚USA Today‘ und die ‚International Herald Tribune‘ (letztere von der ‚New York Times‘ und der ‚Washington Post‘ getragen und nicht in den USA erhältlich) werden auch in Europa gedruckt und sind hier entsprechend aktuell verfügbar.

Die traditionelle Vielzahl von Tageszeitungen in den USA darf nicht darüber hinwegtäuschen, daß die allermeisten lokalen Märkte heute von Monopolzeitungen beherrscht werden, also für den Leser keine Auswahlmöglichkeit mehr besteht. Wenn zwei konkurrierende Zeitungen gegeneinander antreten, befinden sich diese mitunter in der Hand desselben Verlegers. Die Zahl der Städte mit mindestens zwei Zeitungen, die finanziell nicht miteinander verbunden sind, beläuft sich auf gerade 36 oder 2,3% aller Märkte. Immerhin zählen große Städte wie New York und Boston dazu.

Viele Zeitungen, besonders in den Ballungszentren, sind wirtschaftlich nicht mehr unabhängig, sondern gehören zu sog. Ketten, sind also in großen Medienunternehmen zusammengeschlossen. Zu den frühen Herrschern über ein Presseimperium gehörte Ende des letzten Jahrhunderts bereits der ‚Zeitungszar' William Randolph Hearst, dessen machtvoller Konzern allerdings schon seit den 30er Jahren viel an Glanz und Einfluß verloren hat. Hearst wurde Multimillionär mit seinen Zeitungen, die sich als Sensationsblätter auch ständig in die große Politik einmischten. Manche Historiker meinen, daß es z.B. ohne seine Agitation 1898 keinen spanisch-amerikanischen Krieg gegeben hätte.

Große Zeitungsketten sind heute u.a. Knight-Ridder, Gannett, Newhouse, Scripps-Howard. Von den 1750 Tageszeitungen gehören inzwischen die meisten zu nationalen oder regionalen Ketten, 1950 waren dies erst 20%. Der Konzern Gannett betreibt mit mehr als achtzig Titeln die größte Kette, zudem gehören ihm z.B. noch zahlreiche Fernseh- und Radiostationen, eine Werbeagentur und ein Informationssystem über Satelliten. So eindrucksvoll sich die Zahlen zu den Unternehmensgrößen auch anhören, so sollten sie doch in Bezug gesetzt werden. Keine Zeitung der USA erreicht beispielsweise die Auflagenhöhe der ‚Bild-Zeitung' des Springer-Konzerns (ca. 4 Mio.).

Viele Jahre erschien die Zeitungslandschaft sehr stabil. Allerdings kann nicht übersehen werden, daß die Auflagen rückläufig sind, die Werbeeinnahmen in zunehmendem Umfang in das Fernsehen gehen und Zeitungen immer mehr einen „business approach" nutzen, sich also streng kommerziell verhalten. Nurmehr etwa 60 Prozent der Haushalte werden heute noch durch eine Zeitung täglich erreicht. Die sowieso schon marginalisierten Amerikaner in den Gettos und Armutsvierteln, aber auch in abgelegenen Regionen werden von aktuellen Druckmedien kaum mehr erreicht. Zumindest in den Städten dominiert das Fernsehen mit seiner eindeutigen Unterhaltungsorientierung. Damit hat es auch der einstmals starken Boulevardpresse die Märkte abnehmen können.

Die auflagenstärksten Tageszeitungen (1997)

1	The Wall Street Journal	1 774 880
2	USA Today	1 629 665
3	The New York Times	1 074 741
4	Los Angeles Times	1 050 176
5	The Washington Post	775 894
6	(New York) Daily News	721 256
7	The Chicago Tribune	653 554
8	(The Long Island) Newsday	568 914
9	Houston Chronicle	549 101
10	(Chicago) Sun-Times	484 379
11	San Francisco Chronicle	484 218
12	Dallas Morning News	481 032

Quelle: The World Almanac 1999

Der Zeitschriftenmarkt in den USA zeigt ein ähnliches Bild wie der vergleichbarer Länder. Die auflagenstärksten Produkte wenden sich an ein Publikum, das vor allem unterhalten und beraten werden will. Jahrzehntelang war ‚Reader's Digest' das überhaupt am meisten verbreitete Periodikum in den USA und – mit seinen vielen Übersetzungen – auch in der Welt. Inzwischen wurde es vom Familien- und Frauenmagazin ‚Modern Maturity' abgelöst. Die politisch-informierende und damit auch stark meinungsbildende Zeitschrift schaut auf eine lange Geschichte zurück. Hier sind die international bekannten Magazine ‚Newsweek' und ‚Time' zu nennen. Letzteres, gegründet bereits 1923, galt als Vorbild für vergleichbare Gründungen in vielen Ländern, so auch für den bereits im äußeren Erscheinungsbild ähnlichen ‚Spiegel'. Von diesen Magazinen gibt es Regionalausgaben in fast allen Teilen der Welt, dazu kommen Übersetzungen, z.B. bei ‚Newsweek' in spanischer, japanischer, koreanischer und seit Sommer 1996 auch in russischer Sprache (‚Itogi').

Erfolgreiche Zeitschriftenformate werden heute immer häufiger international kopiert, wenn man meint, daß sich Märkte und Leserinteressen hinreichend ähneln. So finden wir in Deutschland eine ganze Reihe Adaptionen erfolgreicher amerikanischer Zeitschriften, vom ‚Playboy' bis zu ‚Cosmopolitan'. Das funktioniert auch umgekehrt, so konnte Gruner + Jahr

(Bertelsmann) sein Blatt ‚Eltern' als ‚Parents' mit Erfolg in den USA einführen. Freilich sind dabei auch konkurrierende Publikationen und kulturelle Gewohnheiten zu beachten. Als man bei Gruner + Jahr den Transfer der bei uns sehr erfolgreichen Zeitschrift ‚Geo' versuchte, erlitt der Verlag Schiffsbruch. Das traditionsreiche Magazin ‚National Geographic' beherrscht in den USA unbestritten den Markt. Da es in Deutschland inzwischen als potentielle Konkurrenz betrachtet wird, ediert der Verlag Gruner + Jahr seit 1999 auch eine deutschsprachige Ausgabe.

Kleinere Zeitschriften richten sich an spezifische Zielgruppen, allein zweihundert versorgen den afro-amerikanischen Bevölkerungsteil. Das bekannteste Organ ist ‚Ebony', benannt nach dem dunklen Ebenholz. Selbst einzelne deutschsprachige Blättchen haben in den USA bis heute überlebt. So ergeben sich aus der Multikulturalität des Landes spezifische Besonderheiten. Aber insgesamt erweisen sich Zeitschriften als international vergleichbare Objekte und deshalb ähnelt die Situation der in Deutschland.

Von den vier ‚großen' Nachrichtenagenturen, die über ein weltweites Netz verfügen, befinden sich zwei in den USA: ‚Associated Press' (AP) und ‚United Press International' (UPI); die beiden anderen Weltagenturen haben ihren Hauptsitz in Großbritannien (Reuters) und Frankreich (AFP). AP, bereits 1848 entstanden, wurde zu einer Art genossenschaftlicher Gründung interessierter Zeitungsverleger und ist die ältere, weiter verbreitete und wirtschaftlich erfolgreichere der beiden Agenturen. Sie verfügt heute über mehr als achtzig Auslandsbüros und arbeitet – wie andere Nachrichtenagenturen auch – mit neuester Technik wie Computer und Satelliten. UPI hatte dagegen jahrelang finanzielle Schwierigkeiten und wechselte mehrfach den Besitzer. Die Bedeutung dieser Agenturen mag man daran messen, daß 99% der täglich berichtenden Nachrichtenmedien in den USA ihre Informationen von AP oder (bzw. und) UPI beziehen. Daneben bieten vor allem große Zeitungen wie die ‚New York Times' spezielle Agentur- und Artikeldienste an. Entsprechend stammen besonders bei kleinen Zeitungen die meisten Berichte (bis zu 80%) von den wenigen großen Agenturen im Land, was zu einer erstaunlichen Homogenität der tatsächlich verbreiteten aktuellen Informationen führt.

1	Modern Maturity	20 454 478
2	NRTA/AARP Bulletin	20 432 489
3	Reader´s Digest	15 088 390
4	TV Guide	13 171 025
5	National Geographic	9 013 113
6	Better Homes & Gardens	7 614 737
7	Family Circle	5 054 263
8	Good Housekeeping	4 643 428
9	Ladies´ Home Journal	4 513 629
10	McCall´s	4 255 784
11	Woman´s Day	4 163 248
12	Time	4 150 223
13	People Weekly	3 507 936
14	Car & Travel Magazine	3 349 118
16	Newsweek	3 276 457
24	Cosmopolitan	2 525 317
28	U.S. News & World Report	2 220 236
35	Ebony	1 835 496

Quelle: Publishers Information Bureau, The World Almanac 1999

Heute werden auf den internationalen Nachrichtenmärkten bewegte Bilder von der Welt immer wichtiger. Auch die kommen teilweise aus Agenturen. Der weltweit einflußreichste und sicherlich innerhalb der USA wichtigste Lieferant stellt Cable News Network (CNN) dar, der Nachrichtensender, der überall auf der Welt vertreten ist und mit seinen satellitenübertragenen Programmen globale Präsenz zeigt. Seine Angebote transportieren vor allem die amerikanische Sichtweise globaler Politik, was sowohl die Auswahl der Ereignisse wie auch deren Kommentierung betrifft. Im Zweiten Golfkrieg konnte sich CNN besonders profilieren, da der Sender privilegierten Zugang zur US-Militärführung hatte und deren selektive Sicht verbreitete, gleichwohl auch von Iraks Diktator Sadam Hussein zur Propagierung eigener Vorstellungen funktionalisiert wurde.

Die elektronischen Medien

Als wichtige elektronische Medien gelten heute der Hörfunk und das Fernsehen. Dazu kommen die sog. Neuen Medien mit Kabel, Satellit und weiteren Novitäten bis zum ‚Information Superhighway'. Nachfolgend wird kurz auf die Radio-Szene

313

verwiesen, dann wird ausführlich auf das Fernsehen einschließlich der Neuen Medien eingegangen.

Das Radio begann in den USA bereits 1920 (drei Jahre vor dem Start in Deutschland) zu senden und blieb bis in die 50er Jahre hinein das wichtigste elektronische Medium, bis es vom Fernsehen abgelöst wurde. Organisiert ist es im wesentlichen nach dem (unten erläuterten) kommerziellen Prinzip. Daneben gibt es ein öffentliches Radionetz (National Public Radio, NPR), organisiert ähnlich dem öffentlichen Fernsehen (siehe unten). Bei weit über 10 000 Radiostationen im ganzen Land konkurrieren – zumindest in den Ballungszentren – oft Dutzende Anbieter in einer Stadt. Die meisten Stationen haben sich auf ein sog. Programmformat spezialisiert und senden nur eine Musikrichtung, z.B. Adult Contemporary, Country & Western oder die Charts-Top-40. In einigen großen Städten wie New York (Station WBAI) haben sich auch Community-Sender etabliert, die ausschließlich von den Spenden und der freiwilligen Zuarbeit ihrer Hörer leben („listener supported') und ein entsprechend buntes, manchmal auch chaotisches Programm anbieten. Insgesamt erweist sich das Radioangebot als eher vielfältig, lebendig und weniger kommerziell durchdrungen, als der Fernsehbereich.

Radio- und Fernsehstationen (1997)

Kommerzielle Radiostationen	12 472
davon AM/Mittelwelle	4 793
davon FM/UKW	5 662
Nicht-kommerzielle Radiostationen auf FM	2 017
Anzahl der Fernsehstationen	1 589
davon kommerziell	1 221
davon nicht-kommerziell	368

Quelle: Broadcasting & Cable Yearbook 1999

Gegen Ende der 40er Jahre begann das Fernsehen seinen Siegeszug. Bis heute verfügt es über eine Bedeutung wie in nur wenigen anderen Ländern und ist in viele Bereiche des Alltaglebens integriert. Die durchschnittliche Einschaltzeit der Empfangsgeräte in einer Familie hat sich auf hohem Niveau stabilisiert (1998: 7h 15min pro Tag), und bereits zum Frühstück beginnen viele Sendekanäle ein Programmangebot, das erst spät in der Nacht endet. Der durchschnittliche US-Zuschauer sieht mit gut vier Stunden deutlich länger die Flimmerbilder als sein hiesiger Gegenpart – allerdings stiegen bei uns die Einschalt-zeiten in den letzten Jahen als Antwort auf die vielen neuen Anbieter, während sie in den USA stagnieren und in Haushal-ten mit starker Internet-Nutzung sogar zurückgehen.

Schon sehr früh, d.h. in den 50er Jahren standen in den Bal-lungszentren etliche Fernsehkanäle zur Auswahl. Wenig besie-delte ländliche Gebiete blieben dagegen völlig unversorgt, weil sich die Investition in eine Sendestation für Kapitalanleger nicht lohnte. In diesen Gebieten begann gleichfalls sehr früh – bereits 1948 – der Aufbau kleinerer Gemeinschaftsantennenan-lagen, aus denen sich dann das heutige Kabelfernsehen entwik-kelte. Derzeit werden über technisch hochentwickelte Kabelsy-steme hundert und mehr Kanäle übertragen. Etwa Zweidrittel der Amerikaner erhalten ihre Programme aus dem Kabelan-schluß. Einige weitere Millionen werden über Satellit versorgt.

Wichtigstes Unterscheidungsmerkmal gegenüber dem her-kömmlichen bundesdeutschen (bzw. westeuropäischen) Fernseh-modell öffentlich-rechtlicher Anstalten ist, daß die großen An-bieter von Anbeginn an ausschließlich kommerziell ausgerichtet waren. Diesem Prinzip folgend ist Fernsehen in den USA zuerst einmal ein Geschäft; Programme werden von Privatunternehmen produziert, die ihre alleinigen Einnahmen über den Verkauf von Werbung erzielen. Sie verdienen ihr Geld – genau genommen – mit dem Verkauf von Zuschauerschaften an die werbetreibende Industrie (so definiert es die wissenschaftliche Fernsehökono-mie). In einfacher Sprache heißt dies: Mit möglichst massenat-traktiven Programmen sollen möglichst viele Zuschauer angezo-gen werden, die dann in Kontakt mit den Werbespots, den ,Com-mercials' gebracht werden. Abgerechnet wird jeweils in Werbe-kontakten pro Tausend Zuschauer, ein 30-sek-Spot in der Haupt-sendezeit kostet etwa 100 000 $, bei langsam sinkender Tendenz (wegen der Reichweitenverluste der großen Networks). Als wäh-rend des Super Bowl-Football-Turniers 1999 etwa 127 Mio. Menschen zuschauten, kostete ein Spot den absoluten Spitzen-betrag von 1,6 Mio $. Gebühren gibt es im kommerziellen Fern-sehen nicht, weswegen es von seinen Anhängern als ,Free Tele-vision' bezeichnet wird.

Kommerzielles Fernsehen heißt auch, daß die Programma-cher auf den Geldgeber, die Werbewirtschaft, Rücksicht zu nehmen haben. Kritische Sendungen für den Verbraucher z.B. eignen sich beim besten Willen nicht als Umfeld für Werbung und werden deshalb kaum eine Chance haben. Auch die einzelnen Fernsehserien werden heute auf die Werbeunterbrechung hin inszeniert. Damit der Zuschauer seine ungeteilte Aufmerksamkeit dem Programm widmet, wird die Werbung rund um einen Handlungshöhepunkt (dem sog. Cliffhanger) plaziert. Inzwischen wurden nahezu alle Einzelheiten dieses Kommerzfernsehens auch bei uns übernommen, oft mit Unterstützung amerikanischer Consultants, an einigen Sendern sind auch Amerikaner beteiligt.

Das gesamte Fernsehsystem gruppiert sich um die bekannten drei Networkgesellschaften National Broadcasting Company (NBC), Columbia Broadcasting System (CBS) und American Broadcasting Company (ABC). Sie sind die mit großem Abstand bedeutendsten Anbieter von Programmen und bestreiten – bei langsam sinkender Tendenz – immer noch den Standardkonsum der Zuschauer. Inzwischen ist ihr Anteil allerdings auf unter 50 Prozent der tatsächlich gesehenen Programme gesunken. In den letzten Jahren ist ein kleineres, viertes Network dazugekommen, Fox Television, kontrolliert von dem australischen, in den USA naturalisierten Medientycoon Rupert Murdoch. Fox ist nach dem Hollywood Studio Twentieth Century Fox, gleichfalls in Murdochs Besitz, benannt.

Die Networks sind eine Art Programmagentur, die keine Bilder unmittelbar an die Zuschauer senden, sondern lokale Stationen mit ihrem Fernsehmaterial einschließlich eines Teils der Werbung versorgen. Die Lokalstationen fügen in bescheidenem Umfang eigene Beiträge in das Programm ein, vor allem örtliche Nachrichten und teilen sich die Werbezeiten mit ihrem Network. Eine Reihe großer Stationen in Millionenstädten dürfen die Networks selbst betreiben, alle anderen sind wirtschaftlich selbständige Unternehmen. Seit den Regelungen des Telecommunications Act von 1996 darf ein Eigner mit seinen TV-Stationen maximal 35 Prozent der US-Bevölkerung erreichen, eine Lockerung gegenüber den bisherigen Bestimmungen (25 Prozent). Es scheint eine feste Regel zu sein, daß Network-Strukturen dort entstehen, wo sich kommerzielles Senden von der lokalen Ebene her entwickelt (vgl. das deutsche Ballungsraum-Fernsehen, das dem US-Modell am nächsten kommt). Es erweist sich als viel kostengünstiger, zentral eingespeiste Programme weiterzugeben als selbst kostenaufwendig am Ort produzieren zu müssen.

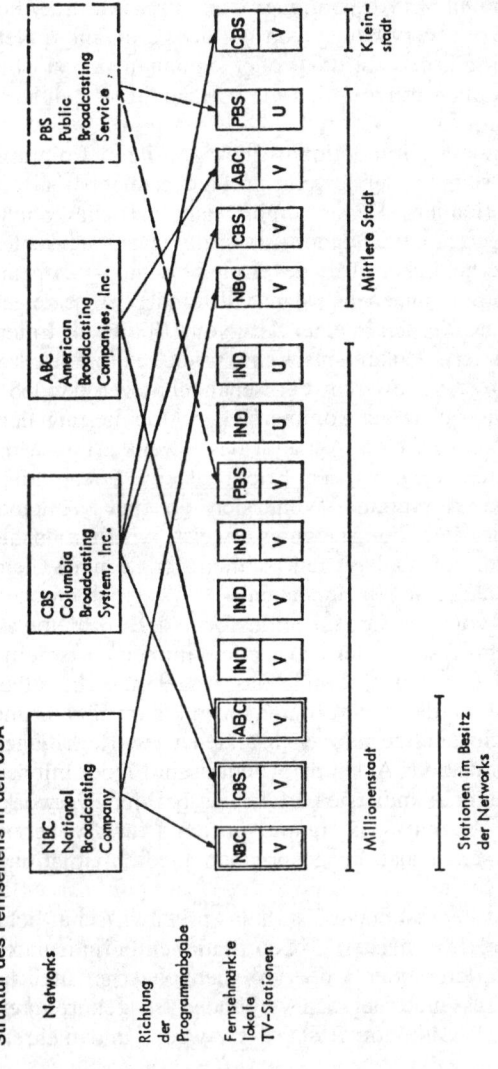

Struktur des Fernsehens in den USA

Networks

Richtung der Programmabgabe

Fernsehmärkte lokale TV-Stationen

NBC National Broadcasting Company — CBS Columbia Broadcasting System, Inc. — ABC American Broadcasting Companies, Inc. — PBS Public Broadcasting Service

Millionenstadt: NBC V | CBS V | ABC V | IND V | IND V | IND V | PBS V | IND U | IND U

Mittlere Stadt: NBC V | CBS V | ABC V | PBS U

Kleinstadt: CBS V

Stationen im Besitz der Networks

Zeichenerklärung: NBC, CBS, ABC = kommerzielle Stationen, die einem kommerziellen Network angeschlossen sind

IND = kommerzielle, unabhängige (independent) Stationen

PBS = nicht-kommerzielle Stationen, die dem öffentlichen Network angeschlossen sind

V = VHF-Sendebereich

U = UHF-Sendebereich

Quelle: Hans J. Kleinsteuber, Fernsehen und Geschäft, Hamburg 1973, S. 24

317

Von den knapp 1600 kommerziellen Fernsehstationen (Ende 1998) in den USA sind die meisten einem Network angegliedert (‚Affiliates‘), 554 von ihnen arbeiten unabhängig. Inzwischen haben sich auch viele der sog. ‚Independents‘ zu kleinen Networks angeschlossen, um sich in der Konkurrenz behaupten zu können. Ein erheblicher Teil ihres Marktes besteht aus der Weiterverwertung von bereits gesendetem Network-Material (den sog. ‚Reruns‘) oder sie haben sich auf besondere Zielgruppen eingestellt (wie z.B. auf die spanischsprechende Minorität).

Das kommerzielle Grundprinzip führt zu einem Programmangebot, das sich an der jeweils größten erreichbaren Zuschauerschaft orientiert. Daraus ergibt sich, daß die Inhalte ganz überwiegend unterhaltender Art sind. Die Nachrichten machen einen erheblichen Teil des Angebots aus – oft eine Stunde örtliche Berichte, neben den halbstündigen nationalen Nachrichten – und werden in einer Art ‚News Show‘ als Entertainment präsentiert. Dokumentarische sowie kulturelle Programme spielen keine unserem Fernsehangebot vergleichbare Rolle. Eine Konsequenz der kommerziellen Orientierung liegt darin, daß die Networks das Angebot des jeweils erfolgreichsten Konkurrenten imitieren; der Effekt ist eine hochgradige Homogenität der Programme. Wenn sich ein neues Angebot als Renner in der Publikumsneigung erweist, wird es alsbald kopiert: so folgte auf ‚Dallas‘ sehr schnell der ‚Denver Clan‘ (um bei uns bekannte Serien zu nennen).

Unabhängig von der Organisationsform der Anbieter ist die Produktion professioneller Programme immer kostspielig. Darum ist trotz der vielen Kanäle das Angebot nicht unbegrenzt: Vielfach werden die besonders attraktiven Serien und Spielfilme auf den verschiedenen Kanälen wiederholt. Dazu kommt, daß in den USA kaum ausländische Produktionen laufen: Der Anteil inländischen Materials bei den Networks liegt bei ca. 98 Prozent. Das Hauptexportland für TV-Serien USA gibt sich selbst also ausgesprochen medien-isolationistisch.

Das Fernsehsystem ist heute fest in das privatwirtschaftliche System integriert. Die meisten großen Stationen befinden sich in der Hand mittlerer oder großer Medienkonzerne, manche sind auch mit Presseunternehmen verbunden, so gehören beispielsweise die ‚Washington Post‘, ‚Newsweek‘ und mehrere

Fernsehstationen zu einem Haus. Fernsehstationen werden auf dem Markt wie Immobilien gehandelt und auch ganz medienfremde Branchen haben sich hier eingekauft. In einem Jahr wechseln bis zu einhundert Fernsehstationen den Eigentümer. Auch die drei großen Network-Gesellschaften sind inzwischen in größere Konglomerate eingegliedert worden. Die drei Network-Gesellschaften haben den Besitzer gewechselt, zum Teil sogar mehrfach (siehe unten). Fernsehen gilt als attraktive, wenn auch riskante Kapitalanlage. Im Jahre 1997 nahm die Fernsehwirtschaft insgesamt 32,4 Mrd. $ für Werbung ein, die Radiostationen erhielten 13,6 Mrd. $.

Anders als bei der Presse bedarf ein kommerzielles Fernsehsystem der staatlichen Aufsicht, die z.B. zwingend vorschreibt, wer unter welchen Bedingungen eine der Sendelizenzen erhält – die oft heiß umkämpft sind. In den USA obliegt diese Aufgabe der 1934 gegründeten ‚Federal Communications Commission' (FCC), deren Rechtsgrundlagen mit dem Telecommunications Act vom Anfang 1996 neu geordnet wurden.

FCC bezeichnet neben der Kommission an der Spitze der Behörde auch die Behörde selbst, die für alle Bereiche der Kommunikation (also inklusive Telephon, Satelliten etc.) verantwortlich zeichnet. Damit ist die FCC bereits heute bestens auf die Anforderungen der digitalen Konvergenz vorbereitet. Die Angehörigen der Kommission werden wie bei anderen Independent Regulatory Commissions auch vom Präsidenten vorgeschlagen und vom Senat bestätigt; sie sind für die fünfjährige Amtszeit unabsetzbar, was ihre Unabhängigkeit sichern soll. Die Verfahren vor der FCC laufen gerichtförmig ab, mit der Kommission als Jury, die in öffentlicher Verhandlung entscheidet. Regulierung meint bei dieser Tätigkeit weniger hoheitliches Anordnen auf gesetzlicher Grundlage als das Schlichten von Konflikten innerhalb der regulierten Industrien und zwischen diesen und den gleichfalls klageberechtigten Zuschauern. Eine offene Aktenführung erlaubt, daß Interessierten sich über alle Aspekte des Verfahrens informieren können. Letztlich meint diese Form der Regulierung, daß eine Selbstkontrolle der Industrie untrstützt wird. Erst wenn es zu Beschwerden kommt, schaltet sich eine staatliche Behörde ein. Wesentlich ist, daß sich auch unzufriedene Bürger in die Verfahren einschalten können.

Verkaufsanzeige für eine Fernsehstation. Es ist systemkonform, daß
Fernsehstationen (ver-)käuflich sind.

Typische Verkaufsanzeige aus der Fachzeitschrift „Broadcasting' der Rundfunkin-
dustrie: Die Station KSHO-TV/Las Vegas wechselte für 13,5 Millionen Dollar den
Besitzer

Gesetzlich ist bestimmt, daß alle Programme einer „public con-
venience, interest, or necessity,, dienen müssen. Die FCC vergibt
die Sendelizenzen für Hörfunk und Fernsehen auf Zeit. Faktisch
hat es sich als fast unmöglich erwiesen, diese Vorschriften in die
Tat umzusetzen, denn weder ist eine tägliche Programmaufsicht
im ganzen Lande realisierbar, noch ist es ohne erhebliche
Schwierigkeiten möglich, bereits erteilte Lizenzen bei Verstößen
einfach wieder einzuziehen. Dazu kommt, daß seit Beginn der
achtziger Jahre die von Präsident Reagan proklamierte ‚Deregu-
lierungspolitik' auch von der FCC praktiziert wird.

Eine Generalüberholung erfuhr die Gesetzgebung mit dem Telecommunications Act. Zielsetzung dieses neuen Normenwerks ist es, die verschiedenen Kommunikationsmärkte zusammenzubringen und gegeneinander konkurrieren zu lassen. Mit der Begründung einer Regulierungsvereinfachung wurden zudem Kartellbestimmungen gelockert, beispielsweise die Zahl der Radio- und TV-Stationen, die in einer Hand versammelt sein dürfen (vgl. Abschnitt Medienkonzentration). Dennoch ist der Grad der Medienkonzentration in den USA insgesamt geringer als in Deutschland, wo inzwischen zwei ‚Senderfamilien' das nicht-öffentliche Fernsehen beherrschen.

Das geschilderte Programmangebot mit der Vorherrschaft der Unterhaltung und den ständigen Werbeunterbrechungen ist in den USA immer auch Gegenstand scharfer Kritik gewesen. Entsprechend alt sind die Versuche, durch ein nicht-kommerzielles Angebot die Palette zu erweitern. Stationen mit dieser Zielsetzung schlossen sich 1967 zu einem eigenen nationalen TV-Network zusammen, dem ‚Public Broadcasting Service' (PBS). Träger dieser Bemühungen sind vor allem Universitäten, aber auch Stiftungen, Kommunen und Verbände, die eigene lokale Stationen betreiben. Sie finanzieren sich sowohl aus Spenden der interessierten Zuschauer wie auch aus staatlichen Zuweisungen. Werbung ist ausgeschlossen, aber die Übernahme einer ganzen Sendung durch einen Sponsor ist möglich: Mobil Oil begann 1970 damit, als es die Kosten für die beliebte Serie ‚Masterpiece Theater' trug.

In deutlichem Kontrast zu den Kommerziellen betont PBS Kultur, Bildung und Information (unsere ‚Sesamstraße' geht auf ein PBS-Vorbild zurück). Freilich steckt PBS in chronischen Geldnöten, so daß seine Attraktivität begrenzt bleiben muß. Bei Einschaltungen um 3 Prozent liegt PBS noch deutlich unter denen unserer Dritten Programme, mit dem es teilweise vergleichbar ist. Der Begriff ‚öffentlich' meint im Zusammenhang von PBS übrigens etwas anderes als bei uns: Er betont die nicht-kommerzielle Zielsetzung, die Non-Profit-Orientierung, denn viele der Trägereinrichtungen sind tatsächlich privater Natur.

Kabelfernsehen gibt es in den USA seit 1948. Zuerst versorgte es vor allem abgelegene Landstriche, die für kommerzielle Anbieter unattraktiv waren und deshalb ohne Sender blieben. In den 60er Jahren erreichte es dann die Städte. In die

Haushalte, die ihr Bild per Kabel oder Satellit erhalten, wird inzwischen neben den Networks ein ganzer Strauß zusätzlicher Programme eingespeist. Im Angebot gibt es Stationen, die sich wie die Networks kommerziell finanzieren, aber von diesen unabhängig sind und ein Vollprogramm bieten (insbesondere sog. Superstationen). Andere Produzenten offerieren Spartenprogramme, von denen heute das 24-Stunden-Nachrichtenprogramm CNN das bekannteste ist. Es wird weltweit angeboten (inzwischen auch in weiteren Sprachen wie spanisch und türkisch) und kann in Kabelsystemen der Bundesrepublik empfangen werden. Ende 1992 beteiligte sich CNN an dem deutschsprachigen Pendant n-tv. Andere Spartenkanäle offerieren Sport (führend: ESPN), Musikclips (MTV), Kinderprogramme (Nickelodeon) oder richten sich an Minderheiten, hier insbesondere an den spanischsprachigen Teil der Bevölkerung. Zwei Kanäle C-SPAN 1 und 2 widmen sich der Arbeit des Kongresses in Washington. Dies gesamte, für den Nutzer unentgeltliche Angebot wird als ‚Basic Cable' bezeichnet (natürlich muß für den Kabelanschluß eine monatliche Gebühr zahlen, die um oder über 20 Dollar liegt).

Eine andere Gruppe von Programmen, bezeichnet als ‚Pay TV', wird über eine Extragebühr finanziert (pro Kanal ab ca. 11 $) und erlaubt das werbungsfreie Schauen von exklusiven Programmen. Der bekannteste Anbieter ‚Home Box Office' (d.h. die Kinokasse daheim) bietet eine Serie hollywoodfrischer Kinofilme an. Dazu gewinnen teure Sportveranstaltungen an Bedeutung. Haushalte können sich mehrere ‚Pay Cable'-Anschlüsse halten. Inzwischen arbeiten auch Pay-Spartenprogramme – vom Abenteuerkanal Discovery bis zum Erotikangebot von Playboy –, wobei unterschiedliche Finanzierungsmodelle vorkommen; letztlich zahlt aber immer der Zuschauer. Pay-TV geht allerdings deutlich ins Geld und begrenzt sich deshalb auf kaufkräftigere Teile der Bevölkerung. Manche Beobachter sehen eine zunehmende Zweiteilung der Sehgewohnheiten: das kommerzielle, also ‚unentgeltliche' Fernsehen für niedrige Einkommensbezieher, das teure, werbungsfreie Angebot für die Besserverdienenden.

Die Entwicklung geht seit einigen Jahren in die Richtung, daß konventionelles Fernsehen und das Internet miteinander verschmelzen. Den Anfang machten das Network NBC und Bill Gates Microsoft, die den Nachrichtenkanal MSNBC etablierten, der in beiden Netzen angeboten wird. Anfang 2000 taten sich der größte Medienkonzern Time Warner und der größte Online-Anbieter AOL zusammen, um den Markt gemeinsam mit ihren Inhalten zu erschließen. Dies wird dadurch unterstützt, daß es nun möglich ist, die bestehenden Kabelnetze digital zu interaktivieren (via einem Kabelmodem), so daß breitbandige TV- und Internet-Dienste möglich werden; 1999 nutzten bereits eine Million US-Haushalte den neuen Weg in den ‚Cyberspace'. In Reaktion auf diese digital induzierten Veränderungen kaufte sich der weltgrößte Telephonanbieter AT&T in Kabelnetze ein und wurde damit zum größten Dienstleister bei neuen Breitbandnetzen. Unter Bedingungen der digitalen Konvergenz ergeben sich so ganz neuartige Allianzen in den Bereichen der Netztechnik (Hardware) wie der Inhalteanbieter (Software).

Das Fernsehen ist nicht nur – zeitlich gesehen – die bedeutendste Freizeitbeschäftigung des Durchschnittsamerikaners, es stellt auch das einflußreichste und glaubwürdigste Nachrichtenmedium dar; für 88% ist es die wichtigste Informationsquelle für nationale und internationale Vorkommnisse und für 50% auch die glaubwürdigste (1997). Diese Zahlen belegen mit aller Deutlichkeit den zentralen Stellenwert, den heute das Fernsehen in den USA einnimmt. Allerdings geht der Fernsehkonsum in den Haushalten langsam zurück, in denen Online-Dienste zur Verfügung stehen.

Das fast perfekt durchkommerzialisierte Fernsehsystem der USA war niemals unumstritten. Oft ist es für soziale Problemlagen im Lande verantwortlich gemacht worden, etwa wegen der vielen Gewaltdarstellungen für das hohe Kriminalitätsniveau oder wegen seiner Banalität und Trivialität für die politische Apathie vieler Amerikaner. Manche Beobachter hoffen darauf, daß sich die neuen interaktiven Medien durchsetzen und die Epoche des passiven Sehens beenden. George Gilder etwa verspricht, daß das „Life after Television‚‚ ein besseres wird, vor allem ein zurück zu alten amerikanischen Werten von Individualität und Dezentralität ermöglicht. Was immer daran gerechtfertigt sein mag, mit Leitbildern einer computerbasierten, interaktiven, den einzelnen Nutzer aus der Passivität herausholenden Kommunikationsinfrastruktur der Zukunft wird das Fernsehen tiefgreifende Wandlungen durchmachen.

Die Auswirkungen der in den letzten Jahren intensivierten Konzentrationsprozesse wurden am Beispiel der Networks bereits erläutert. Im Ergebnis wurden zwar in den letzten Jahren wegen technischer Neuerungen laufend neue Übertragungskanäle geschaffen, diese stehen aber tendenziell unter der Kontrolle von immer weniger und immer größer werdenden Medienunternehmen.

Die Liste der weltgrößten Medienkonzerne führt mit Time Warner seit einigen Jahren wieder ein US-Unternehmen an. Time Warner entstand 1989 aus einer Fusion des Verlagshauses Time Life (u.a. Time Magazine) und des Film- und Fernsehproduzenten Warner. Auf Platz zwei rangiert die Verbindung von Disney mit dem Zeitungshaus Capital Cities und ABC. Nicht viel kleiner ist allerdings der deutsche Konzern Bertelsmann, der sich heute als Global Player versteht und in den USA inzwischen mehr Umsatz macht, als im Stammland Deutschland. Durch Aufkäufe in den USA wurde Bertelsmann zum bedeutendsten Buchproduzenten der Welt und diese Branche des Konzerns wird inzwischen von New York aus gesteuert.

Da sich die Medienmärkte der USA – historisch gesehen – fast ohne staatliche Intervention entwickeln konnten, waren sie auch immer von Monopolisierungen und Konzentration bedroht. Schon die erste Presseagentur AP, Mitte des letzten Jahrhunderts gegründet, duldete bei ihren Kunden keine Konkurrenz. Zur Abwehr entstanden offenere Gegenangebote, die schließlich in der zweiten Agentur UPI aufgingen. Vor der Jahrhundertwende gab es erste ‚Medienbarone‘, die sich erbitterte Zeitungskämpfe in den größten Städten lieferten. Der erste Zeitungsmogul war sicherlich William Randolp Hearst (1861-1951), der aus dem väterlichen Zeitungserbe ein ganzes Imperium schmiedete (das in Bruchstücken heute noch besteht). Er nutzte seine Medien zielgerichtet auch zur Umsetzung seiner politischen Ambitionen, so wollte er zeitweise Präsident werden; später blieb er ein einflußreicher Ränkeschmieder hinter den Kulissen der demokratischen Partei. Er schuf sich mit seiner rücksichtslosen Unternehmensstrategie auch viele Feinde und Orson Welles machte ihn in seinem anklagenden Film Citizen Kane unsterblich.

Sein großer Gegenspieler war der Verleger Joseph Pulitzer, mit dem er vor allem auf dem lukrativsten Zeitungsmarkt des Landes, in New York zusammenstieß. Pulitzer hinterließ ein ganz anderes Erbe. Er stiftete den nach ihm benannten Preis für vorbildlichen Journalismus. Er ermöglichte mit seinem Geld die Errichtung einer der ältesten – und heute der prestigeträchtigsten – Journalistenschulen an der Columbia Universität. Und er war der erste Verleger, der sich mit ethischen Grundfragen des Journalismus intensiv auseinandersetzte. Er betonte dabei die Notwendigkeit, das alle Beteiligten, vom kleinen Redakteur bis zum millionenschweren Pressemagnaten sich der ethischen Grundnormen des publizistischen Gewerbes bewußt bleiben müssen. Heute ein selbstverständliches Credo amerikanischer Journalisten, zumal es – wie oben berichtet – keine gesetzlichen Bestimmungen über die Grenzen moralisch vertretbaren Journalismus gibt.

Die desolate Erfahrung mit Hearst (der ein wenig die Rolle von Hugenberg in Deutschland spielte) führte dazu, daß die Öffentlichkeit lange Zeit sehr kritisch auf das selbstgefällige Gehabe von Medienbossen schaute. Folgerichtig wurden in die Lizenzvergabepolitik der FCC massive Konzentrationsbarrieren eingebaut. Bis heute darf nur eine begrenzte Zahl von Radio- und TV-Lizenzen an ein Unternehmen vergeben werden, die zudem in amerikanischer Hand liegen müssen. Mit dem 1996 verabschiedeten Telekommunikationsgesetz sind allerdings manche Begrenzungen gefallen, so daß in den Jahren weitere Fusionen möglich wurden. Der digitalen Logik folgend, erfolgen diese allerdings meist branchenübergreifend, wie oben am Beispiel Time Warner und AT&T dargelegt.

Freilich sieht es so aus, als wenn dies eher verzweifelte Abwehrversuche sind. So sind Konzentrationstendenzen im Zeitungsbereich schon seit langem zu beobachten und seit Ende der 80er Jahre hat eine wahre Welle von ‚Mega'-Fusionen die Medienlandschaft zutiefst verändert. Ende des Zweiten Weltkriegs waren noch 80 Prozent der Tageszeitungen wirtschaftlich unabhängig. Heute ist es umgekehrt, 80 Prozent befinden sich im Besitz von Zeitungsketten. 1920 gab es 700 Städte mit konkurrierenden Zeitungen, 70 Jahre später und bei verdoppelter Bevölkerung blieb etwa ein Dutzend übrig (dazu kommen einige Städte mit mehr als einer Zeitung, die aber demselben Eigner gehören).

Was auf den lokalen Zeitungsmärkten geschieht, sind horizontale Prozesse der Konzentration. Sie sind relativ alt und oft, da längst Monopole entstanden sind, auch nicht fortsetzbar. Die Tendenzen der letzten Jahre gehen vor allem in vertikale und diagonale Richtung. Vertikal ist Konzentration, wenn aufeinanderfolgende Produktstufen zusammengefügt werden. Bis vor wenigen Jahren verhinderten Vorschriften der FCC, daß sich die großen und als machtvoll eingeschätzten Networks massiv in der Produktion von Filmen und TV-Serien engagieren konnten (Fin-Syn-Regeln). Das sollte die als schwächlich eingeschätzten Produzenten schützen, also die Hollywood-Studios und die unabhängigen kleinen Hersteller (die Independents).

Als mit der Deregulierung die Barrieren fielen, geschah es genau umgekehrt: Das erfolgreiche Unternehmen, das einst mit dem Disney-Studio begonnen hatte, kaufte das Network ABC. Im Herbst 1999 interssierte sich der Medienkonzern Viacom für das Network CBS. Vorbild für vertikale Integration bleibt aber der Gigant Time Warner, der größte Medienkonzern der Welt, der von der Produktion (Warner Studios) über die Verteilung (Kabelnetze) und Inhaltenanbieter (wie der Pay-Kanal Home Box Office) alle Stufen unter einem Dach vereint. Weil Time Warner so gut auf die Zukunft synergetischer Medienproduktion vorbereitet ist, hat sich auch Ted Turner mit seiner CNN unter deren schützendes Dach gerettet. Im Jahre 2000 kündigte Time Warner an, sich mit dem weltgrößten Online-Anbieter AOL zu verbinden. Inzwischen finden wir aber auch zunehmend diagonale Konzentration, bei der Unternehmen verschiedener Branchen miteinander agieren. So kontrolliert der Elektronikkonzern General Electric die NBC. Und im Projekt eines neuen Nachrichtenkanals MSNBC, der gleichzeitig im Fernsehen und im Internet aufgerufen werden kann, kooperiert NBC mit Bill Gates Microsoft.

Der eigentliche Unruhefaktor im Mediensystem der USA stellt aber der aus Australien gebürtige Medientycoon Rupert Murdoch dar. Er stieg in den 80er Jahren groß in den US-Markt ein, kaufte Zeitungen und Zeitschriften auf (etwa den erfolgreichen TV-Guide) und schmiedete mit Fox TV zielgerichtet ein neues, viertes TV-Network zusammen. Dazu mußte er die US-Bürgerschaft annehmen, denn nach den gesetzlichen Bestimmungen dürfen ausländische Lizenznehmer keinen dominierenden Einfluß im Rundfunk ausüben. Während es nach Hearst Tradition wurde, daß sich die großen Medieneigner demonstrativ aus der Politik fernhielten, kooperierte Murdoch ganz offen mit konservativen Politikern. Immer wieder am Rande der Legalität wirkend, gelang es ihm so, sein Fox-Network aufzubauen. Im Jahre 1996 kaufte er ein Kette von TV-Stationen, die ihm nun direkten Zugang zu 40 Prozent der US-Bürger ermöglichen, was eigentlich (siehe oben) nicht erlaubt ist. Ebenso etablierte er in Konkurrenz zu CNN, das innenpolitisch als eher liberal gesonnen gilt, einen eigenen Nachrichtenkanal, welcher den eigenen, konservativen Positionen als Sprachrohr dient.

Nicht zuletzt die für amerikanische Verhältnisse ungewöhnlich aggressive Expansionspolitik von Murdoch war es, die Ende der 80er Jahre die Fusionen und Allianzen bei seinen Konkurrenten auslöste. Sie machten auch Druck, von den Antitrust-Bestimmungen befreit zu werden, die damals galten und offensichtlich auf Murdoch nicht Anwendung fanden. So scheint die Aufkauf- und Verdrängungsstrategie des einen Unternehmens die Rechtfertigung für den breiten Rückzug aller konzentrationshemmenden Bestimmungen zu geben.

Dazu kommt, daß die neuen Techniken nach Meinung vieler Beteiligten die Kommunikationsmärkte ganz neu gestalten. Der Telecommunications Act von 1996 intendierte, den Wettbewerb dadurch zu verstärken, daß regulative Abschottungen zwischen benachbarten Medien- und Kommunikationsmärkten aufgelöst werden. Eine Jeder-Gegen-Jeden-Konkurrenz sollte eingeläutet werden. Konvergenzen, die in der digitalen Technik angelegt sind, bringen Akteure aus verschiedenen Branchen – Telekom-Unternehmen (wie AT&T), Computer-Unternehmen (wie Microsoft), Kabelunternehmen (wie TCI), die Hollywood-Studios etc. – in scharfen Wettbewerb zueinander. Tatsächlich kamen die Märkte in bewegung, freilich in eine ganz andere Richtung. Die großen Akteure schließen sich nun branchenübergreifend zusammen und schaffen Konglomerate von bisher unerreichter Größe. Erinnert sei hier daran, daß der weltgrößte Telefonanbieter AT&T den Kabelanbieter TCI übernahm und zum bedeutendsten Kabelanbieter wurde. Anfang des Jahres 2000 kündigten der Weltmarktführer Time Warner und AOL an, nun gemeinsam zu marschieren. Gehen diese Konzentrationsprozesse weiter, so werden einige Medienunternehmen von globaler Bedeutung übrigbleiben, welche allein die Trends auf den internationalen Medien- und Kommunikationsmärkten bestimmen werden. Und die meisten kommen aus den USA oder, wenn dies nicht der Fall ist, betreiben sie wesentliche Teile ihrer Geschäfte aus den USA. Bleibt zu fragen, was diese massiven und noch ungebremsten Konzentrationsprozesse für die Verfügung über publizistische Macht in immer weniger Händen bedeuten.

Interessanterweise verfügen die USA auch über Verfahren, wie mit einer derartig extremen Situation umgegangen werden kann. Mehrfach sind in der Geschichte des Landes marktbeherrschende Unternehmen in Antikartell-Verfahren gezwungen worden, sich selbst zu zerlegen. In der Folge konkurrieren die selbständig gewordenen Teilunternehmen dann gegeneinander. Das geschah zuletzt Mitte der 80er Jahre mit der AT&T. Derzeit läuft ein vergleichbares Verfahren gegen den Software-Giganten Microsoft, dem monopolistische Praktiken vorgeworfen werden. Eine der Option wäre auch hier eine Selbstzerlegung, eine andere der freiwillige Rückzug aus bestimmten Geschäftsfeldern.

Die größten Medienkonzerne der Welt

Unternehmen	Land	Umsatz 1996 in Mrd. DM
Time Warner	USA	30,6
Bertelsmann	Deutschland	21.5
Disney Enterprises	USA	18,3
Viacom	USA	16,7
Murdoch/News. Corp.	USA/Australien	15,7

Quelle: W & V Compact 4/1997

Der Journalismus

Wie in anderen Ländern auch, bewegt sich der Journalismus in den USA zwischen zwei Polen, dem eher konservativen, weil unternehmerischen Weltverständnis der Verleger, die ihre Zeitung vor allem als kommerzielle Einrichtung begreifen und dem journalistischen Ethos, das eine Kontrolle der Herrschenden sowie die Herstellung kritischer Öffentlichkeit zum Ziel hat. Dieses unterschiedliche Rollenverständnis macht sich darin bemerkbar, daß erfahrungsgemäß die Verleger der republikanischen Partei zuneigen, während sich die Journalisten bei den Demokraten heimischer fühlen. Medien allgemein sehen sich in der Rolle einer Vierten Gewalt und Journalisten verstehen sich gern als Sprachrohr der ‚Underdogs', der Benachteiligten.

Schließlich darf aber nicht der Einfluß der Hauptgeldgeber im Medienbereich übersehen werden, der werbetreibenden Wirtschaft, die heute den größeren Teil der Kosten (neben dem Kaufpreis) für den Werbeträger Massenpresse trägt (beim kommerziellen Fernsehen sind es sogar 100%).

Entsprechend der journalistischen und konzeptionellen Präsentation hat sich die US-Presse bereits früh zweigeteilt. Ein in den Auflagenzahlen weit größerer Zweig lebte lange von den klassischen Elementen des Boulevardjournalismus (Penny Press) mit viel Unterhaltung und Alltagsinformationen, dazu noch auf der ständigen Suche nach neuen Sensationen, sei es im Gesellschaftsklatsch oder vielleicht auch bei ‚Sex and Crime'. Der Siegeszug des Fernsehens hat die Bedeutung der Klatschpresse allerdings entscheidend geschwächt, es ist vor allem – so beklagen es Kritiker wie Neil Postman – eine Amusement-Maschine geworden.

Eine andere Richtung widmete sich seriöser Berichterstattung und Kommentierung, die nach angelsächsischer Tradition immer streng voneinander getrennt sein sollten. Besonders gepflegt und hoch angesehen ist der investigative Journalismus, bei dem erfahrene Reporter von ihrer Redaktion für gründliche Hintergrundrecherche freigestellt werden. Sie sollen vor allem politische Skandale aufspüren. Einen Höhepunkt dieser Art journalistischer Arbeit stellte die Aufdeckung der Watergate-Vorgänge durch Mitarbeiter der ‚Washington Post' dar. Das belastende Material reichte schließlich aus, um Präsident Nixon 1974 zum Rücktritt zu veranlassen.

Natürlich sind Vertreter der Regierung den Spürnasen-Journalisten nicht einseitig ausgeliefert. Vielmehr verfügen sie über große Presse- und Public Relations-Apparate, mit denen die Politiker – und vorneweg der Präsident – für eine gute Berichterstattung sorgen wollen. Typisch für ihre Öffentlichkeitsarbeit sind gezielte Indiskretionen (‚Leaks', bei denen einem befreundeten Journalisten eine bestimmte Information gesteckt wird). Aber es gibt auch Kampagnen sorgsam geplanter Desinformation, was besonders in Zeiten von Interventionskriegen wirksam wird. Dann verfügen Regierung und Militär über nahezu alle Ressourcen und Journalisten werden letztlich zu Handlangern der Exekutive.

Insgesamt wird man aber sagen können, daß der Respekt der Meinungsmacher vor den politischen Amtsträgern gering und ihre Skepsis ausgeprägt ist, wenn man einmal von den ersten einhundert Tagen eines frischgewählten Präsidenten absieht (‚100-days-honeymoon'). Dies gilt auch für die vielgesehenen und einflußreichen Fernsehnachrichten, in denen keine (wie bei uns übliche) parteienfreundliche ‚Hofberichterstattung' läuft, sondern Politiker immer wieder auf den Prüfstand gestellt und hart angegangen werden. Beispielsweise muß ein Präsident damit rechnen, daß ihm zwar das Fernsehen für eine Ansprache an die Nation zur Verfügung steht, aber unmittelbar danach einer der Spitzenkommentatoren der Fernsehgesellschaft seine Behauptungen kritisch unter die Lupe nimmt.

Andererseits werden in einem kommerziellen Rundfunksystem die politische Information und noch mehr die Hintergrundanalyse immer wieder von der übermächtigen Unterhaltungsorientierung bedroht sein. So hat man den Fernsehnachrichten auch oft einen ‚Schlagzeilencharakter' vorgeworfen, wobei das dramatisch berichtete Ereignis täglich von neuem den Zuschauer fesseln soll. Trotz oder auch wegen dieser Oberflächlichkeit des Mediums sind die Journalisten immer auf der Suche nach neuen ‚unerhörten' Vorgängen und schaffen damit selbst wieder politische Mobilisierung: Spektakulär erwies sich die Rolle der Medien in der sog. Clinton-Lewinsky-Affäre 1998, als über viele Wochen hinweg pikante Details aus der Beziehung des Präsidenten zu seiner Praktikantin publikumswirksam ausgeschlachtet wurden. In dieser Zeit wurde auch das Internet erstmals zu einem zentralen Instrument der politischen Kommunikation, wurden in ihm doch erste Einzelheiten zur Affäre verbreitet. Dazu wurde der den Präsidenten belastende Starr-Report für alle lesbar in das Internet gestellt, das Weiße Haus erhielt ihn keinen Moment früher als Interessenten im Rest der Welt.

Wahlen und Medien

Die gesellschaftliche Bedeutung der Medien kann an ganz verschiedenen Lebensbereichen verdeutlicht werden, beispielsweise mit Bezug auf die Familie, hier insbesondere, soweit Kinder betroffen sind oder auch in bezug auf Gewaltdarstellungen im Fernsehen. An dieser Stelle soll deren Wirkung verdeutlicht werden, indem der Gegenstandsbereich ‚Wahlen und Medien' gründlicher beleuchtet wird.

Wahlen sind im politischen System der USA immer ein Schlüsselereignis: In ihnen entscheidet sich, wer die nächste Präsidentschaft erwirbt bzw. wer die Bürger im Kongreß vertritt. Die lange Tradition der Besetzung von Wahlämtern wird von einer ebenso langen Geschichte des Einsatzes von Medien in den Wahlkampagnen begleitet. Dabei wird das US-amerikanische Beispiel dadurch besonders interessant, daß den Wahlkampfmanagern schon immer alle Medien unbegrenzt zur Verfügung standen. Denn Presse und Funk sind privatwirtschaftlich verfaßt, bezahlte politische Werbung ist in jedem Medium willkommen und politische Restriktionen sind (fast) unbekannt. Finden wir in den Jahren während und nach der Revolution insbesondere Handzettel und Flugblätter, so treffen wir im 19. Jahrhundert besonders auf Anschläge großer Plakate und Zeitungsinserate. Kaum war 1920 das Radio eingeführt, wurde es bereits für die Produktwerbung und wenig später auch für die Wahlwerbung eingesetzt.

Die gegenwärtige Situation ist dadurch geprägt, daß ein Medium, das Fernsehen, zum beherrschenden Instrument der Wahlwerbung geworden ist. Heute gehen etwa 50% der Wahlkampfetats in die Fernsehwerbung: zumeist in Spots von 30 Sekunden Länge, die in derselben Art bezahlt und ausgestrahlt werden wie die übliche Produktwerbung. Sie werden von professionellen Werbeagenturen geplant und fügen sich in Wahlkampfstrategien ein, für die hauptberufliche ‚Political Consultants' verantwortlich zeichnen. Die Themen für die Wahlaussagen basieren vor allem auf demoskopischen Umfragen; der Politiker sagt seinen potentiellen Wählern also, was sie zuvor als Erwartungshaltung geäußert haben. Die televisionäre Umsetzung von Persönlichkeiten und politischen Programmpunkten folgt zwangsläufig vor allem den Regeln der Wirtschaftswerbung. Schließlich kann in dem typischen Halbminuten-Spot nicht wirklich argumentiert werden, eher werden ganz kurze und plakative Statements wiedergegeben oder einfach ein strahlender Kandidat gezeigt. Im Vordergrund stehen primär ein gutes Image und positive Emotionen, die beim Wähler ausgelöst werden sollen. Im Vordergrund steht dabei eine Invasion immer neuer Wahlversprechen, deren Nicht-Einhaltung dann zu verstärkter Verdrossenheit führt. Diese PR-Strategien zugunsten des eigenen Kandidaten werden um sog. ‚negative campaigning' ergänzt, mit dem der politische Gegner gezielt kritisiert und herabgewürdigt werden soll.

Der bekannteste Werbespot der Präsidentschaftswahlen von 1984 zeigte einen Bären, der durch den Wald streift und schließlich auf einen bewaffneten Mann trifft. Der Kommentator betont, daß es vorteilhaft sei, bewaffnet zu sein, falls eine derartige Begegnung gefährlich werde. Erst in den letzten Sekunden des Spots wird deutlich, daß hier politische Werbung läuft, da der Name des Wahlkampfkommitees zur Wiederwahl von Reagan eingeblendet wird. Der Bär symbolisiert die Sowjetunion, der bewaffnete Mann soll die Aufrüstungspolitik Reagans rechtfertigen.

Politische Werbung der geschilderten Art hat die Kosten von Wahl zu Wahl scharf in die Höhe schnellen lassen, denn die kommerziellen Fernsehunternehmen lassen sich jede Sekunde voll bezahlen. Sie dürfen nicht einmal kostenlos anbieten, weil sie dann allen Kandidaten denselben Vorzug einräumen müßten. So fordert es die FCC in ihrer diesbezüglichen ‚Equal Time'-Vorschrift. Der Einbau des Fernsehens in die Werbekampagnen läßt Wahlen zu einem immer größeren finanziellen Risiko werden; wer diese Geldmittel nicht zur Verfügung hat, findet es zunehmend schwerer, sich dem Wahlvolk überhaupt bekanntzumachen. Denn die traditionelle Vorstellung des Kandidaten in einer Wahlveranstaltung hat demgegenüber stark an Bedeutung verloren. Zudem können sich nun Politiker außerhalb der etablierten Parteikräfte profilieren, so daß ausreichend finanzierte und gut gemanagte Kandidaten hervorragende Chancen finden, sich auch gegen den Willen ihrer Partei auf hohe Ämter zu bewerben.

Präsidentschaftkandidat Carter war 1976 der erste, der diese Taktik erfolgreich nutzte. Er zog an allen Mitbewerbern vorbei, weil er von Anbeginn (und nicht zuletzt mit seinem lächelnden Charme) auf das Fernsehen setzte. Heute ist es für einen Politiker unabwendbar wichtig, daß er mit den Medien professionell umzugehen und seine Politik auch optimal zu inszenieren vermag, wenn er bestehen will. Diese Fähigkeit demonstrierte lange Zeit keiner besser als Präsident Reagan, der deshalb von den Medien das Prädikat des ‚Great Communicator' erhielt. Präsident Clinton erwies sich ihm allerdings als ebenbürtig, insbesondere weil er gezielt das Unterhaltungsfernsehen für sich funtionalisierte, z.B. Saxofon-spielend in Show-Sendungen auftrat.

Natürlich wird Wahlwerbung kontinuierlich auch in anderen Fernsehsendungen und anderen Medien gemacht, doch ist deren Einfluß erfahrungsgemäß nachrangig. So haben Umfragen ergeben, daß die berühmten Fernsehdiskussionen der Präsidentschaftskandidaten (zuerst Kennedy v. Nixon 1960) zwar mit regem Interesse von etwa der Hälfte der Bevölkerung verfolgt werden, aber – zumindest heute – wenig Einfluß auf die Meinungsbildung nehmen. Das mag 1960 noch anders gewesen sein, als der attraktive Kennedy gegen den etwas finster wirkenden Nixon antrat und dann die Wahl sehr knapp für sich gewinnen konnte. Sehr wichtig ist heute dagegen die tägliche Berichterstattung über die bedeutendsten Kandidaten, denen, wenn sie für die Präsidentschaft infrage kommen, ganze Rotten von Journalisten folgen (der ‚Pack Journalism‘). Die Bewerber suchen möglichst häufig mit zu diesem Zweck inszenierten Pseudo-Ereignissen in die Fernsehnachrichten zu kommen. Ihre professionellen Kommunikationsberater – ein Begriff für sie ist Spin Doctors – legen ihren Klienten sog. ‚sound bites‘ in den Mund, kurze Worthappen, die bruchlos in die Fernsehnachrichten übernommen werden können. Bei ihren News-Sendungen achten dann zumindest die großen Networks peinlich darauf, keinen der Kandidaten besonders zu bevorzugen. Wenn man es so formulieren will, wird also auch in den USA eine Art ‚Ausgewogenheit‘ praktiziert.

Seit Mitte der 90er Jahre wird der Wahlkampf zunehmend in die Netze getragen, richten die Kandidaten Home Pages ein und diskutieren Online mit ihren Wählern. In den Wahlen von 1998 verfügten über Zweidrittel aller Kandidaten für ein Washingtoner Mandat über eigene Websites. Non-Profit-Anbieter ermöglichen zudem für politisch Interessierte, sich schneller und intensiver als jemals zuvor über Kanidaten und Programme zu informieren. Dies ist auch von Bedeutung, da Untersuchungen ergeben haben, daß der typische Vielnutzer des Internet politisch vergleichweise hochinteressiert ist. Es entstand in diesem Zusammenhang der Begriff vom ‚digital citizen‘, er ganz neue Ansprüche an ‚seine‘ Politiker stellt.

Dieser kurze Exkurs sollte verdeutlichen, welche Rolle das Fernsehen heute in dem politischen Prozeß des Landes spielt und wie sich die kommerzielle Grundstruktur vielfältig auswirkt. Noch ist unklar, was das Internet mit seinen interaktiven Potentialen daran zu ändern vermag.

Fazit

Über die tatsächliche Wirkung der Medien – und hier insbesondere des Fernsehens – ist viel geschrieben und gestritten worden. Aus den USA kommen sowohl Stimmen, die ihnen eine befreiende und demokratisierende Funktion zuordnen, wie auch Analysen, nach denen der einzelne Bürger den modernen Medien hilflos ausgeliefert ist, zumal wenn sie von großen Konzernen kontrolliert werden. Besonders die gesellschaftliche Bedeutung des Fernsehens war lange Zeit Gegenstand massiver Kontroversen, wie sie bei uns erst in den letzten Jahren voll eingesetzt haben. Die Interpretationsbreite reicht von der Behauptung, daß nur das werbefinanzierte System des Fernsehens, also das sog. ‚free television‘, wirklich frei sei und die Verheißungen des First Amendments in die Praxis umsetze. Konträr dagegen stehen Positionen, wonach das Fernsehen eine Art „Droge im Wohnzimmer„ (M. Winn) sei. Oder auch, daß es für kulturelle und bildende Aufgaben nicht geeignet sei, weswegen wir uns mit ihm und seinem Unterhaltungsangebot zu Tode amüsieren (N. Postman).

Diese Debatten erscheinen allerdings zunehmend Vergangenheit zu werden, da nun die ‚digitale Revolution‘ Konturen annimmt. Sie beruht auf zwei zentralen Entwicklungen, die an der Peripherie der USA entstanden und heute das gesamte Mediensystem umzuformen beginnen. Die eine ist der Personal Computer (PC), eine Idee, die in ‚Garagen‘-Firmen Nordkaliforniens entstand und darauf beruhte, daß jeder Bürger – und nicht nur die großen Akteure – Zugang zu leistungsfähigen Rechnern haben sollen. Daraus entstand eine große und wachstumsintensive Weltindustrie, verbunden mit Begriffen wie dem Silicon Valley oder Bill Gates Software-Schmiede Microsoft. Die zweite Entwicklung ist die des Internets, das nach Anfängen im Pentagon von den Universitäten – wenn man will, der Academic Community der USA – zu einem ungeheuer leistungsfähigen globalen Kommunikationsnetz verfeinert wurde. Die Weiterentwicklung des PCs zu einem universellen Medienterminal in jedem Haushalt und die Erhöhung und Interaktivierung der Datenströme in den Netzen schaffen völlig neue Rahmenbedingungen. Sie ermöglichen elektronische Zeitungen, den Abruf von TV-Programmen (Video-on-Demand), aber auch die Teilnahme jedes Nutzers am Austausch von Ideen bis hin zum Präsentieren eigener Angebote. Längst wird eine intensive Debatte über die elektronische Demokratie geführt, über die Reaktivierung traditioneller demokratischer Werte wie erhöhte Transparenz und verstärkte Partizipation vermittels interaktiver Netze.

Höchste politische Priorität erhielt die Einführung digitaler Techniken mit der Propagierung einer National Information Infrastructure durch Vizepräsident Al Gore ab 1993. Die populäre Metapher für diese Politik ist die des Information Superhighway, auf dem zukünftig breitbandig und interaktiv riesige Datenströme die bisherigen Funktionen von Medien und Telekommunikation gemeinsam übernehmen sollen. Amerikanischer Tradition zufolge soll die Errichtung dieses ‚Supernetzes' privat und kommerziell finanziert werden. Der Telecommunications Act von Anfang 1996 gibt die Rahmenbedingungen vor, in denen die neuen Strukturen Gestalt annehmen sollen.

Offensichtlich tritt die Entwicklung hier in eine neue Epoche. Ganz sicher können die digitalen Techniken, so sie ihr Potential zu entfalten vermögen, den einzelnen in seiner individuellen und aktiven Nutzung aller Medien- und Kommunikationsangebote massiv stärken. Das betont etwa der Politikwissenschaftler Ithiel des Sola Pool, wenn er von „Technologies of Freedom" spricht. Daher sehen manche Beobachter bereits das Ende des Passiv-Mediums Fernsehens kommen. Freilich erlaubt die Deregulierung der Kommunikationsindustrien auch mehr Konzentration und damit verstärkte Marktmacht. So ist der Wandel sicher, die Richtung ist freilich nicht vorauszusagen.

Allerdings unterstreichen fast alle Beobachter, daß die Spaltung in Informationsreiche und Informationsarme zunehmen wird, also eine Polarisierung entsteht, zwischen denen, die selbstbewußt und aktiv mit den neuen Techniken umzugehen verstehen und denen, die kapitulieren und resignativ in noch mehr Passivität verfallen. Längst sind Programme gegen die drohende „digital divide" aufgelegt worden, etwa indem kommunale Internet-Zentren in den Problemvierteln der Städte errichtet werden. Wie es auch weitergeht, eines bleibt sicher: Die USA haben das digitale Zeitalter eingeläutet und stehen weiterhin an der Spitze der meisten Entwicklungen.

Remco van Capelleveen

E pluribus unum?

Einwanderung, Ethnizität und Minderheiten in den USA[1]

Die USA als „Nation of Immigrants"

Seit ihrer Gründung gelten die Vereinigten Staaten von Amerika als ein Land nationaler, ethnischer und rassischer Vielfalt. Und sie haben sich auch als solches verstanden: als „nation of immigrants" (John F. Kennedy), als Einwanderungsland, in dem von den verschiedenen nationalen und ethnischen Gruppen allerdings erwartet wurde, dass sie sich in den amerikanischen Schmelztiegel (*melting pot)* einfügten. Immigration wurde so sehr als konstitutives Merkmal der amerikanischen Geschichte und Gesellschaft verstanden, dass der amerikanische Historiker Oscar Handlin in seinem zum „Klassiker" der Einwanderungshistoriographie avancierten Buch *The Uprooted* davon sprechen konnte, dass die Einwanderer selbst die Geschichte Amerikas seien.[2]

Tatsächlich gilt das Diktum, dass die Geschichte (Nord)Amerikas die Geschichte seiner Immigranten sei, in einem sehr viel umfassenderen Sinn, als Handlin es gemeint hatte. In gewisser Weise waren auch die von den europäischen ‚Entdeckern' fälschlicherweise Indianer genannten Ureinwohner Amerikas Einwanderer, die vor etwa 12.000 Jahren über die Bering-Straße vom asiatischen Festland kamen und den gesamten nordamerikanischen Kontinent besiedelten.

Aber erst die Jahrtausende später stattfindende Besiedlung durch europäische Einwanderer wird als der eigentliche Beginn der amerikanischen (Einwanderungs-) Geschichte verstanden. Während der gesamten „kolonialen Periode" war die Zahl der Einwanderer relativ gering. Zwischen der Gründung der ersten englischen Siedlung Jamestown im Jahr 1607 und dem Verfassungskonvent der neuen unabhängigen Republik in Philadelphia 1787 blieb die Zahl der Siedler, die von Europa nach

Nordamerika kamen, insgesamt deutlich unter einer Million. Dennoch zählte die neue Nation 1790 schon knapp 3,2 Mio. Einwohner europäischer Herkunft, deren große Mehrheit Einwanderer der zweiten und dritten Generation, d.h. in der „Neuen Welt" geboren waren.

Zu den ersten Einwanderern während der Kolonialzeit gehörten auch jene, die in der Einwanderungshistoriographie in der Regel nicht berücksichtigt werden und deren Schicksal eher verschämt in einem anderen, vermeintlich der Vergangenheit angehörenden Kapitel der amerikanischen Geschichte abgehandelt wird: die Menschen und Völker Afrikas, die von europäischen Händlern und Seefahrern gewaltsam versklavt und als Arbeitskräfte für die kolonialen Plantagenwirtschaften auf den nordamerikanischen Kontinent und in die Karibik verschleppt wurden. 1619, ein Jahr bevor die „Pilgerväter" an Bord der Mayflower bei Plymouth landeten und mehr als ein Jahrhundert nachdem die ersten afrikanischen Sklaven nach Hispaniola (dem heutigen Haiti) in der Karibik gebracht worden waren (1501), verkaufte eine holländische Fregatte 20 Afrikaner an englische Siedler in Jamestown. In der Folge wurde über eine halbe Million afrikanischer Sklaven auf die Baumwoll-, Tabak-, Zucker-, Reis- und Hanfplantagen in Britisch-Nordamerika und Französisch-Louisiana zwangsverschleppt. Zwanzig mal so viele, ca. zehn Millionen Afrikaner, kamen insgesamt in die „Neue Welt", vor allem auf die Zuckerplantagen in der Karibik und im heutigen Brasilien. Und ein Mehrfaches der tatsächlich in die Kolonien verfrachteten afrikanischen Sklaven hat die brutale und qualvolle Atlantiküberquerung nicht überlebt.[3]

Bei der Inauguration der neuen Republik – am 4. März 1789 trat die Verfassung in Kraft und George Washington wurde zum ersten Präsidenten der Vereinigten Staaten von Amerika gewählt – waren mehr als 750.000 oder knapp 20% ihrer Einwohner afrikanischer Herkunft, vier Fünftel von ihnen in der „Neuen Welt" geboren. Gleichwohl wurden den Menschen afrikanischer Herkunft die in der Verfassung sowie in der Unabhängigkeitserklärung und in der Bill of Rights niedergelegten Menschen- und Bürgerrechte vorenthalten. Um den Einfluss der „weißen Herren", der Plantagenbesitzer des amerikanischen Südens, im Kongress zu gewährleisten, wurden Afroamerikaner als „Drei-Fünftel Personen" gezählt. Ebenso wurde ihnen verwehrt, gleichgültig ob sie Sklaven oder ‚freie' Schwarze (die es auch gab) waren, Staatsbürger der USA zu sein. Auch dies war nur „freien weißen Personen" vorbehalten.[4]

Seitdem haben ca. 63 Mio. Menschen ‚freiwillig' ihre Heimat verlassen, um vorübergehend oder ständig auf dem Gebiet der heutigen USA zu leben. Die überwiegende Mehrheit stammte aus Europa, aber immerhin 25 Mio. Migranten kamen aus anderen Teilen der Erde. War die Einwanderung während der Kolonialzeit noch vergleichsweise gering, entwickelte sie sich im zweiten Drittel des 19. Jahrhunderts zu einer Massenbewegung. 1851-1860 stieg die Einwanderung auf 2,8 Mio. an, bis sie in der ersten Dekade des 20. Jahrhunderts auf 8,8 Mio. Einwanderer emporschnellte. Allein zwischen 1880 und 1914 kamen über 22 Mio. Menschen in die USA (von denen allerdings viele wieder in ihre Heimat zurückkehrten). Während der Großen Depression verließen zum ersten Mal mehr Menschen die USA als Neuankömmlinge hinzukamen. Nach dem Zweiten Weltkrieg stieg die Einwanderung wieder an: von 2,5 Mio. pro Dekade in den 50er Jahren auf 7,3 Mio. in den 80er Jahren und noch einmal 6,1 Mio. in den Jahren 1991-1996.[5]

Vor 1790 stammten mehr als 3/5 der Amerikaner europäischer Herkunft aus England, der Rest aus Irland, Schottland, Deutschland, den Niederlanden, Frankreich und Skandinavien. Auch nach 1820 stammten mehr als 2/3 der Einwanderer aus Nord- und Westeuropa, aber die meisten kamen jetzt aus Deutschland, den skandinavischen Ländern und Irland. Die Einwanderung aus Irland erreichte ihren Höhepunkt zwischen 1847 und 1854, als infolge einer katastrophalen Lebensmittelknappheit insgesamt 1.350.000 Iren in die USA kamen; die Einwanderung aus Deutschland kulminierte in der Zeit zwischen 1880 und 1892, in der mehr als 1.770.000 Deutsche einwanderten.

Ende des 19. Jahrhunderts setzten verstärkt Einwanderungsbewegungen aus Süd- und Osteuropa ein, vor allem aus Italien, Österreich-Ungarn, Polen, Russland und den baltischen Staaten, die zu Anfang des 20. Jahrhunderts neue Rekordhöhen erreichten und den Einwanderern aus Nord- und Westeuropa zahlenmäßig weit überlegen waren. Im Rekordjahr 1907 kamen z.B. 81% der insgesamt 1,2 Mio. europäischen Einwanderer aus Süd- und Osteuropa (allein 286.000 oder 24% aus Italien) und ‚nur' 19% aus Nord- und Westeuropa. Diese „neue" Einwanderung hielt an, bis die Periode der (für Europäer) prak-

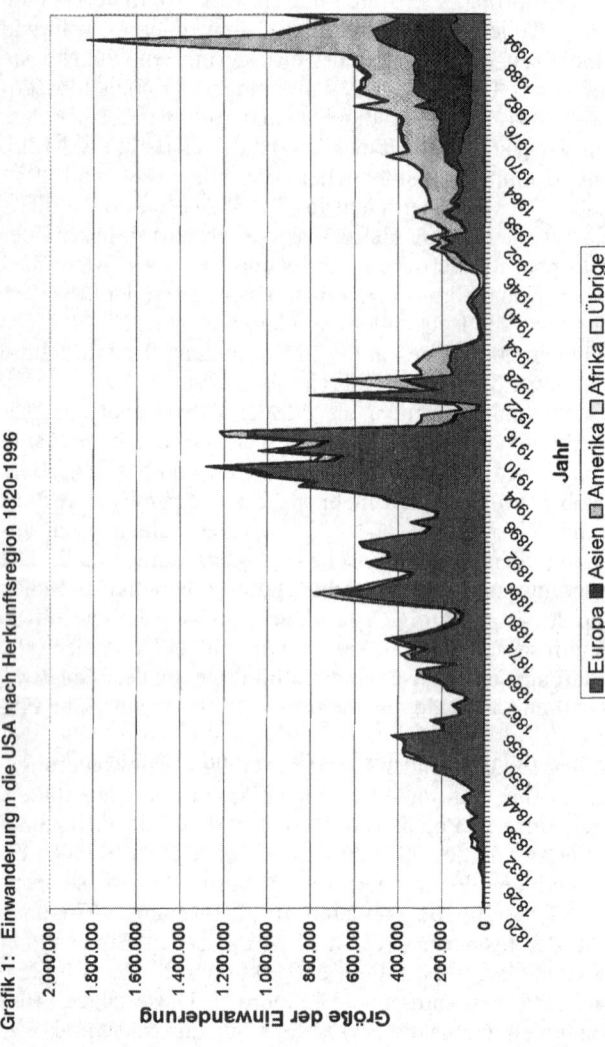

Grafik 1: Einwanderung n die USA nach Herkunftsregion 1820-1996

Legend: ■ Europa ■ Asien ■ Amerika □ Afrika □ Übrige

X-axis: Jahr

Y-axis: Größe der Einwanderung

Quellen der zugrundeliegddenden Daten: U.S. Bureau of the Census, Statistical Abstract of the United States, Washington, DC: GPO, verschied. Jgg.; U.S. Bureau of the Census, Historical Statistics of the United States, Colonial Times to 1970, Washington, DC: GPO 1975.[6]

tisch uneingeschränkten Einwanderung in den 20er Jahren dieses Jahrhunderts zu Ende ging. Im Mai 1921 verabschiedete der Kongress das erste „Quotengesetz" (Johnson Act), das für jedes Land die jährliche Zahl der Einwanderer auf drei Prozent der bei der Volkszählung von 1910 bereits in den USA ansässigen Einwanderer aus dem jeweiligen Land begrenzte. Ein weiteres Einwanderungsgesetz von 1924 (Johnson-Reid Act) verschärfte die Quotenregelung.[7] 1927 wurde die Quotenregelung, die auf der Zusammensetzung der im Ausland geborenen Bevölkerung beruhte, in ein durch die (nationale) Abstammung bestimmtes Auswahlverfahren („national origins system") übergeleitet und die Gesamtzahl der Einwanderer auf 150.000 pro Jahr herabgesetzt. Jedes Land erhielt ein Einwanderungskontingent, das sich nach dem prozentualen Anteil (ein Sechstel von einem Prozent) der aus dem jeweiligen Land stammenden Bevölkerung in den USA im Jahr 1920 bestimmte. Damit wurde die Zahl der Einwanderer, die nicht aus Nord- und Westeuropa, sondern vorwiegend aus Ost- und Südeuropa stammten, drastisch gesenkt – von durchschnittlich 685.500 pro Jahr zwischen 1907 und 1914 (im Vergleich zu 177.000 aus Nord- und Westeuropa) auf jährlich 158.400 nach 1921 (Nord- und Westeuropa: 198.100) und nur noch 20.900 pro Jahr nach 1924 (Nord- und Westeuropa: 141.000). Nach 1927 erhielten Nord- und Westeuropa (einschließlich der britischen Inseln) 82%, Süd- und Osteuropa nur 16% der jährlichen Gesamtquoten; 2% blieben für andere Länder. Die jährliche Zahl der Einwanderer aus Süd- und Osteuropa pendelte sich bei 23.200 ein, jene aus Nord- und Westeuropa bei 127.300. Diese Phase restriktiver Einwanderungspolitik, die im wesentlichen bis in die 60er Jahre des 20. Jahrhunderts angehalten hat, führte nicht nur zu einem substantiellen Rückgang der Zahl der Einwanderer insgesamt, sondern bevorzugte ebenso eindeutig die Immigranten aus Nord- und Westeuropa.

Die massiven Einwanderungsbewegungen des 19. Jahrhunderts waren sicherlich „freiwillig" im Vergleich zu der gewaltsamen Verschleppung afrikanischer Menschen und Völker. Zugleich waren sie aber nicht primär Folge der Attraktivität der „Neuen Welt", sondern eine aus der Not geborene Massenvertreibung, ein Abstoßen von „Bevölkerungsüberschuss" im Interesse der Umschichtung von landwirtschaftlicher in industrielle Produktion innerhalb der „atlantischen Ökonomie".[8] Dies schloss nicht aus, dass für zahlreiche Einwanderer die Attraktivität der „Neuen Welt" auch in politischen, religiösen und kulturellen Gründen wurzelte.

Die offene Einwanderungspolitik gegenüber europäischen Migranten im 19. Jahrhundert kontrastierte mit dem schon bald nach Abschaffung der Sklaverei sich neu formierenden Rassismus (nicht nur der ‚einheimischen' Amerikaner, sondern auch der europäischen Immigranten). Während fast vier Millionen durch den Bürgerkrieg ‚befreiter' Sklaven der faktischen Wiederversklavung durch *sharecropping* und *tenant farming* im Süden der USA durch Nord- oder Westwanderung zu entgehen versuchten, organisierte der Kongress die Einwanderung von (im Vergleich zu den Afroamerikanern teureren) Arbeitskräften aus Nord- und Westeuropa für die verarbeitende Industrie, die Eisenbahngesellschaften und andere Unternehmen des sich industrialisierenden Nordens. Allein zwischen 1860 und 1879 kamen über 4 Mio. europäischer Immigranten in die USA. Im gleichen Zeitraum nahm die im Ausland geborene Bevölkerung in den USA netto um 1,5 Mio. zu, während die Nettomigration von Afroamerikanern aus dem Süden in den Norden und Westen nur 10.000 betrug. Faktisch waren sämtliche Industrien und Handwerkszweige, insbesondere im Norden, den afroamerikanischen Arbeitern verschlossen. Und wo der bloße Ausschluss von bezahlter Beschäftigung nicht ausreichte, tat offener und blutiger Terror das seine, um die ‚befreiten' Schwarzen an der Nord- und Westwanderung zu hindern und auf den Plantagen des Südens zu halten. Obwohl die Aufhebung der Sklaverei und die Phase der „Black Reconstruction" nach dem Bürgerkrieg für kurze Zeit den ‚befreiten' Sklaven und afroamerikanischen Arbeitern politischen Handlungsspielraum und auch Ansätze ‚rassen'übergreifender Bewegungen ermöglichten, ließen die Kapitalisten des Nordens und ihre politischen Repräsentanten keinen Zweifel daran, dass es jetzt, nach Gewinnung der Hegemonie gegenüber der sklavenbesitzenden Plantagen‚aristokratie' des Südens, in erster Linie darum ging, das alte System der ‚weißen Suprematie' und der damit einhergehenden Privilegien der weißen Arbeiterschaft wieder herzustellen. Dieses langfristig zu sichern, war der amerikanischen Bourgeoisie wichtiger als die kurzfristige Minimierung der Lohnkosten (durch billige afroamerikanische Arbeitskräfte). Von den seit 1865 erlassenen „Black Codes", die den deutschen Emigranten und späteren amerikanischen Innenminister Carl Schurz zu der Bemerkung veranlassten, die Afroamerikaner seien zwar nicht mehr Eigentum von einzelnen Sklavenbesitzern, dafür aber „Sklaven der Gesellschaft", über die Gründung des Ku Klux Klan und die offene Konterkarierung der durch den 14. und 15. Verfassungszusatz garantierten Bürger- und Wahlrechte für Afroamerikaner durch den Supreme Court war es nur ein kurzer Weg zum „Kompromiss von 1877", mit dem die Industriellen des Nordens faktisch das alte System der ‚weißen Suprematie' im Süden und damit auch in den gesamten USA anerkannten. Gerade die Hochzeit der Einwanderung aus Europa vor und nach der Jahrhundertwende markierte zugleich den Tiefpunkt der gesellschaftlichen und (bürger)rechtlichen Situation der afroamerikanischen Bevölkerung.

Rassische Sklaverei und die Erfindung der weißen Rasse

Nun war die inferiore Position der Afroamerikaner keineswegs Folge einer naturwüchsigen Entwicklung, sondern Produkt einer gesellschaftlichen Organisationsform, in deren Zentrum die soziale Kontrolle der Arbeitskraft stand. Der Zusammenhang von „Kapitalismus und Sklaverei", den der afrokaribische Historiker und spätere Premierminister von Trinidad und Tobago, Eric Williams, in seiner gleichnamigen Studie herausgearbeitet hat, war den damaligen Akteuren selbstverständlich. Die Gründe der Sklaverei, sagte der englische Ökonom und Kolonisations-Ideologe Edward Gibbon Wakefield, „sind nicht moralische, sondern ökonomische Umstände; sie beziehen sich nicht auf Laster und Tugend, sondern auf die Produktion".[9] Die massenhafte Umsiedlung und gewaltsame Versklavung afrikanischer Völker war die historisch und geopolitisch gebotene Lösung des vordringlichsten Problems der nordamerikanischen Plantagenbourgeoisie: die Organisierung und Sicherung eines stets disponiblen und leicht zu überwachenden Arbeitskräfteheeres.

Aber es war nicht die Institution der Sklaverei per se (auf deren Basis schon die Wirtschaft der griechischen Antike beruhte und das römische Imperium sich erhoben hatte), die die spezifisch amerikanische Form des Rassismus und die Ideolo-

343

gie der „weiße Suprematie" hervorbrachte, sondern die ausschließliche Versklavung afrikanischer Völker; nicht die Sklaverei schlechthin, sondern die „rassische Sklaverei". Diese bedeutete nicht nur, dass schwarze Menschen zum Privateigentum („chattels") weniger Weißer dehumanisiert wurden, sondern dass Weißen dergleichen auf keinen Fall passieren konnte; bedeutete nicht nur, dass Weiße per definitionem Nichtsklaven waren, sondern dass die armen und arbeitenden nichtsklavenbesitzenden Weißen qua „rassischer" Definition ideell Teil des gesellschaftlichen Gesamtsklavenhalters waren. Der Haussoziologe der Sklavenhalterbourgeoisie, George Fitzhugh, hatte dies schon vor fast 150 Jahren scharfsinnig gesehen:

Die Armen (Weißen) bilden unsere Miliz und unsere Polizei. Wie in anderen Ländern auch, beschützen sie das Privateigentum; aber sie tun noch viel mehr: Sie beschützen eine ganz besondere Art von Privateigentum, das deren Besitzer, ohne die Aufsicht und den Schutz der Armen, nicht einen Tag ihr eigen nennen könnten.[10]

Angesichts der historischen Tatsache, dass die Plantagenarbeit in den kontinentalen Kolonien bis Ende des 17. Jahrhunderts vorwiegend von europäischen, vor allem englischen „indentured servants", d.i. „Sklaven auf Zeit" (in der Regel 7 Jahre) verrichtet wurde, stellt sich die Frage: Warum setzte die „rassische Sklaverei" sich erst seit Ende des 17. und zu Beginn des 18. Jahrhunderts durch? Die entscheidende Frage ist nämlich nicht, warum die afrikanischen Plantagenarbeiter – die bis weit in die zweite Hälfte des 17. Jahrhunderts hinein, wie ihre europäischen Leidensgenossen auch, lediglich „indentured servants" waren – in der Folge zu lebenslanger Versklavung (und damit optimaler Verlängerung ihrer Arbeitszeit) verurteilt wurden, sondern warum die europäischen „indentured servants" von einer derartigen Entwicklung ausgenommen wurden. Der New Yorker Historiker Theodore W. Allen hat in seinem zweibändigen Hauptwerk *The Invention of the White Race* u.a. nachgewiesen, dass die Absicherung der strukturell prekären Ausbeutungsverhältnisse in der kolonialen Plantagenökonomie geradezu die Etablierung eines stabilen Systems der sozialen Kontrolle erforderte, dessen Herzstück die „Erfindung der weißen Rasse" und der entsprechenden Ideologie der „weißen Suprematie" sowie die Institutionalisierung der „rassischen Sklaverei" werden sollte.[11] Die europäischen „indentured servants" wurden von ihren afrikanischen und afroamerikanischen Klassengenossen politisch und sozial (nicht aber ökonomisch) getrennt und zugleich als Miliz, zum Zwecke der Bewachung der so von ihren weißen Arbeitskollegen separierten und isolierten afrikanischen und afroamerikanischen Sklavenarbeitern, von der Plantagenbourgeoisie kooptiert.

Wie alle gesellschaftlichen Herrschaftsverhältnisse erzeugte auch die Sklaverei vielfältige Formen des Widerstands. Von Anfang an arbeiteten Engländer und Afrikaner nicht nur Seite an Seite, interagierten im täglichen Leben und heirateten untereinander, sondern planten ebenso ihre Flucht, trafen sich heimlich und flohen zusammen in die Freiheit. Und sie revoltierten und griffen gemeinsam zu den Waffen.

In der zweiten Hälfte des 17. Jahrhunderts gerieten die für die Plantagenwirtschaft wichtigsten (Tabak)Kolonien Virginia und Maryland in eine schwere ökonomische Krise. In der Folge kam es zu einer Reihe von Aufständen schwarzer und weißer Plantagenarbeiter gegen die Plantagenbourgeoisie. Eine der militantesten und für die weitere Entwicklung entscheidende Auseinandersetzung war die sogenannte Bacon-Rebellion (benannt nach ihrem Anführer Nathaniel Bacon Jr.), die im April 1676 als ein Streit über die Indianerpolitik innerhalb der herrschenden Klasse begann und sich im September zu einem Bürgerkrieg der englischen und afrikanischen „indentured servants" sowie der ,freien' Tagelöhner, also einer Mehrheit der Bevölkerung, gegen die Plantagenbourgeoisie entwickelte. Obwohl diese schließlich in der Lage war, die Bacon-Rebellion (ebenso wie andere Aufstände) niederzuschlagen, so gelang es ihr doch nicht, solche Aufstände für die Zukunft auszuschließen. Die spezifische Antwort der nordamerikanischen Plantagenbourgeoisie auf dieses Problem war die „Erfindung der weißen Rasse" und die soziale Trennung von afrikanischen und afroamerikanischen Sklaven einerseits und europäischen „indentured servants" und ,freien' Tagelöhnern andererseits. Das heißt, die angloamerikanische Plantagenbourgeoisie ersparte den europäischen „indentured servants" die Perspektive lebenslanger Versklavung nicht etwa, weil sie dazu moralisch nicht in der Lage gewesen wäre, sondern weil unter den spezifischen Bedingungen der kontinentalen Plantagenwirtschaft „die Nicht-Versklavung der weißen Arbeiter die unabdingbare Voraussetzung für die Versklavung der schwarzen Arbeiter war."[12] Während England sich zum größten Menschenhändler der Welt entwickelte und verstärkt afrikanische Sklaven nach Virginia brachte, wurde diese Kolonie zum Vorreiter der Institutionalisierung der „rassischen Sklaverei". Von den anderen Kolonien bald nachvollzogen, wurde hier im Laufe etwa eines halben Jahrhunderts, unter anderem durch eine Reihe von gesetzlichen Verordnungen, die Grenze zwischen Freiheit und Versklavung als „color line" gezogen. Afrikaner wurden qua Herkunft und Hautfarbe zu Sklaven auf Lebenszeit, alle anderen (i.e. Europäer) prinzipiell zu Nichtsklaven erklärt. Als Folge dieser strikten „color line" wurden ‚freie' Personen (jeglichen Grades) afrikanischer Herkunft generell in die Illegalität bzw. Semi-Legalität getrieben; für sie war im neu institutionalisierten Kastensystem kein Platz. Angesichts der zunehmenden Aufstände der Sklavenarbeiter gegen die Institution der „rassischen Sklaverei" und der Unfähigkeit des britischen „Mutterlandes", der Plantagenbourgeoisie in den Kolonien ausreichenden Schutz zu gewähren, war die wichtigste Maßnahme (1727 in Virginia eingeführt) die Etablierung einer Miliz, der sogenannten „slave patrol", die sich vor allem aus armen Europäern (auch europäischen „indentured servants", die es weiterhin noch gab) rekrutierte, die sich von den afrikanischen Sklavenarbeitern lediglich durch das „Privileg der weißen Haut" unterschieden.

Damit war aber eine einschneidende Wende in den gesellschaftlichen Klassen- und Kräfteverhältnissen eingetreten. Aus den proletarischen Partizipanten in multiethnischen bzw. multinationalen Aufständen und Rebellionen von 50 Jahren zuvor waren „weiße" Milizionäre geworden, deren Aufgabe die Zerschlagung und Unterbindung gerade jener Widerstandsbewegungen waren, an denen ihre Großväter noch massenhaft teilgenommen hatten. Im Unterschied etwa zur Karibik, wo das System der sozialen Kontrolle nach Maßgabe transatlantischer Herkunft ziemlich genau mit der gesellschaftlichen Klassenspaltung zusammenfiel, war das Problem in den kontinentalen Plantagenkolonien nicht, dass es nicht genug Arbeiter europäischer Herkunft, sondern dass es deren zu viele gab. Gerade dieser Umstand erforderte aber die „Erfindung der weißen Rasse", deren wesentliches Unterscheidungsmerkmal eben nicht die ökonomische Klassenposition, sondern die „Hautfarbe" und die damit verbundenen Privilegien waren. Die nicht nur ökonomische, sondern im Hinblick auf ihre politisch-soziale Kontrollfunktion entscheidende Institution der „rassischen Sklaverei" und der „weißen Suprematie" mit ihren bis in die Gegenwart hinein dauernden Ablegern des institutionellen und psychosozialen Rassismus waren erzeugt.

Die mit der Institutionalisierung der „rassischen Sklaverei" neu geschaffene „Rassensolidarität" der armen und ausgebeuteten Weißen mit der Plantagenbourgeoisie war auch eine Voraussetzung für die z.B. von Alexis de Tocqueville beobachtete Gleichheit und Mobilität in der (weißen) amerikanischen Gesellschaft. Der politisch generierte Rassenantagonismus verdeckte den grundlegenden gesellschaftlichen Klassenkonflikt, die „ungleichen" Afroamerikaner konnten a priori von der gesellschaftlichen Demokratie und Gleichheit ausgeschlossen werden. Folgerichtig führte dies zur Desintegration und Entpolitisierung der (weißen) amerikanischen Arbeiterbewegung, die sich in entscheidenden historischen Entwicklungsphasen immer wieder gegen die Solidarität mit ihren afroamerikanischen Klassengenossen und zugunsten ihrer „rassischen", auf der Hautfarbe basierenden Privilegien entschied.[13]

Wanderungsbewegungen aus der ‚Dritten Welt‘ bis 1965

Trotz des massiven Übergewichts der Einwanderer aus Europa sind von Anfang an aber auch Menschen aus der sogenannten ‚Dritten Welt‘ in die USA eingewandert. Aus Asien kamen seit Mitte des 19. Jahrhunderts zunächst Chinesen an die Westküste, die vor allem als Kontraktarbeiter in den Goldminen und später beim Eisenbahnbau arbeiteten. Um die Jahrhundertwende folgten ihnen Japaner, von denen viele in der Landwirtschaft beschäftigt wurden. Obwohl die Zahl der Einwanderer aus Asien vergleichsweise sehr klein war, kamen bis 1930 immerhin 377.000 Chinesen, fast 276.000 Japaner, 9.300 Inder und knapp 36.000 Migranten aus anderen asiatischen Ländern in die USA. Nicht alle dieser Einwanderer blieben, viele kehrten in ihre Heimat zurück. Zwischen 1890 und 1920 ging z.B. die chinesische Bevölkerung in den USA – als Folge des 1882 verabschiedeten Chinese Exclusion Act – von 106.700 auf 43.500 zurück.[14]

Die größte Gruppe von ‚Dritte-Welt‘-Migranten kam aus Mexiko. Die Präsenz von Mexikanern in den USA ging auf den mexikanisch-amerikanischen Krieg (1846-1848) zurück, der für Mexiko mit dem Verlust fast der Hälfte seines Territoriums endete.[15] Mit der Eroberung des Südwestens annektierten die USA aber nicht nur Land, sondern auch Menschen, die auf diesem Land lebten. Obwohl der den Krieg abschließende Vertrag von Guadelupe Hidalgo den in den USA verbleibenden Mexikanern die Unversehrtheit ihres Eigentums und Landbesitzes garantierte, setzte schon kurz darauf ein Enteignungsprozess ein, dessen langfristiges Resultat der fast vollständige Übergang des Landbesitzes aus mexikanischer in angloamerikanische Hand war. Die überwiegende Mehrheit der enteigneten Mexikaner hatte keine andere Wahl als in der Landwirtschaft, aber auch im Bergbau und beim Eisenbahnbau zu arbeiten. Während und nach der mexikanischen Revolution kamen vermehrt mexikanische Migranten in die USA, wo als Folge der Ausbreitung der Landwirtschaft (Bewässerung), des kriegsbedingten Arbeitskräftemangels und des Rückgangs der Migrationsströme aus Ost- und Südeuropa ein großer Bedarf an billigen Arbeitskräften vorhanden war. Insgesamt kamen bis 1930 mindestens 756.000 Mexikaner in die USA.[16]

Die zweitgrößte Gruppe von ‚Dritte Welt'-Migranten kam aus der Karibik – in den ersten drei Dekaden des 20. Jahrhunderts allein über 310.000 Einwanderer. Sie kamen entweder über den zentralamerikanischen Isthmus, wo sie als billige Arbeitskräfte beim Bau des Panamakanals und auf zentralamerikanischen Bananenplantagen für US-amerikanische Unternehmen arbeiteten, oder direkt als landwirtschaftliche Arbeitskräfte nach Florida, insbesondere aber auch nach New York City, das den westindischen Migranten als das „gelobte Land" schlechthin galt. Bis 1930 wanderten über 430.000 Menschen aus der Karibik in die USA ein, vor allem aus den britischen Kolonien und aus Kuba. Dazu kamen weitere 43.000 Migranten aus Zentralamerika und 113.000 aus Südamerika.

Seit Mitte des 19. Jahrhunderts löste die Einwanderung aus der ‚Dritten Welt', obwohl sie vergleichsweise gering war, massive Reaktionen und rassistische Formen von Xenophobie in der (weißen) US-amerikanischen Bevölkerung aus, die zu drastischen Verschärfungen der Einwanderungsbedingungen bis zum totalen Einwanderungsstopp für Asiaten führten. Nach jahrelangen Feindseligkeiten gegen chinesische Migranten wurde 1882 mit Unterstützung der Gewerkschaften der „Chinese

Exclusion Act" verabschiedet, der die Einwanderung chinesischer Arbeiter verbot und die etwa 105.000 in den USA lebenden Chinesen von der Möglichkeit zur Einbürgerung ausschloss. 1885 und 1888 folgten weitere Gesetze, die die organisierte Rekrutierung von (ungelernten) Kontraktarbeitern verboten und diesen die sofortige Deportation androhten. 1907/8 wurde die Einwanderung aus Japan durch das sogenannte „Gentlemen's Agreement" unterbunden. 1917 wurde, neben der Einführung von Lese- und Schreibtests und einer „Kopfsteuer" von acht Dollar für prospektive Immigranten, die Einwanderung aus der „Asiatic Barred Zone" verboten. Im Jahr 1924 verabschiedete der Kongress schließlich den „Oriental Exclusion Act", durch den – nach dem Vorbild des „Chinese Exclusion Act" – jegliche Einwanderung von Asiaten aufgrund ihrer „Rassenzugehörigkeit" verboten wurde.

Obwohl auch die Einschränkung der Einwanderung aus der westlichen Hemisphäre (d.i. Nord-, Mittel- und Südamerika) im Kongress diskutiert wurde, kam es zu keinen prinzipiellen Restriktionen. Zum einen wurden insbesondere Mexikaner als billige Arbeitskräfte in der Landwirtschaft des Südwestens gebraucht. Zum anderen konnte die Einwanderung aus Mexiko durch die Kopfsteuer sowie das Einwanderungsverbot von „unerwünschten Elementen" je nach Arbeitskräfteerfordernissen reglementiert werden. Während der Großen Depression wurde die Einwanderung aus Mexiko entsprechend gedrosselt; zwischen 1929 und 1935 wurden über 80.000 Mexikaner des Landes verwiesen und etwa eine halbe Million ‚freiwillig' repatriiert, darunter auch solche mit amerikanischer Staatsangehörigkeit. Während die Einwanderung asiatischer Arbeiter völlig verboten wurde und Mexikaner massenhaft über die Grenze zurückgeschickt wurden, wurde die Zahl der karibischen Migranten durch die Einführung spezieller Subquoten 1924 (innerhalb der Quoten der jeweiligen europäischen Kolonialmächte) ebenfalls deutlich eingeschränkt.[17]

Zu Beginn des Zweiten Weltkriegs war die Einwanderung aus der ‚Dritten Welt' drastisch zurückgegangen. Aber auch jene, die in den USA schon eine neue ‚Heimat' gefunden hatten, mussten schmerzlich erfahren, dass sie nicht willkommen waren. Sie waren (wie die US-Amerikaner afrikanischer Herkunft) rassistischen Vorurteilen und Angriffen ausgesetzt sowie der generellen Segregation öffentlicher und privater Einrichtungen unterworfen. Menschen asiatischer Herkunft wurde in einigen Bundesstaaten der Erwerb von Land und die Ehe mit Weißen gesetzlich verboten. Diese ‚rassisch' selektive Xenophobie zeigte sich auch in der Internierung und faktischen Enteignung von 110.000 Amerikanern japanischer Herkunft nach dem Angriff auf Pearl Habor und in den „Zoot-Suit Riots" in Los Angeles, als amerikanische Matrosen regelrecht Jagd auf mexikanische Jugendliche machten.

Nach dem Ende des Zweiten Weltkriegs erhielt die restriktive Starrheit und relative Undurchlässigkeit der amerikanische Einwanderungspolitik zunehmend Löcher, durch die auch eine wachsende Anzahl von Einwanderern aus der ‚Dritten Welt' schlüpfen konnte. Es stand einer Nation, die die Menschheit gerade von der Barbarei des Faschismus befreit hatte, schlecht an, Menschen auf Grund ihrer „Rassenzugehörigkeit" die Aufnahme zu verweigern.[18] Erste Schritte der Liberalisierung der Einwanderungsgesetzgebung begannen 1943, als der völlige Ausschluss chinesischer Migranten aufgehoben und ihnen eine Quote von 105 Personen pro Jahr sowie das Recht auf Einbürgerung zugestanden wurde. 1946 erhielten Indien und die Philippinen (nicht aber Japan und Korea) ähnliche Quoten (von 100), und Einwanderern aus diesen Ländern wurde ebenfalls das Recht auf Einbürgerung gewährt. Außerdem durften Ehegatten und Kinder von US-amerikanischen Soldaten außerhalb der Quoten einwandern („War Brides Act" von 1945). Weitere Lockerungen brachten der „Displaced Persons Act" von 1948 bzw. 1950, der die Aufnahme von mehr als 400.000 süd- und osteuropäischen Flüchtlingen außerhalb der Quoten ermöglichte.[19] Allerdings stand die Aufnahme politischer Flüchtlinge aus Ländern der ‚Dritten Welt' nicht zur Debatte.

1952 wurde die Einwanderungsgesetzgebung mit dem „McCarran-Walter Act" insgesamt ‚erneuert'. Das Gesetz bestätigte die restriktive Quotenregelung von 1924/1927 und reservierte weiterhin 85% des gesamten Einwanderungskontingents für Migranten aus Nord- und Westeuropa. Darüber hinaus wurde die Einwanderung aus den Kolonien der europäischen Länder auf 100 Personen pro Jahr begrenzt.[20] Dies zielte eindeutig auf die zunehmende Zahl schwarzer Migranten aus der anglophonen Karibik. Aber das Gesetz enthielt auch liberale Elemente. So wurde das generelle Verbot der Einwanderung aus Asien aufgehoben und kleine Quoten (von ca. 100 Personen) für die Länder des „Asian Pacific Triangle" eingerichtet. Ebenfalls wurde allen Einwanderern das Recht auf Einbürgerung gewährt. Allerdings wurden Migranten asiatischer Herkunft, die in Ländern der westlichen Hemisphäre geboren und deren Bürger waren, auf die überdies schon kleinen Kontingente der asiatischen Länder angerechnet.[21]

In der zweiten Hälfte der 50er und in den frühen 60er Jahren wurde das auf der nationalen Herkunft basierende Quotensystem durch verschiedene Ausnahmeregelungen weiter unterminiert. Unter dem „Refugee Act" von 1953 kamen weitere 205.000 politische Flüchtlinge außerhalb der Quoten in die USA, vorwiegend aus der Sowjetunion und anderen Teilen Osteuropas, aber auch mehrere tausend aus Asien und dem Mittleren Osten. Diverse Flüchtlingsgesetze zwischen 1945 und 1960 erlaubten die Einreise von ca. 700.000 Menschen außerhalb der Quotenregelung, von denen die überwiegende Mehrheit aus Europa, insbesondere Italien, Griechenland, Deutschland und Polen kam. Diese Gesetze sowie die spezifische Befugnis des Präsidenten („parole power"), politische Flüchtlinge als solche anzuerkennen und ihnen die Aufnahme in den USA zu gewähren, erlaubten aber auch mehreren tausend Flüchtlingen aus asiatischen Ländern Einlass. In den Jahren 1943-1965 kamen insgesamt ca. 33.000 Chinesen, 39.000 Filipinos, 67.000 Japaner und 16.000 Koreaner in die USA. Seit 1957 verzeichneten die Einwanderungsbehörden jedes Jahr eine Gesamteinwanderung aus Asien von über 20.000 Personen, obwohl die meisten Länder über Quoten von lediglich 100 verfügten. Viele dieser Einwanderer waren hoch qualifizierte *Professionals*, deren Verlust für die Heimatländer als „brain drain" problematisiert wurde.

Während seitens der USA außenpolitische Rücksichten zur zaghaften Lockerung der Einwanderungsbestimmungen beigetragen haben, spielte für die potentiellen Migranten in Asien, insbesondere in Japan, China, Korea und den Philippinen die Präsenz amerikanischer Truppen und der damit verbundene politische und kulturelle Einfluss der USA eine wichtige Rolle für die zunehmenden Wanderungsbewegungen aus diesen Regionen.

Die meisten ‚Dritte Welt'-Migranten kamen aber nicht aus Asien, sondern aus Ländern der westlichen Hemisphäre (die nicht der Quotenregelung unterworfen waren), allen voran aus Mexiko. Mit einer Gesamtzahl von über 583.000 Migranten (=

11,9%) in den Jahren 1943-1965 stand Mexiko in der Wanderungsstatistik an zweiter Stelle hinter Kanada (ca. 771.000 Migranten oder 15,7%). Dazu kamen Hunderttausende von saisonalen „Gastarbeitern", die im Rahmen des *bracero*-Programms (1942-1964) in der amerikanischen Landwirtschaft arbeiteten. In diese Zeit fiel auch der Beginn der massenhaften Einwanderung „illegaler" Migranten aus Mexiko, der sogenannten *mojados* oder *wetbacks*. Im Unterschied zu vielen anderen Einwanderern der unmittelbaren Nachkriegszeit waren die mexikanischen Migranten in der Regel ungelernte Arbeitskräfte, die vor allem in der Landwirtschaft, in privaten Haushalten, aber auch im Bergbau und in der verarbeitenden Industrie beschäftigt wurden.

Im Vergleich mit den Einwanderungsbewegungen aus Mexiko und Kanada war die Migration aus der Karibik und anderen Teilen Lateinamerikas wesentlich geringer. 1943-1965 kamen aus der Karibik ca. 286.000 Migranten oder 5,8% der gesamten Einwanderung in die USA, der größte Teil davon aus Kuba. Aus allen anderen lateinamerikanischen Ländern zusammen kamen im gleichen Zeitraum 467.000 Einwanderer oder 9,5% der Gesamtmigration.

Wenngleich die Zahl der vor 1965 gekommenen Einwanderer aus der ,Dritten Welt' insgesamt nicht sehr hoch war (Ausnahme: Mexiko), sollte ihnen doch eine bedeutende Rolle für die zukünftigen Wanderungsbewegungen zukommen. Die frühen Einwanderer*communities* in den USA bildeten einen Brückenkopf für die nach 1965 kommenden Migranten, denen sie nicht nur Informationen und materielle Zuwendungen zukommen ließen, sondern für die sie auch als wichtige Verbindungs- und Anlaufstelle fungierten.

Die Reform der Einwanderungsgesetzgebung von 1965 und die Folgen

Anfang der 60er Jahre kamen zwei Drittel aller Einwanderer außerhalb der Quotenregelung in die USA, die Hälfte davon aus Ländern der westlichen Hemisphäre. Angesichts eines liberaleren gesellschaftlichen Klimas – die Bürgerrechtsbewegung hatte die Verabschiedung des ersten wirksamen „Civil Rights Act" 1964 zur Beendigung offen rassistischer Diskriminierungen und des „Voting Rights Act" 1965 zur Wiederherstellung des Wahlrechts für die afroamerikanische Bevölkerung erkämpft – stand eine Reform der Immigrationsgesetze auf der politischen Tagesordnung. Als Lyndon Johnson die Präsidentschaftswahlen 1964 gewonnen und die Demokratische Partei im Kongress einen deutlichen Sieg errungen hatte, verabschiedete der Kongress 1965 nach jahrelanger Auseinandersetzung und vehementer Opposition schließlich ein neues Einwanderungsgesetz. Das neue Gesetz („Hart-Cellar Act"), das am 1. Juli 1968 in Kraft trat, beseitigte die zwei wichtigsten Pfeiler der bisherigen Einwanderungspolitik – das „national origins system" und die besonderen Restriktionen für das „Asia-Pacific-Triangle" – und ersetzte sie zugunsten eines primär auf Familienbeziehungen und, weniger prominent, auf Arbeitsmarkterfordernisse ausgerichteten Präferenzsystems. Für die östliche Hemisphäre wurde eine Obergrenze von insgesamt 170.000 und 20.000 Personen pro Land festgelegt. Unmittelbare Familienangehörige (Kinder unter 21 Jahren, Ehepartner und Eltern) von amerikanischen Staatsbürgern waren ausgenommen. Der größte Teil – 74% – der Gesamteinwanderung wurde für sonstige Familienangehörige von Amerikanern und legalen Einwanderern („permanent residents") reserviert. Die Präferenzen umfassten im einzelnen:

1. Präferenz: unverheiratete Kinder über 21 Jahre von US-Bürgern (höchstens 20% aller Einwanderer);
2. Präferenz: Ehepartner und unverheiratete Kinder von Einwanderern (20% plus unausgeschöpftes Kontingent der 1. Präferenz);
3. Präferenz: hochqualifizierte Fachkräfte wie Wissenschaftler, Künstler, Ärzte, etc. (10%);
4. Präferenz: verheiratete Kinder über 21 Jahre von US-Bürgern (10%);
5. Präferenz: Geschwister von US-Bürgern (24% plus unausgeschöpfte Kontingente der 1.-3. Präferenz);[22]
6. Präferenz: Facharbeiter und un-/angelernte Arbeiter, sofern Knappheit an solchen Arbeitskräften bestand (10%);
7. Präferenz: Flüchtlinge (6% oder maximal 10.200 Personen).[23]

Zum ersten Mal wurde auch eine Obergrenze für die westliche Hemisphäre festgesetzt: 120.000 Einwanderer insgesamt. Es gab jedoch zunächst weder Präferenzen noch nationale Begrenzungen – bis 1976 ebenfalls eine jährliche Obergrenze von 20.000 Einwanderern pro Land und ein einheitliches Präferenzsystem für beide Hemisphären eingeführt wurden. 1978 wurde die hemisphärische Trennung aufgehoben und eine weltweite Obergrenze von 290.000 Personen festgelegt.

Ein erklärtes Ziel des neuen Gesetzes war die Abschaffung der Benachteiligung von Einwanderern aus Süd- und Osteuropa sowie der offenen Diskriminierung asiatischer Einwanderer. Zugleich waren sich Kongress und Regierung über den gemäßigten Charakter der Gesetzesreform einig, deren symbolischer Stellenwert zwar hoch veranschlagt, von der aber außer der Zunahme von Migranten aus Süd- und Osteuropa keine radikalen Veränderungen erwartet wurden. Präsident Johnsons Feststellung bei der Unterzeichnung des Gesetzes, dies sei „kein revolutionäres Gesetz", drückte die Einschätzung und Erwartungen der meisten Beteiligten aus. Und auch der langjährige Verfechter der Gesetzesreform, der Kongressabgeordnete Emanuel Celler, hatte seinen Kollegen versichert, dass nur „wenige Asiaten oder Afrikaner in dieses Land kommen werden, ... da die Menschen aus Asien und Afrika sehr wenige Verwandte hier haben".[24] Diese Einschätzung wurde auch von der seriösen Presse geteilt. Das neue Gesetz setzte zum ersten Mal eine Obergrenze für Einwanderungen aus der westlichen Hemisphäre und zielte damit explizit auf die Einschränkung der zunehmenden Migrationsströme aus Ländern südlich der Grenze. Für die karibischen Kolonien wurden Quoten von 200 (seit 1977: 600 und seit 1987: 5000) Personen festgesetzt, die allerdings durch die politische Unabhängigkeit eines Großteils der Karibik rasch an Bedeutung verloren.

Trotz ihres dezidiert gemäßigten Charakters löste die neue Gesetzgebung einen gravierenden Anstieg der Immigrationsbewegungen aus. Obwohl die Einwanderung aus Europa seit Ende der 60er Jahre immer mehr zurückging, wurden die festgesetzten Gesamtobergrenzen weit überschritten. Die Gesamteinwanderung stieg von 2,5 Mio. pro Dekade in den Jahren 1951-1960 auf 7,3 Mio. in den Jahren 1981-1990 und noch einmal 6,1 Mio. 1991-1996. Zwischen 1987 und 1996 kamen pro Jahr durchschnittlich 1 Mio. Einwanderer legal in die USA – bei einer offiziellen Gesamtobergrenze von 290.000 Personen. In absoluten Zahlen hat die gegenwärtige Einwanderung fast die Größenordnung zu Beginn dieses Jahrhunderts erreicht.[25] Allerdings ist die Einwanderungsrate noch immer erheblich geringer. Wurden 1991-1996 pro Jahr durchschnittlich 4 Einwanderer pro 1.000 Einwohner aufgenommen, so war die jährliche Einwanderungsrate in der ersten Dekade des 20. Jahrhunderts mehr als doppelt so groß – 10,4 Einwanderer pro 1.000 Einwohner.

Allerdings – und dies geschah gegen die expliziten Intentionen der „Gesetzesväter" – hat sich seit der Reform des Einwanderungsgesetzes von 1965 die nationale und ethnische Zusammensetzung der Einwanderungspopulationen dramatisch zugunsten der Einwanderer aus der ‚Dritten Welt', vor allem aus Asien, der Karibik und Lateinamerika, verändert. Der Anteil der (legalen) Einwanderer aus Asien stieg von 157.000 Personen pro Dekade oder 6,2% der gesamten Einwanderung in den Jahren 1951-1960 auf 2,8 Mio. (= 38,4%) in den Jahren 1981-1990 und noch einmal 1,9 Mio. (= 31,6%) 1991-1996 an. Die Einwanderung aus Afrika stieg zwar um das Vielfache, von 16.600 Personen oder weniger als 0,7% in den Jahren 1951-1960 auf 192.300 (= 2,6%) 1981-1990 und 213.200 (= 3,5%) 1991-1996, blieb aber insgesamt vergleichsweise unbedeutend. Im gleichen Zeitraum sank der Anteil der Europäer von knapp 1,5 Mio. Personen pro Dekade oder 60% (1951-1960) auf 705.600 oder 9,6% aller Einwanderer 1981-1990. 1991-1996 betrug der Anteil der Europäer 14,2% oder 875.600 Einwanderer. Eine ähnliche Verschiebung fand in der westlichen Hemisphäre statt. Die Einwanderung aus der Karibik, Zentral- und Südamerika stieg von insgesamt 566.400 Einwanderern oder 22,5% in den Jahren 1951-1960 auf 3,4 Mio. (= 47%) in den Jahren 1981-1990 und fast 3 Mio. (= 48,7%) 1991-1996; während die Einwanderung aus Kanada von 274.900 oder knapp 11% in den 50er Jahren auf 119.200 oder 1,6% in den Jahren 1981-1990 und 90.600 oder 1,5% 1991-1996 zurückging.

Grafik 2: Einwanderung in die USA pro Dekade nach Herkunftsregion: 1951-2000

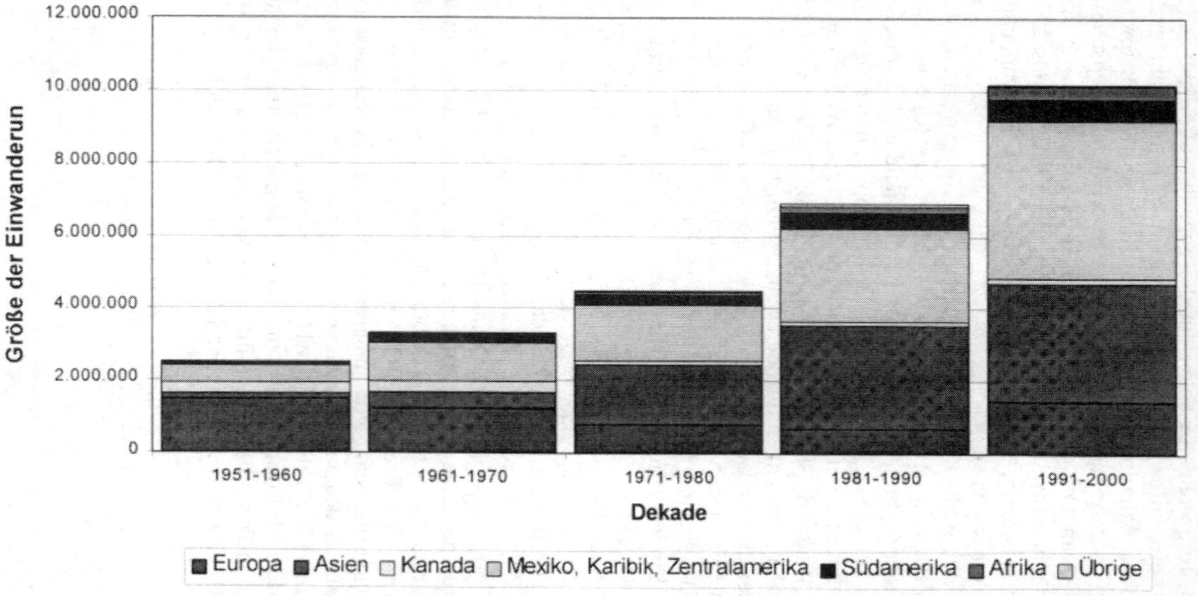
12.000.000
10.000.000
8.000.000
6.000.000
4.000.000
2.000.000
0
Größe der Einwanderun
1951-1960
1961-1970
1971-1980
1981-1990
1991-2000
Dekade
Europa
Asien
Kanada
Mexiko, Karibik, Zentralamerika
Südamerika
Afrika
Übrige

Quelle der zugrundeliegenden Daten: U.S. Bureau of the Census, Statistical Abstract of the United States, Washington, DC: GPO, verschied. Jgg.[26]

Angesichts dieser Entwicklung stellt sich die Frage, warum die Auswirkungen des neuen Einwanderungsgesetzes so völlig falsch eingeschätzt wurden. Ein wichtiger Aspekt war sicherlich die rapide Zunahme von Flüchtlingen, für die das gesetzlich vorgesehene Quotum von 10.200 (seit dem 1.1.1977: 17.400) völlig unzureichend war. Schon 1965 hatte der Kongress vor dem unkontrollierten Zustrom von Flüchtlingen gewarnt und vom Präsidenten verlangt, seine *parole power* nur noch in wirklichen „Notfällen" zur Aufnahme von Flüchtlingen zu benutzen. Vor allem die großzügige Anerkennung von Flüchtlingen aus sozialistischen Ländern führte dazu, dass Hunderttausende von politischen Flüchtlingen in den USA aufgenommen wurden. Die überwiegende Mehrheit dieser Flüchtlinge kam aus Kuba und aus Indochina. Flüchtlinge aus Diktaturen, die „freundschaftliche Beziehungen" zu den USA unterhielten, wie z.B. Chile, El Salvador, Guatemala oder Haiti, hatten dagegen kaum Chancen, als Flüchtlinge anerkannt zu werden.

Wurden 1961-1970 knapp 213.000 Flüchtlinge in den USA anerkannt, so waren es 1971-1980 schon 540.000 und 1981-1990 gar 1.013.620. Zwischen 1981 und 1996 erhielten allein aus Asien 998.217 oder 56% aller Flüchtlinge ein Bleiberecht in den USA; aus Zentralamerika waren es 233.584 oder 13,3% aller Flüchtlinge.

Definierte der „Hart-Cellar Act" politische Flüchtlinge immer noch als „escapees from Communism", wurde mit dem „Refugee Act" von 1980 die UNO-Definition von 1967 gesetzlich festgeschrieben, derzufolge Flüchtling ist, wer aufgrund drohender Verfolgung – „wegen seiner Rasse, Religion, Nationalität, Zugehörigkeit zu einer besonderen sozialen Gruppe oder seiner politischen Meinung" – seine Heimat verlassen musste bzw. nicht in sie zurückkehren kann. Dennoch hat sich grundsätzlich die von Antikommunismus geleitete Aufnahmepraxis von Flüchtlingen nicht geändert.

Ein weiteres (falsch eingeschätztes) Moment der Einwanderungsbestimmungen waren die von jeglicher Begrenzung ausgenommenen unmittelbaren Familienangehörigen (Kinder unter 21 Jahren, Ehepartner und Eltern) von amerikanischen Staatsbürgern. Auch diese Gruppe von Immigranten nahm viel rascher zu als von Experten angenommen worden war. Kamen 1970 noch weniger als 80.000 Einwanderer als unmittelbare

Familienangehörige außerhalb der numerischen Begrenzung in die USA, so waren es 1980 schon 158.000, 1990 232.000 und 1996 300.000 Personen, die überwiegende Mehrheit von ihnen aus Ländern der ‚Dritten Welt‘.

Zudem stellte es sich heraus, dass es nicht unbedingt einer großen Einwanderer*community* in den USA bedurfte, um die Familienzusammenführungspräferenzen wirksam werden zu lassen. Folgender (hypothetischer) Fall zeigt, dass sogar ganz ohne ursprüngliche Familienbeziehungen eine „Kettenwanderung" in Gang gesetzt werden kann, die in relativ kurzer Zeit zu einer Vervielfältigung der Einwanderungspopulation führen könnte: Ein Student nimmt nach Beendigung seines Studium in den USA eine Arbeit auf und beantragt (über die 3. Präferenz für hochqualifizierte Arbeitskräfte) Einwandererstatus („permanent residency"). Dann holt er (über die 2. Präferenz) seine Frau und Kinder nach. Nach fünf Jahren kann er sich ebenso wie seine Frau einbürgern lassen und (mit Hilfe der 5. Präferenz) seine Geschwister und die seiner Frau in die USA holen. Die Geschwister wiederum können ihre Ehepartner und Kinder nachholen, sich nach fünf Jahren einbürgern lassen usw. Wegen dieses vor allem über den Nachzug von Geschwistern transportierten „Schneeballeffekts" wurde das Einwanderungsgesetz von 1965 auch „brothers and sisters act" genannt.[27] Obwohl das tatsächliche Ausmaß dieser Art von „Kettenmigration" empirisch bisher nur ansatzweise untersucht worden ist, hat die These von der nicht-intendierten „Explosion" der legalen Einwanderung, insbesondere durch die Ausnutzung der fünften Präferenz zu einer erneuten Furcht vor ‚Überfremdung‘ in großen Teilen der amerikanischen Bevölkerung geführt. Niedergeschlagen hat sich die Furcht vor „zu vielen Einwanderern der falschen Art" aber auch in verschiedenen Versuchen des Kongresses, die Einwanderung via Familienzusammenführungspräferenzen zu beschränken.

Ebenso wie die legale Einwanderung hat die Zahl der „illegalen" Immigranten rapide zugenommen. Der Natur der Sache gemäß gibt es über deren Zuwanderung und Präsenz keine verlässlichen Angaben. Gleichwohl oder deswegen waren und sind auch sie Gegenstand heftiger Debatten und Spekulationen. Seriöse Schätzungen haben die Zahl der „illegalen" Einwanderer in den USA Ende der 70er Jahre auf 3,5 bis 5 Mio. Personen geschätzt. Eine Analyse des Census-Büros siedelte die „illegale" Einwanderungspopulation zum Zeitpunkt der Volkszählung 1980 bei 2,5 bis 4 Mio. an und schätzte deren Wachstum auf 100.000 bis 300.000 Personen jährlich. 1996 schätzte der U.S. Immigration and Naturalization Service, dass sich etwa 5 Mio. „illegale" Einwanderer in den USA aufhielten, davon allein 2,7 Mio. aus Mexiko.

1986 wurde ein neues Einwanderungsreformgesetz („Simpson-Rodino Act") verabschiedet, das das primär auf Familienbeziehungen ausgerichtete Präferenzsystem des „Hart-Cellar Act" zwar unangetastet lässt, sich aber explizit des Problems der „illegalen" Einwanderung angenommen hat. Eine der (in der „Texas Proviso" von 1952 festgeschriebenen) Ironien der bisherigen Gesetzgebung war, dass es zwar verboten und strafbar war, ohne Einreisevisum in die USA zu kommen und dort zu arbeiten, es für Arbeitgeber aber völlig legal war, wissentlich „illegale" Arbeitskräfte einzustellen. Nach jahrelangen Diskussionen und Auseinandersetzungen wurden mit dem Einwanderungsreformgesetz von 1986 zum ersten Mal Sanktionen gegen Arbeitgeber, die „illegale" Migranten beschäftigen, eingeführt.[28] Zugleich sah das neue Gesetz eine Amnestie für „illegale" Einwanderer vor, die vor dem 1.1.1982 in die USA gekommen waren und sich seitdem kontinuierlich dort aufgehalten hatten. Durch diese Amnestie wurden zusätzlich mehrere Millionen „illegaler" Einwanderer legalisiert, die meisten von ihnen Mexikaner. Aber weder die Androhung von Sanktionen gegen Arbeitgeber, die „illegale" Arbeitskräfte beschäftigen, noch die ebenfalls beschlossene Verschärfung der Grenzkontrollen hat tatsächlich zu einem Rückgang des Zustroms der „illegalen" Einwanderer geführt. Die meisten Beobachter sind sich darin einig, dass die Zahl der „illegalen" Einwanderer nach der Amnestie wieder zugenommen hat und dass die überwiegende Mehrheit aus Mexiko, aber auch ein zunehmender Teil aus der Karibik, Lateinamerika und Asien stammt.

In gewisser Weise sind alle diese Aspekte vordergründig, selbst nur Ausdruck eines grundlegenderen Wandels des Verhältnisses der USA zur ‚Dritten Welt'. Mit dem Aufstieg der USA zur ökonomischen und politisch-militärischen Hegemonialmacht haben die Beziehungen zwischen Zentrum und Peripherie des globalen politischen und ökonomischen Systems und damit auch die strukturellen Disparitäten zwischen Ländern mit „relativer Überbevölkerung" und Ländern mit vergleichsweise hohen Minimallöhnen eine neue Qualität angenommen, die in absehbarer Zukunft kaum zu einer Abschwächung der Wanderungsbewegungen aus Ländern der ‚Dritten Welt' führen wird. Zugleich werden die Wanderungsbewegungen nicht schlicht von stagnierenden Ökonomien, Armut und Bevölkerungswachstum in der ‚Dritten Welt' erzeugt. Es sind nämlich nicht immer die ärmsten Länder oder jene mit den größten Bevölkerungszuwächsen, aus denen die meisten Menschen auswandern. Im Gegenteil, die Wachstumsraten des Bruttosozialprodukts und der Beschäftigung in den wichtigsten Auswanderungsländern sowohl in Asien als auch in Lateinamerika und der Karibik sind während der gesamten 70er und 80er Jahre des 20. Jahrhunderts relativ hoch gewesen. Darüber hinaus kommen die Migranten in der Regel nicht aus den untersten und ärmsten Schichten der Bevölkerung, sondern eher aus dem mittleren Bereich. Aber fast alle diese Länder sind über intensive wirtschaftliche Beziehungen eng mit den USA verflochten. Dies verweist auf die Bedeutung amerikanischer Wirtschaftsaktivitäten für die Wanderungsbewegungen. Insbesondere die rapide zunehmenden US-Investitionen im Bereich der exportorientierten industriellen Produktion scheinen mittlerweile die bisher von der auf den Export ausgerichteten Landwirtschaft wahrgenommene Rolle der Zersetzung der traditionellen Arbeits- und Lebensstrukturen übernommen zu haben. Dazu kommen das Dominieren der Handelsbeziehungen durch die USA, die Abhängigkeit von Nahrungsmittelimporten, die Auswirkungen des Tourismus, die politisch-militärischen Verflechtungen und nicht zuletzt der Einfluss US-amerikanischer ‚Kultur' in Form von Fernsehen, Radio und Konsumgütern, die die Distanz zu den USA objektiv und subjektiv verringert haben.[29] Solange diese (über schnelle und relativ billige Verkehrsverbindungen zudem intensivierten) Interdependenzen zwischen Zentrum und Peripherie die Teilnahme am „amerikanischen Traum" über nationale Grenzen hinweg in den Bereich des Möglichen rükken lassen, werden potentielle Immigranten jede Anstrengung unternehmen, um ins „gelobte Land" zu kommen, selbst wenn dies Verzicht, Diskriminierung und sogar Ausweisungsgefahr bedeutet.

Die bei der Verabschiedung des „Hart-Cellar Act" allenthalben gehegte Meinung, dass dieses kein revolutionäres Gesetz sei, war zwar nicht falsch. Wohl aber wurde übersehen, dass die Verhältnisse sich geändert hatten. Die Peripherie des internationalen ökonomischen und politischen Systems fordert ihren Preis auch dadurch, dass immer größere Teile der ‚peripheren‘ Populationen ins Zentrum drängen; und diese fragen so wenig, ob sie willkommen sind, wie einst Columbus, Cortéz oder Pizarro, aber auch United Fruit, Kellogg oder Alcoa gefragt haben, ob sie in den jeweiligen Gastländern willkommen waren.

‚Dritte Welt‘isierung und veränderte ethnische Zusammensetzung der US-amerikanischen Bevölkerung

Die erhebliche Zunahme der Migrationsbewegungen zugunsten von Einwanderern aus der ‚Dritten Welt‘ hat sich auch auf die ethnische Zusammensetzung der US-amerikanischen Bevölkerung ausgewirkt. Bis in die 70er Jahre des 20. Jahrhunderts wurden die USA als vorwiegend von Europäern geprägte Einwanderungsgesellschaft und/oder als (in schwarze und weiße Bevölkerung) ‚rassisch‘ gespaltene Gesellschaft gesehen. Erst in der zweiten Hälfte der 70er Jahre wurde die Verschiebung der Einwanderungsbewegungen zugunsten von ‚Dritte Welt‘-Populationen thematisiert. 1980 wurden vom Statistischen Bundesamt in Washington für die Volkszählung die Kategorien „Asian", „Hispanic origin" usw. eingeführt.

1980 waren 11,8% der gesamten US-amerikanischen Bevölkerung Afroamerikaner, 1,6% asiatischer Herkunft und 6,4% Latinos. Bis 1997 stieg der Anteil der Afroamerikaner auf 12,7%, Menschen asiatischer Herkunft auf 3,7% und Latinos auf 11,0%. Der Anteil der nicht-hispanischen Weißen[30] ist zwischen 1990 und 1999 von 75,7% auf 71,7% zurückgegangen. 1990-1998 ist die Latino-Population um 35,2% auf 30,3 Mio. angewachsen; 10,1 Mio. leben allein in Kalifornien, aber auch 411.000 in New York. Im gleichen Zeitraum ist die Bevölkerung asiatischer Herkunft um 40,8% auf 10,8 Mio. angewachsen (davon 990.000 in Kalifornien und 285.000 in New York). Die Zunahme der afroamerikanischen Bevölkerung um 12,8% auf 34,8 Mio. ist vergleichsweise geringer; New York ist der Bundesstaat mit der größten afroamerikanischen Bevölkerung (3,2 Mio.). Obwohl die Bevölkerungsgruppen asiatischer und zentralamerikanischer

Grafik 3: Wohnbevölkerung in den USA nach ethnischer
Zugehörigkeit ('Race'): 1997

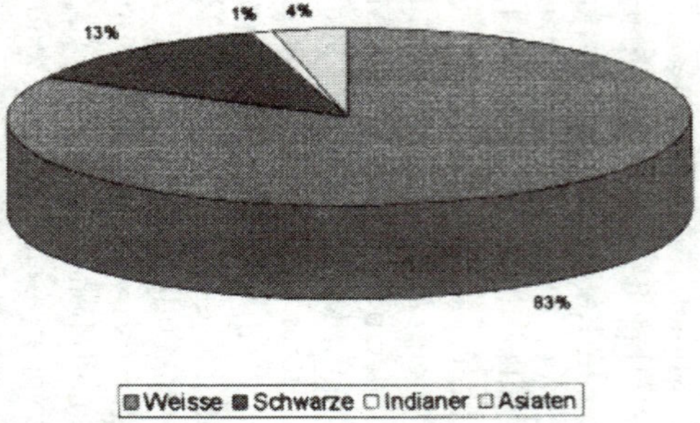

■ Weisse ■ Schwarze □ Indianer □ Asiaten

13%

1%

4%

83%

Grafik 4: Wohnbevölkerung in den USA nach ethnischer
Zugehörigkeit ('Hispanic origin'): 1997

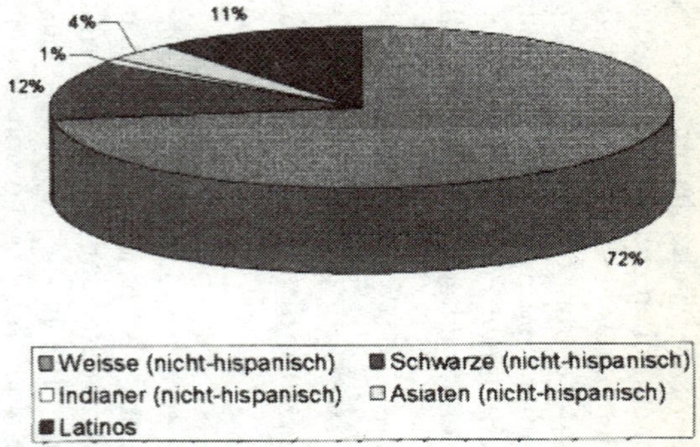

■ Weisse (nicht-hispanisch)   ■ Schwarze (nicht-hispanisch)
□ Indianer (nicht-hispanisch) □ Asiaten (nicht-hispanisch)
■ Latinos

12%

1%

4%

11%

72%

Quelle der zugrundeliegenden Daten: U.S. Bureau of the Census, Statistical Abstract of the United States 1998, Washington, DC: GPO 1989.[31]

Herkunft am stärksten zunehmen, sind die Afroamerikaner mit 35 Mio. immer noch die größte ‚Minderheit' in den USA. Zugleich ist sie durch die Ankunft afrokaribischer und afrikanischer Migranten heterogener geworden. Der Anteil der weißen Bevölkerung geht langsam zurück.

Die rapide Zunahme der nicht-weißen Populationen geht vor allem auf die massiven Einwanderungsbewegungen aus der ‚Dritten Welt' zurück. 1998 waren über 25 Mio. oder 9,3% der gesamten Bevölkerung in den USA im Ausland geboren, 25,5% von ihnen kamen aus Asien, 9,6% waren Schwarze und 42,5% Latinos, und ‚nur' noch knapp 26% waren nicht-hispanische Weiße. In den Großstädten war der Anteil der Ausländer, insbesondere jener aus der ‚Dritten Welt', wesentlich höher. 1980 lebten 40% aller Einwanderer (im Vergleich zu 11% der gesamten Bevölkerung) in den zehn größten Städten der USA. Bei den neuesten Einwanderern aus der ‚Dritten Welt' ist der Anteil der großstädtischen Bevölkerung noch höher; Migranten aus der Karibik, Lateinamerika und Asien haben sich fast ausschließlich in großstädtischen Ballungsgebieten konzentriert. New York City und Los Angeles haben mittlerweile einen Ausländeranteil von über einem Viertel der Gesamtbevölkerung. 1996 waren 19,3% der knapp 20 Mio. Einwohner des großstädtischen Ballungsgebiets New York (d.i. einschließlich Nord-New Jersey und Long Island) Afroamerikaner, 6,2% Asiaten und 16,8% Latinos. Im Großraum Los Angeles waren 8,4% der insgesamt 15,5 Mio. Einwohner Afroamerikaner, 11,1% Asiaten und 37,8% Latinos.

In den amerikanischen Großstädten ist die Präsenz der neuen Einwanderer am deutlichsten spürbar und vor allem auch sichtbar. Die Zunahme der ‚Dritte Welt'-Populationen in Großstädten wie New York City oder Los Angeles hat zu einer Entwicklung geführt, die als „Dritte Welt-isierung" der Metropole oder als „Peripherisierung" des Zentrums bezeichnet werden kann. Diese „Dritte Welt-isierung" ist gewissermaßen das zentrumsinterne Pendant zur globalen Hegemonie der USA. In dem Maße wie die USA bestimmte Regionen der ‚Dritten Welt' ökonomisch, kulturell und militärisch-politisch beeinflußt und deren Schicksal nachhaltig bestimmt hat, sind immer größere Populationen dieser ‚Peripherie' in die Zentren der hegemonialen Metropole gekommen und hinterlassen dort ihre Spuren. Dies zeigt sich sowohl in den Veränderungen der metro-

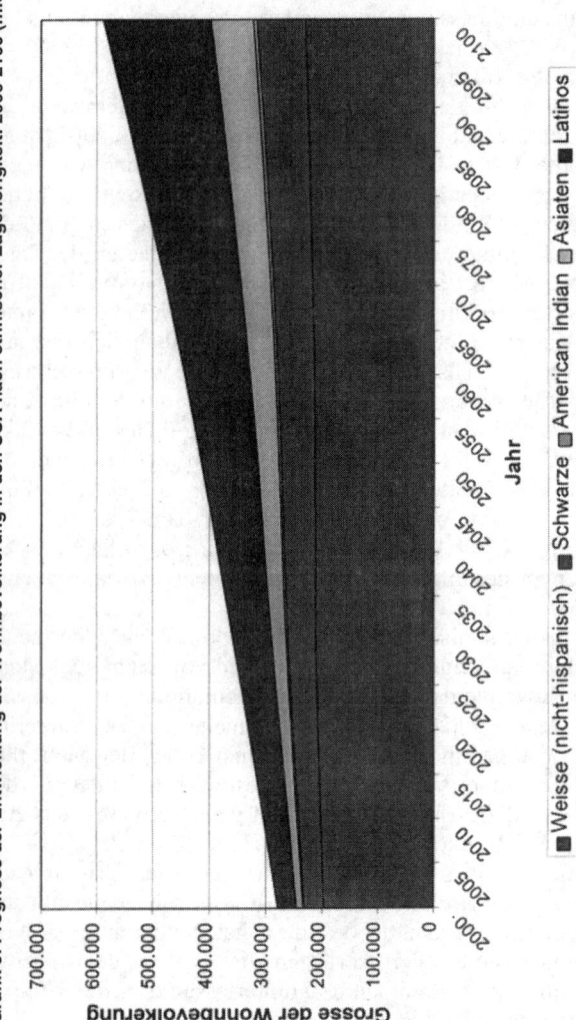

Grafik 5: Prognose der Entwicklung der Wohnbevölkerung in den USA nach ethnischer Zugehörigkeit: 2000-2100 (middle series)

Grösse der Wohnbevölkerung

700.000 — 600.000 — 500.000 — 400.000 — 300.000 — 200.000 — 100.000 — 0

2000 2005 2010 2015 2020 2025 2030 2035 2040 2045 2050 2055 2060 2065 2070 2075 2080 2085 2090 2095 2100

Jahr

■ Weisse (nicht-hispanisch) ■ Schwarze ■ American Indian ■ Asiaten ■ Latinos

Quelle der zugrundeliegenden Daten: U.S. Bureau of the Census, National Population Projections, Summary Files, (NP-T5) Projections of the Resident Population by Race, Hispanic Origin, and Nativity: Middle Series, 1999 to 2100, in Internet (Stand 13.01.2000): http://www.census.gov/population/www/projections/natsum-T5.html.[32]

364

politanen Ökonomie als auch in der Herausbildung ethnischer Netzwerke und Alltagskulturen. Die ‚peripheren' Populationen haben die großstädtischen Ballungszentren nicht nur strukturell verändert, sondern sind zunehmend auch zu einer kulturellen und potentiell politischen Kraft geworden.[33]

Die Perspektive einer zunehmenden „Dritte Welt-isierung" der amerikanischen Bevölkerung scheint auch durch die Prognosen der Bevölkerungsentwicklung durch das Statistische Bundesamt gestützt zu werden.[34] Im Jahr 2000 liegt der Anteil der Afroamerikaner bei 12,8% der Gesamtbevölkerung, die Menschen asiatischer Herkunft bei 4,1% und die Latinos bei 11,8% – im Vergleich zu 71,4% nicht-hispanische Weiße. 2050 werden die Afroamerikaner auf 14,7%, Menschen asiatischer Herkunft auf 9,3% und Latinos auf 24,3% der Gesamtbevölkerung zugenommen haben, während nicht-hispanische Weiße auf 52,8% zurückgehen werden. In hundert Jahren werden die Afroamerikaner 15%, die Asiaten 13,2%, Latinos 33,3% und die nicht-hispanische Weißen 40,3% ausmachen. Die Amerikaner europäischer Herkunft werden – zumindest quantitativ – eine Minderheit sein.

Ethnizität, Pluralismus und nationale Identität

Angesichts der andauernden Migrationsbewegungen aus der ‚Dritten Welt' in den letzten 30 Jahren wurde – wieder einmal – die Frage nach der „amerikanischen Identität" aufgeworfen, die Frage, ob die neuesten Migrationsbewegungen die Identität der amerikanischen Gesellschaft verändern oder gar gefährden würden. In der medialen Öffentlichkeit wurde diese Frage mit der sich verschiebenden ethnischen Zusammensetzung der amerikanischen Bevölkerung und der ängstlichen Erwartung in Verbindung gebracht, dass *people of color* in nicht allzu weiter Zukunft den weißen Amerikanern quantitativ überlegen sein werden.

In der neueren (d.i. Nachkriegs-) Literatur zur Frage der „amerikanischen Identität" tauchen zwei Themen immer wieder auf: Zum einen der wesentlich ideologische Charakter der „amerikanischen Identität"[35] – das was die „amerikanische Idee"[36], die „civil religion" des *American Way of Life*[37] oder das „amerikanische Credo"[38] genannt worden ist. Zum anderen die herausragende Bedeutung der Immigration, die These, dass der

Immigrant der Prototyp des Amerikaners deshalb sei, weil er – wie alle Amerikaner – sich von der „alten" Gesellschaft losgerissen habe und durch seine Assimilierung in die „neue" Gesellschaft die typisch „amerikanische Erfahrung" von Wandel, Mobilität und Zukunftsorientiertheit verkörpere.[39] Zugleich stehen diese beiden Themen – die „Idee Amerika" als ein System von als „amerikanisch" geltenden Werten und Wahrheiten und die Realität und Erfahrung kontinuierlicher Einwanderungsbewegungen – in einem unmittelbaren Zusammenhang. Gerade weil die USA eine „nation of immigrants", ein Land von Menschen unterschiedlichster geographischer und nationaler Herkunft sind, dessen Grenzen zudem lange Zeit im Fluss waren, ist „Amerika" ein vor allem moralisches Gebilde, das bestimmte ideologische Ansprüche an diejenigen stellt, die seine Bürger sein wollen. „Ein Amerikaner zu sein", bemerkte schon der deutsch-amerikanische Politikwissenschaftler Carl J. Friedrich, „ist ein Ideal, ein Franzose zu sein dagegen eine Tatsache";[40] aber eben ein Ideal – so könnte man hinzufügen -, das potentiell für jeden (Immigranten) erreichbar ist, während ein „Ausländer" niemals ein ‚richtiger' Franzose, Engländer oder Deutscher werden kann. Diese eigenartige Mischung von universell-moralischer Qualität und zu etwas Neuem zusammengeschmolzener Heterogenität klang schon in Michel-Guillaume Jean de Crèvecoeurs berühmten (1782 zum ersten Mal erschienenen, aber schon vor der amerikanischen ‚Revolution' geschriebenen) *Letters From an American Farmer* an. „Was ist nun der Amerikaner, dieser neue Mann?" fragte Crèvecoeur und fuhr fort: „Er ist ein Amerikaner, der alle alten Vorurteile und Verhaltensweisen hinter sich lässt und neue empfängt durch die neue Lebensweise, die er angenommen hat ... Er wird ein Amerikaner, indem er in den breiten Schoß unserer großen *Alma Mater* aufgenommen wird. Hier werden Individuen zu einer neuen Menschenrasse zusammengeschmolzen ..."[41] Allerdings waren weder die gewaltsam nach Nordamerika verschleppten Afrikaner und ihre Nachfahren noch die indianischen Ureinwohner des Kontinents Teil dieser „neuen Menschenrasse"; sie standen a priori außerhalb der „amerikanischen Identität". Während Crèvecoeur die schwarze Bevölkerung schlicht ignorierte, nahm er von den Indianern an, dass sie mit der Zeit aus den kontinentalen Siedlungsgebieten verschwinden würden.[42]

Diesseits der *color line* war die „amerikanische Identität" zunächst jedoch wesentlich ideologisch (und nicht ethnisch) konzeptualisiert. Das kam z.B. in den Einbürgerungsgesetzen zum Ausdruck, die es jeder „freien weißen Person" ermöglichten, ohne größeren Aufwand Vollbürger der USA zu werden. Dazu bedurfte es lediglich des Schwurs auf die amerikanische Verfassung, der Absage an jegliche Loyalitäten gegenüber anderen Staaten und der Versicherung, dass man fünf Jahre in den USA gelebt habe. In der Frühphase der Republik war die ethnische Zusammensetzung der Siedlerbevölkerung relativ homogen. Als die nordamerikanischen Kolonien sich von Großbritannien lossagten, waren knapp 80% der weißen Bevölkerung britischer Herkunft. Und auch die nicht-britischen Siedler zeigten eine gewisse kulturelle Affinität zur englischen Mehrheit; sie kamen fast ausschließlich aus Nord- und Westeuropa, und sie waren zu 99% Protestanten. Darüber hinaus blieb die Einwanderung im ersten Viertel des 19. Jahrhunderts vergleichsweise niedrig. Faktisch bedeutete die von Crèvecoeur avisierte Verschmelzung der Amerikaner zu einer „neuen Menschenrasse" die Subsumtion der amerikanischen Neubürger unter die (politische und kulturelle) Hegemonie der Engländer bzw. der Angloamerikaner. John Jay hatte die „anglokonforme" Identität der neuen Republik, die sich unter anderem in der Etablierung der englischen Sprache als Lingua franca niedergeschlagen hatte, schon in den *Federalist Papers* (1787) postuliert: „Die Vorsehung hat dieses ... Land wohlbedacht einem vereinten Volk gegeben, einem Volk, das von den gleichen Vorfahren abstammt, die gleiche Sprache spricht, die gleiche Religion ausübt, den gleichen Regierungsprinzipien verbunden ist und in ihren Sitten und Gebräuchen sehr ähnlich ist."[43]

Mit der Zunahme der Einwanderungsbewegungen nach 1830 wurden die Zulassungsbedingungen zur „amerikanischen Identität" für bestimmte Gruppen unter den europäischen Einwanderern merklich verschärft. Der sich neu formierende Nativismus richtete sich vor allem gegen katholische Immigranten, insbesondere die Iren, und erreichte seinen Höhepunkt in den 50er Jahren des 19. Jahrhunderts im sogenannten „Know-Nothingism". Die von den „Know-Nothings" aufgeworfene Frage „Whose country is this, anyhow?" polemisierte gegen die katholischen Immigranten, deren massiver Zufluss nicht nur als

Gefahr für die Hegemonie des Protestantismus, sondern auch für die Prinzipien der Verfassung und Politik, das Erziehungssystem sowie das gesamte kulturelle und soziale Wertesystem der amerikanischen Gesellschaft gesehen wurde. Die drückende Armut vieler Einwanderer, die elenden und überbelegten Wohnquartiere, aber auch teilweise ausgelassene Feste und Trinkgewohnheiten trugen zu dem Verdikt bei, dass die (katholischen) Einwanderer dem „amerikanischen Charakter" und der „amerikanischen Moral" in höchstem Maße abträglich seien. Wenngleich der „Know-Nothingism" in der Folge durch die die Nation spaltende Frage der Sklaverei überdeckt wurde und schnell an Bedeutung verlor, blieben antikatholische und ausländerfeindliche Ressentiments während der nächsten einhundert Jahre wirksam und verkörperten durchaus eine wesentliche Facette bzw. Variante der amerikanischen Identität.

Um die Jahrhundertwende kam es zu einem neuen Aufschwung von Nativismus und Fremdenfeindlichkeit gegen Europäer, diesmal vor allem gegen die (jüdischen und katholischen) Einwanderer aus Ost- und Südeuropa gerichtet. Sie erreichte ihren Höhepunkt im Wiedererstarken des Ku Klux Klan, in dem *Red Scare* nach dem ersten Weltkrieg und in der restriktiven Einwanderungspolitik der 20er Jahre des 20. Jahrhunderts. Zugleich war dies die Hochzeit des auf Herbert Spencers Konzepte der „natürlichen Auslese" und des „survival of the fittest" und die Mendelsche Genetik zurückgehenden ‚wissenschaftlichen' Rassismus, demzufolge die Überlegenheit der „angelsächsischen Rasse" biologisch und physisch-anthropologisch begründet sei.

Andererseits führten die massiven Einwanderungsbewegungen zu einer neuen Diskussion um das Verhältnis von „Ethnizität" und „amerikanischer Identität", die zwei bis heute einflussreiche Konzepte hervorgebracht hat: Zum einen die schon bei Crèvecoeur angedeutete, aber erst durch Israel Zangwills Theaterstück *The Melting Pot* (1909) benannte und popularisierte Idee der Fusionierung der verschiedenen Immigrantengruppen zu einer neuen amerikanischen Spezies. In seinem Theaterstück entfaltete Zangwill am Beispiel der Geschichte einer jüdischen Familie in New York die Vision eines sozialen Fusionsprozesses, in dessen Verlauf alle ethnischen, ‚rassischen', religiösen und nationalen Rudimente der Einwanderer gleichsam im Schmelztiegel „Amerika" zusammengeschmolzen und zu einer neuen Identität regeneriert werden. Das Stück endet mit dem Lobgesang des Protagonisten David auf „Amerika", dessen Existenz göttlicher Akt und Erlösung der leidgeprüften Einwanderer in einem sei:

> Da liegt er, der großartige Schmelztiegel – ... der Hafen, wo tausend ... Zubringer vom Ende der Welt ihre menschliche Fracht hineinschütten. ... Kelten und Römer, Slaven und Teutonen, Griechen und Syrer, – schwarz und gelb – .... Ja, Ost und West, Nord und Süd, die Palme und die Pinie, der Pol und der Äquator, der Halbmond und das Kreuz – wie der große Alchimist sie mit seinem reinigenden Feuer schmelzt und fusioniert! Hier werden sie sich alle vereinen, um die Republik der Menschen und das Königreich Gottes aufzubauen.[44]

Zugleich forderte der „melting pot" von den Einwanderern, sich zu verändern, zu „neuen Menschen" zu werden, kurz: sich zu assimilieren. In der Soziologie wurde das Konzept des „melting pot" vor dem Hintergrund der realen Erfahrung der Masseneinwanderung zu Beginn des 20. Jahrhunderts vor allem an der University of Chicago entwickelt. Robert Park, eine der prägenden Figuren der „Chicago School" entwickelte ein Stufenmodell ethnischer Beziehungen, die vom „Kontakt" über „Konflikt" zur (asymmetrischen) „Anpassung" reichten und schließlich in die „Assimilation" (der Minderheit) mündeten.[45] Auch wenn Park die schwarzen Amerikaner in seiner Theorie der ethnischen Beziehungen im Prinzip berücksichtigte, gab es de facto – im wissenschaftlichen *mainstream* ebenso wie im populären Bewusstsein – immer noch jene Kategorie von „Personen", die von vornherein als nicht assimilierungsfähig angesehen wurden, neben den Indianern und Afroamerikanern mittlerweile auch die ‚farbigen' Einwanderer aus Asien, der Karibik und Lateinamerika.

Zum anderen wurde – gegen die „melting pot"-These – eine Interpretation von Ethnizität und „amerikanischer Identität" entwickelt, die unter der Bezeichnung „kultureller Pluralismus" bekannt geworden ist.[46] In dem berühmt gewordenen Artikel „Democracy versus the Melting Pot", der im Februar 1915 in *The Nation* veröffentlicht wurde, vertrat Horace Kallen die These, dass der „melting pot" nur durch zwangsweise Amerikanisierung und damit Verletzung der demokratischen Ideale Amerikas durchzusetzen sei. Statt dessen propagierte er eine „Demokratie verschiedener Nationalitäten", in der die verschiedenen ethnischen Gruppen zwar in Politik und Ökonomie der Gesamtnation integriert blieben, zugleich aber ihre ethnische und kulturelle Identität pflegen könnten („Vielzahl in der Einheit"). Anhand der Metapher vom Symphonieorchester versuchte Kallen zu zeigen, dass die Union nicht durch Uniformität, sondern durch die Harmonie ihrer Teile hergestellt werde, dass „Demokratie nicht die Eliminierung von Unterschieden, sondern die Vollendung und Konservierung von Unterschieden" bedeute. Zu einer Zeit, die durch extremen Nativismus, Fremdenfeindlichkeit und Rassismus gekennzeichnet war, plädierte Kallen nicht nur für mehr Toleranz, sondern gab der Wertschätzung ethnischer Unterschiede eine demokratische Legitimation, auch wenn diese Position zunächst ohne größeren Einfluss blieb. Zugleich war seine Theorie in mehrerer Hinsicht problematisch.

Abgesehen davon, dass Kallens „kultureller Pluralismus" insgesamt diffus blieb und insbesondere die Frage der politischen Repräsentation von kultureller Eigenständigkeit ausblendete, waren die *people of color* von Anfang an von Kallens „Orchester der Menschheit" ausgeschlossen; die Musiker im Symphonieorchester waren alle weiß und Europäer, „die pluralistische These ... von vornherein im weißen Ethnozentrismus verfangen".[47] Darüber hinaus lag ihr auch eine fragwürdige Theorie der „Rassenbeziehungen" zugrunde. Der „kulturelle Pluralismus" basierte nämlich nicht auf einer (politischen oder soziokulturellen) Option der Betroffenen, sondern auf deren „innerlicher" und „unvermeidlicher" Natur. Wenngleich Kallen ethnische Differenzen nicht explizit in biologischen und physisch-anthropologischen Begriffen diskutierte (wie die meisten ‚Rassen'theorien seiner Zeit), ging er doch von „angeborenen" Merkmalen und Qualitäten aus, die er mit ethnischen und „nationalen" Differenzen in Zusammenhang brachte. D.h. ‚rassisch' bedingte und damit unaufhebbare Unterschiede erforderten Kallen zufolge geradezu unabdingbar den „Pluralismus".[48]

Ein weiteres Problem des Pluralismus-Ansatzes war (und ist), dass die historisch und empirisch bestehenden gesellschaftlichen Ungleichheiten und Herrschaftsverhältnisse nicht berücksichtigt wurden, obwohl Kallens „kultureller Pluralismus" implizit eine fundamentale Gleichheit und Demokratie der verschiedenen ethnischen Gruppen voraussetzte. Benjamin Ringer hat darauf aufmerksam gemacht, dass das Konzept der „Pluralität" von den europäischen Kolonisten von Anbeginn als Mittel der Unterwerfung benutzt worden ist:

Durch ... koloniale Eroberung, Unterwerfung und gewaltsamen Import nicht-weißer [Völker] ... haben die weißen Europäer den nicht-weißen [Völkern] ty-pischerweise eine rassisch-segmentierte plurale Gesellschaftsstruktur aufge-zwungen, die sie durch die Ausübung roher Gewalt beherrscht haben. Und in ihrem Streben nach dauerhafter Präsenz haben sie für sich selbst und ihre wei-ßen Kumpane eine Siedlergesellschaft nach ihrem eigenen rassischen, religiö-sen und nationalen Bilde geschaffen. Der Charakter dieser dualen Strukturen, ihre Verbindungsglieder und Beziehungen haben je nach nationaler Identität der weißen Europäer, rassischer Identität der nicht-weißen [Völker], proportio-nalem Mengenverhältnis zwischen den Rassen sowie historischen Umständen verschiedene Formen angenommen.[49]

Die USA waren von Anfang an eine „plurale" Gesellschaft, in-nerhalb derer bestimmten gesellschaftlichen Gruppen – unbe-schadet der Unabhängigkeitserklärung und der Verfassung – eine untergeordnete, abhängige und ‚inferiore' Position zuge-wiesen wurde. Die *people of color*, insbesondere Indianer und Afroamerikaner, aber auch Asiaten und Chicanos, wurden nicht nur von der weißen Siedlungsgesellschaft, der Demokratie frei-er und unabhängiger Bürger ausgeschlossen, sondern – das war der tiefere Sinn des „Pluralismus" – bezüglich ihrer Arbeits-kraft ausgebeutet, ihres Landes beraubt und insgesamt als er-oberte Untertanen oder persönliches Eigentum behandelt.

Diese Demokratie freier und unabhängiger Bürger ... basierte allerdings von Anfang an und strukturell auf Expansion („frontier") und Unterwerfung (der eingeborenen Indianer), und auf der Aberkennung jeglicher Bürger- und Men-schenrechte für große Teile der arbeitenden Bevölkerung; die Realisierung po-litischer Freiheit in der Jeffersonischen Demokratie setzte eine ökonomische Existenz voraus, die in den Südstaaten praktisch nur im Zusammenhang mit der Sklavenwirtschaft zu erlangen war. Die unmittelbare Herrschaftsgewalt über Sklaven war Prämisse des amerikanischen Traums, der Theorie von der Einheit politisch-ökonomischer Bürgerfreiheit.[50]

„Pluralismus" gab es also in den USA allenthalben. Allerdings existierte die von Kallen geforderte „Demokratie der Nationali-täten", wenn überhaupt, nur oberhalb der *color line*. Dieser Umstand, dass der amerikanische „Pluralismus" auf strukturel-len Ungleichheiten beruhte und die Form der systemisch gene-rierten *color line* annahm, die zugleich Basis für die langfristi-ge Aufrechterhaltung ‚rassischer' und ethnischer Unterschiede und Ungleichheiten war, „war der Fallstrick – der fatale Fehler –, der dem ethnischen Pluralismus seine kulturelle Unschuld raubte".[51]

Der Zweite Weltkrieg brachte zwei wichtige Veränderungen im Hinblick auf die Diskussion um die Frage der „amerikani-

schen Identität" hervor. Erstens erzeugte „das große gemeinsame Erlebnis" des Krieges eine neue Variante des amerikanischen Nationalismus, der (zum ersten Mal in der Geschichte
der USA) *alle* Amerikaner *europäischer* Herkunft einschloss,
also auch die katholischen und jüdischen Einwanderer des
späten 19. und frühen 20. Jahrhunderts. Zum anderen erhielt
die (durch die gesamte amerikanische Geschichte sich hin-
durchziehende) Ausgrenzung der *people of color*, von Afroamerikanern, Indianern, Chicanos und Asiaten erste Risse. Der
Rassismus wurde als „amerikanisches Dilemma" (Gunnar Myrdal) gegeißelt, ohne allerdings den prinzipiell demokratischen
Charakter der amerikanischen Gesellschaft in Frage zustellen.
In der Folge brachten Bürgerrechts- und schwarze Befreiungsbewegungen die amerikanische Variante der Apartheid („separate but equal") zu Fall. Gleichwohl sind die 35 Mio. Afroamerikaner (ebenso wie die 30 Mio. Latinos, 11 Mio. Asiaten und
2,4 Mio. Indianer) auch mehr als 35 Jahre nach dem Inkrafttreten der Bürgerrechtsgesetze weder in den amerikanischen
„melting pot" integriert noch im Rahmen eines demokratischen
und egalitären „Pluralismus" akzeptiert. Trotz Bürgerrechte
und gesetzlicher Antidiskriminierungsmaßnahmen in den 60er
und 70er Jahren sind die Beziehungen zwischen weißen und
schwarzen Amerikanern bis heute nicht über das Stadium einer
„eisigen Détente" hinausgekommen.[52] Eher hat die ökonomische und soziale Marginalisierung der afroamerikanischen Bevölkerung in den großstädtischen Ghettos wieder zugenommen;
und immer noch werden Indianer von ihrem Land vertrieben
und umgebracht, zwar nicht mehr mit Gewehren, aber durch
Armut, Hunger, Krankheit und Vernachlässigung.

Die 60er Jahre brachten ein Wiederaufleben der Ethnizität
und ethnischer Identitäten. Zum einen in der afroamerikanischen Bevölkerung, die nach Durchsetzung der Bürgerrechte
nun auch auf die Verbesserung ihrer ökonomisch-materiellen
Situation drängte. Blieb die Bürgerrechtsbewegung noch dem
„amerikanischen Kredo" und dem „amerikanischen Traum"
verbunden,[53] so forderte die seit Mitte der 60er Jahre sich formierende *Black Power*-Bewegung nicht länger Konzessionen
seitens des weißen Amerikas, sondern propagierte ein spezifisch „schwarzes" Bewusstsein, die politische, ökonomische,
soziale und kulturelle Selbstbestimmung der Afroamerikaner
und die effektive Kontrolle über die eigenen Lebensbedingun-

gen. In der Folge kam es zu ähnlichen Bewegungen und Selbst-
bestimmungsforderungen anderer *people of color*, insbesondere
der Indianer und der Chicanos („Red Power", „Brown Power").

Zum zweiten (und in gewisser Weise als Reaktion auf die
sozialen Bewegungen und Interessenartikulation der *people of
color*) kam es zu einer ethnischen Renaissance der „white ethnics".[54] Der Wiederaufschwung der „White Ethnic"-Bewegung
wurde verstärkt durch die „moralische" Krise der USA (Vietnam, Watergate), die die ideologische Kraft der „amerikanischen Identität" zeitweilig schwächte. Theoretisch war die sogenannte „Neue Ethnizität" von Nathan Glazer und Daniel
Moynihan in ihrem viel diskutierten Buch *Beyond the Melting
Pot* (1963) vorbereitet worden. Der „melting pot", so die Autoren, habe sich nicht realisiert. In dem Maße wie die alte Kultur
von den Einwanderern abgefallen sei (und das sei durchaus
schnell geschehen), habe sich „eine neue [Kultur] gebildet, ge-
formt durch die distinkten Lebenserfahrungen in Amerika, und
eine neue Identität kreiert".[55] Milton Gordon hat sich in seinem
einflussreichen Buch *Assimilation in American Life* mit der
gleichen Problematik beschäftigt und die Aufmerksamkeit von
der kulturellen auf die soziale Dimension der Ethnizität gelenkt: Ethnische Gruppen seien nicht nur kulturelle Einheiten,
sondern „Subgesellschaften" mit entsprechenden ethnischen
Milieus (Freundschaftsbeziehungen, Organisationen, Vereinigungen, etc.), die auch weiter existieren würden, nachdem sie
viele ihrer spezifischen kulturellen Attribute verloren haben.
Weil Gordon einerseits „einen massiven Trend zur Akkultura-
tion bei allen [ethnischen] Gruppen ... hin zu amerikanischen
Kulturformen", andererseits aber die Hartnäckigkeit der „strukturell separaten Subgesellschaften der drei Hauptreligionen und
der rassischen und quasi-rassischen Gruppen und sogar Spuren
nationaler Gruppierungen" sah, führte er die Unterscheidung
zwischen „kulturellem" und „strukturellem Pluralismus" ein,
wobei der „strukturelle Pluralismus eine adäquatere Bezeichnung der amerikanischen Situation" sei als der kulturelle, obwohl letzterer bis zu einem gewissen Grad immer noch existie-
re.[56] In den 80er Jahren des 20. Jahrhunderts, einer Dekade des
„öffentlichen" Rekurses auf konservative (und religiöse) amerikanische Werte, hatte die Reklamierung ethnischer Identitäten
und der damit einhergehenden (Partikular)Interessen einen
Großteil ihrer Legitimität eingebüßt. Vor dem realen Hinter-

grund der jüngsten Migrationsbewegungen aus der ‚Dritten Welt' kann der erneute Trend zur „Amerikanisierung" der „amerikanischen Identität" durchaus als Versuch der Sicherung der weißen (angelsächsischen) Hegemonie verstanden werden.

Trotz bzw. wegen der Präsenz der von Anfang an größten aller ethnischen Gruppen, der Afroamerikaner, waren der gesamtgesellschaftliche Konsens und die Identität der USA historisch eng mit der Gewährung ‚rassischer' Privilegien für die weiße Mehrheit der Amerikaner sowie der entsprechenden Ideologie der „weißen Suprematie" verbunden. In der Vergangenheit wurde die ‚rassische' Ausgrenzung der afroamerikanischen Bevölkerung und anderer *people of color* unter anderem dadurch aufrecht erhalten, dass die europäischen Arbeitsmigranten nicht nur amerikanisiert, sondern vor allem in die „weiße Rasse" integriert und damit von Ihren afroamerikanischen Klassengenossen separiert wurden. Dies dürfte angesichts der Verschiebung der Migrationsbewegungen zugunsten ‚peripherer' Populationen aus der ‚Dritten Welt' nicht mehr ohne weiteres möglich sein. Damit eröffnet sich zum einen die Möglichkeit eines neuen, auch die *people of color* umfassenden demokratischen und egalitären „Pluralismus", der sich in den 80er Jahren ansatzweise in der (mehrheitlich von Afroamerikanern getragenen) *Rainbow Coalition* gezeigt hat. Zum anderen erschwert die Heterogenität der *people of color* die Tragweite und Durchschlagskraft politischer Emanzipationsbewegungen. Ethnizität ist (und war in der Vergangenheit) sowohl ein mobilisierendes als auch retardierendes Moment in der politischen Arena der USA.

Zugleich ist aber auch die Gefahr eines neuen amerikanischen „weißen Nativismus" gewachsen, der die Zugehörigkeit zur „weißen Rasse" zum wesentlichen Kriterium der amerikanischen Identität erhebt und sich gegen die zunehmende Präsenz der Migranten aus der ‚Dritten Welt' richtet. In den letzten 20-25 Jahren hat es jedenfalls immer wieder alarmierte und alarmierende Stimmen gegen den massiven Zufluss von Migranten aus Ländern der ‚Dritten Welt' gegeben. Und auch im Kongress ist es zu erneuten Diskussionen über die Verschärfung der Einwanderungsbestimmungen gekommen.[57] Dabei bleibt zunächst unverständlich, warum die Zunahme von ‚Dritte Welt'-Populationen *per se* eine Gefahr für die Grundlagen der US-amerikanischen Gesellschaft bedeuten soll; warum, wie

Allan Bloom in seinem Bestseller *The Closing of the American Mind* behauptet hat, „die heutigen Einwanderer eine zu große kulturelle Belastung für eine auf westliche Werte sich gründende Nation sind"; warum zu viele Einwanderer „die Grundlagen der amerikanischen Erfahrung unterminieren und eine Balkanisierung der Gesellschaft herbeiführen", wie Norman Podhoretz, der Herausgeber des *Commentary*, befürchtet; warum die Herausbildung einer „sichtbar multirassischen Gesellschaft für viele normale [sic] Bürger zwangsläufig eine schwer zu verkraftende Erfahrung sein wird".[58] Alle diese Behauptungen und Befürchtungen ergeben nur dann einen Sinn, wenn ausgesprochen wird, was kaum jemand öffentlich auszusprechen sich getraut hat, dass es nämlich letztlich um die Aufrechterhaltung der Anglo-Hegemonie bzw. der ‚weißen Suprematie' als der Kernstruktur der „amerikanischen Identität" geht. Hinter der „Idee Amerika" als einem universell gültigen System von als „amerikanisch" geltenden Werten und Wahrheiten, welche die USA (wie jede andere Gesellschaft auch) zu ihrem Bestand benötige und die durch die neuen Migranten in Gefahr gerieten, verbergen sich die gar nicht so universellen Strukturen und Institutionen der ‚weißen Suprematie' und der Anglo-Hegemonie.[59] Darin liegt auch der entscheidende Unterschied zu historisch vorangegangenen Phasen massiver Einwanderungsschübe. Die massenhafte Ankunft europäischer Migranten zu Beginn dieses Jahrhunderts, die die gegenwärtigen Einwanderungsbewegungen weit in den Schatten stellt, hatte zwar auch zu Konflikten mit ‚alteingesessenen' US-Bürgern geführt, aber diese berührten nicht die Strukturen und Institutionen der ‚weißen Suprematie'. Das eigentliche Problem, das der gegenwärtige Zustrom von ‚Dritte Welt'-Migranten wieder aufgeworfen hat, ist so alt wie die USA selbst und wurde von W.E.B. DuBois schon vor knapp 100 Jahren präzise benannt: „Das Problem des 20. Jahrhunderts ist das Problem der *color line*";[60] oder, wie es der New Yorker Historiker Thomas Bender im Anschluss an DuBois formuliert hat: „Die wirkliche Frage ist, ob – oder ob nicht – unsere Vorstellung von Vielfalt die *color line* erfolgreich überwinden kann."[61] Im Jahr 2000 müssen wir leider feststellen: Das Problem der *color line* ist auch noch das Problem des 21. Jahrhunderts.

Anmerkungen

1 Dieser Beitrag ist neu in diesen Band aufgenommen worden. Er behandelt die neuen Wanderungsbewegungen und die daraus folgende Heterogenisierung ethnischer Beziehungen. Zur spezifischen Situation der afroamerikanischen Bevölkerung siehe den in diesen Band nicht mehr enthaltenen Beitrag: Remco van Capelleveen, „Black in a white America: das ‚Amerikanische Dilemma' am Ende des 20. Jahrhunderts", in: USA: Wirtschaft, Gesellschaft, Politik (1991), hrsg. von Hartmut Wasser, 3. Aufl., Opladen: Leske + Budrich 1996, S. 301-337.

2 Oscar Handlin, The Uprooted, Boston: Little, Brown & Co, 1951, S. 3.

3 Thomas Holt, „Afro-Americans", in: Harvard Encyclopedia of American Ethnic Groups, Hrsg. von Stephan Thernstrom, Cambridge, MA: Harvard UP 1980, S. 5-23; Philip Curtin, The Atlantic Slave Trade: A Census, Madison, WI: UP, 1969.

4 Thurgood Marshall, „Race and the Constitution", in: Social Policy (Sommer 1987), S. 29-31; Reed Ueda, „Naturalization and Citizenship", in: Harvard Encyclopedia of American Ethnic Groups, a.a.O., S. 736-37.

5 Die statistischen Angaben in diesem Beitrag basieren auf folgenden Quellen: U.S. Bureau of the Census, Statistical Abstract of the United States 1998, Washington, DC: GPO, 1998; U.S. Bureau of the Census, Historical Statistics of the United States, Colonial Times to 1970, Washington, DC: GPO 1975; U.S. Immigration and Naturalization Service, Annual Report, verschiedene Jgg.; Richard Easterlin, „Immigration: Economic and Social Characteristics", in: Harvard Encyclopedia of American Ethnic Groups, a.a.O., S. 476-81; William Bernard, „Immigration: History of U.S. Policy," in: Harvard Encyclopedia of American Ethnic Groups, a.a.O., S. 492-93; Donald Bogue, The Population of the United States, New York: Free Press 1985; David Reimers, Still the Golden Door: The Third World Comes to America, New York: Columbia UP 1985.

6 Zu den extrem hohen Einwanderungszahlen der Jahre 1990 und 1991 vgl. Fussnote 25.

7 Das Gesetz von 1924 setzte eine Gesamtobergrenze von 165.000 Einwanderern pro Jahr fest – das waren weniger als ein Fünftel der durchschnittlichen jährlichen Einwanderung vor 1914 – und begrenzte die Quoten für jedes Land auf zwei Prozent von den bei der Volkszählung von 1890 erfaßten Immigranten aus dem jeweiligen Land.

8 Ekkehart Krippendorff, „Migrationsbewegungen und die Herausbildung des kapitalistischen Weltmarkts", in: Die Dritte Welt 6.1, 1978, S. 94-103; Brinley Thomas, Migration and Economic Growth, Cambridge, MA: UP 1973, S. 9 und passim.

9 Zit. nach Eric Williams, Capitalism and Slavery, London 1964, S. 6.

10 George Fitzhugh, Sociology of the South, Richmond, VA 1854, S. 143.

11 Theodore W. Allen, The Invention of the White Race, 2 Bd.e, London: Verso, 1994 und 1997; insbesondere Vol. 2: The Origins of Racial Oppression in Anglo-America (1997).

12 Theodore W. Allen, Class Struggle and the Origin of Racial Slavery, Hoboken, NJ 1975, S. 5; ders., The Invention of the White Race, a.a.O.

13 Remco van Capelleveen, Middle Class Society Made in U.S.A. – oder: der amerikanische „Abschied vom Proletariat", in: Amerikanische Mythen: Zur inneren Verfassung der Vereinigten Staaten, hrsg. von Frank Unger, Frankfurt: Campus, 1988, S. 240 ff.

14 Zu den statistischen Zahlen siehe Fußnote 5.

15 Die Gebiete der heutigen Bundesstaaten Kalifornien, Nevada, Arizona, Neu Mexiko, Texas, die Hälfte Colorados und kleinere Teile von Utah und Oklahoma gehörten alle zu Mexiko.

16 Darüber hinaus kamen zahlreiche Mexikaner ohne Einreisepapiere in die USA. Manche Experten gehen davon aus, daß allein in den 20er Jahren eineinhalb Millionen Mexikaner „illegal" über die Grenze kamen (Lawrence Cardoso, Mexican Emigration to the United States 1897-1931, Tucson, AZ: University of Arizona Press 1980, Kap.5).

17 Die Subquoten für die Kolonien wurden eingeführt, um die Einwanderung von Schwarzen aus der Karibik zu reduzieren, ohne die hohen Quoten der europäischen Kolonialmächte, insbesondere Englands, anzutasten.

18 Sowohl in den 30er Jahren als auch noch während des zweiten Weltkriegs haben die USA Tausende deutscher Juden abgewiesen, die dem Nationalsozialismus zu entkommen suchten.

19 Zu den statistischen Zahlen siehe Fußnote 5.

20 Als Jamaica und Trinidad/Tobago 1962 die politische Unabhängigkeit gewährt wurde, blieben die Quoten von 100 bestehen.

21 Senator McCarran befürchtete, daß ohne eine solche Anrechnung etwa zwei Millionen Asiaten zur Einwanderung in die USA berechtigt sein würden (*Congressional Record* 22.5.1952: 5765).

22 1976 wurde das Mindestalter der betreffenden US-Bürger vom Kongreß auf 21 Jahre festgesetzt.

23 Flüchtlinge wurden als „conditional entrants" aufgenommen und konnten nach zwei Jahren Einwandererstatus („permanent residency") beantragen. Als Flüchtling wurde anerkannt, wer der Verfolgung in kommunistischen oder Ländern des Mittleren Ostens zu entgehen suchte. 1976 wurde das Quotum für Flüchtlinge auf 17.400 erhöht. 1980 wurden Flüchtlinge aus dem Präferenzsystem herausgenommen und ihre Aufnahme nach Maßgabe des Refugee Act geregelt (siehe weiter unten). Die freigewordenen 6% wurden der 2. Präferenz zugeschlagen.

24 Congressional Record, 25.8.1965: 21812.

25 In den Jahren 1990 und 1991 wurde mit 1,5 bzw. 1,8 Mio. legalen Einwanderern im Jahr der bisherige historische Spitzenwert erreicht. Die extrem hohen Zahlen in diesen beiden Jahren gehen unmittelbar auf die Legalisierung „illegaler" Migranten in der Folge des Einwanderungsreformgesetzes von 1986 (siehe dazu weiter unten) zurück und sind insofern nicht repräsentativ für den ‚normalen' Einwanderungszufluss. Zu den statistischen Zahlen siehe Fußnote 5.

26 Gesicherte Einwanderungsdaten liegen nur bis 1996 vor. Um die Vergleichbarkeit der Dekaden herzustellen, wurden die Daten der Jahre 1997-2000 hochgerechnet, indem die Summe der Daten 1991-1996 für die gesamte Dekade mit 10/6 multipliziert wurde.

27 Die These des durch die fünfte Präferenz erzeugten sog. „Schneeballeffekts" wurde zuerst durch einen Bericht der Select Commission on Immi-

gration and Refugee Policy 1981 geäußert. In der Folge wurde sie durch Veröffentlichungen wie *The Immigration Time Bomb* von Richard Lamm und Gary Imhoff (1985) popularisiert.

28 Die Sanktionen umfassen Geldstrafen (zwischen $250 und $10.000 pro illegal beschäftigter Arbeitskraft) und Gefängnisstrafen (bis zu sechs Monaten).

29 Daß die Einwanderung aus Afrika relativ gering blieb, hängt damit zusammen, daß die Verflechtungen zwischen den USA und Afrika bisher noch nicht so eng sind wie die mit Lateinamerika, der Karibik und Asien.

30 Die statistischen Kategorien „white" und „white, not hispanic" schließen auch Menschen nordafrikanischer und nahöstlicher Herkunft ein.

31 Die Census-Kategorien „White", „Black" usw. enthalten auch Latinos. Umgekehrt enthält die Kategorie „Hispanic origin" auch Schwarze, Asiaten usw. Deshalb gibt es zwei Darstellungen ethnischer Zugehörigkeit: 1. nach „race" (d.i. ohne Berücksichtigung von „Hispanic origin") (siehe Grafik 3); 2. nach „Hispanic origin", wobei die nicht-hispanischen Gruppen nach „race" untergliedert werden (siehe Grafik 4).

32 Die statistische Census-Kategorie „Schwarze" enthält auch einen kleinen, hier zu vernachlässigenden Anteil schwarzer Latinos, der in der Gesamtsumme der ethnischen Gruppen doppelt berücksichtigt wird. Dieser Anteil liegt im Jahr 2000 bei 0,6% der Gesamtbevölkerung und steigt auf 2% Im Jahr 2100. Das gleiche gilt – in geringerem Maße – für Latinos asiatischer Herkunft (0,2 bzw. 0,6%).

33 Diese Aspekte habe ich an anderer Stelle beschrieben: Remco van Capelleveen, „Caribbean Immigrants in New York City and the Transformation of the Metropolitan Economy," in: El Caribe y Américana Latina – The Caribbean and Latin America, hrsg. von Ulrich Fleischmann und Ineke Phaf, Frankfurt: Vervuert 1987, S. 260-272; ders., „ ‚Peripheral‘ Culture in the Metropolis," in: Alternative Cultures in the Caribbean, hrsg. von Thomas Bremer und Ulrich Fleischmann, Frankfurt: Vervuert 1993, S. 131-148; ders. „Multiculturalism and the Color Line: African Caribbeans in New York City," in: Multiculturalism and the Canon of American Culture, hrsg. von Hans Bak, Amsterdam: VU Press 1993, S. 172-198.

34 Die Schätzungen des Census-Büros umfassen drei Szenarien (lowest, middle und highest series). Im folgenden wird das mittlere – also weniger dramatische – Szenario zugrundegelegt; siehe Projections of the Resident Population by Race, Hispanic Origin and Nativity: Middle Series, 1999-2100, http://www.census.gov/population/www/projections/natsum-T5.html.

35 Hans Kohn, American Nationalism: An Interpretative Essay, New York: Collier 1957.

36 Horace Kallen, Cultural Pluralism and the American Idea, Philadelphia, PA: University of Pennsylvania Press 1956.

37 Will Herberg, Protestant-Catholic-Jew, Garden City, NY: Doubleday 1955; Robert Bellah, „Civil Religion in America," in: Religion in America, hrsg. von William McLoughlin und Robert Bellah, Boston: Houghton Mifflin 1968.

38 Gunnar Myrdal, An American Dilemma, New York: Harper and Row 1944; Samuel Huntington, American Politics: The Promise of Disharmony, Cambridge, MA: Belknap 1981.

39 Geoffrey Gorer, The American People, New York: Norton 1948. Oscar Handlin drückte dies im letzten Kapitel seines Buches *The Uprooted*, dessen Titel als Metapher für alle Amerikaner verstanden werden kann, folgendermaßen aus: „Die Neuankömmlinge waren schon dabei, Amerikaner zu werden, bevor sie überhaupt [auf Ellis Island] von Bord gingen, weil ihre eigene Erfahrung der Vertreibung sie schon mit dem Wesentlichen der Situation der Amerikaner bekannt gemacht hatte." (a.a.O., S. 272)

40 Carl Joachim Friedrich et al., Problems of the American Public Service, New York 1935, zit. in Unger, a.a.O., S. 48.

41 Hector St. John Crèvecoeur, Letters from an American Farmer, New York: Fox, Duffield & Co. 1904; S. 54-55.

42 Im Gegensatz zu den Menschen und Völkern afrikanischer Herkunft, deren (Sklaven)Arbeit die Basis der amerikanischen Wirtschaft bildete, wurden die Indianer (nachdem sie sich für die Sklavenarbeit als untauglich erwiesen hatten) nicht gebraucht. Ihre physische Präsenz war bei der Aneignung des Landes eher hinderlich.

43 zit. in Harold Abramson, „Assimilation and Pluralism", Harvard Encyclopedia of American Ethnic Groups, a.a.O., S. 152. Die politische und kulturelle Hegemonie der Engländer hatte sich auch schon in der kolonialen Periode in Ethnozentrismus und Fremdenfeindlichkeit niedergeschlagen. Nicht-englische Siedler mußten jedoch zugelassen werden, weil nicht genug Engländer in die „Neue Welt" kamen, um die Kolonien (und die neu gegründete Republik) zu besiedeln. In dieser Hinsicht sind auch zahlreiche Äußerungen der „Gründungsväter" aufschlußreich, in denen diese vor den Gefahren warnen, die der neuen Republik von Seiten nicht-englischer Siedler drohten. Madison Grant, einer der schärfsten Nativisten und Rassisten zu Beginn des 20. Jahrhunderts (siehe dazu seine Schrift *The Passing of the Great Race* von 1916), hatte die Äußerungen der „Gründungsväter" gesammelt, um seinen Vorbehalten gegen die Masseneinwanderung von Ost- und Südeuropäern und anderen „nicht-nordischen" Migranten eine gewisse Seriösität zu geben (Madison Grant, The Founders of the Republic on Immigration, Naturalization, and Aliens, New York: Scribner 1928).

44 Israel Zangwill, The Melting Pot, New York: Macmillan 1909, S. 184. Auch Zangwill bediente sich der religiösen Rhetorik als Denkfigur amerikanischer Geschichtsdeutung (vgl. Sacvan Bercovitch, „Konsens und Anarchie – die Funktion der Rhetorik für die amerikanische Identität," in: Amerikanische Mythen, a.a.O., S. 16-43). Sie verweist auf das Moment der Konformität, das den realen Assimilationsprozeß der Einwanderer immer ausgezeichnet hat.

45 Robert Park, Race and Culture, Glencoe, IL: Free Press 1950.

46 Horace Kallen,. „Democracy Versus the Melting Pot," The Nation 100 (18. und 25. Febr. 1915.); ders., Culture and Democracy in the United States, New York: Boni and Liveright 1924.

47 John Higham,. Strangers in the Land: Patterns of American Nativism 1860-1925. Überarb. Aufl. New York: Atheneum, 1965, S. 208.

48 Vgl. Philip Gleason, „American Identity and Americanization," Harvard Encyclopedia of American Ethnic Groups, a.a.O., S. 44-45. Immerhin postulierte Kallen einen Pluralismus unter der Bedingung gesellschaftlicher Demokratie und Egalität.

49 Benjamin Ringer, „We the People" and Others: Duality and America's Treatment of its Racial Minorities, New York: Tavistock 1983, S. ix-x)

50 Margit Mayer und Remco van Capelleveen, „Zur Aufklärung eines blinden Herausgebers. Plädoyer für ein kritisches Amerika-Verständnis," Prokla 76, Sept. 1989: 145.

51 Stephen Steinberg, The Ethnic Myth: Race, Ethnicity, and Class in America, Boston: Beacon Press 1981, S. 255.

52 Siehe dazu Remco van Capelleveen, „Black in a white America: das ‚Amerikanische Dilemma' am Ende des 20. Jahrhunderts", in: USA: Wirtschaft, Gesellschaft, Politik (1991), hrsg. von Hartmut Wasser, 3. Aufl., Opladen: Leske + Budrich 1996, S. 301-337.

53 Martin Luther King hat das symbolisch in seiner „I Have a Dream"-Rede beim Marsch auf Washington im August 1963 ausgedrückt: „Dies ist unsere Hoffnung ... Mit diesem Glauben werden wir in der Lage sein, die schrillen Disharmonien unserer Nation in eine wunderbare Symphonie der Brüderlichkeit zu verwandeln." Andere Afroamerikaner hatten weniger Hoffnungen. Anläßlich des amerikanischen Unabhängigkeitstages am 4. Juli 1852 fragte der ‚befreite' Sklave Frederick Douglass nach der Bedeutung dieses Tages für den schwarzen Amerikaner. Und er antwortete: „[Der Vierte Juli ist] ein Tag, der ihn mehr als alle anderen Tage des Jahres an die unermeßliche Ungerechtigkeit und Grausamkeit erinnert, der er ständig ausgesetzt ist. Für ihn ist Eure Feier Heuchelei; Eure Rufe der Freiheit und Gleichheit hohler Spott; Eure Gebete und Hymnen ... Schwulst, Betrug, Täuschung und Heuchelei ..." (Frederick Douglass, My Bondage and My Freedom, 1855, Nachdr. New York: Dover, 1969, S. 445).

54 Vgl. Michael Novak, The Rise of the Unmeltable Ethnics, New York: Macmillan 1971; Peter Schrag, The Decline of the WASP, Simon and Schuster 1971.

55 Nathan Glazer und Daniel P. Moynihan, Beyond the Melting Pot, 2. überarb. Aufl., Cambridge, MA: M.I.T. Press 1970, S. xxxiii. Den Afroamerikanern sprachen sie allerdings eine eigenständige (ethnische) Kultur ab: „Es ist für Neger nicht möglich, sich so zu sehen, wie dies andere ethnische Gruppen taten, weil der Neger so sehr ein Amerikaner, das unverwechselbare Produkt Amerikas ist. Er verfügt über keine eigene Kultur und Werte, die es gegenüber dem gesellschaftlichen Umfeld zu schützen gälte." (Ibid.: 53).

56 Milton Gordon, Assimilation in American Life, New York: Oxford UP 1964, S. 158, 159. Steinberg hat dazu kritisch angemerkt, daß viele der Merkmale und Eigenschaften, die herkömmlicherweise mit Ethnizität assoziiert werden, letztlich durch die soziale Klassenlage oder geographische Herkunft generiert würden. Darüber hinaus habe die ethnische Renaissance gerade in dem Augenblick stattgefunden, als die ethnischen Subgesellschaften faktisch immer mehr gezwungen waren, ihre distinkten Kulturen aufzugeben, um ihren Bestand als *community* zu retten. Damit werde die ethnische Subgesellschaft jedoch selbst zum (unabsichtlichen) Moment des Assimilationsprozesses (Steinberg, a.a.O., S. 67-68).

57 Der Illegal Immigration Reform and Immigrant Responsibility Act von 1996 soll sowohl „illegale" als auch legale Einwanderung erschweren; letztere durch strengere Auflagen im Hinlick auf materielle Unabhängigkeit. Kritiker

des Gesetzes befürchten, daß die Einwanderung dadurch nicht verringert, sondern nur von der legalen zur „illegalen" Immigration verschoben werde.

58 Zit. Time, international edition vom 9.4.1990. In der letzten Dekade des 20. Jahrhunderts gab es ebenfalls alarmierende einwanderungsfeindliche Bestseller, z.B. Wayne und Jon Tanton, The Immigrant Invasion (1994), Brent A. Nelson, America Balkanized: Immigration's Challenge to Government (1994), Peter Brimelow, Alien Nation: Common Sense about America's Immigration Disaster (1995) und Virginia D. Abernathy, Population Politics: The Choice That Shape Our Future (1993).

59 Harold Cruse hat die faktisch immer schon (und noch) bestehende weiße bzw. Anglo-Hegemonie vor über 30 Jahren auf den Punkt gebracht: „Amerika ist eine Nation, die sich anlügt hinsichtlich der Frage, wer und was sie ist. Es ist eine Nation von Minderheiten, die von einer einzigen Minderheit beherrscht wird – sie denkt und handelt, als ob sie eine Nation weißer angelsächsischer Protestanten sei." (Zit. Gleason, a.a.O., S. 57).

60 W.E.B DuBois, The Souls of Black Folk (1903), Nachdr. in: Three Negro Classics, hrsg. von John Hope Franklin, New York: Avon 1965, S. 209.

61 Zit. Time, international edition vom 9.4.1990, S. 37.

Internationale Politik

Jakob Schissler

Amerikanische Außenpolitik im Zeichen der Supermacht

Entwicklungen von Roosevelt bis Clinton

Die Rolle der Weltmächte nach 1945

1945 war das Jahr, in dem die weltpolitische Entwicklung zwei Scheinmächte (Deutsches Reich und Japan) entfernte und an ihre Stelle zwei neue Anwärter setzte, die sich bis in unsere Zeit als zwei wirkliche Weltmächte ausgewiesen haben: die USA und die UdSSR. Ende der achtziger Jahre und formell am Jahresende 1991 hat die Sowjetunion aufgehört zu existieren. Ihre Rolle in der internationalen Politik nahm die Republik Rußland ein, die sowieso den Kern der ehemaligen SU gebildet hatte. Dennoch waren diese Weltmächte nicht als gleich anzusehen. Für Deutschland, eine ökonomische Großmacht und strategisch äußerst gefährdete Mittelmacht, war und ist die USA als Weltmacht eine Demokratie und eine Schutzmacht; die Rolle Rußlands im Verhältnis zu Deutschland muß sich in Zukunft noch ausprägen.

Unter bestimmten Bedingungen und unter bestimmten Gesichtspunkten entwickelten beide Weltmächte realpolitische Übereinkünfte, um die Nuklearbedrohung einzudämmen und um eine Krisenbewältigung zu gewährleisten. Diese Politik des Kompromisses – auf die im folgenden noch eingegangen wird – bezeichnete man als Entspannung. Sie existierte aber bis 1989 unter dem Dach der allgemeinen, unvereinbaren Systemkonkurrenz. Diese Situation der Systemkonkurrenz hatte sich seit 1945 entwickelt.

Die weltpolitische Situation nach dem Zweiten Weltkrieg

Eigentlich haben die USA sich seit dem Ende des 19. Jahrhunderts, als der nordamerikanische Kontinent bis zu seinen Grenzen erschlossen war, darauf eingestellt, eine Handelsmacht internationaler Prägung zu werden, wobei insbesondere der asiatische Raum und China als riesige zu entwickelnde Märkte ins Auge gefaßt wurden. Diese politische Perspektive setzte voraus, daß der internationale Handel auch als Regelsystem weltweit – oder fast weltweit – akzeptiert würde. Die USA halfen hier etwas nach, indem sie z.b. die Öffnung japanischer Häfen erzwangen, oder auch durch die Inbesitznahme der Philippinen, die den Spaniern als Kolonie entrissen wurden, um vor China Position beziehen zu können. Diese „Open-Door"-Politik wurde aber letztlich noch als eine unmilitärische, nicht-imperialistische Politik angesehen. Der Erste Weltkrieg schuf jedoch eine neue Situation, weil jetzt die amerikanische Republik sich gegen große Widerstände im Innern zu einem direkten Eingreifen in einem anderen Kontinent entschließen mußte. Viele Amerikaner wollen ihr eigenes demokratisches System nicht exportieren und sich aus den europäischen Querelen heraushalten. Dieser amerikanische Isolationismus blieb in den USA zwischen den beiden Weltkriegen eine starke innenpolitische Kraft. Amerikanische Bürger, insbesondere diejenigen, die im Mittleren Westen lebten, wollten Teil einer wohlhabenden, mittelständischen Gesellschaft bleiben und suchten dem Zwang zu einer Militärmacht zu entgehen, die die Bürger mit Steuern belasten und gegebenenfalls den demokratischen Charakter ihres Gemeinwesens ändern würde. Erst durch den Überfall des japanischen imperialistischen Kaiserreiches auf Pearl Harbour im Dezember 1941 wurde der inneramerikanische Isolationismus gebrochen. Und nun traten andere Züge der amerikanischen Demokratie in den Vordergrund der transatlantischen Philosophie: eine Heilsgewißheit hinsichtlich der Ausbreitung des amerikanischen Modells der Demokratie (Manifest Destiny), amerikanischer Nationalismus sowie die Vision einer Nachkriegsordnung, in der die freien Völker in den Vereinten Nationen ein kollektives Sicherheitssystem entwickeln würden, das wiederum zur Verwirklichung des amerikanischen Ideals einer einheitlichen Welt (one world) des freien Handelsverkehrs beitragen könnte. Am prägnantesten ist diese Philosophie in den „Vier Punkten" Präsident Roosevelts enthalten, des Architekten dieser neuen Weltordnung in den Jahren 1941 bis 1945. Auch für eine sozialistische Sowjetunion war Platz in Roosevelts Modell: Durch Wirtschaftshilfe sollte ihr materielles Interesse an der neuen Weltordnung befriedigt werden und durch politischen Einfluß in Osteuropa ihr Sicherheitsinteresse an dieser Ordnung.

Dieses an sich durchaus entwicklungsfähige Modell entbehrte aber der macht- und realpolitischen Grundlagen. Es enthielt einen umfassenden Prosperitätsvorschlag mit einem strahlenden Sieger – den USA – und vielen nivellierten Groß-, Mittel- und Kleinmächten. Die neue Groß- bzw. prospektive Weltmacht Sowjetunion wollte sich auf dieses Angebot nur soweit einlassen, als sie in ihrem neuen Einflußbereich die politischen Entwicklungen total kontrollieren konnte. Sie war zwar an amerikanischer Wirtschaftshilfe interessiert, wollte den Westmächten (USA und England) aber keinen wirklichen Einfluß auf Osteuropa zugestehen. Auf der Konferenz von Jalta (Anfang 1945) hatten die „Großen Drei" Roosevelt, Stalin und Churchill noch einmal versucht, Sinn in die Rooseveltsche Politik zu bringen; Stalin billigte demokratische Wahlen für die Nachkriegsordnung Osteuropas zu, erfüllte dieses Versprechen dann aber nicht in einem „westlichen Verständnis". Der Begriff „demokratische Wahlen" war ein reiner Formelkompromiß gewesen, unter dem sich gegenseitig ausschließende Realitäten angesiedelt waren.

Die Neuordnung Polens machte dies offensichtlich: Die polnische Exilregierung in England wurde von den Sowjets, die Polen „befreit" hatten, nicht anerkannt; vielmehr bildete die Sowjetunion ihre eigene polnische Regierung und nahm bloß zum Schein auch Mitglieder der Exilregierung auf, um die Wirtschaftshilfe aus den USA nicht zu gefährden. Maximale Kontrolle, worauf ein sozialistisches Modell autoritärer Prägung wie das sowjetische Wert legen muß, sollte mit einer Flexibilität der realpolitischen Anpassung kombiniert werden. Ein machtstaatliches Verhalten paßte aber nicht in den großen Entwurf einer neuen Völkergemeinschaft, wie Roosevelt ihn konzipiert hatte. Es kam somit über Polen zum Zerwürfnis.

Auch beim Eintritt der Sowjetunion in den amerikanisch-japanischen Krieg, der immer noch andauerte, nachdem das Deutsche Reich bereits am 8. Mai 1945 kapituliert hatte, verhielt sie sich nicht gerade kooperativ ihrem großen Weltkriegsverbündeten gegenüber. Sie zögerte den Eintritt lange hinaus, und die Amerikaner mußten erkennen, daß ihr Partner machtpolitisch-egozentrisch und nicht internationalistisch im Sinne einer großen neuen Völkergemeinschaft auf dem Boden weltoffener Handelsrepubliken dachte. Übrigens beruhte der amerikanische Wunsch hinsichtlich des Kriegseintritts der UdSSR gegen Japan auf einem grandiosen Mißverständnis: Um amerikanische Soldaten nicht zu opfern, wollten die USA die riesige, an Opfer gewöhnte sowjetische Armee an dem Krieg interessieren. Sie erkannten nicht, daß Japan bereits am Ende war, und daß ein solches Angebot an die Sowjetunion eine gewisse Schwäche der kommerziellen Macht USA signalisierte, die als demokratische Macht nur bedingt das Leben ihrer Bürger in einem aufwendigen Landkrieg riskieren konnte. Erst gegen Ende des Krieges ließ sich die Sowjetunion auf eine Beteiligung ein, um einige Territorien – den Süden der Insel Sachalin, Teile der Mandschurei und Nordkorea – unter ihren Einfluß zu bringen. Diese Nachlaßmasse aus dem kontinentalen Reich Japans fiel den Sowjets ohne große Anstrengung zu.

Nach dem Krieg trat auf allen Seiten eine gewisse Ernüchterung ein. Die Bedingungen für eine stimulierende Wirtschaftshilfe waren nun zwar im Prinzip gegeben. Vordringlich schien aber zunächst eine politische Stabilisierung der militärisch gewonnenen Machtsphären. Damit mußten die USA lernen, daß vor eine erfolgreiche Welthandelspolitik eine sicherheitspolitisch motivierte Machtpolitik zu treten habe, wie sie den USA eigentlich fremd war. Dies schuf gewisse Frustrationen, durch die die Überlegungen zur Gestaltung der Nachkriegssituation auf einen völlig neuen Boden gestellt werden sollten. Nachfolger des kurz nach der Jalta-Konferenz verstorbenen Präsidenten Roosevelt wurde sein Vizepräsident Harry S. Truman, dem das komplizierte Modell der neuen Weltordnung fremd war und der den Idealismus Amerikas in geradliniger Weise politisch übersetzte. Die Situation im Sommer 1945 und in den folgenden Jahren vor dem Wirtschaftsaufschwung war nicht rosig: Osteuropa bestand statt aus einer Ansammlung freier Handelsnationen, die zugleich offene Märkte für amerikanischen Handel geworden wären, aus politisch von der Sowjetunion abhängigen, von kommunistischen Parteien und Sicherheitsapparaten straff geführten Satellitenstaaten. In diesen Staaten stand die größte und schlagkräftigste Landarmee, die die Welt bisher gesehen hatte und die zudem eine ebenfalls als unbesiegbar geltende Landarmee – die deutsche Wehrmacht – niedergeworfen hatte. Westeuropa bestand im Unterschied dazu aus einem

Restdeutschland, dessen Wirtschaft darniederlag, sowie aus den anderen zerstörten Industriestaaten, in denen Hunger herrschte und deren Wirtschaft sich nur mit Unterstützung von außen erholen konnte. Ob aber die Zeit ausreichen würde, bevor die unzufriedenen Arbeiter- und Unterschichten aus Protest die kommunistischen Parteien (Frankreich, Italien) zu Mehrheitsparteien machten, war nicht abzusehen.

Auch das „befreite" Ostasien bot Anlaß zu vielerlei Sorgen. Japan war mit Hilfe zweier Atombomben besiegt worden und ließ sich nicht kurzfristig als Partner aufbauen. Südkorea unterstand zwar amerikanischer Hoheit, konnte sich aber im Zeichen von Teilung und Konfrontation mit dem Norden nur schwer konsolidieren. Ob Asien als Teil des Welthandelssystems unter amerikanischer Führung stabilisiert werden konnte, war eine offene Frage: Noch war die Situation im chinesischen Bürgerkrieg nicht entschieden. Die korrupte und unfähige, aber proamerikanische Regierung der chinesischen Republik kämpfte gegen die Partisanenarmee Mao-Tsetungs, und erst der Ausgang des Krieges konnte über die künftige Asienstrategie der USA entscheiden. Die Vereinten Nationen schließlich waren 1945 in San Francisco aus der Taufe gehoben worden. Sie stellten kurz nach Kriegsende den einzigen Lichtblick für die amerikanische Weltordnungspolitik dar, denn dort dominierten die USA und waren deshalb in der Lage, noch ungestört durch Blöcke neuer entkolonialisierter Staaten ihre von Präsident Roosevelt schon vorstrukturierten, in den „Four Freedoms" ausgedrückten Vorstellungen von „Weltordnungspolitik" anzuwenden.

Die weltpolitische Lage war also angespannt, das Verhältnis zur Sowjetunion noch alles andere als klar, die Lage in Westeuropa prekär. In den Zwischenwahlen war 1946 ein mehrheitlich republikanisches Repräsentantenhaus gewählt worden, das einerseits die inneramerikanischen Wunschvorstellungen von geringer und sparsamer Staatstätigkeit verwirklichen wollte, außenpolitisch aber Aktivitäten zur Eindämmung des Kommunismus propagierte, die politisch gar nicht umsetzbar waren. So wurde von dieser politischen Richtung ein militärisches Engagement in China ins Auge gefaßt, das sicherlich die von den Republikanern bewunderte Luftwaffe überfordert und den Einsatz einer kostspieligen Landarmee verlangt hätte. Die Truman-Administration hatte mit diesem frustrierten innenpolitischen

Gegner zu rechnen, dessen Forderungen radikale Freiheitspostulate der amerikanischen politischen Kultur mit unrealistischen Kräfteeinschätzungen in globalem Maßstab verbanden.

Eindämmung und Kalter Krieg

Angesichts dieser unerfreulichen Entwicklungen fast überall in der Welt verhärtete sich die amerikanische Position gegenüber einer intransigenten Sowjetunion, die gelernt hatte, daß sie nichts geben mußte, um dennoch etwas zu erhalten. Truman, auch im Vertrauen auf die amerikanische Nuklearüberlegenheit, schlug härtere Töne an. Der Marshallplan galt zwar nochmals als Angebot an die osteuropäischen Staaten; seine Wohltaten sollten aber nicht mehr ohne Gegenleistungen verteilt werden. Die Sowjetunion war sehr an den Wirtschaftshilfen des „European Recovery Program" (ERP) interessiert, doch zeigten die Signale aus Osteuropa den Amerikanern, daß dort eine rigide sowjetische Herrschaft installiert worden war, unter welcher der westliche Einfluß nicht einmal mehr ansatzweise zum Tragen kommen konnte. Dies aber war mit dem von Roosevelt konzipierten Modell nicht mehr zu vereinbaren, nämlich einer sowjetischen politischen Dominanz, gleichzeitig aber einer vom Westen ausgehenden wirtschaftlichen und sozialen Durchdringung.

Mit dem Griechenlandproblem kam die Positionssuche der Nachkriegszeit zu einem klaren Resultat. Im griechischen Bürgerkrieg waren die revolutionären, von Moskau unterstützten Aufständischen dabei, den Sieg zu erringen. Die konservative Regierung und ihre britische Schutzmacht waren finanziell am Ende; England forderte die USA auf, einzuspringen. Angesichts der – wie zuvor schon erwähnt – schwierigen Situation im amerikanischen Kongreß mußte Präsident Truman eine Militärhilfe für Griechenland einfordern, und er tat dies in der zu jener Zeit einzig adäquaten Sprache, die auf die Frustrationen der von den Republikanern repräsentierten Haltung Rücksicht nahm. Truman appellierte mit einer aufrüttelnden Rede an die Nation, in erster Linie jedoch an den Kongreß, die Militärhilfe zu gewähren, da den „USA die Freiheit wichtiger sein müsse als der Frieden". Dieser im Kontext des aktiven Messianismus stehende Appell befand sich in Kontinuität zur Monroe-Doktrin und ging in die Geschichte ein als Truman-Doktrin. War sie zuerst einmal eine rhetorische Symbolik im Dienste der griechischen Angelegenheit, so wurde sie in der Folgezeit recht bald zu einem allgemeinen Instrument der amerikanischen Außenpolitik, nämlich zur globalen Eindämmungsphilosophie (Global containment).

Konnte Griechenland sozusagen „gerettet" werden, so ging doch China 1948 „verloren", ein Land, das in den Phantasien der amerikanischen Weltpolitiker stets eine große Rolle gespielt hatte. Mit dem Verlust Chinas an die kommunistische Revolutionsarmee fehlte der freihändlerischen „One-World"-Perspektive auf unabsehbare Zeit ein wichtiger Stützpfeiler. Die Verbitterung darüber machte sich sehr schnell als innenpolitische Reaktion in den USA breit und kulminierte schließlich in den fünfziger Jahren im Untersuchungskomitee des Senators Joseph McCarthy, das vor allem die Planer im Außenministerium beschuldigte, sie seien kommunistisch infiltriert und hegten pro-kommunistische Sympathien. Das State Department verlor unter diesen Attacken seine traditionell abgehobene Rolle im amerikanischen politischen Prozeß und wurde einerseits an Gegebenheiten der Innenpolitk angebunden, andererseits insofern partiell entmachtet, als 1947 mit dem „National Security Act" ein neues System der Sicherheits- und Außenpolitik etabliert und die amerikanische Gesellschaft von einer „freihändlerischen One-World-Gesellschaft" in eine „Sicherheitsgesellschaft" (E.O. Czempiel) transformiert wurde. Für gewichtige Entscheidungen in der amerikanischen Sicherheits- und Außenpolitik gewann seitdem vor allem das Verteidigungsministerium einen prinzipiellen und entscheidenden Machtzuwachs.

Diese Entwicklung wurde auch durch den nächsten Zwischenfall, der „global containment" in die Praxis umsetzte, verstärkt: durch den Korea-Krieg. Nachdem China gefallen war, ohne daß die USA etwas unternommen hätten, konnte von asiatischen Politikern durchaus gefolgert werden, die USA würden sich mit der Kontrolle der vorgelagerten Bastionen Japan und Philippinen zufrieden geben und die asiatische Landmasse sich selbst überlassen. Es hatte auch diesbezügliche Äußerungen von Anhängern jener Kennan-Strategie gegeben, die davon ausgingen, daß die USA vor allem die Industriezentren der Welt vor kommunistischem Zugriff schützen, Eindämmung aber nicht militärisch, sondern politisch durchführen sollten. Korea wäre demnach eigentlich nicht als Teil der amerikanischen Interessensphäre zu bewerten gewesen. Nach dem Einmarsch nordkoreanischer Truppen in den Süden mußte sich die amerikanische Politik freilich entscheiden, wie sie den Fall betrachten wollte. Nach dem „Verlust" Chinas lag die Entscheidung auf der Hand. Zudem wurde die nunmehr anlaufende Militärstrategie von einem legendären Helden der amerikanischen Pazifik-Eroberung während des Zweiten Weltkrieges vertreten: Von General Douglas McArthur, der sich als neuer japanischer „Shogun" vom Heimatland weit entfernt hatte und eine soldatisch-geradlinige Philosophie des Roll-Back kommunistischer Inbesitznahmen verfolgte.

Der Korea-Krieg hatte die ursprünglich regional und eher politisch verstandene Eindämmungsphilosophie aufs Militärische verlagert und entgrenzt, d.h. globalisiert. Erst der spätere Verlauf des Vietnamkrieges brachte hier eine Modifikation und z.T. eine Rückkehr zur Dominanz politischer Regelungsmechanismen. Unter der Truman-Administration lief nunmehr die Sicherheitspolitik auf dem europäischen Schauplatz durch den Einsatz der Marshallplangelder an, wovon die Sowjetunion und Osteuropa unter dezidierten Eindämmungsperspektiven ausgeklammert blieben; gleichzeitig wurde die „Nordatlantische Verteidigungsgemeinschaft" (NATO) gegründet. Die USA überwanden Hürden ihrer eigenen Tradition, indem sie in ein Vertragsverhältnis einwilligten, das sie in gewisser Weise in multilaterale Handlungszusammenhänge einband. Eine europäische Verteidigungsgemeinschaft (EVG) blieb in Überlegungen stecken, und es bildete sich eine Verteidigungsstruktur mit den USA als Führungsmacht der demokratischen Nationen heraus. Der Koreakrieg endete ohne die von den radikalen Konservativen ins Auge gefaßte Roll-Back-Strategie, die McArthur zeitweilig China gegenüber vertrat; Präsident Truman löste vielmehr den General von seinem Kommando ab.

Zwischen der Philosophie des Kalten Krieges und den praktischen Möglichkeiten amerikanischer Machtpolitik klaffte seit dem Koreakrieg eine Lücke. Die 1953 ins Amt gekommene Eisenhower/Dulles-Administration behielt eine Strategie bei, in der die Rhetorik des Kalten Krieges, nämlich den Kommunismus „aufzurollen", weiterhin angewandt wurde, während in der Praxis aber die Eindämmungspolitik der Truman-Administration bestimmend blieb. Die neue Administration mußte den innerge-sellschaftlichen Anforderungen in den USA in einer eigenartigen Weise entsprechen. Sie hatte mit der Hexenjagdmentalität der Anhänger von Senator McCarthy zu rechnen, sie mußte die anti-kommunistische Grundströmung im Lande berücksichtigen und zugleich auf die innenpolitischen Forderungen der Bevölkerung nach einem wohlfeilen Verteidigungsstaat, der den Steuerzahler nicht zu sehr belastete, Rücksicht nehmen. Sie tat dies, indem sie eine harte Rhetorik des „Roll-back" pflegte, in der Praxis die Streitkräfte aber nicht ausbaute, sondern sich auf die Luftwaffe und ihre Nukleardrohung verließ. Verschiedentlich wurde gerade gegenüber China (etwa bei der Auseinandersetzung um die In-seln zwischen Taiwan und dem chinesischen Festland) mit der nuklearen Drohung operiert. Gegenüber der Sowjetunion wurde die heroisch-martialische Strategie der „massiven Vergeltung" in Ansatz gebracht, die davon ausging, daß jeglicher Angriff, vor allem gegen Westeuropa, mit einem nuklearen Gegenschlag be-antwortet würde. Diese Drohung geschah nicht aus einer Position der Stärke heraus, sondern wurde deshalb zur Strategie erhoben, weil die Truppen der NATO als zu schwach angesehen wurden, um einen sowjetischen konventionellen Angriff wirklich abweh-ren zu können.

Gleichzeitig war die amerikanische Außenpolitik der fünfziger Jahre von Pragmatismus bestimmt. Die Eindämmungspolitik als „Roll-back" blieb rhetorisch; beim Berliner und beim ungari-schen Aufstand respektierten die USA die Machtsphäre ihres Gegners. Ende der fünfziger Jahre war es diese Administration mit der härtesten Rhetorik des Kalten Krieges, die den damaligen Generalsekretär der KPdSU, Nikita Chrustschow, zu Gast hatte und dessen Vorstellungen von „friedlicher Koexistenz" zur Kenntnis nahm. In jener Zeit debattierte Vizepräsident Nixon mit Chrustschow öffentlich über „Gulaschkommunismus". Rhetorik und Handeln amerikanischer Administrationen fielen seither des öfteren auseinander, so z.B. auch bei der letzten Administration von Präsident Reagan. Die Rhetorik dient jedoch nicht nur in-nenpolitischen Zwecken; sie steckt mögliche, wenngleich ge-fahrvolle Optionen ab – so ist nicht hinlänglich zu widerlegen, daß die Sowjetunion durch die Androhung des massiven Nukle-arschlages zu einer zurückhaltenden Politik gegenüber Berlin und Westeuropa veranlaßt wurde.

Die Krise der globalen Eindämmung

Als die Kennedy-Administration im Januar 1961 ins Amt kam, war einiges von den Zielen amerikanischer Außenpolitik erreicht, manches vernachlässigt worden. Osteuropa hatte sich dank amerikanischer Zurückhaltung als sowjetischer Herrschaftsbereich konsolidiert. Auf der anderen Seite hatte der ökonomische, kulturelle und politische Wiederaufbau in Westeuropa die westliche Verteidigung gegenüber dem geopolitisch bedrohlich nahe gerückten Gegner Sowjetunion stabilisiert. Der „Eiserne Vorhang", der quer durch Europa lief, zeichnete sich durch genau definierte Grenzen in nahezu allen Bereichen – mit der Ausnahme Berlins, wo der Mauerbau 1961 zu vorübergehender Klarheit führte – aus und war damit stabil. In Asien, dem Lieblingsterrain der Republikaner, waren Südkorea, Japan, Taiwan und die Philippinen gleichsam als Widerlager zum kommunistisch beherrschten asiatischen Kontinent gelegt worden. Das Südasiatische Militärbündnis SEATO sollte die weiche Flanke im asiatisch-pazifischen Süden schützen, was in den fünfziger Jahren möglich war, weil weder China noch die Sowjetunion maritime Mächte von nennenswertem Gewicht waren.

Die Kennedy-Administration mußte ihrer Vorgängerin aber anlasten, daß sie in sträflicher Weise den Bereich der Entkolonialisierung in der Dritten Welt und die Befreiungsbewegungen in unterentwickelten Staaten, insbesondere in der „eigenen Hemisphäre" – in Lateinamerika – vernachlässigt habe. In Kuba war ein Nationalrevolutionär, Fidel Castro, an die Macht gekommen, der den dort bestehenden starken Einfluß der USA – diese hatten Kuba um die Jahrhundertwende von den Spaniern „befreit" – auf jeden Fall beschneiden wollte, und der zudem als Vorbild für andere Staaten in Lateinamerika wirken konnte. Außerdem hatte die französische Kolonialmacht in Indochina einem aggressiven national-kommunistischen Führer, Ho-Chi-Min, Platz machen müssen und waren die USA in die Verantwortung für den südlichen Teil des Landes eingerückt.

Desweiteren war nach Sicht der Kennedy-Strategen und der Demokraten insgesamt die konventionelle Verteidigung unter der Drohung der „Massiven Vergeltungs"-Strategie vernachlässigt worden, und im Gefühl der Überlegenheit stagnierte auch die Entwicklung des nuklearen Potentials. Als die UdSSR 1957 ihren ersten Satelliten in eine Orbit-Bahn brachten, wirkte sich dies als ein Schock in den USA nachhaltig aus. Da die großen Konfliktzonen Osteuropa, Westeuropa, Ostasien einigermaßen eingedämmt waren, griff die neue Administration, die eine sehr aktivistische Grundhaltung um den jungen Präsidenten herum verkörperte, die Aufgaben der Eindämmung in der Dritten Welt und die Verteidigungsplanung mit großem Elan auf. Für Lateinamerika wurde, um Kuba einzudämmen, die „Allianz für den Fortschritt" ins Leben gerufen, die ein ähnliches Wirtschaftswunder wie in Westeuropa bewirken sollte, aus verschiedenen Gründen jedoch, wie bislang jegliches Wirtschaftshilfeprogramm für die Dritte Welt, keine gesicherten Erfolge verbuchen konnte. Castro wurde zwar eingedämmt, jedoch um den Preis, daß die Sowjetunion zum ersten Mal auch einen Brückenkopf nach Lateinamerika vortreiben konnte, der ihren weltweiten Anspruch als Ordnungsmacht symbolisierte.

Als freilich die Sowjetunion 1962 versuchte, auf Kuba Raketen zu stationieren, um aus der symbolischen eine faktische Machtpräsenz zu machen, kam es zur bisher einzigen wirklich bedrohlichen Krise zwischen den Supermächten. Präsident Kennedy stellte den Sowjets ein Ultimatum, blockierte Kuba und setzte die strategische Luftflotte in Bewegung. Damit hatte er mehr Trumpfkarten in der Hand als die Sowjetunion und erreichte den Abzug der sowjetischen Raketen. Das Problem bei dieser Kuba-Krise war aber in erster Linie, daß Chrustschow dem amerikanischen Präsidenten hinsichtlich der Präsenz der Raketen die Unwahrheit gesagt hatte. Nach der Kuba-Krise veränderten sich die bislang geltenden Beziehungen zwischen den Supermächten. Die Sowjetunion mußte nunmehr versuchen, aus der Inferiorität gegenüber einer amerikanischen Nukleardrohung herauszukommen; und die Vereinigten Staaten wußten, daß sie die Sowjetunion nicht dauerhaft in dieser Weise zurücksetzen konnten. Damit war im Prinzip – so paradox dies klingen mag –, die Zeit reif für die Rüstungskontrolle. In der Folgezeit wurden denn auch mit Teststoppabkommen und Nichtverbreitungsvertrag von nuklearen Brennstoffen die ersten Verträge zur Beherrschung der nuklearen Drohpotentiale abgeschlossen.

Wichtiger freilich für die amerikanische Administration in der ersten Hälfte der sechziger Jahre war der Aufbau einer eigenen starken nuklearen Raketenmacht, um dem sowjetischen Aufbau zuvorzukommen bzw. diesen mit den besseren Raketenpotentialen der USA zu kontrollieren. Wichtiger war es zudem für die USA in dieser Zeit, ihre Anti-Guerilla-Truppen (Counter-insurgency) gegen die Gefährdungen in der Dritten Welt aufzubauen. Präsident Kennedy war es schließlich, der die Rhetorik der Truman-Doktrin, daß die USA überall auf der Welt, wo die Freiheit in Gefahr geriet, präsent seien, alle anderen bisherigen Präsidenten übertreffend in ihrer radikalsten Version benutzte.

In seiner Nachfolge stehend hat Präsident Johnson dann das amerikanische Engagement in Indochina noch stärker betrieben. Der Vietnamkrieg veränderte das Image der USA in der freien Welt. Der Streit darüber, ob dies ein verbrecherischer oder lediglich ein verkehrter Krieg war, ist noch nicht beendet. Des weiteren muß noch darüber entschieden werden, ob dieser Krieg wirklich Ziele hatte, oder ob er dilettantisch aus einer gewissen „Arroganz der Macht" heraus geführt wurde. Die globale Eindämmungsphilosophie geriet jedenfalls bei diesem Engagement ins Zwielicht, und in der amerikanischen Gesellschaft entstanden durch diesen Krieg tiefgreifende Spaltungen, die auch das amerikanische Parteiensystem veränderten.

Nixon-Doktrin und Entspannungsära

Das Präsidentschaftswahljahr 1968 war von Tumulten gekennzeichnet. Viele Kräfte aus dem ehemals liberalen Lager in den USA, die den Krieg in Asien unterstützt hatten, fielen von Präsident Johnson ab und forderten ein Ende des Krieges.

Präsident Johnson jedenfalls mußte bereits im Frühjahr auf eine erneute Präsidentschaftskandidatur verzichten, die Demokratische Partei wanderte insgesamt nach links und erzeugte damit aus den eigenen Reihen heraus eine vorwiegend südstaatlich verankerte konservative Protestpartei unter Gouverneur George Wallace aus Alabama, wodurch dann die Demokraten im Herbst jenes Jahres prompt die Wahlen verloren. Sieger der Wahl wurde ein schon totgesagter Politiker, Vizepräsident unter Eisenhower und Verlierer im Rennen gegen Kennedy: Richard M. Nixon. Für Nixon war klar, daß er den amerikanischen Landkrieg in Asien beenden und die globale Eindämmungsphilosophie modifizieren mußte. Im Prinzip peilte die neue Strategie eine Rückkehr zu der ursprünglich gedachten

Eindämmungsstrategie von Kennan an, also die Abkehr von der global und militärisch definierten Eindämmungsstrategie der fünfziger und sechziger Jahre. Aus zögernden Anfängen heraus entwickelte sich allmählich die sogenannte Nixon-Doktrin, die zuerst auf die Sicherheitsinteressen der asiatischen Nationen bezogen wurde, um alsbald eine generelle Bedeutung zu erhalten. Im Kern drückte die Doktrin aus, daß die USA keine generelle Zusage an alle Länder der Welt geben könnten, ihre Freiheit mit militärischer Intervention gegenüber kommunistischer Bedrohung zu unterstützen. Vielmehr müßten sich die Nationen in erster Linie selbst helfen, um amerikanischer Hilfe teilhaftig zu werden. Andererseits müßte die Wichtigkeit einzelner Regionen der Welt von den USA mit unterschiedlichen Maßstäben gemessen werden. Die Interessen der USA, so Nixon, prägten das Engagement und die Verpflichtungen. Dieser nüchterne Ansatz bedeutete freilich nicht einfach Rückzug, sondern sollte besagen, daß die USA genauer als bisher zu prüfen hätten, wo und in welcher Weise ihr Engagement erfolgreich sein könnte. Diese Politik führte zu Kompromissen, die wohl jene in den USA, die für Rückzug, als auch solche, die für harte Machtpolitik plädierten, in eine Koalition bringen sollte. In alter republikanischer Tradition stehend, zog Nixon zuerst einmal die teure amerikanische Landarmee von 500 000 Soldaten aus Indochina nahezu ab, verstärkte aber den Einsatz der Luftwaffe. Auch der Umsturz in Chile 1973 könnte von dieser politischen Strategie bestimmt gewesen sein, um zu zeigen, daß die Regierung nicht an Rückzug aus dem Weltgeschehen dachte. Ihre eigentliche Ausprägung fand die neue Strategie freilich unter ihrem Architekten Henry Kissinger mit Bezug zur Entspannungspolitik gegenüber der Sowjetunion und der damit einhergehenden Normalisierung der Beziehungen zu Rotchina.

Mit der Entspannungspolitik sollte aus der Nixon-Doktrin der Schluß gezogen werden, von der Konfrontation zu einer begrenzten Kooperation zu kommen, um durch Handelsausweitung, Rüstungskontrolle und ideologische Entkrampfung diesen wichtigen Politikbereich amerikanischer Außenpolitik – in republikanischer Tradition – kostengünstiger zu gestalten. Zugleich sollte die Sowjetunion damit in eine Interessenkonstellation mit den USA eingebunden werden, um sie auf dem indochinesischen Kriegsschauplatz weitgehend zu neutralisieren. Dieser Politikentwurf war freilich weiterhin als Eindämmungspolitik gedacht und hatte nichts mit einer in Westeuropa – insbesondere in der Bundesrepublik – sich ausbreitenden Vorstellung von einer neuen Qualität der „Sicherheitspartnerschaft" zu tun.

Diese Entspannungspolitik führte dann 1972 zum Abschluß von SALT I und zu verbesserten Wirtschaftsbeziehungen. 1975 konnte die „symbolische Sicherheitspolitik" mit der Schlußakte der „Konferenz für Sicherheit und Zusammenarbeit in Europa" beendet werden. Aber zu dieser Zeit hatte Präsident Nixon bereits wegen des innenpolitischen Watergate-Skandals (Einbruch in das Hauptquartier der Demokraten im Wahljahr 1972 durch Sicherheitsagenten) das Präsidentenamt verlassen müssen, und die Entspannungspolitik seines Außenministers wurde im amerikanischen Kongreß immer umstrittener. Präsident Ford, der Nachfolger von Nixon, führte zunächst die Entspannungspolitik weiter und beendete 1975 den Vietnamkrieg unter unrühmlichen Begleiterscheinungen. Aus innenpolitischen Gründen aber mußte er im Wahljahr 1976 erklären, daß er den Entspannungsbegriff nicht mehr verwenden und stattdessen von einer „Politik der Stärke" sprechen wolle. Der Wandel in der öffentlichen Meinung war aber bereits 1976 so stark, daß der konservative Herausforderer von Ford, Ronald Reagan, in der eigenen Partei die interne Nominierung zum Präsidentschaftskandidaten der Republikaner beinahe gewonnen hätte. Reagan trat mit dem Postulat der Härte in den internationalen Beziehungen hervor, kurz: mit einer Neo-Eindämmungsphilosophie.

Überraschenderweise ging entgegen dem Zeittrend der Außenseiter der Demokraten, Jimmy Carter, aus der Wahl als Sieger hervor. Er wurde aus innenpolitischen Gründen gewählt, als eine Absage an den „Geist von Watergate". Carter brachte zum erstenmal die neue liberale demokratische Partei an die Regierung. Er setzte die Entspannungspolitik fort und wollte insbesondere in der Rüstungskontrollpolitik mit SALT II sein historisches Monument errichten. Aber in dieser Politik sowie in seinem vorsichtigen Internationalismus (der Menschenrechtspolitik) ist Carter gegen den Zeitgeist in der amerikanischen Gesellschaft nicht weit vorangekommen. SALT II hatte keine Chance, vom amerikanischen Senat je ratifiziert zu werden.

Carters Verdienst in der Außenpolitik liegt darin, daß er in dem amerikanischen Weltordnungsengagement, insbesondere auch gegenüber Lateinamerika, neue Akzente gesetzt hat. Er führte die Nixon-Doktrin weiter, jedoch unter der Perspektive, über die unmittelbaren Interessen hinaus auf die Bedürfnisse der Länder der Dritten Welt ernsthaft einzugehen. Für diese Zwecke aktivierte er den amerikanischen UN-Botschafter Andrew Young, einen Schwarzen aus der Bürgerrechtsbewegung von Martin Luther King, der neue Wege auch im Kontakt mit den Palästinensern such-te. Carters Nahostvermittlungen zwischen Begin (Israel) und Sadat (Ägypten) gehören wahrscheinlich zu seinen stärksten Erfolgen, genauso wie sein Anteil am Zustandekommen des Panama-Kanal-Vertrages, der eine der letzten Ent-Kolonialisierungen auf der Welt symbolisiert. Es bleibt auch Carters Verdienst, den Blick der amerikanischen Politik stärker auf Afrika gelenkt zu haben, obwohl dies freilich nach der sowjetischen Brückenkopfbildung in Äthiopien und in Angola nahezu zwangsläufig unter Eindämmungsgesichtspunkten geschehen mußte. Carters Verdienst bleibt dabei aber seine primär technisch-diplomatische Problemorientierung. Carters Gegner konnten jedoch diese Priorität der Diplomatie als Schwäche brandmarken: Etwa bei der persischen Geiselaffäre und dem gescheiterten Befreiungsversuch 1980, hinsichtlich der Maßnahmen nach der sowjetischen Invasion in Afghanistan (1979/80) und ganz besonders im Zusammenhang mit der Machtübernahme der Sandinisten in Nicaragua (1979). Die Positionen des liberalen Internationalismus in der amerikanischen Außenpolitik, die in der Kennan-Nachfolge im Rahmen der Differenzierungen aus der Nixon-Doktrin zwischen 1969 und 1979 von Nutzen gewesen waren, hatten sich aufgebraucht und gingen 1980 angesichts eines zunehmenden amerikanischen Rüstungsbudgets dem Ende entgegen.

Das außenpolitische Entscheidungsfeld der USA

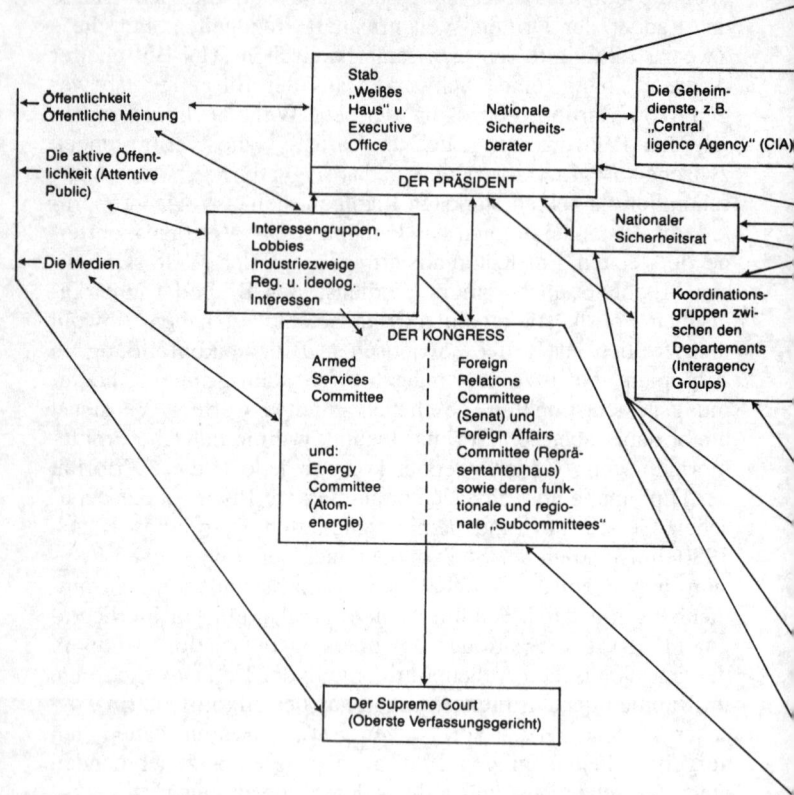

Öffentlichkeit
Öffentliche Meinung

Stab „Weißes Haus" u. Executive Office

Nationale Sicherheitsberater

DER PRÄSIDENT

Die Geheimdienste, z.B. „Central Intelligence Agency" (CIA)

Die aktive Öffentlichkeit (Attentive Public)

Interessengruppen, Lobbies Industriezweige Reg. u. ideolog. Interessen

Nationaler Sicherheitsrat

Die Medien

DER KONGRESS

Armed Services Committee

und: Energy Committee (Atomenergie)

Foreign Relations Committee (Senat) und Foreign Affairs Committee (Repräsentantenhaus) sowie deren funktionale und regionale „Subcommittees"

Koordinationsgruppen zwischen den Departements (Interagency Groups)

Der Supreme Court (Oberste Verfassungsgericht)

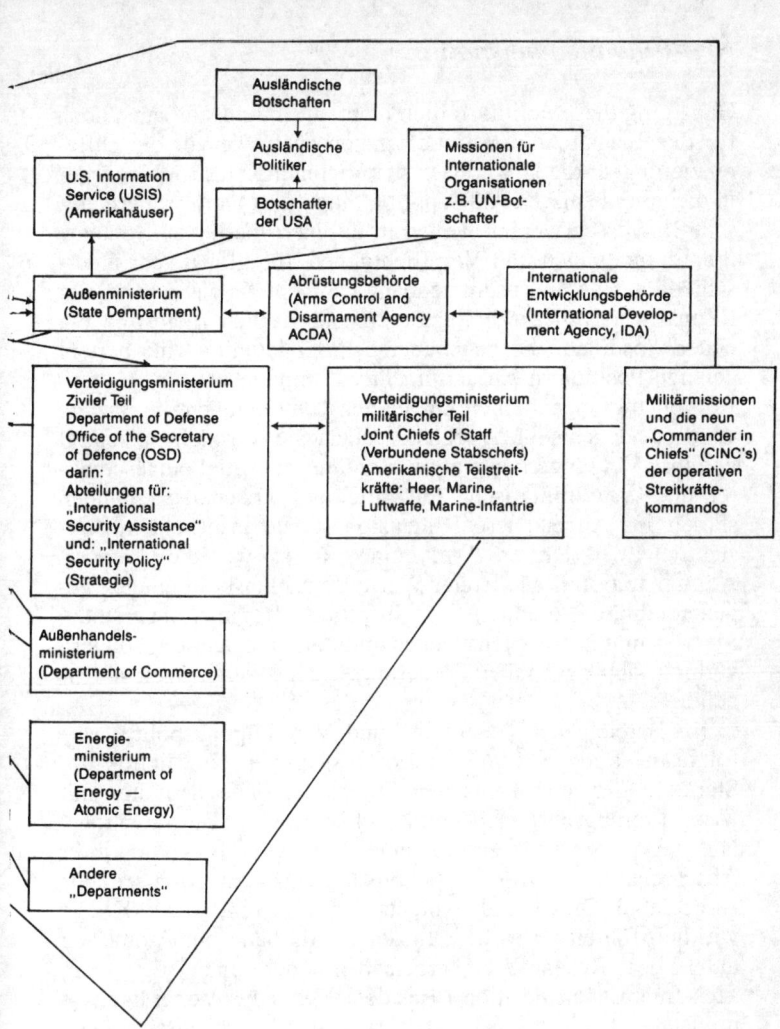

Ausländische
Botschaften

↓

Ausländische
Politiker

U.S. Information
Service (USIS)
(Amerikahäuser)

Botschafter
der USA

Missionen für
Internationale
Organisationen
z.B. UN-Bot-
schafter

Außenministerium
(State Dempartment)

Abrüstungsbehörde
(Arms Control and
Disarmament Agency
ACDA)

Internationale
Entwicklungsbehörde
(International Develop-
ment Agency, IDA)

Verteidigungsministerium
Ziviler Teil
Department of Defense
Office of the Secretary
of Defence (OSD)
darin:
Abteilungen für:
„International
Security Assistance"
und: „International
Security Policy"
(Strategie)

Verteidigungsministerium
militärischer Teil
Joint Chiefs of Staff
(Verbundene Stabschefs)
Amerikanische Teilstreit-
kräfte: Heer, Marine,
Luftwaffe, Marine-Infantrie

Militärmissionen
und die neun
„Commander in
Chiefs" (CINC's)
der operativen
Streitkräfte-
kommandos

Außenhandels-
ministerium
(Department of Commerce)

Energie-
ministerium
(Department of
Energy —
Atomic Energy)

Andere
„Departments"

Neo-Eindämmungspolitik

Ganz ging diese Politik freilich nicht zu Ende. Denn auch noch für die Reagan-Administration galten nach wie vor die Differenzierungen, die Nixon nach der Vietnam-Katastrophe wieder in die amerikanische Außenpolitik eingeführt hatte: Amerikanische Interessen werden weiterhin in einer überlegten Strategie mit Einbindungen und Verpflichtungen, die global sehr unterschiedlich sind, in Zusammenhang gebracht. Genau wie bei der Eisenhower-Dulles-Administration galt freilich rhetorisch ein neuer Anspruch, der gegenüber der Sowjetunion eine härtere geistige Position in Ansatz brachte. Damit steckte die Reagan-Administration sicherlich im Bereich von Optionen die Bezüge wieder anders als ihre Vorgängerinnen. Sie war nicht so zentral wie ihre Vorgängerinnen auf diplomatische Mittel eingeschworen und faßte militärische Antworten auf Krisenerscheinungen stärker ins Auge. Diese Dimension spielte insbesondere hinsichtlich der Dritten Welt eine Rolle, wo die Reagan-Administration in moderater Weise Befreiungsbewegungen gegen totalitäre, kommunistisch inspirierte Regimes unterstützt. Sie war in den UN nicht länger multilateral orientiert, sondern verhielt sich gegenüber Forderungen der Dritten Welt ablehnend.

Im Bereich der Sicherheits- und Verteidigungspolitik verfolgte die Reagan-Administration erst einmal eine Politik der Stärkung der amerikanischen Potentiale, ohne daß dies mit Kriegsführungsabsichten einhergehen sollte. Die „Option", Nuklearkriege zu führen, war eine notwendige Folgerung ihrer Abschreckungsdoktrin, die begrenzte Schläge „theoretisch" ins Auge faßte. Dies hat aber nichts damit zu tun, solche Kriege wirklich führen zu wollen. In der Praxis hätte ein Atomkrieg unter der Reagan-Weinbergerschen oder unter der alten McNamaraschen Position (Präsident Kennedys Verteidigungsminister), als die nukleare Abschreckung als „gegenseitig gesicherte Zerstörungsfähigkeit" (Mutual Assured Destruction, MAD) gefaßt war, die gleiche tödliche Wirkung. Der Reaganschen Philosophie konnte nicht einmal vorgeworfen werden, sie würde die Möglichkeit eines Atomkrieges beschleunigen. Sie könnte im Gegenteil auch als konsequentere Abschreckungsphilosophie, wie in den fünfziger Jahren die Massive Vergeltungs-Strategie, eine höhere abschreckende Wirkung haben als die vorige Strategie. Die MAD-Philosophie war vielmehr eine unehrliche Position, weil sie mit abstrakten Begriffen ihren Gehalt verschleiern mußte, nämlich den, daß auch unter ihrem Dach atomare Zielplanung betrieben wurde. Erst mit der Verschlechterung der strategischen Position der USA seit ca. 1975 – also auf dem Höhepunkt der Entspannungsphase – wurde die amerikanische Strategie zunehmend offensiver. Sie war aber weitgehend eine rhetorische Kompensation realer sowjetischer Raketenpotentiale.

Die Reagan-Administration hatte die Nuklearmacht der USA moderat mit einem kleinen MX-Programm gestärkt; die wahren Verstärkungen waren für die Öffentlichkeit nicht so sichtbar und lagen im Bereich der Marschflugkörper (Cruise Missiles). Der weitaus größte Teil der neuen amerikanischen Machtentfaltung ging in die Seerüstung. Dies signalisierte Vertrauen der Sowjetunion gegenüber, da diese eigentlich nur als aggressive Landmacht gefährlich war. Wenn die USA hingegen ihre Seestreitkräfte ausbauten, zeigt dies, daß sie in Zukunft mit der Gefährdung der internationalen Seewege rechneten sowie mit Umstürzen in der Dritten Welt und u.U. bei befreundeten arabischen Staaten und daß sie auf diesem Felde den Weltmachtkonkurrenten keinen Nutzen ziehen lassen wollten. Die USA schützten damit die Seewege und ihre eigenen Interessen; sie schützten damit aber auch den freien Handel und die freie Kommunikation weltweit. Die militärischen Aktionen der Reagan-Administration, also die Aktivitäten in Zentralamerika, in Grenada und in Libyen, mochten vielen in Europa, die die amerikanische politische Kultur nicht kennen, fremd vorgekommen seien. Es wurde üblich, Präsident Reagan unter Anspielung auf seine früheren Filmrollen als schießwütigen Cowboy zu denunzieren. Das amerikanische Wochenblatt „Time" griff diesen Vorwurf auf und stellte wohl zu recht fest, daß ein Cowboy zwar manchmal gegen ein geschriebenes Gesetz verstößt, immer aber dem Ziel einer gerechten Sache verpflichtet bleibt. Das wird man von vielen Spielarten des Terrorismus, gegen die amerikanische Schläge in Zukunft zu erwarten sind, kaum sagen können.

Die größte Leistung in der Reaganschen Sicherheitspolitik bestand in der Kombination von amerikanischer Stärke mit Rüstungskontrollpolitik. Der Präsident hatte 1983 gegen die Stimmen der überwiegenden Mehrheit sachverständiger Naturwissenschaftler seine „Strategische Verteidigungsinitiative" (SDI) entwickelt. 1983 wurde ebenfalls der Nato-Doppelbeschluß von 1979 umgesetzt, der vorsah, daß eine Nachrüstung in Westeuropa stattfinden müsse, falls die Sowjetunion nicht bereit sei, ihre eurostrategischen SS-20-Raketen zu reduzieren. Da die Rüstungskontrollverhandlungen zwischen 1980 und 1985 stagnierten, wurde dieser Natobeschluß 1983, gegen große Widerstände in der Öffentlichkeit, durchgesetzt. Insbesondere in der Bundesrepublik war der Widerstand groß, weil hier beachtliche Teile der Nachrüstungspotentiale, nämlich die Pershing-II-Raketen, stationiert waren.

Es wird im Nachhinein schwer rekonstruierbar sein, was den Ausschlag gab, daß ab 1985 die Rüstungskontrolle wieder funktionierte: Waren es die Festigkeit im Bündnis und Reagans SDI-Programm, die die Sowjets zu Verhandlungen bereit machten, oder lag der wirkliche Grund hierfür bei der neuen Ausrichtung der sowjetischen Politik unter Generalsekretär Gorbatschow? Seit 1985 fanden jährliche Gipfelkonferenzen zwischen Gorbatschow und Reagan statt, die die weitestgehenden Rüstungskontrollabkommen in der Geschichte der Nuklearwaffen zur Folge hatten. Der wichtigste Schritt hierbei war die Vereinbarung eines sogenannten Verifikationsabkommens im Rahmen des INF (Intermediate-Range Nuclear Forces)-Abkommens. Mit dem INF-Abkommen wurde 1987/88 die Abschaffung aller Mittelstreckenraketen weltweit erreicht (die doppelte Nullösung). Diese Abschaffung einer ganzen Waffengattung von Nuklearwaffen war weniger spektakulär als das damit im Zusammenhang stehende Überprüfungsabkommen (Verifikation). Dieses Überprüfungsabkommen schaffte nämlich Vertrauen, da unter den Augen von Experten und teilweise auch der über Medien „zugelassenen" Öffentlichkeit Waffensysteme tatsächlich verschrottet wurden.

Außerdem vereinbarten beide Regierungschefs eine Reduzierung der strategischen Potentiale um die Hälfte. Alle diese Rüstungskontrollabkommen konnten optimistisch interpretiert werden hinsichtlich der Möglichkeiten der Zusammenarbeit zwischen den beiden Weltmächten. Aber trotz der großen Veränderungen in Ost- und Mitteleuropa in den Jahren 1989/90 werden auch künftig sowohl Rußland wie die Vereinigten Staaten ihre Interessensphären behalten und werden diese glaubhaft schützen müssen. Insofern ist auch die gegenwärtige Rüstungskontrollpolitik kein Schritt zum „ewigen Frieden" hin, sondern sie ist eine weitere Etappe einer, von den USA aus gesehen, notwendigen Politik der Einbindung Rußlands und anderer GUS-Staaten. Diese Strategie galt auch für die 1989 ins Amt gekommene Bush-Administration.

Die Bush-Administration: Neue Weltordnungspolitik

Dem Nachfolger Reagans, Präsident Bush, war es nicht vergönnt, seinem außenpolitischen Politikentwurf der „Neuen Weltordnung" wirkliche Konturen zu geben. Dafür ist eine einmalige Präsidentschaft zu kurz. Allerdings war das Konzept breit gespannt; eine neue Weltordnung, die der Durchsetzung des internationalen Völkerrechts dient, war seit Präsident Wilsons Zeiten ein Grundbestandteil amerikanischer Außenpolitik. Auch Präsident Clinton hatte sich in diese Kontinuität einzufügen. Sowohl für Bush als auch für Clinton bestand und besteht die Aufgabe gegenwärtiger amerikanischer Politik nicht so sehr darin, spektakuläre Entscheidungen zu treffen und aktiv neue Pfade zu beschreiten. Es kam und es kommt vielmehr darauf an, amerikanische Macht als Potential auf- und auszubauen. Präsident Bush scheiterte innenpolitisch daran, daß er die Krise der USA im ökonomischen und im sozialen Bereich nicht aktiv therapieren, sondern den Selbstheilungskräften von Märkten und gesellschaftlichen Aktivitäten vertrauen wollte. Dieses Abwarten stellte freilich die Bürger vor eine nicht durchhaltbare psychische Situation, nämlich sich in das eigene – nicht sehr hoffnungsfroh stimmende – Schicksal zu ergeben. Der demokratische Präsidentschaftskandidat Bill Clinton hatte 1992 für die amerikanische Psyche das bessere Konzept anzubieten gehabt, nämlich aktive Regierungstätigkeit.

Während der vierjährigen Amtsperiode von Präsident Bush hat sich die gesamte internationale Situation geändert, ohne daß dies Freude und Hoffnung ausgelöst hätte. Das Ende des Kalten Krieges, das sich eher naturwüchsig als durch bewußtes Handeln herstellte, hat entgegen der ursprünglichen Hoffnung, damit würden gravierende Probleme gelöst, eher den internationalen Problemdruck erhöht.

Das Ende des Kalten Krieges und der ideologischen Blockbildung zeichnete sich ab Sommer 1989 ab, als Polen, Ungarn und die Tschechoslowakei sich allmählich aus dem Zwangsverband der Warschauer Vertragsstaaten ausgliederten und als Ungarn zur Schleuse für Tausende von DDR-Flüchtlingen wurde. Gorbatschows Strategie, Wandel zuzulassen, um den Sozialismus zu retten, stellt sich im Nachhinein als illusorisch heraus, war aber im gegebenen Moment die bessere Alternative. Die Dynamik stellte das SED-Regime in Ostberlin vor eine unlösbare Aufgabe, nämlich Eigenstaatlichkeit unter nunmehr sich demokratisierenden innenpolitischen Verhältnissen durchzuhalten. Zu stark war der Drang zur Alternative, den die Bevölkerung insgeheim wünschte, nämlich sich dem mächtigen deutschen Staat Bundesrepublik im Westen anzugliedern. Gegenüber diesem Traum der überwiegenden Mehrheit in der Bevölkerung der DDR hielt die Realität nicht lange stand. Am 13. November wurde die Berliner Mauer geöffnet. Sie blieb es; und von da ab dauerte es ein gutes halbes Jahr bis die deutsche Wiedervereinigung mit der Sowjetunion ausgehandelt war. Die Leistung der USA und des amerikanischen Präsidenten bestanden vor allem darin, sich zurückzuhalten und dem deutschen Bundeskanzler einerseits den Rücken zu stärken, andererseits international dafür die Garantie zu bieten, daß Deutschland sowohl die Grenzen in Europa respektieren würde als auch in den Sicherheitsvertragswerken integriert blieb. Da dies auch der deutschen Politik entsprach und deutscher Wunsch war, entstanden bei diesem für die internationale Politik essentiellen politischen Wandel keine gravierenden Probleme. Die wahren Akteure des Übergangs waren nicht die Großmächte oder die vier Mächte insgesamt sondern die Völker und die Staatsmänner Kohl und Gorbatschow.

Der deutsche Bundeskanzler forcierte der Terminplan zur deutschen Vereinigung, um die historischen Möglichkeiten nicht durch neue unerwartete Ereignisse zu gefährden. Die westliche Führungsmacht unterstützte und flankierte die deutsche Politik durch schnelle Schritte in der internationalen Vertragssituation. Die „Konferenz über Sicherheit und Zusammenarbeit in Europa", KSZE, und die „Verhandlungen über konventionelle Abrüstung in Europa", VKSE, sowie die Siegermächte des zweiten Weltkrieges leisteten im Sommer 1990 wichtige Vorarbeit, so daß die deutsche Einigung am 3. Oktober 1990 vollzogen werden konnte.

Die VKSE erbrachte konventionelle Abrüstungsschritte, durch die die europäischen und die amerikanischen Streitkräfte wesentlich reduziert wurden. Gleichzeitig führte Präsident Bush die strategischen Abrüstungsgespräche weiter, die sich allerdings bis zum Sommer 1991 hinzogen und erst Ende Juli 1991 mit dem ersten START-Vertrag einen wichtigen Zwischenschritt erbrachten.

Wie weit freilich die internationale Zusammenarbeit bereits gediehen war, erwies sich bei der Kooperation der beiden Weltmächte während der Irak-Krise seit dem August 1990. Die Sowjetunion zeigte, daß sie in Zukunft dem internationalen Völkerrecht sich ebenso unterordnen wollte, wie dies von allen Staaten verlangt wurde. Innenpolitische Schwierigkeiten bei der Umgestaltung der sowjetischen Ökonomie und Gesellschaft führten allerdings dazu, daß die Sowjetunion sich an dem unter amerikanischer Führung durchgeführten UN-Einsatz gegen den Irak im Januar 1991 nicht beteiligte. Die neue internationale Rolle der Sowjetunion wurde aber dadurch bestätigt, daß die KSZE auf sowjetischen Wunsch mit mehr Einfluß ausgestattet wurde und daß die NATO einen eigenen Kooperationsrat erhielt, in dem heute Rußland und andere GUS-Staaten sowie osteuropäische Staaten aus dem früheren Warschauer Pakt ihren Platz haben. Auch bei diesen Prozessen schwacher Institutionalisierung einer neuen Sicherheitsstruktur spielte die USA eine wichtige Rolle, indem sie erste Wandlungsschritte ermöglichte, aber den Kontrollaspekt des Wandels nicht vernachlässigte. Wie richtig diese Position war, die zwar von einer neuen Sicherheitsarchitektur von San Franzisco bis Wladiwostock ausging, aber dabei nichts vorschnell implementieren wollte, wurde klar, als die Sowjetunion im August 1991 einem mißlungenen Staatsstreich ausgesetzt war, der allerdings eine große Wirkung zeitigte, nämlich die Herauslösung der ethnischen Nationen aus der Sowjetunion, die dann im Dezember 1991 aufgelöst wurde zugunsten der „Gemeinschaft unabhängiger Staaten", GUS, die u.U. allerdings nur ein Übergang zu einer neuen internationalen Kooperationsstruktur ist.

Auch gegenüber dem innersowjetischen Wandel haben sich die USA eher zurückhaltend und passiv verhalten und damit den Reformprozeß gestützt. Den aktiven Part, nämlich mit größerer Wirtschaftshilfe der Sowjetunion/Rußland zu helfen, spielten die Deutschen. Für Präsident Bush war es 1991/92 auch aus innenpolitischen Gründen nicht möglich, umfassendere Wirtschaftshilfe an die SU/GUS zu gewähren, weil er aufgrund der amerikanischen wirtschaftlichen Situation bereits selbst der Kritik der Öffentlichkeit ausgesetzt war. Die Deutschen, die ein großes Interesse an der Stabilität im Osten haben und außerdem den Abzug der russischen Streitkräfte forcieren wollten, waren hier stärker in der Pflicht. Die amerikanische Position gegenüber dem neuen Rußland ist zurückhaltender und skeptischer als die Deutschlands, da der wichtigste Impuls zur Besserung der Lage in Rußland und in den anderen Staaten des Ostens aus diesen selbst kommen muß. In den ersten Jahren nach dem Umbruch wurde Wirtschaftshilfe in großem Ausmaß verschwendet und daran würde sich ein amerikanischer Präsident, selbst unter Prosperitätsbedingungen des eigenen Landes, nicht beteiligen.

Der Weltmachtkonkurrent Sowjetunion hat für die amerikanische Politik an Bedeutung verloren, die Gefahr in Form von unkontrollierter Verbreitung atomarer Waffen aus der GUS heraus hat allerdings die frühere Gefahr eher transformiert und in ganz neuer Form aktualisiert, wordurch die verbliebene Weltmacht USA sich dem ehemaligen Gegner und jetzigen Kooperationspartner im internationalen Gefüge umso stärker widmen muß. Zur internationalen Stützung Präsident Jelzins – und zur Anerkennung des ausscheidenden Präsidenten Bush – sind auch die Rüstungskontrollverhandlungen (START II) zügig im Januar 1993 noch abgeschlossen worden – die allerdings vom russischen Parlament auch im Frühjahr 2000 noch nicht ratifiziert waren.

Parallel freilich zu diesen Themen der internationalen Sicherheit haben sich neue Problemfelder für die USA aufgetan, die deren Aufmerksamkeit und u.U. deren Handeln verlangen. Internationale Macht ergibt sich nicht nur aus der, wie im Golfkrieg gezeigt, großen Fähigkeit der USA zur Machtprojektion, sondern auch aus der Stellung im Rahmen der internationalen und ökonomisch determinierten Interdependenz. Hier hinken die USA hinterher. Die Bush-Administration hat in Kontinuität zur vorhergehenden Reagan-Administration – und ebenso erfolglos – versucht, die Austauschprozesse mit Japan zu regulieren. Eine weitere Gefahr wurde in Abschottungstendenzen der EG 1993 gesehen, wie es sich in den Verhandlungen zu GATT (General Agreement on Trade and Tariffs) zeigte. Sowohl gegen Japan als auch gegen Europa haben die USA NAFTA (North American Free Trade Agreement) geschaffen, eine integrierte Freihandelszone aus USA, Kanada und Mexiko, die den

Zweck haben soll, in einem großen Markt und mit einem Billigproduzenten (Mexiko) sowohl die Japaner als auch die Europäer auf dem Weltmarkt in den kommenden Jahren in die Schranken zu weisen. Was in diesen Konzentrationsprozessen aus der ehemaligen zweiten und aus der dritten Welt werden soll, diese Frage scheint im Moment die Weltordnungsrolle der USA zu überfordern.

Die Clinton-Administration: Shareholder-Demokratie und Welt-Unordnungspolitik

Zehn Jahre nach dem Ende des Kalten Krieges haben die USA und die westlichen OECD-Gesellschaften den Übergang der Sicherheits- zur Risikogesellschaft geschafft: Alte Probleme wurden transformiert, neue sind hinzugekommen. Das politische Subsystem hat erneut – wie in den siebziger Jahren – einen Bedeutungsverlust im Vergleich zum ökonomischen Subsystem zu verzeichnen.

Präsident Bush wollte eine Neue Weltordnung erschaffen. Indem er aber die Ordnung gegenüber Saddam Hussein nicht voll durchsetzen wollte (oder konnte), wurde mit dem Golfkrieg von 1990 ein neues Strukturelement in die internationalen Beziehungen eingebracht: der begrenze Krieg, zum Teil auch der unsichtbare Krieg, über dessen Ordnungscharakter man geteilter Meinung sein kann. Auf diese Frage soll jedoch erst später eingegangen werden.

Will man die Periode von 1993 bis zum Jahre 2000 genauer beurteilen, bietet es sich an, verschiedene Problemlagen zu konstruieren, deren jeweilige Ordnungsleistung es erlaubt, die Clinton – und damit rückwirkend auch die Bush-Administration und voraus prognostizierend vielleicht auch die kommende Zeit, besser zu verstehen. Die wichtigste Problemlage ergibt sich sicherlich nicht aus den Entscheidungen der Politiker, sondern aus den von ihnen „repräsentierten" langfristigen Trends. Eine zweite Problemlage ließe sich als die Ebene direkter und indirekter Entscheidungen langfristiger Art thematisieren. Eine dritte Problemlage – als politische Ebene im engeren Sinne zu bezeichnen, läßt sich aus dem Krisenmanagement der Politiker – hier also von Präsident Clinton und seiner Administration – ableiten, durch das u.U. eine Struktur entstehen kann.

Der langfristige Trend, den die Clinton-Administration repräsentiert, ergibt sich aus der Welt-Finanzpolitik, die auf der Basis
der Deregulierung der nationalen Finanzmärkte im letzten Jahrzehnt eine rasante Entwicklung genommen hat. Die internationale Finanzpolitik der Clinton-Administration ist kurz und bündig als eine Freihandelspolitik zu bezeichnen, durch die eine
möglichst hohe Penetration der Weltfinanzmärkte durch amerikanisches Geld ermöglicht werden sollte. Freilich steht diese
Wirtschaftspolitik in Kontinuität zur liberalen Position der USA
bezüglich des Welthandels der früheren GATT-Regelungen sowie der WTO. Bemerkenswert an dieser Politik war allerdings,
dass selbst noch als in den USA die Gefahren des völlig freien
Geldverkehrs erörtert wurden, bzw. über Import- und Export-
Regelungen für Geldtransfer laut nachgedacht wurde, die Clinton-Administration ihre absolut liberale Position beibehielt. Das
Verhältnis von Finanztransaktionen zum Bruttoinlandsprodukt
stieg weltweit von 15 : 1 (1971) auf 30 : 1 (1980) und auf 78 : 1
(1990), das Devisenumsatzvolumen ist aktuell um das 50fache
höher als das des Weltexports: täglich werden brutto 1.400 Mrd.
US-Dollar transaktioniert, davon 85 Prozent als kurzfristiges „hot
money"(J. Hoffmann).

1980 besaßen amerikanische Haushalte Aktien und Fonds im
Werte von 1,1 Billionen US-Dollars; 1998 hatte sich dieses
„Vermögen" in schwindelerregende Höhen, nämlich auf beinahe
11 Billionen US-Dollar erhöht. In den achtziger Jahren war die
Zahl der „kleinen Millionäre" in den USA von 2,8 mäßig auf 3,2
Millionen Personen angestiegen, um bis 1998 auf 4 Millionen
hochzuschellen. Zwischen 1998 und 1999 ergab sich ein neuer
Schub in der wirklichen Oberschicht: die Zahl der Milliardäre
wuchs innerhalb dieses einen Jahres von 60 auf 250.

Diese Zahlen sind natürlich nicht unter dem Gesichtspunkt
des „demokratischen Neides" zu interpretieren, sondern sind
lediglich Indikatoren einer Veränderung der Weltwirtschaft, die
nicht unproblematisch ist. Geld wird vorwiegend im „Casino-
Kapitalismus" (Susan Strange) durch Spekulation verdient, und
dieser Trend kommt vor allem amerikanischen Firmen und
Bürgern zugute. Mag Präsident Clinton im Inneren der USA
mithin diesen Trend zur Shareholder-Demokratie repräsentieren, so bedeutet dies nicht, daß der Rest der Welt dem applau-
dierend zuschaut. Dieser Trend zu einem strukturellen Anti-
Amerikanismus wird nicht nur hier, sondern, wie im folgenden

argumentiert wird, auch bei den anderen Problemlagen der amerikanischen Außenpolitik deutlich.

Das Problem besteht darin, daß amerikanische Politiker der Clinton-Administration sehr massiv versuchen, amerikanische Prinzipien ohne Abstriche durchzusetzen, wobei die USA aus dieser Strategie, gleichsam als der stärkste Partner, auch die größten Erfolge ableiten könnten. Hinsichtlich der internationalen Finanzpolitik ist die Sachlage die, daß die USA aufgrund ihrer geringen Sparquote auf das Geld der Welt (OPM – Other Peoples Money) zurückgreifen möchten, gleichzeitig aber ihr Kapital ohne Behinderung bestmöglich anlegen wollen. Aufgrund der reifen Struktur der amerikanischen Gesellschaft hinsichtlich persönlicher und Management-Kompetenz im Umgang mit Geld, von reifen und befähigten Kontrollinstitutionen und einer robusten Verhandlungskompetenz, sind sie den beiden anderen Weltzentren des Geldmarktes, dem asiatischen und dem europäischen noch relativ überlegen. Diese sind aber anders strukturiert und können der USA-Finanzpolitik nur im Prinzip, was die Liberalisierung betrifft, zustimmen, brauchen aber im Inneren ihre eigenen Mechanismen – was die USA oder andere starke Geldanleger, wie z. B. England, nicht anerkennen wollen. Die asiatischen Staaten verfügen über hohe Sparraten und sind daran interessiert, langfristig Investitionen zu erhalten, während amerikanische Banken durch Kauf und Verkauf von schnellem Geld ihre Vermögen machen. Europäische Banken hingegen verdienen an der Zinshöhe. Diese unterschiedlichen Kapitalkulturen sollen nach amerikanischem Willen „liberalisiert", d.h. amerikanischer Dynamik ausgesetzt, der Shareholder-Ideologie unterworfen werden. Es wird zunehmend deutlicher, daß asiatische Staaten und die EU durch ihre unterschiedlichen Institutionalisierungen den amerikanischen Vorstellungen nicht entgegenkommen können.

Ähnlich verhielt und verhält es sich mit dem zweiten langfristig angelegten Problembereich: dem Sicherheitssystem. Nach dem Ende des Kalten Krieges hat die NATO (d.h. die USA) ihren Einflußbereich weit nach Osten und in die Kaukasus-Region vorgeschoben. Dem NATO-Einfluß untersteht heute, was tendenziell deutscher Einflußbereich als Ergebnis der Weltkriege sein sollte. Das zurückgedrängte Rußland hat dafür Partnerschaftsangebote erhalten, deren Wert umstritten bleibt. Entweder sind die Angebote zu dürftig oder aber der russische

Einfluß auf NATO-Entscheidungen blockiert deren Handlungsspielraum. Nach 50 Jahren NATO macht das Bündnis unter amerikanischem Drängen eine schwerwiegende Veränderung durch: Indem von der Verteidigung eines bestimmten geographischen Raumes, der nordatlantischen Hemisphäre, auf die Abwehr weltweiter Tendenzen ausgewichen werden soll (Nonproliferation, Terrorismuseindämmung, Schurkenstaatenkontrolle), virtualisiert sich die NATO. Die Außenministerin Albright verlangt von den europäischen Verbündeten, daß sie sich anstelle des Territorialprinzips an ihren „Interessen" ausrichten sollen. Die USA mögen mit dieser strategischen Neuorientierung in der Sache nicht unrecht haben und im Prinzip können die Europäer zustimmen. Das Problem liegt freilich darin, daß die USA ihre Strategie so widersprüchlich implementieren, daß dabei jeder Partner seiner Autonomie beraubt und zum Erfüllungsgehilfen degradiert würde. Sowohl der Kosovokonflikt als auch ein Jahrzehnt Eindämmungspolitik gegen Saddam Hussein belegen diese Sichtweise.

Die Stärke der USA nach dem Kalten Krieg, einzig verbliebene Weltmacht zu sein, offenbart mithin zugleich ihre Schwäche. Die Welt ist sowohl uni- als auch multipolar geworden. In unipolarer Hinsicht sind die USA die einzig verbliebene Weltmacht, die über zu viel Macht verfügt, um diese wirklich nutzen zu können. Dies hat zur Folge, daß unterhalb der Omnipräsenz der USA vielfältige neue Akteure (Staaten, Organisationen, Personen wie George Soros oder Usama bin Laden) eine multipolare Welt kreieren. Diese Sichtweise, wie Richard Haass argumentiert, belegt lediglich die „Distribution von Macht" im internationalen System, sie sagt aber nichts über den Charakter der Beziehungen aus. Letzterer ist geprägt durch den amerikanischen Wunsch, die Welt nach ihren innenpolitischen Möglichkeiten zu gestalten – wie könnte es in einer kongressional geprägten Demokratie auch anders sein. Hierin liegen aber auch die Widerstände gegen die Amerikanisierung der Welt nach dem Kalten Krieg begründet. Frankreich und China sind die beiden Mächte, die am offensichtlichsten diesen Widerstand gegen amerikanische Macht demonstrieren.

Die Clinton-Administration hat einerseits nur geringe Erfolge bei der Durchsetzung der amerikanischen Strategie vorzuweisen, andererseits bleiben die Widerstände gegen den amerikanischen Hegemonieanspruch relativ abstrakt. Die Stärke der amerikanischen Position liegt darin begründet, daß die von den USA vertretenen Prinzipien einer liberal-demokratischen Evolution relativ schlecht zu kritisieren sind, ihre Schwäche besteht in deren Implementierung, weil diese zu offenkundig amerikanischen Partikularinteressen dient. Die Liberalisierung von Märkten und die Verteidigung von Interessen der führenden Handelsstaaten sind eine Sache, die Vernichtung etwa der japanischen Reisbauern oder der europäischen (deutschen, französischen) Fernsehprogramme durch amerikanisches Agrobusiness oder durch Hollywood wären eine andere – nicht tolerierbare Sache.

Auch die Entscheidungen auf der dritten Problemlage amerikanischer Außenpolitik nach dem Kalten Krieg – das Krisenmanagement – können nicht als sonderlich erfolgreich bewertet werden. Hier geht es um die Entscheidungsprozesse im Zusammenhang mit Somalia, Haiti, Bosnien, Nordkorea und vor allem Irak und dem Kosovo. Langandauernde, zögerliche Entscheidungsprozesse sind das Merkmal all dieser Krisenfälle. Wenn man dabei nach einem Strukturmerkmal sucht, dann würde es sich anbieten, die Theorie vom begrenzten Krieg zugrundezulegen. Hatte General McArthur noch während des Koreakrieges warnend nach Washington gemeldet: „There is no substitute for victory", so war es in der Folge die Angst vor diesem Diktum, die amerikanische Außenpolitik umtrieb. Mit Hilfe der „begrenzten Kriege"-Theorie will man dem hohen Risiko, das in der totalen Kriegsführung liegt, entgehen. Die Theorie des begrenzten Krieges folgt aber einem behavioristischen Muster: Sie will mit militärischen Schlägen das Verhalten des Gegners in eine bestimmte Richtung lenken. Der Gegner wird dabei überdeutlich in die Rolle eines konditionierten Meerschweinchens gebracht: Weder Saddam Hussein noch Milosovic waren aber einfältig genug, auf diesem Platz zu verharren. Beide entpuppten sich als brutale aber kompetente Spieler auf diesem Feld – den amerikanischen Entscheidungsträgern an Intelligenz sicherlich überlegen, denn sie waren in der Lage, den Spieß umzudrehen und ihrerseits Konditionierungen zu plazieren. An der absoluten Macht der USA können auch sie freilich nicht rütteln. Was aber am Kosovo-Konflikt sowie bei den verschiedenen Militärschlägen gegen den Irak deutlich wurde, war, daß die Autorität des amerikanischen Präsidenten als nicht sonderlich hoch eingestuft wurde. Und dies war sicherlich das Dilemma der Clinton-

Präsidentschaft: Clinton gilt als außenpolitischer Amateur und als eine Persönlichkeit, die vom politischen Umfeld wegen ihrer persönlichen Krisen nicht hinreichend respektiert wurde. Obwohl der Präsident in institutioneller Hinsicht eine gute Entscheidung getroffen hatte, indem er einen „National Economic Council" einrichtete, dessen Stabschef als Mitglied im „Nationalen Sicherheitsrat" fungiert sowie umgekehrt der Sicherheitsberater seinen Platz im NEC hat, werden dennoch die Entscheidungsprozesse im NSC dadurch nicht verbessert. Um wenigstens auf den Feldern des Krisenmanagements sowie bei der Außenwirtschaftspolitik einigermaßen breite Spielräume zu sichern, gab der Präsident den kongressionalen Hinterbänklern unter Führung von Senator Helms nach und unterstützte deren jingoistische Kubapolitik. Mit dem Helms-Burton-Ansatz wird versucht, einen Hebel gegen die Weltgesellschaft in Sachen Kuba zu errichten und zugleich Kuba gegenüber eine Position einzunehmen, die dessen Souveränität negiert. Kuba wird weiterhin als eine Domäne der USA, als eine Verteilungsgröße der amerikanischen Innenpolitik gehandelt. Dieses Problem wird nach Castros Tod in voller Schärfe auf die internationale Politik zukommen.

Hat die oben beschriebene Strategie des „begrenzten Krieges" ihre Schwächen, so hat Richard Haass (Foreign Affairs, 1999) doch zurecht daraufhingewiesen, daß die USA als Demokratie nicht anders können, als dieser Strategie zu folgen. Die Mängel sind zugleich die Stärken dieser Strategie, denn sie verhindert ein Abenteurerverhalten der Supermacht. McArthurs Diktum der „Sieg-Strategie" konnte sich nur auf den II. Weltkrieg beziehen; ihre Anwendung heute käme einem Desaster gleich. Somit sind bei all ihren Schwächen die beiden Administrationen nach dem Ende des Kalten Krieges doch auch wegen ihres zögernden Taktierens in außenpolitischen Angelegenheiten nicht völlig negativ zu beurteilen.

So kann dem Urteil von Owen Harries, zitiert von William G. Hyland über Clintons Außenpolitik nur zugestimmt werden: „Clintons foreign policy is not an unmitigated disaster. It is not even a mitigated disaster. It is merely quite bad in certain ways that have limited consequenes." Dies ist, bedenkt man die generelle Schwäche von Politik in unserer Epoche, ein historisches Urteil, mit dem Präsident Clinton sich wohl wird begnügen müssen.

Hans Wassmund

Antagonistische Kooperation und prekäres Gleichgewicht:

85 Jahre amerikanisch-sowjetisch/russische Beziehungen

Die Vorherrschaft der Supermächte

Auch nach der Jahrtausendwende kann – gut zweihundert Jahre nach der Verkündung der amerikanischen Verfassung und mehr als achtzig Jahre nach der bolschewistischen Machtergreifung – kein Zweifel daran bestehen, daß die Politik des 20. Jahrhunderts und weit darüber hinaus durch die Konfrontation, Koexistenz und im besten Fall die Kooperation von USA und UdSSR beziehungsweise Rußlands mitbestimmt worden ist und wird. Die amerikanischen Grundprinzipien des Rechts, der Selbstbestimmung und der Individualität standen von vornherein in einem unaufhebbaren Gegensatz zu denen der Dominanz des Parteiapparates, der Zentralisation und des Kollektivismus in der Sowjetunion. Ab 1917, dem Jahr des den Krieg letztendlich entscheidenden Eintritts der USA in den 1. Weltkrieg und des Beginns der sowjetischen Revolution, personifizierten Woodrow Wilson und Wladimir Lenin diesen Gegensatz. Beide Seiten versuchten in Europa – damals noch das Zentrum des internationalen Geschehens – und weltweit, Anhängerschaft für ihre politischen Ordnungen, ökonomischen Praktiken und sozialen Zukunftsentwürfe zu gewinnen.

Mit dieser langandauernden und die Weltpolitik prägenden Konkurrenz ist das Wirklichkeit geworden, was der bedeutende französische politische Theoretiker Alexis de Tocqueville schon 1835 mit erstaunlicher Hellsicht vorausgesagt hatte: „Es gibt heute zwei große Völker auf der Erde, die, bei verschiedenem Ausgangspunkt, dem gleichen Ziel zuzuschreiten scheinen – die Russen und die Anglo-Amerikaner ... Ihr Ausgangspunkt ist verschieden, ihre Wege sind es auch; und dennoch scheint nach einem geheimen Plan göttlicher Bestimmung jeder von ihnen berufen, eines Tages die Geschicke einer Hälfte der Welt in den Händen zu halten." Sehr viel nüchterner und seiner bäuerlichen Herkunft angemessen hat Nikita Chruschtschow diesen Sachverhalt – aus der Sicht der sowjetischen Führung bis zum Schluß gültig – so formuliert: „Weltpolitik und Konkurrenzkampf sind wie Kohlköpfe: Wenn man die Blätter eins nach dem anderen abreißt, kommt man zum Herzen. Und das Herz aller Sachen in der internationalen Politik sind die Beziehungen zwischen der Sowjetunion und den USA." Viel akademischer und die großen historischen Dimensionen mit einbeziehend hat Henry Kissinger im Rückblick das amerikanisch-sowjetische Verhältnis umrissen: „In unserem Zeitalter verfügen zum erstenmal in der Geschichte zwei Nationen über ein Zerstörungspotential, mit dem sie die Zivilisation weltweit auslöschen könnten. Genauso beispiellos sind freilich auch ihre Möglichkeiten zur Zusammenarbeit im Dienste der gesamten Menschheit. Deshalb sind gleichermaßen Hoffnung und Furcht der Menschheit auf ihr Verhältnis zueinander gerichtet."

Sieben Etappen amerikanisch-sowjetisch/russischer Beziehungen

Vorgeschichte und die Zeit der Umbrüche bis 1920

Die Beziehungen zwischen Amerika und Rußland waren im gesamten 19. Jahrhundert wohl vor allem deshalb sehr weitgehend harmonisch, weil kaum Kontakte bestanden. Beide Seiten konzentrierten sich zuvorderst auf innere Angelegenheiten, trieben die kontinentale Landnahme voran und pflegten nur begrenzte Beziehungen miteinander. Übereinstimmend skeptisch beurteilten beide Seiten die Expansionsbestrebungen Großbritanniens; höchst kritisch waren sie in der Beurteilung der Herrschaftsstrukturen und innenpolitischen Praktiken des jeweils anderen: Die autokratische Zarenherrschaft, die Unterdrückung nationaler Minderheiten, die Rechtlosigkeit der Bauernschaft in Rußland wurden von amerikanischer Seite kritisiert; umgekehrt war die russische Oberschicht kritisch gegenüber der Republik, dem Parteienkampf und den Gleichheitsgrundsätzen in den USA eingestellt. Vor der großen Wende des Jahres 1917 waren in St. Petersburg vor allem Ängste vor der amerikanischen Expansion und

Bündnisbildung in Asien (Japan und China) vorherrschend, während von Washington aus der russische Chauvinismus, die Verbannung von Gegnern des Zaren und die Zwangsmaßnahmen gegenüber den Juden verurteilt wurden.

Wegen der kritischen amerikanischen Grundeinstellung gegenüber der Zarenherrschaft konnten die russischen Systemgegner, die im Februar 1917 die Revolution einleiteten, zunächst mit großer Sympathie in den USA rechnen. Die USA waren dann auch die ersten, die bereits im März die Provisorische Regierung unter Kerenskij anerkannten und mit konkreten Hilfsmaßnahmen (fast 200 Mill. Dollar) sowie dem Entsenden von offiziellen amerikanischen Delegationen im Sommer 1917 darauf hinarbeiteten, daß ein demokratisch-parlamentarisches Rußland in der zu errichtenden neuen internationalen Ordnung nach dem 1. Weltkrieg eine wichtige Rolle spielen könnte.

Die putschartige Machtübernahme der Bolschewiki am 6./7. November (24./25. Oktober 1917 nach dem alten russischen Kalender), die sofort eine Herrschaft durch Räte, die Abschaffung allen Privatbesitzes an Grund und Boden und den Rückzug aus dem Krieg verkündeten, traf daher die USA und ihre europäische Militärpartner wie ein Schock. Die neue sowjetische Regierung begann sogleich mit der systematischen Verwirklichung ihres Programms, indem sie im Januar 1918 beispielsweise die gewählte verfassungsgebende Versammlung Rußlands auseinandertrieb (in der die Bolschewiki nur eine kleine Minderheit darstellten), Landverteilungsmaßnahmen einleitete und alle revolutionären Kräfte in der Welt aufrief, den ‚imperialistischen Krieg' in einen gegen die eigenen bürgerlichen Regierungen zu verwandeln. Das vom amerikanischen Präsidenten Wilson im Januar 1918 verkündete ‚14 Punkte-Programm' enthielt zwar in manchen seiner Aussagen, wie denen zur nationalen Selbstbestimmung, Abschaffung von Geheimdiplomatie und dem Verlangen nach fairen Regeln zur Beendigung des Krieges, durchaus gewisse Ähnlichkeiten zu zentralen Forderungen der Bolschewiki. In der praktischen Politik allerdings waren die neuen Sowjetführer mit den harten deutschen Friedensbedingungen von Brest-Litowsk und mit der Verstärkung ihrer vielen innenpolitischen Widersacher durch Interventionstruppen der Westmächte konfrontiert.

Amerikanische sowie britische und französische Truppenverbände versuchten im äußersten Norden und Süden des europäischen Rußland deutsche Militärkontingente zu binden und ihnen an den russischen Häfen angesammeltes alliiertes Kriegsmaterial nicht für den Kriegseinsatz an der deutschen Westfront in die Hände fallen zu lassen. Gleichzeitig war aber der Verdacht der bolschewistischen Führung keineswegs unberechtigt, daß die westlichen Interventionstruppen in dem mit aller Härte ausgetragenen ‚Bürgerkrieg zwischen Rot und Weiß' in Rußland Partei für die Revolutionsgegner ergriffen und – wie Trotskij es ausdrückte – „objektiv zu dem Versuch beitrugen, das kommunistische Kind in der Wiege zu erwürgen".

Ignorierung – Anerkennung – Desillusionierung (1920-1941)

Das Jahr 1917 markierte in dreifacher Hinsicht einen wichtigen Wendepunkt im amerikanisch-russischen Verhältnis: Zum einen traten die USA in den 1. Weltkrieg ein, und die bolschewistischen Führer verkündeten ihren Austritt; zum anderen traten Lenin und Wilson mit rivalisierenden ideologischen Zielvorstellungen und konkurrierenden Politikkonzepten hervor, und schließlich sahen sich beide Seiten dadurch zum erstenmal zum direkten gegenseitigen Umgang miteinander gezwungen, daß sie in dem vom Krieg geschwächten Europa direkt aufeinanderstießen.

Allerdings deutete nach der Neuregelung der internationalen Verhältnisse nach 1919/20 durch das Vertragssystem von Versailles vieles darauf hin, daß eine direkte Auseinandersetzung nicht stattfinden würde: Die USA hatten einsehen müssen, daß die Bolschewiki weder durch Intervention noch durch wirtschaftliche Verlockung von der Macht zu verdrängen waren.

Wilson mußte von seinem internationalistischen Konzept eines Völkerbundes unter dem Druck der isolationistischen Grundtendenz im amerikanischen Kongreß Abschied nehmen und das amerikanische Engagement in Europa deutlich verringern. Die sowjetische Führung hatte ihrerseits zur Kenntnis nehmen müssen, daß ihre Aufrufe zum revolutionären Umsturz nirgends mit Erfolg politisch umgesetzt worden waren, und sich deshalb gezwungenermaßen einer Politik zugewandt, die die Bewahrung und den Ausbau kommunistischer Herrschaft im Inneren in den Vordergrund stellte. In der Außenpolitik kombinierten die Bolschewiki in geschickter Weise Elemente revolutionären Expansionsstrebens mit solchen der diplomatischen Wahrnehmung klassischer Staatsinteressen; allerdings standen in der sowjetischen Propaganda und im Vorgehen der 1919 in Moskau gegründeten Kommunistischen Internationale die weltweite Machteroberung und der gewaltsame Umsturz in den kapitalistischen Staaten ganz im Vordergrund.

Auf diese Absichten wurde dann auch von den amerikanischen Politikern, Diplomaten und gesellschaftlichen Gruppen, die gegen eine Aufnahme diplomatischer Beziehungen und die Pflege von Kontakten mit der Sowjetunion waren, immer wieder verwiesen: Ein revolutionäres Regime, das weltweit auf gewaltsamen Umsturz abziele, könne nicht durch diplomatische Anerkennung in die Familie der zivilisierten, an Recht und Gesetz orientierten Völker aufgenommen werden. Anerkennung bedeute Aufwertung, und keiner könne garantieren, daß die Sowjetunion internationalen Verpflichtungen tatsächlich nachkomme. Zusätzlich führten die Anerkennungsgegner immer wieder aus, daß die Bolschewiki mit den Mitteln der Gewalt an die Macht gekommen und mit denen des Terrors und der Unterdrückung herrschten und ohne jede demokratische Legitimation geblieben seien. Schließlich wurde die marxistisch-leninistische Ideologie als gefährlich, aggressiv und menschenverachtend hingestellt, die mit liberal-demokratisch-pluralistischen Leitbildern und Idealen absolut unvereinbar sei.

Trotz der Eindeutigkeit dieser Argumente gegen diplomatische Anerkennung und politische Aufwertung waren die tatsächlichen amerikanisch-sowjetischen Beziehungen bis 1933 von Schwankungen und Ambivalenzen gekennzeichnet: Es blieb dabei, daß trotz der verlockenden Hinweise Lenins und seiner Nachfolger auf die Größe des sowjetischen Marktes und der gigantischen Investitions- und Anlagemöglichkeiten sowie des Hinweises, unter den Prinzipien der ‚friedlichen Koexistenz' politische Arrangements zum gegenseitigen Vorteil treffen zu können, die Regierung in Washington keinerlei offizielle Beziehungen mit Moskau unterhielt und die Sowjetunion weltweit zu isolieren und diskreditieren suchte. Das schloß allerdings keineswegs aus, daß sie bei der großen sowjetischen Hungerkatastrophe von 1921/22 massive humanitäre Hilfe leistete und im Verlauf der 20er Jahre auch keine Einwände dagegen erhob, daß mehr und mehr amerikanische Großkonzerne (u.a. Ford, Hammer, Harriman) sich in der Sowjetunion wirtschaftlich, industriell und finanziell engagierten. Geriet die amerikanische Administration wegen der Zweideutigkeit ihres Verhaltens unter Druck, so argumentierten sowohl Demokraten als auch Republikaner, daß die Beziehungen, die freie amerikanische Wirtschaftsunternehmungen mit der Sowjetunion pflegten, eventuell zur ‚politischen Zähmung', zur Einbeziehung in den zivilisierten Umgang der Völker, zur Umwandlung der Sowjetunion in einen Faktor der internationalen Stabilität beitragen könnten.

Gleich nach seinem Regierungsantritt leitete Roosevelt 1933 eine radikal veränderte Politik gegenüber der Sowjetunion ein. Eine volle diplomatisch-politische Anerkennung schien ihm unumgänglich, weil 1. die bisherige Isolierung weder das kommunistische Regime im Inneren noch dessen Verhalten nach Außen in irgendeiner Weise beeinflußt hatte. 2. erschien es Roosevelt unerläßlich, bei der Bewältigung der schwierigen Probleme der Weltwirtschaft die Sowjetunion eine aktive Rolle spielen zu lassen, und schließlich – und am wichtigsten – benötigte man Moskau im Kampf gegen die Expansionspolitik Japans und die Aggressionsgelüste Deutschlands. Unter diesen übergeordneten Gesichtspunkten sah Roosevelt sich durchaus in der Lage, in den offiziellen Verhandlungen mit dem sowjetischen Außenminister Litwinow die Forderungen der immer kleinlauter gewordenen Anerkennungsgegner nach Berücksichtigung der Schulden aus der vorsowjetischen Zeit, der Einstellung sowjetischer Propaganda, des Verbots der Einmischung in innere Angelegenheiten und nach freier religiöser Betätigung von Amerikanern in der Sowjetunion mit zu erörtern.

Nach der Aufnahme offizieller diplomatischer Beziehungen am 16.11.1933 stellte sich die beiderseitige Ernüchterung allerdings insofern sehr schnell ein, als die Sowjetunion keineswegs z.B. den Charakter ihres internen Regimes änderte (sondern durch die bald darauf beginnenden ‚großen Säuberungen' vielleicht erst ihr wahres Gesicht zeigte) und außerdem die Sowjetunion im Kampf für die Aufrechterhaltung der internationalen Ordnung nicht wirklich zu gebrauchen war (sondern sich im Gegenteil im Hitler-Stalin-Pakt vom 23.8.1939 mit dem europäischen Hauptfeind verbündete).

Nachdem Hitler wenige Tage darauf den 2. Weltkrieg durch seinen Angriff auf Polen vom Zaun gebrochen hatte, befriedigte Stalin ungeniert seine Expansionsgelüste, indem er der Sowjetunion Teile Polens, die baltischen Staaten und – nach erbittertem Widerstand – auch Finnland einverleibte. Trotz dieses sowjetischen Verhaltens sorgte Roosevelt dafür, daß auch die Sowjetunion zum Empfängerland von Material- und Waffenlieferungen gemäß den Anfang 1941 verabschiedeten ,Leih- und Pachtverträgen' werden konnte. Als durch den Angriff Hitlers auf die Sowjetunion am 22.6.1941 und den japanischen Angriff auf die amerikanische Marinebasis in Pearl Harbour am 7.12.1941 eine völlig neue internationale Konstellation eingetreten war, begann die härteste Bewährungsprobe der amerikanisch-sowjetischen Verbindungen, die immer ausschließlich auf gemeinsamen Interessen und keineswegs auf Regimeverwandtschaften oder ideologischen Gleichklängen beruhten.

Die Kriegsallianz und ihr Ende (1941-1947)

In der amerikanisch-sowjetischen Zusammenarbeit während des 2. Weltkrieges ging es zunächst und vor allem darum, den gemeinsamen Gegner in seinem Vordringen zu stoppen und zu besiegen. Neben dieser Gemeinsamkeit der übergeordneten Ziele gab es durchaus erhebliche Interessendivergenzen zwischen den USA und der Sowjetunion, die sich z.B. auf Ort und Zeitpunkt der Errichtung einer zweiten Front, die Behandlung der von den Deutschen befreiten Völker und Territorien sowie die Art und das Ausmaß der Zusammenarbeit nach der Niederringung des gemeinsamen Gegners bezogen.

Stalin ging es, nachdem nach dem 8.5.1945 zumindest an der europäischen Front die Waffen schwiegen, um die Sicherung des Raumes, der von Truppen der Roten Armee besetzt war, um ein für allemal Schutz vor neuen Angriffen zu haben und Entschädigungen für die erlittenen Verwüstungen zu erlangen.

Die amerikanische Regierung hingegen verfolgte auch unter dem neuen Präsidenten Truman zunächst noch politische Ideen und weltpolitische Ziele des am 12.4.1945 gestorbenen Roosevelt, die von einer Fortsetzung der engen amerikanisch-sowjetischen Zusammenarbeit ausgingen, der Verwirklichung des Konzepts der ,einen Welt' und der konstruktiven Regelung aller Konflikte innerhalb der neuen Weltorganisation der UNO.

Die Meinungs- und Interessendivergenzen andererseits über die Art der Grenzziehungen in Europa, die Behandlung der besiegten Völker, die Formen der Regierungs- und Wirtschaftssysteme wurden dadurch noch gesteigert, daß nach dem Ende des Krieges in Japan durch den Abwurf amerikanischer Atombomben auf Hiroshima und Nagasaki im August 1945 diese Konflikte auch im asiatischen Raum auftraten und damit praktisch eine weltweite Dimension annahmen. Überhöht wurden diese realen machtpolitischen Gegensätzlichkeiten noch dadurch, daß wieder die moralisch-ideologische Herausforderung durch das gegnerische System und die antagonistische Unvereinbarkeit der Herrschaftsformen und Wirtschaftsweisen betont wurden.

Das durch die Verheerungen des 2. Weltkrieges in Zentraleuropa verursachte Machtvakuum wurde nach 1945 zunehmend von den Flügelmächten USA und UdSSR aufgefüllt. Das Mißtrauen, die Skepsis und Sorge voreinander wuchsen und führten 1947 zu den drei großen amerikanischen Initiativen der Truman-Doktrin (politische Hilfe für alle vom Kommunismus bedrohten Völker), des Marshall Plans (wirtschaftliche Unterstützung Europas und Zusammenarbeit) und des Beginns der militärischen Eindämmungspolitik gegenüber der Sowjetunion. Das wiederum rief als sowjetische Reaktion die Verkündung der sogenannten ‚Zwei-Lager-Theorie‘ im Herbst 1947 durch das Politbüromitglied Shdanov hervor, wonach sich in der Weltarena das von den USA geführte imperialistisch-antidemokratische Lager und das fortschrittlich-friedensliebende unter der Leitung der Sowjetunion unversöhnlich gegenüberständen.

An die Stelle konstruktiver Zusammenarbeit, Kompromißbereitschaft und der gemeinsamen Erarbeitung einer für alle vorteilhaften Perspektive war also zwei Jahre nach Ende des 2. Weltkrieges Konfrontation, Konkurrenz und Kampf auf allen Ebenen und im weltweiten Ausmaß getreten.

Kalter Krieg und dann fast heißer (1948-1962)

Diese macht- und interessenpolitisch begründete Gegensätzlichkeit wurde auf beiden Seiten immer stärker auch ideologisch fundiert und theoretisch überhöht. Über die Verbreitung einer

‚Mentalität der belagerten Festung' in den entstehenden Blocksystemen hinaus waren die amerikanisch-sowjetischen Beziehungen insofern Ende der 40er/Anfang der 50er Jahre in höchstem Maße belastet, als militärische Konfliktlösungen und Bürgerkriege immer mehr in den Vordergrund traten: Das galt sowohl für die Kriege in Vietnam und China, wie die im Zusammenhang mit der Gründung des Staates Israel im Nahen Osten und später dem Korea-Krieg, wie aber auch für die militärisch abgestützten Umwälzungsmaßnahmen in Osteuropa (Umsturz in Prag vom Februar 1948 z.B. und Interventionsdrohungen gegen Jugoslawien) oder die Blockade Berlins. Die Schwerpunkte bei der Gestaltung der sowjetisch-amerikanischen Beziehungen verlagerten sich deshalb zusehends in militärisch-waffenstrategische Bereiche: Eine praktisch ungehemmte Aufrüstung bei allen Waffensystemen setzte ein, eine Aufholjagd der Sowjetunion, um den amerikanischen Vorsprung bei der Entwicklung und Produktion von Atom- und Wasserstoffbomben sowie Trägersystemen auszugleichen. Vor allem trat die Errichtung fest strukturierter und schlagkräftiger Militärpakte (Nato 1949, Warschauer Pakt 1955 gegründet) eindeutig in den Vordergrund. In dieser von militärischer Bedrohung und strategischer Abschreckung geprägten Phase des amerikanisch-sowjetischen Verhältnisses hatte das Denken in politischen Alternativen (Wiedervereinigung Deutschlands durch Neutralisierung z.B.) im Grunde nie eine wirkliche Chance, politisch umgesetzt zu werden. Kurze „Tauwetterperioden" wie nach Stalins Tod, bei der Hervorbringung eines ‚neuen Geistes von Genf' im Sommer 1955 oder beim Besuch Chruschtschows im September 1959 in den USA blieben Episoden. Die Grundtendenz blieb die, daß unterhalb des etablierten ‚Gleichgewichts des Schreckens' die USA nach den Anstrengungen des Krieges und den fundamentalen Neuerungen, die ihr weltweites Engagement gebracht hatte, nach einer Phase der Ruhe, des Ausgleichs und der Konsolidierung verlangten, die ihr unter Eisenhower auch weitgehend gegönnt wurde. Die Sowjetunion hingegen trat nach der Entstalinisierungskampagne des 20. Parteikongresses und der Beseitigung ihrer Folgen durch die Unterdrükkung des Aufstandes in Ungarn und der Unruhen in Polen nach 1956 unter Chruschtschow in einen Wettlauf um Gleichwertigkeit und -gewichtigkeit mit den USA ein.

Dieses vehemente Streben nach weltpolitischer Ebenbürtigkeit fand beispielsweise im Start des Sputnik, des ersten Satelliten in einer Erdumlaufbahn (Oktober 1957), und in der Herausforderung an die Nato in der Form des Berlin-Ultimatums (November 1958) seinen Ausdruck sowie generell in dem von Chruschtschow vertretenen Anspruch, daß der sowjetische Sozialismus im weltweiten Konkurrenzkampf seine Überlegenheit beweisen werde. Daß Theorie und Praxis weit auseinanderlagen wurde u.a. daran deutlich, daß die Sowjetunion ihre deutschlandpolitische Offensive abbrach und sich mit der Sicherung des bestehenden Zustandes, wie er im Bau der Mauer durch Berlin vom 13.8.1961 zum Ausdruck kam, zufrieden geben mußte; zusätzlich sah sie sich nicht einmal in der Lage, auch nur das ‚sozialistische Lager' zusammenzuhalten, denn bereits 1959 kam es zu ernsthaften Auseinandersetzungen mit den chinesischen ‚kommunistischen Brüdern'. Und schließlich erlebte die Sowjetunion zu Beginn der 60er Jahre dadurch eine schockartige Enttäuschung, daß die Vielzahl der neu unabhängig gewordenen Dritte-Welt-Staaten sich keineswegs, wie man das in Moskau erwartet hatte, dem Kommunismus zuwandten, sondern zum größten Teil die Staatsstrukturen ihrer ‚Mutterländer' nachahmten, sich am kapitalistischen Weltwirtschaftssystem orientierten und in der Bewegung der Blockfreien engagierten.

Chruschtschow setzte im Oktober 1962 mit der Stationierung von sowjetischen Raketen auf Kuba, die von dort aus alle wichtigen Zentren der USA direkt und schnell hätten erreichen können, alles auf eine Karte, um die für die Sowjetunion ungünstigen weltpolitischen Entwicklungen mit einem überraschenden Schlage zu seinen Gunsten wandeln zu können. Am Rande des Atomkrieges manövrierend, setzte auf amerikanischer Seite unter Kennedy ein meisterhaftes Krisenmanagement ein, auf das Chruschtschow sich einließ und welches zu einer gemeinsamen Beilegung der gefährlichsten Zuspitzung des Kalten Krieges führte.

Selektive Koexistenz und konstruktive Kooperation (1963-1979)

Die amerikanisch-sowjetischen Manöver am atomaren Abgrund zeigten in der Folgezeit insofern positive Wirkungen, als Konkurrenz und Konfrontation ergänzt wurden durch Elemente der Zusammenarbeit und Übereinstimmung. Im Sommer 1963 wurde zwischen dem Kreml und dem Weißen Haus ein ‚heißer Draht' eingerichtet, um bei internationalen Krisensituationen sofort einen direkten Kontakt herstellen zu können; zur gleichen Zeit erklärten die USA sich erstmalig bereit, umfangreiche Getreidelieferungen an die Sowjetunion gehen zu lassen. Und schließlich wurde nach nur sehr kurzer Verhandlungsdauer ein Vertrag über den Stop aller Atomtests im Wasser und in der Luft geschlossen, dem sich auch Großbritannien anschloß. Bei all diesen Gelegenheiten wurde von beiden Seiten die besondere Verantwortung der Supermächte für die weiteren Überlebenschancen der gesamten Menschheit hervorgehoben sowie die Notwendigkeit zur Zusammenarbeit und Rüstungskontrolle.

In der tatsächlichen Politik standen dann allerdings sowohl in den USA unter Johnson als auch unter Breschnjew in der Sowjetunion die Inangriffnahme erheblicher innenpolitischer Probleme im Vordergrund. Weltpolitisch wurde das bilaterale Verhältnis schwer belastet, indem die USA ihr Engagement in Vietnam immer weiter steigerten und die Sowjetunion das Reformexperiment in der Tschechoslowakei im August 1968 mit einer militärischen Intervention beendete.

Von 1969 an trafen sich dann der neue amerikanische Präsident Nixon und sein Sicherheitsberater Kissinger mit ihrem Willen, den Vietnam-Krieg so schnell wie möglich zu beenden und eine ‚stabile Struktur des Friedens' in der Welt zu errichten einerseits und die Mehrheit des Politbüros unter Breschnjew andererseits, die die Sowjetunion wirtschaftlich und technologisch modernisieren und sie weltpolitisch-militärstrategisch zur Ebenbürtigkeit mit den USA aufsteigen lassen wollte.

Das Ergebnis waren die Errichtung einer Vielzahl von Gesprächsforen (Konferenz für Sicherheit und Zusammenarbeit in Europa, Verhandlungen über ausgewogenen Truppenrückzug), Vertragsabschlüsse (Berlin-Abkommen, Abkommen über gegenseitige Konsultations- und Zurückhaltungsverpflichtung) und Rüstungskontrollmaßnahmen (Begrenzung strategischer Waffensysteme, SALT I und II), deren Absichten und Ziele am besten in der von Ford und Breschnjew am 1.8.1975 in Helsinki mitunterzeichneten Schlußdeklaration der Konferenz für Sicherheit und Zusammenarbeit in Europa zum Ausdruck kommen.

In der zweiten Hälfte der 70er Jahre wurde – insbesondere nach dem Amtsantritt Carters und seines Sicherheitsberaters Brzezinski – die Vorrangigkeit der Verbesserung des Verhältnisses zur Sowjetunion in den USA zunehmend in Frage gestellt und stattdessen auf die Verwirklichung von Menschenrechten in der kommunistischen Welt sowie auf die Herstellung einer Moskau in die Zange nehmenden Aktionseinheit zwischen Washington und Peking gedrängt. Im Jahre 1979 spiegelten sich dann die komplizierte weltpolitische Lage und das ambivalente amerikanisch-sowjetische Verhältnis insofern sehr klar wider, als im Juni Breschnjew und Carter in Wien das fertig ausgehandelte SALT II-Abkommen abzeichneten, Mitte Dezember der Nato-Doppelbeschluß gefaßt wurde und Moskau dann am Ende des gleichen Monats Truppen in Afghanistan intervenieren ließ.

Neue Eiszeit und gemeinsame Anwärmungsversuche (1980-1991)

Die Beziehungen zur Sowjetunion im letzten Amtsjahr von Präsident Carter wurden, über die westliche Empörung über die Besetzung Afghanistans hinaus, dadurch noch verschlechtert, daß die USA nach der formellen Aufnahme diplomatischer Beziehungen sich verstärkt der Volksrepublik China zuwandten und sowohl hinter den Unruhen im Iran und dem Sturz des Schahs als auch den Anti-Gewerkschaftsmaßnahmen in Polen eindeutige sowjetische Einflüsse vermuteten. Präsident Reagan, der unter anderem von einer scharfen antisowjetischen Grundstimmung in den USA in sein Amt gebracht worden war, führte dennoch die Rüstungskontrollverhandlungen mit Moskau weiter und ließ – vor allem in Genf – Gesprächsfäden auf zusätzlichen Ebenen knüpfen. Als allerdings im Spätherbst 1983 die USA in Grenada intervenierten und die Sowjetunion die Verhandlungen in Genf sowohl über Mittelstreckenraketen als auch über strategische Systeme wegen ihrer Ergebnislosigkeit abbrach und damit den Vollzug der Nachrüstung in Westeuropa unumgänglich machte, erreichten die Feindseligkeit der Propaganda, die Schärfe der Kritik auf beiden Seiten einen ihrer Höhepunkte. Das hinderte sie allerdings nicht, insbesondere nach der mit überwältigenden Mehrheit erfolgenden Wiederwahl Reagans und der Überwindung sowjetischer Führungsschwächen durch die Wahl Gorbatschows zum Generalsekretär der KPdSU, neue Dialoge vor allem über den aus der Kontrolle geratenen Rüstungswettlauf zu beginnen.

Nach vorbereitenden Verhandlungen der Expertenstäbe trafen der Präsident und der Generalsekretär am 19. und 20. November 1985 in Genf zu Gipfelgesprächen zusammen. Die neu entfachten Hoffnungen auf einen konstruktiven Dialog wurden dadurch in der Folgezeit bereits erheblich gedämpft, daß Moskau mit sehr weitgehenden Abrüstungsvorschlägen in einer umfassenden Propagandaoffensive die Weltöffentlichkeit für sich zu gewinnen suchte, während Washington auf wirklicher Zweiseitigkeit und Überprüfbarkeit aller Abrüstungsschritte beharrte, Atomtests unvermindert fortsetzte und das Programm für Weltraumwaffen für absolut unverzichtbar erklärte.

Dennoch kam es bereits ein knappes Jahr darauf, im Oktober 1986, zu einer weiteren Begegnung ‚auf höchster Ebene', diesmal in Reykjavik. Der Durchbruch in Richtung einer drastischen Reduktion insbesondere der strategischen Nuklearwaffen scheint unmittelbar bevorgestanden zu haben, scheiterte dann aber vor allem an der Weigerung Reagans, die weitere Forschung am SDI-Programm einzustellen.

Immerhin gelang es aber in der Folgezeit den Experten beider Seiten, die gegenseitige Angst vor Übervorteilung und das tiefsitzende Mißtrauen so weit zu überwinden, daß eine Fülle amerikanisch-sowjetischer Verhandlungskontakte aufgebaut werden konnte. Der größte Erfolg wurde in der Einigung über die Vernichtung aller Mittelstreckenraketen in Europa erzielt, geregelt im INF-Vertrag, der beim Gipfeltreffen in Washington im Dezember 1987 unterzeichnet wurde. Seine auch für die Zukunft der amerikanisch-sowjetischen Beziehungen zumindest symbolische Bedeutung liegt in der Tatsache, daß eine Waffenkategorie tatsächlich radikal abgerüstet (und nicht nur ‚umgeschichtet' oder zahlenmäßig erheblich vermindert) wurde. Darüberhinaus lag der besondere Wert des INF-Vertrages darin, daß der Abbau der Mittelstreckenraketen asymmetrisch erfolgte (d.h. die UdSSR, die mehr davon hatte, mußte auch mehr Exemplare vernichten), und schließlich wurden Expertenstäbe zur strikten gegenseitigen Kontrolle der Abrüstungsmaßnahmen ‚vor Ort' eingerichtet.

Von dem Erfolg der Verhandlungen im Bereich der Beseitigung der Mittelstreckenraketen sind offenbar auch Impulse für Verhandlungen in anderen Bereichen ausgegangen.

Bei der vierten Gipfelbegegnung der Chefs der Supermächte im Mai/Juni 1988 in Moskau, aber auch davor und in der Folgezeit, ist beispielsweise über eine Halbierung der strategischen Nuklearwaffen-Arsenale verhandelt worden. In den wichtigsten Kriegs- und Krisenregionen der Weltpolitik – Afghanistan, Iran/Irak, Kambodscha, Angola/Namibia – waren unter direkter oder indirekter Beteiligung von UdSSR und USA Waffenstillstände und Friedensverhandlungen in Gang gekommen. In den Bereichen Wirtschaft, Technik, Kultur sind damals vielfältige Kooperationsprogramme initiiert worden.

Die Zerfallserscheinungen der Sowjetunion und die endgültige Auflösung des kommunistischen Blocksystems durch ‚sanfte Revolutionen‘ der osteuropäischen Völker sind von den USA und ihren europäischen Verbündeten als endlich erfolgter Nachweis der Überlegenheit freiheitlicher Demokratie, rechtsstaatlich-pluralistischer Praktiken und liberal-kapitalistischen Wirtschaftens empfunden worden. Nach einigem Zögern entschloß man sich in Washington zu gewissen Unterstützungsmaßnahmen vor allem für das politisch-ökonomisch reformierte Polen und für Ungarn. Auf Initiative der USA wurde eine neue NATO-Strategie erörtert, und eine konstruktive Zusammenarbeit mit dem ‚anderen Europa‘ wurde in Ansätzen erkennbar.

Wegen der riesigen Herausforderung, die eine gründliche Reform der Sowjetunion darstellte und wegen der Zwiespältigkeit der Ergebnisse der Veränderungsanstrengungen Gorbatschows und der Ungewißheit seines weiteren Schicksals wurde von Washington eine Doppelstrategie gegenüber Moskau verfolgt: Konstruktiver Ost-West-Dialog, Vorantreiben der Rüstungskontroll- und Abrüstungsgespräche, gezielte und intensive Zusammenarbeit in allen Fragen der Herbeiführung der Deutschen Einheit und der Einhegung der Krise am Persischen Golf. Andererseits aber zögerte George Bush lange, der UdSSR die wirtschaftliche Meistbegünstigung zuzugestehen, und es war eher die Bundesrepublik Deutschland als die USA, die auf koordinierte Hilfsmaßnahmen des Westens für die krisengeschüttelte Sowjetunion drängte.

Die in der amerikanischen Sowjetunionpolitik miteinander konkurrierenden Neuerungstendenzen und Beharrungsmomente wiesen zum einen auf das Fortbestehen eines grundsätzlichen Rivalitäts- und Konkurrenzverhältnisses hin; andererseits aber hatte sich der große Richtungsanzeiger in Washington bereits längere Zeit auf Interessenausgleich, Konfliktbereinigung und Zusammenarbeit mit Moskau verschoben.

Nicht mehr Gegner, noch nicht Partner (1992-2000)

Daran änderte sich auch nichts, als im Dezember 1991 die UdSSR aufgelöst und an ihrer Stelle die Gemeinschaft Unabhängiger Staaten (GUS) proklamiert wurde. In ihrem Zentrum stand Rußland, das alle anderen Nachfolgestaaten der Sowjetunion an Machtpotentialen weit übertraf und dessen demokratisch legitimierter Präsident Jelzin in allen Fragen der Außen-, Militär- und Atompolitik eine Führungsrolle beanspruchte. Er wurde so zum Hauptansprechpartner der amerikanischen Politik gegenüber dem gesamten nach-sowjetischen Raum. Eine der Komponenten der neu auszutarierenden Strategie Washingtons bestand darin, neben den Interessen Moskaus die der zahlenmäßig stark gewachsenen anderen Staaten und Regionen im nach-kommunistischen Raum (Baltikum, Mittelasien, Kaukasus, Ukraine, Georgien) aufmerksam zu registrieren und neue Prioritäten zu setzen. Inhaltlich ging es darum, Rußland an die westeuropäisch-atlantische Gemeinschaft (inklusive Demokratie, Rechtsstaatlichkeit und Konkurrenzwirtschaft) heranzuführen, die Wachsamkeit insbesondere gegenüber dem Nuklearpotential aufrechtzuerhalten, und diese beiden Ziele möglichst optimal zu kombinieren. Noch während der Bush-Administration erfolgte eine Lockerung des Exportkontrollsystems, im Juni 1992 wurde Rußland der Status wirtschaftlicher Meistbegünstigung eingeräumt, und Boris Jelzin stieg zum Quasi-Mitglied der G-7-Treffen auf. Clinton verstärkte die vielfältigen Hilfsmaßnahmen für die politischen und wirtschaftlichen Transformationsvorgänge noch. Er befürwortete die starke Einbindung Rußlands in internationale Strukturen (Nato-Kooperationsrat, KSZE) und setzte auf den russischen Präsidenten als Garanten für die Annäherung an das europäisch-atlantische System und die Gemeinschaft der Demokratien.

Der zweite Bereich besonderer amerikanischer Aufmerksamkeit betraf den gezielten und kooperativen Abbau der hochgerüsteten Militärapparate und hierbei vor allem den der nuklearen und technologischen ,Altlasten' (Atomraketen, -kraftwerke). Die in komplizierten Verhandlungen erzielten

Erfolge in diesen Bereichen wurden aus Sicht der USA durch die innenpolitischen Entwicklungen in Rußland relativiert: Der russische Präsident sah sich zu immer mehr Zugeständnissen an reformfeindliche Kräfte (Nationalisten und Kommunisten) veranlaßt, die Wirtschaftstransformation kam nicht voran und die Gesellschaftsspannungen nahmen zu. Außenpolitisch wurde die Phase ,romantischer Politik' der Annäherung an den Westen für beendet erklärt; die russische Diplomatie trat mit neuem Selbstbewußtsein auf, verlangte die Respektierung ihrer Machtinteressen (,Gemeinschaft der Slawen' mit den Serben; Warnung vor jeglicher Osterweiterung der NATO) und wies alle westliche Kritik an ihrer brutalen Vorgehensweise in Tschetschenien ab Dezember 1994 als ,Einmischung in innere Angelegenheiten' barsch zurück. In der Folgezeit signalisierten der sich verschlechternde Gesundheitszustand Präsident Jelzins, seine zunehmend undemokratischen Politikpraktiken sowie der dramatische Verfall des Rubels im August 1998 und die dadurch ausgelösten mehrmaligen Wechsel des Regierungschefs die tiefe Krise Rußlands und das Steckenbleiben der Reformen. Darauf mußte die amerikanische Administration zurückhaltend, geschickt und kreativ reagieren, wenn sie auch weiterhin den Weg Moskaus nach Westen ebnen, die Sicherheitsprobleme eindämmen und Gesamtlösungen für den euro-asiatischen Raum anstreben wollte. Die in beiden Staaten zu beobachtende Konzentration auf Probleme der Innenpolitik sowie die anstehenden Präsidentschaftswahlen erleichtern keiner der beiden Seiten ein gemeinsames Vorgehen. Allerdings ist man sich in beiden Hauptstädten auch zunehmend bewußt, daß es eine vernünftige Alternative zum „skeptischen Miteinander" nicht gibt.

Schwerpunkte sowie Kontinuität und Wandel im amerikanisch-sowjetisch/russischen Verhältnis und dessen Perspektiven

Überblickt man die Gesamtphase des amerikanisch-sowjetischen Verhältnisses in den gut acht Jahrzehnten von den Anfängen bis zur Gegenwart, so kann man zwischen verschiedenen a) Intensitätsgraden, b) Ebenen und c) Zielsetzungen dieser Beziehungen unterscheiden.

Trotz der Aufnahme formeller diplomatischer Beziehungen im Herbst 1933 waren die Kontakte zwischen Washington und Moskau in den ersten zwanzig Jahren der bolschewistischen Herrschaft in ihrer a) *Intensität* praktisch auf ein Minimum beschränkt. Die Notwendigkeiten der Koordinierung der gemeinsamen Kriegsanstrengungen und der Absprache der Nachkriegsplanung brachte die beiden Seiten in konstruktive Kontakte zueinander. Aber schon bald nach der Niederringung der gemeinsamen Feinde trat eine tiefe Entfremdung im amerikanisch-sowjetischen Verhältnis ein, die sich im Verlauf des Kalten Krieges in offene Konfrontation und Feindschaft steigerte. Zur Bewältigung der Berlin- und der Kuba-Krise mußten die Supermächte gewisse Regeln des Umgangs miteinander erarbeiten, die sich – trotz der Fortexistenz des grundsätzlichen Macht- und Ideologiekonfliktes – in der Folgezeit bewährten und in der Periode der intensivsten und produktivsten Zusammenarbeit zwischen 1969 und 1976 die Grundlage abgaben. Danach waren dann fast ein ganzes Jahrzehnt lang, bis fast zum Ende der ersten Reagan-Administration, die amerikanisch-sowjetischen Beziehungen durch einen ständigen Rückgang der Kontakte gekennzeichnet. Schon unmittelbar vor den Präsidentschaftswahlen im November 1984 begann aber die Sowjetunion aus ihrer internationalen Isolation auszubrechen, und es wurden von beiden Seiten eine Fülle von Verhandlungsebenen etabliert, die von den in vier aufeinanderfolgenden Jahren stattfindenden Gipfelkonferenzen gekrönt wurden.

Wie bei allen Staaten spielten sich die Beziehungen zwischen der Sowjetunion und den USA auf verschiedenen b) *Ebenen* ab. Die längste Tradition, weil für beide Seiten die größten unmittelbaren Vorteile erbringend, haben dabei die wirtschaftlich-handelspolitischen Kontakte. Zwar ist auch auf dieser Ebene ein Auf und Ab festzustellen, der Einsatz von Wirtschaftsmitteln als Drohung und Verlockung immer wieder gegeben, aber relativ gesehen ist in diesem Bereich die Kontinuität am ausgeprägtesten.

Die gegenseitigen Wahrnehmungen und ideologischen Einschätzungen sind über einen Grundbestandteil beidseitigen Mißtrauens, wechselseitiger Ängste und massiver gegenseitiger

Vorbehalte hinaus immer am intensivsten und außerdem besonders starken Schwankungen ausgesetzt gewesen. Höhepunkte der positiven wechselseitigen Wahrnehmungen lagen in
der Spätphase der Roosevelt-Administration und in der ersten
Hälfte der 70er Jahre; ablehnend und von heftigen gegenseitigen Vorwürfen bestimmt war vor allem die Zeit unmittelbar
nach der bolschewistischen Machtergreifung, die nach dem
Zutagetreten des Kalten Krieges Ende der 40er/Anfang der
50er Jahre sowie die Phase der ersten Reagan-Administration.
Auf der Ebene der militärisch-strategischen Beziehungen sind
die Ausgangspunkte sowohl für Konfrontation als auch für Kooperation zwischen der Sowjetunion und den USA am klarsten
aufzuzeigen: Die Entwicklung von Waffensystemen und die
gewaltigen militärischen Kraftanstrengungen dienten zunächst
beiden Seiten zur Bekämpfung der gemeinsamen Feinde im 2.
Weltkrieg. Im Verlaufe der sich entwickelnden Ost-West-Kon-
frontation wurde dann jeweils von der ‚Annahme des schlimm-
sten Falls' ausgegangen, was zu der einzigartigen Rüstungsdy-
namik erheblich beitrug und zum Aufbau lückenloser gegenseitiger Abschreckungspotentiale führte. Über die scharfe Gegensätzlichkeit vor allem an der europäischen, aber auch an der
asiatischen Front hinaus wurden die weltweiten Machtansprüche und Rivalitätskämpfe besonders mit der Lieferung von
Kriegsmaterial und dem Denken in militärischen Kategorien
untermauert.

Allerdings ist auch nicht zu verkennen, daß die Gefahren eines ungebremsten Rüstungswettlaufs auf beiden Seiten ebenfalls zunehmend gesehen wurden und Aufrüstung mit Maßnahmen gemeinsamer Rüstungssteuerung von den 60er Jahren
an immer häufiger kombiniert wurden. Die USA und die Sowjetunion standen vor dem Dilemma, militärisch-strategisch
am Rande des Abgrunds zu manövrieren, einen Großteil ihrer
intellektuellen und materiellen Ressourcen der Bewahrung des
‚Gleichgewichts des Schreckens' zu widmen und dennoch
höchst selten Wege zu substantieller Rüstungsbegrenzung oder
gar Abrüstung zu finden.

Die politisch-diplomatische Ebene schließlich der sowjetisch-
amerikanischen Beziehungen ist von Anfang an durch stark ge-
genläufige Tendenzen gekennzeichnet gewesen: die Pflege nor-
maler Kontakte, der Ausbau von Wirtschaftsbeziehungen, tech-
nisch-wissenschaftlicher Kooperation und die Vermittlung kultu-

reller Werte einerseits und andererseits Überzeugungs- und Propagandaarbeit, Versuche, Kontakte mit Gruppierungen und Einzelpersonen im jeweiligen Gastland aufzunehmen, die auf Veränderungen der Gesellschaftsstrukturen und Ideologiegrundlagen hinwirkten.

Die unterschiedlichen c) *Zielsetzungen* in der Gesamtentwicklung der amerikanisch-sowjetischen Beziehungen bestanden darin, die jeweils eigenen Machtansprüche und Herrschaftsinteressen auch bei der anderen Seite durchzusetzen. Allerdings herrschte genügend Realismus vor, daß dies in reiner Form völlig ausgeschlossen war, und man ging deshalb in Washington und in Moskau dazu über, in Phasen a) relativ ausgewogener bilateraler Beziehungen auf die Fremdartigkeit und hohen Reibungsverluste des anderen Systems zu verweisen; in Phasen b) schriller Gegensätzlichkeit (wie während des russischen Bürgerkriegs, nach dem offenen Ausbruch des Kalten Krieges und auch der sowjetischen Intervention in Afghanistan) wurde die Bösartigkeit des feindlichen Systems angeprangert und auf den Versuch hingearbeitet, zu dessen Zusammenbruch beizutragen, und in Phasen c) der Kooperation (wie während des 2. Weltkrieges und in der Nixon-Ära) wurden die inneren Strukturen der anderen Seite ignoriert und keine unmittelbaren Veränderungsziele verfolgt. Untergründig allerdings strebten beide Seiten ununterbrochen Veränderungen im jeweils anderen System u.a. mit den Mitteln des Handels, der Propaganda, der Spionage, der Überzeugung und Gewinnung von Gruppen an. Dabei wurden als Ziele die Verwirklichung hoher Ideale und edler Prinzipien (Bürgerrechte, wahre Demokratie, Fortschritt etc.) angegeben, und es wurde immer wieder auf die Gegensätzlichkeit von Theorie und Praxis und die Spannungszustände zwischen abgehobener Staatsgewalt und einfachem Volk im jeweils anderen System hingewiesen.

Amerikanisch-sowjetisch/russische Gipfelkonferenzen*

Zeit und Ort	Teilnehmer	Hauptthemen
1.: Juli/Aug. 1945	Churchill/Atlee, Stalin, Truman	Nachkriegsregelungen, Teilung und Kontrolle Deutschlands
2.: Juli 1955 Genf	Bulganin/Chruschtschow, Eden, Eisenhower, Faure	Abrüstung, Deutschlandproblem, Europäische Sicherheit
3.: Sept. 1959 Camp David	Chruschtschow, Eisenhower	Berlin- und Deutschlandfrage
4.: Mai 1960	Chruschtschow, Eisen-	U-2 Abschluß, Abbruch

Paris	hower, de Gaulle, Macmillan	
5.: Juni 1961 Wien	Chruschtschow, Kennedy	Ost-West-Beziehungen, Rüstungskontrolle, Berlin
6.: Juni 1967 Glassboro	Johnson, Kossygin	Vietnam, Nahost, ABM-Raketenabwehr
7.: Mai 1972 Moskau	Breshnjew, Nixon	SALT I (Verminderung strategischer Waffen), Vietnam, Ost-West-Verhältnis
8.: Juni 1973 Washington	Breshnjew, Nixon	Entspannung, Rüstungsbegrenzung
9.: Juni/Juli 1974 Moskau	Breshnjew, Nixon	Wirtschaftskooperation, Rüstungsbegrenzung
10.: Nov. 1974 Wladiwostok	Breshnjew, Ford	Rüstungskontrolle, Regionalkonflikte, Ost-West-Verhältnis
11.: Juni 1979 Wien	Breshnjew, Carter	SALT II abgezeichnet
12.: Nov. 1985 Genf	Gorbatschow, Reagan	Rüstungskontrolle, SDI, Menschenrechte
13.: Okt. 1986 Reykjavik	Gorbatschow, Reagan	Strategische Atomwaffenverringerung, SDI
14.: Dez. 1987 Washington	Gorbatschow, Reagan	INF-Vertrag (Abbau aller Mittelstreckenraketen), Regionalkonflikte, gemeinsame Kommissionen für Problemlösungen
15.: Mai/Juni 1988 Moskau	Gorbatschow, Reagan	Verhandlungen über Halbierung der Zahl strategischer Nuklearwaffen, gemeinsame Kontrolle und Lösung von Regionalkonflikten, Abbau von Feindbildern
16.: Dez. 1988 New York	Gorbatschow, Reagan, Bush	Rüstungsreduktion, Regionalkonflikte
17.: Dez. 1989 Malta	Gorbatschow, Bush	Ende des Kalten Krieges, Neugestaltung Europas
18.: Mai/Juni 1990 Washington	Gorbatschow, Bush	Vereinigung Deutschlands, neue Sicherheitsstrukturen Europas
19.: Sept. 1990 Helsinki	Gorbatschow, Bush	Lage am Golf
20.: Juli 1991 Moskau	Gorbatschow, Bush	Umfassende Partnerschaft und weitere Abrüstung
21. : Jan. 1993 Moskau	Jelzin, Bush	Unterzeichnung von START II
22.: April 1993 Vancouver	Jelzin, Clinton	Verstärkte US-Hilfszusagen für Rußland
23.: Jan. 1994 Moskau	Jelzin, Clinton	Hilfe weiter erhöht, Atomabrüstung verstärkt
24.: Sept. 1994 Washington	Jelzin, Clinton	Handelsabkommen
25.: Mai 1995	Jelzin, Clinton	Wirtschaftshilfe, Nicht-Verbreitung

Moskau		von Waffen
26.: Okt. 1995	Jelzin, Clinton	Bosnien-Einsätze, Stopp von
New York		Atomtests
27.: März 1997	Jelzin, Clinton	NATO-Osterweiterung, Abbau von
Helsinki		Chemie- und Atomwaffen

Die weiteren Gipfelbegegnungen fanden vor allem im Rahmen der jährlichen G-8-Treffen statt

* Eine Zusammenfassung und Wertung der Gipfelkonferenzen findet sich in dem Essay von Wilhelm G. Grewe: Die amerikanisch-sowjetischen Gipfeltreffen seit Roosevelt und Stalin, Stuttgart 1987

Die spezifischen Mischungsverhältnisse zwischen „gebremster Konfrontation und begrenzter Kooperation" (M. Görtemaker), die sich zwischen den USA und der UdSSR eingespielt hatten, waren in der Schlußphase der Existenz der Sowjetunion zugunsten einer partnerschaftlich-wohlwollenden Präferenzbehandlung Gorbatschows durch die USA ausgebaut worden. Reste machtpolitischer und ideologischer Gegensätze blieben – schon aus Gründen der jeweils eigenen Systemstabilität – bestehen und wurden als unüberwindbar ausgegeben. Das schloß allerdings keineswegs aus, daß die beiden Supermächte unter dem Druck von Konflikt- und Krisensituationen (Kriegsgefahr, Umweltkatastrophen, Eskalation regionaler Kämpfe) oder bei besonders großen Herausforderungen (Einheit Deutschlands, Krieg am Golf, Rüstungskontrolle und Raumfahrttechnik) zusammenarbeiteten und für beide Seiten vorteilhafte Lösungen fanden. In Washington und Moskau hatte man in der wechselvollen Geschichte des Umgangs miteinander gelernt, Elemente der Konfrontation und der Kooperation getrennt und miteinander kombiniert zu handhaben. Beide Seiten wußten, daß, wenn sie sich auch weiterhin in erster Linie auf den Umgang miteinander im militärisch-strategischen Bereich konzentrieren sollten, die Gefahr bestünde, daß sie „Kolosse auf tönernen Militärfüßen" wären, mächtig zwar, wie schon Talleyrand über das Frankreich Napoleons gesagt hatte, aber nicht wirklich groß.

Übersicht mit Strukturdaten

	USA	Rußland	UdSSR	BRD
Fläche (in Mill. km^2)	9,4	17	22,4	0,3
Einwohner (in Mill.)	273,8	147,2	281	82,4
Einwohner je km^2	27	8,7	12	231
BSP pro Kopf (in $)	29080	2410	6300	28280
Dienstleistungsanteil am BSP (in %)	75,4	54	20	63,8

Anteil am Welt-BSP (in %)	29	–	16	7
Telefonanschlüsse pro Tsd.	594,7	258	230	538,6
Energieverbrauch pro Kopf (in kg Öleinheiten)	11312	6767	4600	5650
Einwohner je Arzt	381	220	270	298
aktive Truppen (in Mill.)	1,5	1,5	4,6	0,3
Militäretat (in Mrd. $)	265	48	–	32
Lebenserwartung (in Jahren)	77	66	–	76
Studierende (in Mio.)	6	2,5	–	1,4

Alle Angaben aus unterschiedlichen Quellen, abgerundet und (mit Ausnahme UdSSR) bezogen auf Mitte der 90er Jahre.

Deshalb erfolgte, nachdem die jahrzehntelang betriebene amerikanische Eindämmungsstrategie zum Niedergang und zur Auflösung der Sowjetunion nicht unerheblich beigetragen hatte, eine Akzentverlagerung in der Politik Washingtons: Die Förderung von Marktwirtschaft, Demokratie und Rechtstaatlichkeit in Rußland trat in den Vordergrund, ohne allerdings den Abbau der Altlasten des Ost-West-Konflikts, insbesondere das Bemühen um ‚kooperative Denuklearisierung' mit Rußland, der Ukraine, Kasachstan und Weißrußland zu vernachlässigen. Peter Rudolf gibt zurecht die Einschätzung, daß die amerikanische Politik auch weiterhin von der Ambivalenz bestimmt sei, daß „Rußland zwar nicht mehr weltpolitischer Gegner, aber auch noch nicht demokratischer Partner ist. Solange die politische Entwicklung Rußlands prekär bleibt, werden die amerikanisch-russischen Beziehungen aufgrund der latenten Nukleargegnerschaft in einem Schwebezustand zwischen Gegnerschaft und Partnerschaft verharren."

Wichtig bleibt, daß die USA nicht ihre in allen Bereichen existierende gigantische Überlegenheit gegen Rußland ausspielen, sondern sie ihm bei seinem Jahrhundertexperiment des Systemwechsels zugute kommen läßt. Dann wird sich das amerikanisch-russische Verhältnis am Anfang des neuen Jahrhunderts positiv entwickeln und kann zur weltpolitischen Stabilität beitragen.

Werner Kremp

Das deutsch-amerikanische Verhältnis im 20. Jahrhundert

„Besondere" und „normale" Beziehungen

Eine „special relationship" kann man mit einigem Recht das deutsch-amerikanische Verhältnis nennen. Zwar wird dieses „Gütezeichen" in der Regel für die britisch-amerikanischen Beziehungen verwendet, die auf gemeinsamer Herkunft, gemeinsamen Werten und nicht zuletzt gemeinsamen Konflikten beruhen. Aber die deutsch-amerikanischen Beziehungen sind ebenfalls aus mehreren, wenngleich anderen Gründen von „besonderer Art".

Da ist die Tatsache, daß bis heute insgesamt rund sieben Millionen deutsche Bürger in die USA ausgewandert sind und so zum Aufbau und Aufstieg der amerikanischen Nation beigetragen haben. Dabei darf auf keinen Fall vergessen werden, daß die Einwanderung in die USA zugleich eine Auswanderung aus Deutschland bedeutete – offensichtlich war, insbesondere im 19. Jahrhundert, für eine beträchtliche Anzahl Deutscher das „amerikanische Modell" der Lebensgestaltung attraktiver als das heimische, aus welchen Gründen auch immer.

Weiter ist zu erwähnen, daß beide Nationen im letzten Jahrhundert zu den „newcomern" unter den Mächten der Erde gehörten. Als sie sich (die USA nach dem Bürgerkrieg, Deutschland nach der Reichsgründung) konsolidiert hatten, konkurrierten sie, mit missionarischem Anspruch, um die Verbreitung ihrer unterschiedlichen Menschenbilder und gesellschaftlichen Ordnungsvorstellungen, und natürlich um wirtschaftlichen und politischen Einfluß im Konzert der Mächte.

Zweimal in unserem Jahrhundert hat diese Konkurrenz zum kriegerischen Zusammenstoß zwischen den beiden Mächten geführt. Beide Male war Deutschland die Hauptursache dafür, daß die USA – gegen ihr Selbstverständnis – in Europa eingriffen, um dessen Mächtegleichgewicht wiederherzustellen, und beide Male gewannen die USA, verlor Deutschland an Macht, waren die USA durch den Kriegseintritt entscheidend an der Niederlage Deutschlands und seiner darauffolgenden inneren Neuordnung beteiligt.

So beruhen die „besonderen Beziehungen" der beiden Länder vor allem darauf, daß beide in entscheidender Weise auf die Geschichte des jeweils anderen eingewirkt haben. Ohne Deutschlands Versuche, seine Herrschaft auf ganz Europa (und die Welt) auszudehnen, wären vielleicht die USA nicht, oder nicht so rasch, jene Welt- und europäische Macht geworden, als die wir sie heute kennen; ohne das amerikanische Eingreifen hätten die deutschen Herrschafts- und Expansionsversuche für Europa andere als die bekannten Folgen gehabt. Die USA sind im 20. Jahrhundert zum „Schicksal deutscher Politik"[1] geworden, und Amerikas Rolle in der Welt, speziell in Europa, sähe ohne Deutschland wohl anders aus.

Neben der Besonderheit der deutsch-amerikanischen Beziehungen sollte keineswegs vergessen werden, daß es daneben auch die zwischen allen Staaten üblichen „normalen" Beziehungen gegeben hat und nach wie vor gibt. Beide Staaten haben eine unterschiedliche Geschichte, geographische Lage und Größe, auch ein unterschiedliches „geopolitisches" Umfeld; sie sind geprägt von je eigenen Traditionen, Denkweisen und politischen Kulturen; und schließlich hat jede der beiden Nationen ihre eigene Wirtschaftsstruktur. Daraus resultieren unterschiedliche Interessen, die ihrerseits die deutsch-amerikanischen Beziehungen beeinflussen. Eine der im deutsch-amerikanischen Verhältnis immer wieder auftretenden Irritationen rührt daher, daß diese Interessenunterschiede nicht deutlich genug artikuliert werden; die Folge ist entweder penetrante „friendship"-Rhetorik oder aber ein beleidigter Rückzug in den Schmollwinkel, wenn Konflikte auszutragen wären.

Vom friedlichen Einvernehmen zur Konfrontation (1871-1914)

Im letzten Drittel des 19. Jahrhunderts vollzog Deutschland den Übergang vom Agrar- zum Industriestaat; das Kaiserreich stieg in die Gruppe der drei größten Industrienationen (neben den USA und Großbritannien) auf. Der innenpolitische Druck, die damals auftretenden sozialen Konflikte nach außen abzuleiten, neue Exportmärkte zu erschließen und dem Reich größere Geltung in der Welt zu verschaffen, wurde von der neuen Reichsleitung unter Wilhelm II. aufgenommen und verdichtete sich in der Proklamation des „Neuen Kurses" (1890). Damit ist zugleich der Beginn der deutschen „Weltpolitik" markiert.

In den USA setzte nach Beendigung des Bürgerkriegs eine Phase der Wirtschaftsrevolution und Hochindustrialisierung ein – mit steigenden Produktionsraten, wachsenden Kapitalinvestitionen, extremer Konzentration wirtschaftlicher Macht sowie massiver Zunahme der Einwanderung und damit auch der Zahl der Arbeitskräfte. Die Volkszählung von 1890 stellte das Ende der „frontier" fest, der „wandernden Grenze" im Westen. Wirtschaftliche Interessen, nationalistische Machtpolitik und zivilisatorisches Sendungsbewußtsein bildeten die Antriebskräfte einer im späten 19. Jahrhundert einsetzenden überseeischen Expansions- und Interventionspolitik in Richtung Pazifik und Karibik.

Beide Nationen traten also, wie andere Staaten jener Zeit, in ihre imperialistische Phase, die zu Konflikten führte. Waren noch in den siebziger Jahren die Beziehungen ausgesprochen herzlich[2], so daß man von einer „Era of Good Feelings"[3] sprechen konnte, warfen in den achtziger Jahren aufkommende Schwierigkeiten ihre Schatten voraus. In Übersee kam es um die Samoa-Inseln und die Philippinen zu Konflikten; überhaupt bildete die Flottenpolitik beider Nationen eine der hauptsächlichen Spannungsursachen in der Zeit vor dem Ersten Weltkrieg. Meinungsverschiedenheiten erwuchsen auch aus unterschiedlichen Haltungen zum Institut internationaler Schiedsgerichtsbarkeit; so widersetzte sich das Reich dem Drängen Tafts und Wilsons, dem Haager Abkommen beizutreten.

Die Handelsbeziehungen hatten einerseits durch die Ausweitung der Handelsströme, insbesondere in den achtziger und neunziger Jahren, eine Intensivierung erfahren; andererseits führte die beiderseitige Schutzzollpolitik teilweise zu einem regelrechten Zollkrieg.[4]

Unbeschadet dessen gab es stets einen regen kulturellen Austausch zwischen Deutschland und den USA, der in den Jahrzehnten vor dem Ersten Weltkrieg auch auf akademischer Ebene intensiviert worden war; am Vorabend des Krieges ebbte er dann freilich wieder ab.

Von der Konfrontation zur Kooperation (1914-1919)

Der Ausbruch des Ersten Weltkrieges, der uneingeschränkte U-Boot-Krieg Deutschlands und die Mobilmachung der amerikanischen Öffentlichkeit gegen ein ‚militaristisches‘, von der preußischen Aristokratie dominiertes Kaiserreich verschärften die erwähnten Konflikte und führten zu einem Bruch in der bislang relativ unbelasteten Einstellung vieler Amerikaner gegenüber Deutschland. Am Ende des Ersten Weltkrieges galt Deutschland in den USA als ein Land, das aufgrund seiner undemokratischen Geschichte und seiner autoritären politischen Institutionen erst reformiert werden mußte, bevor wieder normale Beziehungen hergestellt werden konnten. Ansehen genossen allenfalls die liberalen sowie linken, sozialdemokratischen Kräfte; auf sie gründeten sich amerikanische Hoffnungen, soweit sie auf ein demokratisch strukturiertes Deutschland zielten.

1912 war Woodrow Wilson zum amerikanischen Präsidenten gewählt worden – der zweite amerikanische Präsident der, nach Lincoln, die ganz besondere, ja enthusiastische Sympathie einer breiten, insbesondere linken deutschen Öffentlichkeit auf sich ziehen sollte. Bei Beginn des Ersten Weltkrieges proklamierte Wilson zunächst die Neutralität seines Landes, womit er der vorherrschenden isolationistischen Stimmung in der amerikanischen Bevölkerung entsprach. Im weiteren Verlauf des Krieges jedoch wandten sich die Sympathien der USA immer stärker Großbritannien und Frankreich zu; neben den traditionell engen kulturellen und wirtschaftlichen Beziehungen zu diesen Ländern waren vor allem bestimmte Akte der deutschen Kriegführung, wie die Versenkung der „Lusitania" (7.5.1915) mit (unter anderen) 128 Amerikanern sowie weiterer Schiffe, deutsche Sabotage-Akte in den USA, die Wiederaufnahme des uneingeschränkten U-Boot-Krieges am 1.2.1917 und die täppischen Versuche, Mexiko zum Krieg gegen die USA zu ermuntern, für diesen Kurswechsel verantwortlich.

Amerikanische Friedenssondierungen und Vermittlungsversuche sowie Wilsons Friedensnote vom 18.12.1916 blieben bei der Reichsleitung ohne Widerhall; Warnungen vor einem amerikanischen Eingreifen ignorierte sie. Die Unterschätzung der amerikanischen militärischen und ökonomischen Macht durch die deutsche Rechte siegte über politischen Realitätssinn.

1916 noch hatte Wilson den Kampf um seine Wiederwahl mit der Parole „he kept us out of war" geführt; am 3.2.1917 wurden die diplomatischen Beziehungen zu Deutschland abgebrochen, zwei Monate später, am 6.4., erfolgte die Kriegserklärung an Deutschland. Insgesamt wurden rund 2 Millionen amerikanische Soldaten nach Europa geschickt, befehligt von General John J. Pershing. Die amerikanischen Verluste betrugen bei Kriegsende rund 110 000 Tote und 230 000 Verwundete.

1917 war für Deutschland, Europa und die Welt somit ein entscheidendes Jahr: Deutschland zwang die USA praktisch in den Krieg und damit zur Übernahme der Rolle einer europäischen, ja Weltmacht; der Weltkrieg wurde mehr und mehr zu einer deutsch-amerikanischen Auseinandersetzung; gerade auch im ideologischen Bereich, wo Wilsons Kriegsziel – „to make the world safe for democracy" – die Akzente setzte.

Besondere Aufmerksamkeit erregten in Deutschland in allen politischen Lagern die Vierzehn Punkte, die der Präsident am 8. Januar 1918 als amerikanisches Friedensprogramm formulierte. Diese waren insbesondere an die europäische und deutsche Linke gerichtet und enthielten das Programm einer friedlichen Nachkriegsordnung: Selbstbestimmungsrecht der Völker, freier Handel, ein Völkerbund, zu dem auch Deutschland gehören sollte – allerdings nur ein Deutschland, in dem das Volk seine Vertreter frei gewählt hatte.

Beide Lager in Deutschland, das linke wie das rechte, setzten große Hoffnungen auf Wilson. Das rechte, weil es glaubte, Deutschland komme auf der Basis eines Wilson-Friedens relativ ungeschoren aus dem Krieg hervor, das linke, weil es sich mit dem Präsidenten in der Notwendigkeit einer demokratischen Umgestaltung Deutschlands einig wußte. Beide Seiten überschätzten jedoch den zu erwartenden amerikanischen Einfluß auf die Gestaltung der Nachkriegsordnung in Europa und Deutschland.

Angesichts der harten Bestimmungen des Versailler Vertrages wurde dem Präsidenten selbst von linker und linksliberaler Seite „Verrat" vorgeworfen – ein Vorwurf, der in der Weimarer Republik zum Standardrepertoire der Rechten gehörte. Demgegenüber bleibt festzuhalten, daß Amerikas Eingreifen in entscheidender und letztlich positiver Weise das deutsche Schicksal beeinflußt hat. Es verhinderte den Zusammenbruch der Alliierten sowie die Vorherrschaft eines autoritär-illiberalen Deutschlands in Europa; es beschleunigte die innere Umgestaltung Deutschlands von einer autoritären Monarchie zur demokratischen Republik und damit seine Einreihung in die Demokratien westlicher Prägung; es entschied den Kampf der beiden konkurrierenden Modelle, der Ideen von 1776/1787 und der Ideen von 1914 vorerst zugunsten der ersteren.

Eine kurze Ära der Kooperation (1919-1933)

In den zwanziger Jahren waren die Interessenlagen Deutschlands und der Vereinigten Staaten günstig für eine Annäherung bis hin zur offenen Kooperation.

Die Weimarer Republik war kein Gegner der USA mehr; es ging nun nicht mehr um die konkurrierenden ideologischen Herrschaftsansprüche zweier aufstrebender Nationen, sondern um die Frage, wie die Interessen einer zur Weltmacht gewordenen Nation einerseits und einer immer noch bedeutenden, aber zum Außenseiter und Verlierer gewordenen verhinderten Weltmacht andererseits aufeinander abgestimmt werden könnten. Es lag im Interesse der USA, die neue Demokratie zu stabilisieren, jede Vorherrschaft auf dem Kontinent zu verhindern und Deutschland fest in ein liberales Wirtschaftssystem einzufügen.

Deutschland seinerseits hatte ein Interesse, die Folgen des Versailler Vertrags zu mildern, aus der Position eines Außenseiters herauszukommen und im Kreis der europäischen Mächte wieder ein gleichberechtigter Partner zu werden. Die offizielle Außenpolitik versuchte demgemäß, bei den USA Unterstützung beim Wiederaufbau und bei der Stabilisierung zu erlangen, ein Bemühen, das sich auf einen relativ breiten innenpolitischen Konsens von der SPD bis zu den Deutschnationalen stützen konnte.

Die Republik hatte von Anfang an unter einer schweren finanziellen Hypothek zu leiden, den im Versailler Vertrag festgelegten Reparationszahlungen. Gustav Stresemann, Außenminister von 1923 bis 1929, setzte seine Hoffnungen auf die USA bei der Bewältigung der Reparationsfrage, und er wurde nicht enttäuscht. Die USA hatten erkannt, daß ohne eine vernünftige Regelung dieser Zahlungen eine wirtschaftliche Erholung Deutschlands, und ohne ein gesundes Deutschland eine Erholung Europas, undenkbar waren. So kam es im April 1924 zum Dawes-Plan, der zwar das Reparationsproblem nicht löste, aber doch die ökonomische Erholung vorantrieb, indem er eine Gesamtschuldenlast festsetzte, die von Deutschland gemäß seiner Leistungsfähigkeit in Jahresraten zu begleichen war.

Als Deutschland mit seiner Schuldenzahlung später erneut in Verzug geriet, setzte der vom New Yorker Finanzexperten Owen D. Young ausgearbeitete und nach ihm benannte Plan

(Juni 1929) die gesamten Zahlungsverpflichtungen Deutschlands gegenüber dem Dawes-Plan herab. Aber das Reparationsproblem schleppte sich, aufgrund der sich im Gefolge des Bankenkrachs immer mehr verschlechternden wirtschaftlichen Situation, fort; erst das von Präsident Hoover 1931 verkündete Moratorium beendete de facto, die Lausanner Schuldenkonferenz 1932 dann de jure die Reparationsfrage. Eines der die Republik am meisten bedrängenden und belastenden Probleme war, zu einem Teil mit amerikanischen Geldern, gelöst – obzwar erst kurz vor ihrem Untergang.

Wenn auch die nationalistische Rechte das amerikanische wirtschaftliche Engagement in Deutschland als „Veramerikanisierung" heruntermachte, wurde es im großen und ganzen doch positiv aufgenommen; „Fordismus" z.B., also die Einführung rationeller Fertigungstechniken, wurde sogar von den Gewerkschaften nicht nur als Teufelszeug angesehen – im Gegenteil.

Auch bei den Bemühungen um Rückkehr in die internationale Staatengemeinschaft wurde Deutschland von den USA unterstützt; der Locarno-Pakt (1925), in dem Deutschland und Frankreich auf die gewaltsame Revision ihrer Grenzen verzichteten, kam nicht zuletzt durch amerikanisches Drängen zustande; ebenso war der Briand-Kellog-Pakt (1928) zur Ächtung des Krieges auf amerikanische Initiative zurückzuführen.

Ende der zwanziger Jahre war in den Beziehungen eine Entwicklung erreicht, die nach den Ereignissen des Ersten Weltkrieges kaum möglich erschienen war. Aus amerikanischer Sicht bestanden nur wenige Probleme, zumal die Zukunft der Demokratie gesichert schien.

Die Weltwirtschaftskrise und ihre Folgen in Deutschland, der Sturz des letzten demokratischen Reichskanzlers Müller (1930), Stresemanns Tod im Jahre 1929 und die zunehmende Radikalisierung der deutschen Innenpolitik (Erdrutschsieg der Nazis 1932) führen erneut zu amerikanischen Zweifeln an der Fähigkeit der deutschen Parteien, die Republik zu stabilisieren.

Spätestens mit dem Amtsantritt Papens schlug die bis dahin noch überwiegend positive Stimmung gegenüber Deutschland um, und sie verschlechterte sich unter Hitler noch weiter.

Wenn man über die Jahre 1919-1933 spricht, darf die kulturelle Dimension der deutsch-amerikanischen Beziehungen nicht vergessen werden. Deutschland war für die Amerikaner in dieser Zeit kulturell eines der interessantesten europäischen Länder, wobei natürlich Berlin im Zentrum der Aufmerksamkeit stand. Sehr intensiv war unter anderem wieder der akademische Austausch geworden, und die Zahl der deutschen Bücher über die USA stieg in den zwanziger Jahren beträchtlich an.

Das deutsche Amerika-Bild in der Weimarer Republik blieb schwankend. Die Enttäuschung über Wilson wurde, insbesondere im rechten Teil des Spektrums, nie ganz verwunden. Es wurde aber in Deutschland auch nicht die amerikanische Hungerhilfe nach dem Krieg vergessen, und die steigenden amerikanischen Anleihen trugen das ihrige zum wachsenden Ansehen der USA bei. Die zunehmende Bekanntschaft mit amerikanischer populärer Kultur (Jazz, Film) erweiterte den Horizont der Deutschen, provozierte aber zugleich auch die traditionelle Distanz von der „Massenkultur", die so „undeutsch" sei.

Von der Entfremdung zur Konfrontation (1933-1945)

Ab 1933 suchte Deutschland wiederum einen historischen Abweg; und wieder sollte dieser Weg Deutschland, Europa und die Welt in die, diesmal noch schlimmere, Katastrophe führen. Wieder gewann in Deutschland jene Strömung die Oberhand und die politische Macht, die das Land aus dem Kreis der westlichen Nationen herausführen wollte, ja noch mehr, diese zu beherrschen und zu zerstören trachtete. Wieder ging man diesen Weg aus der Überschätzung der Macht des eigenen Modells heraus und aus der Unterschätzung der Kraft der Demokratien, nicht zuletzt Amerikas.

Beide Nationen steckten Anfang der dreißiger Jahre in einer tiefen ökonomisch-sozialen Krise. Beide standen vor der Frage, ob mit demokratisch-republikanischen Mitteln die Krise bewältigt werden könne. Die erste deutsche Republik war, wenn auch mit vielen Fehlern behaftet und von manchen Rückschlägen geschwächt, nicht so erfolglos gewesen, wie ihre Gegner, insbesondere die Nazis, sie darstellten; noch unmittelbar vor Hitlers Amtsantritt erschienen die berühmten Silberstreife am Horizont. Hitler konnte, nicht zuletzt auf der sich abzeichnenden weltweiten Erholung und der schon vor ihm begonnenen Kreditweitung aufbauend, eine expansive Wirtschaftspolitik betreiben. Ab 1934 wurde die Rüstung zum Motor des Wiederaufstiegs. Zugleich, erlebten, begrüßten, duldeten und erlitten, je nach Standort, die Deutschen den Ausbau zum totalitären Führerstaat; die Opposition wurde unterdrückt, und es begann die Verfolgung der Juden, die mit ihrer Vernichtung enden sollte.

Hitler-Deutschland bereitete seine kriegerische Expansion vor, die Realisierung seiner speziellen Idee von einem geeinigten Europa.

Eine Wendung auch in den USA – aber ganz anders. Der im November 1932 ins Amt gewählte Präsident Franklin Delano Roosevelt verkündete ein umfassendes Reformprojekt zur Behebung der Not und zum Wiederaufbau der Nation: den New Deal. Amerika rückte damit von seinen bisherigen extrem wirtschaftsliberalen Prinzipien ab, vom Dogma, daß die Regierung, daß der Bund sich soweit als möglich von Eingriffen ins wirtschaftliche Geschehen fernhalten sollte. Erstmals in den USA gab es auf Bundesebene eine Art wirtschaftlicher Steuerung, Arbeitsbeschaffungsprogramme und sozialstaatliche Reformen; man glaubte nicht mehr daran, daß alles Unglück selbstverschuldet sei und jeder sich selbst helfen könne und solle.

In doppelter Hinsicht driftete Deutschland weg von Amerika: hinsichtlich der Werte, der politischen Grundüberzeugungen, wie auch auf der Ebene der staatlichen Machtkonkurrenz.

Die Werte: Alles „Deutsche", was immer das sei, wurde dem „Nichtdeutschen", dem „Undeutschen", gegenübergestellt. Menschenrechte, Freiheit des Geistes, des Denkens, der Rede, der politischen Betätigung, auch Freiheit des Wirtschaftens, Suche des selbstverantwortlichen Menschen nach dem Glück, allein oder in Verbindung mit anderen – sie wurden als deutschem Wesen fremd deklariert, als westlich, als jüdisch ausgegeben. Auf die Juden wurde all das projiziert, was man als undeutsch, als negativ, als zersetzend empfand. Der Antisemitismus bildete für die Jahre des Nationalsozialismus die Ausdrucksform aller deutschen anti-westlichen Gefühle – und seine strukturelle Ähnlichkeit mit dem Anti-Amerikanismus ist unübersehbar.

Schon die Ideologie allein mußte der größten Demokratie der Erde Anlaß genug zur Befremdung sein – die handfestgewalttätigen Äußerungen des Antisemitismus und des Hasses auf die politischen Gegner taten ein übriges, um amerikanische Wertvorstellungen schon sehr früh herauszufordern.

Nicht weniger berührt waren amerikanische Interessen, politische wie wirtschaftliche. Die beschleunigte Aufrüstung einerseits, eine aggressive Wirtschaftspolitik andererseits, schließlich der Aufbau einer deutschen Vormachtstellung in Europa stellten die bestehende europäische Ordnung massiv in Frage. Vor und nach 1933 war Deutschland zentraler Bezugspunkt der amerikanischen Europa-Politik; vor 1933, weil die deutschen und amerikanischen Interessen weitgehend parallel liefen, nach 1933, weil sie einander direkt entgegengesetzt sich entwickelten.

Was die unterschiedlichen Werte und Politikvorstellungen anbelangt, gab es von Seiten der politischen Öffentlichkeit Amerikas von Anfang an keine Zweifel: Ablehnung und Abscheu gegenüber diesem Regime. Trotzdem versuchte die Regierung Roosevelt zunächst, „Arbeitsbeziehungen" („working relations") zu den nationalsozialistischen Machthabern herzustellen. Noch von der Weimarer Republik her waren die ökonomischen Beziehungen mit Deutschland sehr eng. Die USA hatten sowohl traditionell wie auch aufgrund der aktuellen Wirtschaftskrise ein starkes Interesse an der Aufrechterhaltung ihrer außenwirtschaftlichen Beziehungen; dies galt auch für diejenigen zu Deutschland, zumal das neue Nazi-Regime sich anfangs auf diesem Feld kooperationsbereit gab. Noch mehr: die Nationalsozialisten glaubten sogar, auf beiden Seiten des Atlantiks habe sich eine ähnliche Situation entwickelt, Roosevelt sei eine Art amerikanischer „Führer", die USA wendeten sich, wie Deutschland, vom Parlamentarismus ab, und so setze sich auch in Amerika der spezifisch deutsche Weg durch. Eine solche Einschätzung amerikanischer Politik konnte natürlich nur auf der Basis einer (bewußten oder unbewußten) Fehlwahrnehmung amerikanischer Geschichte und Politik erfolgen; bald aber sollte sich der weit verbreitete Glaube als Irrtum erweisen, Deutschland und Amerika seien dazu bestimmt, gleichberechtigt und Hand in Hand die Welt zu beherrschen.

Die Beziehungen verschlechterten sich bald rapide. Die deutsche Reglementierung des Außenhandels verstieß gegen elementare amerikanische Vorstellungen von Wirtschaftsfreiheit; die Kündigung (1934) des Handelsvertrages von 1923, um bessere Bedingungen zu erzwingen, führte zum Gegenteil, zum deutschen Verlust der Meistbegünstigung und zum Rückgang der beiderseitigen Handelsströme. Der deutsche Versuch, sich in Lateinamerika und Südosteuropa bevorzugte Wirtschaftsräume zur Rohstoffversorgung und Absatzsicherung zu schaffen, wurde nicht nur, nicht einmal vorwiegend, als Beeinträchtigung ökonomischer Interessen, sondern als politische und ideologische Bedrohung angesehen. In Südosteuropa hatte sich Deutschland quasi einen deutschen „Großwirtschaftsraum" gesichert, zu dem die USA kaum noch Zugang besassen. Daneben wuchs in Amerika die Empörung über die immer offenere Brutalisierung der deutschen Innenpolitik, die in den anti-jüdischen Gewalttätigkeiten 1938 („Reichskristallnacht") ihren vorläufigen Höhepunkt fanden. Amerika wurde (wenn auch widerstrebend) zum Zufluchtsort Zehntausender von Deutschen, insbesondere deutscher Juden.

Trotzdem gelang es Roosevelt nur allmählich, den Isolationismus seines Landes, die Politik der Nichteinmischung in europäische Verhältnisse zu überwinden. In seiner Quarantänerede von 1937 wandte er sich erstmals gegen die weltpolitische Abstinenz der heimischen Isolationisten. Noch bei Kriegsausbruch verkündete er die Neutralität, um diese allerdings dann immer deutlicher zugunsten einer Parteinahme für die Gegner der Achsenmächte abzubauen. 1940 wurde das Rüstungsprogramm erheblich verstärkt, und das Pacht- und Leihgesetz (11.3.1941) ermächtigte den Präsidenten, Länder mit Kriegsmaterial und Versorgungsgütern zu unterstützen, deren Verteidigung für die amerikanische Sicherheit wichtig war.

Am 11. Dezember 1941, nach dem Überfall der Japaner auf Pearl Harbor, erklärten Deutschland und Italien den USA den Krieg – womit der praktisch schon bestehende Kriegszustand bestätigt wurde. Nachdem die USA sich zunächst auf den Pazifikkrieg konzentriert hatten, eröffneten sie im November 1942 eine Landfront gegen Deutschland in Nordafrika, landeten im Juli 1943 in Sizilien und starteten die kriegsentscheidende Invasion in der Normandie im Juni 1944.

Im Januar 1943 hatten Roosevelt und Churchill in Casablanca die bedingungslose Kapitulation Deutschlands gefordert – am 7. und 9. Mai 1945 wurden in Reims und Berlin die Kapitulationsurkunden unterzeichnet. Wiederum war Deutschlands Versuch, einen Abweg zu gehen, nicht zuletzt an der amerikanischen Intervention gescheitert.

Vom besetzten Land zum gleichberechtigten Partner

Deutschland hat in zwei Weltkriegen versucht, selbst zur Weltmacht zu werden – am Ende war es zum (doppelten) Streitobjekt zwischen zwei anderen Weltmächten geworden. Zweimal hatte es das amerikanische Eingreifen in Europa provoziert und dazu beigetragen, daß die USA zu einer europäischen Macht wurden, und daß die Sowjetunion ihren Einfluß bis weit nach Westen ausdehnen konnte. Die deutsch-amerikanischen Beziehungen waren mehr denn je zu deutsch-amerikanisch-sowjetischen Beziehungen geworden. Oder anders: es gab, vorbereitet durch die Beschlüsse von Jalta und Potsdam, spätestens seit 1949 zwei Deutschland, die Bundesrepublik Deutschland, die sich eng an die westliche Staatenwelt unter Führung der USA anschloß, und die DDR, die in den Verbund der osteuropäischen Staaten unter sowjetischer Führung eingegliedert wurde. „Deutsch-amerikanische Beziehungen" sind ab 1949 vorwiegend die Beziehungen zwischen der Bundesrepublik Deutschland und den Vereinigten Staaten von Amerika, und diese Beziehungen sind, wie Wolfram F. Hanrieder schreibt, in einen umfassenden politisch-thematischen Komplex eingebettet. „Dieser Themenkomplex ist schon deshalb schwer zugänglich, weil die deutsch-amerikanischen Beziehungen nicht nur ein breites Spektrum von Aspekten umfaßten – politischen, ökonomischen, militär-strategischen –, sondern für beide Seiten notwendigerweise auch mit anderen bilateralen und multilateralen außenpolitischen Fragen verbunden war: Ost-West-Beziehungen, das globale und europäische militärische Gleichgewicht, die Frage der deutschen Einheit, die politische und ökonomische Dimension der europäischen Nachkriegsordnung, die Strukturen des globalen Wirtschafts- und Währungssystems, um nur einige wenige zu erwähnen. Zwar würde niemand die zentrale Rolle der deutsch-amerikanischen Beziehungen, jedenfalls für die Bundesrepublik, in Frage stellen wollen, doch müßten sie eigentlich ... in dem breiteren Kontext des globalen und europäisch-regionalen Staatensystems betrachtet werden".[5]

Was im Grunde schon für die deutsch-amerikanischen Beziehungen bis 1945 gegolten hatte, gilt für die Jahre danach erst recht, daß nämlich diese Beziehungen nur einen Strang der Weltpolitik ausmachen; dementsprechend schwer ist es, in geraffter Form ihre wichtigsten Entwicklungslinien aufzuzeigen.

Auf eines muß auf jeden Fall aufmerksam gemacht werden: es ist für die adäquate Wahrnehmung der Bedeutung der deutsch-amerikanischen Beziehungen unerläßlich, sich die amerikanische Weltkarte und Weltsicht vor Augen zu halten. Mit Amerika im Mittelpunkt der Welt werden aus den deutsch-amerikanischen Beziehungen amerikanisch-deutsche Beziehungen, und diese Beziehungen wiederum sind nur ein kleiner Ausschnitt aus den weltweiten Beziehungen der USA. Anders: Der Anteil der deutsch-amerikanischen Beziehungen an der deutschen (Außen-)Politik ist prozentual deutlich größer als der Anteil dieser Beziehungen an der amerikanischen (Außen-)Politik. Sich dies vor Augen zu halten, kann vor Fehleinschätzungen der Rolle der Bundesrepublik in diesen Beziehungen bewahren.

Es ist nicht ganz einfach, die über 50 Jahre deutsch-amerikanischer Beziehungen in der Nachkriegszeit in Phasen einzuteilen; je nachdem, auf welche Daten man das Schwergewicht legt, und auch je nach Orientierung an markanten Begebenheiten der deutschen oder amerikanischen Geschichte, besonders aber der sowjetisch-amerikanischen Beziehungen, wird die Einteilung anders ausfallen.

Relativ einfach ist sie in den Anfangsjahren. So wird man die Besatzungsjahre 1945 bis 1949 als eine Phase amerikanischer Vorherrschaft, einer einseitig dominierten Beziehung ansehen, wenngleich schon hier das einschränkende Attribut „vorwiegend" angebracht ist, wenn man den deutschen Anteil am Entstehen der Bundesrepublik und ihrer Verfassungsordnung nicht unberücksichtigt lassen will. Das Grundgesetz etwa ist bei allen Rahmenvorgaben und aller Rücksichtnahme auf alliierte (nicht nur amerikanische!) Vorstellungen durchaus keinem bloßen Oktroi entsprungen, sondern eine eigenständige Leistung deutscher Demokraten.

Im eigentlichen Sinn „deutsch-amerikanische Beziehungen" hat es in diesen Jahren gar nicht gegeben; denn es gab ja keinerlei „Deutschland", mit dem die USA hätten Beziehungen pflegen können, sondern lediglich deutsche Politiker mit einer bestimmten Idee von Deutschland im Kopf, die mit Amerikanern, welche gleichfalls eine bestimmte Idee (oder besser: eine Reihe von Ideen) von Deutschland im Kopf hatten, in Beziehung traten. Das völkerrechtliche Subjekt der deutsch-amerikanischen Beziehungen in der Nachkriegszeit war auf deutscher Seite erst noch im Entstehen, und man kann sagen, daß dieses

Subjekt im Zusammenwirken von Amerikanern und Deutschen geschaffen wurde. Historisch weniger korrekt, aber nicht ohne Wahrheitsgehalt formuliert: Die USA waren in der glücklichen Lage, sich einen „Beziehungspartner" nach ihrem Ebenbild und Geschmack schaffen zu können – sie konnten aber nicht (und wollten wohl auch nicht) erwarten, daß dieses Geschöpf unselbständig blieb und nicht auf eigenen Beinen zu stehen versuchte. Seine – natürlich insbesondere von den europäischen Nachbarn gewünschte – Einbindung in ein Geflecht von Bündnissen und supranationalen Institutionen (WEU, NATO, Montan-Union) sollte dafür sorgen, daß sich die Selbständigkeit im Rahmen der westlichen Welt und des europäischen Gleichgewichts bewegte.

Von 1949 an können wir von einer zweiten Phase sprechen, in der die Bundesrepublik Deutschland gegründet und ein – freilich noch nicht voll souveräner, aber durchaus eigenständiger – Partner in den Beziehungen wurde. 1955, mit der Aufnahme der Bundesrepublik in die NATO und in die WEU sowie dem Erlöschen des Besatzungsstatuts, endete diese zweite Phase eines immer noch einseitigen Abhängigkeitsverhältnisses.

Die dritte Phase könnte man mit guten Gründen 1963 enden lassen, nämlich mit dem Ende der Regierungszeit Kennedys und Adenauers, zumal das Jahr 1963 mit dem triumphalen Deutschlandbesuch des Präsidenten Kennedy im Bewußtsein der Deutschen den Höhepunkt in den Beziehungen zu Amerika markierte. In den Jahren 1955 bis 1963 war die Bundesrepublik durch den Aufbau der Bundeswehr und durch ihre ökonomischen Erfolge „in die Rolle eines gewichtigen europäischen Stützpfeilers des westlichen Bündnisses"[6] hineingewachsen; deshalb lag es für die politischen Eliten der Bundesrepublik nahe, diesen Besuch als Besiegelung der Gleichberechtigung und ihres Anspruchs auf die Alleinvertretung Deutschlands zu betrachten. Gerade dabei ergab sich jedoch ein gewaltiges Mißverständnis, denn nach der Kuba-Konfrontation war in den Beziehungen der Großmächte ein Wandel hin zur Entspannung eingetreten. Ihn hatte die alte Führungsschicht Deutschlands (noch) nicht erkannt, obwohl sie schon aus der amerikanischen Haltung zum Mauerbau ihre Lehren hätte ziehen können. Zugleich hatte sich die amerikanische Einstellung zum Deutschlandproblem gewandelt: die Wiedervereinigung war, sofern sie in den ersten vier Nachkriegsjahrzehnten überhaupt jemals ein vordringliches Ziel amerikanischer (und bundesrepublikanischer!) Politik gebildet hatte, zu einer Angelegenheit von drittrangiger Bedeutung geworden. Und schließlich – letzter Grund, 1963 als einen „Knotenpunkt" deutsch-amerikanischer Beziehungen zu betrachten – zeichnete sich eine Neuformierung der innenpolitischen Kräfte im Verhältnis zu den USA ab: die CDU war zunehmend gespalten in „Atlantiker" und „Gaullisten", während die SPD sich Amerika als zuverlässiger Partner anbot.

Es ist nicht ohne Sinn, im Hinblick auf die Jahre 1963 bis 1969 bei den deutsch-amerikanischen Beziehungen (wie auch in anderer Hinsicht) von einer Phase des Übergangs zu sprechen. Dabei gilt der Terminus „Übergang" für die Bundesrepublik zunächst einmal innenpolitisch – als Zeit zwischen zwei „Ären", nämlich Adenauers und Brandts. Wenn es auch etwas ungerecht erscheinen mag, Erhard wie Kiesinger lediglich als Übergangskanzlern einen Platz in der Geschichte zu sichern (vor allem wenn man ihre innere Politik in Rechnung stellt), so kann man doch nicht an der Tatsache vorbeigehen, daß die Außenpolitik jener Jahre, und eben auch das deutsch-amerikanische Verhältnis, einem Tasten und Suchen glich. „Nicht mehr" und „Noch nicht" sind die näheren Attribute dieser Übergangsphase, wobei man das erste den Erhard-Jahren, das zweite eher denen der Großen Koalition beilegen mag. Im Spannungsfeld deutscher Außenpolitik verhielt sich die Bundesrepublik insgesamt unentschlossen. Noch konnte man sich nur schwer von der (zumindest deklaratorischen) Vorrangigkeit der Wiedervereinigung trennen (wie ernst oder unernst gemeint sie auch gewesen sein mag), und die als so harmonisch empfundene Nachkriegs-Parallelität von Kaltem Krieg, Wiedervereinigungsanspruch, West-Ost-Verhältnis und Militärstrategie schien bei einigem guten Willen wiederherstellbar bzw. konservierbar. Noch hatte man die beginnende Entkoppelung von rüstungs- und entspannungspolitischen Fortschritten der Großmächte von einer Lösung der deutschen Frage nicht wahrnehmen und diese Wahrnehmung einer Neubewertung deutscher Außenpolitik zugrunde legen wollen. Eine Politik der kleinstmöglichen Schritte versuchte, die überkommenen deutschlandpolitischen Positionen zu retten – die Erhard-Jahre sehen die Noch-Regierungspartei in einem Zurückweichen vor dem weltpolitischen Wind des Wandels, geradewegs in die Opposition hinein.

Bei diesem Rückzugsgefecht leistete sich die CDU/CSU den Luxus, engere Bindungen zu Amerika für entbehrlich zu halten – Teile der CDU, wohlgemerkt, und vor allem die CSU (unter Franz-Joseph Strauß). Sirenentöne von jenseits des Rheins versprachen die Aufwertung der Bundesrepublik als Partner einer stärkeren deutsch-französischen Kooperation, auch im militärischen Bereich; desweiteren eine Stärkung Europas und innerhalb eines starken Europas eine Lösung der deutschen Frage. Allerdings erwiesen sich diese Äußerungen bei näherer Prüfung als vielleicht doch nicht so ernst gemeint – man hatte übersehen, daß es de Gaulle zunächst nicht so sehr um die Nachbarn im Osten, sondern um die Aufrechterhaltung des französischen Hegemonieanspruchs in Europa gegen die Amerikaner ging.

Die französischen Avancen fanden in der Bundesrepublik nicht zuletzt deshalb Widerhall, weil sich in den Johnson-Jahren das Interesse der USA in der Tat von Deutschland und seinen Prioritäten abgewendet hatte. Faktoren dieser Abwendung waren unter anderen die Bemühungen der USA, das Verhältnis zur Sowjetunion zu verbessern (Heißer Draht und Teststoppabkommen, 1963), die Verlagerung des Schwerpunkts amerikanischer Aktivitäten in den asiatischen Raum (Vietnamkrieg) sowie die Konzentration auf innenpolitische Probleme (Vietnam-Demonstrationen, Rassenunruhen) und Reformprogramme (Great Society, War on Poverty, Bürgerrechtsgesetzgebung).

Das amerikanische Drängen auf einen Akkord der deutschen Außen- und insbesondere Ost-Politik mit eigenen Entspannungsbemühungen wurde zuerst von der oppositionellen Sozialdemokratie aufgenommen; im Übergang von der Oppositions- zur Regierungspartei versuchte sie, mit dem transatlantischen Wind zu segeln; allerdings konnte sie als Juniorpartner in der Großen Koalition ihre Vorstellungen noch nicht zur vollen Entfaltung bringen – dies gelang erst, als sie selbst den Regierungschef stellte. Unter Kiesinger mußte sie sich, auch angesichts fortbestehender (wenngleich nicht mehr so ausgeprägter) Divergenzen von Atlantikern und Gaullisten in der CDU-Fraktion, vorerst mit dem „Noch-nicht" begnügen. Doch waren die Bemühungen der Großen Koalition um einen eigenständigen Beitrag im Ost-West-Dialog unverkennbar; und auch der deutsche Spielraum wurde schon deutlich größer, als er vorher gewesen war.

Ausdruck der gravierenden Differenzen zwischen Bonn und Washington in den Jahren bis zum Ende der Regierung Erhard waren insbesondere die Dispute um die MLF (Multilateral Force) und den deutschen Beitrag zu den alliierten Stationierungskosten. Beide Streitpunkte trugen nicht unwesentlich zu einem beschleunigten Ende der Nach-Adenauer-Regierung bei. Erst die Regierung Kiesinger ging auf das amerikanische Drängen nach mehr Flexibilität in der Deutschland- und Ostpolitik ein, aber noch hatte sie sich nicht so gewandelt, daß sie mit Elan an die entschlossene Neuformulierung dieser Politik gehen konnte. Mit dem Doppelsignal des Harmel-Berichts – „Verteidigung plus Entspannung" –, das das Bündnis im Dezember 1967 in Richtung Osten sandte, war aber doch auch für die Bundesrepublik der „Anschluß" an die Veränderung der internationalen Beziehungen vollzogen und zugleich die Rückversicherung für das Werk der Ostpolitik geschaffen.

Ab 1969 ist dann das „Noch nicht" dem „Jetzt aber" gewichen; deutlich läßt sich der Beginn einer neuen Phase ausmachen: Amtsantritt Nixons, Beginn der sozial-liberalen Koalition unter Willy Brandt. Mit der neuen Ost- und Deutschlandpolitik vollzog die Bundesrepublik quasi den Anschluß an die schon 1962 begonnene Entspannungspolitik zwischen den Großmächten. Zugleich gewann sie ein weiteres Stück Handlungsspielraum zwischen den Großmächten. Fest auf dem Boden der westlichen Demokratien verankert und fernab von nationalistischen und neutralistischen Vorstellungen, gelang es den Bundeskanzlern Willy Brandt und Helmut Schmidt (1974 bis 1982), vor allem in wirtschaftspolitischen, aber auch in Sicherheitsfragen gegenüber den Präsidenten Ford (1974 bis 1977) sowie Carter (1977 bis 1981) ihren Einflußzuwachs zur Geltung zu bringen. Das machte die Beziehungen zwischen der Bundesrepublik und den USA zu einer konfliktträchtigeren, aber vielleicht gerade deswegen „normalen" Partnerschaft.

Schon zur Regierungszeit Präsident Carters begann sich das Klima zwischen den Großmächten zu verschlechtern. In den USA setzte sich der Eindruck fest, die Sowjets hätten die Entspannungspolitik einseitig zu ihren Gunsten ausgenützt; gleichzeitig führten außenpolitische Mißerfolge der USA (Rückzug aus Vietnam, Geiselnahme in Teheran) zu vermehrten Rufen nach neuer nationaler Stärke. Die Wahl Ronald Reagans zum Präsidenten im November 1980 war Ausdruck dieses Stimmungswandels. Die Führung der Bundesrepublik versuchte, in dieser neuen weltpolitischen Großwetterlage die Entspannungspolitik, insbesondere die Ostpolitik, zu retten – wenngleich eine Neubewertung der Erfolge und Mißerfolge der bisherigen Politik unabhängig von den USA gleichfalls zu einer nüchterneren Einschätzung führte. Schon die Londoner Rede Helmut Schmidts im Jahr 1977 über die Notwendigkeit eines eurostrategischen Gleichgewichts im Mittelstreckenbereich kann als Beginn dieser Neueinschätzung gewertet werden. Der Regierungswechsel am 1.10.1982 zur liberal-konservativen Koalition ist für die deutsche Seite das Datum, an dem eine neue Phase der deutsch-amerikanischen Beziehungen beginnt und quasi ein weiteres Mal der Anschluß an einen bereits abgefahrenen Zug, den der „Ent-Entspannung", gesucht wird – um mitzufahren und um zu bremsen.

Es muß jedoch auch hier, wie bei anderen „Wendemarken", darauf hingewiesen werden, daß die Keime neuer Phasen schon in den alten angelegt sind – und daß keine Wende so radikal ist, daß nicht Elemente aus der vorigen Phase in mehr oder weniger großem Umfang in die neue Phase mit hinübergenommen werden könnten. Dies gilt auch für die deutsch-amerikanischen Beziehungen vor und nach 1982. Gewiß vermißt der eine oder andere bei der Betrachtung der deutschen Amerika-Politik in der Mitte der achtziger Jahre die selbstbewußten Elemente, die man bei Kanzler Kohls Vorgängern feststellte; trotzdem wird man die Zwänge, die unter Reagan dem Durchhalten einer eigenständigen deutschen (Entspannungs-)Politik entgegenwirkten, ebenfalls berücksichtigen müssen. Andererseits: Die Regierungspartei von 1969 bis 1982 und Oppositionspartei ab 1983 hatte sich mit Sicherheit Anfang der achtziger Jahre von der amerikanischen Position unter Ronald Reagan weit entfernt (und wird dasselbe mit umgekehrten Vorzeichen von der amerikanischen Regierung behaupten) – dennoch wird man sogar in dieser Phase unschwer auch fortdauernde Gemeinsamkeiten zwischen sozialdemokratischen und amerikanischen Vorstellungen (z.B. im Kongreß) erkennen können.

Freilich sind im Gefolge der Nachrüstungsdiskussion und dann wieder während der „Operation Wüstensturm" durchaus auch Gedanken aufgetreten, die durch die deutsche Geschichte in diesem Jahrhundert als endgültig desavouiert erschienen waren: daß Deutschland eine unabhängige Stellung zwischen den

Großmächten einnehmen könne, daß die Deutschen mehr als andere Völker vom Frieden verstünden und daß die Bindung an die USA, ja der ganze „American Way" sich nicht mit der deutschen Identität vertrage.

Insgesamt betrachtet waren die Gefühle und Einstellungen der Bundesbürger gegenüber Amerika in den Jahren seit 1945 gewaltigen Schwankungen unterworfen gewesen – zumindest soweit sie öffentlichen Ausdruck fanden. Hier finden wir auf der einen Seite Amerika-Begeisterung, ja oft bis an Kritiklosigkeit gehende Amerika-Bewunderung; so vor allem in den fünfziger Jahren, aber auch noch in den Sechzigern, mit dem Kennedy-Besuch 1963 als Höhepunkt: Begeisterungstaumel, der besorgniserregende Dimensionen annahm, als über alle Parteien hinweg die Massen in geradezu mystischer Erlösungssehnsucht dem jungen, Erneuerung versprechenden Idol zujubelten. Und dann immer wieder im Lauf der Jahre: rituelle Freundschaftsbeteuerungen, als ob es um Liebe und nicht um den Austrag von Interessenkonflikten auf der Basis gemeinsamer Werte ginge. Die späten sechziger, und dann wieder die achtziger Jahre, zuletzt die Golfkriegsmonate, zeigten weite Teile der bundesrepublikanischen Öffentlichkeit in gegenteiliger Stimmung: Verteufelung des in Vietnam kriegführenden häßlichen Dollar-Imperialismus, schmollend-grollendes Sichzurückziehen angesichts von Differenzen und Turbulenzen in den Beziehungen, kollektive Vernichtungsängste.

Die Extreme in der Einstellung zu den USA sind möglicherweise die zwei Seiten einer Münze: Unsicherheit, mangelndes Selbstbewußtsein, heimlich-unbewußte Pflege des Gedankens, daß wir Deutschen doch berufen seien, der Welt die Richtung zu weisen; mangelnde Vertrautheit mit amerikanischem Denken und amerikanischer politischer Kultur; „falsche Träume" (Hans Heigert) von einer noch unerlösten deutschen Geschichte, von einer besonderen Rolle Deutschlands im Herzen Europas und für Europa; der Gedanke an die fortbestehende Konkurrenz eines deutschen und eines amerikanischen Modells der Gestaltung Deutschlands, Europas und der Welt.

Niemand kann definitiv sagen, ob das Auf und Ab in den deutsch-amerikanischen Stimmunglagen sich auf einem letztlich stabilen Fundament vollzieht, das durch Rückfälle in Atavismen nicht mehr erschüttert werden kann; ob also die Bundesrepublik nach dem Krieg endgültig in die Reihe der westlichen Demokratien eingetreten war und damit, wie Hans-Jürgen Grabbe sagt, ein revolutionäres Ereignis stattgefunden hatte[7], und ob insbesondere auch das neue, größere Deutschland dem alles in allem von der „alten Bundesrepublik" gezeigten Geist der Mäßigung nach innen und außen treu bleibt.

Heute, kurz vor der Jahrtausendwende, stehen, trotz Turbulenzen im Zeichen der weltweiten Suche nach einer neuen Staatenordnung und der transatlantischen Suche nach einer neuen Form der Partnerschaft, die Auspizien für die Kontinuität ersprießlicher, enger deutsch-amerikanischer Beziehungen nicht schlecht. Die amerikanische Öffentlichkeit und die politische Elite des Landes hat den Niedergang des DDR-Regimes, den Fall der Mauer, das ungewohnte Bild einer deutschen Freiheitsbewegung und schließlich den Prozeß der Vereinigung mit überwiegend freundlich-freudiger Anteilnahme verfolgt, ja, „mit offener Begeisterung, so als freuten sie sich, dass das Kind, das sie mit großgezogen hatten und das ein so kräftiger Krel geworden war, nun seinen Weg in der Welt allein machen konnte."[7] Präsident Bush und sein Außenminister Jim Baker betrieben, gestützt nicht zuletzt durch diese breite Zustimmung, die Vereinigung in enger Abstimmung mit der Bundesregierung – und selbstverständlich auch mit den westlichen Partnern und der Sowjetunion unter Gorbatschow. „Wir Deutschen", versprach Kanzler Kohl zu recht während seines Washington-Besuchs im Juni 1990, „werden nicht vergessen, daß es vor allem die USA waren, die den Weg unseres Landes zu Einheit und Freiheit in ganz Deutschland mit beispielhafter Sympathie begleitet haben."

Allerdings hatten die USA dabei, erfolgreich, stets die fortbestehende Einbindung des neuen, größeren Deutschlands in die westliche Welt, also insbesondere die Atlantische Allianz, fest im Auge behalten und stützten diese Einbindung durch das Angebot einer „Partnerschaft in der Führung". Darüber hinaus bekräftigte die amerikanische Administration ihre Absicht, in Europa auch weiterhin präsent zu bleiben, wenn auch auf einem zahlenmäßig niedrigeren Streitkräfteniveau. Unausgesprochen, aber dennoch unübersehbar steht dahinter die richtige Einsicht, daß Europa nicht den Europäern allein überlassen werden darf, und schon gar nicht ein Europa, in dessen Mitte ein wirtschaftlich und politisch neuerstarktes Deutschland entstanden ist.

Daß dieses neue Deutschland, dessen Entstehung man mit soviel Sympathie und tatkräftigem Engagement befördert hatte, in der ersten außenpolitischen Bewährungsprobe, der Golfkrise, sich im Zeichen der „Gewaltlosigkeit" und „Friedfertigkeit" aus der Solidarität ausklinken, gewissermaßen abtauchen wollte, mußte notwendigerweise jenseits des Atlantiks zu Enttäuschung führen. Abgesehen von diesen Irritationen aber zeigte dieser Konflikt darüberhinaus wie in einem Brennglas, daß Deutschland noch keine neue Selbstdefinition seiner Rolle in einer gewandelten Welt gefunden hatte. Freilich galt dies für die USA in ähnlicher Weise, die sich unter Clinton zunächst als eine Weltmacht zeigten, die ihre neue Rolle im unipolaren statt bipolaren System erst suchen mußte.

Diese Positionsbestimmung wurde ihr wieder einmal durch Europa „erleichtert": durch seine Konflikte und seine Unfähigkeit, mit diesen Konflikten umzugehen.

Sowohl im Bosnien-Konflikt wie zuletzt in der Kosovo-Krise zeigte sich, daß es Europa am Willen und an der Fähigkeit mangelt, seine Konflikte mit eigenen Mitteln zu lösen. Ein viertes Mal – nach dem Ersten und Zweiten Weltkrieg und dem Kalten Krieg – war Amerikas Eingreifen nötig, nachdem es lange gezögert hatte, in der Hoffnung, Europa könne sich selbst helfen.

Aber erst unter entschlossener amerikanischer Führung im Rahmen des atlantischen Bündnisses gelang zunächst die Beilegung der Bosnien-Krise und dann die Zähmung des serbischen Autokraten Milosevic. Deutschlands war in diesem Krieg in die Rolle eines gleichberechtigten, „erwachsenen" und geschätzten Partners hineingewachsen, der damit am Ende eines langen Weges vom fremdbestimmten Besatzungsland zum vollwertigen Bündnismitglied angekommen ist.

Um genauer zu sein, müßte man freilich sagen: Deutschland ist nur in dem Masse zum „gleichwertigen" Bündismitglied und Partner der USA geworden, wie es die anderen *Europäer* sind; denn diese sind einzeln und insgesamt natürlich gegenüber der Vormacht Amerika bis auf absehbare Zeit zweitrangig, was Handlungsfähigkeit, Militärpotential und Fähigkeit zur globalen „power projection" anbelangt. Ohne amerikanische Führung, ohne amerikanische Präsenz auf dem europäischen Kontinent wird Europa keinen Frieden finden; Deutschlands Rolle und Aufgabe wird es bleiben, Europa immer einiger, immer handlungsfähiger zu machen, ohne den transatlantischen Zusammenhang zu gefährden: eine notwendige, eine reizvolle, aber nicht immer leichte Aufgabe.

Anmerkungen

1 Hartmut Wasser, Deutsche und Amerikaner – Verwandte speziellen Grades?, in: Der Monat, 290/1984, S. 112ff.
2 Hans W. Gatzke, Germany and the United States. A special Relationship?, Cambridge, Mass./London 1980, S. 38.
3 Manfred Jonas, The United States and Germany, Ithaka/London 1984, S. 15ff.
4 Glatzke, a.a.O., S. 40.
5 Wolfram Hanrieder, Die deutsch-amerikanischen Beziehungen in den Nachkriegsjahrzehnten, in: Frank Trommeler (Hrsg.), Amerika und die Deutschen, 1984, S. 437.
6 Hans-Jürgen Grabbe, Unionsparteien, Sozialdemokratie und Vereinigte Staaten von Amerika. 1945-19566, Düsseldorf 1983, S. 13.
7 Charles S. Maier, Das Verschwinden der DDR und der Untergang des Kommunismus, Frankfurt am Main, 1999, S. 383

Zeittafel

1607	Erste erfolgreiche englische Koloniegründung an der Küste des heutigen Virginia
1620	Weitere Koloniegründung durch die Pilgerväter an der Küste des heutigen Massachusetts, Mayflower-Vertrag
1681	Gründung der Kolonie Pennsylvania durch englische Quäker unter William Penn
1763	Durch die französische Niederlage im Siebenjährigen Krieg werden die Gebiete jenseits der 13 bestehenden englischen Kolonien (nördlich des St. Lawrence: Kanada, und westlich der Alleghenies bis zum Mississippi) englisch. Die in der Folge beschlossenen englischen Maßnahmen zur kolonialen Neuordnung stoßen auf immer heftigeren amerikanischen Widerstand.
1775	Ausbruch des amerikanischen Unabhängigkeitskrieges
1776	Unabhängigkeitserklärung der Vereinigten Staaten
1783	Im Frieden von Paris erkennt Großbritannien die Unabhängigkeit seiner 13 ehemaligen Kolonien an; Ausdehnung des amerikanischen Staatsgebietes bis zum Mississippi.
1787	Verfassung der Vereinigten Staaten
1803	„Louisiana Purchase": Kauf des französischen Territoriums zwischen Mississippi und Rocky Mountains nördlich der spanisch-mexikanischen Besitzungen
1812	„Krieg von 1812" gegen Großbritannien
1819	Spanien tritt Florida an die Vereinigten Staaten ab.
1845	Texas wird Teil der Vereinigten Staaten.
1846	Oregon-Vertrag mit Großbritannien: Die Gebiete südlich des 49. Breitengrads werden bis zur Pazifikküste amerikanisches Staatsgebiet.

1846-1848	Mexikanischer Krieg: Mexiko muß alle Gebiete nördlich des Rio Grande einschließlich Neu-Mexiko und Kalifornien an die Vereinigten Staaten abtreten.
1861-1865	Amerikanischer Bürgerkrieg zur Bewahrung der Einheit der Nation, Abschaffung der Negersklaverei in den Südstaaten und Durchsetzung des modernen Industriekapitalismus
1867	Kauf Alaskas
1882	Beginn der Masseneinwanderung vor allem aus Ost- und Südeuropa
1898	Spanischer Krieg: Annexion von Puerto Rico, Guam, Hawaii und den Philippinen (bis 1946)
1917	Eintritt in den 1. Weltkrieg
1929	Beginn der Weltwirtschaftskrise
1933	Beginn des New Deal zur Reform des amerikanischen Wirtschafts- und Gesellschaftssystems
1941	Japanischer Überfall auf Pearl Harbour, Eintritt der Vereinigten Staaten in den 2. Weltkrieg
4.-11.2.1945	Konferenz von Jalta (Roosevelt, Churchill, Stalin)
12.4.1945	Präsident Franklin D. Roosevelt stirbt; Nachfolger: Vizepräsident Harry S. Truman
8.5. 1945	Kapitulation des Deutschen Reiches
6.8. 1945	Abwurf der ersten amerikanischen Atombombe über Hiroshima
9.8.1945	Abwurf der zweiten Atombombe über Nagasaki
2.9.1945	Ende des Zweiten Weltkrieges durch die Kapitulation Japans
12.3.1947	Verkündung der Truman-Doktrin
5.6.1947	Verkündung des Marshall-Plans (Truman-Doktrin und Marshall-Plan sollen der Eindämmung kommunistischer Expansion besonders in Europa dienen.)
26.7.1947	Verabschiedung des „National Security Act", durch den ein neues Verteidigungsministerium mit politischer Führung und der „Nationale Sicherheitsrat" errichtet sowie die Bündelung der Geheimdiente bei der „Central Intelligence Agency" (CIA) erreicht wird.
26.6.1948	Nach der Währungsreform in den westlichen Besatzungszonen blockiert die Sowjetunion den Zugang nach Berlin (Berliner Blockade); Antwort: Luftbrücke

4.4.1949	Gründung der NATO (North Atlantic Treaty Organization) in Washington
25.6.1950	Koreakrieg (Ab 10.7.1951 Waffenstillstandsverhandlungen)
22.4.-17.6. 1954	Anhörungen im amerikanischen Kongreß vor dem Untersuchungsausschuß für unamerikanische Aktivitäten (McCarthy-Ausschuß)
9.9.1957	Verabschiedung des ersten Bürgerrechtsgesetzes im 20. Jh. zur Gleichstellung rassischer Minderheiten (insbes. Schwarze)
24.9.1957	Einsatz von Bundestruppen in Little Rock (Arkansas), um schwarzen Schülern den Eintritt in eine weiße Schule zu ermöglichen.
4.10.1957	Der Start des ersten sowjetischen Weltraum-Satelliten löst in den USA den Sputnik-Schock aus.
31.1.1958	Der erste amerikanische Satellit (Explorer I) wird gestartet.
14.12.1958	Zweite Berlin-Krise (Kündigung des Viermächtestatus der Stadt Berlin)
15.-27.9. 1959	Der sowjetische Ministerpräsident Nikita Chruschtschow besucht die USA. Annäherungen in dem Gespräch mit Vizepräsident Richard M. Nixon über den „Gulasch-Kommunismus"
2.1960	Protestaktionen von Studenten in den Südstaaten (Sit-ins) gegen die Rassendiskriminierung
1.5.1960	Amerikanisches Aufklärungsflugzeug U-2 wird über der Sowjetunion abgeschossen.
16.-17.5. 1960	Scheitern der Pariser Gipfelkonferenz wegen des U-2-Zwischenfalls und damit der Möglichkeit zu einer frühen Phase von Entspannungspolitik
6.7.1960	Die neue kubanische Regierung unter Fidel Castro enteignet amerikanische Ölraffinerien und amerikanischen Besitz.
3.1.1961	Abbruch der diplomatischen Beziehungen zwischen den USA und Kuba (bis heute andauernd)
20.1.1961	John F. Kennedy wird neuer Präsident der USA
14.-20.4. 1961	Versuch der „Landung in der Schweinebucht" durch von der CIA unterstützte Exilkubaner, um Präsident Castro zu entmachten. Versuch scheitert.
5.5.1961	Erster amerikanischer Astronaut im Weltraum (am

	12.4. erster sowjetischer)
13.8.1961	Bau der Berliner Mauer
November 1961	Verstärkung der amerikanischen militärischen Präsenz in Südvietnam
22.10.-20.11.1962	Beginn des amerikanischen Engagements in Vietnam, Kuba-Krise. Abzug sowjetischer Raketen von Kuba
2.4.1963	Demonstration von Schwarzen in Birmingham (Alabama) unter der Führung von Martin Luther King. Massenverhaftungen, Einsatz von Bundestruppen
5.8.1963	Vertrag von Moskau zur Beendigung von Kernwaffentests (außer unter der Erde) zwischen USA, Sowjetunion und Großbritannien. Anfang der Entspannungspolitik
28.8.1963	Marsch nach Washington. Massendemonstration der Schwarzen unter Führung von Martin Luther King.
22.11.1963	Präsident Kennedy wird in Dallas/Texas ermordet. Vizepräsident Lyndon B. Johnson wird Präsident.
29.6.1964	Verabschiedung des „Bürgerrechts- und Wahlrechtsgesetzes" zur Gleichstellung der Schwarzen.
7.8.1964	Mit der Verabschiedung der Tonkin-Resolution im amerikanischen Kongreß erhält Präsident Johnson weitgehende Vollmachten zur Eskalation des indochinesischen Krieges (ohne offizielle Kriegserklärung der USA).
11.-16.8. 1965	Bürgerkriegsähnliche Aufstände in Watts (Stadtteil von Los Angeles) durch Schwarze.
9.9.1965	Erster schwarzer Minister (Robert C. Weaver) in einer US-Regierung wird für Sozialen Wohnungsbau ernannt.
4.4.1968	Martin Luther King wird in Memphis/Tennessee ermordet.
Januar 1968	Tet-Offensive des Vietcong. Der Vietcong erleidet eine militärische Niederlage, gewinnt aber den Krieg in den amerikanischen Medien, weil diese die Schlacht als Sieg des Vietcong perzipieren.
20.1.1969	Richard M. Nixon wird Präsident der USA (Sicherheitsberater: Henry A. Kissinger)
20.6.1969	Amerikanische Astronauten (Armstrong und Aldrin) landen als erste auf dem Mond.
24.7.1969	Präsident Nixon verkündet die Guam-Doktrin (später Nixon-Doktrin), die die Verantwortung für eigene Sicherheit den asiatischen Staaten überantwortet.

21.-28.2. 1972	Präsident Nixon besucht China. Beginn der Normalisierung und Entspannung mit China.
22.-30.5. 1972	Präsident Nixon besucht als erster amerikanischer Präsident die Sowjetunion. Unterzeichnung des SALT-1-Abkommens (Strategic Arms Limitation Talks).
27.1.1973	Waffenstillstandsabkommen für Vietnam wird in Paris von den USA, Nord- und Südvietnam unterzeichnet. Vietnamisierung des indochinesischen Krieges.
17.5.1973	Beginn der Sitzungen eines Kongreß-Untersuchungsausschusses über die Beteiligung von Präsident Nixon an einem Einbruch in das Hauptquartier der Demokraten im amerikanischen Wahlkampf 1972, sog. „Watergate-Affäre"
9.8.1974	Präsident Nixon tritt zurück; Gerald R. Ford wird neuer Präsident der Vereinigten Staaten.
30.4.1975	Kapitulation Südvietnams vor Nordvietnam. Abzug der letzten Amerikaner in chaotischer Auflösung. Die USA nehmen vietnamesische Flüchtling auf.
20.1.1977	Jimmy Carter wird Präsident der USA.
1977	Panama-Kanal-Verträge
1.1.1979	Aufnahme voller diplomatischer Beziehungen zwischen den USA und China
18.6.1979	Unterzeichnung des SALT-II-Vertrages durch Präsident Carter und Parteichef Breschnew in Wien (Vertrag wird vom amerikanischen Senat nicht ratifiziert).
4.11.1979-20.1.1981	Geiselnahme amerikanischer Botschaftsangehöriger in Teheran
20.1.1981	Ronald W. Reagan wird Präsident der USA
Jan./Febr. 1980	Wegen der Afghanistan-Intervention der Sowjetunion vom Dez. 1979 verhängen die USA ein Weizen-Embargo gegen die SU und boykottieren die Olympischen Spiele 1980 in Moskau.
1981	Beginn der massiven militärischen Aufrüstung der USA und der konservativen Umverteilungspolitik im Innern.
29.9.1982	Bildung einer internationalen Friedenstruppe im Libanon unter Beteiligung der USA. Nach verschiedenen Anschlägen fundamentalistischer Terroristen verlassen die USA 1984 den Libanon.
Sommer	Erstarken der amerikanischen Friedensbewegung

1982- März 1983	„FREEZE"
23.3.1983	Rede Präsident Reagans, mit der er die Strategische Verteidigungsinitiative (SDI) ankündigte.
25.10.1983	Intervention der USA in Grenada.
23.11.1983	Abbruch der Genfer Verhandlungen über die Reduzierung der Mittelstreckenraketen durch die Sowjetunion, nachdem die USA und die NATO gemäß dem NATO-Doppelbeschluß vom 12.12.1979 die Stationierung neuer Mittelstreckensysteme in Angriff nehmen (Pershing II-Raketen und Marschflugkörper (Cruise Missiles).
24.11.1983	Beginn der Stationierung der Pershing-II-Raketen (Nachrüstung) in der Bundesrepublik.
November 1984	Wiederwahl Präsident Reagans in einem erdrutschartigen Wahlsieg.
März 1985	Michail Gorbatschow wird Generalsekretär der KPdSU.
19.-21.11. 1985	Erstes amerikanisch-sowjetisches Gipfeltreffen in Genf.
11.-12.10. 1986	Zweites Gipfeltreffen Gorbatschow/Reagan in Reykjavik
1986-1987	Iran-Contra-Skandal
19.10.1987	„Black Monday" (Dramatischer Kurssturz an den Aktienbörsen von Chicago und New York).
8.12.1987	Erster Abrüstungsvertrag in der Geschichte der Rüstungskontrollverhandlungen über die Mittelstreckenraketen in Europa (INF-Vertrag)
1988	Unterzeichnung des INF-Vertrags mit der Sowjetunion, des ersten Abrüstungsvertrages zur kontrollierten Zerstörung bereits bestehender Waffensysteme.
20.1.1989	Präsident Reagans Vizepräsident George Bush wird 41. Präsident der USA.
20.12.1989	Militärisches Eingreifen in Panama, um Diktator Noriega zu stürzen (der sich am 3.1.1990 ergibt)
31.1.1990	Präsident Bush schlägt die Reduzierung der amerikanischen und sowjetischen Truppen in Mitteleuropa auf je 195000 Mann vor
31.5.-4.6. 1990	Präsident Gorbatschow besucht die USA
1991	Golfkrieg unter Führung der USA gegen die irakische Aggression in Kuwait.

Dezember 1991	Sowjet-Union wird aufgelöst und z.T. durch GUS ersetzt, der 11 der ehemaligen Sowjetrepubliken beitreten.
Januar 1992	Präsident Bush kündigt in einer Rede an, die Rüstungsausgaben drastisch zu kürzen.
	In El Salvador wird der Bürgerkrieg durch die Unterzeichnung eines Friedensvertrages beendet.
	Die arabische und israelische Führung treffen sich in Washington und Moskau zu Friedensgesprächen.
15.1.1992	Jugoslawischer Staatenbund zerbricht
31.1.1992	UN-Gipfeltreffen in New York
9.4.1992	General Noriega, früheres Staatsoberhaupt Panamas wird in Miami wegen Drogenhandles und Geldwäscherei verurteilt.
Juni 1992	US Präsident Bush und Rußlands Präsident Jelzin einigen sich auf einen weiteren Abbau von Atomwaffen.
17.7.1992	Der Oberste Gerichtshof bestätigt Recht auf Abtreibung
12.8.1992	USA, Kanada und Mexiko schließen Handelsabkommen.
3.11.1992	Bill Clinton wird zum 42. Präsident der Vereinigten Staaten gewählt.
24.11.1992	Die US-Streitkräfte verlassen diePhilippinen.
3.12.1992	Die Vereinten Nationen akzeptieren die Aufgabe der amerikanischen Streitkräfte in Somalia, die Verteilung von Lebensmitteln zu überwachen.
20.1.1993	Bill Clinton tritt sein Amt als Präsident der Vereinigten Staaten von Amerika an.
13.3.1993	Janet Reno wird als erste Frau Justizministerin der USA.
19.10.1993	Die US-Armee beginnt den Rückzug aus Somalia.
1.11.1993	Der Maastrichter Vertrag tritt in Kraft.
7.11.1993	Die USA nehmen die Verfolgung des somalischen Generals Aidid auf.
16.11.1993	USA und Mexiko vereinbaren ein Freihandelsabkommen.
2.12.1993	Kanada stimmt der NAFTA (Nordamerikanisches Freihandelsabkommen) zu.
20.-23.12. 1993	„Whitewater-Affäre" wird bekannt: Untersuchungen ergeben, daß Bill und Hillary Rodham Clinton in den 80er Jahren Mit-Eigentümer des Immobilienunternehmens „Whitewater Development Co." in Arkansas waren, über das illegale Gelder u.a. für Clintons Wahl-

kampf geflossen sein sollen.

5.1.1994	Die USA und Nordkorea schließen eine Vereinbarun gzur Kontrolle von nordkoreanischen Atomanlagen.
17.1.1994	Ein starkes Erdebeben erschüttert Los Angeles.
18.1.1994	Abschlußbericht des Iran-Kontra-Skandals wird vorgelegt.
27.1.1994	Gerry Adams, Führer des Shin Fein, des politischen Flügels der IRA, besucht die USA.
3.2.1994	Als erster russischer Astronaut fliegt Sergej Krikalev auf einer amerikanischen Raumfähre mit.
9.2.1994	Die USA erkennen Mazedonien an.
24.3.1994	Die letzten US-Truppen verlassen Somalia.
5.7.1994	Die UN akzeptieren die amerikanische Invasion in Haiti.
5.8.1994	Krise zwischen USA und Kuba: Unruhen in der kubanischen Hauptstadt führen zu Massenfluchten nach Florida.
9.9.1994	Die USA und Kuba treffen eine Vereinbarung zur Lösung des Flüchtlingsproblems.
19.9.1994	Die USA stationieren 15 000 Soldaten in Haiti und erzwingen die Rückkehr Aidids.
26.9.1994	Boris Jelzin besucht Bill Clinton anläßlich der NATO-Hauptversammlung in New York.
8.11.1994	Republikaner gewinnen die Mehrheit im Kongreß.
2.12.1994	Die Arbeitslosenrate sank im November auf 5,6%.
20.1.1995	USA lockern das Handelsembargo gegen Nordkorea.
28.1.1995	USA und Vietnam kommen überein, Verbindungsbüros in den Hauptstädtenzu eröffnen.
28.3.1995	Die Vereinten Nationen treten an die Stelle der US-Streitkräfte in Haiti.
19.7.1995	Whitewater-Komitee des Senats beginnt mit Anhörungen.
11.7.1995	Die USA und Vietnam nehmen diplomatische Beziehungen auf.
5.11.1996	Bill Clinton wird als Präsident der Vereingten Staaten bestätigt.
20.-21.3. 1997	Auf dem Gipfeltreffen in Helsinki verständigen sich Clinton und Jelzin auf die Aufnahme von Verhandlungen über ein START III-Abkommen.
24.4. 1997	Der Senat ratifiziert die internationale Konvention zum Verbot chemischer Waffen.

26.10.-2.11. 1997	Clinton in China: das Verhältnis wird auf die Grundlage einer ebenbürtigen Partnerschft gestellt.
11.11.1997	Der Kongreß verweigert ein „fast-track"-Gesetz, das dem Präsidenten erlaubt, internationale Handelsverträge auszuhandeln, ohne daß der Kongreß daran Änderungen vornehmen kann.
23.3.-2.4. 1998	Clinton besucht sechs afrikanische Staaten und plädiert für „trade, not just aid" als Basis eines neuen Verhältnisses der USA zu Afrika.
26.6.1998	Der Supreme Court erklärt das sog. *line item veto* für verfassungswidrig, das dem Präsidenten das Recht gegeben hätte, ausgabenwirksame Einzelbestimmungen aus Gesetzesvorlagen zu streichen.
7.8.98	Terroranschläge auf die US-Botschaften in Nairobi und Daressalam fordern Hunderte von Toten und Tausende von Verletzen, darunter viele US-Bürger.
17.8.1998	Clinton teilt in einer Fernsehansprache mit, er habe der *Grand Jury* Auskunft über seine „unangemessenen Beziehungen" zu Monika Lewinsky gegeben und bedauere, die Öffentlichkeit irregeführt zu haben.
8.10.1998	Das Repräsentantenhaus leitet mit 258 gegen 176 Stimmen ein Amtsenthebungsverfahren ein; damit ist Clinton der zweite US-Präsident, der einem *impeachment* unterzogen wird.
23.10.1998	Nach neuntägigen Verhandlungen in Wye Plantation bewegt Clinton den israelischen Präsidenten Netanyahu und Palästinenserpräsident Arafat zu einer Vereinbarung über den Neubeginn des Friedensprozesses.
3.11.1998	Aus den Kongreß- und Gouverneurswahlen gehen die Demokraten wider alle Erwartung gestärkt hervor – was als Vertrauensbeweis für Clinton gewertet wird –, jedoch behalten die Republikaner in beiden Häusern des Kongresses die Mehrheit.
12.2.1999	Im Senat scheitert der Antrag auf Amtsenthebung, da die erforderliche Zwei-Drittel-Mehrheit nicht erreicht wird.
Frühjahr 1999	Unter Führung der USA führt die NATO den Kosovo-Krieg gegen Jugoslawien.
13.10.1999	Der Senat lehnt die Ratifizierung des Umfassenden Teststoppabkommens ab.

Weiterführende Literatur

Von der Unabhängigkeitserklärung zur Verfassung

Adams, Willi Paul, Republikanische Verfassung und bürgerliche Freiheit. Die Verfassungen und politischen Ideen der amerikanischen Revolution, Neuwied 1973

Adams, Willi Paul (mit Angela Adams), Die Amerikanische Revolution und die Verfassung 1754-1791, München 1987 (dtv dokumente 2956)

Adams, Angela und Willi Paul Adams (Hrsg.), Die Federalis-Artikel. Politische Theorie und Verfassungskommentar der amerikanischen Gründerväter, Paderborn 1994 (UTB 1788)

Dippel, Horst, Die Amerikanische Revolution, Frankfurt a.M. 1985

Gebhardt, Jürgen, Die Krise des Amerikanismus. Revolutionäre Ordnung und gesellschaftliches Selbstverständnis in der amerikanischen Republik, Stuttgart 1976

Heideking, Jürgen, Die Verfassung vor dem Richterstuhl. Vorgeschichte und Ratifizierung der amerikanischen Verfassung 1787-1791, Berlin/New York 1988

Kammen, Michael (Hrsg.), The Origins of the American Constitution. A Documentary History, New York 1986

Maier, Pauline, American Scripture. Making the Declaration of Independence, New York 1998

Morris, Richard B., The Forging of the Union 1781-1791, New York 1987

Oppen-Rundstedt, Catharina von, Die Interpretation der amerikanischen Bundesverfassung im Federalist, Bonn 1976

Steinberger, Helmut, 200 Jahre amerikanische Bundesverfassung. Zu den Einflüssen des amerikanischen Verfassungsrechts auf die deutsche Verfassungsentwicklung, Berlin 1987

Wasser, Hartmut, Vom Stellenwert der repräsentativen und plebiszitären Komponente im politischen System der USA einst und jetzt, in: Universitas, 37/1982, S. 1167ff.

Wasser, Hartmut, Die USA – Der unbekannte Partner. Materialien und Dokumente zur politisch-sozialen Ordnung der Vereinigten Staaten von Amerika, Paderborn 1983, S. 242ff. und S. 247ff.

Wood, Gordon S., The Creation of the American Republic. 1776-1787, New York/London 1972

Wood, Gordon S., The Radicalism of the American Revolution, New York 1992

Die Rolle der Ideologie in den Vereinigten Staaten

Bellah, Robert N., Civil Religion in America, in: Daedalus 96 (1976), No. 1, S. 1ff.

Bellah, Robert N. u.a., Habits of the Heart. Individualism and Commitment in American Life, Berkeley 1985 (dt., Köln 1987)

Birnbaum, Norman, The Radical Renewal. The Politics of Ideas in Modern America, New York 1988

Boorstin, Daniel L., The Americans, 3 Bde., New York 1958-1974

Hartz, Louis, The Liberal Tradition in America, New York 1955

Huntington, Samuel, American Politics. The Promise of Disharmony, Cambridge (Mass.) 1981

Lipset, Seymour M., American Exceptionalism. A Double-Edged Sword, London/New York 1996

Münsterberg, Hugo, Die Amerikaner, 2 Bde., 4. neubearb. u. erw. Aufl., Berlin 1912

Tocqueville, Alexis de, Über die Demokratie in Amerika, 2 Bde., 1835-1840, (dt.) Stuttgart 1959

Vorländer, Hans, Gesellschaftliche Wertvorstellungen und politische Ideologien, in: W. Jäger/W. Welz (Hrsg.), Regierungssystem der USA. Lehr- und Handbuch, München/Wien 1998[2], S. 39ff.

Walzer, Michael, Zivile Gesellschaft und amerikanische Demokratie, (dt.) Berlin 1992

Young, James P., Amerikanisches politisches Denken. Von der Revolution bis zum Bürgerkrieg, in: I. Fetscher/H. Münkler (Hrsg.), Pipers Handbuch der politischen Ideen, Bd. 3, München 1985, S. 617ff.

Zöller, Michael (Hrsg.), Politische Kultur, in: Adams, Willi Paul et al., Länderbericht USA, Bd. I, 2. akt. u. erg. Aufl., Frankfurt 1992, S. 259ff.

Die amerikanische Geschichte im Abriß

Adams, Willi Paul, Die Vereinigten Staaten von Amerika (Fischer Weltgeschichte, Bd. 30), Frankfurt a.M. 1977

Angermann, Erich, Die Vereinigten Staaten von Amerika seit 1917, München 1978[6]

Dippel, Horst, Die Amerikanische Revolution 1763-1787, Frankfurt a.M. 1985

Guggisberg, Bernd, Geschichte der USA, Stuttgart 1975, 1988[2]

Moltmann, Günter, USA-Ploetz. Geschichte der Vereinigten Staaten zum Nachschlagen, Freiburg/Würzburg 1985

Harpprecht, Klaus, Der fremde Freund. Amerika: Eine innere Geschichte, Stuttgart 1982

Landauer, Carl, Sozial- und Wirtschaftsgeschichte der Vereinigten Staaten von Amerika, Stuttgart 1981

Raeithel, Gert, Geschichte der nordamerikanischen Kultur, 3 Bd., Weinheim 1987-1988

Sautter, Udo, Geschichte der Vereinigten Staaten von Amerika, Stuttgart 1976, 1980[2]

Schomaekers, Günter, Daten zur Geschichte der USA, München 1983

Schröder, Hans-Jürgen, Die Amerikanische Revolution. Eine Einführung, München 1982

Shell, Kurt L., Das politische System der USA, Stuttgart 1975

Kleinsteuber, Hans J., Die USA. Politik, Wirtschaft, Gesellschaft. Eine Einführung, Hamburg 1984[2]

Wehler, Hans-Ulrich, Der Aufstieg des amerikanischen Imperialismus. Studien zur Entwicklung des Imperium Americanum 1865-1900, Göttingen 1974

Abbott, Carl, Urban America in the Modern Age. 1920 to the Present, Arlington Heights, Ill. 1987

Abbott, Carl, The New Urban America. Growth and Politics in Sunbelt Cities, Chapel Hill, N.C. 1981

Archer, J. Clark/Shelley, Fred M., American Electoral Mosaics, Washington D.C. 1986

Archer, J. Clark/Rice, Bradley R. (Hrsg.), Section and party. A Political Geography of American Presidential Elections, From Andrew Jackson to Ronald Reagan, Chichester 1981

Bernard, Richard M./Rice, Bradley R. (Hrsg.), Sunbelt Cities. Politics and Growth since World War II, Austin, Tex. 1983

Blume, Helmut, USA. Eine geographische Landeskunde, 2 Bd., Darmstadt 1978-79 (Bd. 1 1987[3])

Brunn, Stanley D., Geography and Politics in America, New York 1974

Gimlin, Hoyt (Hrsg.), American Regionalism. Our Economic, Cultural and Political Make Up, Washington D.C. 1980

Goldfield, David R., Promised Land. The South since 1945, Arlington Heights, Ill. 1987

Goldfield, David r., Cotton Fields and Skyscrapers. Southern City and region, 1607-1980, Baton Rouge, La. 1980

Hofmeister, Burkhard, Nordamerika (Fischer Länderkunde, Bd. 6), Frankfurt 1970

Johnston, Ronald J., The Geography of Federal Spending in the United States of America, Chichester 1980

Morrill, Richard L., Political Redistricting and Geographic Theory, Washington D.C. 1981

Roseman, Curtis C. (Hrsg.), Population Redistribution in the Midwest, Ames, Iowa 1981

Vollmar, Rainer, Regionalpolitik in den USA: Theoretische Grundlagen und politisch-administrative Praxis, Berlin 1986

Windhorst, Hans-W./Berentsen, William H. (Hrsg.), Beiträge zur räumlichen Prozeßforschung in den USA, Vechta 1986

Politische Institutionen einst und jetzt. Die lebende Verfassung

Helms, Erwin, USA – Staat und Gesellschaft, Hannover 1985[6]

Hübner, Emil, Das politische System der USA. Eine Einführung. München 1989

Kleinsteuber, Die USA. Politik. Wirtschaft. Gesellschaft. Eine Einführung. Vollst. überarb. Neuausgabe, Hamburg 1984

Lösche, Peter, Amerika in Perspektive. Politik und Gesellschaft der Vereinigten Staaten, Darmstadt 1989

Mewes, Horst, Einführung in das politische System der USA, Heidelberg 1986

Wasser, Hartmut, Das politische System der USA (Informationen zur politischen Bildung Nr. 199), Überarbeitete Neuaufl. Bonn 1997
Wasser, Hartmut (Hrsg.), Die USA – der unbekannte Partner, Paderborn, 1983
Wasser, Hartmut, Die Vereinigten Staaten von Amerika, Porträt einer Weltmacht, Stuttgart 1982²

Politische Parteien in Amerika. Ihr Stellenwert und Erscheinungsbild in der Präsidialdemokratie

Epstein, Leon, Political Parties in the American Mold, Madison, Wisc., 1986
Kruschke, Earl R., Encyclopedia of Third Parties in the United States, Santa Barbara, CA, 1991
Lösche, Peter, Zerfall und Wiederaufbau. Die amerikanischen Parteien in den achtziger Jahren, in: Wasser, Hartmut (Hrsg.), Die Ära Reagan. Eine erste Bilanz, Stuttgart 1988, S. 185ff.
Lösche, Peter, Die politischen Parteien, in: Jäger/Welz (Hrsg.), Regierungssystem der USA, München/Wien 1998², S. 268ff.
Maisel, L. Sandy (Hrsg.), The Parties Respond. Changes in the American Party System, Boulder, Co., 1991
Rosenstone, Steven J. et al., Third Parties in America, Paderborn 1984
Sabato, Larry I., The Party's Just Begun. Shaping Political Parties for America's Future, Glenview 1988
Salmore, Barbara/Salmore, Stephen, Candidates, Parties and Campaigns, Washington, D.C., 1990
Shea, Daniel M./Green, John C., The State of the Parties. The Changing Role of Contemporary American Parties, Lanham, Md., 1994
Shell, Kurt L., Das amerikanischen Parteiensystem im Umbruch, in: USA, hrsg. von der Landeszentrale für politische Bildung Baden-Württemberg, Stuttgart 1980 (Kohlhammer TB 1053), S. 68ff.
Sorauf, Frank J./Beck, Paul A., Party Politics in America, Glenview, Ill./Boston 1988⁶
Wasser, Hartmut, Zur Krise des amerikanischen Parteiwesens, in: Zeitschrift für Politik, 29/1982, S. 50ff.
Wasser, Hartmut, Die Vereinigten Staaten von Amerika. Porträt einer Weltmacht, Stuttgart 1982², S. 248ff.
Wasser, Hartmut, Politische Parteien und Wahlen, in: Adams/Lösche (Hrsg.), Länderbericht USA, Frankfurt/New York, 3. neubearb. Aufl. 1999, S. 305ff.
Welz, Wolfgang, Das amerikanische Parteiensystem im Wandel, in: Aus Politik und Zeitgeschichte, B 37-38/1986, S. 31ff.

Der Supreme Court als dritte Gewalt

Haller, Walter, Supreme Court und Politik in den USA, Bern 1972
Scharpf, Fritz W., Grenzen der richterlichen Verantwortung. Die political question-Doktrin in der Rechtsprechung des amerikanischen Supreme Court, Karlsruhe 1965

Die amerikanische Wirtschaft. Binnenentwicklung und Außenverflechtung

Economic Report of the President, Transmitted to the Congress, GPO, Washington D.C., jährlich

Großer, Günther/Kurlbaum, Elke, Wirtschaftsstruktur und Konjunkturentwicklung, in: Politik und Wirtschaft in den USA. Strukturen – Probleme – Perspektiven, Bundeszentrale für politische Bildung, Bonn 1984, S. 45-68

Gutermann, Siegfried S., Geldpolitik und Reaganomics, in: ebd., S. 69-95

Rode, Reinhard, Die Zeche zahlen wir – Der Niedergang der amerikanischen Wirtschaft, München 1988 (Serie Piper 920)

Rode, Reinhard, Machtverlust und Nichtanpassung: Die Außenwirtschaftspolitik, in: Czempiel, Ernst-Otto (Hrsg.), Amerikanische Außenpolitik im Wandel. Von der Entspannungspolitik Nixons zur Konfrontation unter Reagan, Stuttgart 1982, S. 93-119

Statistical Abstract of the United States, U.S. Department of Commerce, Bureau of the Census, Washington, D.C., jährlich

Soziale Sicherung in den USA. Perspektiven der Sozialpolitik

Murswieck, Axel: Die Sozialpolitik der USA: ein Weg für die Zukunft? In: Aus Politik und Zeitgeschichte, 19 (1998), S. 33-45.

Murswieck, Axel: Sozialpolitik in den USA – Eine Einführung. Opladen 1988.

Murswieck, Axel: Sozialpolitik unter der Clinton-Administration. In: Aus Politik und Zeitgeschichte, 8-9 (1996), S. 11-21.

Murswieck, Axel: Zwischen Nationalisierung und Dezentralisierung. Zur Entwicklung sozialpolitischer Reformen in den USA. In: Merkel, Wolfgang/Busch, Andreas (Hrsg.): Demokratie in Ost und West. Für Klaus von Beyme. Frankfurt am Main 1999, S. 592-604.

Scocpol, Theda: Protecting Soldiers and Mothers. The Political Origins of Social Policy in the United States. Cambridge, Ma. 1992.

Seeleib-Kaiser, Martin: Amerikanische Sozialpolitik – Politische Diskussion und Entscheidungen der Reagan-Ära. Opladen 1993.

Weir, Margaret/Orloff, Ann Shola/Scocpol, Theda (Hrsg.): The Politics of Social Policy in the United States. Princeton 1988.

Amerikanische Gewerkschaften im politisch-sozialen System der USA

Erd, Rainer, Die amerikanischen Gewerkschaften im New Deal 1933-1937, Frankfurt a.M./New York 1986

Lösche, Peter, Die Vereinigten Staaten von Amerika, in: Miehlke, Siegfried (Hrsg.), Internationales Gewerkschaftshandbuch, Opladen 1983, S. 1157ff.

Piore, Michael/Sabel, Charles, Das Ende der Massenproduktion, Berlin 1985

Das amerikanische Bildungswesen

Beatty, Barbara, Preschool Education in America. The Culture of Young Children from the Colonial Era to the Present, New Haven 1995

Goodlad, John F., Better Teachers, Better Schools, San Francisco 1994

Hadden, Betsy, Das amerikanische Bildungswesen, in: Adams, Willi Paul et al. (Hrsg.), Länderbericht USA, Bd. II, Bonn 1992³, S. 598-624 (Schriftenreihe der Bundeszentrale für politische Bildung Bd. 293/II).

Herbst, Jürgen, The Once and Future School. Three Hundred and Fifty Years of American Secondary Education, New York 1996

Hummel, Thomas R. (Hrsg.), Neue Entwicklungen im Hochschulwesen der USA, Frankfurt/M. 1988

McCarthy, Cameron, The Uses of Culture. Education and the Limits of Ethnic Affiliation, New York 1998

Wasser, Hartmut, Erziehung und Demokratie in den USA. Bildungspolitische Modelle von den Gründervätern bis zur Gegenwart, in: Hepp, Gert/ Schneider, Herbert (Hrsg.), Schule in der Bürgergesellschaft, Schwalbach/ Ts. 1999, S. 50-63.

Wasser, Iring, Bildung und Demokratie. Bundesstaatliche Strategien zur Förderung der Chancengleichheit im amerikanischen Bildungswesen, Hamburg 1997

Massenmedien in den USA

Alger, Dean: Megamedia: How Giant Corporations Dominate Mass Media, Distort Competition and Endanger Democracy. Lanham MD 1998.

Bachem, Christian: Fernsehen in den USA. Neuere Entwicklungen von Fernsehmarkt und Fernsehwerbung, Opladen 1995

Bagdikian, Ben: The Media Monopoly, Boston 1992

Baran, Nicholas: Inside the Information Superhighway, Scottsdale AR 1995

Drake, William J.: The New Information Infrastructure. Strategies for U.S. Policy, New York 1995

Gates, Bill: The Road Ahead, New York 1995

Gilder, George: Life after Television. The Coming Transformation of Media and American Life, New York 1994

Hagen, Martin: Elektronische Demokratie. Computernetzwerke und politische Theorie in den USA. Hamburg 1997.

Head, Sidney u. Christopher Sterling: Broadcasting in America – A Survey of Electronic Media, Boston 1990

Hoynes, William: Public Television for Sale. Media, the Market and the Public Sphere, Boulder 1994

Kleinsteuber, Hans J.: Das Rundfunksystem der USA. In: Hans-Bredow-Institut, Hrsg., Internationales Handbuch für Rundfunk und Fernsehen, Hamburg, erscheint zweijährlich

Kleinsteuber, Hans J.: Deutsch-amerikanische Wechselwirkungen in den Massenmedien. In: Sebastian Lorenz/Marcell Machill (Hrsg.): Transatlantik. Transfers von Politik, Wirtschaft und Kultur. Opladen 1999, S: 191-215.

Kleinsteuber, Hans J. (Hrsg.): Der Information Superhighway. Visionen und Erfahrungen in Amerika, Opladen 1996

Kurtz, Howard: Spin Cycle. How the White House and the Media Manipulate the News. New York 1998.

Miller, Steven E.: Civilizing Cyberspace, Policy, Power and the Information Superhighway, Reading MA 1996

Möller, Wolfgang u. Heidrun Wimmersberg: Public Broadcasting in den USA – Nichtkommerzielle Hörfunk- und Fernsehstrukturen in einem kommerziell geprägten Rundfunksystem, München 1988

Müller, Marion G.: Politische Bildstrategien im amerikanischen Präsidentschaftswahlkampf 1828-1996. Berlin 1997.

Negroponte, Nicholas: Being Digital, New York 1995 (Total Digital, München 1995)

Redelfs, Manfred: Investigative Reporting in den USA. Strukturen eines Journalismus der Machtkontrolle. Opladen 1996.

Ruß-Mohl, Stephan: Der I-Faktor. Qualitätssicherung im amerikanischen Journalismus, Modell für Europa? Zürich 1994

Rybarczyk, Christoph: Great Comunicators? Der Präsident, seine PR, die Medien und ihr Publikum. Eine Studie zur politischen Kommunikation in en USA. Hamburg 1997.

Sola Pool, Ithiel de: Technologies of Freedom, Cambridge 1983

Teeter, Dwight L./Don R. LeDuc: Law of Mass Communications. Freedom and Control of Print and Broadcast Media, Westbury NY 1995

Van Tassel, Joan M.: Advanced Television Systems. Brave New TV, Boston 1996

Weaver, David H./G. Cleveland Wilhoit: The American Journalist. A Portrait of U.S. News People and Their Work, Bloomington 1991

Widlok, Peter: Der andere Hörfunk – Community Radios in den USA, Berlin 1992

E pluribus unum? Einwanderung, Ethnizität und Minderheiten in den USA

Allen, Theodore W., The Invention of the White Race, 2 Bd.e, London: Verso, 1994 und 1997 (Vol. 1: Racial Oppression and Social Control, 1994; Vol. 2: The Origins of Racial Oppression in Anglo-America, 1997).

Bonilla, Frank (Hrsg.), Borderless Borders: U.S. Latinos, Latin Americans, and the Paradox of Interdependence, Philadelphia: Temple UP 1998.

Chamberlain, Mary (Hrsg.), Caribbean Migration: Globalised Identities, New York : Routledge 1998.

Farley, Reynolds, Blacks and Whites: Narrowing the Gap? Cambridge, MA: Harvard UP 1999.

Gjerde, Jon (Hrsg.), Major Problems in American Immigration and Ethnic History, Boston: Houghton Mifflin 1998.

Hacker, Andrew, Two Nations: Separate, Hostile and Unequal, New York: Macmillan 1992.

Harvard Encyclopedia of American Ethnic Groups, hrsg. von Stephan Thernstrom, Cambridge, MA: Belknap Press of Harvard University 1980.

Joppke, Christian und Steven Lukes (Hrsg.), Multicultural Questions, New York : Oxford UP 1999.

Lamont, Michèle (Hrsg.), The Cultural Territories of Race :Black and White Boundaries, Chicago: University of Chicago Press 1999.

Reimers, David, Still the Golden Door: The Third World Comes to America, New York: Columbia UP 1985.

Sassen, Saskia, Globalization and its Discontents: Essays on the New Mobility of People and Money, New York: New Press 1998.

Steinberg, Stephen, The Ethnic Myth: Race, Ethnicity, and Class in America, Boston: Beacon Press 1981, S. 255.

Terkel, Studs, Race: How Blacks and Whites Think and Feel About the American Obsession, New York: New Press 1992.

Amerikanische Außenpolitik im Zeichen der Supermacht Entwicklungen von Rosevelt bis Clinton

Ambrose, Stephen E.. Rise to Globalism. American Foreign Policy, 1938-19976, New York 1976.

Blechman, Berry M., Defining Moment: The Threat and Use of Force in American Foreign Policy, in: Political Science Quarterly, Vol. 114, No. 1, Spring 1999, ,S. 1-30.

Bush, George, Brent Scowcroft, A World Transformed, New York 1998.

Cimbala Stephen J. (ed.), Clinton and Post-Cold War Defense, Westport/Conn. 1997.

Cohen, Benjamin, The Geography of Money, Ithaca 1998.

Czempiel, Ernst-Otto/Schweitzer, Carl-Christoph (Hrsg.). Weltpolitik der USA. Einführung und Dokumente (Schriftenreihe der Bundeszentrale für politische Bildung, Bd. 210), Bonn 1984.

Gaddis, John Lewis, Strategies of Containment. A Critical Appraisal of Postwar American National Security Policy, Oxford u.a. 1982.

Haass, Richard N., What to do with American Primacy, in: Foreign Affairs, Vol. 78, No. 5, 1999 S. 37-49.

Haass, Richard N., The Reluctant Sheriff. The United States after the Cold War, New York 1997.

Hoffmann, Jürgen, Ambivalenzen des Globalisierungsprozesses. Chancen und Risiken der Globalisierung, in: Beilage zum Parlament, B 23/99, 4. Juni 1999, S. 1-10.

Howard J. Wiarda, American Foreign Policy: Actors and Processes, New York 1996.

Hyland, William G., Clinton's World: Remaking American Foreign Policy, Westport 1999.

Nathan, James A./Oliver, James K., Foreign Policy Making and the American Political System, Boston u.a. 1983.

Nathan, James A./Oliver, James K., United States Foreign Policy and World Order, Boston u.a. 1985.

Ninkovich, Frank, The Wilsonian Century: U.S. Foreign Policy since 1900, Chicago 1999.

Wittkopf, Eugene R., James M. McCormick (Hrsg.), The Domestic Sources of American Foreign Policy: Insights and Evidence, 3rd. Ed., Lanham/MD 1999.

Woodward, Bob, Shadow: Five Presidents and the Legacy of Watergate, New York 1999.

Antagonistische Kooperation und prekäres Gleichgewicht:
85 Jahre amerikanisch-sowjetisch/russische Beziehungen

Brzezinski, Zbigniew/Huntington, Samuel P., Politische Macht – USA/ UdSSR, Köln 1966

Bühl, Walter L., Das Ende der amerikanisch-sowjetischen Hegemonie? Internationale Politik im Fünften Kondratieffschen Übergang, München 1986

Bush, George/Scowcroft, Brent: Eine neue Welt. Amerikanische Außenpolitik in Zeiten des Umbruchs, Berlin 1999

Caldwell, Dan (Hrsg.), Soviet International Behavior and US Policy Options, Lexington/Toronto 1985

Czempiel, Ernst-Otto, Machtprobe. Die USA und die Sowjetunion in den achtziger Jahren, München 1989

Dittgen, Herbert: Amerikanische Demokratie und Weltpolitik. Außenpolitik in den Vereinigten Staaten, Paderborn 1997

Frei, Daniel, Feindbilder und Abrüstung – Die gegenseitige Einschätzung der UdSSR und der USA, München 1985

Garrison, Mark/Gleason, Abbott (Hrsg.), Shared Destiny – 50 Years of Soviet-American Relations, Boston 1985

Garthoff, Raymond, L., The Great Transition. American-Soviet Relation and the End of the Cold War, Washington D.C. 1994

Hartmann, Jürgen, Die Außenpolitik der Weltmächte – eine Einführung, Frankfurt/New York 1988

Jönsson, Christer, Superpower – Comparing American and Soviet Foreign Policy, London 1984

Kennan, George F., Im Schatten der Atombombe – Eine Analyse der amerikanisch-sowjetischen Beziehungen von 1944 bis heute, Köln 1982

Niedhart, Gottfried (Hrsg.), Der Westen und die Sowjetunion – Einstellungen und Politik gegenüber der UdSSR in Europa und in den USA seit 1917, Paderborn 1983

Nye, Joseph S. (Hrsg.), The Making of America's Soviet Policy, New Haven/London 1984

Renz, Rolf/von Schrötter, Dieter/Vollmer, Hans-Jürgen, USA und UdSSR – Entstehung und Entwicklung der Weltmächte, Hannover 1986

Wassmund, Hans, Die Supermächte und die Weltpolitik. USA und UdSSR seit 1945, München 1989

Weisberger, Bernhard A., Cold War, Cold Peace – The United States and Russia since 1945, New York/Boston 1984

Das deutsch-amerikanische Verhältnis im 20. Jahrhundert. „Besondere" und „normale" Beziehungen

Adams, Willi Paul/Krakau, Knud (Hrsg.), Deutschland und Amerika. Perzeption und historische Realität, Berlin 1985

Gatzke, Hans W., Germany and the United States. A ‚Special Relationship?' Cambridge Mass./London 1980

Grabbe, Hans Jürgen, Unionsparteien, Sozialdemokratie und Vereinigte Staaten von Amerika. 1945-1966, Düsseldorf 1983

Hanrieder, Wolfram F., Deutschland, Europa, Amerika. Die Außenpolitik der Bundesrepublik Deutschland 1949-1989, Paderborn, 1991

Jonas, Manfred, The United States and Germany. A Diplomatic History, Ithaca/London 1984

Knapp, Manfred, Sorgen unter Partnern. Zum Verhältnis zwischen den USA und der Bundesrepublik Deutschland, Landeszentrale für politische Bildung in Niedersachsen, Hannover 1984

Quandt, Siegfried/Schult, Gerhard (Hrsg.), Die USA und Deutschland seit dem Zweiten Weltkrieg, Paderborn 1985

Wasser, Hartmut, Deutsche und Amerikaner – Verwandte speziellen Grades? Ein Exkurs über das Verhältnis beider Staaten, in: Der Monat, N.F. 290/1984, S. 108-120.